하나님을 알아가는 90일 성경읽기

보라
통독

보라 통독

지은이 | 이상준
초판 발행 | 2021. 3. 11
20쇄 발행 | 2024. 9. 26
등록번호 | 제1988-000080호
등록된 곳 | 서울특별시 용산구 서빙고로65길 38
발행처 | 사단법인 두란노서원
영업부 | 2078-3333   FAX | 080-749-3705
출판부 | 2078-3331

책값은 뒤표지에 있습니다.
ISBN 978-89-531-3970-1   03230

독자의 의견을 기다립니다.
tpress@duranno.com   www.duranno.com

두란노서원은 바울 사도가 3차 전도여행 때 에베소에서 성령 받은 제자들을 따로 세워 하나님의 말씀으로 양육하던 장소입니다. 사도행전 19장 8~20절의 정신에 따라 첫째 목회자를 돕는 사역과 평신도를 훈련시키는 사역, 둘째 세계선교(TIM)와 문서선교(단행본·잡지) 사역, 셋째 예수문화 및 경배와 찬양 사역, 그리고 가정·상담 사역 등을 감당하고 있습니다. 1980년 12월 22일에 창립된 두란노서원은 주님 오실 때까지 이 사역들을 계속할 것입니다.

하나님을 알아가는 90일 성경읽기

보라
통독

이상준
지음

성경을 읽어보라
주님을 바라보라
말씀을 들어보라

두란노

　이상준 목사님의 《보라 통독》이 세상에 태어남을 축하합니다. '보라'라는 단어는 성경에서 주의를 환기시키고 주목시키는 단어로 자주 등장합니다. 영어로는 'Behold'가 해당됩니다. 역사에서 쓰임받은 사역자는 모두 성경을 다시 주목하게 하는 사람들이었습니다. 그러나 해박한 성경 지식 자체로는 역사가 일어나지 않습니다. 사역자 자신이 성경에 주목하는 사람이어야 합니다. 성경을 통해 하나님과 신실하게 동행하는 이상준 목사님이 체험한 말씀의 풍요를 이 책을 통해 많은 성도가 동일하게 누리게 될 것으로 확신합니다.

이재훈 온누리교회 담임목사

　말씀을 통독하는 것은 소중한 일입니다. 그런데 말씀을 통독할 수 있는 안내서를 저술하는 것은 더욱 소중한 일입니다. 저술 과정 속에 피와 땀과 눈물과 기도가 담겨 있기 때문입니다. 여행할 때 가장 중요한 것은 훌륭한 가이드를 만나는 것입니다. 성경을 통독하는 것은 성경의 세계를 여행하는 것과 같습니다. 제가 성경의 세계를 여행하는 분들을 위한 탁월한 가이드를 추천하고 싶습니다. 그분은 이 책을 저술한 이상준 목사님입니다. 저자는 이 책을 통해 독자들이 성경 여행을 잘 하도록 안내해 줍니다. 무엇보다 성삼위 하나님을 만나도록 안내합니다. 그래서 이 책은 보배입니다.

강준민 LA 새생명비전교회 담임목사

　그리스도인이라면 누구나 성경을 통독하고 싶은 열망이 있습니다. 그리고 그 열망에 응답하여 말씀을 읽기 시작합니다. 그러나 대부분 구약의 레위기 언저리에서, 신약의 마태복음 중간에서 막히게 됩니다. 무슨 말인지 이해하기도 어렵고 현재 우리의 삶과 성경 속의 삶이 많이 동떨어져 있기 때문입니다. 이상준 목사님의 《보라 통독》은 매일 읽어야 할 부분을 정해 주고, 그 부분을 이해할 수 있도록 설명과 지도, 그림 등을 제공합니다. 그리고 성경을 지금 이 시대의 눈으로 이해할 수 있도록 도움을 줍니다. 성경을 읽는 이유는 하나님을 더 알고, 그분의 마음을 깨닫는 데 있습니다.《보라 통독》을 통해 모든 분들이 하나님을 더 깊이 알게 되고, 그분을 세상에 널리 알리기를 간절히 바라며 이 책을 적극 추천합니다.

권준 시애틀형제교회 담임목사

성경은 보이지 않는 하나님이 그분의 자녀로 지으신 우리 인간을 얼마나 사랑하시는지 그리고 자녀 된 우리와 얼마나 깊은 사랑의 교제를 원하시는지를 알려 주는 신의 언어로 된 책입니다. 그러나 우리 성도들이 성경을 읽으려 해도 난해한 신의 언어로만 느껴지기 때문에 어렵고 지루하다는 생각을 하기 쉽습니다. 늘 말씀과 기도로 깨어 있어 하나님의 마음을 전해 받는 이상준 목사님이《보라 통독》을 통해 하나님의 마음과 예수님의 마음이라는 누구나 다가가기 쉬운 인간의 언어로 풀어 주었습니다. 요즘 보기 드문 성경 길라잡이라고 단언합니다. 이 책과 함께 〈드라마 바이블〉을 들으면서 성경을 여럿이 함께 통독하기를 권합니다.

문봉주《성경의 맥을 잡아라》저자, 일본G&M문화재단 이사장

탁월한 설교가이며 성경 강사인 이상준 목사님의《보라 통독》은 성경의 바다를 항해하는 분들에게 나침반과 지도입니다.《보라 통독》은 성경을 잘 모르는 분들이나, 성경을 통독하거나 공부하지 못한 성도님들부터 목회를 준비하는 신학생, 성경을 강의하고 설교를 하는 목회자들까지 많은 사람에게 생수 같은 기쁨과 성경의 맥이 뚫리는 경험을 줄 것입니다. 구약을 통해 하나님을 '보고', 신약을 통해 예수님을 '보고', 이 책을 통해 성경을 '보기' 바라며 적극 추천합니다.

박종길 온누리교회 서빙고 담당목사

이상준 목사님과 젊은 시절을 함께하며 기억하는 것 한 가지가 있습니다. 그것은 바로 말씀에 대한 엄격함, 진지함, 순전함입니다. 21세기 말씀의 사도로 우리 모두를 진리의 말씀 세계로 더 깊이 인도해 줄 것을 믿었고 이제 더 깊이 보게 되었습니다. 고맙습니다. 사랑합니다.

박종렬 조이어스교회 담임목사

"이 예언의 말씀을 읽는 자와 듣는 자와 그 가운데에 기록한 것을 지키는 자는 복이 있나니 때가 가까움이라"(계1:3). 고난과 박해의 시대 속에 사도 요한에게 주신 이 말씀은, 한국교회와 성도들이 그 어느 때보다 귀 기울이고 순종해야 할 말씀입니다. 감사하게도 지금은 성경통독의 시대라고 해도 지나치지 않을 만큼, 성경통독 열풍이 한국교회 안에 불고 있습니다.

성경통독을 돕기 위한 좋은 교재가 많지만, 이상준 목사의 《보라 통독》은 통독 지도자와 성도가 모두 이해하기 쉬우면서도 성경의 맥을 알고 은혜롭게 통독할 수 있게 하는 좋은 교재라고 생각합니다. 이상준 목사는 성경번역 선교에 헌신한 분이며, 목회현장에서 오랫동안 성도들, 특히 청년들에게 성경 통독을 지도하고 가르치면서 탁월한 강의로 많은 은혜를 끼치고 있습니다. 설교와 가르침에 뛰어난 은사를 가졌으며 이미 성경 통독 분야에서 검증된 분입니다. 깊은 통찰력과 목회현장에서의 풍부한 경험, 오랜 준비와 기도 끝에 이 책을 출간하신 것을 기쁘게 생각합니다. "내가 주께 대하여 귀로 듣기만 하였사오나 이제는 눈으로 주를 뵈옵나이다"(욥 42:5)라는 욥의 고백처럼 이 책과 함께 성경 통독하는 모든 분들이 눈으로 주님을 뵙게 될 것이라고 확신합니다.

반태효 방주교회 담임목사

역사해석에 있어서 거시적 관점(macro perspective)과 미시적 관점(micro perspective)이 있듯이, 성경 통독도 숲과 나무를 동시에 볼 수 있어야 합니다. 게다가 모든 사건과 정황 속에 담긴 하나님의 영적 메시지를 정확하게 드러낼 수 있어야 합니다. 그래서 성경통독 자료를 집필하는 것은 모든 목회자나 신학자들의 로망이자 절망이기도 합니다.

그 어려운 작업을 저자는 《보라 통독》으로 완성시켰습니다. 흔히 '끝판왕'이라는 말을 사용하는데, 지금까지 출간된 통독 개관서들의 결핍이나 아쉬움들을 일소시킬 것이라 단언합니다. 코로나 팬데믹으로 성경통독과 묵상에 관심을 기울이는 한국교회 성도들에게 크나큰 선물이 될 것을 확신하며, 사랑의 마음을 담아 이 귀한 책을 추천합니다.

안광복 상당교회 담임목사

과일은 통째로 먹어야 제맛이라고 합니다. 성경도 통째로 읽어야 합니다. 하지만 1년에 한 번도 읽기 어렵습니다. 내용이 재미없고, 낯설고, 종잡을 수 없고, 지루한 부분도 많기 때문입니다. 하지만 말씀의 '쉐프' 이상준 목사님이 성경의 제맛을 느낄 수 있도록 기가 막힌 '레시피'를 만들었습니다. 이제 레시피대로 따라하면 됩니다. "세상의 언어를 절식하고 신의 언어로 날마다 양식을 삼으라"는 저자의 말대로 해봅시다. 새벽배송보다 더 빠르고 신선한 하늘의 양식이 이 책을 읽는 순간 배달될 것입니다.

최원준 안양제일교회 담임목사

◇ 목차

Week 01 창세기 01장 - 출애굽기 40장

Week 05 열왕기상 01장 - 열왕기하 25장

Week 06 역대상 01장 - 에스라 10장

Week 07 느헤미야 01장 - 시편 72편

Week 08 시편 73편 - 아가 08장

Week 09 이사야 01장 - 예레미야 29장

Week 10 예레미야 30장 - 에스겔 48장

'성경을 알아가다'

Week 14 고린도전서 01장 - 빌레몬서 01장

Week 15 히브리서 01장 - 요한계시록 22장

지도 및 도표 색인

　　성경은 계시의 책이요, 주의 말씀을 사모하는 사람에게 보여주시는 책이다. "내 눈을 열어서 주의 법의 기이한 것을 보게 하소서"(시119:18, 개역한글). 그러면 성경은 우리의 눈과 귀와 마음을 열어서 무엇을 보여주려는 것인가?

　　"이 성경이 곧 내게 대하여 **증언**하는 것이니라"(요5:39하).
　　"**보라** 하나님은 나의 구원이시라"(사12:2상).
　　"**보라** 하나님의 어린양이로다"(요1:36).

　　성경은 하나님과 예수님을 보여주는 책이다. 성경을 읽으면서 여러 역사적 인물들과 사건들과 지식들도 알아야겠지만, 먼저 성경 계시의 핵심인 그분을 알아야 하고 바로 보아야 한다. 그래서 이 책《보라 통독》을 집필하였다.

　　2년 전에《신의 언어》를 출간하면서, 성경에 대한 기대감과 신비감이 사라져가는 시대에 인간의 언어로 오신 하나님의 말씀이 얼마나 소중한지 나누었다. 특별히 22장 "언어의 향연"에서 성경은 하나님 지식(knowledge of God)을 알려주는 책이라고 소개했다.

16

최근 인문학 열풍이 불듯이 교회 안에서 성경통독 열풍이 부는 것은 고무적인 일이다. 이미 성경통독을 여러 차례 하신 분들도 있고, 이제 성경통독을 해 보려고 계획하는 분들도 있다. 그런 분들에게 이 책이 성경을 온전하게 읽게 하는 데 도움이 되리라 생각한다.

사실 우리는 다양한 관점들로 성경을 통독한다. "왕이 누구인가"라는 통치자의 관점으로 읽을 수도 있고, "구원자 예수 그리스도" 중심으로 읽을 수도 있으며, "하나님 나라" 또는 "언약"의 관점으로 읽을 수도 있다. 모두 도움이 되는 방법이다. 성경은 마치 다이아몬드와 같아서 여러 측면들을 갖고 있다. 다양한 관점으로 관통되며, 여러 빛깔을 비추어 주는 책이다. 그래서 읽으면 읽을수록 심오하고 계속해서 생명수를 내어주는 샘물과 같다.

다만 어떤 관점을 전제하지 않고 성경을 읽는다면, 성경은 우리에게 어떤 관점을 형성시켜 줄까? 바로 하나님이 얼마나 놀라운 분이신지, 얼마나 좋은 분이신지 눈을 열어 보게 해준다. 하나님은 세상의 창조주이고 역사의 주관자이며 종말의 완성자이고 인간을 사랑하사 포기하지 않고 구원하시는 분이다. 그래서 성경은 독자인 우리가 그 하나님을 발견하고 하나님께로 돌아오라고 손짓하는 책이다.

그러므로 성경을 읽으면서 "하나님이 누구이신가?"를 발견하게 된다면, 성경을 제대로 읽은 것이다. 그 안에서 왕이신 하나님, 구원자 하나님, 창조주 하나님, 심판주 하나님을 다 보고 만나게 되기 때문이다. 그래서 이 책은 90일 동안 성경을 읽을 때 최대한 저자의 주관적인 이야기를 자제하고, 성경 자체를 이해하는 데 도움을 주는 방식으로 내용을 구성했다. 성경을 읽다 보면 자연스럽게 그분을 대면하는 자리에 서게 되기 때문이다.

《보라 통독》은 통독이라는 숲과 성경공부라는 나무를 함께 볼 수 있는 책이다. 성경을 통독하며 숲처럼 훑어가다 보면 궁금해지는 성경지리, 배경 역사, 원어 연구, 본문 설명을 담았다. 적은 지면에 모든 것을 담을 수는 없지만, 성경의 핵심과 중요한 내용들에 대해서만큼은 궁금증을 풀어가며 성경을 읽도록 돕는 자습서(self-study guide)가 될 것이다. 그래서 그동안 대충 읽고 지나가던 예언서, 율법서, 욥기, 시가서, 계시록 같은 책이 쉽게 이해될 것이다.

이 시대는 구도자(seeker)의 시대가 아니라 회의자(questioner)의 시대다. 이제는 사람들이 절대 진리라고 덮어두고 믿는 시대가 아니라, 성경을 보면서도 수많은 질문과 의심을 던지는 시대가 되었다. 통독을 하면서도 이런 문제들이 해결되지 않으면 성경을 오해하거나 성경읽기를 멈추는 분들이 있다. 그래서 이 책은 성경을 더 깊이 읽어보고 싶은 분들에게도 좋고, 또한 성경이 정말 그러한가 질문하면서 탐색해 보려는 분들에게도 적합하다.

또한 성경의 주요 주제들을 묵상할 수 있도록 구성했기 때문에 각 교회에서 목회자들이 성경 통독용 양육 교재로 사용하기에 좋다. 그리고 성도들도 이 교재만 있으면 소그룹에서나 혼자서도 거뜬히 성경 일독을 해낼 수 있다. 인도자 역할을 해야 하는 분들도 이 교재로 진행하면 부담 없이 인도할 수 있다.

2020년에 경험한 팬데믹으로 인해 우리는 정말 인류 역사의 큰 위기를 경험했다. 인생의 본질이 무엇인가 질문하게 되었고, 역사의 마지막이 가까웠다는 깨달음도 얻게 되었다. 이때에 생명의 말씀을 더 가까이하며 하나님과 가까워지는 기회를 얻기 바란다.

또 최근에 가정과 학교와 사회에서 반인륜적인 범죄들이 증가하는 것을 우리는 보았다. 심지어 교인들도 이런 심각한 죄를 서슴없이 저지르는 것을 보면서,

참된 신앙이 무엇인가 고민하게 된다. 정말 이 진리의 말씀이 피와 살이 되어 하나님을 닮은 사람(엡5:1), 예수님을 닮은 사람(갈4:19)으로 만드는 것이 신앙의 목표, 성경통독의 목표다.

"가서 성전에 서서 이 생명의 말씀을 다 백성에게 말하라"(행5:20).
"내가 이를 때까지 읽는 것과 권하는 것과 가르치는 것에 전념하라"(딤전4:13).

사도 베드로가 받은 말씀 증언의 사명, 디모데가 바울에게 받은 말씀 낭독과 권면과 가르침의 사명을 이제는 우리의 사명으로 받기 원한다. 말씀을 사모하고 사랑하는 모든 목회자와 성도들이 성경말씀을 함께 읽고 나눌 때 한국교회가 영적 침체에서 벗어나 다시금 영적 비상을 이루고 세상의 빛과 소금이 될 수 있으리라 기대한다.

끝으로 이 책이 나오도록 격려해 주신 이재훈 담임목사님께 감사드리고, 책을 편집 출간해 주신 두란노 출판팀과 정성껏 지도를 그려준 윤여희 자매님께 감사드린다. 또한 다년간 성경통독 과정에서 제게 많은 깨달음과 지혜를 준 온누리교회 성도들과 기획팀과 중보팀, 찬양팀으로 섬겨 주신 동역자들에게 감사드린다. 그리고 늘 응원해 주는 가족에게 감사하고, 이 모든 언어의 아버지이신 하나님께 영광과 찬송을 올려드린다.

2021년 봄에 주님을 바라보며
이상준 목사

주차	날짜	구분	진도	V
		창세기·출애굽기		
1주차	01일	율법서	창 01-11장	
	02일		창 12-26장	
	03일		창 27-50장	
	04일		출 01-11장	
	05일		출 12-24장	
	06일		출 25-40장	
		레위기·민수기		
2주차	07일	율법서	레 01-10장	
	08일		레 11-16장	
	09일		레 17-27장	
	10일		민 01-10장	
	11일		민 11-25장	
	12일		민 26-36장	
		신명기·여호수아·사사기		
3주차	13일	율법서·역사서	신 01-11장	
	14일		신 12-26장	
	15일		신 27-34장	
	16일		수 01-12장	
	17일		수 13-24장	
	18일		삿 01-09장	
		사사기·룻기·사무엘상하		
4주차	19일	역사서	삿 10-21장	
	20일		룻 01-04장	
	21일		삼상 01-15장	
	22일		삼상 16-31장	
	23일		삼하 01-10장	
	24일		삼하 11-24장	
		열왕기상하		
5주차	25일	역사서	왕상 01-08장	
	26일		왕상 09-16장	
	27일		왕상 17-22장	
	28일		왕하 01-08장	
	29일		왕하 09-17장	
	30일		왕하 18-25장	

주차	날짜	구분	진도	V
		역대상하·에스라		
6주차	31일	역사서	대상 01-10장	
	32일		대상 11-29장	
	33일		대하 01-09장	
	34일		대하 10-24장	
	35일		대하 25-36장	
	36일		스 01-10장	
		느헤미야·에스더·욥기·시편		
7주차	37일	역사서·시가서	느 01-13장	
	38일		에 01-10장	
	39일		욥 01-21장	
	40일		욥 22-42장	
	41일		시 01-41편	
	42일		시 42-72편	
		시편·잠언·전도서·아가		
8주차	43일	시가서	시 73-106편	
	44일		시 107-150편	
	45일		잠 01-15장	
	46일		잠 16-31장	
	47일		전 01-12장	
	48일		아 01-08장	
		이사야·예레미야		
9주차	49일	예언서	사 01-12장	
	50일		사 13-23장	
	51일		사 24-39장	
	52일		사 40-66장	
	53일		렘 01-13장	
	54일		렘 14-29장	
		예레미야·애가·에스겔		
10주차	55일	예언서	렘 30-45장	
	56일		렘 46-애 05장	
	57일		겔 01-11장	
	58일		겔 12-24장	
	59일		겔 25-39장	
	60일		겔 40-48장	

주차	날짜	구분	진도	V
		다니엘·소선지서		
11주차	61일	예언서	단 01-12장	
	62일		호 01-14장	
	63일		욜 01-암 09장	
	64일		옵 01-미 07장	
	65일		나 01-습 03장	
	66일		학 01-말 04장	
		마태복음·마가복음·누가복음		
12주차	67일	복음서	마 01-15장	
	68일		마 16-28장	
	69일		막 01-10장	
	70일		막 11-16장	
	71일		눅 01-11장	
	72일		눅 12-24장	
		요한복음·사도행전·로마서		
13주차	73일	복음·역사·서신서	요 01-12장	
	74일		요 13-21장	
	75일		행 01-12장	
	76일		행 13-20장	
	77일		행 21-28장	
	78일		롬 01-16장	
		바울서신		
14주차	79일	서신서	고전 01-16장	
	80일		고후 01-13장	
	81일		갈 01-엡 06장	
	82일		빌 01-골 04장	
	83일		살전 01-살후 03장	
	84일		딤전 01-몬 01장	
		일반서신		
15주차	85일	서신서·예언서	히 01-13장	
	86일		약 01-05장	
	87일		벧전 01-벧후 03장	
	88일		요일 01-유 01장	
	89일		계 01-11장	
	90일		계 12-22장	

주차	날짜	구분	진도	V	주차	날짜	구분	진도	V	주차	날짜	구분	진도	V
		창세기·출애굽기					역대상하·에스라					다니엘·소선지서		
1 주차	01일		창 01-11장		6 주차	31일		대상 01-10장		11 주차	61일		단 01-12장	
	02일		창 12-26장			32일		대상 11-29장			62일		호 01-14장	
	03일	율법서	창 27-50장			33일	역사서	대하 01-09장			63일	예언서	욜 01-암 09장	
	04일		출 01-11장			34일		대하 10-24장			64일		옵 01-미 07장	
	05일		출 12-24장			35일		대하 25-36장			65일		나 01-습 03장	
	06일		출 25-40장			36일		스 01-10장			66일		학 01-말 04장	
		레위기 · 민수기					느헤미야·에스더·욥기·시편					마태복음·마가복음·누가복음		
2 주차	07일		레 01-10장		7 주차	37일		느 01-13장		12 주차	67일		마 01-15장	
	08일		레 11-16장			38일	역사서·시가서	에 01-10장			68일		마 16-28장	
	09일	율법서	레 17-27장			39일		욥 01-21장			69일	복음서	막 01-10장	
	10일		민 01-10장			40일		욥 22-42장			70일		막 11-16장	
	11일		민 11-25장			41일		시 01-41편			71일		눅 01-11장	
	12일		민 26-36장			42일		시 42-72편			72일		눅 12-24장	
		신명기·여호수아·사사기					시편·잠언·전도서·아가					요한복음·사도행전·로마서		
3 주차	13일		신 01-11장		8 주차	43일		시 73-106편		13 주차	73일	복음·역사·서신서	요 01-12장	
	14일	율법서·역사서	신 12-26장			44일		시 107-150편			74일		요 13-21장	
	15일		신 27-34장			45일	시가서	잠 01-15장			75일		행 01-12장	
	16일		수 01-12장			46일		잠 16-31장			76일		행 13-20장	
	17일		수 13-24장			47일		전 01-12장			77일		행 21-28장	
	18일		삿 01-09장			48일		아 01-08장			78일		롬 01-16장	
		사사기·룻기·사무엘상하					이사야·예레미야					바울서신		
4 주차	19일		삿 10-21장		9 주차	49일		사 01-12장		14 주차	79일		고전 01-16장	
	20일		룻 01-04장			50일		사 13-23장			80일		고후 01-13장	
	21일	역사서	삼상 01-15장			51일	예언서	사 24-39장			81일	서신서	갈 01-엡 06장	
	22일		삼상 16-31장			52일		사 40-66장			82일		빌 01-골 04장	
	23일		삼하 01-10장			53일		렘 01-13장			83일		살전 01-살후 03장	
	24일		삼하 11-24장			54일		렘 14-29장			84일		딤전 01-몬 01장	
		열왕기상하					예레미야·애가·에스겔					일반서신		
5 주차	25일		왕상 01-08장		10 주차	55일		렘 30-45장		15 주차	85일		히 01-13장	
	26일		왕상 09-16장			56일		렘 46-애 05장			86일		약 01-05장	
	27일	역사서	왕상 17-22장			57일	예언서	겔 01-11장			87일	서신서·예언서	벧전 01-벧후 03장	
	28일		왕하 01-08장			58일		겔 12-24장			88일		요일 01-유 01장	
	29일		왕하 09-17장			59일		겔 25-39장			89일		계 01-11장	
	30일		왕하 18-25장			60일		겔 40-48장			90일		계 12-22장	

〈권별 개요〉
■ 신구약 66권의 권별 내용과 특징,
구조를 쉽게 이해할 수 있습니다.

■ 〈오늘의 줄거리〉입니다.
해당 성경 본문을 읽기 전에
읽어보시면 흐름이 잡힙니다.
단위 표시: ①②③④

■ 〈지리와 역사〉자료입니다.
지도와 역사·문화 자료를 참고
하면 성경이 입체적으로 이해됩니
다.
단위 표시: ⓐⓑⓒⓓⓔ

〈본문 해설〉입니다.
성경원어, 본문해설, 핵심주제를
보면 이해의 폭이 넓어지고 깊어
집니다. 단위표시: ①②③④

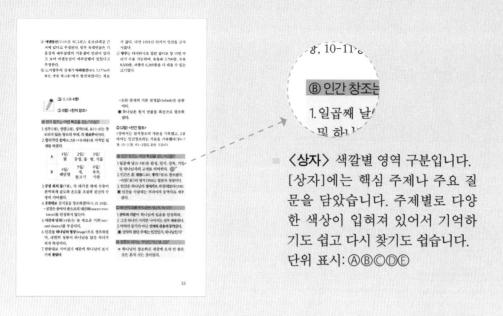

〈상자〉 색깔별 영역 구분입니다. [상자]에는 핵심 주제나 주요 질문을 담았습니다. 주제별로 다양한 색상이 입혀져 있어서 기억하기도 쉽고 다시 찾기도 쉽습니다.
단위 표시: Ⓐ Ⓑ Ⓒ Ⓓ Ⓔ

구약	신약
하나님, 성령님	하나님, 성령님
하나님 백성, 남유다	하나님 백성, 유대인, 교회
북이스라엘, 악인	악인, 이단
이방인, 이방국가, 우상	이방인, 이방국가, 우상
제사	제사, 선교
사사, 선지자	사도
역대기 비교	사복음서 비교, 서신서 비교
메시아(그리스도)	메시아(예수 그리스도)
심판, 멸망, 사탄	심판, 멸망, 사탄
장소, 지리, 자연, 노래	장소, 지리, 자연, 노래, 기도
성소, 기구, 동식물	성소, 기구, 동식물
환상	환상, 종말, 재림

[상자]의 표제어와 직접 관련된 내용은 1. 2. 3. 으로 나열하거나 ⇒로 표시했습니다.
[상자]의 표제어와 간접 관련된 내용은 *로 표시했습니다.

참고 : • 본문 내 관련 설명 참고할 때 표시
　　　　예시) 25일 Ⓔ1 참고 = 교재 25일차의 [상자] Ⓔ의 1번 항목 참고
　　　• 분열왕국의 왕들에 대한 표시
　　　　예시) 〈북09.여호람의 즉위〉 = 북왕국 이스라엘의 9대 왕 여호람의 즉위

오늘 가장 중요한 〈핵심 포인트〉
입니다. 하나님(예수님)은 누구신
가를 읽은 후에 하나님(예수님)에
대한 고백을 드리십시오.

깊은 묵상을 위한 〈심층 질문〉입
니다. 일주일에 한 가지 질문을 제
시합니다. 성경을 더 깊이 묵상해
보십시오.

매주 1개씩 총 15개의 〈주제글〉입
니다. 한 주의 통독을 마치면서 읽
으면 하나님(예수님)에 대한 성경의
일관된 메시지를 관통할 수 있습
니다.

● 준비물

1. 성경책이 교재보다 우선입니다. 성경책을 읽으십시오.
2. 《신의 언어》(이상준 저, 두란노 간)를 읽으면 성경이 무엇인가 (말씀론)에 대해 선이해를 하실 수 있습니다.
3. 더 깊은 성경연구를 원하시는 분은 다양한 참고도서(564쪽 참고)를 읽어보십시오.
4. 오디오 드라마바이블(www.dramabible.org)은 성경을 입체적으로 듣고 상상하는 데 좋은 도구입니다.
5. 두란노 비전성경사전 앱(www.duranno.com/bdictionary/result_vision.asp) 또는 《비전성경사전》을 활용하면 성경의 주요 단어들을 찾을 수 있습니다.

_성경을 왜 읽는가?

우리는 다양한 이유로 성경을 읽는다. 하지만 성경을 읽는 것은 성경 지식을 얻기 위함
도, 인생의 지혜를 얻기 위함도 아니다. 오직 하나님 지식(knowledge of God)을 얻기 위함
이다.

_성경을 어떻게 읽는가?

관점을 갖고 성경을 읽을 수도 있지만, 성경을 읽다가 관점이 열리는 것이 건강하다. 왜
냐면 성경 자체가 우리에게 주고 싶은 관점(세계관, 인간관, 신앙관, 인생관, 물질관)이 있기 때
문이다. 성경이 말하는 성경에 대한 관점이 열리고, 성경이 말하는 성경 이야기가 보이는
성경읽기를 사모하라. 그러려면 적극적인 수동성을 갖고 성경을 대할 필요가 있다.

그러므로 가장 쉽고 바른 성경읽기는 성경의 독자(讀者)가 성경의 청자(聽者)가 되는 것
이다. 기록된 로고스(logos)의 말씀이 들리는 레마(rhema)의 말씀이 되는 것이다. 내가 성경
을 읽는 것이 아니라 거룩하신 주께서 내게 성경을 읽어주시는 것이다. 내가 성경을 조명하
는 것이 아니라 성경이 나를 조명해 주시고(엡1:17), 내가 성경을 독파(讀破)하는 것이 아니
라 성경이 나라는 존재를 독파(讀破)하시는(히4:12) 것이다. 이것이 놀라운 성경읽기 체험이
다. 왜냐면 성경은 시각(video)과 청각(audio)을 동시에 터치하시는 입체적 진리요, 들리는
말씀(Word)과 보이는 이상(vision)으로 임하는(삼상3:1) 전면적 계시이기 때문이다.

이런 성경읽기 체험을 하려면 먼저 삶의 방식을 변화시킬 필요가 있다. 성경을 읽되 신의
언어가 나의 언어가 되려면 출애굽적 결단이 필요하고 언어적 식이요법이 필요하다. 세상
의 언어를 절식하고 신의 언어로 날마다 양식을 삼으라. 신의 언어는 지면(紙面)에 채우는
것이 아니라 내면(內面)에 채우는 것이다. 하나님의 말씀이 주린 영혼의 양식이 되고, 눈먼
영혼의 빛이 되게 하라. 매일의 먹이가 바뀌어야만 주인이 바뀌는 법이다.

26

_성경은 무엇인가?

성경은 신의 언어다. 성경은 신의 언어를 담은 인간의 언어요 인간의 언어로 소통하신 신의 언어다. 성경은 일상 속의 신비요, 역사 속의 초월이요, 인성 속의 신성이다. 성경은 저 천상 위에, 저 바다 건너에, 저 스올 아래에 있는 것이 아니라, 너무나도 가까이 내 입술 위에 있고 내 마음문 앞에 놓여 있다. 성경말씀은 천상에서 지상으로 배달되어 내 영혼의 우편함에 꽂혀 있는 신의 사랑의 서신이요 초청장이다.

문제는 오늘날 그리스도인들이 성경에 대해 갖는 신비감과 기대감이 떨어졌다는 점이다. "거절당한 거룩한 책은 폐위된 왕과 같다." 그래서 신의 언어는 통속화의 십자가를 지면서까지 이 땅에 오셨다. 왕의 미복잠행을 알아보지 못하고 덮어놓고 죽인 것은 2천 년 전 유대인들이나 오늘날 성경을 덮고 지내는 우리나 다를 바 없다. 성경을 마주하고도 하나님을 보지 못하는 것은, 예수님을 보면서도 아버지를 보여달라고 하는 영적 맹인의 태도와 같다.

성경은 전능하신 하나님께서 죄 많은 인간들을 협력자로 사용하셔서 그분의 마음을 전하신 메시지다. 그래서 인간 언어의 오류와 불일치에도 불구하고 성경은 놀랍도록 완전하고 분명한 하나님의 메시지를 전한다. 여기에 바로 성경말씀의 역설적 가치가 있다. 성경말씀은 하나님의 숨결이요, 그리스도의 핏방울이요, 성령의 기름 부음이기 때문이다.

유대인들은 성경을 세세한 부분까지 너무나도 잘 알고 있었지만 정작 하나님의 마음은 몰랐다. 하지만 그것은 성경 자체의 문제가 아니라 유대인들의 그릇된 성경 해석의 문제였다. 그러므로 우리도 이 전철을 밟으면 안 된다. 성경을 통해 하나님을 대면하고 하나님의 음성을 듣고 하나님의 마음을 알기 위해서 나의 전 존재를 열어 말씀 앞에 서야 한다.

계시의 정점은 신의 자기 계시다. 절대로 성경을 잘 안다고 생각하지 말라. 겸손하게 다시금 성경 앞에 엎드려 그 음성을 들으라. 그러면 진리의 아버지를 대면하게 되고, 말씀하시는 말씀이신 그리스도의 음성을 듣게 되며, 진리의 영이신 성령님으로 충만하여지리라. 이렇게 말씀을 통해 주님의 임재 가운데 머물다 보면 우리는 잃어버린 하나님의 형상을 회복하고, 진정한 성경적 인간(Homo Biblicus)이 될 수 있다. 더 나아가 "왕 같은 제사장"(벧전

2:9)이요 신의 언어를 선포하고 증언하는 "거룩한 선지자들"(행3:21)이 될 수 있다.

성경은 신의 초대장이다. 초대장은 언제나 부담이자 기대를 갖게 한다. 존재의 이동은 부담스럽게 마련이지만, 내가 그곳에 가기만 하면 그분이 거기 계시리라는 기대감이 있지 않은가. 성경은 사랑의 서약서다. 절대자 하나님이 나와 언약 관계로 들어오셨다는 것은, 나에게만 약속을 지키라고 하심이 아니라 그분이 먼저 적극적으로 이 약속을 지키시겠다는 사랑의 고백이다. 그러므로 성경읽기는 사랑의 초대를 받아 사랑의 서약을 하는 시간이다.

_성경은 무엇을 말하는가?

성경 66권은 사람을 사랑하시는 하나님의 이야기다. 성경은 끊임없이 그 하나님을 알아달라고 외치고 있다. 구약은 하나님을 알라고, 신약은 예수님을 알라고 외친다. 그리고 예수님을 알면 하나님을 아는 것이라고 말한다. "너희는 가만히 있어 내가 하나님 됨을 알지어다"(시46:10).

성경 이야기는 하나님 이야기요, 성경이 전하는 지식은 하나님 지식이다. 성경은 "하나님 같은 이가 없도다"(신33:26)라고 말한다. 그러므로 성경의 최고 명령은 "하나님을 사랑하라"(신6:5; 막12:30)는 것이요 성경의 최고 금령은 "하나님 외에 다른 신을 두지 말라"(출20:3)는 것이다. 그리고 성경의 최고 선물은 "유일하신 참 하나님과 그가 보내신 자 예수 그리스도"를 아는 영생의 선물이다(요17:3). 계시가 계명이요, 영생이다. 그리고 그 계시를 받아들이는 것이 곧 신앙이요 예배요 성화요 구원이다. 그러므로 오늘 아직 기회가 있을 때 성경을 들어 읽고 먹고 살아내고 증언하고 가르쳐야 한다. 신의 언어가 내 안에서 넘쳐서 이웃과 학교와 직장과 열방으로 흘러가야 한다.

_구체적인 통독 방법은?

성경 66권을 90일간 통독한다. 읽으며 질문하고 묵상하며 연구할 수 있으면 가장 좋다. 매일 15장 내외의 분량을 읽되, 성경의 흐름에 맞게 진도를 정해서 읽으면 좋다. 혼자서 또는 드라마 바이블(www.dramabible.org, 플레이스토어 또는 앱스토어에서 '드라마 바이블' 다운로드)을 활용할 수도 있다. 한국어 드라마 바이블은 총 85시간으로 구성되어 있으므로 90일간 성경을 읽을 경우 하루 1시간 정도만 들으며 읽으면 성경 전체를 완독할 수 있다.

《보라 통독》 세미나에 참여하시는 분들은 개론강의 포함 16주 동안 강의와 함께 성경통독을 진행할 수 있다(두란노 바이블칼리지 온라인 통독 과정, 참고). 조별로 카톡방에서 서로를 격려하며 읽으면 효율적이다. 매일 읽을 분량에 대한 일일 상세 줄거리 및 보조자료를 올려주고, 질의응답을 하면서 진행할 수 있다. 《보라 통독》은 성경강의를 위한 책이 아니라 성경읽기를 위한 책이므로, 지역 교회에서나 성도들의 소그룹 모임에서도 쉽게 사용할 수 있다. 성경읽기 모임을 인도할 수 있는 기본적인 소양을 갖춘다면, 누구나 성경통독의 기쁨을 배가시킬 수 있다.

_성경이면 충분하다

성경 한 권이면 충분하다. 하나님이 누구이신지, 내가 누구인지를 깨닫게 하는 데에도 충분하고 하나님의 구원을 받게 하기에도 충분하다(딤후3:15). 한국 기독교가 개신교 선교 100년 만에 놀라운 부흥을 거두게 된 것은 모국어로 된 성경이 있었기 때문이다.

1907년 평양대부흥운동은 두 가지 특징을 갖고 있었다. 첫 번째, 기도와 회개의 운동이었다. 선교사들의 회개기도와 성도들의 새벽기도에서 불이 붙었다. 두 번째, 말씀과 변화의 운동이었다. 사경회를 통해서 하나님의 말씀을 듣고 배우는 것만으로도 사람들은 변화되어 술, 담배, 노름, 폭력, 음행, 샤머니즘에서 돌이켰다.

부자와 나사로의 비유에서, 부자가 죽은 자의 부활을 통해 자기 형제들에게 천국과 지옥이 있음을 깨우쳐 달라고 요청하자 예수님이 "그들에게 모세와 선지자들이 있으니 그들에게 들을지니라"(눅16:29)라고 말씀하셨다. 또한 엠마오로 가는 두 제자를 깨우치시며 성경 한 권으로도 그리스도를 발견하기에 충분하다고 말씀하셨다(눅24:27).

성경통독 교재도, 성경통독 세미나도 결국 성경을 읽도록 하는 것이 목적이다. 왜냐면 성경이 스스로 말씀하실 것이기 때문이다. 교재도 세미나도 보조적인 도움일 뿐이요, 성경이 주인공이다. 매일 성경읽기에 가장 큰 정성을 쏟으라.

구약
성경

성경의 지리와 기후를 이해해야 성경이 평면(2D)이 아닌 입체(3D)로 보이게 된다. 성경이 입체적으로 보이면 모세와 함께 광야 40년 험난했던 여정을 동행하게 되고, 이스라엘의 수원인 헤르몬산(헐몬산)의 이슬이 갈릴리와 요단을 흘러 시온의 산들을 적신다(시133:3)는 시인의 노래를 이해하게 되며, 귀환자 느헤미야가 사방에서 압박을 받는 사면초가의 상황(37일 지도 33 참고)에서 어떻게 기적적으로 52일 동안 성벽 재건을 완성했는지 목격하게 된다.

01 | 구약의 지리적 배경

비옥한 초승달 지역

로마　헬라　흑해　카스피해　메소포타미아　앗수르(아시리아)　대해(지중해)　구브로　시리아　모압　바벨론　바사(페르시아)　수메르　애굽(이집트)　에돔　홍해　페르시아만

_구약 성경의 지리

1. 중동

비옥한 초승달 지역(Fertile Crescent)은 티그리스강과 유브라데강 사이에 놓여 있는 메소포타미아("강들 사이의 땅")를 일컫는 말이다. 이 지역은 다른 고대문명 발상지들, 즉 나일강의 이집트 문명, 황하의 중국 문명, 인더스강의 인도 문명보다 발달된 지역이었다. 하지만 하나님은 아브람을 수메르 문명의 우르에서 물이 부족한 가나안으로 부르셨다.

• 제국의 변천사

1. 이집트	고대 최고의 제국(04일ⓑⓒ 및 50일ⓖ 참고)이며 태양을 숭배했다(시121:6).
2. 앗수르	수도는 니느웨이며, BC 722년 북이스라엘을 멸망시켰다(요나, 나훔).
3. 바벨론	수도는 바벨론이며, BC 586년 남유다를 멸망시켰다. 느부갓네살 때 전성기였다. 고대 바벨론 제국은 바벨탑과 수메르 문명의 중심지였다(다니엘).
4. 바사	수도는 수산이며, BC 538년 고레스 칙령이 있었다 (에스더, 에스라, 느헤미야).
5. 헬라	BC 330년 알렉산더가 세계를 통일했고 헬라어가 국제 공용어가 되었다.
6. 로마	BC 27년 아구스도가 제정 로마를 시작했고 법과 도로를 정비했다. 황제숭배를 강요했고 기독교를 박해했다(고넬료, 베드로, 바울, 요한).

2. 이스라엘

이스라엘은 대한민국의 약 5분의 1 크기로 강원도 면적과 비슷하다. 동서 길이가 130-160km이고, 남북 길이가 400km에 이른다. 북쪽 단에서 남쪽 브엘세바까지(21일ⓐ 참고)가 이스라엘 영토 전체를 일컫는 관용적인 표현이다.

이스라엘은 크게 지중해 해변에 형성된 기름진 평야, 유다 동부와 남부에 형성된 척박한 광야, 그리고 북쪽 갈릴리에서 남쪽 유다까지 요단강과 평행하게 형성되어 있는 산맥, 갈릴리 동북부 헤르몬산에 이르는 고원 지대로 이루어져 있다. 요단강 남부에는 세계에서 해발고도가 가장 낮은 염해가 있어서, 작은 영토 안에 정말 다양한 지형과 기후를 경험할 수 있는 독특한 지리적 구성을 보여준다.

- 브엘세바: "약속의 우물"이라는 뜻으로 아브라함과 이삭의 거처였고, 이스라엘 최남단의 도시이자 네게브("남방")로 가는 관문 도시다.

- 헤브론: 아브라함이 막벨라굴을 매입한 후 족장들(아브라함, 이삭, 야곱)의 무덤 때문에 이스라엘의 선산이 된 도시다.

- 베들레헴: "떡집"이라는 뜻으로, 예루살렘 남쪽 9km에 있으며, 다윗의 고향이자 예수님의 탄생지다.

- 예루살렘: "평화의 도시"라는 뜻으로, 해발고도 760m이며, 한때 여부스족의 거처였으나 이후 다윗성이 되었다. 시온산 위에 성전이 세워졌으며, 오늘날에는 3대 종교(유대교, 기독교, 이슬람교)의 성지가 되었다.

- 여리고: 고고학적으로는 BC 4천년 경부터 시작된 세계 최고(最古)의 도시로서, 종려나무와 오아시스가 많고, 상업과 무역의 관문이었다(라합, 아간).
- 세겜: "어깨"라는 뜻으로 에발산 기슭에 있고, 정복 및 사사시대에 이스라엘의 중심지였다. 오늘날에는 "나블루스"라고 불리는 팔레스타인의 중심지다(야곱, 요셉, 아비멜렉).
- 사마리아: 아합의 부친 오므리가 천도한 이래 북이스라엘의 수도였다. 우상숭배와 타락의 상징이 되었고, 북왕국 멸망 후에는 지역명이 되었다(아합, 이세벨, 엘리야, 엘리사).
- 실로: 벧엘에서 동북 15km에 있으며 정복기 때부터 언약궤가 머문 곳이었다(엘리).

- 므깃도: 갈멜산 남쪽에 있는 도시로서 많은 전쟁이 발생한 평야 지대다(요시야, 아마겟돈).
- 단: 단 지파가 정복한 후 이스라엘의 최북단 도시가 되었고, 북왕국의 여로보암이 금송아지 우상을 세웠던 도시다.

3. 주변 민족

- 에돔: "붉다"라는 뜻이며 에서의 자손들이다. 영토는 염해와 아카바만 사이의 땅, 즉 왕의 대로의 남쪽 지역이며, 세일산이 중심지였다. 다윗왕이 정복했으나 분열왕국 때 독립되었고 바벨론에 멸망했다. 이후 복음 시대에 에돔의 후손인 헤롯왕이 등장한다.

03 | 이스라엘의 주변 민족

- 모압: 롯의 자손이다. 영토는 염해 동쪽 지역이며 강수량이 많고 땅이 비옥하여 곡물이 풍부했다. 모세는 이곳에 도착해서 신명기를 남기고 죽었다. 다윗왕으로부터 아합왕 때까지 이스라엘의 지배를 받다가 메사 왕이 독립을 쟁취했다. 모압인은 그모스 신을 숭배했다(발락, 에훗, 룻).

- 암몬: 롯의 자손이다. 영토는 요단강 동편 지역이고 수도는 랍바성이다. 다윗이 랍바성을 정복했었다. 암몬인은 몰록(말감, 밀곰) 신을 숭배하며 유아 인신 제사를 지냈다.

- 아람: 셈의 자손이다. 영토는 시리아 지역이고 중심지는 다메섹이다. 히브리인도 아람인으로 불렸지만(신26:5), 정확히는 형제 민족이다. 갈릴리 북동쪽에 도시 국가들(소바, 마아가, 르홉 등)을 형성했다. 아람어는 복음시대 레반트의 공용어였다(벤하닷, 하사엘, 나아만).

- 미디안: 아브라함이 후처 그두라에게서 낳은 자손이다. 이스라엘의 동쪽(창25:6)으로 이동해서 아라비아 반도와 시내반도에 걸쳐서 살았다. 이들은 이스마엘 후손과 더불

어 고대에 유명한 대상들(창37:27-28)이었다. 모세가 미디안에 피신해서 40년을 지냈다(이드로).

- 아말렉: 에서의 자손으로 시내 반도와 네게브에 거주하면서 약탈을 일삼았다. 이들은 출애굽한 이스라엘을 처음으로 공격한 민족이었다(하만).

- 가나안: 함의 자손으로 일곱 족속(헷, 가나안, 아모리, 히위, 여부스, 브리스, 기르가스 족속)에 대한 총칭이며 가나안 땅 원주민들이다. 이들은 바알과 아세라, 아스다롯 신을 섬겼는데, 우상숭배와 타락으로 하나님의 진노의 대상이 되었다(창15:16).

- 블레셋: "외국인, 이주자"라는 뜻이며 함의 자손이다. 그리스 암흑기(23일ⓕ⇒ 참고) 때 에게해에서 가나안으로 이주해온 해양 민족으로서 강력한 전사들의 공동체였다. 5대 도시(가드, 가사, 아스돗, 에그론, 아스글론) 연합체였으며, 다곤 신을 섬겼다(골리앗).

- 베니게: "자주색"이라는 뜻이며, 함의 자손이다. 영토는 시리아 서쪽 해안이며 주요 도시인 두로와 시돈은 고대 최강의 무역국 베니게를 형성했다(히람, 이세벨).

4. 이스라엘 단면도

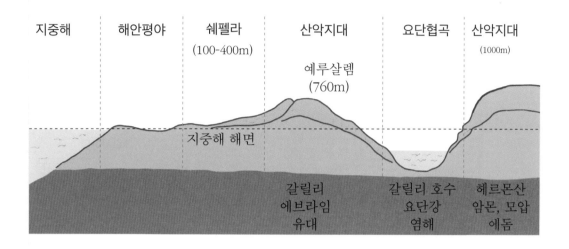

표01_ 이스라엘 동서단면도

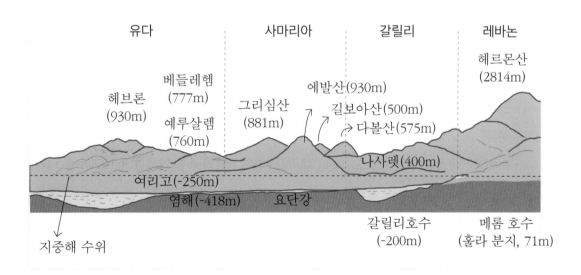

표02_ 이스라엘 남북단면도

04 | 성경지리의 수역

- 지중해: 성경은 대해(민34:6), 서해(신11:24), 블레셋 바다(출23:31)라고 부른다. 북으로 유럽, 동으로 아시아, 남으로 아프리카가 있어서 민족 간 이동과 상업, 전쟁의 무대였다. 복음시대에 로마제국은 지중해의 패권을 장악한 국가(계17:1)였다.
- 갈릴리: 호수이면서 바다(히, 얌, "많은 물")라고 불린 것은 워낙 가나안이 물 부족 지역이었기 때문이다. 이는 마치 솔로몬 성전의 대형 물두멍을 "놋 바다"(대하4:2)라고 부른 것과 같다. 또 다른 이름으로는 긴네렛, 긴네롯("하프, 수금"), 디베랴(헤롯이 티베리우스 황제를 위해 건설한 도시), 게네사렛("왕자의 정원")이다. 호수의 너비가 12km, 길이가 24km에 달하며 풍부한 수자원을 제공한다. 환절기에는 일교차로 밤에 광풍이 불기도 한다.
- 요단강: "내려간다"는 뜻으로, 요단 계곡을 따라 갈릴리에서 염해까지 100km를 내려가는 물줄기다. 수원은 헤르몬산(2,814m, 시133:3)이며 이스라엘의 생명 줄기다. 오늘날 이스라엘 전역에 물을 공급해 주는 관개시설망이 형성되어 있다.
- 염해: 요단 협곡에 있는 소금 호수로서, 너비는 17km 길이는 80km에 해발고도 -400m의 지구상 최저 지역이다. 광물이 풍부하며 오늘날에는 수량이 부족하여 둘로 나뉘어 있다. 염도가 30%라서 외해보다 10배 높다. 또 다른 이름은 아라바의 바다(신3:17), 동해(욜2:20, 지중해인 서해의 반대편이라는 의미에서)다.

- 나일강: 동부 중앙 아프리카 고원에서 발원해 지중해로 유입되는 애굽의 젖줄기요 세계 최장인 6,650km의 강이다. 애굽이 교만했던 근거였으며, 성경은 바로를 나일강의 "큰 악어"(겔29:3)라고 부르기도 했다(요셉, 모세).
- 홍해: 시내 반도를 둘러싸고 있는 바다로서 서쪽은 수에즈만이고 동쪽은 아카바만이다. 출애굽한 이스라엘이 건넌 홍해는 수에즈만이었다(5일ⓐ, ⓑ 참고).
- 힛데겔 유브라데: 힛데겔(단10:4) 즉 티그리스강(2,000km)과 유브라데강(3,000km)은 메소포타미아("강들 사이") 문명의 근간이었다. 에덴동산에서 발원한 네 강 중에 포함된다(창2:14). 여기서 수메르, 앗수르, 바벨론, 바사 제국이 흥망성쇠를 거듭했다.
- 페르시아만: 힛데겔과 유브라데가 합류해 흘러나가는 바다로서 인도양과 연결된다.

_성지의 기후

이스라엘은 강수량이 연간 평균 500ml 정도 되는 땅이기 때문에 위로부터 은혜의 단비를 구해야 했다. 이스라엘은 동쪽의 메소포타미아나 서쪽의 애굽처럼 강의 범람으로 농작을 하고 목축을 하는 땅이 아니라, 오롯이 하나님의 은혜만 의지하여 살아가는 땅이었다. "너희가 건너가서 차지할 땅은… 하늘에서 내리는 비를 흡수하는 땅이요"(신11:11).

- 우기와 건기

가을	10월	이른 비	파종
겨울	11~3월	**우기**	증산
봄	4월	늦은 비	추수
여름	5~9월	**건기**	과일

"여호와께서 너희의 땅에 이른 비, 늦은 비를 적당한 때에 내리시리니 너희가 곡식과 포도주와 기름을 얻을 것이요"(신11:14).

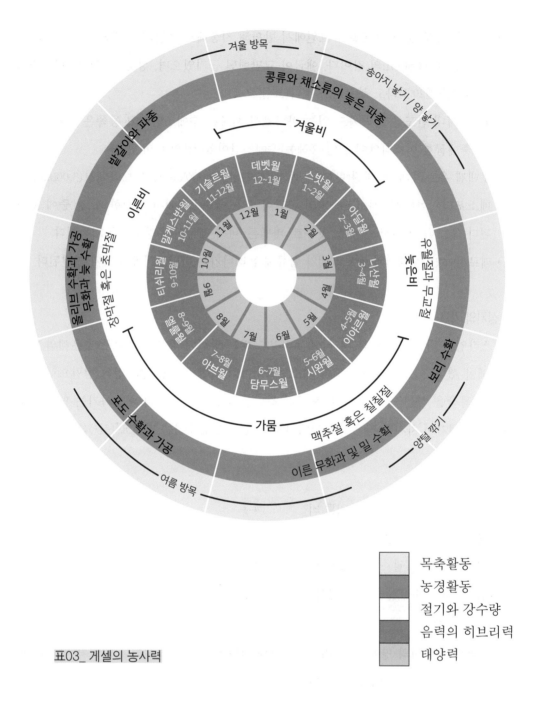

표03_ 게셀의 농사력

범례:
- 목축활동
- 농경활동
- 절기와 강수량
- 음력의 히브리력
- 태양력

• 이른 비: 여름을 지나 우기 초(10월)에 내리는 비로서, 개간과 파종이 가능하게 해준다.

• 늦은 비: 우기 말(4월)에 내리는 비로서, 곡식의 증산에 도움이 된다.

- 비 유형: 이슬비, 소낙비, 폭우, 장마비 등이 있다. 연간 강수량은 적은데 갑자기 비가 내리면 하천과 건천(히, 와디)이 범람해서 위험해지기도 한다.
- 비 이용: 강수량이 적기 때문에(연간 엠해는 50mm, 네게브는 100mm, 예루살렘은 500mm, 사마리아는 700mm, 갈릴리는 1,000mm, 헤르몬산은 1,400mm) 비를 저장하는 회반죽 웅덩이(cistern, 렘2:13)를 사용했다. AD 66-70년에 일어났던 유대 독립전쟁의 최후 항전지였던 마사다가 로마군을 상대로 AD 73년까지 버틸 수 있었던 것도 저수지 시설 덕분이었는데, 본래 이 시설은 헤롯 대왕이 자신의 사우나 이용을 위해서 만든 것이었다.
- 이슬: 비가 적은 지역이라 이슬로도 농사를 지을 정도였다. "헐몬의 이슬이 시온의 산들에 내림 같도다"(시133:3). 이슬은 맑은 날 밤에 습도가 높고 기온이 내려갈 때 발생하기 때문에, 광야(민11:9)와 이스라엘에서(삿6:37) 생명 활동을 유지하는 데 큰 도움이 되었다.
- 한서의 차: 낮 기온은 섭씨 40도까지 올라가고 밤 기온은 섭씨 10도까지 내려가기 때문에, 큰 일교차로 인해서 긴팔 옷(겉옷)이 필수다. 낮에는 더위를 피하게 해 주고 밤에는 추위를 피하게 해주기 때문이다. 하나님은 출애굽한 이스라엘 백성을 구름기둥과 불기둥으로 보호하셔서 한서의 차를 극복하게 해주셨다.
- 바람: 이스라엘의 날씨는 바다(지중해)와 사막(시로-아라비아)의 싸움이라고 할 수 있다. 서풍은 우기에 대해에서 불어오는 바람이요 비구름을 몰고 왔다(왕상 18:44). 동풍은 건기에 불어오는 시로코 열풍으로 과일을 숙성시켰다. 하나님은 이 강력한 동풍을 밤새 불게 하셔서 바닷물을 말리는 기적을 일으키셨다(출14:21).
- 7대 작물: "**밀과 보리**의 소산지요 **포도와 무화과와 석류와 감람나무**와 **꿀**의 소산지라"(신 8:8).
- 문화에 따른 4가지 민족 유형

1	농경민족	강을 끼고 풍부한 강수량을 이용해 농업하는 민족(애굽, 메소포타미아).
2	사막민족	강수량이 부족한 사막지역에서 목축 내지 무역을 하는 민족(미디안).
3	해양민족	바다를 활용해서 국제적인 무역업을 하는 민족(블레셋, 베니게).
4	광야민족	적정량의 강수량을 이용해 농업과 목축업을 병행하는 민족(이스라엘). -이스라엘은 서쪽 평야에서는 농업을 하여 과일의 꿀을 얻고, 동쪽 광야에서는 목축을 하여 젖을 얻었으니, 젖과 꿀이 흐르는 땅이었다.

성경통독은 성경의 파노라마를 개관하는 것이다. 묵상이 말씀을 깊이있게 보고, 성경공부가 말씀을 자세하게 보고, 암송이 말씀을 정확하게 보는 것이라면, 통독은 말씀을 전체적으로 파악하여 흐름을 보는 것이다. 그러므로 통독을 할 때 성경 이야기의 흐름을 파악하면서 읽는 데 주안점을 두라. 다만 중간중간에 성령께서 머물게 하시면 묵상하고, 연구하게 하시면 공부하고, 마음에 새기게 하시면 암송하라. 그러면 성경통독이 더욱 풍성해지고 유익해진다.

성경통독을 하다 보면 만나는 몇몇 난구간이 있다. 족보를 읽다 보면 방언이 나올 것 같고, 제사제도는 피바다이고, 욥기를 보면 늪에 빠진 기분이고, 예언서를 보면 뜬구름 잡는 이야기처럼 들린다. 하지만 성경에 이런 부분들이 기록된 이유가 있다. 족보를 잘 보면 하나님의 역사가 드러나고, 피흘림의 제사에서는 죄와 구원의 문제를 보게 되며, 욥기에서는 고난 중에도 함께하시는 하나님을 발견하게 되고, 예언서에서는 예언기도보다 훨씬 인격적인 주님의 음성을 듣게 된다.

성경통독은 전체의 흐름을 파악하는 것이 중요하지만, 질문이 일어나는 것을 덮어두지 말라. 질문은 더 깊은 깨달음을 위한 디딤돌이요, 하나님과의 더 깊은 대화를 위한 연결점이 되기 때문이다. 다만 창세기 앞부분의 "선악과" 질문에만 머물러 진도가 나가지 않고 있다면 문제다. 통독을 계속 해 나가면서, 질문은 질문대로 성경에 체크해 두거나 따로 기록해 두라. 그리고 성경의 나머지 부분이 그 질문에 대한 해답을 풀어내도록 의탁하라. 그러면 성경 전체의 계시 안에서 모든 인생과 역사의 궁금증들이 풀리는 은혜를 체험하게 될 것이다.

성경(Bible)은 책이라는 헬라어 "비블리오(biblio)"에서 나왔다. 그러므로 대문자로 시작되는 성경(the Bible)은 "바로 그 책"(벧후1:20-21)이다. 이것은 사람의 책이 아닌 하나님의 책이기 때문이다. 그러므로 사실 세상 역사(History)는 그분의 스토리(His Story)다. 성경을 통해 드러나는 하나님의 이야기를 따라가 보면, 사람의 이야기 가운데 면면이 흐르는 하나님의 이야기를 발견하게 될 것이다.

　성경은 크게 구약과 신약으로 구성되어 있다. "구약"(고후3:14)은 "첫 언약"(히8:7)이며 "신약"은 "새 언약"(렘31:31; 히8:8)이다. 사실 하나님이 사람과 언약을 맺으셨다는 것은 놀라운 일이다. 절대자가 자발적 구속의 관계로 들어오신 것은 우리를 향한 진정한 사랑 때문이다. 우리는 성경을 읽으며 하나님의 마음을 읽고 알아야 한다. 결국 구약은 "하나님을 알라"는 내용이고 신약은 "예수님을 알라"는 내용이기 때문이다. 이것이 성경의 가장 핵심적인 내용이다.

〈성경의 구조1〉

구약	39권	히브리어	창조부터 예수님까지	이스라엘
신약	27권	헬라어	예수님부터 종말까지	교회

〈성경의 구조2〉

	기초	과거	현재	미래
구약	율법서	역사서	시가서	예언서
신약	복음서	역사서	서신서	예언서

_구약성경의 구분

　구약성경은 히브리어로 기록되어 있으며, 히브리 성경은 율법서, 선지서, 성문서로 구분하지만, 헬라어 구약성경은 율법서, 역사서, 시가서, 예언서로 구분한다. 예수님이 "…**모세의 율법과 선지자의 글과 시편**에 나를 가리켜 기록된 모든 것이 이루어져야 하리라…"(눅24:44)고 말씀하시며 구약성경의 권위를 인정하셨다.

〈구약의 순서〉

구약의 순서는 일차적으로 유형별로 배열되어 있고 이차적으로 연대별로 배열되어 있다.

역사서		시가서		예언서	
(17권)		(5권)		(17권)	
율법서		시가서		대예언서	
창	창세기	**욥**	욥기	**사**	이사야
출	출애굽기	**시**	시편	**렘**	예레미야
레	레위기	**잠**	잠언	**애**	예레미야애가
민	민수기	**전**	전도서	**겔**	에스겔
신	신명기	**아**	아가서	**단**	다니엘
역사서				소예언서	
수	여호수아			**호**	호세아
삿	사사기			**욜**	요엘
룻	룻기			**암**	아모스
삼상	사무엘상			**옵**	오바댜
삼하	사무엘하			**욘**	요나
왕상	열왕기상			**미**	미가
왕하	열왕기하			**나**	나훔
대상	역대상			**합**	하박국
대하	역대하			**습**	스바냐
스	에스라			**학**	학개
느	느헤미야			**슥**	스가랴
에	에스더			**말**	말라기

〈구약의 시대〉

1.창조〉2.족장〉3.광야〉4.정복〉5.사사〉6.통일〉7.분열〉8.포로〉9.귀환〉10.침묵

01. **창조**시대: 하나님이 온 세상을 창조하신 시대.

02. **족장**시대: 하나님이 족장들과 동행하신 시대.

03. **광야**시대: 하나님이 광야에서 인도하신 시대.

04. **정복**시대: 하나님이 가나안을 정복케 하신 시대.

05. **사사**시대: 하나님이 사사들로 구원하신 시대.

06. **통일**시대: 하나님이 통일왕국을 세우신 시대.

07. **분열**시대: 하나님이 남북왕국을 다스리신 시대.

08. **포로**시대: 하나님이 포로된 백성을 도우신 시대.

09. **귀환**시대: 하나님이 유다인을 귀환시키신 시대.

10. **침묵**시대: 하나님이 말라기 이후 침묵하신 시대.

05 | 지도로 보는 구약 역사

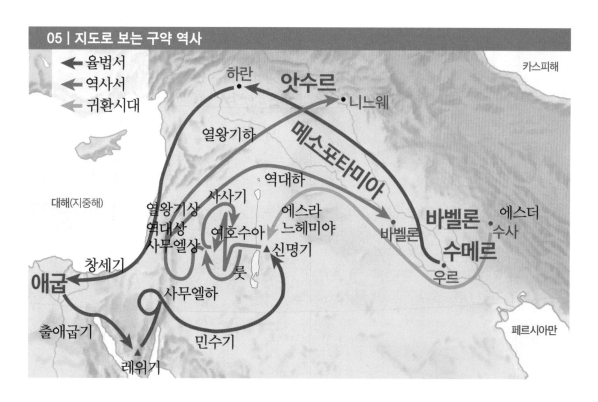

율법서는 성경 66권의 시작이자 구약의 시작이며, 하나님의 자기 계시의 시작이다. 율법서는 하나님이 누구이신가에 대해 분명하면서도 반복적으로 말씀하고 있다. 창세기는 시작의 책이다. 출애굽기는 탈출의 책이다. 창세기를 통해 하나님은 부족해 보여도 족장들처럼 하나님을 믿고 따르는 한 사람을 통해서 세상을 회복하고 구원 계획을 세우시는 분임을 알게 된다. 또한 출애굽기를 통해 구원은 자격없는 백성에게 베푸신 하나님의 언약적 사랑임을 알 수 있다. 구원은 우리에게 자격이 있어서 주어진 것이 아니라, 하나님의 전적인 사랑의 섭리이다. ─────────────────────────────

Week 01

창세기 01장 - 출애굽기 40장

● 율법서

율법서(토라)는 모세오경으로, 구약성경을 비롯한 성경 전체의 근간이다. 여기에는 인류의 시작과 이스라엘의 족장들, 출애굽부터 가나안에 이르기까지의 여정이 담겨 있으며, 도덕법(십계명)과 의식법(제사법) 및 시민법이 나와 있다.

율법서는 성경 66권의 시작이자 구약의 시작이며, 하나님의 자기 계시의 시작이다. 율법서는 하나님이 누구이신가에 대해 분명하면서도 반복적으로 말씀하고 있다.

모세오경은 모세의 저작인가, 아니면 후대에 편집된 작품인가? 오경은 내용과 주제와 목적과 문체에 있어서 일관성과 연속성을 보여주고 있기 때문에 한 사람의 작품으로 추정된다. 창세기에 이미 출애굽과 가나안 정복에 대한 약속의 말씀이 등장하고 있기 때문이다(창15:13-16). 모세가 창조의 역사부터 기록할 수 있었던 것은 히브리인의 강력한 구전 전통과 더불어 하나님의 직접적인 계시로 추정된다(출33:11). 이는 마치 사도 바울이 예수님의 공생애를 직접 목격하지 못했지만 부활의 예수님을 만나서 직접 복음에 대한 계시(갈1:12)를 받아 증거했던 것과 같다고 하겠다. 그 외에도 모세가 기록했다고 성경 자체가 증언하고 있다(출17:14, 24:4; 신31:9, 24). 예수님도 모세가 저자임을 여러 차례 말씀하셨다(마8:4, 19:8, 23:2; 막7:10, 12:26; 눅24:27, 44; 요7:19). 또한 구약의 모세는 신약의 바울처럼 지적으로 성경의 주요 내용을 기록할 만한 준비가 되어 있었다(행7:22).

모세의 출애굽 연대를 BC 15세기로 볼 경우(4일ⓑ 참고), 투트모세1세 때 하셉수트 공주에게 입양되어(4일ⓗ 참고) 애굽의 언어와 학문을 배운 것으로 추정된다. 그는 40세에 애굽인을 죽이고 도망쳐 미디안 광야에서 40년간 목자로 살았다. 그러나 그 기간이 잃어버린 40년이 아니었음은 그가 앞으로 광야의 지도자가 될 것이기 때문이다. 80세에 모세는 애굽으로 돌아가 히브리 백성을 구출해 냈고 40년간 인도하여 모압 평지까지 이르렀다. 그리고 가나안 진입 미션은 후임자 여호수아에게 맡기고 눈을 감았다. 그는 구약 최대의 구원 사건인 애굽 탈출(exodus)을 이끈 인물로 장차 오실 구원자 그리스도를 예표한다.

율법서	정의	계시
창세기	세상을 창조한 기록	창조하시는 하나님
출애굽기	애굽을 탈출한 기록	구원하시는 하나님
레위기	제사를 설명한 기록	용서하시는 하나님
민수기	백성을 계수한 기록	인도하시는 하나님
신명기	계명을 거듭한 기록	말씀하시는 하나님

● 창세기

창세기는 시작의 책이다. 1-11장은 '원역사'이며 세상만물의 시작을 비롯하여 인류, 죄, 언약, 민족의 시작이 담겨 있으며, 4대 사건으로 구성되어 있다. 12-50장은 '족장사'이며 아브라함, 이삭, 야곱, 요셉이라는 4대 인물로 구성되어 있다.

창세기는 거대한 창조 이야기에서 한 개인의 이야기로 축소되는 것 같지만, 사실 피조만물은 한 사람을 위해 준비된 선물이었다. 하나님은 망가진 세상을 구원하시기 위해 언약을 맺고 하나님의 뜻을 이룰 한 사람을 부르셨다. 하나님은 한 사람 아담을 하나님의 형상으로 창조하셨다. 그러나 그가 불순종하고 타락하자 인간을 구원하실 한 분 메시아를 보낼 계획을 알리셨다(3:15). 그리고 한 사람 아브라함을 부르셔서 이 일을 구체화하기 시작하셨다(12:1-3). 하나님은 아브라함에게 땅과 자손과 복에 대한 언약을 주셨다.

창세기는 천지창조라는 거대한 역사로 시작된다. 그러나 이후로 실패의 역사가 반복된다. 타락(3장), 홍수(7장), 바벨탑(11장) 등 3연속 실패가 이어진다. 그렇다면 '하나님이 만드신 인간이 문제가 있었던 것 아닌가?'라는 의문이 들 수 있다. 이후로 등장하는 족장들도 부족해 보이기는 마찬가지다. 그런데 역설적이게도, 이런 사건들은 하나님이 만드신 인간이 부족해서가 아니라 너무 탁월해서 생긴 문제였다. 하나님은 인간에게 자유의지를 주셨고 탁월한 지성과 용기와 능력을 주셨기 때문에, 하나님의 형상인 한 사람이 어떻게 사느냐에 따라 온 세상을 파멸시킬 수도 있었다. 타락, 홍수, 바벨탑 사건은 탁월한 영웅이었던 아담 및 가인의 후손과 니므롯이 얼마나 큰 영향력을 끼쳤는지를 보여준다. 그런데 세상은 영웅들이 그렇게 실망을 시켜도 여전히 영웅을 원한다. 하지만 하나님은 부족해 보여도 족장들처럼 하나님을 믿고 따르는 한 사람을 통해서 세상을 회복하고 구원하실 계획을 세우시는 분이다. 결국 창세기에 드러난 하나님은 창조하시는 하나님이실 뿐 아니라, 한 사람에게 인생과 역사를 위임하시는 하나님, 믿고 맡겨주시는 하나님이시다.

○ 인류의 시작 (1-11장)				
1	창조	1-2장	세상만물의 창조	
2	타락	3-5장	선악과와 살인자	4대 사건
3	홍수	6-9장	홍수로 심판하심	
4	바벨	10-11장	바벨탑과 흩어짐	

○ 히브리인의 시작 (12-50장)				
1	아브라함	12-23장	믿음의 조상	
2	이삭	24-26장	묵상의 사람	4대 인물
3	야곱	27-36장	갈급한 인생	
4	요셉	37-50장	민족 구원자	

● 출애굽기

출애굽기는 탈출의 책이다. 1-11장은 모세의 소명과 기적에 대해, 12-24장은 출애굽 사건과 시내산 언약에 대해, 25-40장은 성막 건축과 백성의 부패에 대해 기록하고 있다.

야곱의 후손들이 애굽에서 산 지 430년이 되었고 그들이 바로의 압제 아래 부르짖자 하나님이 모세라는 지도자를 보내셔서 그들을 구출해 내셨다. 그리고 시내산에서 하나님의 친 백성으로 언약을 맺고 예배의 핵심인 성막을 건축하게 하셨다. 출애굽은 구약 전체에서 가장 중요한 사건이면서 동시에 시내산 언약식을 위한 도입부 역할을 한다. 애굽은 히브리 민족이 이스라엘 국가로 성장하는 데 모태 역할을 한 동시에, 그들이 애굽을 떠나야만 하는 역사적인 계기를 제공해 주었다. 오순절을 통해 교회가 출산되었다면, 유월절을 통해 이스라엘이 출산되었다.

출애굽은 하나님의 백성에게는 기념비적인 구원의 역사였다. 그러나 도와달라고 부르짖던 백성의 모습은 이내 실망스럽게 되고 만다. 광야에 들어서자 그들은 끊임없이 원망과 불평을 늘어놓았다. 애굽에서의 탈출은 가나안으로의 입성을 목표로 하는 것인데, 도대체 이런 수준의 민족이 과연 하나님이 맡기신 사명을 감당할 수 있겠는가 의구심이 들 정도였다. 결국 이들은 시내산에서 하나님의 임재를 체험하자마자 바로 금송아지 우상숭배를 해서 하나님의 진노를 샀고, 하나님은 이들을 멸하시려는 생각까지 하셨다(32:10). 유대인들은 시내산 언약을 결혼 서약이라고 해석한다. 그러나 이스라엘은 순결한 신부가 되기에는 여전히 노예근성과 우상숭배의 습성에서 벗어나지 못한 상태였다. 그야말로 출애굽의 구원은 자격 없는 백성에게 베푸신 하나님의 언약적 사랑이었다. 이를 통해 구원은 우리에게 자격이 있어서 주어진 것이 아니라, 하나님의 전적인 사랑의 섭리임을 깨닫게 된다.

○ 모세의 변화 (1-11장)			
1	왕자	1장-2:15	40년간 애굽의 왕자
2	목자	2:16-4장	40년간 광야의 목자
3	지도자	5-11장	10가지 재앙을 쏟음

○ 출애굽과 시내산 (12-24장)			
1	출애굽	12장-15:21	유월절과 홍해 도해
2	시내산	15:22-24장	언약 백성 위한 계명

○ 성막의 건축 (25-40장)			
1	설계	25-31장	성막과 기구의 양식
2	부패	32-34장	금송아지 우상숭배
3	건축	35-40장	성막 완성하여 봉헌

Day 01

세상의 시작
창세기 1-11장

 하나님은 창조하신 인간이 타락하자 홍수로 심판하셨는데
그들은 또 바벨탑을 쌓았다.

① 창조(1-2장) 하나님은 천지만물을 창조하신 뒤 사람을 에덴에 두셔서 다스리게 하셨다.
② 타락(3-5장) 인간이 범죄해 타락한 뒤 악한 가인의 계보와 거룩한 셋의 계보가 나뉘었다.
③ 홍수(6-9장) 하나님은 악한 세상을 홍수로 심판하셨지만 노아 가족은 방주로 구원하셨다.
④ 바벨(10-11장) 하나님은 바벨에서 흩으셨지만 아브람을 선택하셔서 새 역사를 준비하셨다.

07 | 노아 자손의 분포도

ⓐ **에덴동산**(2:10)은 티그리스 유브라데강 근처에 있다고 추정된다. 일부 유대인들은 기혼강과 예루살렘의 기혼샘이 연관이 있다고 보며 에덴동산이 예루살렘에 있었다고 추정한다.

ⓑ 노아방주의 잔재가 **아라랏산**(8:4, 5,177m의 화산, 중동 최고봉)에서 발견되었다는 제보가 많다. 다만 1991년 터키가 입산을 금지시켰다.

ⓒ **방주**는 타이타닉호 절반 길이로 양 10만 마리가 수용 가능하며, 포유류 3,700종, 조류 8,600종, 파충류 6,300종을 다 태울 수 있는 크기였다.

 ① 창조(1-2장)

① (1장) <천지 창조>

Ⓐ 천지 창조는 어떤 특징을 갖는가(1장)?

1. 성부(1절), 성령(2절), 성자(3절, 요1:1-3)는 창조되지 않은 창조의 주체, 즉 **창조주**이시다.
2. 합리적인 **순서**(A.그릇 ⇒ B.내용)로 지적인 설계를 하셨다.

A	1일/ 빛	2일/ 궁창, 물	3일/ 땅, 식물
B	4일/ 해달별	5일/ 새, 물고기	6일/ 육축, 사람

3. **궁창 위의 물**(7절), 즉 대기권 위에 수층이 완벽하게 습도와 온도를 조절해 천년의 수명에 기여했다.
4. **종류대로** 동식물을 창조하셨다(11, 21, 24절).
   - 성경은 종에서 종으로의 대진화(macro-evo-lution)를 인정하지 않는다.
5. **시간의 단위**(14절)는 늘 새로운 기회(sec-ond chance)를 주심이다.
6. 인간을 **하나님의 형상**(image)으로 창조하셨다. 내면의 성품이 하나님을 닮은 자녀가 되게 하심이다.
7. 말씀대로 지어졌기 때문에 하나님이 보시기에 **좋았다**.

-모든 존재의 기본 설정값(default)은 순종이다.
■ 하나님은 천지 만물을 최선으로 창조하셨다.

② (2장) <인간 창조>

1장에서는 천지창조의 개론을 기록했고, 2장에서는 인간창조라는 각론을 기록했다(창6-7장, 10-11장, 마1-2장도 같은 구조다).

Ⓑ 인간 창조는 어떤 특징을 갖는가(2장)?

1. 일곱째 날(2-3절)은 완성, 안식, 강복, 거룩 및 하나님과의 교제를 의미한다.
2. 인간은 흙, **말씀**(1:26), **생기**(7절)로 창조됐다.
   - 아담("흙")의 영적 DNA는 말씀과 성령이다.
3. 인간은 하나님의 **청지기**로 위임되었다(15절).
■ 인간을 사랑하는 자녀이자 동역자로 세우셨다.

Ⓒ 왜 선악과를 만드셨는가(2:9, 16-17)?

1. **선악의 기준**이 하나님께 있음을 인정하라.
2. 그것 하나만 지키면 나머지는 전부 **자유**였다.
3. 악의의 증거가 아닌 **선의와 관용의 증거**였다.
■ 선악의 판단 주체는 인간인가, 하나님인가?

Ⓓ 결혼의 의미는 무엇인가(2:18-25)?

＊ 하나님이 창조하신 세상에 오직 안 좋은 것은 혼자 사는 것이었다.

1. **"돕는 배필"**(히, 에젤)은 하나님의 도움을 뜻한다(시121:1).
   - 여자가 남자를 **완성**해 준다.
2. 여자(히, **이샤**)는 남자(히, **이쉬**)에게 가장 친밀한 존재이자(22절) 소중한 존재다(23절).
3. 결혼=부모로부터의 **독립**+부부의 **연합**(24-25절).
   ■ 결혼은 존재의 완성을 위한 하나님의 섭리다.

② 타락(3-5장)

① (3장) <선악과 사건>

Ⓔ 원죄를 뛰어넘는 원복음을 보라(3장)!

1. 사탄이 뱀에게 들어가 **거짓말**을 했다(요8:44).
2. 인간은 **욕심과 교만**으로 범죄했다(요일2:16).
3. 하나님은 여자의 후손(그리스도)이 사탄을 이길 것이라는 최초의 복음을 주셨다(15절).
   * **노동과 출산**은 하나님의 징계이자 축복이었다(16-17절).
   ■ 인간이 범죄하자 하나님은 무엇을 준비하셨는가?

② (4장) <가인과 아벨>

Ⓕ 최초의 살인의 결과는(4장)?

* 가인("얻다")과 아벨("허무")의 제사의 성패는 피(레17:11)가 아닌 **믿음**에 달려 있었다(히11:4, 6).
* 가인은 **시기와 분노**로 동생 아벨을 죽였다.
1. 하나님은 징계하시면서도 보호하셨다(15절).
2. 가인은 하나님을 떠나 최초로 도시를 건설했고(16-17절) 그의 자손들은 번창했지만 악인들이었다.
   ■ 경쟁심으로 인간의 제국을 세우겠는가, 사랑과 헌신으로 하나님 나라를 세우겠는가?

③ (5장) <아담의 족보>

Ⓖ 아담의 족보를 통해 무엇을 배우는가(5장)?

1. **아담의 족보**가 밋밋해도 하나님은 인정하셨다(1절).
   cf) **가인의 족보**는 물질, 문화, 문명으로 화려했다.
2. 예배자(4:26), 동행자(22절), 위로자(29절)가 나왔다.
3. **므두셀라**("[그가] 죽으면 [심판이] 오리라")
   - 하나님은 969년을 기다려주신 좋으신 분이다.
   ■ 세상의 성공을 구하는가, 거룩한 가문을 구하는가?

③ 홍수(6-9장)

① (6장) <의인 노아>

Ⓗ 하나님은 왜 홍수로 심판하셨는가(6:5-6)?

1. 셋의 거룩한 자손 vs 가인의 **타락**한 자손(2절).
2. 하나님은 인류가 **회복불능**일 때 심판하셨다(5절, 35일Ⓗ5 참고).
   * 120년(3절)은 방주 건조 기간 내지 인간의 수명이다.
   * 네피림("거인족", 4절, 11일 ②① 참고)은 홍수 때 멸절되었다.
   * 심판 전에 노아를 위해(14절) 방주를 계획하셨다.

② (7-8장) <홍수심판>

Ⓘ 홍수심판과 노아방주는 실제였는가(7-8장)?

1. 방주에 탄 사람은 노아 가족 **8명**뿐이었다. 배 선(船)=배(舟)+여덟(八)+입(口), 고대 중국의 **한자**에 담겨 있다(《창세기의 발견》, C.H.강).
2. 대홍수는 **지하수**가 터져 해일이 일어나고 하늘의 **수층**(1:6)이 쏟아져 내린 대격변이었다(11절).

3. **긴 수명**(창5)은 사실이다(ⒶA3 참고). 수메르
("시날")문명의 키쉬 1왕조(홍수 전)의 평균
수명이 782세였으나, 우룩 1왕조(홍수 후)
부터 180세로 급감했다.
■ 홍수는 전 지구적 심판이었고 방주는 역
사적 사실이었다.

③ (9장) <노아 언약>

Ⓙ 노아 언약에 드러난 하나님은 누구신가(9장)?

1. 폐허가 된 세상에 다시 처음처럼 **복**을 주셨
다(1절, 1:28).
2. **언약**에 모든 자손과 생물을 포함시키셨다
(9-10절).
3. 비 온 뒤 구름에 뜨는 **무지개**가 징표였다
(13절).
■ 폐허 속에서도 하나님과 함께 희망의 노
래를 부르라!

함의 잘못은 한 번의 실수가 아니라 에서처럼
(25:34) 고질적인 태도의 문제였던 것 같다(22
절).

Ⓚ 가나안("무너지다")의 뜻은 무엇인가(9:25)?

1. 무거운 짐을 지는 **종**.
2. 애굽에 **지배**받는 민족.
3. 이스라엘에 **정복**될 민족.
4. 짐을 진 **상인**(호12:7).

④ 바벨 (10-11장)

① (10장) <노아의 후손>

니므롯("반역자,"8절)은 사냥꾼(고대의 전쟁영웅
을 의미)으로 그의 나라(10절)는 시날(수메르)
에서 시작됐다. 블레셋(14절)은 본래 갑돌(크
레타)섬의 해양민족이었다. 가나안의 장자 시
돈(15절)은 해상무역의 리더인 베니게의 중심
이었다. 벨렉("물줄기, 분리," 25절)은 바벨탑으
로 인한 분리 또는 홍수가 일어난 지 100년 뒤
에 일어난 대륙이동을 암시한다고 추정된다.

② (11장) <바벨탑 사건>

Ⓛ 바벨탑은 왜 무너졌는가(11장)?

1. 지상명령에의 **불순종과 교만** 때문이었다(4
절, 1:28, 9:1).
2. 바벨(아카드어, "하나님께 이르는 문", 히, "혼
돈", 9절)탑 사건은 **징계이자** 더 큰 심판에
대한 **예방**이었다.
* 장차 성령이 임하시면 혼잡해졌던 모든
언어로 (행2:8-11) 복음이 증거되리라.
■ 하나님은 징계를 통해 더 큰 심판을 막으
셨다.

데라가 당대 최고의 문명지였던 우르를 떠난
것(31절)은 아들 하란의 죽음 및 당시 엄청난
모래폭풍과 엘람인의 공격("우르의 애가"에 기
록됨) 때문으로 추정된다. 한편 그들이 하란에
기착한 것은 하란이 우르처럼 풍요로운 도시
였고 또한 달을 숭배하는 같은 문화권의 도시
였기 때문이다.

- 하나님은 그분의 뜻을 온전하게 펼치시는
전능하신 창조주이시다(1장).
- 하나님은 진리에 어긋날 때 징계하시는 **공
의로우신 하나님**이시다(6, 11장).
- 하나님은 심판 중에도 인간을 포기치 않는
사랑의 하나님이시다(3:21, 4:15, 7:7).

Day 02

아브라함과 이삭
창세기 12-26장

 하나님은 아브라함을 약속의 땅에 부르셔서 이삭을 주셨고,
이삭은 야곱을 낳았다.

① 아브라함(12-23장) 하나님은 아브라함을 부르셨고 아브라함은 믿음으로 하나님을 따랐다.
② 이삭(24-26장) 이삭은 리브가와 결혼해 에서와 야곱을 얻었고 하나님께 복을 받았다.

ⓐ **우르**(11:28)는 중앙에 지구라트(계단식 사원)가 있는 고대 수메르인의 종교·산업·문명의 중심지였다. 반면 당시 **가나안**은 애굽인들에게 "비에 의존하는 불쌍한 나라"라고 조롱당했다.

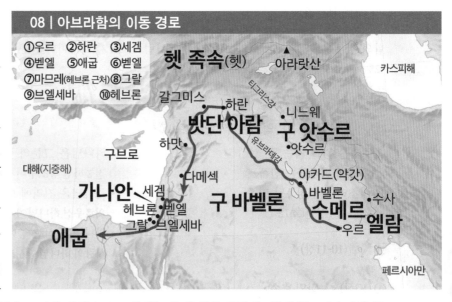

08 | 아브라함의 이동 경로
①우르 ②하란 ③세겜
④벧엘 ⑤애굽 ⑥벧엘
⑦마므레(헤브론 근처) ⑧그랄
⑨브엘세바 ⑩헤브론

ⓑ **다윗의 별**(✡)은 애굽강과 유브라데까지 땅을 주신다는 약속(15:18)의 상징으로 고대에는 유대 왕의 문장에, 현대에는 이스라엘 국기에 사용된다.
ⓒ 아브라함의 자손에게 약속된 이스라엘 땅은 동서방을 잇는 관문으로 유럽인은 '레반트'(Levant, "뜨다"), 로마인은 '팔레스티나', 시리아인은 '가나안'이라 불렀다. 아브라함이 **가나안**으로 이주해 상수리나무(18:1) 곁에 머문 것으로 보아 그는 성밖 우물가를 중심으로 천막생활을 한 **반정착 유목민**이었다.
ⓓ **염해**(사해)는 해발고도 -400m의 사막기후이기 때문에 염분이 바다보다 10배나 많은 30%이며 실제로 주변에 소금기둥(19:26)들이 많다.

① 아브라함(12-23장)

① (12:1-9) <아브람의 이주>

아브람은 1차로 우르에서 하란으로 이주했고, 부친 데라의 죽음과 함께 부르심을 받았다. 그러나 가나안에는 이미 원주민과 도시국가들이 자리잡고 있었다. 1절은 바르 미츠바(유대교 남자 13세 성인식)에서 낭독하는 구절이다.

Ⓐ 하나님은 왜 아브람을 부르셨는가(12:1)?

1. 인간이 시작한 **도시문명**의 실패(가인, 바벨탑).
2. 하나님을 따르는 **한 사람**을 통한 역사의 시작.
3. 고향 친척 아버지 집을 떠나 **하나님만** 의지하도록.
4. 하나님의 **약속**(땅 자손 복)을 믿고 따르도록.
5. 우르에 비해 척박한 땅에서 **빈들의 영성**을 훈련하시려고.
6. **믿음의 조상**으로 만민에게 본이 되도록(15:7).
■ 만민을 구원하시려는 하나님의 큰 그림을 위해 부름받았다.

② (12:10-20) <애굽 여정>

가나안의 강수량 부족 현상은 이때부터도 있었다(10절). 하나님은 인간적인 판단을 한 아브람을 책망하지 않으시고 하나님의 언약과 구원 계획(Ⓒ2, 6 참고)을 방해한 바로에게 재앙을 내리셨다(17절).

③ (13장) <롯과의 이별>

하나님이 아브람에게 친척을 떠나라고(12:1) 하셨을 때 조카 롯이 함께했다(12:4). 그런데 롯은 풍요하지만 죄악의 땅인 소돔과 고모라를 선택했다. 이후 하나님은 홀로 남은 아브람에게 언약을 구체화하셨다(14-17절).

④ (14장) <롯의 구출>

엘람 왕 그돌라오멜(1절)은 셈이 낳은 장자 엘람(창10:22)의 후손이요 오늘날 이란의 선조가 되는 인물이다.

Ⓑ 아브람의 롯 구출작전 개요(14장)

1. 롯의 포로됨은 소돔을 향한 하나님의 **경고**였다.
2. 가나안 **북부연합**이 **남부연합**을 12년간 통치하고 있었다.
3. 아브람은 승리에 취해 안일해진 북부연합군을 야음을 틈타 **기습**해서 적은 군대로 승리했다.
4. **가병 318명**이 오늘날의 구르카족(히말라야 출신 네팔인) 같은 정예부대 역할을 해냈다.
5. **원주민** 마므레, 에스골, 아넬이 든든한 동맹군이 되어 주었다.
6. 소돔 왕은 거래를 시도했지만 **멜기세덱**은 하나님의 축복을 선언했다(히7:1).
■ 하나님을 의지하는 나그네가 구원자가 되다!

⑤ (15장) <아브라함 언약>

Ⓒ 아브라함 언약에 나타난 큰 그림은(15장)?

1. 아브람은 승리 후에 오히려 **상실감**을 느끼고 있었다(2절).
2. 네 자손이 별처럼 많으리라는 **약속**을 주셨다(5절).
3. 하나님이 그의 **믿음**을 의로 여기셨다(6절, 롬4:3).
   – 이것은 할례나 율법 이전의 사건(롬4:9-10).
4. 애굽의 종살이 및 가나안 복귀를 **예고**하셨다(13, 16절).
5. **가나안 7족속**을 죄악 때문에 멸하실 것을 예고하셨다(16절).
6. 장차 이스라엘을 통해 열방을 구원하실 하나님의 **큰그림**이었다.
■ 아브람은 아들 하나 때문에 상심해 있었지만 하나님은 인류구원의 큰 그림을 그리고 계셨다.

⑥ (16장) <하갈과 이스마엘>

아브람이 하갈을 통해 이스마엘("하나님이 들

으셨다")을 낳았으니, 오늘날 중동분쟁은 이삭과 이스마엘의 싸움이다.

⑦ (17:1-18:15) <할례와 약속>

아브람은 99세에 언약의 징표로 첫 할례를 행했다(1절).

⒟ 할례와 언약의 의미는(17:5-16)?

1. **언약**은 본래 자른다(히, 브리트, 15:17)는 뜻이다.
   - 언약을 지키지 않으면 이렇게 쪼개진다는 뜻이다.
2. **할례**는 포피를 잘라 언약을 몸에 새기는 것이다.
   * 아브람("큰 아버지")은 아브라함("열국의 아버지"), 사래("공주")는 사라("왕비")로 **개명**해 주셨다.
   * 하나님이 현현해 약속을 **재확인**하셨다(18:10).
   ■ 하나님의 언약이 나의 가문 안에 흐르고 있는가?

⑧ (18:16-19장) <소돔의 멸망>

⒠ 아브라함의 기도와 롯의 실패(18:16-19장)

1. 아브라함이 6번 간절히 **중보기도**했다(65일 ⒠1참고).
2. 천사가 롯을 구했지만 롯의 아내는 **소금기둥**이 됐다.
3. **소돔**은 불법과 동성애로 심판받았다(19:5, 9). 지금은 염해 밑에 잠겨있는 것으로 추정된다.
4. 딸들은 진리가 아닌 **세상의 도리**를 따르다가 모압과 암몬 자손을 낳았다(19:31, 37-38).
   ■ 나의 자녀교육 목표는 성공인가, 거룩인가?

⑨ (20장) <그랄 여정>

⒡ 하나님은 왜 아비멜렉을 책망하셨는가(20:7)?

* 아브라함이 애굽에서처럼 그랄에서도 속였다(12:11-13).
* 고대 근동에서 이주민의 생존은 매우 불안했다.
* 아브라함의 두려움, 무책임함, 믿음 없음 때문이었다.
⇒ 하나님은 하나님의 **구원 계획**을 **훼방**하는 자를 가장 싫어하시기 때문에 아비멜렉을 책망하셨다(12:17; 출7:4; 14일 ❸8 참고)

⑩ (21장) <이삭의 출생>

신실하신 하나님(1절)은 슬픔이 변해 이삭("웃음")이 되게 하셨다(6절). 사라, 리브가, 라헬, 요게벳, 나오미, 한나, 마리아가 만난 하나님은 역전의 하나님이셨다!

⑪ (22장) <이삭을 바침>

여호와 이레("보다, 공급하다", 14절)의 하나님은 내가 못 보는 것을 보고 공급해 주시는 하나님이시다(히11:1).

⒢ 이삭의 순종이 예표하는 것은(22장)?

* 아들을 바치라는 하나님의 명령에 아브라함이 즉각 순종했다.
* **모리아**("하나님이 보이는 곳", 2절)산이 후에 솔로몬의 성전산(대하3:1)이 되었다(32일 ⒣ 참고).
1. 청년(히, 나아르, 5절, 25일 ⒠1참고) 이삭의 순종(6, 9절)이 **그리스도의 순종**을 예표한다(빌2:8).
2. 아브라함은 아들 대신 양을 죽일 수 있었지만 2천년 뒤 하나님은 양 대신 **아들**을 죽이셨다.
   ■ 이삭의 순종을 통해 십자가를 예표하셨다.

⑫ (23장) <사라의 죽음>

사라는 127세(이삭 36세)에 죽어 헤브론의 막벨라 굴에 장사되었다.

② 이삭 (24-26장)

아브라함이 족내혼(11:29)을 고집한 것은 약속에 대한 신뢰 때문이었고(7절), 이는 근친결혼을 금지한(레18:9) 모세의 율법이 주어지기 이전이었다.

① (24장) <이삭과 리브가>

㉮ 이삭이 평안한 인생이 된 비결은(24-26장)?

1. **묵상**의 사람(24:63) 이삭이 리브가와 결혼했다.
2. 20년간 자녀가 없다가 **기도**하자 자녀를 얻었다(25:21).
3. 하나님이 그에게 **큰 복**을 주셔서 그랄 왕과 화친하게 되었다(26:12, 28).
■ 이삭처럼 사람들과 다투기보다 묵상하고 기도하는 인생인가?

② (25장) <에서와 야곱>

아브라함은 그두라와 재혼해 미디안 족속을 낳았다(2절, 민31:2). 이스마엘도 열두 아들과 지도자들을 얻었다(16절, 17:20).

① 에서의 잘못은 무엇이었는가(25:34)?

＊에서("털이 많다")가 야곱("뒤꿈치, 속이다")을 섬기리라는 말씀을 주셨다(23절).
⇒ 장자권 판매와 족외혼은 하나님의 **언약**을 **경시**함이었다(34절, 26:34).

③ (26장) <그랄 여정>

이삭이 흉년에 그랄(구 블레셋 지역)로 갔다.

• 사람과 언약을 맺고 동행하시는 **신실한 하나님**이시다(15:18, 17:2, 26:24).
• 하나님은 우리의 필요를 미리 아시고 공급하시는 **여호와 이레**이시다(22:14).
• 묵상과 기도의 사람에게 평강을 주시는 **인격적인 하나님**이시다(24:63, 25:21).

아브라함은 도대체 어떤 생각으로 이삭을 바쳤을까(히11:17-19)?

Day 03

야곱과 요셉
창세기 27-50장

 야곱은 하란에서 가정을 이루고 열두 아들을 낳았다.
그중에 요셉이 야곱 가문을 구원했다.

1 **야곱(27-36장)** 야곱은 하란에서 라반에게 고난당하다가 고향에 돌아와 하나님께 나아갔다.
2 **요셉(37-50장)** 요셉은 형들에 의해 애굽에 팔려갔지만 애굽 총리가 되어 가족을 구원했다.

ⓐ **밧단아람**("아람인의 평야", 창28:2)
은 유브라데강 상류 지역이고 **하란**도 여기에 위치해 있으며, 동방에서 레반트로 진입하는 요충지였다.

ⓑ **에돔**("붉은 것")은 에서의 붉은 몸, 야곱이 끓인 붉은 죽, 그리고 세일 지역의 붉은 흙을 뜻한다.

ⓒ 집에만 머물던 **야곱의 첫 여정**은 브엘세바(창28:10)에서 벧엘(창 28:19)을 거쳐 하란까지 800km의 먼 길이었다. 하란에서의 목축은 50℃에 가까운 일교차를 견뎌야 하는 극한 중노동이었다.

09 | 야곱 · 요셉의 이동 경로
← 야곱의 여정   ← 요셉의 여정
← 에서의 여정

하란
④야곱이 20년간 일함
갈릴리 바다
⑤라반과 야곱의 상호 불가침 근약
⑥야곱이 '이스라엘'이 되다
⑨형들이 요셉을 팔아 넘김
③야곱이 돌단을 세움
미스바
도단
숙곳
브니엘(브누엘)
세겜
마하나임
②야곱이 언약을 재확인 받음
벧엘
⑦야곱과 에서의 재회
베들레헴
가나안
마므레
헤브론
⑧라헬의 무덤
대해 (지중해)
그랄
염해
①야곱이 에서와 이삭을 속임
브엘세바
네게브
⑩야곱 가족 전체가 애굽으로 이주
(에돔)
세일산

① 야곱 (27-36장)

① (27장) <이삭의 축복>

Ⓐ 야곱과 에서의 차이점은(27장)?

＊ 야곱이 세 가지(의복, 가죽, 별미)로 세 번 거짓말을 했다.

1. 에서는 복을 **당연시**하다가 하나님의 복을 상실했다.
2. 야곱은 복이 **갈급**해 인간적인 꾀로 복을 강탈했다.

＊ 리브가는 에서의 화가 풀리기를 20년간 기다린 셈이다(44절).

■ 나는 야곱처럼 하나님의 복에 목마른가?

② (28장) <벧엘의 하나님>

이삭은 야곱을 외가로 보냈고, 야곱은 처음 노숙하던 날 빈들에서 환상을 보고 하나님의 동행을 깨달아 그곳을 벧엘("하나님의 집")이라 부르며 세 가지 서원을 했다.

③ (29:1-30:24) <야곱의 가족>

하란에서 야곱은 지참금 대신 14년간 노동하고 레아("지친", 아카드어 "들소"), 라헬("암양") 자매와 결혼했다. 교활한 라반은 뛰는 놈 위에 나는 놈이었다(29:25).

Ⓑ 야곱의 아내와 자녀들은(29-30, 35장)?

1. 르우벤 ("보라 아들이라")	7. 갓 ("복")
2. 시므온 ("들으심")	8. 아셀 ("행복")
3. 레위 ("연합")	9. 잇사갈 ("보상")
4. 유다 ("찬송")	10. 스불론 ("거하다")
5. 단 ("심판")	11. 요셉 ("더하다")
6. 납달리 ("나의 씨름")	12. 베냐민 ("오른손의 아들")

레아 1, 2, 3, 4+9, 10	라헬 11, 12
실바 (레아 여종) 7, 8	빌하 (라헬 여종) 5, 6

■ 우리 가정은 어떤 전쟁을 벌이고 있는가?

④ (30:25-43) <야곱의 품삯>

야곱이 삼촌 라반의 거짓에 지쳐 자기 몫을 챙기기 시작했다.

⑤ (31장) <야곱의 도주>

야곱은 하나님의 음성을 듣고 귀향했다. 하나님의 개입으로 라반과 야곱은 "증거의 무더기"(아람어, 여갈사하두다 = 히, 갈르엣)를 쌓고 상호불가침 조약을 맺었다(52절).

⑥ (32장) <얍복나루의 기도>

야곱은 마하나임("하나님의 군대")을 보고도 계속 두려워했다(2절).

Ⓒ 왜 이스라엘이라고 부르셨는가(32:28)?

1. 둔부의 힘줄이 끊어지기까지 **간절히 기도**했다.
2. 이스라엘("하나님과 겨루어 이김")이라 불리다.

■ 사람과 씨름하는 인생인가, 하나님과 씨름하는 인생인가?

⑦ (33장) <에서와의 재회>

야곱은 에서와 평안한 해후를 한 후 숙곳("우릿간")에 체류하다가 세겜으로 이주했고, 그곳에 엘엘로헤이스라엘("하나님, 이스라엘의 하나님")이라는 제단을 쌓았다.

⑧ (34장) <디나의 사건>

디나("심판하다")가 세겜에게 강간을 당했는데 야곱이 침묵하자 아들들이 세겜인을 속였고 시므온과 레위가 칼로 복수했다. 이것은 원주민과 유목민 간의 충돌이었다.

⑨ (35장) <다시 벧엘로>

라헬은 에브랏(베들레헴)에서 베냐민을 낳았고, 르우벤은 빌하와 동침했으며, 이삭은 180세에 헤브론에 장사되었다.

Ⓓ 야곱이 왜 이때 돌아왔다고 했는가(35:9)?

1. 얍복에서는 간절했는데 위기를 넘기자 **안일**해졌다.
2. 디나 사건을 통해 **우상**을 버리고 벧엘의 하나님께 올라갔다.
■ 하나님께 돌아와야 진짜로 돌아온 것이다.

⑩ (36장) <에서의 후손>

세일산에 거주하는 에서(에돔)가 아말렉을 낳았다(12절; 출17:8). 세일 원주민은 호리 족속이었다.

② 요셉(37-50장)

① (37장) <요셉의 꿈>

Ⓔ 요셉이 당한 일은 무조건 억울한 것일까(37:19)?

1. 요셉만 채색옷(왕자옷), 형들은 작업복이었다.
2. 고자질은 올곧음이자 **이해심**의 부족이었다.
3. 꿈이 없는 형들에게 하나님의 **꿈**을 자랑했다.
＊ 형들이 이스마엘(16:15)과 미디안(25:1-2)의 상인(모두 아라비아 북부에서 활동)에게 요셉을 넘겼다.
＊ 은 20(노예 한 명 값)-후대에는 은 30(마26:15).
■ 하나님의 꿈은 있지만 아직 설익은 인생이었다.

② (38장) <유다의 방황>

Ⓕ 유다는 왜 인생을 돌이키게 됐는가(38장)?

1. 기회주의자(37:27)가 양심의 가책 때문에 가족을 **떠났다**.
2. 이방여인과 결혼해서 낳은 엘과 오난을 **잃었다**.

3. 마땅히 줘야 할(신25:5-6) 셀라를 **주지 않았다**.
4. 아내가 죽자마자 잔칫집에 가다가 창녀를 **만났다**.
5. 다말("대추야자 열매")을 통해 자기 잘못을 **인정하지 않을 수 없었다**.
■ 하나님이 우리 인생을 추적하실 때는 더 이상 도망치지 말고 회개하라.

③ (39장) <애굽 생활>

요셉은 바로의 친위대장 보디발의 집에서 가정총무가 됐지만 여주인의 유혹에 불응해 감옥에 갔고 거기서도 형통했다!

④ (40-41장) <해몽과 회복>

Ⓖ 결국 꿈으로 인생 반전을 이뤘는가(42:39)?

1. 감옥에서 바로의 두 관원장의 꿈을 **해석**해 주었다.
2. 2년 뒤 바로의 꿈을 **해석한 후 대안**을 제시해 주었다.
3. 애굽 **총리** 사브낫바네아("비밀의 계시자")가 되었다.
＊ 므낫세("잊게 만듦"), 에브라임("번성케 함")을 낳았다.
■ 14년 종살이·옥살이로 인해 사람과 고난을 이해하게 되었다.

⑤ (42-45장) <재회와 화해>

양식 때문에 온 형들은 애굽식 의복과 화장을 하고 있는 동생 요셉을 알아보지 못했다.

Ⓗ 어떻게 형들을 용서하게 됐는가(42-45장)?

1. 형들이 진실하게 **회개**하도록 감옥에 넣었다.
2. 자신을 살해하려고 주동했던 시므온을 **체포**했다. 이는 그가 자신을 살해하려는 일에 주동했기 때문인 것으로 추정된다.
3. 베냐민 대신 유다가 **희생**하겠다고 진정성을 보였다.

4. 이에 형들을 용서하며 하나님의 **섭리**였음을 고백했다.
■ 나도 요셉처럼 역기능 가정의 상처를 치유하기 원하는가?

⑥ (46-47장) <애굽 여정>

① 야곱은 험악한 세월로 마쳤는가(47:9)?

＊야곱은 애굽으로 가라는 음성을 듣고 갔다.
＊애굽은 BC 1900년경부터 이주해온 힉소스(애굽어, "외국인 통치자들")에게 108년간(BC 1663-1555년) 통치받았다. 이들은 수레를 사용하는(41:43, 45:27) 중앙아시아의 기마민족이었다. 이들의 이주 초창기에 야곱도 이주했다.
⇒ "험악한 세월"이 은혜로 **복된 노년**이 되었다.
■ 고통받는 세상을 구원할 요셉 같은 한 사람이 되어 달라.

⑦ (48-49장) <야곱의 축복>

야곱은 요셉의 차자 에브라임을 장자 므낫세보다 더 축복했다.

① 야곱의 예언과 축복대로 되다(49장)?

1. 애정 결핍으로 사고를 친 **르우벤**이 저주를 받았다.
2. 폭력적인 **시므온과 레위**는 흩어지게 되었다.
3. 희생의 본(노블레스 오블리주)을 보인 **유다**는 지도자(왕)의 복을 받았고 **메시아**의 조상이 됐다.
4. 가문을 구원한 **요셉**은 땅의 복을 받았다.
■ 부모의 입술에 축복의 권세가 있으니 이것을 선용하라!

⑧ (50장) <요셉의 죽음>

야곱이 죽자 애굽의 귀족급 장례대로 40일간 미라를 만들었다(3절). 요셉이 통곡한 땅을 아벨미스라임("애굽인의 통곡")이라 불렀다. 요셉은 110세에 죽으며 자신의 유골 이전(출13:19; 수24:32)을 부탁했다.

• 야곱처럼 목마른 인생을 도우시는 **자비의 하나님**이시다(28:15, 32:28).
• 장차 이루어질 일을 꿈으로 알려주시는 **계시의 하나님**이시다(37:6-9, 41:25).
• 용서를 통해 가정을 치유하시는 **회복의 하나님**이시다(45:5, 50:21).

Day 04

모세의 기적
출애굽기 1-11장

 애굽에서 히브리 민족이 부르짖자 하나님은 모세를 통해서
바로에게 명령하셨다.

① 왕자(1장-2:15) 하나님은 위기에서 모세를 건지셨지만 모세는 살인을 저지르고 도망갔다.
② 목자(2:16-4장) 모세는 40년간 목자로 살다가 이스라엘 백성을 구원하라는 부름을 받았다.
③ 지도자(5-11장) 바로가 백성을 보내려 하지 않자 모세는 애굽 땅에 열 가지 재앙을 내렸다.

ⓐ 이스라엘은 국가명이고 유대는 지
파·지역명이며 **히브리**("유리하다, 방랑
하다")는 언어·민족명이다(창14:13; 신
26:5). 당시 '하비루'는 '난민, 이주민,
부랑자'를 의미했다.

ⓑ 출애굽 연대는 전기설(BC15세기)과 후
기설(BC 13세기)로 나뉜다. 일부 학자
들은 비돔과 라암셋(1:11)에 근거해 '최
고의 바로'라 불리는 19왕조의 라암세
스2세(1:8) 때인 후기설을 주장한다. 그
러나 왕상 6:1에 근거해 연대적으로 추
산하면 18왕조의 투트모세1세(1:8) 때
인 전기설이 맞다. 힉소스 왕조는 애굽
인들이 일으킨 신왕국에 의해 가나안
으로 축출됐고, 이후 출애굽은 애굽 역
사상 가장 강력한 제국이던 신왕국 때
이루어졌다.

10 | 힉소스 왕조의 몰락
← 아모세의 원정 경로
← 힉소스의 추방
● 힉소스 통치
● 18왕조의 발흥

므깃도
대해(지중해)
예루살렘
가나안
가사
모압
하 이집트
고센
에돔
온(헬리오폴리스)
놉(멤피스)
미디안
수에즈만
시내 반도
아카바만
헤르모폴리스

아모세 1세는 테베출신의 왕족으로 하이집트의 지배자 힉소스를 몰아냈고 남쪽으로는 누비아를 제압하며 애굽 18왕조 신왕국 시대를 열었다.

상 이집트
테베(노 아몬)
홍해

ⓒ **나일강**은 6,650km에 이르는 세계 최장의 강으로서 고대 애굽인들은 '위대한 초록'이라고 불렀다. 매년 범람을 통해 비옥한 토양이 형성되어 삼각주에서는 1년 삼모작이 가능했다. '이집트는 나일강의 선물이다'라는 말이 생길 정도로 애굽은 나일강 중심으로 발전했다.

 ① 왕자(1장-2:15)

① (1장) <이스라엘의 고역>

Ⓐ 왜 애굽에 머물게 하셨는가(1:7)?

* 힉소스 왕조(3일① 참고)를 무너뜨린 18 왕조의 세 번째 바로인 투트모세1세의 즉위(8절).
* 히브리인은 국고성 비돔과 라암셋(나일강과 시내반도 사이의 병참기지), 신전, 피라미드 건축에 동원되었다.
* 게다가 1년 3모작의 농업에도 동원되어 고역을 치렀다.
⇒ 야곱 가족 70명이 430년 만에 장정 60만이 되다!
■ 하나님은 애굽을 이스라엘의 **모태**로 삼으셨다.

② (2:1-15) <애굽의 왕자>

Ⓑ 누가 모세를 건져냈는가(2:10)?

1. 레위인 **아므람과 요게벳**(6:20)은 미리암, 아론(민26:59)에 이어 셋째를 낳았지만 히브리 남아 살해 명령 때문에 3개월 동안 숨겨서 키웠다.
2. 갈대 상자(히, 테바, "방주", 창6:14)는 아기를 숨기지도 죽이지도 않는 제3의 (믿음의) 결단이었다.
   -**바로의 딸**이 나오는 곳(태풍의 눈)에 두었다.
3. 바로의 딸이 왕자로 입양하고 모세("건져냄")라 불렀다.
■ 기도하면 **하나님**의 놀라운 구원의 길이 보인다!

모세는 애굽의 왕자로 학문과 지식과 언어를 배우면서도(행7:22), 동시에 유모인 어머니로부터 히브리인의 정체성과 신앙심을 배웠다(8절).

Ⓒ 왜 애굽인을 죽였는가(2:12)?

1. 동족 히브리 노예를 **도우려고** 했다(11절; 히 11:25).
2. 인간적인 **혈기**와 판단으로 한 어리석은 행동이었다.
   *살인죄가 드러나 미디안 광야로 도주하게 되었다.
■ 이것을 계기로 하나님의 광야 훈련이 시작되었다.

② 목자(2:16-4장)

① (2:16-25) <미디안 정착>
모세는 미디안 제사장 르우엘("하나님의 친구," 이드로, 3:1)의 딸 십보라("작은 새")와 결혼했다. 아들 게르솜("나그네")을 낳고 40년간 양을 치는 목자로 미디안 광야에서 은둔하며 살았다.

② (3:1-4:17) <모세를 부르심>

Ⓓ 하나님은 어떻게 모세를 부르셨는가(3:1-5)?

1. 모세는 여느 때처럼 양 떼와 미디안 광야 서쪽 호렙산(시내산으로 추정)까지 이동해 있었다.
2. 시내광야에서는 바싹 마른 **떨기나무**(가시덤불)가 햇빛에 반사되어 불이 붙는 일이 예사였다.
3. 나무가 타지 않은 것은 하나님 **임재의 불꽃**이기 때문이었다.
4. 모세를 부르시며 신발을 벗게 하셨다. 이곳은 장차 이스라엘을 만나실 **거룩한 땅**이었기 때문이다.

■ 나의 일상 속에서 하나님의 부르심을 발견하라.

이때 모세가 두 가지 질문, 즉 자신의 정체성(3:11)과 하나님의 정체성에 대해 질문했다(3:13).

Ⓔ 하나님을 어떻게 소개해야 할까(3:13-14)?

＊ 하나님의 이름을 물으면 뭐라고 소개할까(13절)?
1. 스스로 있는 자(I AM)", 즉 **자존자**(自存者, 히, 여호와). 유대인은 "아도나이(주)"라 부른다.
2. 타자에 의한 존재 규명이 필요없고 모든 타자를 규명하시는 **근원적 존재**(Being)라는 뜻이다.
＊ 예수님이 요한복음에서 "나는~이다"(I AM)로 7번 자기소개를 하심은 자신이 하나님이심을 증거하심이다(요10:30).
■ 여호와 하나님은 홀로 자존자(自存者)이시다!

Ⓕ 모세의 어려움은 무엇이었는가(3:11, 4:1-17)?

1. **자기 정체성**도 무너지고 자기 확신도 없었다.
2. 살인과 도주 이후 40년 광야 생활로 사람들 앞에서 말을 못하는 **언어장애**를 겪게 되었다.
＊ 하나님의 동행, 기적, 가르침을 **약속**받았다(4:12; 마10:19).
＊ 그래도 거부하자 **대변인**(代辯人) 아론을 보내셨다. 이후 모세의 말은 아론이 대변한 것이었다!
■ 내가 어떤 장애를 갖고 있어도 하나님은 쓰실 수 있다!

③ (4:18-31) <애굽으로 돌아감>
Ⓖ 왜 모세를 죽이려 하셨는가(4:24)?

1. 여정 전에 엘리에셀이 출생했는데도 할례를 하지 않았다. 억지로 애굽행 여정에 올랐지만 전혀 **영적 준비**를 하지 않았다는 뜻이다.
2. 이미 하나님이 모세의 목숨을 물에서, 살인 죄에서 건져주심은 **사명자**로 부르심이었다.
3. 사명을 거절하는 데도 하나님의 능력과 약속, 대변인까지 주셨다.
4. 그런데도 준비도 없이 대충 가자 진노하셨다.
＊ 십보라가 **할례의 언약**을 상기시켜 남편의 목숨을 건졌다.
＊ 이때 모세가 아내와 아들을 돌려보낸 것 같다(18:2-3).
■ 내가 목숨 걸고 감당할 사명은 무엇인가?

③ 지도자(5-11장)
① (5장) <바로와의 대면>

Ⓗ 모세가 만난 바로는 누구였는가(5:1)?

＊ (왕상 6:1)에 근거해 출애굽을 **BC 15세기**로 보면, 히브리인을 강제노역 시킨 바로는 **투트모세 1세**다(1:8).
＊ 모세를 입양한 투트모세1세의 딸은 **하셉수트**다(2:5).
＊ 경쟁자인 모세를 축출한 **투트모세3세**는 (2:15) 앗수르, 시리아, 누비아를 정벌한 "애굽의 나폴레옹"이었다.
⇒ 애굽에 돌아와 대면한 바로는 투트모세 3세의 아들 **아멘호텝2세**다.
■ 모세는 가장 강력한 애굽 신왕조의 바로와 대결했다.

② (6장) <하나님의 언약>

하나님은 그동안 전능의 하나님(히, 엘 샤다이, 창17:1, 28:3, 43:14, 48:3)으로 나타났다고 하시며 가나안 땅을 주시겠다고 하신 언약을 이루시고 애굽에 심판을 행하겠다고 하셨다.

③ (7-11장) <열 가지 재앙>

① 바로에게 무슨 잘못이 있는가(7:3)?

1. 하나님이 바로의 마음을 완악케 하시리라.
   - 3회 예고(4:21, 7:3, 14:4)
2. **하나님이** 바로의 마음을 **완악하게** 하셨다.
   -5회 등장(9:12, 10:20, 27, 11:10, 14:8)
3. 바로가 **스스로** 제 마음을 **완악하게** 했다.
   -5회 등장(7:13, 14, 8:15, 19, 9:34)
4. 하나님이 착한 바로를 완악하게 하신 것이 아니다.
5. 모든 것이 합력하여 선을 이루게 하시는(롬 8:28) 하나님의 **주권적 섭리**의 표현이요(롬 1:24), 바로를 통해 열방에 하나님을 알리심 이었다(9:16).

■ 역사는 인간이 하나님과 함께 만드는 것 이다!

① 왜 열 가지 재앙을 내리셨는가(10:2)?

＊ 열 가지 재앙(1. 피 2. 개구리 3. 이 4. 파리 5. 돌림병 6. 악성종기 7. 우박 8. 메뚜기 9. 흑암 10. 장자의 죽음).

1. 다신교였던 애굽의 **우상들**을 심판하심이었 다(12:12).
2. **애굽의 자랑**인 나일강과 비옥한 땅을 무력화 하심이었다.
3. 완전하고 충만한 하나님의 **구원**의 실행이 었다.
4. 모세도 히브리인도 애굽인도 열방도 하나 님이 누구신지 **알도록** 하심이었다(6:7, 7:5, 17, 9:16, 10:2).

■ 하나님이 구원자이심을 모든 사람이 알 게 만들라!

- 인생을 건지고 다듬으시는 **토기장이 하나님** 이시다(2-4장).
- 다른 부연 설명이 필요 없으신 **자존자 하나 님**이시다(3:14). 동시에 그 백성의 부르짖 는 기도에 **응답하시는 하나님**이시다(3:7).
- 하나님의 백성과 열방이 그분을 알도록 **계 시하시는 하나님**이시다(10:2).

Day 05

출애굽과 시내산
출애굽기 12-24장

 하나님은 이스라엘을 시내산으로 부르셔서 언약 백성으로서 지킬
십계명과 율법을 주셨다.

① 출애굽(12장-15:21) 이스라엘은 열 번째 재앙으로 애굽을 떠났고 기적적으로 홍해를 건넜다.
② 시내산(15:22-24장) 하나님은 광야에서 음식을 주셨고 시내산에서 십계명과 율법을 주셨다.

ⓐ 혹자는 이스라엘이 **홍해**(히, 얌숩, Red Sea)가 아닌 갈대바다(히, 얌숩, Reed Sea)를 건넜다고 주장한다. 그렇다면 바로의 군대는 얕은 물에 빠져 죽었을까? 그게 더 놀라운 기적이다.

ⓑ 전통적으로 **시내산**은 시내반도의 예벨 무사(2,290m)로 추정되지만 아라비아의 알 라우즈산으로 주장하는 이들도 있다. 그러나 몇 가지 사실에 근거하여 전자가 더 많이 신뢰를 받는다.

1. 만일 후자가 맞다면 출애굽한 백성들이 3-4일 만에 370km 떨어진 현재의 누

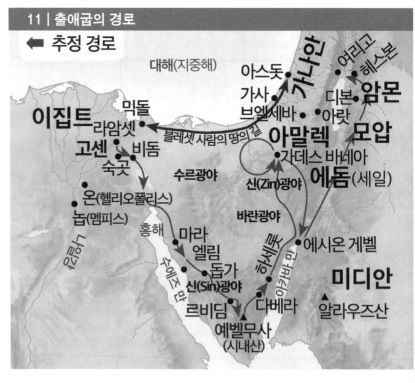

에바(시내반도 동부의 해안도시)까지는 이동해야 하는데 하루 100km 행군은 군인들에게도 불

가능하다.

2. 바울이 **아라비아의 시내산**을 언급했지만(갈
4:25) 신약시대에는 시내반도도 아라비아라
고 불렀다. BC 2세기 70인경(헬라어 구약성
경)을 보면 '고센'(창46:34)까지도 '아라비아
의 고센'이라고 번역했다.

3. 알 라우즈산을 시내산으로 주장하는 이들
이 내세우는 아카바만에서 발견된 **병거들**
은, 고고학적으로 검증한 결과 앗수르 시
대 이후의 것으로 판별됐다.

 ① 출애굽**(12장-15:21)**

① (12장-13:16) <첫 번째 유월절>

출애굽은 이스라엘 국가가 애굽이라는 모태
에서 나온 출산과 같은 사건이었다. 그래서
하나님은 그때를 매년 1월이 되게 하셨으니
(12:2), 이는 이스라엘 역사의 새 기점이었다.

Ⓐ 왜 피를 문에 바르게 하셨는가(12:7)?

* 피를 좌우 **문설주**와 상하 **인방**에 바르게
하셨다.

1. **어린양 예수의 피**가 우리를 사망에서 생명으
로 옮기는(요5:24) 생명의 문(요10:7)이 되심
을 예표한다.

2. 예수 그리스도는 세상 죄를 지시는(요1:29)
유월절("넘어감"의 절기) 양이 되사(고전5:7)
그 피와 살(요6:53-57)로 우리를 **구원**하셨다!

* 유대인들은 여전히 유월절을 기념하고 있
지만 그리스도인은 **성찬식**을 통해 이것을
기념한다.

■ 예수님은 온 인류를 구원할 유월절 어린
양이 되셨다.

하나님은 히브리 노예들을 '여호와의 군대'라
고 부르시며 약속의 땅을 취할 사명자들로 보
셨다(12:41). 초태생(初胎生, firstborn,13:2)을
구별하라고 하신 것은 하나님이 그들의 구속
자(히, 고엘, 레25:25; 룻3:13)가 되심이다. 이것
은 초태생뿐 아니라 이스라엘 전체가 하나님
의 것임을 뜻한다.

② (13:17-21) <구름기둥과 불기둥>

이스라엘은 요셉의 유언대로 그의 유골을 갖
고 나갔다(19절; 창50:25; 수24:32).

Ⓑ 왜 곧장 가나안에 보내지 않으셨는가(13:17)?

1. 해안길로 블레셋에 갔다가 전쟁에 놀랄까 봐.

2. 대신 홍해와 광야라는 고난길에서 **훈련**하
셨다.

3. 출애굽만 했지 전혀 **준비**돼 있지 않았다.

■ 훈련은 고될지라도 약속의 땅을 기대하라!

Ⓒ 구름기둥과 불기둥은 왜 주셨는가(13:21)?

1. 낮의 무더위와 밤의 추위에서 **보호**하심이었
다(시121:6).

2. 낮에도 밤에도 앞서 가시면서 갈 길을 **인도**
하심이었다.

3. 하나님의 거룩한 임재의 **동행**이었다(레
10:1-3, 16:2).

■ 결코 두려워하지 말라. 하나님께서 친히
함께하신다!

③ (14장) <홍해 도해>

Ⓓ 홍해 도해는 비현실적인가(14장)?

1. **깊은 바다**였기에 바로의 추격에도 기다렸다.

2. **동풍**(시로코 열풍)으로 바닷물을 말리셨다.

3. 백성은 바다(홍해의 **수에즈만**) 가운데를 건넜다.

4. 뒤따라 들어온 바로와 애굽 병거는 **수장**됐다.

■ 하나님은 자연현상으로 초자연적 역사를
이루신다. 성경은 비현실이 아니라 현실이
자 초현실이다!

④ (15:1-21) <모세의 노래>

모세와 남자들이 찬양하자 미리암과 여인들이 화답했다.

② 시내산(15:22-24장)

① (15:22-27) <마라의 기적>
Ⓔ 마라에서 경험한 하나님은(15:22-26)?

＊ **수르**("성벽", 애굽 국경지대) 광야에서의 사건.
- 애굽의 북동쪽이자 시내반도의 북서쪽 위치.
＊ **마라**("쓰다")의 쓴 물을 달게 만드신 하나님.
⇒ "치료하시는 여호와"(히, **여호와 라파**, 26절)
■ 내 인생의 쓴맛을 단맛으로 바꾸시리라.

이후 엘림("나무숲")에서 물샘 12곳과 종려나무 70그루를 발견했으니 오아시스는 하나님의 깜짝 선물이었다.

② (16장) <만나와 메추라기>
Ⓕ 광야에서 무엇을 먹었는가(16장)?

＊ 신(달의 신)광야(엘림과 시내산 사이, 1절)에서 이스라엘 백성이 주려서 모세를 원망했다(2-3절).
⇒ 저녁에는 **메추라기**(기류를 따라 다니는 철새로서 광야에서 종종 발견됨), 아침에는 **만나**("이게 뭐냐?")를 먹었다.
■ 하나님은 일용할 양식을 먹이신다(마 6:25-26).

③ (17장) <르비딤의 기적>
Ⓖ 르비딤에서 경험한 두 가지 사건은(17장)?

1. **르비딤**("평원, 안식처")은 홍해에서 시내산 여정 중 가장 큰 오아시스인데 기근에 물이 없자, 마라의 체험에도 불구하고 백성이 원망했고 하나님은 모세가 반석을 쳐 물을 내도록 하셨다.
- **맛사**("시험"), **므리바**("다툼") cf) 민20:13

2. **아말렉**(시내반도와 네게브의 약탈족, 창36:12)이 출애굽한 이스라엘을 처음 공격했다(삼상15:2-3).
- 모세의 중보기도와 여호수아의 전투로 전쟁에서 승리한 후 **여호와 닛시**("여호와는 나의 깃발")라고 했다.
■ 하나님만이 생수의 근원이요 승리의 주이시다!

④ (18장) <리더십 조직>

이드로가 십보라와 게르솜, 엘리에셀("내 하나님이 도우심")을 시내산 인근의 모세에게 데려왔으니 이곳은 본래 그의 활동반경이었다(3:1). 장인의 조언으로 모세는 리더십 조직을 세웠고 효율적으로 백성을 다스렸다.

⑤ (19장) <시내산 도착>

출애굽 3개월(1절), 즉 만 두 달 된 3월 15일에 이스라엘은 시내("가시덤불") 광야(시내반도 남부의 화강암 산지)에 도착했다.

Ⓗ 시내산 언약이 왜 중요한가(19장)?

1. 하나님의 언약을 지키면 노예민족을 **하나님의 소유, 제사장 나라, 거룩한 백성**으로 삼으신다(5-6절).
2. 구름과 불 가운데 강림하신 하나님이 그들을 순결한 신부로 맞는 **결혼식**이었다(렘 31:32).
■ 말씀에 순종하는 거룩한 나라를 출범시키라.

⑥ (20장) <십계명>

십계명은 하나님의 백성이 지켜야 할 절대적인 도덕법이다.

Ⓘ 십계명의 내용과 특징은 무엇인가(20장)?

A. **하나님 사랑**(4개)

1. 다른 신×	2. 우상 숭배×
3. 성호 오용×	4. 안식일 준수

B. **이웃 사랑**(6개)

5. 부모 공경	6. 살인×
7. 간음×	8. 도둑질×
9. 위증×	10. 탐욕×

⇒ 당시 타 민족들은 변덕스런 신들을 섬기
느라 고생했지만, 하나님은 직접 언약과
법규를 주심으로써 일관되게 **질서의 하나
님**임을 보여주셨다. 또한 이방인들은 각종
우상들을 만들어 섬겼지만 하나님은 우상
을 금지하셨으니, 이것이 타 종교와의 가
장 큰 차이점이었다.

■ 하나님의 백성이 지킬 거룩의 마지노선이
있다.

⑦ (21-23장) <사회법>

하나님은 백성들이 지킬 법규, 즉 종, 폭행, 상
해, 배상, 도덕, 공평, 안식년과 안식일, 3대 절
기에 관한 법을 주셨다.

ⓘ 토라(율법)는 이방 법전의 영향인가(21:1)?

1. 현존하는 최고의 법전은 BC 2050년 우르남
무 법전(수메르), BC 18세기 **함무라비 법전**(고
바벨론)이다.
2. 함무라비 법전에도 배상법, 보복법, 노예법
이 나온다.
3. 애굽의 **아크나톤**(BC14세기)이 유일신 사상
을 사용했다.
 -모세에게 영향을 준 것이 아니라 영향을
받은 것 같다.
4. 종을 소유물로만 보지 않고 종의 **인권**도 지
키도록(21:1, 20) 하셨고, 사회 안에 **계급제**
가 없었다는 것이 차이점이다.
5. 이방 법전은 왕이 관습법에 기초해 제정했
지만 토라는 하나님의 **계시에 기초**해 제정
되었다(9일ⓒ 참고).
■ '법 앞에 평등'이 아닌 '하나님 앞에 평등'
이다.

⑧ (24장) <언약서 낭독>

모세는 제사하고 언약서를 낭독한 뒤 시내산
에 올라가 40주야를 지냈다.

- 하나님은 우리의 질병을 치료하시는 **여호
와 라파**이시다(15:26).
- 하나님은 그 백성에게 승리의 깃발이 되시
는 **여호와 닛시**이시다(17:15).
- 하나님은 그의 백성에게 언약과 법도를 주
시는 **질서의 하나님**이시다(19:5, 20-23장).

Day 06

성막의 건축
출애굽기 25-40장

 하나님은 성막을 보여주셨고 백성은 우상을 숭배했지만
모세는 성막을 만들어 봉헌했다.

① 설계(25-31장) 하나님은 모세에게 성막과 기구들의 양식을 보여주셨다.
② 부패(32-34장) 백성이 우상을 만들어 섬겼지만 모세의 중보로 하나님이 용서해 주셨다.
③ 건축(35-40장) 회중이 드린 헌물로 성막을 제작하여 봉헌하자 여호와의 영광이 충만하였다.

 ⓐ 삭막한 사막 한가운데 금 1톤, 은 4톤과 보석들로 지은 아름다운 이동식 성전이
었던 성막은 하나님이 친히 동행하심의 상징이었다.

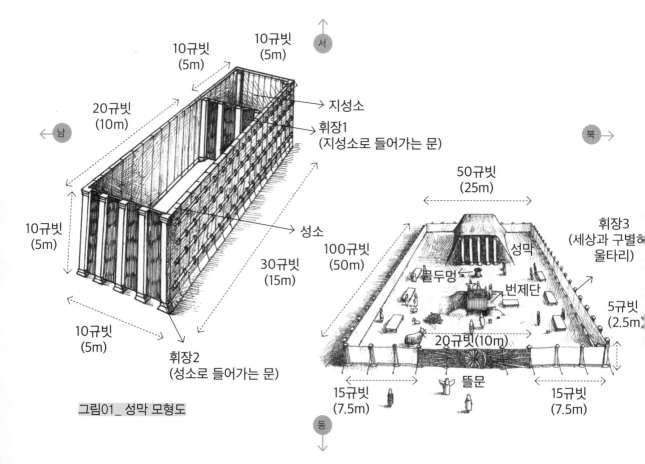

그림01_ 성막 모형도

① 설계(25-31장)

① (25:1-9) <성소의 모양>

하나님이 거하실 성소를 짓기 위해 하나님은 장막과 기구들의 양식을 보여주셨다(9절).

② (25:10-27장) <성막과 기구>

Ⓐ 성막과 기구의 양식(25-27장)

1. **궤(ark)**는 조각목으로 만들며 안에 증거판(십계명 돌판)을 두고, 궤 덮개로 속죄소를 만들되 그룹 둘이 날개로 속죄소를 덮도록 했으니, 이곳은 하나님이 모세를 만나 말씀하시는 가장 내밀한 임재의 자리였다(25:22).
2. **상(table)**은 조각목으로 만들며 진설병을 하나님 앞에 진설해 드리기 위함이었다.
3. **등잔대(candlestick)**는 순금으로 만들며 일곱 등잔에 불을 붙여 앞으로 비추게 함이었다.
4. **성막(tabernacle)**은 열 폭의 휘장을 연결하고 덮는 휘장을 만들고 숫양 가죽 덮개와 해달 가죽 윗덮개를 만들고, 조각목으로 널판을 만들어서 성막을 세우도록 했다. 또한 성소와 지성소는 휘장으로 구분하도록 했다.
5. **제단(altar)**은 조각목으로 만들고 놋으로 쌌다.
6. 성막의 **뜰(court)**은 세마포 휘장으로 쳤고 동쪽으로 20규빗(약10m)의 뜰 문을 만들었다.
- ■ 하나님은 우리와의 만남을 기대하시기에 세심하게 준비하신다.

Ⓑ 조각목은 어떤 나무인가(25:10)?

1. 성막 및 성소 기구 제작에 주로 사용되었다.
2. 시내반도의 사막 지역에서 많이 발견된다.
3. 내구성이 강해서 건축용으로 적합하다.
4. 하지만 마르고 가시가 많고 구부러져 있다.
5. '싯딤(아카시아 나무들) 나무'라 불린다(사 41:19).
- ■ 하나님은 광야의 마른 나무를 거룩한 성물로 바꾸셨다.

Ⓒ 성막의 영적 의미는 무엇인가(25-27장)?

1. **성막**(holy tent)은 하나님의 거처요 백성과 교제하는 회막(meeting tent)이다(요일1:3).
2. 10m 되는 **뜰문**은 누구든 믿는 자에게 유일한 구원의 문이 되시는 예수님이다(요10:7).
3. 희고 깨끗한 세마포 **장막**은 세상으로부터 성별케 하시는 순결한 예수님이다(계 19:14).
4. 제물을 태우는 **번제단**은 나의 죄를 씻으시는 그리스도의 십자가다(벧전2:24).
5. **물두멍**에서 물로 씻음은 날마다 십자가 앞에 나의 죄를 자백하고 씻어냄이다(요일 1:7, 9).
6. **덮개**는 교회를 세상의 빛으로부터 차단하고 보혈로 덮으시는 예수님이다(엡1:22).
7. **떡상**의 진설병은 영원한 생명의 말씀이요 성육신하신 예수님이다(요6:48).
8. 순금 **등잔대**는 우리의 영원한 빛이 되시는 예수님이요, 성령 충만한 삶을 뜻한다(요 8:12).
9. **분향단**은 하나님의 보좌 앞에 끊임없이 올라가는 성도의 기도다(계5:8).
10. **휘장**은 하나님의 임재 가운데 들어갈 수 있는 유일한 길이 되시는 예수님이다(히 10:20).
11. **속죄소**(贖罪所, atonement cover)는 우리의 죄를 용서하시는 하나님의 시은좌(施恩座, mercy seat)다(히4:16; 계7:10).
12. **증거궤**는 말씀으로 임재하셔서 우리를 만나주시는 하나님이다(요1:14).
- ■ 예수님을 믿는 사람은 누구든지 **장막** 안에 들어갈 수 있는 하나님의 백성이 된다.
- ■ 그는 **성소**에 들어가 말씀(떡상)과 성령(등잔대)과 기도(분향단)로 충만한 예배자가 된다.
- ■ 길 되신 그리스도를 통해 하나님의 임재의 **지성소**에 들어가 하나님과 교제하게 된다.

③ (28장) <제사장의 옷>
아론과 아들들이 수행할 제사장 직분을 위해 거룩한 옷을 짓게 하셨다.

Ⓓ 제사장 옷의 구성(28장)
1. **에봇**(ephod)의 두 어깨받이에는 이스라엘 12 지파의 이름을 새긴 기념 보석을 붙였다.
2. **판결 흉패**(breastplate)에는 우림과 둠밈("빛"과 "완전", 주사위 같은 것)을 넣었다.
3. **겉옷**(robe)은 청색으로 하되 옷 가장자리에 석류를 수놓고 금방울을 달아서 제사장이 성소에 출입할 때 소리가 들리게 했다.
4. **패**(plate)는 순금으로 만들어 '여호와께 성결'이라고 새겨서 **관**(turban) 전면에 맸다.
5. 가는 베(세마포) 실로 반포 **속옷**(tunic)을 짜고 **띠**(girdle)를 수놓아 만들었다.
6. **속바지**(breeches)를 만들어 허리에서부터 넓적다리까지 하체를 가리도록 했다.
■ 성직자는 백성의 대표로 하나님의 일을 하는 영광과 거룩을 지켜내고 표현해내야 한다.

④ (29:1-37) <제사장 위임식>
회막문에서 아론과 아들들을 씻고 옷을 입히고 관유를 붓고 속죄제와 번제를 드리고 7일간 위임식을 진행했다.

⑤ (29:38-30장) <성막 봉사>
매일 조석으로 **상번제**(常燔祭, regular burnt offering)를 드리게 하심은 하나님이 백성 중에 거하시기 위함이었다. **분향단**(altar for burning incense)은 휘장 밖에 두어 대대로 여호와 앞에 향을 사르게 했다. 20세 이상의 백성 수만큼 바치는 생명의 속전(ransom)은 회막 봉사 재정으로 썼다. **물두멍**(basin)은 놋으로 만들어 제사장들이 씻도록 했다. 거룩한 **관유**(anointing oil)로 회막과 기구들에 발라 성별케 했고 분향에 사용할 거룩한 향은 제조했다.

⑥ (31장) <회막 제작>
브살렐과 오홀리압은 재능과 영성을 겸비하여 회막 및 기구 제작 담당자로 부름받았다. **증거판**(table of testimony) 둘은 하나님이 친히 쓰신 것이었다(18절).

② 부패(32-34장)

① (32장) <백성의 부패>
Ⓔ 왜 금송아지 우상을 세웠는가(32:4)?
1. 백성의 압박으로 아론이 금송아지 우상을 만들었다.
2. 애굽의 소 우상 아피스와 황소뿔을 가진 태양신의 딸 하토르를 하나님과 섞은 **혼합주의적 발상**이었다.
＊ 모세는 진노하여 증거판들을 던져 깨뜨렸다.
■ 시내산 언약으로 혼인하자마자 이스라엘은 다른 신을 섬기는 영적인 외도를 했다.

레위는 하나님의 심판을 이행하여 저주받은(창 49:7) 지파에서 제사장 지파로 승화되는 반전의 복을 얻었다. 모세는 자신의 구원을 걸고 백성을 위해 중보 기도했다(32절; 롬9:3).

② (33장) <하나님의 동행>
하나님이 동행을 거절하시자 모세는 하나님의 동행이 천하 만민 중 이스라엘을 구별하는 증거라고 고백했다(16절).

③ (34장) <두 번째 돌판>
모세는 다시 시내산에 올라갔고 하나님은 다시금 언약을 세우시며 가나안 원주민과 언약을 맺지 말라고 경고하셨다(10-12절).

③ 건축(35-40장)

① (35장-36:7) <성막 예물>
백성은 자신의 소유 중에서 자원함으로 예물을 드렸다.

② (36:8-39장) <성막 제작>
여호와께서 모세에게 명령하신 대로 성막을 만들었다.

③ (40장) <성막 봉헌>
모세와 이스라엘 백성은 완성된 성막을 하나님께 봉헌했다.

Ⓕ 성막 건축과 봉헌의 과정은(35-40장)?
1. 회중이 자기의 소유 중에서 **헌물**하도록 했다.
   - 물두멍은 회막 봉사 여인들의 놋거울로 만들었다(38:8).
2. 회중의 지혜로운 자들이 **봉사**하도록 했다.
3. 재능과 영성 있는 브살렐과 오홀리압이 **감독**했다.
4. 광야 2년 1월 1일에 성막을 **봉헌**하고 제사장을 위임했다.
5. 여호와의 **영광**이 성막에 충만히 임하였다 (40:34).

■ 교회에 하나님의 충만한 임재가 있기를 간절히 사모하는가?

- 우리와의 만남을 세밀하게 준비하시는 **섬세한 하나님**이시다(25-31장).
- 자비롭고 은혜롭고 노하기를 더디하시고 **인자와 진실이 많은 하나님**이시다(34:6).
- 다른 신을 용납하실 수 없는 **질투의 하나님**이시다(34:14).

창조주 하나님

"태초에 하나님이 천지를 창조하시니라"(창1:1)

하나님은 천지라는 공간과 태초라는 시간을 창조하신 창조주이시다. 창조 기록은 아무도 목격하거나 체험하지 못했다. 다만 그의 종 모세에게 주신 하나님의 고백이요 선포요 자기 증언이다. 이것은 과학으로 다 증명할 수 없고 논리로 다 해석할 수 없는 하나님의 사건이다. 이 창조의 기록을 사건으로 믿을 수 있는 사람은 성경 전체를 믿을 수 있다.

창조주 하나님은 삼위의 하나님이시다. 혹자는 삼위일체가 후대에 교리적으로 추가된 것이라고 오해한다. 하지만 보라. 창세기 1장 1절에 성부 "하나님"이 등장하시고, 1장 2절에 "하나님의 영"이신 성령이 등장하시고, 1장 3절에 "하나님이 이르시되", 즉 말씀(요1:1)이신 그리스도께서 등장하신다. 삼위일체 하나님은 창조의 주체로 성경의 첫 페이지를 장식하셨다.

이 하나님은 어떤 분이신가? 질서의 하나님이요 지적 설계자이시다. 오늘날 자연론자들은 다중우주론을 주장하거나 초지성을 가진 외계 생명체 가설을 내놓기도 하지만, 최고의 지적 설계자이신 그분을 인정하는 것이 이 놀라운 우주에 대한 가장 명쾌한 해답이 된다. 전반 3일에 틀을 만들고 후반 3일에 각 틀에 맞는 내용을 만드신 그분은 완벽한 디자이너이시다!

영화 〈기생충〉에서 아버지 기택이 아들 기우에게 이런 말을 한다. "너는 다 계획이 있구나!" 수려한 영화 한 편을 만들려고 해도 감독의 공교한 계획이 있어야 한다. 어찌 이 놀라운 우주에 계획이 없겠는가. 만유인력의 법칙을 발견한

뉴턴이 무신론자 친구가 놀러오자 말했다. "여보게, 어제는 없었는데 이 지구본이 오늘 생겼어!" "농담하지 말게. 그게 말이 되나?" "그래. 말이 안 되지. 그런데 어떻게 자네는 이 놀라운 지구가 그냥 생겼다고 말하는가!"

창조주 하나님은 당신의 능력과 신성(롬1:20)을 쏟아서 만물을 창조하셨다. 그래서 모든 피조물은 창조주의 특성을 드러낸다. 작품에는 작가의 혼이 깃들어 있고, 그림에는 화가의 얼이 깃들어 있지 않은가. 그래서 피조만물을 보면 하나님의 강복과 심판이 다 담겨 있다. 그러므로 성경을 보며 하나님의 두 얼굴이라고 오해하지 말 것은, 그분은 한 분 하나님이시기 때문이다.

첫째 날 하나님은 빛을 창조하셨다(창1:3). 어둠 속에 비추는 빛은 희망이요 축복이다. 하지만 죄악의 현장에 비추는 빛은 엄중한 경고요 심판이다. 긴 겨울 얼어붙은 동토를 녹이는 햇살은 축복이다. 그러나 기근 중 내리쬐는 햇빛은 고통 그 자체다. 해, 달, 별의 운행으로 정해지는 시간의 단위는 우리에게 한순간 실패해도 다음 순간이 주어지는 기회요 축복이다. 하지만 시작된 시간이 반드시 종결된다는 것은 엄중한 심판의 순간이 다가옴을 의미한다.

둘째 날 하나님은 궁창을 만드사 궁창 위의 물과 아래의 물로 나누셨다(창1:7). 궁창 위의 물은 오존층 외에 수층(water layer)이 있었음을 의미한다. 지구의 대기는 수층으로 인해 완벽한 온도와 습도를 유지했다. 첫 사람 아담과 하와는 옷도 없이 900년 이상을 건강하게 살았다. 하지만 노

아 홍수는 물로 임한 첫 번째 대규모 심판이었다. 인간의 지독한 죄악은 생명의 은총인 물을 심판의 격류로 뛰놀게 만들었다.

셋째 날 하나님은 뭍이 드러나게 하사 땅이라고 부르셨다(창1:9-10). 땅은 각양 풀과 채소와 열매 맺는 나무가 자라나고 짐승들과 가축이 살아가는 토대가 되었다. 또한 땅은 각 민족과 나라에게 영토가 되고 각 개인에게는 경제 활동의 기초 자본이 되어 주었다. 하지만 인간이 탐욕으로 지계석을 옮기고 이웃 나라의 영토를 침범하고 죄없는 사람의 피를 흘리자, 땅은 더러워져서 그 범죄자가 땅에 발을 디디고 사는 동안은 어디를 가든 저주를 받게 되었다.

자연은 한없이 다정하다. 또한 자연은 무섭도록 잔인하다. 왜냐면 자연은 스스로 생겨난 것이 아니라 창조된 것이고 창조주를 드러내기 때문이다. 하나님은 구원자이시자 심판자이시다. 예수님도 십자가의 구원자이시자 종말의 심판주이시다. 구원은 좋은데 심판은 싫은가? 에덴은 좋은데 선악과는 싫은가? 그러나 법이 없으면 낙원이 아니라 무법천지다. 물론 법 없이도 살 사람이 있다. 그러나 그도 실정법은 없어도 양심법이 있기에 그렇게 사는 것이다.

창조의 세계는 이미 양면의 가능성을 다 품고 있었다. 그것을 다스리도록 위임받은 청지기인 인간이 어떻게 역사를 만들어 가느냐에 따라 가능성이 극대화된 현실로 드러날 참이었다. 천국과 지옥은 죽어서만 가는 곳이 아니다. 이 땅에서도 날마다 간다. 천국 같아야 할 가정이 지옥이 될 수 있다. 천국이어야 할 교회가 지옥이 될 수도 있다. 창조는 선하고 아름다웠지만 그 창조의 시공간을 선하고 아름다운 것으로 채워 갈 책임은 인간에게 있다.

그러면 무엇이 선일까? "하나님이 보시기에 좋았더라"(창1:10). 창세기 1장에 총 7번 나온다. 완전히 좋았다는 뜻이다. 그런데 여기서 "좋다(히, 토브)"는 "옳다, 선하다"라는 뜻이기도 하다. 성경에서 "싫다(히, 라아)"는 "그르다,

악하다"라는 뜻이기도 하다. 인생의 최대 딜레마는 옳은 것을 싫어하고 그른 것을 좋아하는 것이다. 그러나 하나님은 옳은 것을 좋아하시고 그른 것을 싫어하신다. 이것이 선함이다. 이 선하신 하나님 안에 거하는 것이 선한 삶의 비결이다.

하나님이 선하게 창조하신 자연 만물로 인해 그분을 찬양하라! 하나님이 모든 것을 합력하여 선을 이루어 가시는 역사의 섭리로 인해 그분을 찬양하라! 끝으로 궁극적으로 악을 영원히 소멸하시고 영원한 선을 이루실 최후 심판으로 인해 그분을 찬양하라! 만물의 창조도, 역사의 운행도, 최후의 심판도 선한 이유는, 창조주 하나님 그분이 선하시기 때문이다!

그런데 그분의 선하심의 결정체로 만드신 존재가 인간이다. 인간은 하나님의 형상으로 창조되었다. 관상용 미니어처나 놀이용 로봇을 만드신 것이 아니다. 그분과 인격적 교제를 나눌 자녀로 만드셨다. 나는 그분의 최고 걸작품이다(엡2:10)! 그분은 하늘과 땅도, 자연 만물도 전부 자녀인 나를 위해 만들어 주셨다. 그러므로 마지막 날 처음 하늘과 땅, 즉 물질세계가 다 사라져도 인간만은 영원히 남게 될 것이다.

누구 곁에 남게 되는가? 우리의 창조주 하나님 곁에 남게 된다. 왜냐면 시공간의 이 피조 세계를 만드신 이가 영원한 천국의 주인이시기 때문이다. 강물이 흘러서 바다로 가듯, 장구한 역사의 시간은 흘러서 영원으로 간다. 왜냐면 시간은 영원에서 왔고 영원으로 돌아가기 때문이다. 그분이 내 아버지이시다. 영원한 집에서 나를 기다리시는 내 아버지이시다.

레위기는 거룩에 대한 하나님의 집착이다. 하나님은 왜 구원에 집착하시는가? 죄는 인류를 삼키기에 충분한 파괴력이 있기에 죄를 씻는 길을 제시해 주시는 것이다. 죄가 종식되지 않으면 행복한 동행을 할 수 없기 때문이다. 하나님은 백성의 죄를 씻기 위해서 모든 희생을 각오하셨다. 그리고 그 거룩의 교제로 우리를 초대하신다. 민수기는 동행의 책이다. 이스라엘은 방황하며 죄를 지었지만 하나님은 끝까지 동행하시고 상하지 않게 살펴 주셨으며 이들의 거처를 예비하셨다. 우리와의 동행, 이것이 하나님의 꿈이자 비전이다. —————

Week 02

레위기 01장 - 민수기 36장

민수기   01-36장

● 레위기

레위기는 예배의 책이다. 1-10장은 5대 제사와 제사장 위임에 대해, 11-16장은 각종 정결법과 속죄일에 대해, 17-27장은 하나님의 백성으로서 지켜야 할 성별법에 대해, 그리고 그것을 지킬 때와 지키지 않을 때의 상벌에 대해 기록하고 있다.

레위기는 하나님의 백성이 지켜야 할 예전적 예배와 실천적 예배에 대해 다루고 있다. 성소의 예배와 삶의 예배는 거룩하신 하나님의 거룩한 백성이 되는 길이기 때문이다. 이스라엘은 하나님의 백성으로 부름받고(창) 구원받았지만(출) 성화되어야만(레) 하나님과 동행할 수 있다. 주님의 십자가 헌신이 성도의 예배 헌신으로 이어져야 하듯, 하나님의 출애굽 역사는 이스라엘의 거룩한 삶으로 이어져야만 했다.

레위기는 그야말로 피로 범벅인 책이다. '생명을 직접 창조하시고 생명을 소중하게 여기신 하나님이 왜 이렇게 피를 많이 흘리게 하시는가? 왜 피에 집착하시는가?' 문제제기를 할 수 있다. 그러나 하나님은 피가 아니라 그 백성의 구원에 집착하시는 것이다. 사실 결혼식을 하자마자 부정해진 백성을 하나님이 용서하시고 성막까지 만들어주신 이야기가 출애굽이었다. 그러나 이 상태로는 거룩하신 하나님과 그 백성이 동행할 수 없었다. 사실 하나님이 피에 집착하시는 것처럼 보이는 것은 죄에 대한 하나님의 집요하심 때문이다. 오늘날 전염병을 집요하게 예방하고 검역하고 치료하듯이, 죄의 전염성은 한 개인뿐 아니라 가정과 사회와 국가와 인류를 삼키기에 충분한 파괴력이 있기 때문에 하나님은 죄를 씻는 길을 제시해 주셨다. 하나님은 잔인한 분이 아니시다. 하나님은 그분 백성의 죄를 씻기 위해서는 모든 것을 희생할 각오를 한 사랑의 하나님이시다. 하나님은 거룩한 분이시다. 그리고 그 거룩의 교제로 우리를 초대하기 위해 헌신하는 분이시다.

○ 제사를 통한 거룩 (1-16장)			
1	5대 제사법	1-7장	희생의 예배를 통한 거룩
2	제사장 위임	8-10장	제사장 헌신을 통한 거룩
3	정결법 규정	11-15장	정결법 준수를 통한 거룩
4	속죄일 규례	16장	속죄일 준수를 통한 거룩

○ 생활을 통한 거룩 (17-27장)			
1	가나안 풍속	17-22장	세속의 성별을 통한 거룩
2	연중 절기들	23-25장	절기의 준수를 통한 거룩
3	순종 불순종	26장	계명의 순종을 통한 거룩
4	헌신의 규정	27장	헌신과 헌금을 통한 거룩

● 민수기

민수기는 동행의 책이다. 1-10장은 광야 1세대의 인구조사와 이동 준비에 대해, 11-25장은 가데스를 전후해서 38년간 계속된 광야에서의 실패에 대해, 26-36장은 광야 2세대의 인구조사와 가나안 입성 준비에 대해 기록했다.

이스라엘은 하나님과 시내산 언약을 맺었고(출) 거룩의 매뉴얼을 받았지만(레) 그것을 삶으로 실천하는 데 실패했다(민). 뼈아픈 실패는 40년간의 광야 방황을 초래했다. 그러나 하나님은 광야 2세대를 준비하셔서 언약의 성취를 준비하셨다. 그래서 민수기는 방황의 책이자 동행의 책이다. 이스라엘이 언약(출)과 예배(레)에도 불구하고 실패한 이야기, 광야에서 방황한 이야기다. 하지만 그럼에도 하나님의 동행하심과 예비하심에 대한 이야기다.

민수기는 이스라엘의 실패와 방황을 드러낸다. 기적적으로 출애굽했고, 시내산에서 언약도 세웠으며, 성막과 제사법도 받았고, 군대 조직까지 정비했다. 그런데 행진하자마자 바란광야에서도 가데스에서도 실패했다. 그리고 40일의 실패는 40년의 방황으로 이어졌다(14:34). 풍요로운 애굽 땅에서 살다가 하루아침에 광야로 들어온 이스라엘은 계속 뒤를 돌아봤다(11:4-5). 결국 미래를 보지 못하고 과거만 돌아보던 1세대는, 마치 롯의 아내처럼 뒤돌아보다가 광야에서 끝나고 말았다. 하지만 광야에서 인생을 시작한 어린 자녀들로 구성된 2세대는 가나안 땅이라는 미래를 보며 나아갔다. 이는 출애굽과 광야여정이라는 하나님의 구원 역사에 문제가 있었던 것이 아니라, 사람이 얼마나 하나님의 언약을 신뢰할 수 있는가가 문제였음을 보여준다. 똑같은 40년의 광야여정이 1세대에게는 지독한 고통과 불신의 시간이었지만, 2세대에게는 탁월한 훈련과 신뢰의 시간이었다. 사실 광야를 돌이켜 보면, 죽을 것만 같은 시간이었지만 만나와 메추라기로 먹이시고 구름기둥과 불기둥으로 보호하사 그 백성이 하나도 상하지 않게 지켜주신 시간이었다(신8:4).

〇 광야 1세대 (1-10장)			
1	1차 인구조사	1-4장	603,550명의 인구와 진 배치도
2	1세대의 준비	5-10장	12지파의 봉헌물과 행진 순서

〇 광야 여정 (11-25장)			
1	바란광야	11-12장	가데스 도상에서의 실패
2	가데스	13-19장	가데스 정탐 보고 후 실패
3	신광야	20장	가데스에서 모세의 실패
4	모압 평지	21-25장	싯딤에서 백성들의 실패

〇 광야 2세대 (26-36장)			
1	2차 인구조사	26-30장	601,730명의 인구와 기업 분배
2	2세대의 준비	31-36장	동편 지파들의 동참과 도피성

Day 07

제사와 제사장
레위기 1-10장

 여호와께서 이스라엘에게 다섯 가지 제사의 규례와
제사장 위임식 규례를 알려주셨다.

1 제사(1-7장) 여호와께서 회막에서 번제, 소제, 화목제, 속죄제, 속건제의 제사 규례를 알려주셨고, 제사장들의 집례 규정도 알려주셨다.

2 제사장(8-10장) 하나님이 아론과 아들들의 제사장 위임식을 받으신 후, 아론이 첫 제사를 드렸지만 다른 불로 분향한 아들들은 죽었다.

ⓐ 이스라엘은 시내산에서 제1년 3월 15일(출19:1)부터 제2년 2월 20일까지 머물렀다(민10:11). 레위기는 제2년 1월 1일(출40:17)부터 2월 1일(민1:1)까지 한 달간의 내용이다.

 1 제사(1-7장)

① (1:1-2) <예물을 드리려거든>
Ⓐ 제사는 누구를 위해 필요한가(1:1-2)?

1. **하나님**은 회막(1절)에서 백성을 만나기 원하신다.
   -하나님의 로망(렘30:22)을 이루는 곳이기 때문이다.
2. **백성**도 하나님께 예물을 드리고픈 마음이 있다.
   -하나님으로만 채워지는 영혼의 기쁨이 있다.

＊ 예배는 하나님과 사람의 만남이 성사되는 자리다.
■ 예배의 자리에 나아갈 때마다 하나님과의 만남을 사모하는가?

② (1:3-17) <번제>
번제를 드리고 싶은 사람은 소나 양, 새를 잡아 피의 제사를 드렸다. 태우는 제사가 많지만 특히 번제는 전부를(9절) 태워 하나님께 올려드리는 향기로운 냄새다.

Ⓑ 제사의 종류와 의미는(1-7장)?

1. 번제 (Burnt Offering)	히, 올라 "올라가다"
짐승을 전부 태워 드리는 제사(헌신)	
2. 소제(Grain Offering)	히, 민하 "선물"
곡식으로 피 없이 드리는 제사(충성)	
3. 화목제(Peace Offering)	히, 샬롬 "평화"
하나님과 사람 간 화목의 제사(친교)	
4. 속죄제(Sin Offering)	히, 하타 "죄"
부지중에 지은 죄를 씻는 제사(죄 사함)	
5. 속건제(Guilt Offering)	히, 아샴 "침해"
보상의 규정이 따라오는 제사(허물 사함)	

■ 크게 자원제(①②③)와 의무제(④⑤)로 나
  뉜다. 예배는 자발적 헌신이자 주의 백성
  의 의무다.

Ⓒ 제사 방식에 따른 종류는?

1. **화제**(Fire Offering) 태워서 드리는 제사(1:9).
2. **거제**(Heave Offering) 올려서 드리는 제사
   (7:14).
3. **요제**(Wave Offering) 흔들어 드리는 제사
   (7:30).
4. **전제**(Drink Offering) 부어서 드리는 제사
   (23:13).
■ 모든 방법으로 하나님께 최선의 예배를
  드리라.

③ (2장) <소제>
소제를 드리고 싶은 사람은 고운 가루에 기름
과 유향을 섞어 제단에서 불살랐다. 소제는 하
나님이 주신 선물(추수한 곡식)을 다시 하나님
께 돌려드리는 선물이다.

Ⓓ 소제에서 유의할 점은(2:11-13)?

1. **누룩**(부패와 죄악)과 **꿀**(유혹과 향락)은 금지
   되었다.
2. **소금**은 필수였다. 하나님의 영원한 소금 언
   약을 의미한다(민18:19).
■ 하나님은 형식을 통해서도 마음의 고백을
  받으신다.

④ (3장) <화목제>
화목제를 드리고 싶은 사람은 소나 양, 염소
의 기름과 두 콩팥을 태워 드렸다.

Ⓔ 화목제에서 유의할 점은(3:17)?

1. **기름**(생명의 힘)과 **피**(생명 자체)는 먹지 말라.
2. **가슴과 오른쪽 뒷다리**(가장 좋은 부위)는 제
   사장에게 몫으로 돌리고(7:30-33), 나머지
   는 헌물자가 가족·이웃과 함께 먹으라(신
   12:17-18).
■ 예배 후에 갖는 성도의 교제도 하나님의 임
  재 안에서 하라.

⑤ (4장-5:13) <속죄제>
만일 제사장이나 회중, 족장, 평민이 부지중에
죄를 범하여 허물이 있으면 힘이 닿는 대로
소나 양이나 새나 고운 가루로 속죄제를 드려
야 죄사함을 받을 수 있었다.

Ⓕ 속죄제의 의미는(4장-5:13)?

1. **부지중**(=그릇됨, 4:2, 13, 22, 27) 죄를 범한 경
   우에 해당되었다.
   cf) 고범죄(故犯罪)는 즉시 처벌됐다(민
   15:30).
2. **피**를 뿌리고 바르고 쏟는 것은(4:6-7) 피흘
   림이 있어야만 죄사함이 되기 때문이다(레
   17:11; 히9:22). 죄는 생명을 값으로 요구한
   다(롬6:23).
3. **형편에 따라** 제물 드릴 수 있게 하심(5:7, 11)
   은 누구나 죄를 해결하고 회복받게 하심이다.
■ 하나님은 모든 사람들의 죄가 용서받기
  원하신다.

⑥ (5:14-6:7) <속건제>

누가 성물이나 이웃의 물건에 범죄하여 허물(히, 아샴="침해", 5:17)이 있을 때다.

ⓖ 속건제의 의미는(5:14-6:7)?

1. 숫양으로 속건제를 드리고 5분의 1을 더해 **보상**하라.
2. 교회나 이웃에게 해를 입혔다면 하나님에게만 아니라 피해자에게도 **용서**받아야 허물이 사해진다.
■ 나의 죄를 전인적으로 해결하고 있는가? 회개 기도하고 끝나는가, 관계의 회복을 위해 노력하는가?

⑦ (6:8-13) <번제 집례>

(6:8-7:38)은 제사장이 각 집례마다 지켜야 할 규정이다. 저녁에 드린 번제물이 아침까지 타도록 하고(9절), 아침에 드린 번제물이 저녁까지 타도록 하는 것은 상번제(Continual Offering, 6일①⑤ 참고) 규정으로서 오늘날 새벽예배 및 저녁예배와 같다.

⑧ (6:14-23) <소제 집례>

소제물은 지성물이기 때문에(2:3) 제사장들이 회막 뜰에서 먹어야 했다.

⑨ (6:24-30) <속죄제 집례>

ⓗ 어떤 마음으로 집례해야 하는가(6:26, 30)?

1. 제사장이 속죄제물의 고기를 먹음은 헌물자에 대한 용서와 용납을 보이는 하나님의 대리인이기 때문이다.
2. 속죄대상이 제사장, 회중인 경우에(4:5-7, 16-18) 제사장도 속죄가 필요한 **헌물자**에 포함되므로 속죄제물의 고기를 먹지 않고 불사른다(30절).
■ 목회자는 하나님의 대리인이자 그도 회개가 필요한 예배자이다.

⑩ (7:1-10) <속건제 집례>

속건제는 속죄제와 같은 규례가 적용되는데, 개인이 드린 특별번제의 가죽 및 소제물은 집례한 제사장에게 주어졌고(8-9절), 요리하지 않은 곡식과 열매 및 가루 소제물은 제사장 공동체에 공동 분배됐다(10절).

⑪ (7:11-38) <화목제 집례>

ⓘ 화목제의 종류와 의미는(7:12, 16)?

1.	감사제 (Thank Offering)	히, 토다 "감사"
	이미 주신 것에 감사하는 제사	
2.	서원제 (Vow Offering)	히, 네데르 "서원"
	장차 주실 것에 감사하는 제사	
3.	자원제 (Freewill Offering)	히, 네다바 "자원"
	어떤 상황에도 자원해 드리는 제사	

ⓙ 화목제물 섭취 규정의 의미는(7:15-18)?

1. 감사제물은 드리는 당일에 먹어야 한다.
2. 서원제와 자원제물은 이튿날까지 가능하지만 삼 일째까지 남으면 꼭 불태워야 한다(17절).
3. 속건제와 속죄제에 비해 자유로운 규례일지라도 하나님과의 거룩한 친교이므로 이것 또한 주의하라.
■ 우리 교회는 거룩한 친교를 나누고 있는가?

화목제물 중에 가장 기름진 가슴살(갈빗살)과 가장 중요한 오른쪽 뒷다리를 각각 제사장 공동체와 집례자에게 돌렸다(30-34절).

Ⓚ 화목제와 애찬의 공통점은(7:30-33)?

1. 하나님과 **화평**(히, 샬롬)을 누림을 함께 기뻐하는 제사요 하나님의 식탁에서의 애찬으로서 화목제는 제사보다도 애찬의 과정이 길었다.
2. **예수님**도 세리와 죄인들과의 애찬을 즐기셨다.
3. **초대교회**도 애찬을 예배의 연장으로 보았다.
■ 성도의 교제도 하나님이 기뻐 받으시는 예배다.

② 제사장(8-10장)

① (8장) <제사장 위임식>
모세는 아론과 아들들의 위임식 제사를 드렸다.

Ⓛ 제사장 위임식의 의미는(8장)?

1. 피를 귀, 손가락, 발가락에 바름(22-24절)은 듣고 일하고 행하는 모든 것을 성별함이다.
2. 관유와 피를 제사장의 옷에 뿌림(30절)은 피로 씻어내고 기름으로 붓는다는 의미다.
■ 오늘날 목회자들이 피 묻은 십자가의 복음과 성령의 기름 부음으로 목회를 감당하고 있는가?

② (9장) <아론의 첫제사>
아론이 자신과 백성을 위해 첫 제사를 드리자 여호와의 영광이 임했다.

③ (10장) <다른 불>

Ⓜ 왜 다른 불로 분향했는가(10:1-10, 16-20)?

＊ 나답("자유로운")과 아비후("그는 내 아버지")가 번제단의 불이 아닌 다른 불로 분향하다가 죽었다.
⇒ **술**을 마시고 분별력을 잃었기 때문(9-10절).
＊ 아론이 속죄제물을 먹지 않음은 백성의 죄를 대속하기에 부족하다는 회개와 겸비의 마음이었다.
■ 하나님은 제사의 규정보다 예배자의 진정성을 보신다.

- 우리와 만나 친밀하게 **교제하기 원하시는 하나님**이시다(1:2).
- 죄와 허물을 드러내고 사하시는 **공의와 사랑의 하나님**이시다(4:2-3).
- 사람에게 책임과 권한을 위임하시고 **동역하시는 하나님**이시다(9:22).

레위기 1장 4-6절에서 "그는" 누구인지 생각해 보고 제사의 의미를 되새겨 보라.

Day 08

정결법과 속죄일
레위기 11-16장

 하나님은 음식과 출산, 질병에 관한 정결법 규례를 주셨고
속죄일을 정해 주셨다.

① 정결법(11-15장) 하나님은 의식적 정결을 위해 깨끗한 음식과 부정한 음식 및 출산 후 정결기
　간, 나병과 유출병에 대한 규례를 주셨다.

② 속죄일(16장) 하나님은 대제사장 아론이 일년 일차 성소와 이스라엘을 위해 속죄하게 하셨다.

 ⓐ 대제사장은 대속죄일에 지성소에 들어가 속죄소를 속죄하고 회막과 제단을 속
　죄하는 의식을 행한 뒤 회막문에서 아사셀로 뽑은 염소에 백성의 죄를 전가시
　켜 광야로 보냈다(16장).

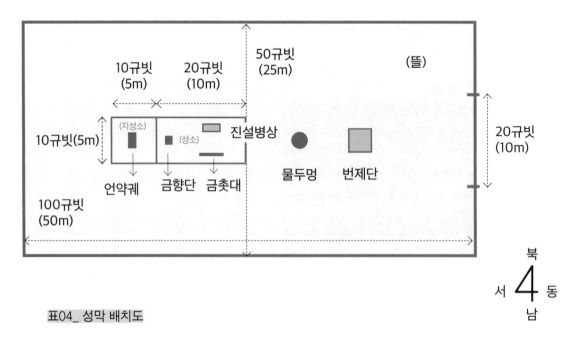

표04_ 성막 배치도

① 정결법(11-15장)

① (11장) <음식의 규례>

하나님은 짐승과 물고기, 새, 곤충, 파충류 중에서 백성이 먹을 수 있는 정한 것과 먹을 수 없는 부정한 것을 분별하라고 하셨다.

Ⓐ 정결법이 사람에게 중요한 이유는(11장)?

1. 정결법은 성민(聖民) 이스라엘의 **정체성** 유지에 기여했다. 오늘날 코셔(Kosher, '적합한')는 유대인이 정결법대로 도축한 고기나 조리한 음식을 뜻한다. 이스라엘의 호텔과 음식점에서는 코셔 인증 음식만 판매한다.
2. 하나님은 이스라엘에게 **삶**에서의 거룩도 요구하셨다. 그들이 음식을 먹을 때도 하나님의 거룩 가운데 있기를 원하셨다.
3. 삶의 정결이 선행되어야 **성소**에 나가 예배할 수 있었다. 만약 부정해져서 하나님 앞에 나가지 못하는 것은 가장 큰 수치였다. 그것은 중세의 수찬정지처럼 가장 부끄러운 징계였으니, 중세의 '파문(excommunication)'이라는 말이 수찬정지를 뜻하는 표현이었다.
4. 하나님은 거룩과 성결에 집착하신 것이 아니라 우리와의 **관계**를 갈망하신 것이다. "나는 너희의 하나님이라"(44절)는 표현이 성경에 50회 나오는데 그중 35회가 레위기에 있다.
5. 사람의 **위생과 건강**을 안전하게 보호하고자 무분별한 야생동물 식용을 미리 경고하셨다. 가령 박쥐를 먹지 말라 하셨는데(19절) 박쥐는 사스, 메르스, 에볼라 및 코로나19 바이러스의 숙주 역할을 한 것으로 알려졌다.
■ 건강하고 깨끗한 식생활을 하고 있는가 (고전10:31)?

"부정하다"(타메, 4절)는 단어는 구약에 182회 나오는데 그중 3분의 2가 레위기에 있으며, "정결하다"(히, 타헤르)는 단어는 구약 92회 중 절반이 레위기에 나온다. 그만큼 정결과 부정을 강조하신 것은 그들이 정결해야만 성소에 예배하러 갈 수 있기 때문이었다.

② (12장) <출산의 규례>

임산부는 남아를 낳으면 40일을, 여아를 낳으면 80일을 정결 기간으로 지낸 후 번제와 속죄제를 드려야 성소에 들어갈 수 있었다. 물론 출산은 하나님의 창조 섭리요 죄가 아니지만, 이 기간은 의식적 정결과 산모의 회복을 위해 필요했다. 남아 출생 시 8일째에 포피를 베라고 하셨는데(3절) 최초의 할례는 하나님이 아브라함과 언약을 맺으며 행하게 하셨고(창17:10), 이후 이삭은 난 지 팔 일 만에 할례를 받았다(창21:4).

Ⓑ 이스라엘과 주변국의 할례의 차이점은(12:3)?

1. 고대의 앗수르, 바벨론, 가나안, 블레셋은 할례를 행하지 않았다(**무할례**자, 롬2:26).
2. 에돔, 모압, 암몬은 할례를 행하기는 했으나 종교적인 의미없이 13세쯤 **성인식**으로 했다.
3. 이스라엘은 생후 8일에 할례(3절)를 받았으니 이것은 하나님의 **언약 백성**이라는 사실을 내 몸에 새기는 징표요 의식이었다(2일 ①2 참고).
■ 나에게 하나님의 백성으로서의 표시는 무엇인가?

③ (13장) <나병의 규례>

사람이 피부에 나병이 생기면 부정함으로 인해 진영 밖에서 혼자 살아야 했다. 나병(히, 짜라아트, "타격", 2절)은 오늘날의 한센병뿐만 아니라 전염성을 가진 여러 악성 피부병을 가리킨다.

◎ 나병 규례가 사람에게 중요한 이유는(13장)?

1. 나병의 원인은 청결하지 않은 생활습관에 기인하는 경우가 많았다. 하나님은 우리에게 영적인 순결과 더불어 **삶의 청결도** 원하신다.
2. 의사가 아닌 제사장이 진찰한 것은(3절) 음식의 정결례처럼 **의식적 정결**의 문제로 보았기 때문이다. 부정한 자는 예배할 수 없었다.
3. 나병은 전염성이 강하기 때문에 공동체의 위생상 질병 유무의 판별이 중요했다. **의심자를 7일간 의무 격리**하게 한 것은 병세를 예의주시하기 위함으로, 전염병은 작은 문제로 보이지만 큰 재난이 될 수 있기 때문에 **초기 진단에 신중**을 기하도록 했다.
4. **재검 후 확진**되는 경우도 다루었다(7절). 나병이 부분적일 때는 병세가 진행 중이지만 전신에 퍼진 경우는 병독이 다 빠져나간 상태이므로 정하다고 **완치자** 판정을 내렸다(13절).
5. 나병환자는 옷을 찢고 머리를 풀고 부정하다고 외쳐야 했다(45절). 이것은 슬픔과 자기혐오의 표현이자 사람들에게 자신의 확진 사실을 알려서 **추가 전염**을 막기 위함이었다. 전염병을 **은폐**하는 것은 공동체에 큰 해가 된다.
6. 하나님이 나병환자를 공동체 외부로 완전 격리하게 하신 것은(46절) 공동체를 전염병에서 지키시기 위함이었다. 14세기 유럽에 흑사병이 돌아 1억 명이 죽었고, 1918년 스페인 독감으로 전 세계 5천만 명이 죽었으니, 전염성 피부병에 성경이 이렇게 긴 지면(13-14장)을 할애한 것은 그만큼 전염병에 대한 **검역과 방역**의 중요성을 미리 경고하고 알려주기 위함이다.
- ■ 전염병의 진단, 방역 및 치료를 위해 최선을 다하라.

"옴"(30절)은 옴벌레에 의해 생기는 심한 가려움증을 동반하는 피부병이 아니라, 머리나 턱의 털이 빠지는 백선병이라는 악성 피부병이다.

④ (14장) <나병 정결의식의 규례>

나병이 나은 경우 제사장에게 보이고 제사를 드려 정결함을 얻을 수 있었다.

◎ 나병환자 정결의식의 의미는(14장)?

1. 백향목(고귀), 홍색실(생명), 우슬초(정결)를 사용했다.
2. 새 하나는 잡고 새 하나는 놓아주는 의식은 죽었다 살아난(부활한) 극적인 정결 선언이다.
3. 속건제를 속죄제보다 먼저 드리게 한 것은 하나님께 죄사함을 받기 전에 자기 병으로 이웃에게 준 피해를 먼저 **보상**하게 함이었다.
4. 제사장 위임식처럼 완치자의 귀, 손·발가락에 피를 발랐다(14절). 이는 나병환자가 이제 온전한 하나님의 사람으로 **성별**됐다는 선언이다.
- ■ 하나님은 한 사람의 온전한 회복을 원하신다.

⑤ (15장) <유출병의 규례>

유출병이 있으면 그 사람도 부정하고 그가 접촉한 모든 것이 부정해졌다. 만약 유출이 멈추면 이레가 지난 후 제사를 지내 정결함을 얻을 수 있었다. 또한 정상적인 성관계로 설정한 경우와(16절) 여인이 주기적인 생리현상으로 월경하는 경우에도(19절) 일시적으로 부정해졌다. 하나님이 정결법을 주신 것은 성막을 거룩하게 보호하려는 의식적인 이유와 이스라엘 백성이 불결한 공중위생으로 죽지 않게 하시려는 위생적인 이유 때문이었다(31절).

② 속죄일(16장) <대속죄일>

하나님은 대제사장 아론이 일년 일차(34절) 7월 10일에 지성소와 회막과 제단을 위해 속죄하고, 자신과 백성을 위해 속죄하도록 하셨다. 이날은 온 백성이 스스로 괴롭게 하는 날, 즉 금식의 날이었다.

ⓔ 왜 아사셀을 보내게 하셨는가(16:10)?

＊ 염소 한 마리는 속죄제물, 한 마리는 아사셀이었다.

＊ 아사셀은 염소의 이름, 염소를 보내는 광야 또는 광야에 있다고 여긴 악령으로 추정된다.

1. 속죄일에 광야로 떠나보내는 염소인 아사셀(scapegoat, "떠나보냄")은 이스라엘 백성의 모든 죄를 **전가**받아 없애기 위함이었다.

2. 부정한 자를 성소와 진영에서 **격리**하듯이 하나님은 속죄일을 통해 이스라엘에서 죄를 완전히 씻어내기 원하셨다.

■ 하나님은 우리보다 우리의 죄사함을 더 원하신다.

• 우리에게 거룩을 원하시는 **거룩하신 하나님**이시다(11:44-45).

• 자주 부정함에 빠지는 우리를 **정결하게 하시는 하나님**이시다(14:19).

• 친밀한 교제와 거룩한 성별을 함께 **원하시는 하나님**이시다(16:2).

Day 09

성별법과 상벌법
레위기 17-27장

 하나님은 백성의 생활 규례와 제사장의 성별 규례 및 예배와 절기를 알려주시며, 순종에 대한 복을 약속하셨다.

① 성별법(17-25장) 하나님은 희생제물의 규례를 주시며 가나안 풍속을 금지하시고 사회에 정의를 실천하고 절기들을 지키라고 하셨다.

② 상벌법(26-27장) 하나님은 순종에 대한 복을 약속하셨고 불순종에 대한 재앙을 경고하셨으며 헌신에 대한 세칙을 주셨다.

① 성별법(17-25장)

① (17장) <희생제물과 피의 규례>

Ⓐ 피가 왜 중요한가(17:11)?

＊ 짐승을 잡을 때 꼭 성막 앞에서 잡으라(4절).
1. 피에 **생명**이 있으니 먹지 말라(10절; 창9:4).
2. 생명을 건지려면 생명이 담긴 피를 흘려야 한다는 **속죄** 원리(11절; 요6:53)와 생명은 생명으로 갚게 하는 **보복**법(출21:23)은 같은 맥락이다.
■ 생명이 아니고는 생명을 건질 수 없기 때문이다.

② (18장) <가나안 풍속 금지>

하나님은 애굽과 가나안의 풍속(행위)을 따르지 말라고 하시며(3절) 근친상간을 비롯해 간통(20절), 동성애(22절), 수간(23절)을 금지하셨다. 이런 일로 땅을 더럽히면 땅이 그 주민을 토해내리라 하셨다.

③ (19장) <사회적 정의>

Ⓑ 성경이 제시하는 정의사회 구현은(19장)?

1. 하나님의 거룩에 기초한 거룩한 삶을 살라 (2절).
2. 부모와 하나님을 경외하라(3-4절).

3. 경제적 약자를 배려하라(9-10절).

4. 사회적 약자를 보호하라(13절).

5. 신체적 약자를 존중하라(14절).

6. 공의로 재판하고 비방·가해하지 말라(15-16절).

7. 형제를 마음으로 미워하지 말라(17절).

8. 원수 갚지 말고 이웃을 자신같이 사랑하라(18절)는 것은 정의로운 사회 구현을 위한 적극적인 장치다(롬12:21).

   cf)보복법은 더 큰 보복의 악순환을 막는 소극적 장치다.

■ 하나님의 사랑과 공의에 기초한 사회를 세우자!

하나님은 창조 질서대로(창1:12, 24-25) 가축이나 식물, 옷 재료도 종류를 섞지 말라고 하셨다. 또한 과수에도 일종의 할례 기간을 거쳐 성별되게 하셨다(23-25절). 그리고 이방인의 여러 종교적 관습들을 경계하셨다(26-28절). 이같이 하나님은 우리에게 성속일여(聖俗一如)의 삶을 원하신다.

④ (20장) <형벌의 규례>

반드시 죽여야 하는 죄들을 말씀하셨다. 자식을 몰렉에게 바치는 우상숭배와 무당을 음란하게 따르는 접신자와 하나님이 세우신 가정의 질서를 따르지 않고 부모를 저주하는 자와 간통, 근친상간, 수간 등의 성범죄를 저지르는 자들이다. 성별법을 주신 목적은 그래야만 그들이 약속의 땅에서 평안할 수 있기 때문이며(22절), 이스라엘이 만민 중에 구별된 하나님의 백성이 될 수 있기 때문이었다(24, 26절).

◎ 토라는 이방 법률과 다른가(20장, 5일①참고)?

1. **사람**이 재산보다 중요했다. 재산에 대한 범죄로는 사형을 받지 않았고, 노예도 재산의 개념을 넘어 인간으로 대우했다(14일 ❸⑥ 참고).

2. **계급** 제도가 없었다. 이방 국가들은 대부분 귀족제도가 있었지만, 이스라엘에서는 모든 사람이 하나님의 법 앞에 평등했다.

3. 벌은 죄에 상당한 것이었다. "눈에는 눈"이라는 **보복법**은 보복을 장려하는 게 아니라 복수에 한계를 정해두는 법이었다. 이는 비상식적인 복수나 법집행을 예방하기 위함이었다.

4. **성 문제**에 관해 매우 엄격했다. 애굽인들은 근친상간을 용인했고 우가리트(고대 시리아 도시)에서도 일정한 성적 자유를 용인했다. 다만 토라는 어떤 변칙적인 성관계도 금지했다.

5. 빈자와 약자를 보호했다. 그들이 부자와 권력자들로부터 보호받도록 할 뿐 아니라 적극적으로 그들의 필요를 공급하는 **복지법**을 제정했다.

6. **인간존중사상**이 강했다. 이방 나라들도 생명존중사상이 있었지만, 토라는 사람을 망가뜨리는 죄에 대해 엄중하게 사형죄를 적용했다. 이는 일벌백계를 넘어 하나님의 형상인 인간을 함부로 대하지 못하게 하려 함이었다.

■ 참된 인권운동은 인본주의가 아니라 신본주의의 기초 위에서 가능하다.

⑤ (21-22장) <제사장 성별 규례>

◎ 제사장에게 요구되는 성별 규례는(21-22장)?

1. 시체접촉을 불허했지만 가족의 경우는 예외였다(21:1-3). 단, 성전 집무 중엔 가족도 예외가 아니었다(21:10-12).

2. 이방인처럼 애도의 표현도 하지 말라(21:5-6).

3. 이스라엘 처녀로만 아내를 삼으라(21:13-15).

4. 신체 결함이 있는 자는 제사장이 될 수 없다(21:17-24).

5. 성물을 먹으니 늘 부정에서 멀리하라(22:1-9).

■ 선민은 이방인보다 높은 의와 거룩이 요구되듯 제사장은 일반인보다 높은 의와 거룩이 요구된다.

또한 헌물자가 자발적으로 시작한 서원제와 자원제의 경우 마음이 변하여 흠 있는 것으로 드리면 안 되지만, 자원제는 원해서 드리는 것이면 지체가 더하거나 덜한 것도 괜찮다고 하시며(22:20-23) 백성을 배려해 주셨다.

⑥ (23-25장) <예배를 통한 성별 규례>

ⓔ 이스라엘 절기의 특징은(23장)?

1. 이방인의 축일은 우상숭배와 향락이 특징이었지만 이스라엘의 절기는 민족명절이자 거룩한 성회였다.
2. **상반기**(봄)-유월절, 무교절, 초실절, 칠칠절.
   하반기(가을)-나팔절, 속죄일, 초막절.
3. 초실절에는 보리를, 오순절에는 밀을 드렸다.
4. 유월절은 유대 종교력상 민족 탄생의 정월 vs 나팔절은 유대 일반력상 새해 기념의 정월.
5. 장막절은 40년 광야를 추억하는 초막(草幕)절 + 약속의 땅의 추수·저장을 감사하는 수장(收藏)절.
6. 오순절이 봄 추수에 대한 감사의 절기라면 수장절은 가을 추수에 대한 감사의 절기다.
7. 장막절은 우리가 육신의 장막을 벗고 영원한 하늘 장막에 들어갈 것을 예표한다(계 21:3).
8. 절기들 중 이스라엘 백성이 꼭 지켜야 할 3대 절기는 유월절, 칠칠절, 초막절이다(신 16:16).

■ 과거의 구원과 오늘의 축복과 내일의 안식을 주시는 하나님을 기억하고 감사하고 찬양하라!

땅도 하나님의 것이고(25:25) 사람도 하나님의 것이기에(25:42) 부동산에 대한 과욕도 금지하셨고 사회 내의 계급 차별(갑질 문화)도 금지하셨다.

시 기	No	절 기	의 의	고 백	해 석
1월 14일	1	**유월절**	출애굽 어린양의 피	구원자 하나님	그리스도의 죽음
1월 15일	2	무교절	무교병 (누룩 없는 빵)	교제자 하나님	그리스도와 교제
유월절 후 첫 일요일	3	초실절	보리수확의 첫 열매	예비자 하나님	그리스도의 부활
초실절 후 오십일	4	**칠칠절 오순절 맥추절**	여름 추수 인해 감사	공급자 하나님	그리스도의 영의 강림
7월 01일	5	나팔절	새해 첫날 양각나팔	인도자 하나님	그리스도의 재림
7월 10일	6	속죄일	전 국가적 회개 금식	용서자 하나님	그리스도의 속죄
7월 15일	7	**초막절 장막절 수장절**	광야 여정, 가을 추수	동행자 하나님	그리스도의 나라

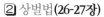 ⓕ 희년의 의미는(25:8-34)?

1. 희년은 7번 안식년의 이듬해인 **50년째** 해다.
2. 약속의 땅의 모든 주민에게 **자유**를 공포하라.
3. 자신의 소유지 및 가족에게 돌아가라. 땅은 다 하나님의 것이요 인간은 거류민이다(23절).
   - 하나님은 모두에게 **공평**한 기초자본을 회복시켜 주셨다.
4. 희년에는 파종하지도 말고 추수하지도 말라. 사람도 가축도 토지도 쉼과 **안식**을 얻으라. 일보다 예배가 중요하고, 물질보다 하나님이 중요하다. 모든 필요는 하나님이 공급하신다(20-21절).

■ 하나님은 모두에게 공평한 기회를 주기 원하신다. 참된 안식과 예배는 하나님을 신뢰해야만 가능하다.

- 모든 **생명을 소중하게 여기시는 하나님**이시다 (17:10-11).
- **예배의 거룩과 삶의 거룩**을 똑같이 중시하시는 하나님이시다(18:3-4).
- 모두에게 균등한 기회를 주시는 **공평하신 하나님**이시다(25:10, 28).

② 상벌법(**26-27장**)

① (26장) <상벌법>

하나님은 하나님이 주신 규례와 계명에 대한 순종의 축복(26:3-13)과 불순종의 심판(26:14-39)을 약속하신 후 회개함의 회복(26:40-46)까지 약속해 주셨다. 결국 불순종에 대한 경고는 심판이 목적이 아니라 돌아오라는 하나님의 신호다.

② (27장) <헌신의 세칙>

사람의 값을 바치기로 서원한 경우에 드리는 속전(ransom)은 노동력에 근거해 산정됐다(3-7절). 서원자가 가난한 경우에 배려해 주시고(8절), 또 서원한 밭을 팔았어도 기다려 주심은(21절) 우리가 하나님과의 약속을 지킬 수 있도록 도우심이었다. 초태생과 온전히 바쳐진 것(헤렘, "바치다[devote]" 내지 "멸하다[destroy]")은 이미 하나님의 것이기 때문에 서원물로 드릴 수 없었고(26-29절), 십일조도 하나님의 것이므로 맘대로 바꿀 수 없었다(30-33절).

Day 10

광야 1세대
민수기 1-10장

 하나님은 이스라엘의 인구를 계수하고, 진 배치와 행군 순서를 알려주셨으며, 레위 지파의 직무 분장을 알려주셨다.

1 1차 인구조사(1-4장) 광야 1세대의 인구를 조사했고, 회막을 중심으로 동서남북으로 진을 배치했으며, 레위인들에게 업무를 분장해 주었다.

2 1세대의 준비(5-10장) 하나님은 부정한 자를 분리하시고 나실인 서원, 지휘관의 헌물 및 레위인의 헌신을 받으신 뒤 이스라엘을 인도하셨다.

 ① 1차 인구조사(1-4장)

① (1장) <첫 번째 인구조사>

출애굽 제2년 2월 1일에 광야 1세대의 인구를 조사했더니 12지파에서 20세 이상 싸움에 나갈 만한 장정의 총계가 603,550명이었다.

Ⓐ 광야에서 인구조사를 한 이유는(1:2)?

1. 출발 전에 이스라엘 전체 **인구조사**(census)
 - 애굽에서 노예되었던 이스라엘을 시내산에서 하나님의 친백성으로 삼으시고 인구조사를 하신 것이었다.
2. 전쟁에 나가 싸울 수 있는 **군사소집**(muster)
 - 이제 시내산에서 출발하기 전에 약속의 땅을 향해 전진해 나갈 군대로 소집·조직하신 것이었다.

■ 노예에서 백성으로 그리고 군사로 세우셨다.
 (하나님 나라 백성의 놀라운 정체성 변화 과정)

Ⓑ 12지파의 진 배치의 원칙은(1-2장)?

1. **영적인 장자** 지파 유다가 이끄는 동진(제1대).
2. **혈통상 장자** 지파 르우벤이 이끄는 남진(제2대).
3. **축복의 장자** 지파 에브라임이 이끄는 서진(제3대).
4. **서자 중 장자** 지파 단이 이끄는 북진(제4대).
■ 12지파를 계보상의 중요도에 따라 배치했다.

12지휘관을 지명하고 지파별 인구를 계수했다. 레위인은 성막 사방에 진을 치도록 했다(53절).

②(2장) <진 배치>

◎ 회막 중심의 진 배치의 의미는(2:2)?

* 12지파가 동서남북에 진 치되 회막을 향
하라.
1. 이것은 성막 중심, **하나님 중심**의 진 배치다.
2. 이스라엘 군대는 **하나님의 군대**임을 기억하라.
■ 거룩한 하나님 나라를 세울 군사로 사는가?

진 배치는 회막을 중심으로 동쪽에 제1대
(186,400명), 남쪽에 제2대(151,450명), 서쪽에
제3대(108,100명), 북쪽에 제4대(157,600명)가
위치했다. 하나님은 이스라엘이 시내산을 떠
나기 전 만반의 준비를 하게 하셨다.

③ (3장) <제사장과 레위인>

아론의 아들 중 나답과 아비후는 다른 불로
이미 사망했고(레10:1-2), 엘르아살과 이다말
이 제사장 직분을 행했다. 레위 지파는 제사
장을 도와 회막에서 시무하는 사역자 역할을
했다(6-7절). 1개월 이상 된 레위인을 계수하
니, 게르손 자손이 7,500명이고 고핫 자손이
8,600명이고 므라리 자손이 6,200명이었다.

야곱의 12아들	1. 르우벤 2. 시므온 3. 레위 4. 유다	5. 단 6. 납달리	7. 갓 8. 아셀	9. 잇사갈 10. 스불론	11. 요셉 ① 므낫세 ② 에브라임 12. 베냐민
	레아	빌하 (라헬)	실바 (레아)	레아	라헬

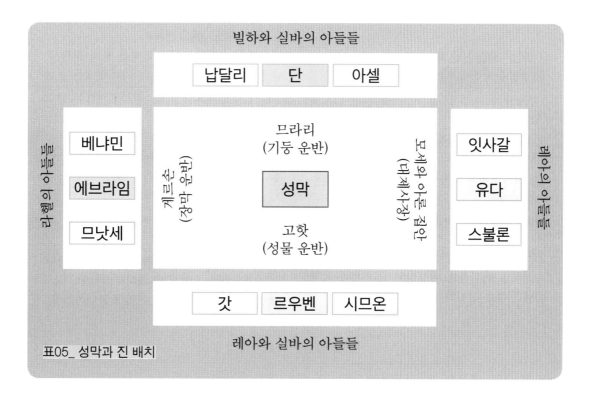

표05_ 성막과 진 배치

ⓓ 레위인의 진 배치와 직무는(3-4장)?

1. **모세와 아론** 집안이 성막 동쪽(**대제사장**).
2. 차자 **고핫** 자손이 성막 남쪽(**성물** 운반).
3. 장자 **게르손** 자손이 성막 서쪽(**장막** 운반).
4. 삼남 **므라리** 자손이 성막 북쪽(**기둥** 운반).
■ 레위 지파는 직무상의 중요도에 따라 배치했다.

장자는 다 하나님의 것이기에 이스라엘의 모든 장자(22,273명)를 대신해 레위인(22,000명)을 받으셨는데, 부족한 273명의 속전은 1인 5세겔씩(레27:6, 1개월 이상 남자의 속전값)으로 받으셨다.

④ (4장) <레위인의 직무>
고핫 자손은 엘르아살의 감독을 받았고, 게르손 자손과 므라리 자손은 이다말의 감독을 받았다. 이들은 30세에서 50세까지의 레위인으로서, 고핫 자손은 2,750명, 게르손 자손은 2,630명, 므라리 자손은 3,200명, 성막 봉사와 운반 업무를 담당할 레위인은 총 8,580명이었다.

② 1세대의 준비(5-10장)

① (5장) <출발 전 준비>
ⓔ 출발 전에 성별케 하신 것은(5장)?

1. **부정한 자**(레11-15 정결법상)를 진영 밖으로 내보냈다.
2. **속건제** 드릴 자는 "죄값"(히, 아샴, 7절, 레5:17)을 갚도록 했다.
3. **의심의 소제**를 통해 탈선한 아내가 드러나도록 했다.
■ 행진 이전에 이스라엘을 거룩하게 하셨다.

② (6장) <나실인의 헌신>
자원하여 헌신하는 나실인의 규정 이후에 하나님은 복을 선언하게 하셨다.

ⓕ 나실인 규정의 특징과 의미는(6:1-21)?

1. 나실인(히, 나지르, "구별된 자")은 자발적으로 자신을 하나님께 **구별**하기로 서원한 사람이다.
2. **음주** 금지(쾌락을 버리고 영적으로 깨어 있게).
3. **이발** 금지(하나님의 권위에만 순종하고 섬김).
4. **시체** 금지(제사장만큼 성결해야 함, 레21:11).
5. 나실인을 받으심은 인력난 때문이 아니었다.
■ 하나님은 우리의 자원하는 **헌신**을 기뻐하신다.

ⓖ 대제사장 축복기도와 축도의 공통점(6:22-27)

대제사장의 축복기도 (6:22-27)	초대교회의 축도 (고후13:13)
하나님의 **보호**	**성부**의 사랑과 보호
하나님의 **은혜**	**성자**의 십자가 은혜
하나님의 **평강**	**성령**의 교통과 평강

■ 삼위일체 하나님의 삼중적인 복을 사모하라.

③ (7장) <지도자들의 헌물>
12지파의 지휘관들이 봉헌물을 드려 회막 봉사에 사용하게 했지만 고핫 자손에게만 소와 수레가 불필요했던 것은 그들이 어깨로 메는 일을 했기 때문이다(9절).

ⓗ 우리도 모세처럼 들을 수 있는가(7:89)?

* 대제사장 아론은 1년1차 지성소에 들어갔다(레16:34).
* 모세는 수시로 지성소에 들어가 하나님의 말씀을 들었다.
  ⇒ 우리들도 예수의 피를 힘입어 언제나 지성소에 들어갈 수 있다(히10:19).
■ 모세처럼 하나님 앞에 친밀하게 나아가라.

제4대	제3대		제2대		제1대	
단	에브라임		르우벤		유다	
				게르손 (장막)		
아셀	므낫세	고핫 (성물)	시므온	므라리 (기둥)	잇사갈	언약궤
납달리	베냐민		갓		스불론	

표06_ 이스라엘 행군 순서

④ (8장) <레위인의 헌신>

레위인을 성별해 요제로 드렸는데, 25세 이상은 회막에서 봉사할 수 있었다. 다만 운반 업무는 30세 이상이었다(4:3).

⑤ (9:1-14) <두 번째 유월절>

첫 번째 유월절은 애굽에서 1년 1월 14일에 드렸고(출12:2-6), 두 번째 유월절은 2년 1월 14일에 시내산에서 드렸다. 하나님은 부정한 자들을 위해서 2월 14일에 소유월절을 지키게 해 주셨다. 유월절(3절)이 1차 인구조사(1:1)보다 시기상 먼저인데 나중에 기록됨은 소유월절을 포함하기 때문이다.

⑥ (9:15-10장) <하나님의 인도>

이후 이스라엘은 구름기둥이 떠오르면 은나팔을 불고 이동했다. 출애굽 제2년 2월 20일에 구름이 떠올라 이스라엘은 이동했고 바란 광야에 이르렀다. 언약궤가 모든 대열보다 앞서 가시며 쉴 곳을 찾아주셨다.

- 종 되었던 **백성을 군대로 세우시는 하나님**이시다(2:4이하).
- 레위인과 나실인의 **헌신을 기뻐 받으시는 하나님**이시다(3:13, 6:1-2).
- 우리보다 앞서 쉴 곳을 예비하시는 **선한 목자이신 하나님**이시다(10:33).

Day 11

광야 여정
민수기 11-25장

 광야 1세대는 바란광야, 가데스, 신광야에서 원망했고,
모압에서는 우상숭배에 빠졌다.

① 바란광야에서의 실패(11-12장) 백성이 하나님을 원망했고 미리암과 아론도 반기를 들었다.
② 가데스에서의 실패(13-19장) 백성이 가나안 정탐 후 원망했고, 고라와 지도자들이 반발했다.
③ 신광야에서의 실패(20장) 모세가 반석을 쳐서 물을 냈다가 하나님께 책망을 받았다.
④ 모압에서의 실패(21-25장) 이스라엘이 요단 동편에 진입했지만 싯딤에서 우상을 숭배했다.

ⓐ 이스라엘이 통과한 광야

1. **바란**("영광스러운") **광야**(10:12)는 애굽과 미디안 사이, 시내광야와 신광야 사이에 있는 해발고도 500m 이상의 광대한 석회암 산지로 강수량이 연간 50mm여서 통과하기가 매우 어려운 "크고 두려운 광야"였다(신 1:19).

2. **가데스**("거룩한", 13:26)는 시내 북쪽 240km, 바란광야와 신광야 경계에 위치하며 아카바만과 네게브를 연결하는 거점 도시로 고대에 신전이 있던 장소였다. 정탐을 떠난 곳도, 38년 뒤 미리암이 죽은 곳도, 모두 이곳이었다.

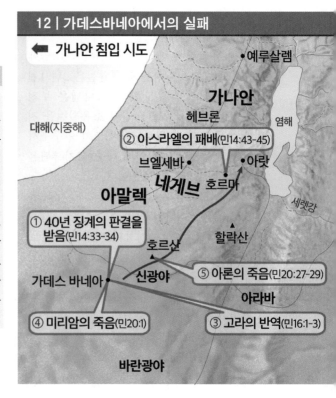

12 | 가데스바네아에서의 실패

← 가나안 침입 시도

• 예루살렘

가나안
헤브론 | 염해

② 이스라엘의 패배(민14:43-45)

브엘세바 • | • 아랏
네게브 호르마

아말렉

① 40년 징계의 판결을 받음(민14:33-34)

▲ 할락산

호르산

⑤ 아론의 죽음(민20:27-29)

가데스 바네아 • 신광야
아라바

④ 미리암의 죽음(민20:1)

③ 고라의 반역(민16:1-3)

바란광야

세렛강
대해(지중해)

3. **신**("낮은")**광야**(20:1)는 바란광야와 네게브 사이, 동쪽으로 아라바광야 곁에 있는 광야로 고원지대 곳곳에 분지 지형들이 있다.

4. **아라바**("평평한")**광야**(홍해길, 21:4; 신1:1)는 요단계곡과 아카바만 사이의 넓은 계곡으로 고도가 낮아 최고기온이 50℃가 넘는다.

* **왕의 대로**(King's Highway, "왕의 큰길", 20:17)는 요단 동편 다메섹에서 에시온게벨에 이르는 국제도로였다.

■ 광야 같은 인생에서 자신을 내려놓고 하나님만 신뢰하는가? 그래야만 광야를 통과할 수 있다.

① 바란광야에서의 실패(11-12장)

① (11장) <백성과 70인의 장로>
이스라엘이 다베라("불사름")에서 원망하자 불이 붙었다. 하나님의 임재의 지성소에서 불기둥도 나왔지만 불심판도 나왔다.

Ⓐ 리더십을 위임하는 모세(11:11-29)
* 다른 인종들(잡족, 4절, 출12:38)의 탐욕과 불평이 발단이었다.

1. 모세는 자신의 리더십의 **한계**를 고백했다(14절).
2. **하나님의 영**이 70인의 장로에게도 임했다(17절).
3. 장막에 나오지 않은 엘닷과 메닷(27절)으로 인해 여호수아는 시기했지만(눅9:49) 모세는 리더십을 **독점**할 마음이 없었다(29절; 출18:25).

■ 영적 지도자를 돕는 좋은 동역자들이 되어라.

하나님은 메추라기(5일Ⓕ⇒ 참고)를 주셨고 기브롯핫다아와("탐욕의 무덤")에서 재앙을 내리셨다.

② (12장) <미리암과 아론의 반기>
Ⓑ 구스 여자와의 결혼은 잘못 아닌가(12:1)?
* 모세가 구스 여자를 취하자 미리암과 아론이 모세를 비방했다.

* 비난하던 미리암은 벌을 받아 나병에 걸렸다.

1. 유대 전승에는 모세가 십보라 사망 후에 **재혼**한 것이라고 한다.
2. 요세푸스는 구스 여자를 에티오피아(왕상10:13) **공주**로 설명했다.
3. 하나님은 이방인 **통혼**으로 인한 우상숭배를 금하셨지(출34:16) 이방인과의 결혼 자체를 금하지는 않으셨다.
   예) 요셉(창41:45), 모세(출2:21), 보아스(룻4:13).

■ 가까운 가족이라도 주의 종을 쉽게 판단하지 말라.

② 가데스에서의 실패(13-19장)

① (13장) <가나안 정탐>
가데스에서 12명의 정탐꾼이 가나안을 40일간 정탐하고 근처 에스골("포도송이") 골짜기에서 포도송이와 석류, 무화과를 따왔다. 헤브론의 아낙 자손은(22절) 네피림(1일Ⓗ* 참고)의 직계 자손은 아니지만 거인족이었다(33절). 그러나 인생과 신앙은 환경의 문제가 아니라 관점의 문제다(33절).

② (14장) <원망과 징계>
갈렙과 여호수아 외에 모두가 그 땅을 악평하고 차라리 죽는 게 좋겠다며 하나님의 구원계

99

획을 폐하는 말을 하자(2-4절), 하나님이 전염병으로 치려고 하셨다(12절, 출9:15). 그러나 모세의 중보기도로 하나님이 그들을 용서하셨다(20절).

ⓒ 10번의 시험과 40년의 방황(14:22, 27-35)

1. 10(충만수)가지 재앙으로 애굽에서 구했는데 10번 즉 계속해서 하나님을 시험했다(22절).
2. 40일(4[땅의 완전수]×10)간 약속의 땅을 정탐, 40년간 척박한 광야에서 방황했다(33절).
■ 충만한 구원을 계속 거부하면 고난이 온다.

③ (15장) <제사와 옷단술>

하나님은 제사 규례를 설명하셨고 안식일에 나무한 사람을 돌로 치게 하셨다. 이는 절대 의존의 광야에서 하나님께 도전한 고범죄였기 때문이다(30절, 7일ⓕ1참고). 옷술에 청색(하늘 상징) 끈을 달아 계명을 기억하게 하셨다.

④ (16장) <고라의 반역>

ⓓ 고라, 다단, 아비람은 왜 거역했는가(16:1-2)?

* 우리도 너희처럼 지도자가 될 수 있다 (3-11절).
1. 고핫 자손의 고라는 성물 담당 가문이라는 **교만**.
2. 르우벤 지파 다단, 아비람, 온은 실패한 장자 지파라는 **자격지심**.
3. 나답과 아비후가 다른 불로 죽었다면(레 10:1), 이들은 **다른 직분**인데 향로를 들었다가 죽었다.
■ 사역자들이여 겸손하고 건강한 마음을 가지라. 그리고 하나님이 세운 리더를 존중하라.

⑤ (17장) <아론의 지팡이>

하나님은 아론의 싹 난 지팡이(히, 마테)로 12지파(히, 마테)의 영적 지도자를 명시하셨다. 영적 지도자는 주님께서 세우신다.

⑥ (18장) <제사장과 레위인>

하나님은 성소 및 직분에 대한 제사장의 책임(1절)과 권리(몫)를 알려주셨다.

ⓔ 성경에서 말하는 십일조 규정은(18:21-32)?

1. 아브라함이 **최초**의 십일조를 드렸고(창14:20), 야곱이 십일조를 서원했다(창28:22). 십일조는 고대 셈족의 문화였다.
2. 이방 지배자들은 서민을 수탈할 용도로 악용했지만, 토라에서는 하나님께 드리는 **감사와 헌신**의 규정이었다.
3. 십일조는 레위인의 **기업**(생계수단, 21-24절)이자 어려운 이웃과의 **나눔**(14일ⓓ 참고)을 위한 규정이었다.
■ 십일조는 신앙고백이자 성직자와 이웃을 위한 재원이다.

⑦ (19장) <부정을 씻는 법>

붉은 암송아지(예수 그리스도의 보혈을 상징)의 재를 준비해 부정해진 자를 정결케 하셨다.

③ 신광야에서의 실패(20장)

ⓕ 모세는 왜 징계받았는가(20:1-13)?

* 모세가 왜 갑자기 화를 내며 반석을 쳤을까?
* 백성이 원망하여 징계받았던 가데스가 아닌가! 40년 동안의 제자리걸음에 대한 **절망감**의 표출이었다(1절).
1. 끝까지 반역하는 무리를 무시했던 **교만**(10절).
2. 하나님의 말씀대로 순종하지 않은 **불신**(12절).
3. 하나님의 거룩한 사랑을 훼손시킨 **분노**(12절).
* 약속의 땅에 들어가지 못하는 징계를 받았다(12절).
■ 영적 지도자에게는 일반 성도보다 더 거룩한 기준이 요구된다.

에돔은 형제 민족인데도 이스라엘이 왕의 대로를 지나가지 못하게 했다. 아론은 호르산에서 죽었다.

④ 모압에서의 실패 (21-25장)

① (21장) <요단 동편 점령>
아랏(네게브의 동북부 도시) 왕이 아다림("정탐", 13:17) 길에서 이스라엘을 공격하다가 패배했다.

㉮ 왜 놋뱀을 보게 하셨는가(21:4-9)?

＊ 뜨거운 홍해길(아라바 광야)에서 백성이 원망했다.
1. 이곳에서 자주 출몰하는 **불뱀**(독사)에게 물렸다.
2. 장대의 놋뱀은 장차 죄인의 구원자인 주께서 죄인으로 **십자가**에 달리실 것에 대한 예표였다(요3:14-15).
■ 십자가에 달리신 주를 바라보는 자는 살리라.

이스라엘은 요단 동편 남왕국 헤스본 왕 시혼("근절자")과 북왕국 바산 왕 옥("거인")을 물리쳤다.

② (22-24장) <발락의 초대와 발람의 예언>
㉯ 발람이 무엇을 잘못했는가(22-25장)?

＊모압 왕 발락("파괴자")과 미디안 장로들이 초대했다.
＊발람("탐닉자")은 유브라데 강가의 유명 복술가였다.
1. 하나님이 금하셨는데 **탐심**으로 따라갔다 (22:12, 19).
＊ 발람은 4번이나 저주가 아닌 복을 선포했고, 하나님의 성품(23:19)과 메시아 예언(24:17)도 선포했다.
2. 발람의 **계략**으로 싯딤에서 이스라엘 자손이 범죄했다(25:1; 계2:14).
■ 영험한 복술가라 할지라도 절대 따르지 말라. 심판받는다!

③ (25장) <싯딤에서의 음행>
비느하스가 시므리(시므온 지파, 14절)와 고스비("속이는", 미디안 수령의 딸, 14절)를 벌하자 전염병이 멈추었다.

- 구원 역사를 훼방하는 자에게 **진노하시는 하나님**이시다(14:33-34).
- 지도자에게 거룩의 의무를 **요구하시는 하나님**이시다(20:12).
- 우상숭배를 결코 용납하실 수 없는 **질투하시는 하나님**이시다(25:1-3).

Day 12

광야 2세대
민수기 26-36장

 하나님은 광야 2세대의 인구를 조사하게 하셨고
기업분배의 원칙을 알려주셨다.

1. **2차 인구조사 (26-30장)** 이스라엘은 모압 평지에서 2차 인구조사를 했고, 하나님은 땅 분배의 원칙 및 제사, 절기, 서원의 규정을 알려주셨다.
2. **2세대의 준비 (31-36장)** 이스라엘은 미디안을 쳤고 요단 동편과 서편의 지파별 기업과 경계를 정했으며 광야 여정을 회고했다.

 ⓐ **모압**은 평균 해발 고도 900m 이상의 고원지대이며 땅이 기름지고 강우량이 적당하여 농사와 목축에 적합했다. "모압 평지"(민 33:48)는 모압 땅 북단에 위치하는 여리고 맞은편 지역이다.

13 | 가데스에서 모압평원까지

⑤ 옥을 물리침 (민 21:34-35)
⑦ 모압여자들과 음행 (민 25:1-3)
④ 시혼을 물리침 (민 21:21-26)
⑥ 발람의 예언 (민 23-24장)
⑧ 모세의 죽음 (신 34:1-7)
① 아랏왕에게 승리 (민 21:1-3)
③ 불뱀으로 고통 (민 21:5-9)
② 에돔 땅을 우회 (민 21:4)

① 2차 인구조사 (26-30장)

① (26장) <2차 인구조사>

Ⓐ 2차 인구조사의 의의는(26:51)?

* 1차는 시내산에서, 2차는 모압 평지에서 실시했다.
* 1차는 603,550명이었고 2차는 601,730명이었다.
⇒ 광야에서 40년간 방황했는데도 큰 차이가 없었다.
■ 광야 40년간 하나님이 돌봐주신 은혜의 결과였다.

고라의 자손들이 살아남은 것은 반역에 동참하지 않았기 때문으로 추정된다(16:27; 신 24:16). 기업 분배는 지파별 인구수대로 제비를 뽑되 레위인과 1세대는 제외였다(64-65절, 14:22-23). 1개월 이상 레위인의 인구는 23,000명이었다(62절, 3:39 비교).

Ⓑ 2차 인구조사의 특징은(26장)?

1. **시므온** 지파가 3분의 1로 급감(14절)함은 야곱의 저주와 싯딤에서의 음행(25:14) 때문으로 추정된다.
2. **유다** 지파는 영적 장자 지파답게(3일①3 참고) 단일 지파로는 최다 인구 수(76,500명)를 기록했다.
3. **에브라임·므낫세** 지파는 땅의 복을 받은 지파답게(창49:25) 합계 최대 인구(85,200명)를 자랑했다.
■ 부모의 축복도 중요하지만 자손의 헌신도 중요하다.

지파명	1차(1장)	2차(26장)	증감
르우벤	46,500	43,730	-2,770
시므온	59,300	22,200	-37,100
갓	45,650	40,500	-5,150
유다	74,600	76,500	+1,900
잇사갈	54,400	64,300	+9,900
스블론	57,400	60,500	+3,100
에브라임	40,500	32,500	-8,000
므낫세	32,200	52,700	+20,500
베냐민	35,400	45,600	+10,200
단	62,700	64,400	+1,700
아셀	41,500	53,400	+11,900
납달리	53,400	45,400	-8,000
총계	603,550	601,730	- 1,820

표07_ 1-2차 인구조사

② (27장) <슬로브핫의 딸들>

Ⓒ 왜 슬로브핫의 딸들에게 허락하셨는가(27:7)?

* 이들은 지파 안에서 기업이 유지되기를 요청했다.
* 하나님이 허락하셨고 판결의 규례로 정하셨다.
* 이들의 당당함은 복 받은 지파의 자존감을 보여준다.
⇒ 하나님이 **인격적으로 소통**하시는 분이기 때문이다.
■ 나는 하나님께 담대히 아뢰고 기도하는 삶을 사는가?

모세가 후임자를 요청하자 하나님은 하나님의 영이 머무는 자 여호수아를 세우셨다(18절). 하나님의 일은 인간의 능력이 아니라 성령의 능력으로 감당하는 것이기 때문이다(창41:38; 삼상16:13; 슥4:6).

③ (28-29장) <제사와 절기 규정>

여호와께서 광야 2세대의 인구조사 후에 예배와 헌신을 말씀하신 것은 가나안 땅에 들어갈 이스라엘 군대를 재정비한 후 거룩의 준비를 하시기 위함이었다. 하나님은 제사를 정한 시기에 바치라고 하시며, 상번제, 안식일, 월삭(매월 초하루)을 지키라고 하셨다. 그리고 유월절, 칠칠절, 나팔절, 속죄일, 장막절의 5대 절기를 주셨다.

④ (30장) <서원 규정>

하나님은 서원과 서약을 반드시 이행하라고 하셨다(2절). 하나님은 우리의 언어가 하나님의 말씀처럼 진실하기를 원하신다.

ⓓ 여자의 서원을 왜 남자가 바꾸는가(30:3-16)?

1. **딸의 서원**을 아버지가 거부할 수 있게 한 것은 가정의 **질서**를 위해 아버지가 리더 역할을 하도록 함이었다. 아버지는 가족의 생계만 책임지는 존재가 아니라 가족의 온전한 삶과 신앙을 책임지는 존재여야 한다.
2. **아내의 서원**을 남편이 거부할 수 있게 한 것은 부부가 함께 기도하고 응답받는 영적 **일치**를 이루라는 뜻이다. 남편은 아내의 동반자이자 보호자로서 책임이 있다. 그러므로 남편이 암묵적 동의를 하고 나중에 무효화하면 서원 불이행의 책임은 남편이 져야 했다(14-15절).
 ■ 가족이 충분히 대화를 나누고 함께 헌신하라. 가정의 리더로서의 권리는 책임 또한 수반한다.

② 2세대의 준비(31-36장)

① (31장) <미디안 격파>

ⓔ 왜 미디안과 발람을 치게 하셨는가(31:2, 8)?

1. **미디안**(아라비아 북서부의 대상 민족)이 이스라엘을 저주한 모압의 죄에 동참했기 때문이다(22:4, 25:1).

2. **발람**은 돌아가는 길에(24:25) 미디안에 체류하며 간계를 꾸민 것으로 추정된다(25:18; 계2:14).
 * 이스라엘은 미디안의 다섯 왕과 발람을 죽였다.
 ■ 악인과 함께 어울려 악한 일을 도모하지 말라.

이스라엘 군대가 미디안을 진멸해야 하는데도 여자들을 포로로 잡아오자, 모세는 그들 중 처녀만 살려주었다. 하나님은 전리품을 군인들과 이스라엘 회중이 절반씩 나누게 했고, 군인들의 전리품 500분의 1을 승리를 주신 하나님께 바치게 했으며, 회중의 전리품 50분의 1을 회막 업무에 헌신한 레위인에게 주게 하셨다. 미디안과의 전쟁에서 단 한 명의 전사자도 나오지 않았기 때문에 군 지휘관들이 생명을 지켜주신 하나님께 생명의 속전을 드렸는데, 그 도합이 16,750세겔(금 190kg), 현 시세로 환산하면 약 145억이나 된다.

② (32장) <요단 동편 지파들>

ⓕ 두 지파 반은 왜 동편을 요구했는가(32:1-5)?

1. 그들에게 가축이 많다는 **상황적 이유**(1절)가 있었다.
2. 이 땅이 목축하기 좋다는 **환경적 이유**(4절)가 있었다.
3. **내면적인 이유**를 추정해 보면, 장자 지파 르우벤은 동생들이 중심인 서편으로 갈 마음이 없었고, 갓 지파는 광야 40년간 르우벤과 제2대로 동행해 왔으며, 므낫세는 복받은 요셉의 장자이지만 동생 에브라임에게 밀린 지파로서 일부가 동편에 남기 원했던 것 같다.
 ■ 나도 이들처럼 상처 때문에 잘못된 결정을 내리지는 않는가?

모세가 타 지파의 낙심과 이들의 변절을 걱정하자 이들은 요단 서편 정복전쟁에도 동참하겠다고 약속했고 이에 모세는 그들의 요구를 허락해 주었다.

③ (33장) <이스라엘의 노정>

라암셋에서 출발해 모압 평지에 이르는 광야 노정을 회고한 뒤, 하나님은 가나안 원주민을 반드시 몰아내라고 하셨다. 죄악으로 멸망할 그들을 놔두면 너희가 멸망하리라고 강하게 경고하셨다(56절; 신28:63).

④ (34장) <요단 서편 땅>

아홉 지파 반이 얻을 가나안의 경계는 남쪽으로 신 광야, 서쪽으로 대해, 북쪽으로 하맛 어귀, 동쪽으로 요단강이었다. 하나님은 기업분배위원회를 세우셨다.

⑤ (35장) <레위 지파의 성읍>

레위인들은 12지파의 기업 중에서 도피성 6개와 일반 성읍 42개, 총 48개 성읍을 받아서 거주하도록 했다. 부지중 살인한 자는 대제사장이 죽기까지 도피성에 머물러야 했는데, 이는 대제사장의 죽음이 말하자면 공소시효 만료를 의미했기 때문이다.

⑥ (36장) <기업 분배의 부칙>

므낫세 지파가 슬로브핫의 딸들에게 준 기업이 다른 지파로 옮겨질 우려를 표명하자, 하나님은 이것도 수용하셔서 그녀들이 같은 지파 안에서만 시집가게 하셨다.

- 심판 중에도 **소망을 준비하시는 하나님**이시다(26:63-65).
- 사람의 합당한 요청을 승낙하시는 **합리적이신 하나님**이시다(27:7, 36:5).
- **억울한 사람을 보호해 주시는 하나님**이시다(35:11).

2주 / 하나님은 누구신가?

동행자 하나님

"내가 거룩하니 너희도 거룩할지어다"(레11:45하)

레위기는 거룩에 대한 하나님의 집착이다. "거룩(히, 코데쉬)"이라는 단어가 레위기에만 150회 사용되었다. "부정하다(히, 타메)"는 단어는 구약 182회 중 3분의 2가 레위기에 나오고, "정결하다(히, 타헤르)"는 단어는 구약 92회 중 절반이 레위기에 나온다. 레위기 11장에서는 먹는 음식까지도 정결한 것과 부정한 것을 세세하게 구분하신 하나님이시다.

팬데믹으로 모두가 결벽증에 빠져 있다. 외출했다가 귀가하면 가족이 반가울지라도 손도 잡으면 안 되고 안아줘도 안 된다. 일단 씻어야 한다. 동일하다. 하나님은 흠도 죄도 없이 온전히 깨끗하신 분이시다. 그 하나님이 나와 마주하기를 원하시기 때문에 내가 깨끗하게 되기를 소원하신다. 하나님은 거룩이 아니라 동행에 집착하시는 것이다.

"영광(히, 카보드)"은 "무게(weight)"라는 뜻이다. 거룩하고 영광스런 하나님의 임재에는 그분만의 존재의 무게가 있다. 어린아이가 풍선을 들고 달려오면 존재의 발랄함과 가벼움이 느껴진다. 집안의 큰 어르신이 가족 모임에 오시면 존재의 무게감이 느껴지는 법이다. 존재마다 각자의 무게가 있다. 하나님의 임재에는 더럽고 거짓된 것은 결코 감당할 수 없는 무게가 있다. 온전히 그분의 무게를 감당할 수 있는 존재는 어린양의 보혈로 정결케 된 영혼뿐이다.

그래서 레위기는 제사로 가득하다. 레위기는 온통 피로 물든 책이다. 왜 하나님은 꼭 이렇게

피를 흘리셔야 했는가? 생명을 소중히 여기시고 살인하지 말라 명하신 그분이, 왜 제사마다 이렇게 피를 흘리게 하셨는가? 하나님이 너무 가혹하셨던 게 아닌가? 그렇다. 그분의 아들까지 피 흘려 죽게 하신 하나님은 가혹하셨다. 그분이 이 길을 선택하신 것은 죄로 인해 무너져 버린 나에게 가혹하시지 않기 위해서다.

오해하지 말라. 하나님은 피 흘림을 좋아하시는 분이 아니라 동행을 좋아하시는 분이시다. 하나님은 피를 보고 싶으신 것이 아니라 당신을 보고 싶으신 것이다. 만약 수술실에 들어가는 의사를 붙잡고 "왜 꼭 그렇게 피를 흘려야 하나요?"라고 묻는다면 합당한 질문이겠는가? 수술 전에 보호자들은 왜 수술동의서에 서명을 할까? 피를 흘리더라도 살릴 수만 있다면, 그래서 사랑하는 가족과 다시 동행할 수만 있다면, 그 선택을 하는 것이 최선이기 때문이다.

코로나19로 인하여 2020년 많은 노력을 했음에도 비극은 계속되었다. 가장 가슴 아픈 것은 코로나로 인한 사망자의 가족들이 임종을 곁에서 지켜주지도 못하고 보냈다는 점이다. 우리는 왜 이렇게 전염병에 강박적이어야 하는 것일까? 전염병이 종식되지 않으면 행복한 동행을 꿈꿀 수 없기 때문이다. 하나님은 왜 죄에 대해 그토록 많은 피를 흘리기까지 강박적이셔야 했을까? 죄가 종식되지 않으면 나와의 행복한 동행을 꿈꾸실 수 없기 때문이다.

"나는 너희의 하나님이 되려고 너희를 애굽 땅에서 인도하여 낸 여호와라"(레11:45상). 이것

이 하나님이 제시하신, 우리가 거룩해야 하는 이유다. 하나님은 간절히 우리의 하나님이 되고 싶어 하신다. 기적적으로 홍해를 가르심도, 광야에서 60만 명을 만나와 메추라기로 먹이시며, 구름기둥으로 인도하심도 우리의 하나님이 되고 싶으셨기 때문이다. 성막(holy tent)을 회막(meeting tent)으로 만드심도 바로 이 하나님의 로망 때문이었다.

하나님의 로망은 "나는 너희의 하나님이 되고 너희는 내 백성이 되는 것"(출6:7; 레26:12; 렘7:23, 11:4, 30:22; 겔36:28; 호1:9)이다. 로망(불, roman)은 원래 모험과 사랑을 담은 중세 이야기를 뜻한다. 하지만 최근에 이 단어는 "꿈만 같은 이야기"라는 뜻으로 쓰인다. 하나님의 로망은 하나님이 꿈꾸시는 이야기다. 하나님이 창조부터 천국까지 꿈꾸시고 완성해 가시는 이야기다! 그것이 무엇인가? 바로 그분이 나의 하나님이 되시는 것이다!

하나님은 장막이라는 초라한 신혼집을 지으시고 그 백성을 사모하여 40년을 따라다니셨다. 하지만 그 백성은 시내산에서 결혼 서약을 하자마자 금송아지 우상을 만들었으니, 이는 신혼 첫날에 바람을 피운 것이다. 그런데도 하나님은 모세의 중재로 또 용서하시고 동행해 주시는 바보 같은 사랑을 하셨다. 그리고 그 하나님은 지금도 여전히 바보 같은 사랑을 하고 계신다.

레위기가 부정한 이스라엘을 깨끗하게 씻기시고 용서하신 책이라면, 민수기는 끊임없이 원망하는 이스라엘을 포기하지 않고 동행해 주신 책이다. 하나님의 사랑은 포기하지 않는 사랑이다. 모두가 이상한 분이라고 손가락질해도 그분은 수천 년을 포기하지 않고 우직하게 사랑하셨다. 왜냐면 그분은 그분의 로망을 꿈 같은 이야기로 끝내실 분이 아니기 때문이다.

"또 내가 보매 거룩한 성 새 예루살렘이 하나님께로부터 하늘에서 내려오니… 그들은 하나님의 백성이 되고 하나님은 친히 그들과 함께 하셔서"(계21:2상, 3하). 천국은 찬란하거나 눈물과 고통이 없는 곳이기 때문에 천국이 아니다. 다만 그분이 나와 함께하시기 때문에 천국이다.

영화 〈베스트 오퍼〉에서 세계 최고의 미술품 감정사인 올드먼은 평생 독신으로 일하며 유명한 초상화들을 수집해 왔다. 그러다 한 젊은 여성과 사랑에 빠지게 되는데 그녀가 한날 모든 작품을 훔쳐 달아나 버린다. 그것은 계획적인 사기였다. 마지막에 올드먼이 경찰서를 가려다가 돌아선다. 왜냐면 그에게 작품들은 사라졌지만 사랑이 남았기 때문이다. 남들에게는 바보 같은 사랑으로 보이지만, 그에게는 가장 소중한 것이었다.

우리도 하나님을 오해할 때가 얼마나 많은가. "사랑한다고 해놓고 광야만 돌게 하십니까? 결혼하자더니 초라한 텐트에서 40년째 신혼생활하게 하십니까? 정말 실망입니다. 이런 하나님은 전혀 매력 없습니다"라고 말하겠는가. 하나님이 내게 원하신 것은 오직 나와의 동행뿐이다. 그런데 내가 그분에게 원한 것은 멋지고 행복하고 화려한 삶이다. 인생이 하염없는 광야길이고, 그저 오늘도 서글픈 나그네 인생이면, 정녕 하나님을 등지고 떠나겠는가.

세상의 모든 여정을 끝내는 날 천국 문 앞에 서서, 나를 위해 예비하신 너무나 황홀하고 아름다운 영원한 집을 보고 나서야 후회하지 말라. 사실 나를 위해 선물하셨던 산들도 바다도 꽃들과 나무들도 너무나 아름다웠고, 내게 주셨던 일용할 양식도, 때마다 보내주신 천사 같은 도움의 손길도, 광야 같은 인생길에서 내가 쓰러지지 않게 구름기둥과 불기둥으로 보호해 주셨던 시간들도, 다 가슴 벅찬 그분의 사랑이었음을 그날에 가서야 뒤늦게 깨달았다고 말하지 말라.

신명기는 계명의 책이다. 하나님은 우리와 동행하며 대화하길 기뻐하신다. 광야에서 말씀으로 교육받았다면 이제 실천해야 한다. 역사서는 율법서에서 제시된 기준을 적용하는 역사적 실천에 해당된다. 이제 여호수아를 필두로 이스라엘의 긴 역사가 시작될 것이다. 하나님은 순종하는 한 사람을 통해 그분의 일을 시작하신다. 여호수아는 정복의 책이다. 순종하며 약속의 땅을 정복하고 분배하는 역사가 그려져 있다. 반면 사사기는 실패의 책이자 구원의 책이다. 하나님은 그들을 사랑하시기에 포기하지 않고 위기 때마다 구원해 주셨다. 지금도 하나님은 자기를 찾는 자들에게 귀를 기울이신다. ───────

Week 03

신명기 01장 - 사사기 09장

● 신명기

신명기는 계명의 책이다. 1-4장은 과거 이스라엘에게 하나님이 은혜 주셨음을 기억하라는 첫 번째 설교이고, 5-26장은 십계명(도덕법)과 의식법, 시민법, 사회법을 지키라는 두 번째 설교이며, 27-34장은 장차 순종해야 복을 받는다는 세 번째 설교다.

신명기는 이스라엘이 하나님의 백성으로 부름받고(창) 구원받고(출) 예배드리며(레) 주와 동행하는(민) 언약 백성임을 재천명하는 책이다. 세 번의 설교는 이미 주신 말씀에 대한 복습 (review)이자 약속의 땅에 들어가기 전의 예습(preview)이었다. 그래서 신명기는 '구약의 요한복음'이라 할 만큼 말씀 강론 중심이다. 일부 학자들은 다양한 계명이 수집되고 편집된 책이라고 보았지만, 1954년 멘델홀은 신명기가 고대 군주와 신하 간의 〈종주권 조약〉이라는 형태의 언약의 구성과 그대로 일치함을 고고학적으로 증명했다.

신명기는 모세의 유언이다. 아브라함은 언약만 받고 언약의 성취는 자손들이 받은 것처럼, 모세는 애굽에서 나와 광야길만 인도했고 약속의 땅에는 여호수아와 2세대가 들어갔다. 모세는 2세대가 1세대의 오류를 반복하지 않도록 거듭 하나님께 순종할 것을 명령했다. 그래서 신명기(申命記), 거듭 계명을 기록한 책이다. 하지만 모세는 그들이 결국 언약을 어길 것이라고 전망했다(31:16). 이로써 "하나님을 사랑하라"고 거듭 말씀하심은 우리의 순종에 대한 요구를 넘어 우리를 포기하실 수 없는 그분의 사랑임을 알게 된다.

○ 첫 번째 설교 (1-4장)			
1	과거의 실패	1장	가데스의 불순종을 기억하라
2	과거의 승리	2-3장	요단 동편의 승리를 기억하라
3	당부의 말씀	4장	여호와 하나님께만 순종하라

○ 두 번째 설교 (5-26장)			
1	십계명	5-11장	하나님 한 분만 사랑하라
2	의식법	12-16:17	중앙 성소에서 예배하라
3	시민법	16:18-20장	하나님의 백성으로 살라
4	사회법	21-26장	거룩한 공동체를 세우라

○ 세 번째 설교 (27-34장)			
1	언약의 비준	27-28장	복과 저주를 선언하다
2	언약의 제정	29-30장	모압 언약을 제정하다
3	언약 중재자	31-34장	언약 중재자가 바뀌다

● 역사서

역사서는 유대교 성경(타나크)[1] 구분에서는 주로 예언서(네비임)에 포함된다. 이스라엘의 정치체제가 신정이든 왕정이든 그들의 진정한 왕은 하나님이시기 때문이다. 역사서는 율법서(토라)에서 제시된 기준을 적용하는 역사적 실천에 해당된다.

역사서는 신정기(여호수아, 사사기, 룻기)와 왕정기(사무엘서, 열왕기, 역대기) 및 회복기(에스라, 느헤미야, 에스더)로 구성되어 있다. 신정기가 가나안 정복 및 정착을 다룬 이스라엘 역사의 머리 부분이라면, 왕정기는 통일왕국과 남북 분열왕국의 역사를 다룬 이스라엘 역사의 몸통 부분이고, 회복기는 70년 만에 회복의 길을 가게 된 이스라엘 역사의 꼬리 부분이라고 하겠다.

역사서는 구약의 과거 역사를 통해 드러나는 하나님의 자기 계시의 실천편이다. 역사서는 역사가 하나님과 인간이 함께 만들어가는 것임을 반복적으로 말씀하고 있다. 하나님은 창조시대 이래로 영웅적 인물이나 국가 권력이 세상을 구원하는 것이 아니라, 하나님을 신뢰하는 믿음의 사람이 세상을 구원하는 통로가 되게 하심을 보여주셨다. 정복기의 여호수아와 룻, 왕정기의 다윗과 히스기야, 요시야, 그리고 회복기의 에스라, 느헤미야, 에스더가 바로 그런 인물들이다. 역사적 정황이 결코 녹록치 않아도 하나님께 믿음으로 순종하는 사람들을 통해서 하나님은 그분의 백성 전체를 구원하는 역사를 만들어 가셨다. 실로 역사는 인간과 하나님이 함께 만들어가는 것이다. 역사가 고난의 상황일 때 하나님을 원망하지 말 것은, 그 와중에도 하나님이 자기 백성을 붙들고 계시기 때문이며, 또한 사람이 어떻게 하나님께 반응하는가가 역사를 풀어 갈 중요한 열쇠이기 때문이다.

역사서		정 의	계 시
신정기	여호수아	여호수아 정복기	대장되시는 하나님
	사사기	사사시대 정착기	건져주시는 하나님
	룻기	룻의 회복 이야기	연결하시는 하나님
왕정기	사무엘서	사사에서 왕으로	동역하시는 하나님
	열왕기	통일에서 분열로	경고하시는 하나님
	역대기	남유다국 재해석	임재하시는 하나님
회복기	에스라	성전 재건 이야기	돌이키시는 하나님
	느헤미야	성벽 재건 이야기	회복하시는 하나님
	에스더	유다 구원 이야기	기억하시는 하나님

---

1 구약성경을 구성하는 율법서(토라), 예언서(네비임), 성문서(케투빔)의 앞 글자를 딴 약칭이다.

● 여호수아

여호수아는 정복의 책이다. 1-12장은 가나안 땅 정복에 대해서, 13-24장은 분배에 대해서 기록했다. 정복 과정은 가나안 중부, 남부, 북부의 순서로 진행되었다. 분배 과정은 요단 동편과 서편 및 도피성과 레위 지파 순서였다.

모세는 이스라엘 역사상 최고의 지도자였다. 그러나 광야 1세대는 불순종으로 일관하며 광야 40년 방황의 세월을 보내야 했다. 이와 비교해 볼 때 여호수아는 모세의 시종이자 후임자였다. 그리고 광야 2세대는 일사불란하게 순종하며 약속의 땅을 정복하는 승리의 역사를 일궈냈다. 또한 여호수아서는 가나안 정복의 기록이지만 정복과 분배에 절반씩의 분량을 할애하고 있다. 믿음의 정복만큼 나눔의 분배가 있어야 건강한 사회를 만들 수 있기 때문이다.

여호수아("여호와는 구원이시다")는 비로소 등장한 승리의 책이다. 실패와 방황을 거듭하던 백성이 드디어 하나님의 정예 부대가 되어 약속의 땅을 정복했다. 그러나 고대의 전쟁은 경제적 수탈이 목적이었다는 점을 고려할 때, 이스라엘의 정복 전쟁사를 다룬 책이라고 하기에는 너무나 차분하다. 왜냐면 하나님은 우상숭배와 성적·도덕적 타락을 진멸(히, 헤렘, 16일ⓒ 참고)하기 원하셨기 때문에, 경제적 이익을 위해 전쟁하지 못하도록 하셨던 것이다(6:18). 후에 이스라엘은 선민의식에 빠져 하나님이 자신들에게 땅을 주시기 위해 이방인을 제거하셨다는 단순 논리에 빠졌지만, 사실 하나님은 그들도 우상숭배와 타락에 빠지면 진멸된다고 경고하셨다 (23:16; 신4:26, 6:14-15, 8:19-20). 그러므로 이 전쟁은 이기적인 약탈 전쟁이 될 수 없었다. 하나님은 온 세상이 죄악과 우상숭배로 심판받아야 마땅함에도 이스라엘을 통해 거룩한 민족을 세우고 열방을 변화시키는 통로로 사용하기 원하셨다. 이것이 하나님의 구원 계획의 큰 그림이었다. 그러므로 이스라엘은 정복에 만족하고 안일해지는 것이 아니라, 앞으로 거룩한 나라를 세워가는 일에 헌신해야 했다.

○ 가나안 정복 (1-12장)			
1	가나안 진입	1-5장	요단강 도하와 길갈 할례
2	중앙부 정복	6-8장	여리고 함락과 아이 정복
3	남반부 정복	9-10장	기브온을 친 남부군 궤멸
4	북반부 정복	11-12장	하솔 중심의 북부군 궤멸

○ 가나안 분배 (13-24장)			
1	요단 동편	13장	르우벤 갓 므낫세 반 지파
2	요단 서편	14-19장	유다 비롯한 9개 반 지파
3	레위 지파	20-21장	도피성과 레위 지파 성읍
4	고별 설교	22-24장	증거의 단과 마지막 당부

● 사사기

사사기는 실패의 책이자 구원의 책이다. 1-2장은 남은 가나안 원주민들의 반격에 대해, 3-16장은 12명의 사사들을 통한 구원에 대해, 17-21장은 레위인의 타락상에 대해 기록하고 있다.

여호수아가 전진의 역사라면 사사기는 정체의 역사다. 40년 광야시대에는 약속의 땅에만 들어가면 다 해결될 것 같았지만, 정작 가나안에 정착하자 이스라엘은 급속도로 세속화되었다. 그들은 실패하고 징계받을 때마다 부르짖었고 그때마다 하나님은 그들을 건져주셨다. 그래서 사사기는 일곱 번이나 악순환의 반복(범죄 → 징벌 → 간구 → 구원 → 망각)을 보여준다. 그러나 하나님은 12명의 사사들을 일으키셔서 그들을 구원해주셨다. 그러므로 사사기는 이스라엘의 지독한 불순종에도 불구하고 온전한 구원의 손길을 베푸시는 하나님의 사랑을 보여주는 책이다.

사사(히, 쇼페팀)는 재판관(judge)을 뜻한다. 사사들의 통치는 왕정(王政, monarchy)이 아니라 신정(神政, theocracy)이었다는 뜻이다. 그들은 압제와 핍박이 있는 곳에서 일어났는데, 1번 옷니엘(유다 지파)부터 12번 삼손(단 지파)까지 시계방향으로 돌며(18일 지도 참고) 곳곳에서 일어난 믿음의 위인들이었다. 하지만 사사들은 갈수록 세속화되었고 이방 왕들을 닮아갔다. 사사시대 360년의 역사가 악순환을 거듭한 이유를, 사사기는 두 가지로 말하고 있다. 앞부분에서는 신앙의 전수가 이뤄지지 않고 단절된 것을 꼽았고(2:7-10) 뒷부분에서는 하나님을 그들의 진정한 왕으로 인정하지 않은 것을 꼽았다(17:6, 21:25). 이는 다가올 왕정시대에도 성패를 가를 중요한 기준이었다.

○ 원주민들의 반격 (1-2장)			
1	미완의 사명	1장	정복에 실패한 족속들
2	사자의 경고	2장	올무가 되리라는 경고

○ 12사사의 구원 (3-16장)					
6	돌라/잇사갈	10:1-2	7	야일/므낫세	10:3-5
5	기드온/므낫세	6-8장	8	입다/므낫세	10:6-12:7
4	드보라/에브라임	4-5장	9	입산/스불론	12:8-10
3	삼갈/이방인	3:31	10	엘론/스불론	12:11-12
2	에훗/베냐민	3:12-30	11	압돈/에브라임	12:13-15
1	옷니엘/유다	3:1-11	12	삼손/단	13:16-16장

○ 레위인들의 타락 (17-21장)			
1	가정 제사장	17-18장	미가의 우상과 단 지파
2	분쟁의 씨앗	19-21장	기브아의 타락과 내전

Day 13

첫 번째 설교
신명기 1-11장

 모세는 광야 여정을 회고하고 십계명을 언급하며
하나님을 사랑하고 순종하도록 권면했다.

① 기억하라 (1장-4:43) 모세는 첫째 설교에서 광야를 회고하며 하나님만을 섬기라고 했다.
② 사랑하라 (4:44-11장) 모세는 둘째 설교에서 십계명을 말하며 하나님만 사랑하라고 했다.

ⓐ 모세의 신명기 고별설교는 요단 저쪽 즉 동쪽(1:1), **모압 땅**(1:5)에서 있었다.

ⓑ **가나안 땅**은 애굽처럼 나일강의 넉넉한 물과 범람에 의지하여 1년 3모작을 하는 땅이 아니라 연간 강수량 500ml 라는 적은 비에 의지해야 하는 땅이기 때문에, 오히려 역설적으로 하나님의 돌보심을 경험할 수 있었다(11:10-15).

14 | 요단 동편 정복 및 신명기의 배경

바산
갈릴리 바다
야르묵강
에드레이
길르앗 라못
② 옥을 물리침 (신3:1-5)
대해(지중해)
길르앗
압복강
세겜
③ 모세의 마지막 설교 (신1-33장)
모압
여리고 평지
헤스본
예루살렘
벳브올
느보산
야하스
헤브론
염해
아르논강
① 시혼을 물리침 (신2:30-37)
브엘세바
모압
④ 모세의 죽음 (신34:1-7)
네게브
세렛강
이예 아바림
신광야
보스라
아말렉

114

1 기억하라 (1장-4:43)

① (1장) <시내산과 가데스에서>

모세는 제40년 11월 1일에 모압 땅에서 첫 번째 고별설교를 했다(3절).

A 모세는 왜 광야 여정을 회고했는가(1:5-6)?

1. **재교육**이 필요했다. 38년 전 2세대는 전부 20세 미만의 미성년자(민14:29-31)였기 때문에 이들에게 언약과 율법을 다시 설명했다(5절).
2. **재헌신**이 필요했다. 광야 1세대는 가데스에서 정탐 이후 가나안 입성을 거부했다. 출애굽도 홍해 도해도 하나님의 주권적 역사였지만, 가나안 진입은 이스라엘이 자원해야 할 사명이었다. 눈치 보고 불평하고 주저하던 1세대의 노예근성(26-27절)을 버리고 앞서가시는 하나님(30절)과 동행하려면 정탐꾼(spy)이 아니라 믿음의 선구자(pioneer)들이 되어야 했다.
■ 40년의 여정 뒤 가나안 진입을 재시도하는데 재교육과 재헌신을 통해 확실히 성공해야 하지 않겠는가.

모세는 분쟁과 갈등을 해결하다가 지쳐서(12절) 천부장, 백부장, 오십부장, 십부장, 조장 조직을 세웠다.

② (2:1-23) <가데스에서 모압까지>

하나님은 에돔(에서의 후손), 모압과 암몬(롯의 후손)과 싸우지 말라고 하신 질서의 하나님이시다. 가데스에서 요단 동편까지 38년이 걸렸으며, 세렛강이 요단 동편 지경으로 진입하는 시작점이었다(14절).

③ (2:24-3:22) <요단 동편 정복과 배분>

B 요단 동편 기업의 특징은(2:24-3:22)?

＊헤스본 왕 시혼과 바산 왕 옥의 땅을 분배했다.
1. "**아르논** 골짜기에서부터 **헤르몬산까지**"(3:8, 요단 동편 기업의 남단에서 북단까지의 표현).
   cf) "브엘세바에서부터 단까지"(대하30:5, 요단 서편 기업의 남단에서 북단까지의 표현).
2. 요단 동편은 **밀려난 장자 지파들**의 집합소가 되었다.
   - 르우벤은 야곱이 레아에게서 낳은 장자였고, 갓은 레아의 여종 실바의 장자였고, 므낫세는 복받은 아들 요셉의 장자였다.
■ 약속의 땅 코앞에서 안일하게 주저앉지 말라.

④ (3:23-29) <모세의 간구>

C 모세는 왜 약속의 땅에 못 들어갔는가(3:26)?

＊40년간 척박한 광야만 보다가 이제 아름다운 땅(25절)을 보고 싶다고 간구했지만 **거절**당했다.
＊보기는 보았으니 **부분적인 허락**이었다. 지금도 맑은 날 느보산 전망대에 서면 북쪽 100km 갈릴리, 그 너머의 헤르몬산, 남쪽 헤브론이 다 보인다.
1. 모세는 "너희 때문"(26절)이라고 했지만 하나님은 **모세 때문**이라고 하셨다(민20:12).
2. **하나님의 은혜**가 족하다(26절; 고후12:7-9).
■ 사명자는 특혜를 원하지 말고 사명이 끝나면 조용히 떠나야 한다.

⑤ (4:1-43) <언약의 요약>

말씀에 청종해야 살 수 있다(1절). 왜냐면 말씀이 생명이기 때문이다.

115

Ⓓ 지혜로운 민족, 공의로운 나라가 되려면(4:6-8)?

1. **말씀대로** 살면 지혜로운 민족이 된다(6절; 마7:24). 오늘날 다원주의에 빠진 세상은 모든 것을 상대화함으로 지적인 자기모순에 빠졌다. 절대자 하나님의 **절대 진리**를 인정하는 것이야말로 지식의 견고한 기초가 된다(잠1:7).
2. **말씀대로** 다스려야 공의로운 국가가 건설될 수 있다(8절). 영적 감화가 일어나야 **도덕성의 회복**이 가능하기 때문이다. 인본주의 이상론으로도, 각종 법적 제재로도 정의사회는 구현되지 않는다.
■ 하나님의 말씀이 큰 은혜임을 깨달으라(7절).

Ⓔ 우상숭배를 극렬 반대하신 이유는(4:15-40)?

1. 우상숭배는 인간의 영적인 **강등**이요 가치하락이다. 왜냐면 우상숭배는 영이신 하나님의 형상인 인간이 자기가 다스릴 물체 아래 엎드리는 것이기 때문이다.
2. 우상숭배는 영적인 **자기애**다. "자기를 위해"(16절) 우상을 만들고 영계를 조종하려는 샤머니즘적 신앙에 빠지는 것이기 때문이다.
3. 우상숭배는 하나님의 **질투**(24절)를 촉발한다. 부부관계에 제3자가 개입하지 못하는 것처럼, 하나님은 온전한 사랑을 위한 배타성을 원하신다.
4. **유일신** 여호와의 선언(35, 39절)은 당시의 범신론적 세상에도, 오늘날 종교다원주의에도 충격이다. 하지만 이것이 성경 계시의 핵심이다.
■ 우상은 인간에게도 하나님께도 최악의 선택이다.

② 사랑하라(4:44-11장)

① (4:44-5:33) <십계명 해설>

모세는 두 번째 고별설교에서 십계명(도덕법)을 설명했다. 제4계명은 창조주의 안식(출20:11, 육의 안식)에서 구원자의 안식(5:14, 영혼의 안식) 개념으로 발전했다. 십계명은 "네 하나님"(5:6)에서 "네 이웃"(5:20)으로 이어진다. 인간은 하나님을 알아야만 이웃을 바로 알 수 있기 때문이다.

② (6장) <여호와를 사랑하라>

Ⓕ 쉐마 이스라엘(들으라 이스라엘아, 6:4-9)

＊ 하나님의 백성이 들어야 할 가장 중요한 말씀이다.
1. 여호와 하나님은 오직 유일한 분이시다!
2. 마음, 뜻, 힘(혼영육 전 존재)을 다해 사랑하라.
3. 말씀을 마음에 새기고 몸과 집에 기록하라.
4. 말씀을 자녀에게 가르치고 항상 강론하라.
■ 전 존재로 하나님을 사랑하고 그의 말씀을 사랑하라.

③ (7장) <가나안 족속을 진멸하라>

Ⓖ 가나안 족속을 왜 진멸하라고 하셨는가(7:2)?

1. **우상숭배**(4:23-24)는 하나님이 가증히 여기신다.
   - 그들도 우상숭배하면 진멸된다(4:26, 6:15, 7:4, 26, 8:19-20, 11:17). 폭탄을 품으면 죽게 마련이다(26절; 수7:20).
2. 가나안 족속의 **죄악**이 가득 찼기 때문이다(창15:16).
   - 하나님은 회복불능일 때 심판하신다(35일⑪5 참고).
3. 이것은 정복전쟁이 아니라 **거룩한 나라**(출19:6)를 세워 열방을 구원하시려는 성전이었다(2일Ⓒ5, 6 참고).
■ 가나안 정복은 하나님의 편애가 아닌 구원계획임을 믿는가?

④ (8장) <여호와를 기억하라>

㉴ 40년 광야학교의 교훈은(8:2-10)?

1. 광야 고난은 **겸손과 순종**의 훈련이었다(2절).
2. 만나는 떡이 아닌 **말씀**으로 사는 훈련이었다(3절).
3. 의복과 발이 온전함은 **보호**하심의 증거였다(4절).
4. **자녀**이기 때문에 징계하고 훈련하신다(5절).
5. **가나안에서도** 순종하면 7대 산물(8절)과 2대 광물(9절)과 옥토를 주시리니, 너희가 찬양하리라(10절).
■ 훈련이 고될지라도 신앙의 연단은 축복이 된다.

⑤ (9장) <과거의 불순종>

가나안에 들어가 교만하지 말라. 원래 너희도 목이 곧은 백성이다(4-6절).

⑥ (10장) <네게 요구하시는 것>

① 여호와께서 네게 요구하시는 것은(10:12-19)?

1. 하나님 사랑, 이웃 사랑(12, 18-19절, 64일㉴ ⇒참고).
 ＊ 우리의 행복(히, 토브)을 위해 계명을 주신다(13절).
 ＊ 마음의 할례(2일①2 참고, 렘9:26; 롬2:29; 골2:11)는 중심을 보신다는 뜻이다(16-17절).
■ 나의 신앙생활은 의무인가, 행복인가?

⑦ (11장) <순종하여 복 받으라>

① 사랑한다면 이렇게 하라(11:1)

⇒ 하나님을 사랑한다면 계명을 지키라(요 15:10).
 -누군가를 사랑하면 그의 말이 소중해지는 법이다.
 ＊ 신명기는 구약의 요한복음이다. 사랑과 순종의 상관관계(6:5-6) 및 하나님의 자기계시 강조(4:39, 10:17-18; 요17:3)에서 동일하다.
■ 하나님을 개인적으로 알고 사랑하는 인격적인 신앙인가?

• 우리보다 **앞서가시며 예비하시는 하나님**이시다(1:30).
• 여호와 하나님은 다른 모든 신들과는 비교할 수 없는 **유일한 절대자**이시다(6:4).
• 계명을 지킴으로 **내가 행복하기 원하시는 하나님**이시다(10:13).

Day 14

두 번째 설교
신명기 12-26장

 모세는 두 번째 설교(5-26장)에서 예배, 성민의 생활, 거룩한 공동체를 지키도록 권면했다.

1️⃣ 의식법(12장-16:17) 중앙성소에서 예배하고 부정한 짐승을 금하고 십일조와 절기를 지키라.

2️⃣ 시민법(16:18-20장) 재판장과 왕과 레위인은 경건하라. 도피성을 세우고 전쟁에서는 담대하라.

3️⃣ 사회법(21-26장) 건강하고 거룩한 가정 및 지역 공동체와 나라를 만들기 위한 법을 주셨다.

 1️⃣ 의식법(12장-16:17)

① (12:1-28) <중앙성소 예배>

Ⓐ 왜 중앙성소를 명하셨는가(12:5-7)?

＊ 원주민 신당은 제거하고 중앙성소에서 제사하라.

1. 여호와의 **유일성**(6:5, 우상숭배 금지) 때문.
2. 신앙의 **순수성**(출32:4, 혼합종교 금지) 때문.
3. 민족의 **단일성**(왕상12:28, 국가분열 금지) 때문.

■ 광야에서는 하나님이 성막으로 찾아오셨지만 가나안에서는 백성이 성전으로 찾아와야 했다.

② (12:29-14:2) <우상숭배 금지>

Ⓑ 우상을 탐구하지 말라(12:30)?

1. 우상탐구생활(12:30)을 하다가 **올무**에 걸린다. 오늘날 이단사이비를 직접 확인하겠다고 하는 분들은 위험하다.
2. 누구든 다른 신을 섬기자고 하면 **죽이라**(민 25:13).

＊ 무슬림의 명예살인과 다를 바 없느냐고 질문할 수 있다. "알라는 불순종에는 죽음뿐인 비인격적 군주신이지만, 여호와는 탕자도 받아주시는 인격적인 아버지이시다"《오직 예수》.

■ 신앙은 문화나 취미가 아니라 진리와 영생의 문제다.

ⓒ 문신을 새기면 안 되는가(14:1-2)?

1. 죽은 자를 위해 자기 몸을 상하게 하지 말라. 문신은 고대에 이교도의 **주술적** 표현이었다(레19:28).
2. 하나님이 주신 몸에 함부로 손대지 말라. 자기 몸을 **성전**으로 알고 아끼라(고전3:17).
■ 나의 몸으로 하나님께 **영광**을 돌리는가(고전6:19-20)?

③ (14:3-21) <음식법>
정결한 것만 먹으라(11절).

④ (14:22-29) <십일조>
ⓓ 십일조의 상세 규정(14:22-29)

1. 첫째 십일조(**기본십일조**)는 매년 성전에 있는 레위인과 제사장을 위해(22절, 11일ⓔ3 참고).
2. 둘째 십일조(**축제십일조**)는 안식년 기준으로 1, 2, 4, 5년에 권속 및 레위인과의 잔치를 위해(23-27절).
3. 셋째 십일조(**구제십일조**)는 3년과 6년에 레위인과 객, 고아, 과부의 구제를 위해(28-29절).
■ 십일조는 성직자와 이웃을 섬기는 중요한 재원이 된다.

⑤ (15장) <면제년>
ⓔ 성경이 말하는 복지사회란(15:11)?

* 안식년(레25:1-7)은 모든 빚이 면제되는 **면제년**이다.
1. 우리가 가족과 이웃에게 **은혜**를 베풀면(2-3절) 하나님도 우리에게 복을 주시리라(4-5절; 마18:33).
2. 베풀고픈 **마음**의 감동을 절제하지 말라(7절).
3. 손을 펴서 나누는 일을 주저하지 말라(8절).
4. **빈부 격차**는 인류 사회에 늘 있으리라(11절).
5. 하나님의 **긍휼**로 어려운 형제를 도우라(11절).
■ 복지 실현은 정책이 아니라 나눔의 마음과 삶이 있어야 가능하다.

⑥ (16:1-17) <3대 절기>
유월절, 칠칠절, 초막절의 3대 절기를 지키라고 하셨다(레23장).

② 시민법(16:18-20장)

① (16:18-17:13) <재판장에 관해>
사법제도는 하나님의 정의를 구현하기 위함이다. 우상숭배는 하나님에 대한 반역죄다. 지방법원에서 상소하면 최고 고등법원인 중앙성소로 오게 되며 최종 판결은 불가역적이다(17:12). 레위인은 제사장 겸 재판관 역할을 했다(17:9).

② (17:14-20) <왕에 관해>
ⓕ 이스라엘 왕이 유의할 것은(17:14-20)

1. **병마**(군사력), **아내**(외교력), **은금**(경제력)을 많이 두지 말라. 국가의 안위가 여기에 달려 있지 않다.
2. 왕은 **율법서의 등사본**(왕하22:8)을 늘 보고 하나님을 경외함과 겸손함을 배우라(18-20절).
■ 왕이 하나님을 경외하면 하나님이 그를 지키시리라.

③ (18장) <제사장과 선지자에 관해>
레위인은 제물의 좋은 부위(3절)와 첫 산물(4절)을 몫으로 받았다. 회중은 성직자에게 좋은 것을 제공하고 성직자는 분량 이상의 욕심을 내지 말라. 신접행위를 하지 말라(9-14절). 점치고 운세를 보고 역술인을 만나 길일을 보거나 주역을 공부하지 말라.

ⓖ 모세와 같은 선지자는 누구인가(18:15)?

＊ 모세는 제사장(출24:8), 선지자(34:10), 왕(출3:10)의 **삼중직**을 했고, 이는 메시아를 예표하는 것이었다.

⇒ "나와 같은 선지자"는 후대의 선지자들을 뜻하기도 하지만 궁극적으로 **메시아**를 뜻한다.

■ 예수님이 바로 그 선지자이시다(요1:21; 행3:22).

④ (19:1-13) <도피성>

ⓗ 도피성의 목적과 특징은(19:1-13)?

1. **오살자**는 건지고 **고살자**는 죽이는 것이 목적이었다.

2. 도피성(민35장)은 **접근성**이 좋아야 하므로 접근로를 폭 14m의 대로로 닦아 두었다.

3. 앗수르의 경우에는 피의 보수자가 고살자에게 생명 대신 돈을 속전으로 받을 수 있었지만, 하나님은 도피성 제도를 통해 죄없는 자의 죽음도 막고 고살자의 면제도 금하신 **사랑과 공의**의 하나님이시다.

■ 내 영혼의 참 도피성은 오직 **예수님**이시다(히6:18).

⑤ (19:14-21) <위증에 관해>

위증자는 그 의도대로 벌을 내리라(19절). 하나님은 악의 확산을 막으시고자(13:11, 21:21), 일벌백계(一罰百戒)의 원리를 쓰셨다. 보복법(21절)은 하나님처럼 우리도 악을 미워하고(잠8:13) 악과 싸우되(히12:4), 마치 수술하는 의사처럼 단호해야 함을 말씀하심이다.

⑥ (20장) <전쟁할 때>

전쟁에 나갈 때 전의를 불태우는 연설이 아니라 두려운 자는 돌아가라는 연설을 하게 했다(5-8절). 왜냐면 전쟁은 하나님께 속한 것이요(4절) 성전은 특권이었기 때문이며, 하나님의 군대가 사명감으로 충만케 하려 하심이었다(9절). 가나안 족속 외에 주변 민족들에게는 먼

저 화평을 선언하는 것이 원칙이었다(10절).

③ 사회법(21-26장)

① (21:1-9) <미결 살인사건에 관해>

원인 모를 피살자가 발견되면 가까운 성읍에서 피 흘린 죄를 사하도록 하셨다.

② (21:10-23) <가정에 관해>

여자 포로를 아내 삼으면 한 달의 애도 기간을 주도록 배려하고, 미움받는 아내의 아들일지라도 장자의 권리는 보호하고, 패역한 아들은 돌로 쳐서 죽여야 했다.

ⓘ 왜 시체를 나무에 두지 말라 했는가(21:23)?

＊ 이방인들은 **공포감** 조성을 위해 시체를 오래 매달기도 했다(창40:19; 삼상31:10; 에7:10).

＊ 때로 하나님도 **일벌백계**를 위해 이것을 명하셨다(민25:4).

1. 나무에 달린 시체는 **저주와 수치**를 의미했다.

2. 하나님 임재의 땅이 **정결**하도록 계속 두지는 말라.

■ **그리스도**께서 우리 대신 저주를 받으셨다(갈3:13).

③ (22:1-4) <형제의 소유물에 관해>

형제의 잃어버린 소유물을 못 본 체하지 말고 도와야 하며(1절), 원수의 것도 그렇게 해야 한다(출23:4).

④ (22:5-12) <이종 혼합에 관해>

하나님이 나누신 것을 사람이 섞지 말라. 또한 겉옷 네 귀에 술을 달라고 하셨는데(12절; 민15:38-40) 술(히, 치치트)의 숫자값이 600인지라 술은 오경의 율법 613조항을 상징했다. 하지만 예수님은 이것이 종교적 자랑이 되었다고 책망하셨다(마23:5).

⑤ **(22:13-30) <결혼에 관해>**

신랑이 신부의 순결과 처가의 명예를 실추시킬 수 없도록 했으며(18-19절), 간통죄를 지은 상간남녀(22절) 및 강간범(25절)을 죽이도록 했고(9일ⓒ4 참고), 처녀를 욕보인 경우 아내로 삼도록 했다(29절).

⑥ **(23:1-18) <총회 참여에 관해>**

암몬과 모압은 형제지만 가나안 진입을 막았기에 총회에 입회하지 못하며, 에돔은 형제요 애굽은 도와준 나라이기에 3대 후부터 입회가 가능했다. 주인에게 학대받아 도주한 종은 선대해야 했다(15-16절). 그러나 이방국가는 도주한 종을 사형하거나 두 다리를 절단했다.

⑦ **(23:19-25:4) <사회 복지에 관해>**

① 복지사회를 위해 필요한 노력은(23:19-25:4)?

1. 형제에게 이자를 받지 말라(23:19). 어려운 이웃을 이용하지 말라.
2. 이혼증서(24:1)는 맘대로 아내를 쫓아내지 못하게 하고 여성의 생존권을 보호하려는 조치였다(마19:8).
3. 신혼 휴가제, 납치범 사형, 일용직의 임금 보장을 규정했다(24:5, 7, 15).
4. 사회적 약자(객, 고아, 과부)를 배려(24:17-22)하되 역으로 은혜의 법을 악용하지도 말라(23:24-25).
■ 복지는 이웃에 대한 모두의 진실한 노력으로 실현된다.

⑧ **(25:5-19) <형제의 의무에 관해>**

형사취수제(兄死取嫂制), 즉 계대결혼법은 거룩한 공동체를 잇기 위함이었다. 아말렉을 진멸케 하심은(19절) 그들이 하나님의 구원계획을 훼방했기 때문이다.

⑨ **(26:1-15) <십일조에 관해>**

십일조는 방랑하는 아람 사람이었던(5절) 히브리 민족에게 젖과 꿀이 흐르는 땅을 주심에 감사하는 고백이었다.

⑩ **(26:16-19) <여호와의 성민이 되어라>**

언약 백성은 하나님의 보호를 받지만(16-18절) 자기 소견대로 행하면 안 되고(12:8) 여호와의 성민(7:6, 14:2, 21, 26:19)답게 살아야 한다. 선민(選民)이 특권이라면, 성민(聖民)은 의무다.

- 레위인과 객과 고아와 **과부를 돌보시는 하나님**이시다(14:29).
- 행위 이전에 우리 마음의 태도를 **감찰하시는 하나님**이시다(15:7-10).
- 친히 나누신 것이 섞이는 것을 **싫어하시는 하나님**이시다(22:5-11).

Day 15

세 번째 설교
신명기 27-34장

 모세는 복과 저주를 선포하고 12지파를 축복한 뒤 여호수아를 세우고 운명했다.

1 복과 저주(27-30장) 모세는 순종에 따른 복과 저주를 선포한 뒤 생명을 택하라고 했다.
2 모세와 여호수아(31-34장) 모세는 경고의 노래를 부르고 12지파를 축복한 뒤 운명했다.

 1 복과 저주(27-30장)

① (27장) <복과 저주 선포>
모세는 백성에게 큰 돌들을 세워 (글자가 잘 보이게) 석회를 바르고 율법의 모든 말씀을 기록해 에발산에 세우게 했다(1-4절).

Ⓐ 왜 이곳에서 선언했는가(27장)?

그리심산(축복산)	에발산(저주산)
시므온, 레위, 유다 잇사갈, 요셉, 베냐민 (레아의 장자와 막내 제외 4명 + 라헬 2명)	르우벤, 갓, 아셀 스불론, 단, 납달리 (레아의 장자와 막내 + 첩 빌하, 실바 각 2명)
855m 숲이 울창한 산	920m 황폐한 바위산
약속의 땅 중심부에 마주 보고 있는 두 산.	

■ 약속의 땅 심장부에서 하나님의 복과 저주를 선언했다.

사마리아인들은 그리심산에 성전을 세웠고 (BC 432년) 오늘날까지 이곳에서 유월절을 지킨다(요4:20).

② (28장) <복과 저주 예고>
28장은 신명기 전체의 내용을 요약한 핵심 내용이다.

Ⓑ 복받을 것인가, 저주받을 것인가(28장)?
1. **순종의 복**(1-14절, 총 14절)보다 **불순종의 저주**(15-68절, 총 54절)가 4배나 많다.
2. 순종하면 만복이 따라오겠지만(2절) 불순종하면 온갖 저주가 **따라올 것**이다(15절).
3. 이는 하나님의 사랑의 **잔소리**다. 부모가 자식에게 칭찬보다 잔소리를 많이 하는 법 아닌가. 절대 잘못된 길로 가지 말라는 간절한 부탁이다.
4. 하나님은 당신의 백성이 **복받기**를 원하신다(2절; 창1:28, 12:2).

＊ 하나님은 우리를 겁주는 두려운 분이 아니라 약속대로 행하시는 **질서의 하나님**이시다(5일①, 54일ⓒ 참고).

■ 나는 하나님께 복 받을 만한 순종의 삶을 살고 있는가?

(1절)의 "삼가 듣는다"는 말을 직역하면 "경청하려고 경청한다"는 뜻이며, (2절)의 "청종한다"도 동일한 "경청한다"(히, 샤마아)라는 단어이다. 그러므로 신명기는 "들으라(쉐마) 이스라엘"로 시작해서(6:4, 9:1, 20:3, 27:9) 들으라(13:4, 28:2, 15)로 끝나는 책이다. 왜냐면 "믿음은 들음에서" 나기 때문이요(롬10:17), 우리를 성민(聖民)으로 만드는 것은 하나님의 거룩한 말씀이기 때문이다(9절). "성민"이라는 표현이 신명기에만 5번 나온다(7:6, 14:2, 21, 26:19, 28:9).

ⓒ 말씀에 청종해야 할 이유는(28장)?

1. 절대자의 **절대 진리**에 순종할 때에만(1-2절) 절대적인 복을 누릴 수 있기 때문이다.
2. 청종하면 내가 복을 좇지 않아도 복이 나를 **좇아와 붙잡는다**(overtake, NASB, 2절).
3. 불순종하면 내가 저주를 피해 다녀도 저주가 나를 **좇아와 붙잡는다**(overtake, 15절).
4. "저주"(히, 켈랄라, 11:26)는 '**무가치**하게 여기다'라는 뜻이다. 존귀한 하나님의 자녀로 살 것인가, 무가치한 존재로 살 것인가.
5. 가장 근본적인 악은 **하나님**을 **망각**하는 죄다(20절). 말씀을 멀리하고 하나님을 잊는 것이 재앙의 시작이다.
6. 이로 인해 전염병, 폐병, 열병, 염증, 가뭄, 강풍 피해, 농작물 피해, 사막화, 기후변화가 진행될 것이고(21-24절), 포로로 잡혀갈 것이고(25절), 정신병, 우울증에 빠질 것이다(28절).

■ 오늘날 우리가 겪고 있는 문제들이 아닌가! 말씀을 기억하고 하나님께 돌아가자!

"독수리"(49절) 같은 민족은 멀리 북방에서 날아오는 앗수르, 바벨론, 페르시아 등을 뜻한다.

③ (29장) <모압 평지 언약>

ⓓ 모압 평지 언약 속 하나님의 소망은(29:13)?

＊ 시내산 언약과 별개로 모압 평지 언약을 세우셨다(1절)
- 이미 주신 율법(출애굽기)을 재차 선포(신명기)한 것처럼, 언약도 **재차** 세우셨다.
＊ 약속의 땅에 들어갈 광야 **2세대**를 위해(2절).
＊ 마음과 눈과 귀를 닫았다는 것(4절)은 목이 뻣뻣하고 패역한 **1세대**(출32:9)에 대한 책망이다.
＊ 광야 40년 여정을 통해 순종의 훈련을 하시고 보호해 주시고 양식을 주심은, 여호와 하나님이 누구이신지 알게 하시려는 **목적**이었다(5-6절).
＊ 이 언약에는 지도자와 남녀노소 백성들과 이방인과 종, 후손들까지 **포함**되었다(10-11, 15절).
⇒ 하나님이 족장시대부터 꿈꾸셨던 **로망**은 그들이 친 백성이 되고 하나님은 그들의 하나님이 되시는 나라였다(7일Ⓐ1, 55일Ⓐ 참고).

■ 가나안에 진입하기 직전에 가진 영적 리마인드 웨딩이었다.

ⓔ 감추어진 일과 나타난 일이란(29:29)?

1. 감추어진 일이란 인간의 힘과 지혜로 알 수 없는 하나님께 속한 **신비**의 영역이다.
- 성경의 난제와 신비들은 지속적으로 연구하면서도 동시에 하나님의 주권의 영역임을 **신뢰**해야 한다.
2. 나타난 일이란 하나님께서 사람에게 말씀을 통해 반복적으로 알려주시는 **계시**의 영역이다.

- 이미 계시해 주신 구원과 심판, 축복과 경고의 말씀에 대해서는 신실하게 **순종**해야 한다.
■ 성경 말씀을 대하는 두 가지 균형 잡힌 태도를 가지라.

④ (30장) <언약의 비준>
하나님은 이스라엘이 이 모든 저주의 말씀을 듣고도 언약을 버려 열방에 흩어졌을지라도, 그들이 돌이키면 이 땅으로 돌아오게 하시겠다고 약속하셨다(1-4절; 렘29:10).

Ⓕ 하나님의 말씀이 어렵지 않다(30:11-14)?
＊ 성경 말씀이 이해하기도 어렵고 지키기도 **어렵다**고 이야기하는 사람들이 많다.
＊ 아니다! 말씀은 어렵지도 않고 멀지도 않다(11절)!
1. 말씀이 하늘 위나 바다 건너에 있는 게 아니라 매우 가까워서 우리 **입**에 있고 **마음**에 있다!
2. 생각해 보라. 신의 언어가 인간이 해석할 수조차 없는 하늘의 **신비한 언어**로 쓰였다면, 어느 외딴 섬에 **비밀문서**로 숨겨져 있다면, 말씀을 볼 수도 없고 알 수도 없었을 것이다.
3. 그러나 감사하게도 신의 언어는 인간의 언어로 찾아오셨다(**언어의 성육신**) -《신의 언어》. 그래도 인간이 말씀을 거부하자 말씀이신 그분께서 직접 오시지 않았는가(롬10:6-10)!
4. 누구도 말씀이 어렵다 모른다 **핑계**할 수 없다.
5. 이제 말씀을 사랑하고 순종하고 복받는 것은 오롯이 인간의 자발적인 **선택**이다(15-20절).
■ 나에게 다가오신 말씀에 이제는 나도 다가가야 한다.

② 모세와 여호수아(31-34장)

① (31장) <새 언약의 중재자>
모세는 120세에 은퇴 선언을 하고 여호수아를 후임자로 세우면서(2-3절), 사람은 떠나도 하나님은 영원히 동행하심을 말했고(8절), "이 율법"(9, 26절), 즉 신명기 법전을 면제년마다 낭독하여 백성이 듣도록 했다(10-11절).

Ⓖ 실패를 예상하고도 왜 계속하셨을까(31:16)?
＊ 하나님이 모세에게 최후 명령을 하셨다(14절).
＊ 모세는 모압 땅에서 죽을 것이고(16절) 여호수아는 백성을 약속의 땅에 데려가리라(23절).
＊ 이것이 모세에게는 **유언**적 메시지였다면 여호수아에게는 **비전**적 메시지였다.
＊ 이스라엘이 우상을 숭배하고 언약을 배반하여 재앙이 임할 것을 이미 **예상**하셨다(16-18절).
＊ 이스라엘의 장래 역사를 낙관하신 게 아니라 **비관**하셨는데도 하나님은 왜 중단하지 않으셨을까?
1. 당신의 백성을 포기하지 않으셨기 때문이다.
2. 오히려 한 번 더 **경고**하고 훈계하셨다(17-19절).
■ 하나님은 왜 똑같은 잔소리를 반복하시는가? 우리의 체질을 아시기 때문이다. 그리고 그런 우리를 결코 포기하지 않으시기 때문이다!

② (32장) <모세의 노래>
모세는 노래로 증거하기를, 하나님이 이스라엘을 보호하셨는데 그들이 장차 배역하여 이방인에게 멸망하겠지만 결국 하나님이 회복하시리라고 했다. 모세의 첫 번째 노래가 승리의 노래(출15장)였다면 두 번째 노래는 경고의 노래였다. 장차 하나님이 이방인으로 유대인을

시기나게 하실 것도 예언했다(호1:9; 롬10:19). 이스라엘이 알 것은 여호와만이 전능자이시며(39절) 영원하신 자존자(40절, 출3:14)라는 사실이다. 다른 어떤 존재도 그분과 비교할 수 없다.

③ (33장) <모세의 축복>

모세는 야곱처럼(창49장) 영적 아비로서 12지파를 축복했다. 유다는 지도자의 복을(7절), 레위는 영적인 복을(8-11절), 요셉은 땅의 복을(13-17절) 받았고, 시므온 지파만 제외됐다(민25:14). 이스라엘이 행복자가 된 것(29절)은 하나님 같은 분이 없고, 하나님처럼 구원해 줄 분이 없기 때문이다. 여수룬("의로운 자")은 이스라엘에 대한 명예로운 별칭이다. 다만 모세의 노래에서는 반어적으로 쓰였다(32:15).

④ (34장) <모세의 죽음>

ⓗ 모세의 죽음이 주는 교훈은(34:6-7)?

＊ 모세는 아바림산맥(민27:12) 북쪽 비스가 산 정상인 느보 봉우리에서 약속의 땅을 보고 죽었다.
⇒ 눈이 흐리지 않고 기력이 쇠하지 않았다(7절).
　- **수명**이 다해서가 아니라 **사명**을 다해서 죽었다.
＊ 무덤을 알 수 없음은(6절) 하나님이 장사하셨기 때문이며 사람들이 숭배치 못하게 하심이다.
■사명자는 사명이 끝나면 조용히 떠나야 한다.

- 일관된 원칙에 따라 **복과 화를 내리시는 하나님**이시다(28장).
- 우리가 하나님을 알 때 **가장 기뻐하시는 하나님**이시다(29:5-6, 32:39)
- 우리의 실패에도 돌아올 길을 **예비하시는 하나님**이시다(29:14-30:10).

Day 16

가나안 정복
여호수아 1-12장

 모세가 죽은 후 여호수아는 요단을 건너가

가나안의 왕들 도합 31명을 무찔렀다.

① 가나안 진입(1-5장) 모세가 죽은 후에 여호수아는 여리고 정탐 후 요단강을 건넜다.
② 가나안 정복(6-12장) 이스라엘은 가나안 중부와 남부와 북부를 차례로 정복했다.

ⓐ 가나안(요단 서편) 정복의 순서는?

1. **중부**: 길갈, 여리고, 아이, 세겜, 기브온
2. **남부**: 예루살렘, 헤브론, 야르뭇, 라기스, 에글론, 막게다, 립나, 헤브론, 드빌
3. **북부**: 하솔, 마돈, 시므론, 므깃도, 게데스, 긴네렛
■ 중부로 진입해 남부를 치고 북부도 정복했다.

ⓑ **레바논**(1:4)은 라반(히, "희다")에서 나온 말로 산맥의 정상이 백년설로 덮여 있다. 헤르몬산도 넓게는 레바논산맥 가운데 있다.

15 | 이스라엘의 가나안 정복

● 정 복 지역
● 미정복 지역

시돈
두로
게데스
베니게
아람
▲헤르몬산
•라이스(단)
•하솔
바산
대해(지중해)
갈릴리 바다
야르묵강
므깃도
•에드레이
세겜
얍복강
암몬
게셀 기브온 아이
에그론
아스돗
가드 여리고
헤스본
예루살렘
아스글론
라기스 헤브론
아르논강
가사
염해
블레셋
브엘세바
모압
세렛강
아말렉
에돔

ⓒ 요단강이 어떻게 멈췄을까(3:15-16)?

＊곡식(밀과 보리) 추수기, 즉 4월에는 헤르몬산의 눈이 녹고 늦은 비가 내려 요단강이 연중 최고 수위였다.
⇒ 얍복강이 요단강을 만나는 아담에 **토사**가 쌓여 일시적으로 강물이 멈추는 현상이 일어난 것으로 추정된다.
＊근대에도 이런 현상이 두 번이나 일어났다.
■ 하나님은 자연 현상을 통해 초자연적 역사를 이루셨다.

1 가나안 진입(1-5장)

① (1장) <여호수아 리더십>

모세가 죽은 직후 하나님은 바로 여호수아에게 약속의 땅으로 가라고 명령하셨다.

Ⓐ 광야 1세대	광야 2세대
지도자 모세	지도자 여호수아
애굽 탈출	가나안 진입
모세 혼자 고군분투	백성들의 협력(18절)
불순종과 실패의 세대	순종과 승리의 세대

■ 승리의 역사는 지도자와 백성이 함께 만드는 것이다.

② (2장) <여리고 정탐>

여호수아는 싯딤(요단 동편 10km에 위치)에서 2명의 정탐꾼을 보냈다. 38년 전 가데스바네아에서 믿음의 보고를 했던 사람도 갈렙과 여호수아 2명뿐이었다(민14:6).

Ⓑ 라합은 어떻게 결단했는가(2:8-11)?

＊ 여리고는 가나안 진입의 관문이자 인류가 거주한 최고(最古)의 성읍으로 교통의 요지요 오아시스가 있는 "종려나무 성읍"이었다.

＊ 정탐꾼이 성벽 위 여관에 잠입해 성안을 탐색했다.

⇒ 라합("넓은")은 하나님에 대한 신앙고백을 했다(11절).

－**현실**적인 상황판단과 **믿음**의 결단을 내렸다.

＊정탐꾼들을 줄로 매달아 도피시켰다(행9:25).

＊붉은 줄(18절)은 생명줄 되신 주님의 보혈을 상징한다.

■ 믿음은 극히 현실적인 상황 판단에 기초한다.

③ (3장) <요단강 도하>

Ⓒ 홍해 도해	요단 도하
적군이 쫓아오는 중	적진을 향해 가는 중
밤새 정신없이 건넘	낮에 맨 정신에 건넘
동풍으로 갈라진 뒤	제사장들의 헌신 뒤
비자발적·상황적 순종	자발적·의지적 순종
축제 분위기(출15)	차분한 분위기(수4)

■ 2세대는 믿음의 순종을 보여준 세대다(15-17절).

④ (4장) <길갈 기념비>

여리고 동쪽 4km에 있는 길갈(19절)에 12개의 돌로 요단 도하 기념비를 세웠다. 그러나 그들은 차분했다. 왜냐면 이제부터가 시작이었기 때문이다.

⑤ (5장) <할례와 유월절>

Ⓓ 길갈에서 할례와 유월절 행한 이유(5:2-11)?

＊ 여리고성 지척에서 전쟁을 앞두고 대규모 할례를 진행했다.

＊ 할례산("포피의 언덕")은 광야에서 할례받지 못한 백성의 포피(삼상18:27)를 쌓은 곳이다.

＊ 개인의 성결을 위해서는 할례를 행하였고, 공동체의 성결을 위해서는 유월절을 거행했다.

＊ 이 전쟁은 약탈전쟁이 아닌 거룩의 전쟁이기 때문이었다.

■ 가나안 전쟁의 목적은 정복이 아니라 거룩한 하나님 나라의 건설이었다.

가나안의 소산물을 먹은 날로부터 만나가 그친 것(12절; 출16:35)은 자연적인 공급이 시작될 때 하나님이 초자연적 기적을 멈추셨기 때문이다.

Ⓔ 발에서 신을 벗으라고 하신 이유는(5:15)?

* 여리고 도상에서 만난 여호와의 군대장관
은 누구인가? 천군천사를 이끄는 성자 그
리스도이시다(계19:11-16).

1. 이 전쟁은 하나님이 앞서가시는 **거룩**의 전쟁
이었다.

2. 하나님이 임재하시고 **동행**하실 것이기 때
문이었다(출3:5).

■ 나의 전쟁을 치르며 살지 말고 하나님의
전쟁에 동참하라.

② 가나안 정복(6-12장)

① (6장) <여리고 함락>

Ⓕ 여리고가 어떻게 함락되었는가(6:20)?

* 여리고성은 가파른 경사지의 정상에 세워
졌고 사방에 3-4m 석조장애물이 설치된
난공불락이었다.

* 여리고를 공격하는 자체가 자살 행위였다.

1. 땅밟기로 **하나님의 영역**임을 표시했다(창
13:17).

2. 양각나팔로 **하나님의 임재**를 선포했다(출
19:16).

3. 6일간 침묵한 뒤 **함성**을 지르자 성벽이 무너
졌다.

4. 60만이 **동시**에 지른 함성이 만든 물리적 현
상이었다.

* **공진**(resonance) 현상이 유리잔, 다리, 건
물을 파괴·붕괴시킨 원인이 된 사례들은
오늘날에도 많다.

■ 하나님은 자연 현상을 통해 초자연적 역
사를 이루셨다.

② (7장) <아이에서의 패배>

아이("폐허 더미")라는 작은 성에서 패배한 이
유는 "바쳐진 것"(히, 헤렘, 11절)을 도적질했기
때문이다. 제비로 범인을 잡을 확률은 1,000
분의 1 정도였지만, 죄인을 추적하시는 하나
님(욘1:7)은 정확하셨다. 아간("괴롭히는 자")이

이스라엘을 괴롭게 하여(히, 아카르, 25절) 처
형됐으며, 아골("괴로움") 골짜기라 불린다.

Ⓖ 가나안 족속을 왜 진멸케 하셨는가(8:24)?

1. 그들의 **죄악**이 가득했기 때문이다(창15:16).

2. **우상숭배**가 근절되도록 함이었다(민33:52).

3. 전리품도 취할 수 없는 **성전**이었다(6:18).

* 고대의 전쟁은 전리품과 노예와 조공을
통한 경제적 부의 창출과 시장 개척이 목
적이었다.

* **헤렘**(7:11)은 "바쳐진 것", "혐오하시는 것"
이라는 뜻이다.

* 하나님이 이스라엘을 편애하셨기 때문인
가? 오히려 이스라엘도 우상숭배하면 멸
절되리라고 경고하셨다(23:16).

4. 하나님은 이스라엘을 통해서 **거룩한 나라**,
제사장 나라를 시작하기 원하셨다(출19:6).

5. 궁극적으로 그들을 통해 **열방**이 돌아오기
를 원하셨다(미4:2).

■ 온 인류를 구원하시려는 하나님의 큰 그
림을 신뢰하는가?

③ (8장) <아이에서의 승리>

이스라엘은 겸손히 복병으로 승리한 이후에,
그리심산과 에발산에서 축복과 저주의 말씀
(신27:15-28:68)을 낭독했다.

④ (9장) <기브온과의 언약>

Ⓗ 거짓말한 기브온 사람들의 결과는(9장)?

* 기브온("언덕의 도시", 아이 서쪽) 사람들이 두
려워서 거짓말로 이스라엘과 화친을 맺었
다.

* 영적 승리를 위해서는 전쟁뿐 아니라 **분별**
도 필요하다.

* **손해**여도 하나님의 이름으로 맺은 언약을
지켰다(시15:4).

- "속았지만 명예로운 처신이었다", 아더
핑크.

⇒ 후에 이들은 **느디님(성전 봉사자들)**이 되었다(23절). 라합이나 레위 지파의 반전과도 같다(출32:29).

■ 하나님은 합력하여 선을 이루시는 분이다 (롬8:28).

⑤ (10장) <남부 가나안 정복>

이스라엘은 길갈에서 산맥을 넘어 40km를 밤새 행군하여(9절) 예루살렘 중심의 남부 가나안 연합군을 기습 공격했다. 하나님은 이스라엘의 완전한 승리를 위해 해가 중천에 머물게 하셨다(12-14절).

⑥ (11장) <북부 가나안 정복>

하솔("강하다", 갈릴리 북쪽 14km에 위치한 해변 길의 중심 도시이자 가나안 최고의 국제도시, 솔로몬의 3대 병거성) 중심의 북부 가나안 연합군이 모인 메롬 물가(홀라분지 근처)에 기습하여(7절) 승리했다. 아낙 사람들(22절)을 언급한 것은 이들이 가나안 정복의 지연 요소였기 때문이다(민13:22, 28, 33).

⑦ (12장) <가나안 정복 요약>

결국 여호수아가 싸워서 이긴 왕들의 숫자는 요단 동편에서 2명, 서편에서 31명, 도합 33명이었다.

• 능력보다 **순결을 요구하시는 하나님**이시다 (5:2-9, 7:13).
• 우리보다 앞서 가서 싸우시는 **대장되신 하나님**이시다(5:14, 10:11).
• 악이라면 남은 것 하나까지 **완전히 제거하기 원하시는 하나님**이시다(6:18-21).

여리고 진멸 중에 이방인 기생(2:1) 라합과 그의 가족만 구제받은(6:23) 이유가 무엇일까? 복된 그리스도의 족보에 오른(마1:5) 라합을 묵상해 보자.

Day 17

가나안 분배
여호수아 13-24장

 하나님은 12지파에게 땅을 분배해 주셨고
여호수아는 마지막 권면의 말을 남겼다.

① 기업 분배(13-22장) 여호수아는 12지파의 기업을 분배했고 도피성을 지정했다.
② 고별 설교(23-24장) 여호수아는 오직 여호와만 섬기라는 유언적인 명령을 남겼다.

ⓐ 12지파의 **기업 분배**는 정복사업이 미완료된 상태에서 믿음으로 한 일이었다 (13:6).

ⓑ **도피성** 여섯 곳은 요단 서편에 갈릴리 게데스(갈릴리 산악지대), 세겜(에브라임 산악지대), 헤브론(유다 산악지대)과 요단 동편의 베셀(느보산 동쪽 고원지대), 길르앗 라못("길르앗 고원"), 바산 골란(오늘날의 골란 고원)이었다.

ⓒ **블레셋**("이주자", 13:3)은 BC 1150년에 대이동을 한 미케네 문명의 후예들로서, 이들 일부가 BC 14세기 초반부터 이미 이주했음을 보여준다.

ⓓ **길르앗**은 넓게는 요단 동편 땅을(22:9), 보통은 바산을 제외한 동편을 일컫는 말(17:5)이었다. 정확히는 요단 동편의 야르묵강에서 아르논강까지의 땅이다. 길르앗은 뛰어난 용사였던 므낫세의 장자 마길이 차지한 땅으로 그의 장자 이름도 길르앗인 것은(민26:29), 그가 므낫세와 아람 여인의 후손이었기 때문이다(대상7:14).

16 | 12지파의 기업 및 도피성
● 도피성

시돈
다메섹
두로
단 헤르몬산 **아람**
납달리
대해(지중해)
아셀 게데스 하솔
하솔
므낫세
아멕
스불론 골란
갈멜산 ▲ 므깃도 야르묵강
돌
이스르엘 **잇사갈** 에드레이
길르앗 라못
므낫세
야베스 길르앗
아벡 세겜 마하나임
가드 림몬
욥바 **에브라임** **갓** 암만 **암몬**
벧호론
벧엘 헤스본
단 게셀 **베냐민** 베셀
아스돗 게셀 예루살렘
가드 에그론 **르우벤**
아스글론 염해 디본 야하스
가사 에글론 아로엘
유다 헤브론
브엘세바 **모압**
시므온
▲ 할락산 **에돔**

ⓔ **딤낫세라**("여분")는 에브라임 영토 중 소외 지역이었지만(24:29-30), 여호수아는 기득권을 주장하지 않고 백성을 위하는 리더십을 보여주었다.

ⓕ **요셉의 유골**(24:32)은 야곱이 사서(창33:19) 요셉에게 준 세겜 땅에 안장되었다(창 48:22).

① 기업 분배(13-22장)

① (13장) <요단 동편의 분배>
여호수아는 늙고 정복은 미완성이었다.

Ⓐ 정복 전쟁	기업 분배
1-12장(12장)	13-24장(12장)
할례·유월절 이후 정복 전쟁	미완성인데 기업 분배

■ 정복하는 것만큼 분배도 중요함을 잊지 말라. 정복 전쟁도 기업 분배도 믿음으로 시작하라.

Ⓑ 정복하지 못한 지역들은(13:2-5)?
1. **블레셋**의 다섯 통치자들의 땅(3절).
2. **베니게**(가나안, 시돈, 그발, 레바논, 4-5절).
3. 동편 므낫세 지파 소속의 야일이 받은(신 3:14) **그술**(갈릴리 동부), **마아가**(헤르몬산 동쪽, 13절).
■ 남부 해안, 북부 해안, 북동부 지역이 정복하지 못한 채 남아 있었다.

② (14장) <갈렙의 도전>
기업분배위원회는 엘르아살, 여호수아 및 10지파 족장들로 구성되었으며 방식은 제비뽑기였다. 갈렙은 여호수아에게 모세의 맹세를 상기시키며 가장 어려운 헤브론 산지를 요청하는 모범을 보였다. 가나안 정복 기간을 7년으로 추정하는 것은, 그가 정탐했던 때(40세, 출애굽 2년, 민14:24)로부터 가나안 입성까지 38년이 걸렸고 당시 나이가 85세였기 때문이다.

Ⓒ 그니스 사람 갈렙(14:6)은 누구인가?
1. 그니스는 **가나안 족속** 중 하나이며(창15:19)에서의 장손 그나스의 후손으로 추정된다(창36:11).
＊ 갈렙의 형제와 손자도 그나스였다(15:17; 대상4:15).
2. 이방인인 갈렙("개" "충성스런")의 유다 지파 **편입**은 유대 랍비들에게도 불가사의한 사건이었다.
3. 남들이 엄두도 못 낼 **헤브론**에 도전한 이유는?
  a. 38년 전 시도하지 못한 땅에 대한 **재도전**이었다(민13:22, 33).
  b. 선조들의 무덤이 있는 선산을 회복하여 장자 지파로서의 **정통성**을 얻기 원했다.
■ 갈렙은 영적 목마름으로 충성과 헌신을 다했던 인물이었다.

③ (15장) <유다의 기업>
유다 자손은 남부에 기업을 받았다. 그중 기럇 아르바("넷의 성읍", 13절)는 아르바와 세새, 아히만, 달매(14절)로 유명했고 헤브론("동맹")으로 개명됐다. 여부스족은 예루살렘에 거주하던 족속으로(63절) 왕은 전사했고(10:26) 성은 불태워졌지만(삿1:8), 이는 부분적인 점령이었다. 완전한 정복은 다윗 때 이루어졌다(삼하5:1-6).

④ (16장-17:13) <요셉의 기업>
요셉 자손은 두 지파의 몫을 받았다(4절). 에브라임은 게셀을 점령하고도 일부러 멸하지 않고 종으로 삼았고(16:10), 므낫세는 여러 성읍들에서 원주민을 몰아내지 않았으니 상황이 더 심각했다(17:12-13).

⑤ (17:14-18) <요셉의 불평>
ⓓ 에브라임 지파의 문제점은(17:14)?

1. 요셉은 복받은 큰 민족이라는 **특권의식**을(창 49:22) 가졌다.
2. 한 분깃만 줬다는 **불평**은 **욕심**이자 거짓말이었다(에브라임은 중부 노른자 땅을 차지했고, 므낫세는 요단 동편과 서편의 비옥한 땅을 차지했다).
   * 같은 지파였던 여호수아도 한심하게 여겼다. "큰 민족답게 삼림에 가서 스스로 개척하라." "산지는 넉넉지 않고 다 철병거가 있나이다." "삼림이고 강해도 네가 능히 쫓아내리라."
   ■ 특권만 누리고 헌신하지 않으면 결국에는 잘못된 신앙으로 변질되는 법이다.

⑥ (18-19장) <여타 지파들의 기업>
실로(1절)는 에브라임 산지의 벧엘 동쪽 15km에 위치한 379m의 구릉이다. 이스라엘은 여기에서 기업 분배를 했고 사사시대에는 여기에서 절기를 지켰다(삿21:19; 삼상1:3).

ⓔ 여타 지파들의 기업분배를 보라

1. **베냐민**: 유다와 에브라임 중간 지대에 위치해 완충 역할을 했으나 전쟁도 빈번했다(창 49:27).
2. **시므온**: 유다의 기업 중에 성읍들을 받았으니 유다가 넓고 시므온이 적었기 때문(민 26:14)이요, 시므온의 죄의 결과이기도 했다(창49:7; 민25:14).
3. **스불론**: 북부 해변 근처 기업을 받아(창 49:13) 해변까지 영향력을 미칠 수 있었다.
4. **잇사갈**: 비옥한 이스르엘 평원을 얻었다(창 49:15).
5. **아셀**: 북부 해안의 비옥한 평야를 얻었다(창 49:20).
6. **납달리**: 갈릴리의 서·남·북쪽을 받았다(신 33:23).

7. **단**: 처음에는 중부 해안에 기업을 받았지만 북쪽으로 기업을 확장했다(창49:17; 신 33:22).
■ 야곱의 축복과 저주가 그대로 이루어졌다!

⑦ (20장) <도피성>
하나님은 일부러 주요 지역의 랜드마크인 높은 산의 성을 피난처로 정하셨다(ⓑ참고).

⑧ (21장) <레위의 기업>
ⓕ 레위인의 기업과 도피성의 의미는(21장)?

1. 레위인의 기업은 오직 **하나님**이시다(13:14; 출 32:29).
   * 12지파에서 48개의 성읍을 기업으로 받았다.
2. 6개의 도피성이 레위의 기업에 속한 이유는 레위인이 **재판관**으로서 피의자에 대한 오살 여부를 판단해야 했기 때문이다(민 35:29).
   ■ 하나님의 선물은 축복이자 또한 책임이다.

⑨ (22장) <증거의 제단>
ⓖ 동편 지파들이 세운 제단의 의미는(22:10)?

   * 동편 지파들이 요단가에 큰 제단(엣, "증거")을 세웠다.
   * 브올 사건의 해결자인 비느하스가 파견되었다.
   ⇒ 신앙단절을 우려(25절)한 **순수한 동기**였다.
   ■ 하지만 **우려대로** 후일 동편 지역은 변질됐다.

② 고별 설교(23-24장)

① (23장) <여호수아의 당부>
이스라엘은 정복에 7년, 분배와 정착에 20년 걸렸다. 여호수아는 BC 1380년(솔로몬 4년 즉 BC 967년의 480년 전인 BC 1447년에 출애굽, 1447-40년-27년, 왕상6:1)에 110세(45+38+27)의 나이로 사망한 것으로 추정된다. 그가 가데스에서 정탐했던 때가 45세인 경우에 그렇다(24:29). 그는 과거를 회고하며 하나님만 섬기고 이방인들과 교류해 우상숭배하지 말라고 당부했다.

② (24장) <여호수아의 언약 갱신>
여호수아가 고별설교를 한 세겜은 아브라함이 처음 거주한 곳(창12:6)이요, 축복과 저주를 선포한 곳이며(8:33), 요셉의 유골을 안장한 곳(24:32)이었다.

㉮ 여호수아는 왜 부정적 전망을 했는가(24:19)?

1. 여전히 동방과 애굽의 **신들**을 섬겼다(14절).
2. 인간의 **타락한 본성**을 잘 알았다(요2:25).
3. 인간의 무능력과 하나님의 거룩 사이에는 큰 **간격**이 있다(19절).
4. 구체적인 행동 없이 **형식적인 대답**만 했다(23-24절).
5. 영적 승리 후에 오는 **영적 침체** 현상이 있다(막6:52).
6. 세대에서 세대로의 **신앙 유전**이 **단절**되었다(31절).

■ 우리 세대가 하나님을 온전히 섬기려면 무엇이 필요할까?

- 약속의 말씀을 남김없이 지키시는 **신실하신 하나님**이시다(21:44-45).
- 이방인도 세우시고 유대인도 벌하시는 **공평하신 하나님**이시다(23:15-24:2).
- 가나안 정복도 분배도 **하나님의 은혜임을 알기 원하시는 하나님**이시다(24:12-13).

Day 18

사사들의 구원
사사기 1-9장

이스라엘은 원주민들로 인해 고통당했고

하나님은 때마다 사사들을 보내 구원하셨다.

1️⃣ 원주민의 반격(1-2장) 지파마다 원주민을 다 몰아내지 못하여 하나님의 책망을 받았다.

2️⃣ 사사들의 구원(3-9장) 하나님은 사사들을 통해 구원하셨으나 이스라엘은 악을 반복했다.

ⓐ **예루살렘**은 유다가 정복(1:8; 수15:8)했지만, 에브라임의 견제로 주춤할 때 여부스족이 다시 자리를 잡은 것으로 추정된다. 그래서 베냐민도 예루살렘(수18:28)을 정복하지 못했다(1:21).

ⓑ 블레셋 지역을 이미 차지했는데(1:18) 블레셋의 다섯 군주는 누구인가(3:3)? 이스라엘의 가나안 정착은 BC 15세기이지만, 사사시대는 BC 14-11세기이며 **신블레셋**이 이주한 것은 BC 1150년경이기 때문이다(19일ⓑ 참고).

17 | 사사시대의 영토

■ 사사시대 정착지
● 사사시대 미정복지

1 원주민의 반격(1-2장)

① (1장) <정복인가 정체인가>

유다 지파가 선두에 선 것은 영적 장자 지파였기 때문이며, 시므온에게 도움을 요청한 것은 같은 지역에 기업을 분배받았고(수19:1), 시므온이 싸움에 능했기 때문(창49:5)이다. 하지만 여호수아 시대가 정복의 시기였다면 이후로 사사시대는 정체의 시기였다. 왜냐면 지파들마다 몰아내지 못한 원주민들이 도처에 있었다.

④ 왜 다 정복하지 못했는가(1:19-2:3)?

1. 산지는 대부분 정복했는데(1:19) 해변길은 애굽 등 **강대국**들의 영향권 아래 있었다.
2. 이스라엘은 청동기 문화였지만 가나안과 블레셋은 보다 강력한 **철기** 문화였다(1:19).
3. 국제정세와 객관적 전력상 불가능했기 때문에, 하나님을 믿는 믿음으로만 승리할 수 있었다. 하나님은 그들의 진심을 **테스트**하셨다(2:22).
4. 전쟁을 모르는 세대를 **훈련**하시기 위함이었다(3:2).
5. 하지만 이스라엘은 **우상숭배**에 빠졌다(2:2-3).
   ■ 역사는 하나님과 사람이 함께 만드는 것이다.

② (2장) <경과와 악순환>
⑧ 사사시대의 악순환을 통한 교훈은(2:4-17)?

 * 여호와의 사자가 이스라엘의 불성실을 책망하자 백성이 통곡한 곳을 보김("우는 자들")이라고 했다.
1. 죄는 눈물을 흘리는 것으로 해결되지 않는다. 죄를 절감하고 완전히 돌이키는 **회개**가 필요하다.
 * 이후 세대는 여호와를 알지 못했다(10절).
 * 이후 세대는 **악순환**의 반복이었다(11-17절). (악행 ⇒ 고난 ⇒ 간구 ⇒ 구원 ⇒ 망각)

■ 나는 다음 세대에게 세상의 성공을 먼저 가르칠 것인가, 하나님을 아는 지식을 먼저 가르칠 것인가?

2 사사들의 구원(3-9장)

① (3:1-11) <1대 사사 옷니엘>
옷니엘이 승리하여 40년간 평온했다.

ⓒ 1대 사사 옷니엘(3:1-11)

1. 옷니엘("하나님이 나의 힘이시다")은 **유다** 지파였다.
2. 유다 산지의 거점 도시인 **헤브론**이 중심이었다(1:10).
3. 남쪽 네게브로 연결되는 **드빌**을 점령했다(1:11).
4. 북부의 **메소포타미아** 왕에게 승리했다(10절). -구산 리사다임("두 배 악한 구스인", 창10:6-8).
   ■ 옷니엘은 전국적인 영향력을 미친 믿음의 용사였다.

② (3:12-30) <2대 사사 에훗>
ⓓ 2대 사사 에훗(3:12-30)

 * **모압** 왕 에글론("송아지 같은")이 암몬·아말렉과 연합해 여리고를 점령한 후 요단 서편에 마수를 뻗쳤다.
1. 에훗("찬양하리라")은 베냐민 지파 출신이었다.
2. 1규빗(45cm) 되는 칼로 모압 왕을 **암살**한 후 승리를 거두었다.
3. 베냐민 사람 에훗도 **왼손잡이**(15절)였고 지파간 내전시 기브아의 물맷돌 사수 700인도 전부 왼손잡이였다(20:16).
   ■ 에훗은 자신의 관할지역에 침입한 적군을 물리친 사사였다(수18:21).

③ (3:31) <3대 사사 삼갈>

Ⓔ 3대 사사 삼갈(3:31)

1. 삼갈("칼, 이방인, 농부")은 정체불문의 인물
이었다.
2. 블레셋 사람 600명을 죽이고 이스라엘을 구
원했다.
3. 소 모는 막대기는 2.4m로 한쪽에는 못이 있고
반대편 끝에는 끌쇠가 달린 쟁기 같은 농기
구였다.
4. 아낫(가나안 전쟁여신)의 아들이라는 소개를
볼 때 이방인으로 추정된다.
* 이방인이 족장(갈렙)도 되고 사사도 되고
메시아의 계보에도 올라갔다(라합, 룻).
■ 삼갈은 하나님 구원의 큰 그림을 보여준
이방인 사사였다.

④ (4-5장) <4대 사사 드보라>

Ⓕ 4대 사사 드보라(4-5장)

* 하솔 왕 야빈("통찰자")과 시스라("말을 보라")
가 20년 동안 이스라엘을 학대했다.
1. 에브라임 산지의 드보라("선포하는 자")가 북
부 출신 바락("번개")을 군대장관으로 세워
일전을 치렀다.
2. 드보라+에브라임, 베냐민, 므낫세(마길)가 참
전했다. 바락+납달리, 스불론, 잇사갈이 참전
했다(5:14-18).
* 르우벤, 갓(길르앗), 단, 아셀은 불참했다
(5:15-17).
■ 드보라는 중부와 북부 연합군으로 큰 승
리를 거둔 사사였다.

이들이 하솔의 철 병거(오늘날로 치면 탱크)
900대를 이길 수 있었던 것은 기손강에 폭우
가 쏟아져 비옥한 이스르엘 평야가 진흙탕이
되었기 때문이다(4:15, 5:21). 그리고 겐 족속
은 모세의 장인 이드로의 족속으로서 광야 여
정에 동행하지 않았고(출18:27) 이드로의 아
들 호밥도 귀향했지만 일부는 이스라엘이 가
나안을 정복한 뒤 합류했다(1:16). 시스라가

야엘의 장막에 숨은 것은, 유목민 헤벨("어울
리다")이 평소 원주민과 호혜 관계였고, 당시
유목민의 장막은 일종의 치외법권 지역이었
기 때문이다. 하지만 뼛속 깊이 친이스라엘
이었던 야엘("여호와가 하나님이시다")은 평소
에 일하던 대로 장막의 말뚝을 박아 그를 죽
였다.

⑤ (6-8장) <5대 사사 기드온>

Ⓖ 5대 사사 기드온(6-8장)

* 남방 유목민인 미디안이 해변길로 시속
70km의 낙타를 타고 올라와서 파종기부
터 약탈했다(6:3-6).
1. 기드온("벌목꾼")은 므낫세 지파요 곡창지대
인 이스르엘 평야(6:33)에 살다가 부름을 받
았다.
2. 부친의 바알의 제단과 아세라 상을 헐었고
여룹바알("바알이 다투다")이라는 이름을 얻
었다.
3. 양털뭉치 기도는 두려움에 드린 미숙한 기도
였다. 그래도 하나님은 친절하게 응답하시
고 힘을 주셨다.
4. 기드온과 300인이 미디안 대군에 승리함은
하나님의 전술과 심리전의 승리였다.
■ 소심한 촌부 기드온은 주께 순종하여 큰
용사가 되었다.

300개의 양각나팔이 골짜기에 울리고 횃불이
보이자 미디안은 대군인 줄 알고 혼비백산했
다. 그들은 미디안 방백 오렙("까마귀")과 스엡
("늑대"), 도주하던 세바("희생양")와 살문나("그
늘이 없는")를 죽였다. 기드온이 세습을 거부한
것은(8:23) 사사(쇼페트, "재판관")는 임시직이
었기 때문이다. 하지만 에봇(길흉과 가부를 묻
는 제사장의 옷)을 만든 것이 올무가 됐다. 이
후 40년간 평온했다.

⑥ (9장) <아비멜렉의 악행>

㉺ 악인 아비멜렉이 끼친 영향은(9장)?

＊ 기드온의 서자인 아비멜렉("내 아버지가
왕")이 **세겜**인을 부추겨 형제들을 죽이고
<u>스스로</u> 왕으로 즉위했다.

＊ 3년 뒤 가알("혐오")을 따라 **배신**한 세겜인
들을 죽이다가 요담의 **저주**(9:7; 신27:24)
대로 죽었다. 이는 조폭 같은 악인들 간의
싸움 양상이었다.

⇒ 사사의 집안에도 가정불화와 **권력다툼**이
발생했다.

■ 이후 사사들도 이방 왕들처럼 세속화되었
다.

---

⑦ 사사기는 실패의 책인가, 구원의 책인가?

1. 사사시대에 나타나는 전형적인 **악순환**의 패
턴(악행⇒고난⇒간구⇒구원⇒망각)이 **7번** 등
장한다(2:11, 3:7, 12, 4:1, 6:1, 10:6, 13:1).

2. 하나님의 구원은 **12명의 사사**로 표현된다.

■ 사사기는 인간의 철저한 실패뿐만 아니라
하나님의 거듭된 구원을 보여주는 책이다.

• 우리를 온전케 하시기 위해 **시험하시는 하나
님**이시다(2:22).

• 불가능을 가능케 하시는 **반전의 하나님**이시
다(4:3, 15, 6:12, 7:16)

• 하나님은 거룩한 임재 가운데에서도 우리
를 살리시는 **여호와 샬롬**이시다(6:24).

대화자 하나님

"오직 그 말씀이 네게 매우 가까워서"(신30:14)

말씀이 어렵다는 사람들이 많다. 성경은 이해하기 어렵고 지키기 어렵다고 한다. 왜일까? 신의 언어가 내 영혼의 언어가 아니기 때문이다. 언어가 다른데 어떻게 소통이 되겠는가. 또한 말씀이 나를 지켜주기를 바라는데 내가 말씀을 지키려니 어려운 법이다. 수영은 물이 나를 띄우는 원리를 터득해야 잘하는데 내가 물에 뜨려고 노력하니 어려워지는 것이다.

그런데 하나님 입장에서는 어렵다고 말하는 사람들이 난감하시다. "이 명령은 네게 어려운 것도 아니요 먼 것도 아니라"(신30:11). 말씀이 하늘 멀리에 있는 것도 아니고 바다 건너에 있는 것도 아니고 음부 아래에 있는 것도 아닌데(신30:12-13) 말이다. "오직 그 말씀이 네게 매우 가까워서 네 입에 있으며 네 마음에 있은즉 네가 이를 행할 수 있느니라"(신30:14).

하나님이 말씀하신다. "내가 이 언어를 네 입에 떠줘도 안 먹겠다고 하고 네 마음에 깨우쳐줘도 어렵다고 한다면, 그것은 성경이 어려운 것이 아니라 행할 마음이 없는 것이다."

혹자는 하나님의 음성이 안 들린다고 한다. 왜 안 들릴까? 온 우주에 가득한 것이 하나님의 음성이다. 자연 만물을 통해서 날 얼마나 사랑하는지 말씀하고 계시고(롬1:20), 성경을 통해서 하나님의 감동을 전하고 계시고(딤후3:16), 아예 말씀이신 그분이 내 곁에 사람이 되어 오셨으며(요1:14), 이제는 성령이 오셔서 저자 직강으로 깨우쳐 주시기까지 하지 않는가(요14:26).

하나님은 다양한 계시적 채널을 통해 우리에게 끊임없이 보여주고 들려주고 깨우쳐 주신다. 그래서 내가 신의 언어를 습득하기를 원하신다. 마치 갓 태어난 아기가 울고 웃고 버둥거리는 몸의 언어로도 소통하지만, 커가면서 언어를 익혀 비로소 유의미한 소통이 가능해지는 것과 같다.

그런데 아기가 "아빠, 엄마"를 말하려면 그 단어를 천 번 들어야 한단다. 말하자면 그 말을 아이 입에 넣어주는 것이다. 그렇게 언어를 계속 먹여서 아이가 언어로 배불러지는 순간이 되면 말을 하기 시작한다. 영적인 언어도 똑같다. 그래서 통독은 축복이고 묵상은 기쁨이다.

하나님은 말씀하시는 분이시다. 지금 당신의 성경책을 들어보라. 얼마나 두꺼운가. 중요한 내용만 추렸는데 이만큼이다. 하나님이 과연 과묵하신 분일까? 조금 가벼운 표현이지만, 하나님은 수다스러운 분이시다. 결코 말씀이 적은 분이 아니다.

그러면 하나님은 왜 이렇게 반복해서 말씀하시는가? 명령하기를 좋아하는 군림자라서 그런가? 사실 광야에서 모세 한 사람과 친구처럼 대화하시고 나머지 백성은 전부 모세가 전한 말만 듣지 않는가. 그렇다면 하나님은 하향식의(top down) 소통을 선호하시는 분인가? 하나님의 말씀에 토 달지 말고 좋든 싫든 무조건 순종하라고 하시는 분인가? 모세가 이런 고백을 한 적이 있다. "여호와께서 그의 영을 그의 모든 백성에게 주사 다 선지자가 되게 하시기를 원하노라"(민11:29). 그런데 사실 그것은 하나님의 마음이기도 했다.

슬로브핫의 딸들이 집안에 아들이 없는 경우 딸도 기업을 잇게 해달라고 먼저 요청하자, 하나님은 흔쾌히 수락하셨다(민27:7). 다윗이 먼저 성전을 지어드리고 싶다고 말하자, 하나님은 너무 감동받으셔서 영원한 왕권을 약속하셨다(삼하7:11-13). 하나님은 묵종을 요구하시는 분이 아니다. 먼저 다가와 소통하는 것을 언제나 반가워하는 인자한 아버지이시다.

사람의 성격(personality)을 두 가지로 나눌 수 있다. 일 중심과 관계 중심이다. 그러면 하나님은 어느 쪽이실까? 하나님은 일하시는 하나님이시다. "졸지도 아니하시고 주무시지도 아니하시"(시121:4)며 일하신다. 만약 하나님이 일하지 않으신다면 정밀하게 돌아가는 천체는 어떻게 되며, 이름 모를 참새의 아침밥과 들판의 백합화에게 줄 햇빛과 단비는 어떻게 되겠는가?

그러나 하나님이 왜 일하시는가? 우리와의 사귐을 위해서다. "우리의 사귐은 아버지와 그의 아들 예수 그리스도와 더불어 누림이라"(요일1:3). 하나님의 로망은 그분이 내 하나님 되시고 내가 그분의 백성(자녀)이 되는 것이다. 이 한 가지를 위해서 장구한 역사를 끌고 오신 것이다.

신명기를 보라. 모세가 가나안 땅 앞에서 얼마나 같은 말을 반복하는지 모른다. 제1설교(1-4장), 제2설교(5-26장), 제3설교(27-30장) 등 3번이나 반복하고도, 여호수아에게 율법을 매년 낭독해 주라고 당부하고(31장), 노래를 불러 경고하고(32장), 또 축복의 말로 권면했다(33장).

그렇다. 신명기는 하나님의 애정 어린 잔소리다. 자녀는 부모의 잔소리를 듣기 싫어한다. 하지만 부모는 그저 내 자녀가 잘되기를 간절히 바랄 뿐이다. 한번은 장례식장에서 고인이 되신 성도님의 아들이 눈물을 글썽이며 이런 고백을 했다. "지금 제가 가장 그리운 것은 어머님의 잔소리입니다. 이제 저를 위해 그렇게 말씀해 주실 분은 없습니다."

그렇다. 잔소리가 왜 잔소리인가? 작은 소리이기 때문이다. 섬세한 사랑의 음성이기 때문이다. 그리고 인격적인 사랑의 권면이기 때문이다. 절대 강요하지 않지만 끊임없이 사랑으로 권면하시는 음성이다. 마침내 내가 그분의 잔소리에 "또 그 소리!"가 아니라 "네 하나님, 그렇게 하겠습니다. 잊고 있었는데 다시 말씀해 주셔서 감사해요"라고 반응하기를 원하신다.

그것을 성경은 청종(聽從, listen & obey, 신28:2)이라고 말한다. 청종은 율법 조항에 대한 맹종이 아니라 나를 사랑하시는 아버지에 대한 인격적인 반응이다. 그래서 "너희도 내 계명을 지키면 내 사랑 안에 거하리라"(요15:10)고 주님이 말씀하셨다. 사랑하면 상대의 말이 어렵지 않다는 뜻이다. 사랑하면 심정까지 이해되고, 사랑하면 원해서 그 말을 지키게 되기 때문이다.

신명기는 복종이 아니라 사랑을 강조한 책이다. 그래서 하나님 말씀에 청종하는 핵심은 결국 사랑이다. "이스라엘아 들으라 우리 하나님 여호와는 오직 유일한 여호와이시니 너는 마음을 다하고 뜻을 다하고 힘을 다하여 네 하나님 여호와를 사랑하라"(신6:4-5).

애정 어린 그분의 말씀을 사랑하라. 신의 언어를 습득하라. 그리고 그분과 같은 언어로 대화하라. 성경이 하나님이 먼저 내게 말을 거시는 통로라면, 기도는 내가 먼저 하나님께 말을 거는 통로다. 그렇게 친구와 만나 이야기하듯 하나님과 이야기를 나누고 싶지 않은가. 그것은 모세만의 특권이 아니라(출33:11), 하나님이 모든 자녀에게 주시는 기쁨이기 때문이다(요15:14).

롯기는 절망을 희망으로 바꾸는 이야기로서 어두운 사사시대에 던져진 한 줄기 빛 같은 책이다. 사사들마저 타락한 시대에 이방 여인 룻은 여호와 신앙을 붙잡았고, 한 가문뿐만 아니라 이스라엘 민족까지 살렸다. 인간 영웅은 세상을 어지럽히고 하나님의 사람은 세상을 회복시킨다. 하나님은 이들의 소원대로 세상 왕 사울을 주셨지만 한편으론 하나님의 사람 다윗을 준비하고 계셨다. 사무엘상은 왕정의 시작을 알리는 책이고, 사무엘하는 하나님의 종 다윗의 40년 통치를 보여주는 책이다. 다윗은 인생의 희로애락을 하나님과 함께했으며 자기의 자리를 하나님께 내드렸다. 우리도 나의 자리에서 내려와 기꺼이 하나님께 내드려야 한다. 그때부터 하나님이 나의 인생을 통치하시고 인도해 주실 것이다. _____

Week 04

사사기 10장 – 사무엘하 24장

● 룻기

룻기는 사사시대에 일어난 하나의 에피소드를 다룬 책이다. 1장은 하나님의 백성인 나오미의 실패를 다루었고, 2-4장은 모압 며느리인 룻을 통한 회복을 다루었다. 룻기는 절망을 희망으로, 비극을 희극으로 바꾸시는 하나님의 구속 반전 스토리다.

룻기는 하나님이 한 가문에 주신 기업이 끊어지지 않도록 하는 고엘(기업 무를 자, kinsman-redeemer) 제도를 보여주고 있다. 이를 통하여 끊어질 위기의 가문이 회복되었을 뿐 아니라, 사사시대에 끊어질 위기에 있던 신앙과 축복도 회복되었다. 그래서 룻기는 사사시대에 있었던 하나의 에피소드(episode)에 불과하지만, 이스라엘의 실패와 하나님의 회복이라는 사사기의 핵심 주제가 그 중심(epicenter)에 있다고 하겠다.

사사시대는 하나님의 신적인 구원의 손길과 이스라엘의 실망스런 타락이 대조된 시대였다. 사사들도 갈수록 세속화되어 갔다. 더 이상 이스라엘에서 구원의 여망이 보이지 않을 때 룻기에서 소망이 피어올랐다. 바로 이방 여인 룻을 통해서였다. 하나님은 족장시대부터 거대 문명이나 국가 권력으로 세상을 움직이신 분이 아니라, 하나님을 믿음으로 따르는 한 사람을 통해 세상의 저주를 축복으로 바꾸신 분이다. 놀랍지 않은가. 이방 여인 룻은 한 가문뿐 아니라 이스라엘을 살렸으며 인류 구원이라는 하나님의 큰 그림을 재건한 인물이 되었다.

룻기와 에스더서는 성경에서 여성의 이름이 제목이 된 단 두 권의 책이다. 그만큼 짧은 스토리 안에 극적인 구원 이야기가 담겨 있다. 하나님은 이방인 룻을 통해 유대 땅에서 하나님의 자녀를 구속하셨고, 해외동포(diaspora) 에스더를 통해 바사 제국에서 하나님의 백성을 구원하셨다. 이방인도 해외동포도 믿음으로 순종하면 하나님의 구원의 통로가 될 수 있다.

○ 나오미의 실패 (1장)			
1	기근과 이주	1:1-5	베들레헴에서 모압으로
2	실패와 귀국	1:6-22	모압에서 베들레헴으로

○ 룻을 통한 회복 (2-4장)			
1	룻의 신실함	2장	룻이 시어머니를 돌보다
2	시모의 축복	3장	룻이 보아스에게 구하다
3	보아스의 일	4장	보아스가 기업을 무르다

● 사무엘상

사무엘상은 왕정의 시작을 알리는 책이다. 1-7장에서는 엘리의 죽음과 사무엘의 등장에 대해, 8-15장은 사무엘의 노년과 사울왕의 등장에 대해, 16-31장은 다윗의 등장과 사울왕의 실정에 대해 기록하고 있다.

사무엘상에 부제를 단다면 "마지막 사사와 첫 번째 왕"이다. 왜냐면 신정(神政, theocracy)에서 왕정(王政, monarchy)으로의 전환을 보여주기 때문이다. 엘리, 사무엘, 사울, 다윗이 주요인물인데, 앞의 두 명은 사사이고 뒤의 두 명은 왕이다. 그런데 사무엘을 책 이름으로 한 것은, 사무엘이 사울과 다윗에게 모두 기름 부었기 때문이다. 사울은 사람들이 원한 왕이었고 다윗은 하나님이 원하신 왕이었다.

사무엘상은 시소의 법칙을 잘 보여준다. 하나님은 교만한 자를 낮추시고 겸손한 자를 높이신다. 인간 영웅은 세상을 어지럽히고 하나님의 사람은 세상을 회복시킨다. 엘리는 제사장이자 사사였지만, 하나님을 경외치 않다가 결국 망했다. 반면에 어린 나이에 홀로 성전에 바쳐진 아이 사무엘은 하나님의 음성에 청종하여 시대를 역전시키는 중요한 영적 지도자가 되었다. 사울은 영웅의 면모를 갖춘 인물이었지만 하나님을 경외치 않고 자기애에 빠져서 살다가 결국 망했다. 하지만 어린 시절부터 빈들에 버려진 소년 다윗은 하나님을 뜨겁게 사랑하는 예배자로 살다가 하나님의 복의 통로로 쓰임받았다. 사사시대 360년에 사울 통치 40년까지 영적 암흑기는 400년이나 지속되었다. 그러나 시대의 등불이 되었던 사무엘 선지자가 길을 예비하고 다윗이 하나님 마음에 합한 왕이 되었으니, 이는 마치 신구약 중간기 400년 만에 세례 요한이 등장하여 길을 예비하고 구원자 예수 그리스도께서 등장하신 것과 같다. 결국 다윗은 예수님의 조상이자 그리스도를 예표하는 인물이 되었다.

○ 엘리와 사무엘 (1-7장)			
1	사무엘의 등장	1:1-2:11	한나의 서원기도 응답
2	엘리의 실패	2:12-6장	엘리의 불순종과 패전
3	사무엘의 지도	7장	미스바 성회와 도우심

○ 사무엘과 사울 (8-15장)			
1	백성들의 요청	8장	우리에게도 왕을 달라
2	사울왕의 등극	9-12장	사무엘이 사울을 세우다
3	사울의 양면성	13-15장	사울의 반복된 불순종

○ 사울과 다윗 (16-31장)			
1	다윗의 등장	16-17장	선택됨과 골리앗 승리
2	사울왕의 시기	18-20장	사울이 다윗을 죽이려 함
3	다윗의 도피	21-27장	십 년간 유대광야 방랑
4	사울왕의 죽음	28-31장	블레셋 전쟁에서 전사

●사무엘하

사무엘하는 다윗의 40년 통치를 보여주는 책이다. 1-10장은 남유다의 왕이 된 후 7년 반 만에 온 이스라엘의 왕이 된 다윗에 대해서, 11-24장은 간음죄와 살인죄를 저지른 이후 다윗에게 일어난 환난들에 대해서 기록하고 있다.

전반부는 순종의 복을, 후반부는 불순종의 화를 보여준다(신28). 다윗이 헤브론에서 7년 반을 다스리다가 온 이스라엘의 왕이 되어 예루살렘으로 천도하고 하나님께 축복의 언약을 받았다. 그러나 죄로 인해 한순간에 무너졌고 즉각 회개했지만 뼈아픈 죄 값을 치르게 되었다.

다윗이 헤브론에 무혈입성한 것은 하나님의 은혜였다. 그가 가드 망명 시절 이스라엘에 칼을 겨누었다면 결코 돌아올 수 없었을 것이다. 하지만 하나님은 이 일을 막아주셨고 다윗은 사울의 전사 이후에 헤브론에서 유다 지파의 왕이 되었다. 그는 하나님의 구원 역사의 큰 그림에 합당한 사람이었다. 자신의 왕국을 세우려는 것이 아니라 하나님을 전심으로 예배하는 나라를 세우려고 했기 때문이다. 하나님은 그런 다윗에게 감동하여 다윗 언약까지 주셨다. 그리고 사사시대에는 동네북이었던 이스라엘이 다윗 통치기에는 인근의 민족들뿐 아니라 먼 나라들에까지 영향력을 미치는 국제적 리더가 되었다. 이는 하나님이 국제 정세를 잠잠케 하셔서 이스라엘을 부각시켜 주셨기 때문이다(23일Ⓕ⇒ 참고).

그런데 다윗이 축복의 정점에서 간음죄를 저질러 하나님을 진노케 했다. 온 이스라엘이 사울왕의 학정에 대한 유일한 해답은 다윗이라고 생각했다. 하지만 인간 영웅은 세상에 해답이 될 수 없다. 이방인 왕처럼 재력과 쾌락과 권력을 맘대로 누리는 것은 하나님의 길이 아니었다. 다윗왕이 범죄하자 압살롬이 반란을 일으켰고, 이어서 세바가 반란을 일으켰으며, 잘못된 인구조사로 전염병이 돌았다. 하나님은 나라를 구하고 역사를 치유하기 위해 영웅을 필요로 하지 않으신다. 하나님을 신뢰하고 순종하며 동역할 한 사람이 필요하실 따름이다.

○ 다윗의 선정(善政) (1-10장)			
1	남유다의 왕	1-4장	헤브론에서 왕으로 등극
2	이스라엘 왕	5장	왕국 통일과 시온성 정벌
3	언약궤 이전	6-7장	언약궤 이전과 다윗 언약
4	군사적 승리	8-10장	주변 민족들을 제패하다

○ 다윗의 실정(失政) (11-24장)			
1	간음과 회개	11-12장	밧세바 사건으로 회개함
2	아들의 반란	13-20장	압살롬의 반역과 재집권
3	다윗의 평가	21-23장	다윗왕의 감사와 용사들
4	마지막 징계	24장	인구조사로 인해 벌받음

역사는 함께 만들어 나가는 것이다

성경을 보면서 가장 많이 던지는 질문 중 하나가 "하나님이 바로를 완악하게 하셨다면 바로는 무슨 잘못이 있는가?" "가룟 유다가 예수님을 배반하도록 예정된 것이라면 그가 무슨 잘못이 있는가?" "하나님이 다윗을 격동하셔서 인구조사를 했는데 다윗이 무슨 잘못이 있는가?"라는 류의 질문이다. 이것은 비단 성경 인물만이 아니라, 하나님의 주권과 인간의 자유의지 사이의 역학 관계에 대한 근본적인 질문이다.

결론부터 말한다면, 역사는 하나님과 사람이 함께 만들어 가는 것이다. 우리는 성경을 편향적으로 보는 경향이 있다. 그러나 있는 그대로 살펴보면, 성경 역사의 윤곽이 잘 보인다. 성경에는 하나님이 바로를 완악하게 하셨다는 표현이 5회, 바로가 스스로 완악했다는 표현이 5회 나온다. 그러므로 착한 바로를 하나님이 억지로 악하게 만드신 것이 아니다. 동시에 하나님은 악인을 사용해서도 선한 결과를 만드신다. 그러므로 성경은 만민을 주관하시는 주권자 하나님을 고백할 뿐 아니라, 자유의지를 갖고 스스로의 인생에 책임을 져야 하는 존재로서의 인간을 보여주고 있다.

물론 하박국은 하나님이 어떻게 악인을 들어 쓰실 수 있느냐고 의문을 던졌다(합1:13). 그때 하나님은 "의인은 그의 믿음으로 말미암아 살리라"(합2:4)고 말씀하셨다. 인간이 자기 의의 관점으로 하나님을 의심할 것이 아니라 하나님의 선하신 역사 경영을 신뢰할 때 생명의 길이 열린다는 말씀이다.

생각해 보라. 10가지 재앙은 과연 착한 애굽인들을 괴롭히려는 것이었을까? 그리고 하나님이 선택한 백성에게 혜택을 주기 위한 편애의 결과였을까? 10가지 재앙은 애굽의 우상숭배 및 하나님의 구원계획 훼방에 대한 징계이기도 했지만, 기회이기도 했다. 10번이나 혼내시는 하나님을 비난하기 이전에, 10번이나 기회를 줘도 돌이키지 않는 인간의 패역함을 또한 보아야 한다.

우리는 인생의 결정적인 순간에 하나님의 뜻을 알고 싶어서 구할 때가 많다. 그런데 중요한 순간에만 하나님께 기대려고 한다. 하지만 매일의 평범한 일상에서 하나님과 동행해야 한다. 왜냐면 선택은 점을 찍는 것이 아니라 선을 그리는 것이기 때문이다. 선을 그리며 살아가다가 오늘이라는 점을 찍는 것이지, 갑자기 살아오지 않던 곳에 점을 찍게 되지는 않는다.

우리는 절대 주권자이신 하나님을 비난하는 것으로 역사 해석의 난제를 쉽게 풀려는 유혹을 주의해야 한다. 하나님은 악인도 돌이켜 회개하기를 원하신다. 그래서 아합이 회개해도 받아주시고, 니느웨 사람들이 회개해도 받아주셨다. 하나님은 역사의 큰 그림을 만들어 가시면서도, 인간에게 자유의지를 주시고 스스로 인생의 길을 그리도록 기다려 주신다. 그러므로 급할 때만 하나님을 찾지 말고, 하루 또 하루 주님과 신실하게 동행하라. 그러면 결정적인 순간에 인생의 가장 좋은 선택을 하게 될 것이다.

Day 19

사사들의 타락
사사기 10-21장

 이스라엘의 악행과 하나님의 구원이 반복되다가 결국
사사들과 레위인도 타락했다.

1 사사들의 타락(10-16장) 사사들도 세속화되었고 가나안의 문화와 풍습에 영향을 받았다.
2 레위인의 타락(17-21장) 레위인들이 우상지기가 되고 첩을 두었다가 내전까지 일어났다.

ⓐ 후반부에서 비느하스의 등장(20:28)은 사사기가 시대순이 아니라 **지역순**임을 보여준다. 성경은 때로 시간보다 사건 중심으로 기술되어 있다.

ⓑ 고대 그리스 역사에서 **미케네 문명**(BC 17-12세기)은 크레타(갑돌)섬도 정복할 만큼 성장했다. 귀족전사 계급이 통치하던 미케네 시대가 고대 그리스의 최전성기로서, BC 1250년 최대 적수 트로이를 패퇴시킨 이야기가 호머의 《일리아드》에 나온다. 12세기 지중해 연안 청동기문명의 몰락은 (가뭄, 지진, 반란, 이주, 전쟁 등) 이유를 알 수 없는 대격변 때문이었다. 주변부의 아리안족이 몰려와 이집트를 위협했고 미케네를 무너뜨렸으며 이들이 가나안에 이주해 **신블레셋**(13:1)이 되었다.

ⓒ **돕**(히, 토브, '좋다')은 좋은 땅이 아니라 좋기를 바라는 땅, 다시 말해서 황

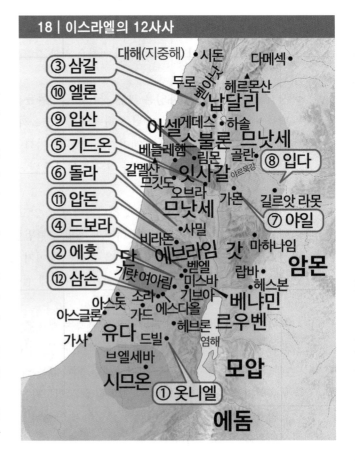

18 | 이스라엘의 12사사

무지였다.

ⓓ **단 지파**의 기업(13:1-2)은 블레셋 5대 도시와 겹쳐서 정복하기 힘들었다. 일부는 북부로 올라갔고 삼손처럼 중부에 남아있는 이들도 있었다.

ⓔ 사사들의 출신을 통해 주시는 메시지는?

1. 이스라엘 **전역**에서 신분·민족 구분 없이 등장했다.
   - 하나님의 구원에서는 제외된 지역도 제외된 사람도 없다.
2. 난세에 압제받는 **지역**에서 사사들이 나왔다.

■ 누구든지 하나님께 부르심을 받으면 구원자가 될 수 있다.

 1 사사들의 타락(10-16장)

① (10:1-2) <6대 사사 돌라>

ⓐ 6대 사사 돌라(10:1-2)

1. 돌라("벌레[worm]")는 **잇사갈** 지파를 대표하는 인물이다(창46:13).
2. 이스라엘을 구원했고 20년간 다스렸다.

■ 돌라는 잇사갈 지파를 대표하는 인물이자 민족의 구원자였다.

② (10:3-5) <7대 사사 야일>

ⓑ 7대 사사 야일(10:3-5)

1. 야일("빛을 내다")은 **동쪽 므낫세** 지파의 지도자였다(민32:41).
2. 30명의 아들에게 30개의 성읍을 주고서 "**하봇야일**"(히, 야일의 동네)이라고 불렀다.

＊ 당시에 어린 사람이 나귀를 타는 것은 높은 지위를 의미했다.

■ 특권의식을 갖고 세속화되어 가는 사사의 모습이 드러난다.

③ (10:6-12:7) <8대 사사 입다>

이스라엘의 우상숭배가 심각한 지경에 이르렀다(10:6).

ⓒ 8대 사사 입다(10:6-12:7)

＊ **암몬**의 지배하에 이스라엘이 요단 동편 미스바("전망대", 얍복강 북쪽, 창31:49)에 진을 쳤다.

1. **사생아** 입다("그가 연다")는 잡류와 다녔지만 민족의 리더가 되자 신앙심과 애국심을 보였다(11:11-27).
2. 입다의 **서원**은 진심어린 헌신 서약이었지만 잘못된 것이었다.

■ 난세영웅이 된 구원자에게도 문제가 있었다.

이스라엘의 거주 300년을 언급한 것(11:26)은 가나안에 입성한 BC 1400년경을 기점으로 이때가 BC 1100년경임을 말해준다. 혹자는 입다가 외동딸을 실로 회막의 봉사자로 평생 드렸을 것이라고 추정하지만, 그는 서원대로 행하였다(39절). 소고(탬버린)를 들고 춤추며 개선장군인 아버지를 맞이한 딸은 아버지의 서원을 알면서도 아버지의 승리에 감격해 자원하여(창22:9) 헌신했다.

ⓓ 에브라임은 왜 시비를 걸었는가(12:1)?

1. **특권의식**을 가진 에브라임의 교만 때문이었다(수17:14).
2. 입다의 전리품에 무임승차하려는 **탐욕** 때문이었다.
3. 동편 지파들은 비주류라는 **모욕**을 주려고 했다(12:4).

＊기드온과 다르게(8:1-3) 입다는 불같은 사람
  이었다.
- 쉽볼렛("곡식, 물결", 복모음) 발음을 못하고
  십볼렛("노역")이라고 발음한 42,000명을 죽
  였다.
4.요셉이 고난 중에 복을 받았지만 그의 후손
  에브라임은 권리만 주장하며 **계속 문제를** 일
  으켰다.
■ 축복의 원리는 시소의 법칙이다. 늘 낮은
  마음으로 겸손해야 하나님의 복이 임한다.

④ (12:8-10) <9대 사사 입산>

⑤ (12:11-12) <10대 사사 엘론>

⑥ (12:13-15) <11대 사사 압돈>

Ⓔ 9-11대 사사 입산, 엘론, 압돈(12:8-15)

1.입산("결출한")은 특별한 공적도 없이 아들
  30, 딸 30을 두었으며 **스불론** 지파 경내의
  베들레헴에 장사되었다(수19:15).
2. 엘론("상수리나무")은 **스불론** 지파를 대표하
  는 이름을 가졌던 인물로 10년간 통치했다
  (창46:14).
3. 압돈("섬기는 자")은 특별한 공적도 없이 아
  들 40, 손자 30을 두었으며 8년간 통치한
  후 **에브라임**의 비라돈에 장사되었다.
■ 구원 역사도 없이 특권층의 모습만 보이
  는 사사들이 나타났다.

⑦ (13-16장) <12대 사사 삼손>

Ⓕ 12대 사사 삼손(13-16장)

1.**단** 지파 마노아("안식")에게 하나님은 삼손
  ("태양 같은")을 주시며 평생 그를 나실인으
  로 헌신케 하셨다.

2.**나실인**이 술을 마시고 사체를 만지고 이방
  인들을 만났다.
＊다곤 신전의 3천 석 = 세종문화회관 좌석 수.
＊**성령**의 역사로 사역해도 타락하는 경우가
  있다. 성령충만한 사역자라 할지라도 늘
  겸비해야 한다(고전9:27).
＊삼손은 사사들까지 **타락**하는 심각한 경우
  의 예시였다.
■ 삼손은 민족 구원의 영웅이자 악동으로
  전락한 사사였다.

② 레위인의 타락(17-21장)

① (17-18장) <영적인 타락상>
Ⓖ 미가와 단 지파를 통해 드러난 문제는(17-18장)?

＊**미가**가 훔친 "은 천백"은 노동자 10년치
  품삯이었다. 그런데도 모친이 아들을 축복
  하고 **신상**을 만들다니!
1.**물질주의, 기복주의, 혼합종교**의 심각성을 드
  러내는 장면이다.
2. 레위인의 표류(17:8)는 **예배가 붕괴**했다는
  증거였다. 게다가 모세의 손자가 가정 제사
  장으로 전락한 것은 충격적이다(18:30). 이
  것은 중앙성소의 예배도, 지역의 예배도 다
  무너졌다는 뜻이다.
3.**단 지파**가 하나님이 주신 기업인 중부를 버리
  고 쉬운 북쪽으로 **이주**하더니 **신상**까지 숭배
  했다. 이 죄악은 후에 **금송아지 숭배**(왕상12:28-
  29)로까지 이어지게 되었다.
■ 사사시대의 혼란은 총체적인 영적 타락이
  었다.

② (19-21장) <성적인 타락상>
Ⓗ 지파 간 내전은 왜 일어났는가(19-21장)?

＊**레위인**이 첩을 들였다는 것도 문제였고 첩
  이 행음했는데 다시 데려온 것도 문제였다
  (레21:7).

1. 여부스(예루살렘)를 지나 **기브아**에 갔는데 기브아 사람들이 나그네를 영접도 하지 않고(신10:19) 동성애를 시도했다(19:22). 이는 소돔과 같은 타락상(창19:5)이었다. 신앙적 타락은 **성적·도덕적 타락**으로 반드시 이어진다.
2. 베냐민 지파는 잘못을 인정하지도 않고(20:13) 싸움에 능해(창49:27) 연합군을 두 번이나 이겼다. 이는 하나님이 12지파를 다 **징계**하심이었다. 누구 하나의 잘못이라고 평계할 것이 아니라 그들 모두가 심각한 타락상에 빠져 있었다.
■ 지금도 우리가 사는 시대에 온 백성의 회개가 필요하지 아니한가?

이스라엘은 베냐민 지파의 회복을 위해 야베스 길르앗의 처녀 400명을 제공했으니, 이는 후일 베냐민 출신의 사울왕이 야베스 길르앗을 구하기 위해 용맹하게 싸운(삼상11장) 역사적 이유가 되었다.

① 이스라엘에 왕이 없었다는 말의 의미는(21:25)?
1. 왕정 체제가 아니라 **신정** 체제였다(삼상8:5).
2. **하나님**을 왕으로 인정하지 않았다(삼상8:7).
3. 말씀대로 살지 않고 자기들 **맘대로** 살았다.
4. 극단적인 **혼란기**였다(17:6, 18:1, 19:1, 21:25).
■ 왕이신 하나님을 고백함이 모든 질서의 시작이다.

입다의 서원은 하나님 앞에 합당한가? 잘못된 서원이라도 무조건 지켜야 하는가(11:30-31, 34-40)?

• 범죄하는 백성을 **치고 싸매어 주시는 하나님**이시다(10:13-16).
• 불순종에는 징벌을, 간구에는 구원을 주시는 **사랑과 공의의 하나님**이시다(10:10-16).
• 하나님의 백성에게 **유일한 참된 왕**이시다(21:25).

Day 20

나오미와 룻
룻기 1-4장

 모압에서 가족을 잃은 나오미는 며느리 룻과 친족 보아스를 통해
인생이 회복되었다.

① 나오미의 실패(1장) 기근으로 모압에 갔던 나오미는 실패하고 베들레헴으로 돌아왔다.
② 룻의 회복(2-4장) 룻은 이삭을 줍다가 만난 보아스와 결혼했고 다윗의 조상이 되었다.

19 | 나오미 가족의 여정

아스돗
에그론
예루살렘 여리고 암만
베냐민 헤스본
베들레헴
가드
르우벤
아스글론
헤브론
디본
가사
염해 아로엘
유다

광야시내
브엘세바
길하레셋
시므온
모압

ⓐ **베들레헴**("떡집")에 떡이 없어서 모압으로 갔다는 것은 모순이 아닌가? 첫째, 사사시대에 이스라엘이 타락함으로 인한 하나님의 징계였다. 둘째, 서풍으로 인한 비구름이 낮은 유다 산맥에는 걸리지 않고 높은 **모압 산맥**에 걸림으로 상대적으로 요단 동편에 곡식이 훨씬 더 풍부했다.

① 나오미의 실패(1장)

① (1-5절) <나오미의 실패>

Ⓐ 나오미의 실패가 보여주는 것은(1:1-5)?

1. 흉년은 타락한 이스라엘이 **회개**하라는 신호였다.
2. 그러나 나오미 가족은 **약속**의 땅을 떠났다. 하나님을 찾지 않고 **양식**을 찾아 멀리 갔다가 **모압**에서 소중한 남편과 두 아들을 잃었다.
3. 믿음의 **가정**들도 신앙적으로 무너져 있었다.
   * 엘리멜렉("내 하나님이 왕이다")이라는 이름이 무색했다.
   * 말론("병약")과 기룐("낭비")은 온전하지 못한 인생들이었다.
   ■ 과연 나는 인생에서 하나님의 약속을 좇아갈 것인가, 세상의 양식을 좇아갈 것인가?

② (6-14절) <나오미의 친구>

나오미가 모압에 갔던 것도, 베들레헴으로 돌아온 것도, 전부 양식(6절) 때문이었다. 나오미의 실패는 하나님의 자녀가 하나님이 아닌 물질을 좇아 살 때의 비애를 보여준다.

Ⓑ 룻의 인성과 신앙은(1:16)?

* 형사취수도 불가능하니 재혼이 마땅한 상황이었다(9-12절).
   - 고대에 남자 없이 여자 혼자는 생존 자체가 어려웠다(13절).
1. 오르바("암사슴")는 떠났고 룻("친구, 미인")은 따라왔다.
   - 홀로된 시모 나오미의 친구가 되어준 **다정함**.
2. "내 하나님, 내 백성"으로 고백하는 **인격적인 신앙**이었다.
   ■ 모압 여인 룻은 삶의 헌신을 통해 결국 믿음의 계보에 올랐다(마1:5).

③ (15-22절) <나오미의 귀환>

Ⓒ 나오미는 왜 마라가 되었는가(1:20)?

* 나오미("달콤하다")를 마라("쓰다")로 부르라.
* 광야에 물이 써서 못 마셨던 **마라**(출15:23).
* 신약의 **마리아**("비통함, 슬픔")의 이름도 이 단어에서 유래되었다.
1. 전능자 **하나님**이 나를 괴롭게 하신 것인가?
2. 자기 **소견**에 옳은 대로 살았기 때문이 아닌가(삿21:25).
   - 하나님을 찾지 않고 양식을 찾았기 때문이다(1, 6절).
   ■ 나는 고난 중에 회개하는가? 그때에도 하나님을 원망하는가?

보리 추수(22절)는 4월 중순부터 시작되었다.

② 룻의 회복(2-4장)

① (2장) <보아스와의 만남>

룻이 나가서 이삭을 줍다가 보아스의 밭에 이르게 되고 보아스는 그녀에게 은혜를 베풀었다. 룻을 "모압 소녀"(5-6절)라 부른 것은 이른 나이에 자녀도 없이 남편을 잃은 젊은 처자였기 때문이다. 보아스와 룻은 공통점이 전혀 없어 보이지만, 성실함과 진정성 및 주변 사람을 돌봄에 있어서 비슷한 성품을 가진 사람이었다. 나오미는 보아스가 죽은 가족에게도 은혜를 베풀었던 사람인데 살아남은 우리에게도 은혜를 베푼다며 그를 축복했다(20절).

Ⓓ 보아스는 어떤 인물이었는가(2:1)?

1. 보아스("민첩하다, 유능하다")는 **성실**한 리더였다.
   - 야간작업을 하는 타작마당에서 일꾼들과 함께 밤을 샜다(3:7).
2. 대농장의 지주가 직접 추수하는 들판에 나와서 일꾼들을 격려하고 가난한 이웃을 **축복**했다(4절).
3. 친족의 기업을 무르는 일에도 **앞장섰다**(4:1-10).

＊우리 영혼의 **고엘**(kinsman-redeemer) 즉
기업 무를 자 되시는 예수 그리스도를 예
표하는 인물이다.
■ 나는 보아스처럼 자기 일에 성실하며 이웃도
살리는 삶을 살고 있는가?

② (3장) <보아스에게 요청함>

롯은 시모의 지시대로 보아스의 타작마당에
가서 그에게 기업을 무르도록 요청했다. 타작
마당은 주로 반경 15m의 평지였으며 도리깨
로 곡식을 두들겨서 겨는 바람에 날리고 알곡
만 모으는 작업을 했다. 하지만 5월에는 낮에
바람이 없기 때문에 선선한 밤에 작업을 했
다. 보아스가 롯이 베푼 인애를 언급한 것은
(10절), 롯이 시모를 봉양하고 끊어진 가문의
대를 잇기 위해 헌신했기 때문이다. 당시에
고엘 제도는 있었지만 적잖은 사람들이 나이
(10절), 경제적인 이익(4:6), 이기적인 동기(창
38:9) 때문에 이 제도를 잘 지키려고 하지 않
았던 것 같다.

Ⓔ 옷자락으로 덮는다는 말의 뜻은(3:9)?

＊ 롯이 보아스에게 **옷자락**(히, 카나프)으로
덮어달라고 요청했다.
1. 보아스는 자신이 축복한 대로(2:12) 하나님
의 **은혜와 보호의 날개**(히, 카나프, 마23:37) 역
할을 했다.
2. 하나님은 **임재의 옷자락**으로 성전을 덮으신
다(사6:1).
＊ 혈루병 여인도 **주님의 옷자락**을 잡고 치유
받았다(마9:20).
＊ 가족과 **이웃의 옷자락**을 베는 삶(삼상
15:27)이 아니라 **내 옷자락**으로 그들을 덮
어주는 삶을 살라.
■ 내 삶의 옷자락을 넓혀 가족과 이웃을 품
어주는 인생이 되어라.

보아스가 여섯 번 보리를 지워주는(15절) 배
려를 한 것은 6년의 수고 뒤 회복의 때가 오게

된다는 예언적이고 의지적인 행동이었다(신
15:1-15).

Ⓕ 보아스와 롯의 만남은 로맨스 스토리인가?

1. 그렇다. 하지만 그저 단순한 로맨스일까?
2. 롯이 젊은 미인이어서 보아스가 좋아했을
까? 롯은 가진 것 없는 처지에 이방인이었다.
3. 보아스가 재력가에 친절한 남자라 롯이 좋아
했을까? 보아스는 시아버지 뻘되는 할아버지
였다.
4. 둘 다 가정과 가문의 회복을 위해 **희생**한 것
이다.
＊ 내 눈에 좋아 보이는 사람이 아니라 하나
님이 나를 위해 **선택**해 주신 사람이 가장
좋은 사람이다.
＊ 결혼의 기초는 낭만이 아니라 **헌신**이다.
＊ 가정의 본질은 **거룩한 공동체**를 세우는 것
이다.
■ 가정은 놀이터나 도피처가 아니라 거룩한
공동체를 세워야 할 사명지다.

③ (4장) <보아스의 기업 무름>

보아스는 성문에서 기업 무르는 일을 진행했다.
고대 근동의 성문 앞은 시장터(왕하7:1)요 재판
정(삼하15:2)이었다.

Ⓖ 친족이 결정을 번복한 이유는(4:6)?

＊보아스보다 가까운 친족이 먼저 **책임**이 있었
다.
1. 나오미의 소유지를 무르라고 할 때 긍정했던
것은 후대가 없는 친족의 기업은 희년이 와
도 돌아갈 곳이 없어 자신의 소유가 되는 **투
자**였기 때문이다(4절).
2. 롯을 사서 죽은 자의 기업을 이으라고 하자
거절했는데 이는 롯의 자녀가 자신이 무른
기업의 상속자가 된다면 **남 좋은 일**만 하는
것이었기 때문이다(5절).
■ 남에게 은혜를 베풀지 않으면 내게도 하
나님의 은혜가 임하지 않는다.

㉮ 신발을 벗은 이유는(4:7-8)?

1. 친족으로서 의무를 이행하지 않는 것을 **수 치**로 여겼기 때문이다(신25:9-10).
2. 땅을 밟는 신발을 벗었으므로 기업이 되는 **땅**을 무르지 않겠다는 의미였다.
■ 우리의 기업 무를 자로 이 땅에 오신 예수 그리스도를 바라보라.

㉯ 하나님은 어떻게 회복하셨는가(4:12-22)?

* 사람들이 **다말**(창38:29)을 언급하며 축복했다. 왜냐면 계대결혼법에 따라 다말이 유다에게 낳아준 베레스가 보아스의 직계 조상이기 때문이다.
1. 룻은 다말과 함께 **메시아의 계보**에 올랐다(마 1:5).
2. 나오미는 손주로 인해 인생의 **기쁨**을 회복했다(15절).
3. 오벳은 장차 **다윗**의 할아버지가 된 인물이다.
■ 인생에서 예상치 못한 하나님의 반전을 체험해 보았는가?

계대결혼법상 오벳은 말론의 족보에 올라야 했지만 보아스의 족보에 오른 것(21절)을 볼 때, 보아스가 그를 양자로 들인 것 같다. 후일 다윗이 부모를 모압에 피신시킨 이유는 다윗의 할머니 룻이 모압인이었기 때문인 것으로 추정된다(삼상22:3).

㉰ 룻기와 에스더서를 통해 주시는 메시지

룻	에스더
모압 여인	유대 여인
유대인 중에 거주	이방인 중에 거주
다윗 왕가의 유대 남자와 결혼	바사 제국의 이방인 왕과 결혼
구속의 스토리	**구원**의 스토리
이방인을 잊지 않으셨다	**유대인**을 잊지 않으셨다

■ 하나님은 이방인도 유대인도 다 사랑하신다.

하나님은 이스라엘이 사사시대 360년간 무너지자 이방 여인 룻을 통해 다시 소망을 지피셨다.

- 하나님께 돌아온 자녀를 돌보시고 **회복하시는 하나님**이시다(1:21).
- 우연 속에 필연으로 섭리하사 **그분의 뜻을 이루시는 하나님**이시다(2:3).
- 한 사람의 인생과 한 **가정의 회복을 통해 일하시는 하나님**이시다(4:13-22).

Day 21

사무엘과 사울
사무엘상 1-15장

사무엘은 첫 번째 왕 사울을 세웠지만 사울은 하나님께 온전히 순종하지 않았다.

1 엘리와 사무엘**(1-7장)** 엘리 사후에 사무엘은 말씀으로 백성을 지도하고 회개하게 했다.

2 사무엘과 사울**(8-15장)** 사무엘이 백성의 요구대로 세운 사울왕은 하나님께 불순종했다.

ⓐ "단에서 브엘세바까지"(3:20)는 "백두에서 한라까지"와 같은 의미의 관용적인 표현이다.

ⓑ 세 곳의 벧세메스("태양신의 집", 6:9)
1. **유다** 북쪽에 위치한 성읍(6:9).
2. **갈릴리** 인근에 위치한 성읍(수19:22, 18일 지도17 참고).
3. **애굽** "헬리오폴리스"의 히브리 번역(렘 43:13, 55일 지도38 참고).

ⓒ 언약궤를 **기럇여아림**(수9:17; 삼상6:21)에 둔 것은 그들이 성소 봉사자들이었기 때문이며(수9:23), 이들은 후에 느디님("바쳐진 사람들")이라고 불렸다(대상9:2; 스8:20).

ⓓ 이스라엘은 **보세스** 바위(절벽)가 있는 게바에, 블레셋은 **세네** 바위(절벽)가 있는 믹마스에 진을 쳤고 한가운데 있는 협곡은 깊이가 250m였다(14:4-5).

20 | 사울이 치른 전쟁들

이스라엘의 영토
사울의 공격
블레셋의 공격
암몬의 공격

②암몬왕 나하스 격퇴
⑦사울왕의 전사
①왕으로 제비 뽑힘
③왕으로 즉위함
⑥다윗이 골리앗을 죽임
④블레셋에 승리함
⑤아말렉 진멸의 사명

1 엘리와 사무엘(1-7장)

① (1장) <사무엘의 탄생>

Ⓐ 사무엘은 어떻게 바쳐졌는가(1:11)?

* 에브라임에 사는 **레위**인 엘가나(1절, 대상 6:26) 가정의 이야기로 시작된다.
* 브닌나("산호, 진주")가 한나를 심히 **격분**시켰다(2-7절).
1. 한나("은혜")는 사람과 싸우지 않고 눈물로 하나님께 **기도**했다(10절).
2. 사무엘("하나님이 들으셨다")을 **평생** 바쳤다.
3. 아브라함이 이미 **주신 아들**을 바쳤었다면 한나는 장래에 **주실 아들**을 미리 바쳤다.
■ 시대의 영적 반전을 위해 기꺼이 주께 나의 자녀를 드릴 수 있겠는가?

② (2장) <한나의 노래와 엘리의 아들들>

한나의 기도는 높은 자를 낮추시고 낮은 자를 높이시는 하나님의 "시소의 법칙"을 드러낸다. 엘리의 아들 홉니와 비느하스가 제사를 멸시했고(17절), 하나님은 엘리를 책망하며 다른 제사장을 세우겠다고 하셨다(35절). 결국 하나님은 사무엘을 통해 그분의 마음에 맞는 왕(다윗, 13:14)을 세우셨다.

③ (3장) <사무엘의 소명>

하나님의 계시가 말씀으로도 이상으로도 임하지 않던 영적 암흑기에 성전에서 자던 아이 사무엘이 하나님의 음성을 들었고 이후 평생 선지자로 쓰임받았다.

④ (4장) <블레셋에 패전>

이스라엘은 아벡에서 블레셋에게 밀리자 언약궤를 승리의 부적처럼 이용하다가 전쟁에서도 지고 언약궤도 빼앗겼으며 이로 인해 엘리와 두 아들이 죽었다. 비느하스의 아내는 이가봇("영광이 어디에?")을 외쳤다.

⑤ (5-6장) <언약궤의 방황>

블레셋이 언약궤를 전승기념물로 아스돗에 있는 다곤(바알의 아버지이며 블레셋의 주신. "물고기, 곡식"이라는 뜻이며 상반신은 사람이고 하반신은 물고기인 풍요의 신) 신전에 두자 하나님은 그들 가운데 독종을 일으키셨다. 이에 그들은 언약궤를 가드, 에그론으로 옮겼다가 5개의 금독종과 금쥐로 5대 도시를 배상하며(6:4) 돌려보냈으니, 이는 독종이 쥐를 통한 전염병이었기 때문이다.

Ⓑ 언약궤가 돌아왔는데도 왜 죽었는가(6:19)?

⇒ 에그론 인근 벧세메스에서 궤를 들여다봤다.
* 당시 도시 인구 고증상 **5만 명**은 불가능하다. 여러 사본들이 **70명**으로 기록하고 있다. 여타 사본은 70(히, 아인, 𝄪)을 5만(히, 눈, ♪)으로 오기(誤記)한 것으로 추정한다.
■ 나의 신앙은 단순한 호기심인가, 참된 경외함인가?

⑥ (7장) <미스바 금식기도>

사무엘이 미스바에 백성을 모아 금식회개 성회를 열었고, 이스라엘의 연합을 블레셋 군대가 훼방하자 하나님의 도우심으로 물리쳐서 에벤에셀("도움의 돌")에 이르렀다.

2 사무엘과 사울(8-15장)

① (8장) <백성의 요구>

백성이 왕을 요구하자 하나님은 사무엘을 통해 그들의 요구를 들어주라고 하셨다(22절).

Ⓒ 이스라엘은 왜 왕을 요구했는가(8장)?

1. 마지막 사사 사무엘이 **연로**해졌다(1절).
2. 그의 아들들이 **비리**를 저질렀다(2-3절).
3. **이방**의 왕정제도가 훌륭해 보였다(5절).
4. **하나님**을 왕으로 인정하지 않았다(7절).
5. **자신들**을 위한 왕을 세우고자 함이었다(19절).
■ 우리 공동체의 왕은 과연 하나님이신가?

② (9장) <사울과의 만남>
베냐민 지파 기스의 아들 청년 사울이 사무엘을 만났다.

③ (10장) <사울에게 기름 부음>
사무엘이 사울을 세웠는데도 일부 백성이 인정하지 않은 것은(27절) 베냐민이 막내 지파이자 문제 지파였기 때문이다(삿20). 사울은 겸손했지만(9:21) 자존감이 낮았다(22절).

Ⓓ 왜 사울이 선택되었는가(9-10장)?
1. 입지전적 인물인 기스의 **집안**이다(9:1).
2. 외모도 실력도 효심도 **훌륭**했다(9:2-5).
3. 백성이 **기대**하던 인물이었다(10:23-24).
 * 하나님은 **좋은 인물**을 왕으로 세워주셨지만 그는 당시의 여느 백성처럼 변질되어 버렸다.
 ▪ 역사는 하나님과 사람이 함께 만드는 것이다.

④ (11장) <사울의 첫 승리>
Ⓔ 사울의 첫 승리는 어떠했는가(11장)?
1. 길르앗 야베스를 **구원**했다(1-11절; 삿21:12).
2. 사울이 **성령**에 크게 감동되었다(6절, 10:10).
 * 베냐민 지파의 **용맹**을 드러냈다(창49:27; 삿20:15-16).
 * **거국적**인 이스라엘의 연합군 33만 명을 이끌었다(8절).
3. 반대파도 **포용**했고 온 백성이 사울이 왕이 된 것을 기뻐했다(12-15절).
 ▪ 하나님의 사람이여, 초심을 지키고 있는가?

⑤ (12장) <사무엘의 경고>
사무엘은 이스라엘 백성에게 왕정 제도를 경고하며 우레를 동반한 비를 내렸다(17절).

⑥ (13장) <사울의 불순종의 제사>
요나단이 블레셋 수비대를 기습한 뒤 이스라엘은 블레셋과의 전면전을 앞두게 됐다.

Ⓕ 사울왕은 왜 직접 제사를 지냈는가(13:9)?
1. 적과 대치 중에 백성이 흩어지자 **두려워했다**(5-8절).
2. 제사를 단지 복을 보장받는 행위 정도로 **착각**했다(12절).
3. 그는 근본적으로 하나님을 **경외**하지 않았다(13절).
 * 이것이 이스라엘 백성을 대표하는 왕의 수준이었다.
 * 하나님은 "하나님의 마음에 맞는 사람"을 세우시겠다고 하셨다(13:14; 행13:22).
 ▪ 사울처럼 사람을 얻겠는가, 다윗처럼 하나님의 마음을 얻겠는가?

⑦ (14장) <사울의 이기적인 저주>
요나단의 기습으로 이스라엘은 승리를 거두었다. 그의 선제공격은 돌출행동이 아니라(13:3, 14:6) 믿음에 근거한 결자해지였다(14:45). 이는 소수의 헌신자들이 영적 반전을 이루어 낼 수 있다는 강력한 증거다(14:6-7)!

Ⓖ 사울왕의 리더십의 문제점은(14장)?
1. 하나님의 뜻이 아닌 **자기 뜻대로 했다**(19, 40절).
2. 격려가 아닌 **공포심**을 이용했다(24절).
3. 비전이 아닌 **복수심**으로 싸웠다(24절).
4. 자신보다 **남의 잘못**에 민감했다(38절).
5. **자기 잘못**을 돌이키지 않고 밀어붙였다(44절).
 ▪ 나는 어떤 상황에 하나님과 사람들보다 나 자신이 중요해지는가?

그는 출중한 인물이었지만 너무 자기 본위였다(15:30). 그의 군사적 업적은 블레셋을 산간에서 축출하고(31절), 요단 동편과 북부 세력(47절)과 남방 민족들을 제압한 것이었다(48절).

⑧ (15장) <사울의 부분적인 순종>

사울왕은 아말렉(출17:14)을 진멸하라는 하나님의 말씀에 불순종하여 좋은 우양을 남겼으며 마온 땅의 갈멜(수15:55)에 자신의 승전 기념비만 세웠다(12절). 이는 성전(聖戰)을 자신의 정치적 기회로 활용한 것이었다.

Ⓗ 하나님이 후회하시기도 하는가(15:11, 35)?

✱ 반복해서 책망해도 사울은 회개하지 않고 자기 위신과 체면만 내세웠다(13-30절).

⇒ 하나님도 사람처럼 후회하시는가(창6:6), 아니면 후회하지 않으시는가(민23:19; 롬11:29)? 이것은 사람처럼 잘못에 대해 후회하신다는 표현이 아니라 하나님의 **깊은 슬픔**에 대한 표현이다.

■ 하나님이 후회하시기 전에 먼저 회개하고 돌이키라.

라마에서 기브아까지의 거리가 불과 3.2km인데 사무엘은 평생 사울의 얼굴을 보지 않았다(35절).

- 개인의 구원을 통해 민족의 **구원을 이루시는 하나님**이시다(1:27-28).
- 하나님을 존중하는 자를 **존중하시고** 멸시하는 자를 **경멸하시는 하나님**이시다(2:30).
- 청종할 준비가 되어 있는 자에게 **말씀하시는 하나님**이시다(3:10).

Day 22

사울과 다윗
사무엘상 16-31장

 다윗이 블레셋을 이겼지만 사울의 시기로 도망자가 되었으며,
결국 사울은 블레셋에게 패배했다.

① 다윗의 등장(16-20장) 다윗은 골리앗을 쓰러뜨렸지만 사울왕은 그를 시기하고 미워했다.
② 다윗의 도피(21-31장) 사울은 평생 다윗을 추적하다가 블레셋에게 패배해 죽음을 맞았다.

ⓐ 믹마스 전투에서 패한 블레셋은 중부 진출을 다시 노리며 **엘라 골짜기**(21일 지도 20, ⓒ 참고)에 진을 쳤다(17:2).

ⓑ **나욧**("거주지, 초지", 19:18)은 사무엘의 선지생도 학교 내지 기숙사로 추정된다.

ⓒ **아둘람**("피난처", 22:1)은 이스라엘과 블레셋 사이의 인적 없는 황무지요 비무장지대였다.

ⓓ **엔게디**("새끼 염소의 샘", 24:1)는 유대광야에서 샘이 솟는 오아시스이며 동굴이 많은 지역이다.

ⓔ **시글락**(27:6)은 가드 남쪽 38km 지점으로 남방 경계선에 있는 성읍이었다.

ⓕ 중부에서 물러난 블레셋은 대표적인 전쟁터인 **이스르엘 평야**에서 일전을 준비했다(29:1).

ⓖ **벧산**(벧스안, 31:10)은 요단강 서편 이스르엘에서 17km에 위치해 있고, 요단강 동편 길르앗 야베스에서도 17km에 위치해 있다(21일 지도 20 참고).

21 | 다윗의 도피 경로

⑫ 참전 거절당함
③ 가드에서 쫓겨남
⑩ 가드에 망명
④ 굴에 피신
⑪ 시글락에 입성
⑬ 가족을 되찾음
① 사무엘에게 피신
② 제사장 도시 방문
⑭ 왕으로 등극
⑨ 사울을 살려줌 2
⑦ 사울을 살려줌 1
⑧ 아비가일과 결혼
⑤ 부모를 피신시킴
⑥ 블레셋에게서 구원

세겜 / 아벡 / 대해(지중해) / 아스돗 / 라마 / 기브아 / 아둘람 / 소고 / 놉 / 아스글론 / 가드 / 그일라 헤렛 수풀 / 헤브론 / 십광야 / 엔게디 / 가사 / 시글락 / 갈멜 / 브엘세바 / 마온 광야 / 모압 / 미스베(길하레셋) / 아말렉 / 바란광야 / 아라바 / 에돔 / 염해

158

① 다윗의 등장(16-20장)

① (16장) <다윗의 기름 부음>

하나님은 사무엘을 보내 다윗에게 기름을 부으셨는데, 대선지자인 그도 하나님이 알려주시는 만큼만 알았다(16:1, 3, 6-7). 다윗은 "눈이 빼어나고 얼굴이 아름"다웠다(16:12; 창39:6). 그는 용모가 준수한 미소년이었을 뿐아니라 내면이 아름다운 하나님의 사람이었다(16:7).

Ⓐ 하나님이 악령도 부리시는가(16:14)?

＊ 여호와께서 부리시는 악령이 사울을 번뇌케 했다.
⇒ 온 세상을 통치하시는 하나님의 **주권**에 대한 표현이다.
- 사탄과 악령들도 온전히 하나님의 주권 아래 있음에 대한 표현이다(삿9:23; 삼상16:14, 삼하24:1; 왕상22:19-23; 욥1:12, 2:6).
■ 하나님만이 온 세상의 통치자이심을 믿는가?

Ⓑ 시소의 법칙(인생과 축복의 희비 쌍곡선)

1. 사울은 영웅적인 면모를 갖춘 소중한 아들이다(9:1-2).
2. 다윗은 초라한 배경을 가진 버려진 아들이다(16:11).
3. 에서와 야곱처럼 **역전 현상**이 발생했다(창25:23).
＊ 지금 내 인생이 고지대인가 저지대인가는 중요하지 않다. 여기가 **오르막**인가 **내리막**인가가 진짜 중요하다.
■ 지금 저지대일지라도 오르막길을 가면 된다.

② (17장) <다윗과 골리앗>

다윗은 블레셋의 장수 골리앗을 물맷돌로 단번에 쓰러뜨렸다.

Ⓒ 골리앗은 거인병 환자였는가(17:4)?

＊ "골리앗은 동작도 느리고 시력도 안 좋은 **거인병 환자**였다"(《다윗과 골리앗》, 말콤 글래드웰).
1. 그는 "싸움을 돋우는 자(champion)"(4절), 즉 "사이의 남자"라는 뜻의 **선봉장**이었다.
2. 연전연승의 **용사**("전쟁의 남자")였다(33절).
3. **시력**이 좋아 다윗이 마테("막대기")가 아닌 마켈("지팡이")을 가진 것을 알아봤다(43절).
- 번역상 "막대기"로 통칭했지만, 원어를 직역하면 "지팡이"가 맞다.
■ 골리앗은 미케네 전사(19일Ⓑ 참고) 후예들 중에서도 최고의 장수였다.

Ⓓ 어떻게 골리앗을 이겼는가(17:49)?

1. **거룩한 불만족**이 동기가 되었다(26절).
2. 다년간 **실전경험**을 바탕으로 했다(34-35절).
3. 반복 훈련한 물매 **실력**을 믿었다(40절).
- 최대 90m에서 머리카락을 맞출 정도였다(삿20:16).
4. 차분하게 상대의 무기를 **파악**했다(45절).
5. 하나님의 능력과 도움을 **신뢰**했다(45절).
6. 좋은 결과에 대한 **멘탈 리허설**을 했다(46절).
7. 결과를 하나님께 맡겨서 **평안**했다(47절).
■ 나이를 떠나 다윗처럼 믿음과 실력을 겸비하는 사람이 되어라.

이 일은 트로이에서 헥토르를 쓰러뜨린 미케네의 아킬레스 같은 용사를 이긴 사건이었다. 사울이 다윗이 누구냐고 물은 것은(16:19, 17:15, 55) 놀라운 무용을 가진 소년 다윗의 재발견에 대한 감탄의 표현이었다.

③ (18장) <왕의 사위>

요나단은 자신처럼(14:6) 담대한 믿음의 사람인 다윗을 사랑했다(3절).

1. 이스라엘 여인들의 노래가 화근이 되었다.
   - "천천, 만만"은 치명적인 **비교**였다(신33:17).
2. 이 곡은 이스라엘 차트 넘버원을 넘어(18:7)
   가나안 차트 넘버원까지 올랐으며(21:11)
   누구도 잊을 수 없는 노래가 되었다(29:5).
■ 나는 내 곁에 있는 탁월한 사람을 시기하
   는가, 품어 주는가?

다윗의 수금과 사울의 창(10절)은 두 인생의
대표적인 상징물이다. 최고의 용사 다윗은 집
에서는 항상 수금을 타며 하나님을 찬양하고
사람들을 위로했지만, 사울왕은 집에서 충신
다윗에게 창을 던지고 후에는 아들 요나단에
게도 창을 던지려 했다. 사울은 미갈을 미끼
로 그를 죽이려 했지만(21절) 다윗은 왕의 사
위가 되었다.

④ (19장) <사울의 음모>
사울이 재차 창을 던지자 다윗은 사무엘이 있
는 라마로 도피했다.

⑤ (20장) <요나단의 도움>
요나단은 에셀("떠남") 바위(20:19)에서 다윗
과 은혜의 언약(8절)을 맺으며 그를 떠나보냈
다. 하나님이 다윗을 인생의 출국장에 세우셨
으니 그는 떠나야만 했다.

② 다윗의 도피(21-31장)

① (21장) <다윗의 도피>
다윗은 놉에서 골리앗의 칼을 받아 가드로 도
망(21:10)갔으니, 골리앗의 살해자가 골리앗의
고향에 골리앗의 칼을 들고 간 위태로운 형국
이었다!

② (22장) <다윗 공동체>

1. 아둘람("피난처", Ⓒ 참고)에 모여든 사람들의
   공동체였다.
2. 처음에는 **오합지졸**이었지만 후일에는 다윗
   의 **군사적 기반**이 되었다.
3. 부모를 룻의 고향 모압에 피신시켰으나(4
   절) 선지자 갓이 유다 땅에 머물라고 했다.
   이곳이 약속의 땅(창12:10; 룻1:1)이며 **하나
   님의 훈련소**이기 때문이었다.
■ 오늘의 눈물겨운 헌신이 내일의 승리의
   발판이 되리라.

사울은 이방인 도엑을 통해 제사장들을 학살
했으니 이는 예언의 성취였다(2:31).

③ (23장) <그일라 구원>
다윗은 도망자이면서도 위기의 그일라를 구
원하고 원망 없이 떠났다. 십 사람들이 같은
유다 지파면서도 다윗을 사울왕에게 고발한
것은(23:19, 25) 사울왕에게 입은 은혜 때문이
었던 것으로 추정된다(15:7).

④ (24장) <다윗의 자비1>
굴 어귀의 사울은 다윗을 볼 수 없었고 굴 속
의 다윗은 사울이 훤히 보였으니, 10년 추격
전의 양상 그대로였다. 다윗 일행은 다윗에게
"네 생각에 좋은 대로" 하라고 했지만(4절; 삿
21:25) 다윗은 사울왕을 죽이지 않았다. 그가
여호와께 기름 부음 받은 자이기 때문이었다.

⑤ (25장) <다윗의 좌절1>
사무엘 사후에 상심했을 다윗은 자신을 모욕
한 갈멜의 나발("바보")을 살해할 뻔했지만 하
나님이 대신 심판해 주셨고, 지혜로운 여인
아비가일을 아내로 맞이할 수 있었다. 나발은
갈렙의 후손(25:3; 대상2:42-45)일 가능성이
크다. 믿음의 용사 갈렙의 후손이 비전을 상
실하고 세속화된 모습이 안타까울 따름이다.

⑥ (26장) <다윗의 자비2>

다윗은 자신이 사울왕을 죽이지 않고 사울왕이 자연사든 사고사든 하나님의 손에 죽게 놔두겠다(10절)고 했다. 이는 그가 왕이 된다는 약속도 철저히 하나님께 맡겼음을 뜻한다.

⑦ (27장) <다윗의 망명>

다윗은 가드로 망명하여 시글락(ⓒ 참고)에서 1년 4개월 동안 체류했다.

ⓒ 다윗의 망명이 왜 문제였는가(27:1)?

1. 인간적인 **두려움**으로 내린 선택이었다(27:1).
2. 육신은 편했지만 **거짓말**을 일삼았다(27:10).
3. **이방인** 왕의 호위 무사로 전락했다(28:2).
4. 조국 이스라엘과 **칼**을 겨눌 뻔했다(29:8).
5. 망명기간 중 **하나님**께 엎드리지 않았다(30:6).
■ 힘들고 두려울지라도 부르심의 자리를 떠나지 말고 지켜내라.

⑧ (28장) <사울의 접신>

ⓗ 정말 사무엘이 나타났는가(28:15)?

＊ 제사장들도 다 죽였고 에봇도 없는 상태였다.
＊ 엔돌의 무녀가 **초혼술**로 사무엘을 불러냈다는 것이 사실인가?
⇒ 초혼술은 **귀신**의 거짓 역사지만 그 중에도 **하나님**이 역사하신 것으로 보인다-이방인 복술가였던 발람에게 하셨듯이(11일 ⓗ＊ 참고).
■ 나는 하나님과 인격적으로 만난 신앙인인가, 아니면 응답만 받아내려고 하는 기계적인 관계인가?

⑨ (29장) <다윗의 좌절2>

블레셋 방백들의 의심은 합리적인 문제제기였지만, 다윗이 참전하지 않게 된 것은 하나님의 은혜의 개입 때문이었다. 그가 동족에게 칼을 겨누었다면 통일왕국의 왕이 될 수는 없었을 것이다.

⑩ (30장) <다윗의 회복>

다윗은 아말렉에게 가족을 빼앗기고 사람들에게 죽임을 당할 뻔하자 그제야 하나님 앞에 엎드렸다. 다윗은 전리품의 공평한 분배를 통해서(24절) 전쟁의 승리를 하나님께 돌릴 뿐아니라 건강한 공동체를 세워갔다.

⑪ (31장) <사울의 운명>

사울은 길보아산 전투에서 블레셋에게 패한 뒤 자결했으니, 이는 백성이 세운 왕의 비참한 최후였다.

• 사람의 외모가 아니라 **중심을 보시는 하나님**이시다(16:7).
• 하나님의 영광을 위해 목숨 걸고 **헌신하는 자를 도우시는 하나님**이시다(17:45-49).
• 시대를 구원하기 위해 목자의 **마음을 가진 사람을 세우시는 하나님**이시다(22:1-2).

다윗의 선정

사무엘하 1-10장

다윗은 헤브론에서 유다의 왕이 되었고
7년 6개월 뒤 온 이스라엘의 왕으로 등극했다.

1️⃣ 남유다 왕(1-4장) 다윗은 유다의 왕이 되어 이스보셋을 위시한 이스라엘과 대립했다.

2️⃣ 이스라엘 왕(5-10장) 다윗은 왕국 통일 후 시온산에 궤를 모셨고 주변 민족들을 격파했다.

ⓐ 다윗은 이스라엘의 선조들이 묻힌 선산 **헤브론**에 올라가 유다 지파의 왕이 되었다(2:1-4).

ⓑ 이스라엘이 **마하나임**(2:8)에 나라를 세운 것은 블레셋에게 요단 서편의 중북부를 다 빼앗긴 상황에서 요단 동편 세력을 규합하기 위함이었다.

ⓒ 다윗은 블레셋에게 여러 번 승리하여(5, 23장) **쉐펠라**(37쪽 표1 참고)까지 전진했지만 가드 왕 아기스와의 관계 때문에 거기서 더 진격하지 않고 멈춘 것 같다(5:25).

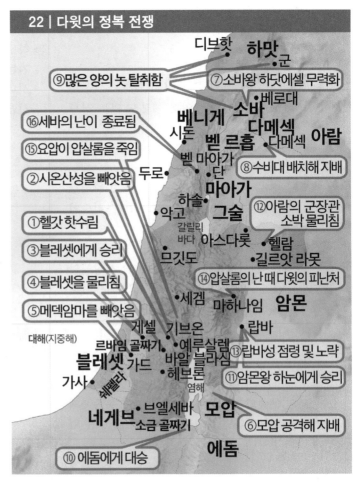

22 | 다윗의 정복 전쟁

① 남유다 왕(1-4장)

① (1장) <사울의 비보>

BC 1010년 아말렉인이 길보아산에서 사울의 왕관과 팔고리를 벗겨 시글락까지 120km를 왔으니 약탈 족속다운 행동이었다(삼상30:16). 다윗은 교활한 아말렉인을 처형하고 활 노래를 부르며 애통해했다. 야살의 책(18절)은 오늘날에도 전해져 오고 있다.

② (2장) <다윗, 남유다의 왕>

길보아 패전은 막대한 국력의 손실이자 역사의 국면 전환이 되었다.

Ⓐ 이스라엘	유다
아브넬, **마하나임**에 주둔	다윗, **헤브론**에 입성
이스보셋을 왕으로 옹립	유다 지파의 왕 등극
자신의 **권력 유지**를 위해	**언약의 성취**를 위해
불과 **2년간** 통치(2:10) -간신히 세운 정권	**7년 반** 동안 통치(2:11) -안정적인 기반

■ 시간이 갈수록 다윗은 강해지고 사울의 집은 약해졌다(3:1).

아브넬이 먼저 싸움을 걸었고 유다를 도발했다(14절). 헬갓 핫수림("날카로운 칼의 밭", 16절)은 군사정권 간의 충돌을 보여주는 사건이었다.

③ (3장) <아브넬의 죽음>

Ⓑ 아브넬과 요압의 악행은(3장)?

1. 아브넬이 사울의 첩 리스바와 통간한 것으로 추정된다(7절; 왕상2:17).
   - 이후 이스보셋을 **배신**하고 다윗에게 붙었다.
2. 요압이 아브넬을 속여 죽임은 동생 아사헬의 피의 복수였지만 동시에 통일 후의 군대 장관직을 **욕심**냈기 때문이다.
   - 요압은 개국공신이지만 다윗의 **정적**이 됐다.
* 다윗은 이들조차 **하나님의 손**에 맡겼다(39절).
■ 악인들이 난리를 쳐도 나는 다윗처럼 하나님을 의지하는가?

다윗은 아브넬을 위해 애도했고 이에 백성들은 다윗이 아브넬의 죽음을 사주한 것이 아님을 알게 되었다(37절).

④ (4장) <이스보셋의 죽음>

정치적 상황이 급격히 기울었는데도 이스보셋은 어리석게 낮잠을 즐기다가 바아나와 레갑에게 암살됐다. 브에롯(기브온 소속, 2절; 수9:17) 출신들이 사울의 아들을 죽인 것은 원한 때문인 듯하다(21:1).

② 이스라엘 왕(5-10장)

① (5장) <다윗, 이스라엘의 왕>

이스라엘 모든 지파가 찾아와 다윗을 왕으로 삼았으니 다윗은 30세부터 40년간(4절), 즉 BC 1010~970년경에 왕으로 통치했다. 그는 여부스족의 근거지(6절)인 시온산성을 빼앗아 다윗성이라고 불렀고 밀로(바위와 흙으로 쌓은 방어용 구조물, 9절)에서부터 성을 강화시켰다. 다윗의 군대가 기혼샘으로 연결되는 수직 수로(35일 ②① 참고)를 통해 성안에 올라가 승리함은, 험한 광야에서 엄청난 무공을 키웠기 때문에 가능한 일이었다.

163

ⓒ 왜 예루살렘을 수도로 삼았는가(5:7)?

1. 통일왕국에 걸맞는 **새 수도**가 필요했다.
2. 에브라임과 유다의 **중간 지점**에 있었다.
3. 동서로와 남북로를 연결하는 **요충지**였다.
4. 가나안 정복은 **언약**의 성취였다(삿1:21).
5. 난공불락 시온을 정복해 리더십을 **증명**했다.
6. 예로부터 **신성한 도시**로 여겨졌다(창14:18).
■ 다윗이 예루살렘을 중심으로 통일왕국을 세웠다.

두로 왕 히람이 최고의 목재인 백향목으로 다윗에게 왕궁을 지어준 것은(11절) 블레셋의 영향권에서 벗어나게 해주었기 때문이다. 블레셋은 예루살렘 남서쪽 르바임(거인족, 수17:15) 골짜기를 두 번이나 침공해(18, 22절) 신흥강국 이스라엘을 압박하려 했지만 오히려 다윗의 군대에게 대패했다(17-25절).

② (6장) <다윗의 열심>

다윗은 기럇여아림("숲의 성읍", 수9:17), 즉 바알레유다("유다의 주인", 기브온의 도시가 유다 지파에 소속되며 불리게 된 별칭, 2절, 수15:9)에 가서 언약궤를 옮기려 했다. 1차에 수레를 사용하는 잘못된 방법으로(민4:15, 7:9) 실패하자 가드 출신인 레위인인 오벧에돔(10절, 대상26:15)의 집에 궤를 3개월간 맡겼다.

ⓓ 왜 언약궤 이전에 열심을 냈는가(6장)?

＊ 첫 실패에도 포기하지 않고 궤를 모셔왔다.
＊ 여섯 걸음마다 **최선**의 예배를 드렸다.
＊ 왕복도 벗고 힘껏 **춤**을 췄다(14; 시30:11).
1. **사모**하는 하나님 곁에 있고 싶었다(시27:4).
2. 다윗의 꿈은 왕이 아니라 **예배자**였다(시69:9).
3. 하나님이 진정한 **왕**이시기 때문이었다(시2:1-3, 10-11).
＊ 다윗은 **최초**로 하나님을 위한 도시를 세웠다. cf) 가인은 최초로 인간을 위한 도시 세웠다(창4:17).

■ 나는 다윗처럼 주께서 기억하시는 예배자인가(암9:11)?

③ (7장) <다윗의 소원>

ⓔ 다윗 언약에 드러난 아름다운 신앙은(7:11)?

＊ 다윗이 성전을 짓고 싶어하자 나단 선지자가 **허락**한다(2-3절).
＊ 하나님이 감격해 **다윗 언약**을 주셨다(4-17절).
⇒ "네가 날 위해 **집(성전)**을 건축하겠느냐?"
"내가 널 위해 **집(왕조)**을 세우리라"(5, 11절)
＊ 영원한 **메시아 왕국**을 예고하셨다(12, 16절).
■ 나는 하나님을 위해 무엇을 하고 싶은가?

④ (8장) <다윗의 승리1>

ⓕ 다윗의 승리 비결은(8:6, 14)?

＊ 메덱암마("어미의 굴레", 1절)=**블레셋**의 주도(mother city) 가드를 필두로 5대 도시 전체를 지칭하는 표현이다.
＊ **모압**이 우호관계였음에도(삼상22:3-4) 친 것은 모압인이 그의 부모를 죽였기 때문이라는 전승이 있지만 그보다 다윗을 모르는 후대의 사람들이 대적했을 공산이 크다.
＊ 소바 왕과 다메섹의 **아람** 사람들도 격파했다.
⇒ BC 12세기부터 300년간 지중해 연안에 **그리스 암흑기**가 지속됐다. 갑자기 청동기 문명이 무너지고 미케네인들이 흩어졌으며 앗수르 제국이 등장(BC 911년)하기까지 패권국이 부재하는 역사의 미스터리 기간이었다. 이때 다윗과 솔로몬이 번영했으니 이것은 전적으로 이스라엘의 통일왕국을 도와주신 하나님의 주권적인 섭리였다(19일ⓑ 참고).
■ 하나님이 함께하시면 누가 감히 당하겠는가!

다윗은 그렛 사람("크레타섬 사람", 창10:14, 19일ⓑ 참고), 블렛 사람(블레셋 사람, 18절), 가드 부대(15:18), 헷족(11:3), 암몬족(23:37) 등 이방인 중에서도 용사들을 중용했다.

⑤ (9장) <다윗의 은총>

Ⓖ 므비보셋을 선대한 결과는(9장)?

＊다윗은 요나단과의 **약속**을 기억했다(삼상 20:8, 14-16).

-요나단의 아들 므비보셋을 거두어 **선대**했다.

1. 이후 유다는 **베냐민 지파**를 얻었다(왕상12:21).

2. 미가(12절)는 무너진 가문을 일으킬 인물이 었다.

  - 미가의 자손 중 훌륭한 **용사들**이 대거 등장 했다(대상8:35-40).

■ 한 사람을 품으라. 그러면 한 지파를 얻게 될 것이다.

⑥ (10장) <다윗의 승리2>

Ⓗ 다윗의 압도적인 승리(10장)

＊전에 나하스에게 언약에 근거한 은총(2절) 을 받았었다는 표현은 **암몬**(삼상11)이 도 망자 다윗을 도와주었기 때문인 것으로 추 정된다.

＊하눈이 다윗의 조문객을 의심하고 모욕 함으로 인해 전쟁이 일어났다.

⇒ **아람**의 도시국가-베드르홉(하맛 어귀, 삿 18:28), 소바(하맛 남쪽, 삼하8:3), 마아가(하 솔 북부, 수12:5), 돕(길르앗 동북부, 삿11:3) 의 연합군을 완파했다.

■ 하나님은 이들이 다시는 다윗에게 반격하 지 못하도록 만드셨다(19절).

• 하나님을 의뢰하여 질문하는 자의 **앞길을 열어주시는 하나님**이시다(2:1).

• 하나님을 신뢰하고 기다리는 자를 **정확한 때에 세워주시는 하나님**이시다(2:11-5:5).

• 전심으로 하나님을 사모하는 **예배자를 열납 하시는 하나님**이시다(6:12-7:16).

Day 24

다윗의 실정
사무엘하 11-24장

 다윗은 불륜 이후 압살롬의 반란과 인구조사로 인해 고난을 겪었다.

1️⃣ 다윗의 불륜(11-14장) 다윗의 불륜 이후 암논이 다말을 범했다가 압살롬에게 살해되었다.
2️⃣ 반란과 실정(15-24장) 다윗은 압살롬의 반역과 인구조사로 인해 하나님의 징계를 받았다.

ⓐ **랍바**("큰 성")는 오늘날 요르단의 수도 암만으로, 당시에는 왕성(12:26)과 물들의 성읍(12:27)으로 나뉘어 있었다. 후자는 얍복 강물을 저장해 둔 랍바의 수원지를 지키기 위한 성이었다.

ⓑ **암몬**에게는 1차 승리(10:14) 후 포위 기간을 거쳐(11:1), 2차 승리를 거두었다(12:29).

23 | 다윗과 솔로몬 왕국
● 사울시대 ● 다윗시대 ● 솔로몬시대

구에
갈그미스 •
유브라데강
하맛
• 하맛
구브로
베니게
다드몰 •
비블로스 •
대해(지중해)
시돈 •
다메섹 아바나강
두로 •
단 • 마아가
하솔 •
갈릴리 바다
그술
므깃도 •
• 길르앗 라못
동부 사막
요단강
욥바 •
암몬
• 랍바
블레셋
예루살렘
가사 •
가드 •
염해
브엘세바 •
모압
에돔
• 가데스 바네아
이집트
에시온 게벨 •
아카바만

① 다윗의 불륜(11-14장)

① (11장) <다윗의 범죄1>

이스라엘 군대는 암몬의 랍바성이 워낙 난공불락이고 우기가 시작돼 퇴각했다가(10:14) 건기에 재차 함락시키러 갔다. 하지만(1절) 이때 다윗은 궁에 머물러 있다가 밧세바("언약의 딸")를 범했다(4절). "사울은 다윗을 죽이는 데 실패했지만 다윗은 우리아를 죽이는 데 성공했다"(《세 왕 이야기》, 진 에드워드).

Ⓐ 다윗은 왜 이런 큰 죄를 지었는가(11:4)?

1.사명자가 사명 없이 **안일**해진 상태였다(1절).
2.부모의 **애정결핍**이 근본원인이었다(시27:10).
3.육신과 안목의 **정욕**을 못 참았다(요일2:16).
　-다윗은 십계명에서 네 가지 계명을 어겼다.
＊ 부하의 아내와 간통죄를 지었다(출20:14).
＊ 동지이자 충신을 사주해 죽였다(출20:13).
＊ 자신의 잘못을 거짓말로 숨겼다(출20:16).
＊ 이웃의 아내를 탐내어 빼앗았다(출20:17).
■ 나는 인생에서 가장 어려운 자신과의 싸움에서 이기고 있는가?

② (12장) <다윗의 회개>

다윗은 나단 선지자를 통해 하나님 앞에 회개했다. 다윗("사랑을 입은 자")을 따라 솔로몬을 여디디야("여호와께 사랑을 입은 자", 25절)라 부르셨으니, 하나님은 긍휼이 많은 분이시다! 지도자여, 정점에 있을 때 주의하라(11장). 그리고 잘못이 있을 때는 철저히 회개하라(12장).

③ (13장) <암논의 범죄>

다윗의 장자 암논("신실한")이 압살롬의 누이 다말을 강간했지만 다윗은 노하기만 했다(21절). 이에 압살롬(아비살롬, "내 아버지는 평화다", 왕상15:2)은 왕자들을 초대한 자리에서 암논을 살해하고 그술로 도주하여 외조부 달매에게 피신했다. 이런 일련의 사건들은 다윗의 간통 및 살인죄가 자녀들에게 그대로 대물림된 비극적인 사건들이었다. 암논의 범죄를 기획하고(3절) 그의 죽음을 예견한(32절) 요나답은 간교한 악인이었다.

Ⓑ 다윗의 침묵은 항상 옳았는가(13:21, 36)?

＊ **사울**의 위협에도 기도만 했다(삼상24:12).
＊ **요압**의 잘못도 하나님께 맡겼다(3:39).
＊ **암논**의 범죄에도 벌하지 않았다(13:21).
＊ **압살롬**의 살인에도 벌하지 않았다(13:36).
＊ **시므이**의 저주에도 벌하지 않았다(16:11).
■ 기도해야 할 일과 나서야 할 일을 분별할 수 있어야 한다.

④ (14장) <압살롬의 귀국>

3년 뒤 압살롬은 요압의 간청으로 왕의 허락을 받아 이스라엘로 귀국했다.

Ⓒ 완벽한 외모가 걸림돌이 된 이유는(14:25)?

＊ 압살롬은 온 몸에 흠이 없어 **아름다움**을 칭찬받던 자였다.
⇒ 과도한 **자신감**에 악한 길을 선택했던 우매자였다.
＊족장시대에 남성미를 뽐냈던 **에서**(창25:27).
＊출중한 외모를 자랑했던 초대왕 **사울**(삼상9:2).
＊출중한 키와 용모를 뽐냈던 다윗의 큰형 **엘리압**(삼상16:7).
■ 오늘날 외모 지상주의의 어리석음에 현혹되지 말라. 나도 하나님이 보시는 것처럼 외모가 아닌 중심을 보는가?

압살롬이 다윗에게 나아가 입을 맞췄으니 마치 배신자 가룟 유다의 입맞춤과도 같았다(33절).

② 반란과 실정(15-24장)

① (15장) <압살롬의 반역>

⑩ 반역자 압살롬	도망자 다윗
민심을 빼앗았다.	민심을 하나님께 맡겼다.
선산 헤브론에서 등극한 후 다윗성에 입성하다.	별궁 벧메르학("먼 집")을 지나 출궁해 피신하다.
권력을 남용했다(창49:5).	궤를 이용하지 않았다(25절).

■ 나는 하나님과 사람을 이용하려고 하는가, 아니면 겸손히 쓰임받으려 하는가?

② (16장) <다윗의 피신>

다윗이 출궁할 때 시바("연합")의 거짓말에 흔들리기도 했지만(3절), 시므이의 저주는 겸허히 하나님의 책망으로 받아들였다.

③ (17장) <압살롬의 통치>

아히도벨은 자신이 기습전을 주장했는데도 압살롬이 후새의 전면전을 택하자 자살했다(23절). 다윗이 피신한 요단 동편 마하나임은 압복강에 둘러싸인 천혜의 요새였다.

> ⑤ 아히도벨은 왜 자살했는가(17:23)?
>
> * 그는 본래 **다윗의 모사**였다(15:12).
> 1. **밧세바의 조부**(23:34)라 원한을 품었던 것으로 추정된다.
> 2. 절대 신뢰를 받던 모략이 **거절**되었다(16:23).
> 3. 결정적인 **복수**의 기회를 놓치게 되었다.
> 4. 반란 모의의 **실패**도 내다보았던 것 같다.
> ■ 가룟 유다처럼 악한 일을 계획하면 스스로 덫에 빠지게 된다.

④ (18장) <압살롬의 죽음>

다윗은 아들에 대한 연민과 전쟁 후의 화합 때문에 압살롬을 죽이지 말라고 했다. 그러나 요압은 왕명을 어겼다.

> ⑥ 요압은 과연 의인이었는가, 악인이었는가?
>
> (의) 다윗을 도우며 광야시대에 **동고동락**했다 (삼상26:6).
> (의) 그는 하나님을 의지한 **용사**였다(10:12).
> (의) 다윗의 잘못에 제동을 걸기도 했다(24:3).
> (악) 칼로 자신의 정적을 제거했다(3:27, 18:14, 20:10).
> (악) 다윗왕을 힘의 논리로 협박했다(19:7).
> (악) 결국 반란에 가담했다가 죽었다(왕상1:7, 2:34).
> ■ 아직 시간이 있을 때 내 안에 있는 악을 주께 내려놓으라(창4:7).

⑤ (19장) <다윗의 환궁>

다윗이 환궁할 때 유다와 이스라엘이 대립하는 모습은(41-43절) 지파 연합체로서 이스라엘이 갖는 불안정성을 드러낸다. 유다가 주도권을 갖자, 베냐민 사람 세바가 다른 11개 지파를 선동해 반란을 일으켰다. 다윗이 세바의 반란을 진압할 때 아마사를 군대장관(13절)으로 세운 것은 나라를 재통합하고 요압을 견제하려는 의도였지만, 백성들이 한 때 반역자였던 그를 따르지 않은 것 같다(20:4-5).

⑥ (20장) <세바의 반역>

아마사가 제 역할을 못하자 다윗은 아비새를 세웠지만 결국 요압이 통솔하게 되었으니 요압의 군 장악력은 압도적이었다. 세바를 쫓아 북쪽 아벨 벧마아가까지 갔고 한 여인의 지혜로 전쟁이 끝났다. 다윗의 내각 재정비를 보면, 초기 내각과 구성이 유사한데 서기관 스와는 스라야(삼하8:17)와 동일인물로 보이며, 야일 사람이 대신이 된 것은 길르앗 사람(삿10:3)이 다윗의 재집권에 기여했기 때문인 것

168

으로 추정된다.

⑦ (21장) <다윗의 속죄>

이스라엘에 3년 기근이 왔다. 사울이 국수주의적 열심 때문에(2절) 여호수아 시절 화평조약을 맺었던 기브온 사람의 피를 흘렸기 때문이다. 다윗은 그들의 요구대로 사울의 자손 7명을 내주어 하나님의 징벌이 멈추게 했다. 하나님은 억울한 자들의 부르짖음을 들으신다(14절; 창4:10).

⑧ (22장) <다윗의 노래>

시편18편과 동일하다.

⑨ (23장) <다윗의 용사>

ⓖ 다윗의 용사들의 명단은(23장)?

1. 첫째 3인(요셉밧세벳, 엘르아살, 삼마).
2. 둘째 3인(아비새, 브나야, 익명의 인물).
3. 30인의 용사(31명이 기록됨, 계속 추가된 듯하다).
 * 다윗 공동체는 감동이 있는 공동체(13-17절)였다.
 * 요압의 누락은 그에 대한 부정적 평가 때문이었다.
 ■ 나는 홀로 빛나는 인생인가, 인재들을 양성하는 인생인가?

⑩ (24장) <다윗의 범죄2>

인구조사를 잘못 하면 질병이 생긴다고 하신 경고의 말씀이 그대로 이루어졌다(출30:12). 다윗은 회개하며 번제를 드렸다.

ⓗ 다윗의 인구조사는 왜 시작되었는가(24:1)?

1. **이스라엘**의 죄(압살롬의 난, 세바의 난) 때문.
2. **다윗왕**의 잘못(군사대국에 대한 교만) 때문.
3. **사탄**이 다윗을 공격하려고 충동함(대상21:1).
4. 하나님이 주권적 섭리로 징계하심(삼하24:1).
 * 아라우나의 타작마당이 후에 성전 부지가 되었다(대하3:1).
 ■ 고난의 이유를 단순하게 하나로만 해석하는 오류에 빠지지 말라.

- 회개하는 **상한 심령을 멸시하지 않는 하나님**이시다(12:13-25; 시51:17).
- 하나님의 주권을 인정하고 **긍휼히 여김받고자 하는 자를 기뻐하시는 하나님**이시다(16:5-12).
- 죄악에 대해 단호하게 심판하시지만 **긍휼을 잊지 않으시는 하나님**이시다(24:1-25).

4주 / 하나님은 누구신가?

왕이신 하나님

"그들이 너를 버림이 아니요 나를 버려 자기들의 왕이 되지 못하게 함이니라"(삼상8:7)

사무엘이 늙었을 때, 이스라엘 백성은 왕을 구했다. 백성의 요구는 단호했다. "열방과 같이 우리에게 왕을 세워 우리를 다스리게 하소서"(삼상8:5하, 개역한글). 그들의 요구는 합리적이었다. 지파 연합체로서의 이스라엘은 늘 불안했다. 사사시대 360년간 외세의 침략이 너무 많았다. 고대 중동의 민족들은 다 왕들이 군대를 이끌고 정기전을 치렀다. 이제 그들에게도 강력한 중앙집권형 지도자가 등장해 통합국가를 건설하고 부국강병을 이뤄야 할 때가 되지 않았는가.

그러나 이것은 하나님이 원하시지 않는 발상이었다. 하나님은 이스라엘이 열방이나 이방처럼 되기를 원치 않으셨다. 군사력과 경제력으로 이웃을 침탈하고 권력을 휘두르는 이기적인 단체로 전락하기를 원치 않으셨다. 오직 그들이 하나님의 말씀에 전적으로 순종하는 거룩한 백성이 되어 열방에 전혀 새로운 길, 하나님의 거룩하고 복된 길을 보여주기를 원하셨다.

하지만 그들은 왕에 대한 로망을 품었다. 전쟁터에 나와 군대를 호령하며 싸우는 영웅을 꿈꿨다. 그리고 그들의 로망에 부합한 인물이 바로 하나님의 허락하에 세워진 첫 번째 왕 사울이었다. 혹자는 비판하리라. 사울왕이 망쳐 놓을 것을 아시면서 왜 허락하셨는가? "백성이 네게 한 말을 다 들으라"(삼상8:7). 왜 백성의 요구를 들어주셨는가? 그러면 반문해 보자. 당신은 "하나님, 제 말 좀 들어주세요. 제 요구대로 해 주세요"라고 기도하지 않는가.

성경은 우리에게 하나님의 음성에 경청하라고 하신다. 하지만 놀랍게도 하나님도 우리의 말에 경청하고 계신다. 그리고 왕을 요구하는 백성의 요구를 들어주셨다. 물론 역사는 결국 하나님의 말씀대로 성취된다. 그러나 또한 인간의 말이 역사를 만들어간다. 역사는 하나님과 인간이 함께 만들어가는 것이기 때문이다. 우리는 역사의 문제점들을 놓고 하나님께 원망할 것이 아니라 우리 자신이 책임있는 역사의 청지기가 되어야 한다.

하나님은 왕이시다. 물론 사사시대에 이스라엘은 정치적으로 왕정 제도가 아니기도 했지만, 하나님을 왕으로 인정하지 않았고 충성하지도 않았다. "그때에 이스라엘에 왕이 없으므로 사람이 각기 자기의 소견에 옳은 대로 행하였더라"(삿21:25). 그것이 문제의 근본이었다.

하지만 그들은 영웅적인 왕이 없는 것이 문제라고 보았다. 다만 역사를 되짚어 보라. 가인은 최초의 도시 에녹성의 성주요 군주였다(창4:17). 네피림은 고대에 군사력을 가진 영웅적인 지도자들이요 용사들이었다(창6:4). 니므롯은 첫 번째 제국을 건설한 전쟁 영웅이었다(창10:8-12). 하지만 과연 그들이 세상을 구원했는가?

하나님은 모세에게 미리 이런 시점이 올 것이라고 주의를 주셨다. 왕은 병마와 아내와 은금을 많이 두지 말라고 하셨다(신17:16-17). 말하자면 군사력, 외교력, 경제력을 제한하는 조치였다. 오히려 왕이 항상 율법서를 곁에 두고 읽어서 하나님을 경외하고 형제들 앞에 겸손하고 정의로운 말씀에 순종하면 왕도 백성도 오래도록 잘되리라고 하셨다(신17:18-20).

앞으로 펼쳐질 열왕기를 보면 확인되리라. 열왕기는 분명히 왕들의 기록이다. 그런데 그들을 책망하기도 하고 도와주기도 하는 선지자들의 분량이 상당 부분을 차지하고 있다. 왜인가? 아무리 국가에 왕이 있어도 하나님이 최고 통치자이시기에, 아무리 기업에 사장이 있어도 하나님이 최고 경영자이시기에, 아무리 가정에 가장이 있어도 하나님이 그 가정의 주인이시기에 그렇다.

그러나 이방의 왕들은 절대 왕권을 누렸다. 스스로 신의 아들을 자처하거나 신의 현현이라고 주장했다. 역사적으로 왕들은 하나님의 자리를 찬탈했다. 세속 권력이 성경에서 짐승으로 비유되는 이유는 이들이 하나님의 보좌를 찬탈하려 했던 사탄의 권세와 너무나 깊이 결탁되어 있기 때문이다. "내가 하늘에 올라 하나님의 뭇별 위에 내 자리를 높이리라"(사14:13).

톨킨의 소설《반지의 제왕》은 절대 권력에 대한 인간의 집착과 환상을 보여준다. 그리고 권력에서 절대성을 얻으려는 인간은 결국 병들거나 패권 다툼에 빠질 수밖에 없고, 세상을 구원하는 게 아니라 멸망시킨다는 것을 보여준다. 플라톤이 말한 기게스(59일ⓒ1 참고)의 반지도 마찬가지다. 누구에게도 내 모습이 보이지 않고 나는 누구든 볼 수 있는 절대 권력을 탐하는가? 그런 전지적 시점은 오직 하나님께만 가능하고 그런 절대 권력은 하나님께만 있다.

프로도의 반지나 기게스의 반지처럼, 인간이 절대 권력을 소유하는 것이 아니라 결국에는 그 반지(절대 권력)가 인간을 소유하게 된다. 사탄이 배후에 있기 때문이다. 거기에는 구원이 있는 것이 아니라 무서운 종노릇이 도사리고 있음을 알아야 한다.

오늘날 우리는 자유주의를 넘어 극단적인 개인주의, 상대주의, 다원주의 시대를 살고 있다.

사람들은 각자가 자기 삶의 주체가 되어 있다. 누구의 간섭도 받지 않으려고 한다. 심지어 돈이든 지식이든 외모든 지위든 힘을 가진 자는 서슴없이 갑질을 하려 들고 남들을 종처럼 대하려고 한다. 왜냐하면 그들이 사탄이 얽어놓은 힘의 논리에 종속되어 있기 때문이다.

오늘날 세계적으로 스트롱 맨(Strong Man)이 지도자가 되는 현상이 두드러진다. 각국의 이익을 대변할 영웅적인 강력한 리더를 원하기 때문이다. 그러다 보니 인성도 상관없이 힘만 있으면 된다는 논리가 세상을 지배하고 있다. 마치 그런 지도자가 그들을 구원해 줄 것처럼 열광한다. 잊지 말라. 세상은 영웅이 아니라 의인이 구원하는 것이다. 그래서 인류 전멸의 위기에서 노아가 구원자가 되었고, 세계적 기근의 위기에서 요셉이 구원자가 되었고, 죄와 사망의 권세에 사로잡힌 인류를 의로우신 그리스도께서 구원하신 것이다.

하나님께 감사한 것은, 그분은 누구와도 비교할 수 없는 절대 권력자이신데, 힘의 논리가 아닌 사랑의 헌신으로 세상을 구원하셨다는 점이다. 그리고 그분에게는 권력의 어두운 면이 전혀 없다는 점이다. 절대 권력을 갖고도 절대선을 가질 수 있는 분이 오직 하나님 한 분이시기 때문이다. 그분이 나의 왕, 우리의 왕이심이 얼마나 감사한가!

역사의 주권자는 오직 하나님 한 분이시다. 역사의 통치자도 하나님 한 분이시다. 그리고 결국 역사의 구원자도 하나님 한 분이시다. 그분의 자리를 다른 무엇과도 바꾸지 말라. 그리고 이제는 당신도 그 자리에서 내려와 기꺼이 그분의 보좌 앞에 엎드려 당신의 면류관을 내어드리고 순복하라. 이제부터는 하나님이 나의 왕이 되시고 열방의 왕이 되시는 꿈을 품으라!

사울왕부터 시작된 이스라엘의 왕정시대는 다윗과 솔로몬왕까지
는 통일왕국으로 부강한 나라를 이어왔지만 솔로몬 사후 분열되었
다. 열왕기상은 분열왕국의 시작을 알리는 책이고, 열왕기하는 분열
왕국의 종말을 알리는 책이다. 하나님 중심이라는 영적 정체성을 잃
은 남과 북은 표류했다. '하나님이 보시기에' 악을 행한 그들은 멸망
을 향해 달려가고 있었다. 하나님은 감찰하시는 분이다. 하나님 앞
에 우리는 어떤 길로 달려가고 있는가? 그분의 눈길을 인식하며 살
고 있는가?

Week 05

열왕기상 01장 - 열왕기하 25장

● **열왕기상**

열왕기상은 분열왕국의 시작을 알리는 책이다. 1-8장은 솔로몬의 전성기를 보여주는 내용이며, 9-16장은 솔로몬의 실정과 이어지는 왕국 분열에 대한 내용이고, 17-22장은 북이스라엘 최악의 왕 아합과 선지자 엘리야에 대한 내용이다.

사무엘상이 "마지막 사사와 첫 번째 왕"이었다면 열왕기상은 "통일왕국의 전성기와 분열왕국의 시작"이다. 사무엘하에서 다윗은 범죄한 이후 회개했던 반면, 열왕기상에서 솔로몬은 범죄하고도 회개하지 않았다. 결국 그로 인해 왕국이 분열되었다. 하나님은 열방 가운데 솔로몬을 높여주셨지만, 그는 교만과 안일에 빠져 스스로 타락했다.

통일왕국이었던 이스라엘은 왜 분열되었는가? 표면적으로 보면, 지파 연합체였던 이스라엘에 약간의 틈이 벌어지자 지파 간에 정치적인 주도권 다툼이 일어났기 때문이다. 하지만 이면적으로 보면, 하나님을 왕으로 인정하지 않고 우상숭배에 빠졌기 때문에 신앙 공동체로서의 이스라엘을 하나로 묶어줄 수 있는 근본 동기를 상실한 것이 가장 큰 이유였다. 하나님 나라 건설이라는 비전을 상실하고 세속 국가로 전락하는 순간, 영적 정체성을 잃은 이스라엘은 목적지 없이 표류하게 되었다.

열왕기상은 솔로몬에서 시작해서 르호보암과 여로보암의 분열, 그리고 북이스라엘 최악의 왕이었던 아합으로 이어진다. 여로보암이 새로운 정권 창출을 위해 금송아지 우상숭배를 시작했다면, 아합은 여기에 더해 국력 신장을 위해 국제결혼과 바알 숭배를 시작했다. 그의 의도대로 국력은 신장됐지만 우상숭배로 치달은 북이스라엘은 시한폭탄을 안고 있었다.

○ 통일왕국 전성기(1-8장)			
1	솔로몬의 즉위	1-2장	다윗왕의 후계자 솔로몬왕
2	솔로몬의 통치	3-8장	솔로몬의 지혜와 태평성대

○ 분열왕국의 시작 (9-16장)			
1	솔로몬의 쇠락	9-11장	정점에서 우상숭배를 하다
2	남북왕국 분열	12-16장	남북이 분열되어 대립하다

○ 아합왕과 엘리야 (17-22장)			
1	아합과 엘리야	17-19장	엘리야가 시대를 일깨우다
2	아합왕의 최후	20-22장	아합이 악행하다 전사하다

● **열왕기하**

열왕기하는 분열왕국의 종말을 알리는 책이다. 1-8장은 남북왕국의 왕들과 선지자 엘리사에 대해, 9-17장은 북이스라엘이 계속 악을 행하다가 앗수르에 멸망당한 역사에 대해, 18-25장은 남유다도 악에 물들어 바벨론에 멸망당한 역사에 대해 기록했다.

열왕기상은 왕국의 전성기로 시작해서 엘리야로 끝나고, 열왕기하는 엘리사로 시작해서 왕국의 멸망으로 끝난다. 하나님은 왕정기에 무수히 많은 선지자들을 보내셔서 경고하시고 돌아오라고 권면하셨다. 그러나 그들은 돌아오지 않고 결국 몰락의 길을 갔다. 이스라엘과 유다는 정치적으로 왕정 국가일지라도 신앙의 정체성 때문에 신정 통치를 받는 국가였다. 어찌 보면 고대 국가들은 신의 권위를 배경으로 한다는 점에서 제정일치 형태를 갖는다 할 수 있다. 그러나 이방의 왕들은 자신을 신의 아들로 자처하며 신적 권세를 오남용하는 제정일치(祭政一致)로 갔지만, 이스라엘과 유다의 왕들은 하나님의 대리인일 뿐 하나님의 말씀에 순종해야 하는 정교분리(政教分離) 형태였다. 이스라엘의 왕들 위에 만왕의 왕이신 절대자 하나님이 계셨기 때문이다. 이방국가들은 그들이 섬기는 민족신, 국가신을 이용해 주도권을 쥔 형태였다. 하지만 이스라엘에게 여호와는 민족신이 아니라 열국과 만민의 창조주요 구주이시기에 여호와 하나님만이 주도권을 갖고 계셨다.

그런데도 북이스라엘은 금송아지를 민족신으로 삼았고, 바알신까지 수입해 몰락의 길로 직진했다. 반면 남유다는 경건한 왕들이 다수 있었지만, 국력 신장을 위해 북이스라엘 및 주변국들과 결탁했다가 그들의 우상들을 수입함으로 서서히 몰락의 길로 진입했다. 남북 왕국을 비교해 보면, 북왕국 19왕 중에는 단 한 명도 선한 왕이 없었고 모반만 9번 있었지만, 남왕국 20왕 중에는 8명이 선한 왕이었고 단 한 명 이세벨의 딸 아달랴만이 모반을 일으켰다. 하나님을 경외하지 않는 국가는 피 흘림의 역사를 반복할 수밖에 없다.

○ 열왕과 엘리사 (1-8장)			
1	엘리야와 엘리사	1-2장	엘리사가 엘리야의 뒤를 잇다
2	열왕들과 엘리사	3-8장	엘리사가 아람에게서 구원하다

○ 북왕국의 멸망 (9-17장)			
1	남유다의 중흥	9-14장	선한 왕 요아스와 아마샤
2	북왕국의 멸망	15-17장	악행하다가 앗수르에게 멸망

○ 남왕국의 멸망 (18-25장)			
1	히스기야의 노력	18-21장	히스기야의 종교개혁과 실정
2	남유다의 멸망	22-25장	악행하다가 바벨론에게 멸망

Day 25

통일왕국 전성기
열왕기상 1-8장

 솔로몬이 하나님께 지혜를 얻어 태평성대를 이루었고
성전과 왕궁을 건축했다.

① 솔로몬의 즉위(1-2장) 다윗은 솔로몬을 즉위시켰고 솔로몬은 반역자들을 정리했다.
② 솔로몬의 통치(3-8장) 솔로몬은 태평성대를 이루었고 20년간 성전과 왕궁을 건축했다.

ⓐ 다윗은 솔로몬을 왕으로 세웠다.

솔로몬왕의 즉위식 장소 및 순서(1장)
1. 아도니야에게 요압과 아비아달이 합세(1:7).
2. **에느로겔**("나그네의 샘")에서 반란 모의(1:9).
3. 밧세바와 나단이 다윗왕에게 진언함(1:22).
4. **궁 앞** 다윗의 노새에 솔로몬을 태움(1:33).
5. 사독, 나단, 브나야가 솔로몬을 호위함(1:44).
6. **기혼샘**에서 솔로몬왕에게 기름 부음(1:45).
7. 다윗의 인준(1:48), 하나님의 선택(대상22:9).
   ■ 긴박했던 상황에서도 솔로몬이 즉위했다.

ⓑ 솔로몬 당시의 **영토**는 역사상 최대였다(24일 지도23 참고). 유브라데강에서부터 애굽에 이르렀다(4:21).

ⓒ **두로왕 히람**이 기꺼이 솔로몬을 도왔던 이유(5:7-10)는, 다윗이 블레셋 군대를 저지해 해변길을 보호해 주었기 때문이며, 솔로몬이 겸손하게 시돈 사람들을 높였기 때문이고, 자신에게도 유익이 되는 외교적인 이해관계 때문이었다.

24 | 다윗과 솔로몬 시대의 예루살렘

솔로몬 왕궁
모리아산 ▲
솔로몬 성전 ■
레바논 나무궁 ●
758m X
중앙 골짜기
밀로
다윗성
기드론 골짜기
기혼샘
732m
701m
671m
640m
640m
610m
힌놈 골짜기
에느로겔 (엔로겔)
610m
왕의 못
743m X
732m
701m

① (1장) <솔로몬의 즉위>

늙은 다윗을 시중들던 아비삭은 수넴 출신의 미인이었다(3절). 솔로몬이 젊은 날 사랑했던 "술람미 여자"(아6:13)도 동향이었다. 다만 두 여인을 동일인으로 추정하기는 어렵다. 다윗이 아비삭과 동침하지 않은 것은 다윗의 노쇠함 때문이거나 다윗이 회개의 마음으로 아름다운 여인을 탐하지 않았기 때문일 것으로 추정된다(4절).

Ⓐ 아도니야는 왜 왕위 계승을 노렸는가(1:5)?

1. 장자 암논과 삼남 압살롬은 이미 사망했다.
2. 차자 길르압은 기록도 자취도 보이지 않는다.
3. 사남인 자신이 왕위 계승 **서열 1위**였다.
4. 막내 솔로몬보다 자신이 **정통성**이 있다고 여겼다.
5. 출중한 배경과 **용모**에 겸손을 몰랐다(1:6).
   * 이미 솔로몬의 후계 지명을 알고 있었다(대상23:1).
   * 요압과 아비아달과 왕자들까지 **합세**하게 만들었다.
6. **과욕과 오만**의 결과였다(2:15, 삼하3:7).
   ■ 나는 세상의 자리를 좇는가, 아니면 주의 부르심을 좇는가?

제단 뿔(50절)은 하나님의 능력뿐 아니라 사죄의 은혜를 상징하기도 했다(출29:12). 아도니야는 은혜를 구했고 솔로몬은 은혜를 베풀었다.

② (2장) <솔로몬의 평정>

다윗은 솔로몬에게 하나님의 말씀에 순종할 것(3절; 수1:7-8)과 상벌을 명확히 해 주변인들을 정리할 것을 당부했다.

Ⓑ 반역자들을 어떻게 처벌했는가(2장)?

1. **아도니야**가 다윗의 동녀 아비삭을 탐한 것은 아브넬이 사울의 첩을 탐한 것과 같은 것이었다(삼하3:7).
   -여전히 왕의 지분을 주장하다가 결국에는 처형되었다.
2. **아비아달**은 다윗과 광야에서 동고동락했으나 반란 가담죄로 제사장 직분을 잃고 귀향갔다.
   - 엘리 집안에 대한 예언이 성취됐다(삼상2:31-36).
3. **요압**은 평생 권력을 남용하며 다윗 곁에 있다가 막판에 본색을 드러냈고 반역 가담죄로 처형되었다.
4. **시므이**는 가택연금령 3년 뒤 위수지역을 이탈했다.
   -그는 쉽게 말하고 잊어버리는 부주의한 언행의 소유자였다.
   ■ 악인들을 심판하실 하나님을 신뢰하는가?

다윗은 자신이 직접 보복의 피를 흘리는 죄를 짓지 않으면서도, 동시에 후임자 솔로몬이 지혜롭고 정의롭게 죄인들을 처벌함으로 그의 왕위와 나라를 견고하게 만들도록 했다(46절).

2 솔로몬의 통치(3-8장)

① (3장) <솔로몬의 지혜>

솔로몬이 애굽 왕 바로와 혼인관계를 맺었다는 것(1절)은 그만큼 솔로몬 시대에 이스라엘의 국제적 위상이 높았음을 보여준다(23일 Ⓕ 참고).

Ⓒ 왜 기브온에서 1천 번제를 드렸는가(3:4)?

1. 기브온은 **제사장**들의 성읍이었다(수21:17).
2. 기브온은 또한 **느디님**(성전 봉사자들)의 성읍이었다(수9:27).
3. **예루살렘** 북서쪽 10km에 있었다.
4. **모세의 장막**이 여전히 이곳에 있었다.
5. **사독**이 기브온 산당에서 섬겼다(대상16:39).

6. 1천 번제를 드릴 만큼 **큰 규모**였다(4절).
7. 당시에 기브온과 예루살렘은 2대 **제사 중심지**였다.
■ 처음에 솔로몬은 하나님을 향한 순전한 열심이 있었다.

Ⓓ 솔로몬은 하나님께 무엇을 구했는가(3:9)?

⇒ "듣는 마음"(9절), 즉 하나님께 **듣는 지혜**를 구했으니 이것이 바로 선악에 대한 분별력이다.
- **선악과**는 하나님을 경외함을 의미하며 또한 그 말씀을 듣고 순종함을 의미한다(창2:17). 여호와를 **경외함**이 지식의 근본이다(잠1:7). 이런 의미에서 "지혜와 지식"(대하1:10)을 구했다.
■ 나는 기도할 때 하나님이 기뻐하시는 것을 구하고 있는가?

Ⓔ 솔로몬은 즉위 시 "작은 아이"였는가(3:7)?

1. '나아르'(히)는 소년에서 **청년**(14-22세)을 일컫는 말이다.
2. 때로는 "아이"를 뜻하기도 한다(삼상3:1).
3. 역사가 요세푸스는 당시 솔로몬의 나이를 14세로 추정했다.
4. 대부분의 학자들은 당시를 20세로 추정한다.
  * 엘리사를 조롱한 아이들도 동년배였다(왕하2:23). + 결코 어린애들이 아니었다.
  * 자신이 부족한 자라는 **겸손**의 표현이었다.
■ 나는 하나님 앞에 나아갈 때 겸비하는가?

하나님은 그에게 순종의 복으로 부귀영화와 장수를 약속하셨지만, 그가 하나님의 말씀에 순종한다는 조건에서였다(13-14절). 결국 불순종함으로 60세경에 죽었으니 장수하지는 못했다(11:42). 솔로몬은 사람들의 말을 듣고도 선악 간에 분별하는 지혜를 얻어(9절) 탁월한 재판관이 되었다(27절).

② (4장) <솔로몬의 영화>

솔로몬은 내각을 정비했는데, 전에 없던 궁내대신(6절)을 세운 것은 풍요롭고 화려한 궁중 생활(22-23절, 10:5)을 관장할 직책이 필요했기 때문인 것으로 추정된다. 솔로몬 시대에 12지방(7절)은 지파 기준이 아니라 지역 기준이었다. 이는 지파 간 갈등을 방지하고 부역과 세금에 대한 부담을 공평하게 하려는 의도였다.

Ⓕ 솔로몬의 영화는 어떠했는가(4장)?

1. 유브라데강에서 애굽까지 **최대 영토**를 구축했다(21절).
2. 모든 주변국과 민족에게 **조공**을 받았다(24절).
3. 백성들은 **태평성대**를 누렸다(25절).
4. **병거용 말** 외양간이 4만 개였다(33일Ⓙ 비교).
5. 동방과 애굽의 현인들보다 탁월한 **지혜**를 드러냈다(30절).
6. **잠언** 3천 개 중 3분의 1(915절)이 잠언서에 기록되었다. **노래**는 시편(72, 127편)과 아가서에 기록되었다.
7. 동식물에 대해 **강론**하고 다수의 책을 **집필**했다(33절; 전12:12).
■ 주께 지혜를 받은 자의 형통함을 보라(시1:3).

③ (5장) <솔로몬의 건축 준비>

솔로몬은 두로 왕 히람의 도움을 받아 성전 건축을 진행했고 왕궁을 건축하였다. 두로와 시돈을 중심으로 한 베니게 사람들은 해운과 벌목에 탁월했다. 베니게는 임산물은 풍부해도 상대적으로 농산물은 부족했기 때문에 솔로몬에게 사례로 음식물을 요청했다(9절). 그발(헬라시대의 비블로스, 18절)은 시돈 북쪽에 위치한 베니게의 도시였으며 오늘날에는 "게바일"이라고 불린다.

④ (6장) <솔로몬의 성전 건축>

솔로몬 성전은 가장 화려하고 아름다운 성전(스3:12)이었다. 성전은 7년간 건축되었다.

⑤ (7장) <솔로몬 성전의 기구>

솔로몬은 13년간 왕궁을 건축했다. 또한 히람을 공장장으로 세워 성전기구들을 제작했다.

ⓒ 솔로몬 성전은 어떤 성전이었는가(7장)?

1. 백향목, 정금과 보석으로 지어진 **화려**한 성전이었다.
2. 모세의 장막보다 2배가 크고 3배의 높이였다.
3. 거대한 **물두멍** = "놋 바다"(7:23; 왕하25:13).
4. 그룹과 사자, 종려나무, 꽃 형상의 **장식**을 성전 곳곳에 새겼다(6:29).
5. 성전 입구에 세운 두 **놋기둥** = 야긴("그가 세우신다"), 보아스("그에게 능력이 있다").
■ 성전은 사람의 능력으로 세우는 것이 아니라 하나님의 능력으로 세워지는 것이다.

⑥ (8장) <솔로몬의 성전 봉헌>

솔로몬이 일곱째 달 절기(2절), 즉 초막절에 언약궤를 다윗의 장막에서 성전으로 옮기고 봉헌했더니, 여호와의 영광이 성전에 가득했다(11절). 궤 안에는 원래 십계명의 두 돌판만 있었고(9절), 만나 항아리와 아론의 지팡이는 궤 앞에 있었다(출16:33; 민17:10). 온 백성이 14일간 절기를 지켰다(65절).

- 겸손히 하나님을 경외하는 자에게 **지혜를 주시는 하나님**이시다(3:4-14).
- 모든 선한 약속을 빠짐없이 지키시는 **신실하신 하나님**이시다(8:56).
- 여호와만이 유일한 하나님이심을 **열방에 알리기 원하시는 하나님**이시다(8:60).

Day 26

분열왕국의 시작
열왕기상 9-16장

솔로몬이 우상숭배에 빠지자 왕국이 분열됐고,
북왕국은 우상숭배와 모반으로 점철되었다.

1 솔로몬의 쇠락(9-11장) 솔로몬은 은금과 마병과 아내를 많이 두었고 우상숭배에 빠졌다.

2 남북왕국의 분열(12-16장) 여로보암이 북이스라엘을 세웠고 우상숭배의 역사를 시작했다.

ⓐ 하솔, 므깃도, 게셀(9:15)은 해변 길의 전략 도시들이었다. 에브라임 지파가 게셀의 원주민을 정복하지 못한 상태였는데(수16:10), 바로가 정복하여 딸의 지참금으로 주었다(9:16).

ⓑ 솔로몬의 해상무역 교두보인 엘롯과 에시온게벨(9:26)은 에돔 남부 아카바만의 2대 항구였다. 오빌(9:28)은 아라비아, 아프리카, 인도로 추정되며 정금의 유명 산지였다(대상29:4; 욥22:24; 시45:9).

ⓒ 북왕국 첫 수도는 세겜(12:25)이었으나 시삭의 침공(14:25) 후 디르사(14:17)로 옮겼다.

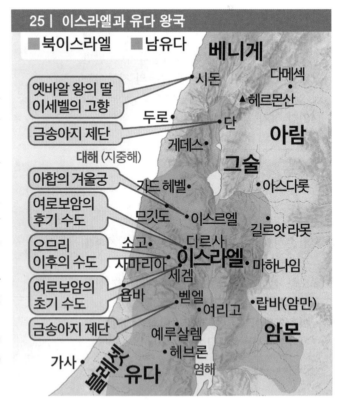

25 | 이스라엘과 유다 왕국
■북이스라엘　■남유다

베니게
시돈
다메섹
▲헤르몬산
엣바알 왕의 딸 이세벨의 고향
두로
단
금송아지 제단
게데스
아람
대해 (지중해)
그술
아스다롯
아합의 겨울궁
가드 헤벨
여로보암의 후기 수도
므깃도
이스르엘
길르앗 라못
오므리 이후의 수도
소고
디르사
사마리아
이스라엘
마하나임
여로보암의 초기 수도
욥바
세겜
벧엘
여리고
랍바(암만)
금송아지 제단
예루살렘
암몬
가사
블레셋
유다
헤브론
염해

1. 이전 수도 **디르사**가 전소되어 황폐해졌다 (16:18).
2. 지중해에서 33km에 위치, **해변길**로의 접근성이 좋았다.
3. **베니게**(두로, 시돈)와 활발한 외교 및 무역이 가능했다.

4. **아람**에 대한 적극적인 견제를 위해(20:1, 22, 22:1).
5. **모압**에 대한 원거리 통제를 위해(16:34; 왕하1:1).
■ 이후 사마리아는 북이스라엘의 심장이 되었다.

① 솔로몬의 쇠락 (9-11장)

① (9:1-9) <하나님의 경고>

솔로몬이 성전과 왕궁을 완공하고 각종 국책 사업을 이룬 즉위 20년은 경제, 문화, 외교, 무역 모든 영역에서 최고조였다. 이때 하나님은 그에게 재차 경고하셨다(2-9절). 그러나 솔로몬은 아무 대답도 하지 않고 국책 사업에만 몰두했다.

② (9:10-28) <솔로몬의 국책사업>

솔로몬은 가불("전혀 좋지 않다")을 주고 120달란트를 받았고, 히람은 신규 개척하는 해외시장에 진출했다(27절). 밀로("채우다")는 예루살렘에서 가장 방어가 취약한 북쪽에 흙과 돌로 채워 만든 성채이며 여기에 다윗이 성벽을 건축했고(대상11:8) 솔로몬이 증축했다(15절).

③ (10장) <솔로몬의 부귀영화>

스바 여왕이 솔로몬의 명성을 듣고 찾아와 감복했다.

Ⓐ 스바 여왕이 솔로몬에게 구한 것은(10:13)?

스바는 BC 10세기 서남 아라비아의 왕국으로서 홍해 양쪽 연안에 영토를 갖고 있었다. 여왕의 방문으로 이스라엘과의 **외교무역** 협약이 이루어졌다. 그런데 **에티오피아** 건국 서사시 《케브라 나가스트》에는 에티오피아 역사상 첫 황제인 메넬리크("현자의 아들") 1세가 솔로몬과 스바 여왕의 아들이라고 기록되어 있다.

그렇다면 여왕이 솔로몬에게 자녀를 구했다는 말인가? 전설 같은 이야기지만, 메넬리크가 아프리카 동부 악숨 고원에 세운 **솔로몬 왕조**가 1975년까지 3천 년간 지속됐다(현재는 에티오피아 공화국이다). 4세기에 악숨 제국은 세계 **최초로 기독교**를 국교화했고, 현재 에티오피아 인구의 50%인 4천만 명이 기독교인이며 에티오피아 유대인도 15만 명에 이른다.
■ 당시에 솔로몬의 영향력이 아프리카에까지 미쳤다는 것을 보여준다.
-구스는 애굽과 함께 아프리카에서 양강 체제를 구축하고 있었다(50일Ⓕ 참고).

레바논 나무 궁(17절)은 레바논에 있는 여름 별장이란 뜻이 아니라 백향목으로 지은 병기고를 부르는 말이었다(7:2). 다시스 배(22절)는 요나가 가려던 오늘날 스페인의 타르시스가 아니라 다시스("광물, 녹이다"), 즉 많은 광물을 제련하여 운반하던 장거리 해운 선단을 칭하는 관용어로 보인다. 솔로몬은 무기 중개업에도 탁월하여 병기는 애굽에서, 명마는 애굽과 구에(길리기아)에서 수입해 방어용으로 사용하거나 아람과 헷의 왕들에게 되팔았다(26-29절).

④ (11장) <솔로몬의 우상숭배>

하나님의 경고에도 노년에 솔로몬은 우상숭배에 빠졌다. 700명의 후궁은 정략결혼이었지만, 300명의 첩은 솔로몬의 과도한 탐닉의 결과였다(3절). 그가 1,000명이나 되는 아내의 이름을 다 기억이나 했을까? 이에 하나님은 하닷(14절)과 르손(23절), 여로보암(26절)을 대적자로 일으키셨다. 영토 전쟁보다 어려운 것이 자기와의 싸움이다(잠16:32, 24일ⓐ 참고). 인간의 부귀영화가 얼마나 헛된가(마6:29)!

ⓑ 솔로몬은 왜 우상숭배에 빠졌는가(11:4-5)?
1. **건축** 열심으로 약속의 땅까지 팔았다(9:11).
2. **병마**를 많이 두었다(10:26; 신17:16).
3. **아내**를 많이 두었다(11:2-4; 신17:17).
4. **은금**을 많이 두었다(10:21; 신17:17).
5. 더 이상 **하나님**을 경외하지 않았다(전12:13).
■ 어떻게 해야 권력, 쾌락, 물질에 무너지지 않는 인생이 될까?

② 남북왕국의 분열(12-16장)

① (12장) <북01. 여로보암의 반란>
르호보암("백성을 넓힘")은 왕국의 분열을 초래했다. 이는 솔로몬이 걱정한 대로(전2:18-19)였고, 르호보암의 어리석음과 솔로몬의 우상숭배로 인한 하나님의 징계였다(11:33).

ⓒ 솔로몬	르호보암
비범한 인물	**평범**한 인물
탁월한 업적	검증이 안됨
최고의 지혜	판단력 부족
과도한 노역·세금	유화정책 거절
태평성대 구가	남북**왕국** 분열

■ 나는 지혜로운 후임자를 위해 하나님께 엎드려 기도하고 있는가?

10개 지파의 배반은 과도한 국책사업의 피로감과 에브라임 지파의 권력욕 때문이었다. 여로보암("백성을 늘림", "백성이 다툼")은 여호수아가 언약식을 했던 세겜(수24:1)에서 즉위했다(1절).

ⓓ 여로보암의 잘못은 무엇이었는가(12:26-33)?
1. 자기 **맘대로** 계획을 세웠다(12:26; 삿21:25).
2. 벧엘과 단에 **우상**을 세웠다(12:28-29; 출32:4).
3. 일반 백성을 **제사장**으로 세웠다(12:31).
4. **초막절**(7월 15일)을 8월 15일로 바꿨다(12:32).
5. **회개하지 않음**이 범죄함보다 큰 죄다(13:33).
■ 역사는 하나님과 인간이 함께 만드는 것이다.

② (13장) <선지자의 벧엘 경고>
하나님은 벧엘에 한 선지자를 보내 경고하게 하셨다.

ⓔ 벧엘의 선지자 이야기는 어떤 의미인가(13장)?
* 분명히 **하나님의 사람**이 파견되었고(1절; 삼상9:6) 예언대로 종교개혁도 일어났다(왕하23:16).
* **노선지자**는 북왕국에 남아 동조한 자였으며(11절) 거짓말로 하나님의 사람을 시험했다(18절).
* 거짓 선지자도 예언을 했다(20절; 민23:4). 자칭 선지자들이라고 해서 다 믿지 말라(신13:1-5).
⇒ 북왕국은 거짓 정권과 종교로 망하게 되겠고 남왕국은 순진하게 북을 따라가다가 망하리라는 것을 보여주는 예표적인 사건이었다.

③ (14:1-20) <여로보암의 환난>
여로보암의 아들 아비야의 단명은 여로보암에게는 심판이었지만 아비야에게는 은혜였다(13절).

④ (14:21-31) <남01. 르호보암의 죄악>
르호보암이 악을 행하자 애굽 왕 시삭이 남유다를 침공했으니, 이는 왕국분열 후 약해진 남유다를 공격해 해변길과 에시온게벨로 연결되는 무역로에 대한 독점권을 빼앗기 위함이었다.

⑤ (15:1-8) <남02. 아비얌의 전쟁>

아비얌도 악했고 평생 여로보암과 전쟁을 치
렀다.

⑥ (15:9-24) <남03. 아사의 통치>

아사는 우상을 없앴고 아람 왕의 도움으로 북
왕국을 견제했지만 결국 아람만 이득을 취했
다(16-21절).

Ⓕ 아사는 왜 발병으로 죽었는가?(34일Ⓓ5, 6참고)

⑦ (15:25-32) <북02. 나답의 죄악>

나답은 악하여 바아사에게 죽임을 당했으니
예언대로였다(29절).

⑧ (15:33-16:7) <북03. 바아사의 죄악>

바아사는 여로보암의 집안을 숙청하고도 여전
히 악을 행했다.

⑨ (16:8-14) <북04. 엘라의 죽음>

엘라는 시므리에게 모반을 당해 죽었으니 예
언대로였다(12절).

⑩ (16:15-20) <북05. 시므리의 7일 천하>

시므리는 7일 만에 군대장관이었던 오므리에
게 죽임을 당했다.

⑪ (16:21-28) <북06. 오므리의 천도>

오므리는 수도를 사마리아로 천도했고 이전의
왕들보다 더욱 악을 행했다.

⑫ (16:29-34) <북07. 아합의 우상숭배>

아합("백부")은 시돈 공주 이세벨("바알은 어디
에")과 결혼해 더욱 악을 행하며 우상을 숭배
했다.

Ⓖ 북이스라엘	남유다
10지파 부국강병	유다+베냐민 **2지파**
단~벧엘 (금송아지)	게바~브엘세바 (왕하 23:8)
해변길/베니게 무역	척박한 산지와 광야
강대국에 쉽게 노출	오히려 천혜의 환경

- 바른 길에 대해서 반복해서 말씀하고 **경고해 주시는 하나님**이시다(9:1-9).
- 선한 언약을 기억하사 **징벌하기를 기뻐하지 않으시는 하나님**이시다(11:1-13).
- 악인에게도 하나님께 순종할 **기회를 주시는 하나님**이시다(11:37-38).

Day 27

아합왕과 엘리야
열왕기상 17-22장

 엘리야는 갈멜산에서 승리를 거두었고
아합은 악을 행하다가 전쟁터에서 죽었다.

① 아합과 엘리야(17-19장) 엘리야는 갈멜산에서 승리한 뒤 호렙산에서 새로운 사명을 받았다.
② 아합의 마지막(20-22장) 아합이 나봇의 포도원을 빼앗은 뒤 길르앗 라못을 공격하다 죽었다.

ⓐ 남북이 동맹을 맺고 **길르앗 라못**을 친 것은(22:29), 이곳이 해변 길과 왕의 대로를 잇는 동서로의 연결 지점이었기 때문이다. 그러나 이 원정의 실패로 결국 모압이 봉기했다(왕하3:4-5).

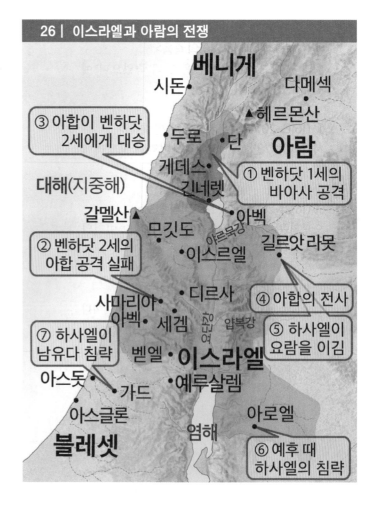

26 | 이스라엘과 아람의 전쟁

베니게
시돈
다메섹
③ 아합이 벤하닷 2세에게 대승
▲ 헤르몬산
두로
단
아람
게데스
긴네렛
① 벤하닷 1세의 바아사 공격
대해(지중해)
갈멜산 ▲
아벡
야르묵강
길르앗 라못
므깃도
② 벤하닷 2세의 아합 공격 실패
이스르엘
④ 아합의 전사
사마리아
디르사
아벡
세겜
얍복강
⑤ 하사엘이 요람을 이김
⑦ 하사엘이 남유다 침략
벧엘
이스라엘
아스돗
가드
예루살렘
아스글론
아로엘
염해
⑥ 예후 때 하사엘의 침략
블레셋

보라 통독

ⓑ 갈멜산의 승리는 어떤 의의를 갖는가 (18:19)?

✽갈멜산(482m)은 "거룩한 머리산"이라 불렸고, **서쪽**으로 지중해, **동쪽**으로 이스르엘 평원, **북쪽**으로 기손강, **남쪽**으로 샤론 평원이 있었다.

1. 베니게인들에게 보란듯이 바알 선지자들을 처형했다.

✽ 갈멜산은 서풍과 비구름을 맞기 좋은 지 **중해 해변**에 위치해 있다.

2. 가뭄과 단비로 비의 신 **바알을 무력화**시켰다.
■ 오직 여호와만이 참 하나님이심을 증명했다!

ⓒ 아합의 **사마리아 상아궁**(22:39)은 여름궁이었고, 고도가 낮아 따뜻했던 **이스르엘궁**은 추수기에 곡물 수확을 관장하는 겨울궁이었다(21:1). 화려했던 상아궁은 하나님의 심판의 대상이었다(암3:15).

 1 아합과 엘리야(17-19장)

① (17장) <엘리야의 예언>

북이스라엘 최악의 왕 아합 때 최고의 선지자 엘리야가 가뭄을 예언한 뒤 피신했다.

Ⓐ 엘리야를 왜 사르밧에 숨기셨는가(17:9)?

✽ 그릿 시내에서 부정한 까마귀(레11:5)를 통해서 음식을 공급해 주셨다.

✽ 사르밧("염색하다", 두로 북쪽에 위치한 베니게의 명물인 염료를 생산하는 도시), 즉 이방 땅에서 **이방인 과부**에게 공궤를 받게 하셨다.

1. 이스라엘의 심각한 **타락상** 때문이었다(눅 4:25-26).
2. 이세벨의 고국, **폭풍의 눈**에서 안식케 하셨다.
■ 나는 엘리야처럼 인생의 폭풍 가운데서도 안식을 누린 체험이 있는가?

Ⓑ 엘리야는 어떤 선지자였는가(18:12)?

1. 엘리야("여호와가 나의 하나님이시다").
2. 요단 동편 길르앗 땅의 디셉 출신이었다 (17:1).
3. 모습이 **세례 요한**과 비슷했다(왕하1:8; 막1:6).
4. 종횡무진 신출귀몰하는 야인 타입이었다 (18:12).
5. **에녹**과 같이 죽지 않고 승천했다(왕하2:11).

6. 구약 선지자들을 대표하는 **선지자**였다(눅 9:30).
■ 나는 시대의 풍조가 아니라 성령의 인도하심을 따라 살고 있는가(요3:8)?

② (18장) <엘리야의 승리>

3년 반(약5:17)의 가뭄 뒤 아합은 엘리야를 비난했다(17절; 수7:25). 엘리야는 갈멜산에서 두 가지 승리와 응답을 받았다. 우상숭배자들 앞에서는 불로 응답받았고 목마른 백성을 위해서는 비로 응답받았다.

Ⓒ 왜 바알 선지자들만 죽였는가(18:40)?

✽ **아세라 선지자**들도 있었는데 죽이지 않았다.
⇒ 당시는 사람들이 **바알(남신)**을 여호와의 대체자로 생각했다.

- **혼합신앙** 양상과 샤머니즘적 사고의 심각성을 보여준다. 당시 항아리 유물의 글귀를 보면 "사마리아의 여호와와 아세라의 이름으로 당신을 축복하노라"라고 새겨져 있다.
■ 하나님과 세상을 겸하여 섬기지 말라(마 6:24).

185

ⓓ 왜 사람들은 바알숭배에 빠졌는가(18:21)?

1. 비와 **풍요**의 신이 농경생활에 매력적이었다.
2. 유목민에게는 정착민의 **선진문화**로 보였다.
3. 율법과 달리 **성적쾌락**을 장려하는 신전 문화에 매료되었다.
   - 술취함과 성전 창기들을 찬양하는 **바알 신화**에 근거한 것이었다.
■ 나의 가정과 기업에서 풍요(바알)와 쾌락(아세라)의 우상을 차단하라!

대결 이후 아합은 식사하고 엘리야는 기도했으며(41-43절), 아합은 마차로 이동하고 엘리야는 26km를 달렸다(44-46절). 그러나 아합처럼 세상의 편리를 누리는 자가 아니라 엘리야처럼 하나님의 손에 붙들린 자가 참된 승리자다!

③ (19장) <엘리야의 우울>

ⓔ 이세벨의 자신감은 무엇 때문이었는가(19:2)?

＊갈멜산 대결 패배에도 불구하고 여전히 **기고만장**했다.
1. 회개치 않는, 양심에 화인 맞은 자였기 때문이다(왕하9:30).
2. 당시 북왕국은 베니게 쪽 해상로가 열리고 모압을 통제함으로 왕의 대로가 열려 **외교적 안정과 경제적** 풍요를 누리고 있었다.
   - 아합과 시돈 공주 이세벨의 **정략결혼** 결과라고 여겼다.
■ 악인 때문에 낙심하지 말라. 주께서 심판하시리라!

하나님은 이세벨 덕분에 북이스라엘이 복 받는 것이 아님을 엘리야를 통해 알려주셨다. 3년 기근을 통해 보여주셨고 왕실 후원을 받는 바알 선지자들을 처벌하셨고(18:18-19) 물질만능과 부패한 권력에 대해 경고하셨다(21:19).

ⓕ 엘리야는 왜 갑자기 우울에 빠졌는가(19:4)?

＊엘리야는 영적 최고봉의 체험 후 찾아오는 **영적인 한기**를 느꼈다.
1. 아무리 헌신해도 세상이 안 변한다는 **좌절감** 때문이었다(2절).
2. 살려고 도망쳤는데 죽고 싶다고 호소했다(4절).
   - 잘 살고 싶은데 안 되기 때문에 죽고 싶은 **우울감**이 밀려왔다.
3. 더 이상 내가 감당할 **사명이 없다**고 느꼈다.
4. 세상에 홀로 고군분투했다는 **외로움** 때문이었다(10절).
■ 나도 엘리야처럼 한때 헌신했다가 지금은 냉담에 빠져 있는가?

ⓖ 엘리야를 어떻게 회복하셨는가(19:5-18)?

1. 하나님은 책망보다 **쉼과 회복**을 주셨다(5절).
2. 하나님이 역사의 **주관자**임을 보이셨다(17절).
3. 호렙에서 기적보다 **음성**으로 임하셨다(12절).
4. 사명자로서 감당할 **사명**을 주셨다(15-16절).
5. 결코 엘리야가 **홀로** 가는 것이 아님을 알려주셨다(18절).
■ 신앙의 냉담에 빠져 있다면, 하나님의 큰 그림을 신뢰하고 다시 일어서라!

엘리야처럼 목숨 걸고 헌신했던 사람들도 영적인 실패감과 우울감에 빠질 수 있다.

ⓗ 갈멜산 체험	호렙산 체험
놀라운 기적	세미한 음성
대중적 사역	주님의 임재
엘리야 주목	하나님 주목

■ 하나님의 일을 하다가 영적으로 탈진했는가? 다시금 영적 초점을 회복하라!

② 아합의 마지막 (20-22장)

① (20장) <아합의 전쟁>

아람과의 1차전에서 아람 왕 벤하닷("천둥의 아들")은 사마리아를 포위했다. 아람의 32개 소왕국들(1, 15절)로 이루어진 연합군은 전력상 절대 우위였지만, 아합은 하나님이 주신 전략대로 예상을 깨는 한낮의 기습공격으로 승리를 얻었다. 아람과의 2차전에서 아람인들이 하나님을 산의 신으로 평가절하하자 하나님은 아합을 통해 아람 보병 10만 명을 치셨다. 하지만 아합은 하나님의 은혜를 망각하고 인간적인 아량으로 벤하닷을 풀어주었다. 이에 하나님은 선지자를 보내 아합에게 심판을 예고하셨다.

② (21장) <아합의 범죄>

① 왜 아합을 용서해 주셨는가(21:29)?

＊ 아합왕은 이스르엘 겨울궁 인근 나봇의 포도원을 탐냈다. 이세벨의 사주로 나봇을 죽이고 포도원을 빼앗았다. 하나님이 엘리야를 통해 엄청난 심판을 예고하셨다.

＊ 아합은 자신을 팔아 배를 불린 행악자였다! ⇒ 아합이 **금식**하자 하나님이 재앙을 연기해 주셨다.

■ 하나님은 악인일지라도 그의 회개를 기뻐하신다(겔18:23; 욘3:10).

③ (22:1-40) <아합의 죽음>

아합이 선지자 미가야의 경고를 무시하고 여호사밧과 함께 길르앗 라못("길르앗의 고원", 원래 갓 지파의 도피성, 수20:8)을 치러 갔다가 전쟁 중 활을 맞고 죽었다.

④ (22:41-50) <남04. 여호사밧의 노력>

여호사밧은 선한 왕이었지만 어리석게 아합과 동맹을 맺었다. 그는 솔로몬의 영광을 재현하려 했지만 실력도 부족했고 하나님도 허락하지 않으셨다(48절).

⑤ (22:51-53) <북08. 아하시야의 죄악>

아하시야는 악을 행했다. 아합 이후 왕정시대의 악의 상징에 여로보암 외에 아합이 추가되었다(왕하8:27).

① 여호사밧은 왜 아합과 동맹했는가(22:4)?

1. 분열 초기 **남북전쟁**의 소모전을 종료시키고자 했다.
2. 해상·지상 **무역** 교류로 경제 번영을 꾀했다.
3. 군사·경제적 대국인 북이스라엘을 의지했다.

■ 여호사밧의 인간적인 유화책으로 인해 **향후 남유다에 엄청난 피바람이 불게 되었다.**

- 여호와만이 유일한 **하나님이심을 알리기 기뻐하시는 하나님**이시다(18:37-38).
- 지친 영혼에게 회복과 사명을 주셔서 **일으키시는 하나님**이시다(19:1-18).
- 악인일지라도 하나님 앞에 겸비하면 **긍휼히 여기시는 하나님**이시다(21:27-29).

Day 28

열왕과 엘리사
열왕기하 1-8장

 아합 사후 엘리사가 활동했지만
북의 아하시야와 여호람은 계속해서 악을 행했다.

① 엘리야와 엘리사(1-2장) 아합 사후에 엘리야는 승천했고 엘리사가 활동하기 시작했다.
② 열왕들과 엘리사(3-8장) 엘리사는 많은 기적을 행했고 남유다는 아합 집안의 영향을 받았다.

ⓐ 남북왕조의 연합으로 북왕국은 **길르앗과 모압**을, 남왕국은 **에돔과 에시온게벨**을 다스렸다. 하지만 아합 사후 아람이 강해지고 모압과 에돔이 봉기했으니(1:1), 이는 디본에서 발견된 모압 왕 **메사의 비문**에 자세히 기록되어 있다.

ⓑ 유다 왕 여호람은 이세벨의 딸 아달랴와 정략 결혼해 국제적 위상을 떨치고 싶었으나, 결과적으로 **에돔과 립나**(수21:13)가 배반했다(8:18-22).

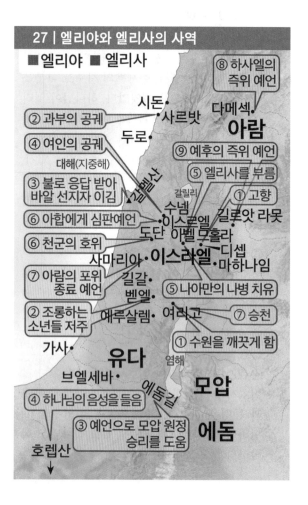

27 | 엘리야와 엘리사의 사역
■ 엘리야 ■ 엘리사

⑧ 하사엘의 즉위 예언
② 과부의 공궤
④ 여인의 공궤
③ 불로 응답 받아 바알 선지자 이김
⑥ 아합에게 심판예언
⑥ 천군의 호위
⑦ 아람의 포위 종료 예언
② 조롱하는 소년들 저주
⑨ 예후의 즉위 예언
⑤ 엘리사를 부름
① 고향
⑤ 나아만의 나병 치유
⑦ 승천
① 수원을 깨끗게 함
④ 하나님의 음성을 들음
③ 예언으로 모압 원정 승리를 도움

시돈 · 사르밧
두로 ·
다메섹 ·
아람
대해(지중해)
갈멜산
갈릴리
수넴 ·
이스르엘 ·
도단 · 아벨 므홀라
사마리아 · 이스라엘
길갈 ·
벧엘 ·
예루살렘
여리고
가사 ·
브엘세바 ·
염해
유다
에돔길
모압
에돔
호렙산
길르앗 라못
디셉 · 마하나임

① 엘리야와 엘리사**(1-2장)**

① (1:1-16) <엘리야의 경고>
아합이 죽은 후의 혼란을 틈타 모압이 반란을 일으켰다(1절).

Ⓐ 하나님은 왜 엘리야·엘리사를 보내셨는가?

＊ 엘리야는 북왕국 **최악**의 왕 아합 때 활동했고, 엘리사는 북왕국 **차악**의 왕 예후 때 활동했다. 당시에 북왕국은 국방과 경제가 **전성기**였지만 심각한 **우상숭배**에 빠져 있었다.

⇒ 하나님은 하나님의 백성을 **경고**하여 돌이키기 원하셨다.

■ 당신은 가장 어두운 시대에 가장 헌신하는 일꾼인가?

아하시야왕이 치료를 위해 에그론(블레셋 5대 도시 중 최북단)의 신 바알세붑("파리대왕", 바알을 조롱하는 이름)을 찾았으니(2절), 이것도 이스라엘의 영적 타락상이었다. 엘리야는 갈멜산 위에 있었던 것으로 추정되며(4:25; 왕상 18:19), 하나님을 경외하지 않는 군사들을 불로 심판했다(10, 12절).

② (1:17-18) <북09. 여호람의 즉위>
아합의 아들이자 아하시야의 형제인 여호람이 즉위했다.

③ (2:1-11) <엘리야의 승천>
엘리야가 갔던 길갈(1절)은 여리고 북쪽 2km에 있는 길갈이 아니라 벧엘 북쪽 13km에 있는 길갈이다. 거기에서 출발하여 벧엘과 여리고를 거쳤다.

Ⓑ 엘리야는 왜 "머물라"고 했는가(2:2, 4)?

1. 떠날 때가 이른 것을 알고 **마무리**하려고 했다.
2. 자신의 승천을 보이지 않으려는 **겸손함** 때문이었다.

3. 하나님의 역사의 **비밀**을 감추려고 했다(은둔형).

■ 당신도 엘리사처럼 천국을 침노하는 사람인가(6절; 마11:12)?

Ⓒ 갑절의 영감(히,루아흐, 개역한글)이란(2:9)?

⇒ 장자가 차자보다 **갑절의 유산**을 받듯(신 21:17), 선지생도들 중 **적법한 승계자**가 되게 해달라는 요청이었다.

＊ 엘리야가 불수레, 불말을 타고 승천함을 보는 **체험적** 신앙으로 인해 결국 갑절의 영감을 얻게 되었다.

■ 마침내 엘리사는 엘리야를 잇는 시대적 예언자가 되었다.

하나님은 지리적으로 회오리바람(11, 16절)이 자주 일어나는 요단계곡에서 엘리야의 승천 사건을 일으키셨다.

Ⓓ 엘리야	엘리사
"여호와는 내 하나님"	"내 하나님이 구원"
은둔형 선지자	**대외적** 활동가
강력한 **권능과 심판**	**민생** 돌봄과 **국가** 보호

■ 하나님은 각 사람들의 은사와 부르심대로 쓰신다(롬11:29).

④ (2:12-25) <엘리사의 기적>
엘리사는 모세나 엘리야처럼 요단강을 가르고 건넜으며(14절), 소금으로 쓴 물을 변화시켰다(출15:23-25).

Ⓔ 엘리사는 왜 아이들을 저주했는가(2:24)?

＊ "아이들"(히, 나아르)은 **청소년·청년** 나이였다(25일Ⓔ1참고).

1. "대머리"라는 말은 저주받은 자라는 **조롱**이었다(레13:42).

2. "올라가라"는 말은 엘리야도 올라갔으니 너도 올라가라는 **냉소**적인 말이었다.
3. 벧엘(우상숭배지)에 얼씬거리지 말라는 **위협**이었다.
■ 우리의 자녀 세대가 영적 타락의 세대가 되지 않으려면 어떻게 해야 하겠는가?

② 열왕들과 엘리사(3-8장)

① (3장) <북09. 여호람의 전쟁>
여호람은 아합의 바알 주상을 제거했지만(2절) 종교개혁을 단행하지는 않았다.

ⓕ 여호사밧은 왜 여호람과 동행했는가(3:7)?

＊ 길르앗 라못의 **교훈**을 잊었는가(왕상22:32)?
1. 남북왕국이 **공동 운명체**라고 생각했다.
2. **인척 관계**였기 때문에 거절할 수 없었다.
3. 모압·암몬 연합군과의 전쟁 **경험**에서 자신감을 얻었던 것 같다(대하20:1).
■ 내가 의지할 이는 사람인가, 하나님인가?

ⓖ 여호람은 어떻게 승리할 수 있었는가(3:20)?

＊ 여호사밧, 에돔 왕과 함께 염해 남부를 돌아 **모압**으로 행군했다.
-7일간 **기근**으로 물이 없어 곤경에 빠지게 되었다(9절).
1. **엘리사**가 에돔 광야에 **개천**을 파게 했다(16절).
2. 비가 내리지 않고도 물이 가득해진 것은, **구름**이 산맥을 만나 물이 흐르게 하심이었다(17, 19절).
■ 하나님은 여호사밧 때문에 기적적인 승리를 허락해 주셨다.

② (4:1-7) <기름 부음의 기적>
엘리사는 죽은 선지생도의 집을 회복하기 위해 기름 한 그릇과 믿음의 실천(살전1:3)을 사용했다. 이렇게 하나님의 기적은 작은 헌신에서부터 시작되는 법이다(요 6:9).

③ (4:8-37) <수넴 여인의 기적>
엘리사는 수넴(이스르엘 북쪽 7km)에 있는 귀부인의 다락방에 거처하다가 그에게 아들을 주었고(창18:10) 그 아들이 죽자 다시 살려내 주었다(왕상17:21-22).

④ (4:38-44) <음식의 기적>
길갈의 선지생도들이 학교(2:3, 5)에서 흉년에 독성 식물을 국에 넣고 먹자 엘리사가 해독했다. 또한 보리떡 20개와 채소로 100명을 먹였으니 오병이어와 같은 기적이었다.

⑤ (5장) <나아만 장군의 기적>
아람 장군 나아만이 이스라엘 여종의 조언대로 치료를 받았다.

ⓗ 나아만은 어떻게 치유받았는가(5:1-18)?

＊ 나아만("즐거운")은 아람 장군이자 **나환자**였다.
＊ **목욕**은 나병 완치자의 규례였다(레14:8-9).
＊ **아바나강**은 "황금의 강"이라고 불리는 유명한 강이었다. 그러나 **요단강**은 진흙색의 혼탁한 강이었다.
⇒ **순종**하여 치유되자 **참 신앙**을 갖게 되었다.
＊ 아람인의 주신 림몬(하닷) 제사에 관하여는 **양해**를 구했다.
■ 영적 타락의 시대에 오히려 하나님께 순종한 이방인은 구원을 받았다.

⑥ (6:1-7) <쇠도끼의 기적>
엘리사는 가난한 선지생도가 빠뜨린 쇠도끼를 떠오르게 했다.

⑦ (6:8-23) <도단에서의 기적>
엘리사는 자신을 잡으러 도단(사마리아 북동쪽 18km에 있는 분지, 창37:17)에 온 아람 군대를 눈멀게 했고 반대로 사환의 눈은 열어서 불말과 불병거(2:11)를 보게 했다. 이후 일시적 평화기가 찾아왔다(23절).

⑧ (6:24-7:20) <사마리아에서의 기적>

① 사마리아의 구원을 누가 알렸는가(7:9)?

＊ 아람 군대가 장기간 포위함으로 사마리아는 극심한 **기근**을 겪었다. 부정한 **나귀**(레11:4) 머리가 은 80세겔이었고(노동자 반 년치 임금), **자식**까지 먹는 지경에 이르렀다(신28:57).

＊ 왕은 **원망**하고(6:31) 장관은 **불신**했다(7:2).

⇒ 가장 비천한 **나병환자**들이 기쁜 소식을 전했다.

■ 하나님은 시대 전체가 믿음이 없을 때 오히려 가장 낮은 자들을 통해 구원하신다.

⑨ (8:1-6) <기적을 회고함>

수넴 여인은 엘리사의 조언에 따라 하나님의 심판으로 임한 7년 기근 중에 비옥한 해변가 평원에 있는 블레셋의 땅으로 피신했다가 돌아왔다.

⑩ (8:7-15) <아람에 대한 예언>

아람 왕 벤하닷이 병중일 때 엘리사는 하사엘이 왕이 될 것을 예언했다. 이는 엘리야에게 주신 사명을 완수함이었다(왕상19:15). 앗수르의 비문에는 "문벌도 없는 하사엘이 왕위를 찬탈했다"고 기록되어 있으니, 하사엘은 비천한 집안 출신이었다(13절).

⑪ (8:16-24) <남05. 여호람의 실패>

여호사밧 18년에 아들 여호람도 왕이 되었으니 이는 섭정 기간이었다. 공동통치는 남북왕조 역사에서 흔히 있는 일이었다. 여호람은 아합의 딸 아달랴("여호와께서 높아지시다")와 결혼해 악을 행했다.

⑫ (8:25-29) <남06. 아하시야의 실패>

아하시야도 아합 가문과 결혼해 악을 행하였고, 아람 왕 하사엘과 싸우다가 부상당한 북이스라엘의 왕 여호람을 문안하러 갔다.

• 우상에게 질문하는 자에게 **진노하시는 하나님**이시다(1:2-4).

• 각 사람에게 있는 결핍을 채워주시는 **은혜의 하나님**이시다(4:1-44).

• 하나님의 사람이 공격당할 때 천군천사로 **보호해 주시는 하나님**이시다(6:14-17).

Day 29

북왕국의 멸망
열왕기하 9 - 17장

예후가 아합 가문을 진멸했고
북이스라엘은 악한 왕들이 계속되다가 먼저 멸망했다.

① 남유다의 중흥(9-14장) 북에서 아합 가문이 심판받고 남에서 요아스와 아마샤가 일어났다.
② 북왕국의 멸망(15-17장) 남왕국은 흔들렸고 북왕국은 내리 죄를 짓다가 앗수르에게 망했다.

ⓐ 북의 요람과 남의 아하시야가 **길르앗 라못**에서 아람 왕 하사엘과 전쟁을 벌였으나 요람만 부상당하고 승패는 가르지 못했다(8:25-29).

ⓑ 예후의 반란으로 베니게-이스라엘-유다의 혈맹이 깨지자, **아람 왕 하사엘**이 이스라엘 전 영토를 유린했고 요단 동편 땅은 속수무책으로 당했다(10:32-33). 하사엘은 북이스라엘을 지배하에 두고 가드를 손쉽게 점령한 뒤 예루살렘에 올라와 요아스에게서 은금을 빼앗았다(12:17-18). 이후 북이스라엘 백성을 도륙했다(13:1-7).

ⓒ 아람이 막강할 때 등장한 구원자(13:5)가 **앗수르 왕 아닷니라리 3세**였다. 그가 BC 806년 다메섹을 침공해 아람의 세력을 약화시킨 후에 요아스는 아람을 세 차례 무찌를 수 있었다(13:25).

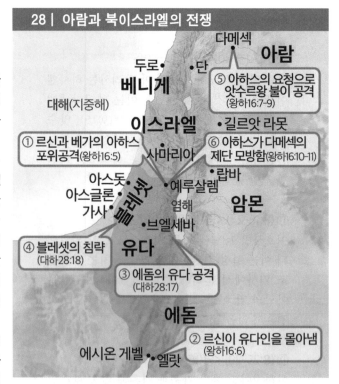

28 | 아람과 북이스라엘의 전쟁

다메섹 / 아람
두로 / 베니게 / 단
⑤ 아하스의 요청으로 앗수르왕 불이 공격 (왕하16:7-9)
대해(지중해)
이스라엘 / 길르앗 라못
① 르신과 베가의 아하스 포위공격(왕하16:5)
⑥ 아하스가 다메섹의 제단 모방함(왕하16:10-11)
사마리아
아스돗 / 블레셋 / 예루살렘 / 랍바
아스글론 / 염해 / 암몬
가사 / 브엘세바
④ 블레셋의 침략 (대하28:18)
유다
③ 에돔의 유다 공격 (대하28:17)
에돔
② 르신이 유다인을 몰아냄 (왕하16:6)
에시온 게벨 / 엘랏

29 | 북이스라엘의 멸망과 유배

← 유배 경로　■ 유배지

카스피해
갈그미스・
고산　할라
하란　니느웨
앗수르　　메대
　악메다
구브로
대해(지중해)
하맛　앗수르
다메섹　유브라데강
두로・
바벨론
사마리아・　이스라엘　바벨론　・수사
・소안　유다　엘람
나일강
・멤피스

① BC 724년 살만에셀의 포위
② BC 722년 사르곤이 함락시킴

✏️ ① 남유다의 중흥(9-14장)

① (9-10장) <북10. 예후의 심판>

군대장관 예후("그가 여호와시다")는 길르앗 라 못 전쟁터에서 예언을 받았다.

ⓐ 북이스라엘 왕가의 구성 및 특징

1. 여로보암 왕가 　(1-2대) 2. 바아사 왕가(3-4대) 3. 오므리 왕가(6-9대) 4. 예후 왕가(10-14대) 5. 므나헴 왕가 　(16-17대)	왕의 수 19명 악한 왕 19명 모반사건 9건

ⓑ 북왕국은 왜 모반이 계속되었는가(9:14)?

1. 대중이 택한 왕은 영적인 정통성이 없었다.
2. 모반으로 시작된 나라의 운명이었다(마26:52).
3. 군사정권이기에 군대장관의 권력이 강했다.
4. 왕이 행악하면 하나님께서 제거하셨다(9:7).
5. 북이스라엘은 겉만 강할 뿐 속은 곪아 있었다.
■ 인간이 세운 정권은 인간 스스로 무너뜨리게 마련이다.

ⓒ 예후의 심판 과정과 특징은(9-10장)?

1. 예언을 받아 요람왕과 이세벨을 죽였다.
2. 아합의 자손 70명은 왕실 교사들이 죽였다.
3. 유다 왕 아하시야와 형제들까지 죽였다.
4. 바알숭배자들을 심판하고 바알 신당을 변소로 만들었다.
5. 여호나답(갈렙의 후손, 레갑 족속의 선조로서 경건주의의 표상, 대상2:42, 45; 렘35:1-10 참고)과 함께 종교개혁을 단행했다.
6. 불같은 성격(9:20)과 열심(10:16)이 그대로 쓰임받았다.
7. 이후 예후도 불순종했고 여로보암이 세웠던 금송아지를 여전히 숭배했다.
■ 악인이 또 다른 악인을 심판하는 것이 세상의 모습이다.

② (11장) <남07. 아달랴의 숙청>

아하시야가 요절(23세)하자 모친 아달랴는 손주들을 죽이고 즉위했으니 그녀는 이세벨의 판박이였다. 남유다는 번영을 위해 악녀를 들였다가 가문이 멸절될 뻔했다.

③ (12장) <남08. 요아스의 개혁>

요아스는 고모부이자 대제사장이었던 여호야다의 은혜로 즉위했지만 교훈받는 동안(2절; 삿2:7)에만 정직하게 행했다.

④ (13:1-9) <북11. 여호아하스의 죄악>
여호아하스는 하나님의 구원에도 불구하고 계속해서 우상숭배했다.

⑤ (13:10-25) <북12. 요아스의 죄악>
요아스는 엘리사의 죽음에 통곡하면서도 말씀에 적극적으로 순종하는 열심이 부족했다 (19절).

⑥ (14:1-22) <남09. 아마샤의 노력>
아마샤는 선한 왕이었으나 에돔에서의 승리에 도취해 북왕국에 시비를 걸다가 패전했다.

⑦ (14:23-29) <북13. 여로보암 2세의 중흥>
여로보암은 북왕국의 영토를 최대한 회복했다.

② 북왕국의 멸망(15-17장)

① (15:1-7) <남10. 아사랴의 노력>
아사랴는 정직한 왕이었다.

② (15:8-12) <북14. 스가랴의 죄악>
스가랴는 악을 행하다가 6개월 만에 살룸에게 죽임당했다.

③ (15:13-16) <북15. 살룸의 죄악>
살룸은 한 달 동안 통치하다가 므나헴에게 죽임당했다.

④ (15:17-22) <북16. 므나헴의 조공>
므나헴은 앗수르 왕 불(디글랏빌레셀 3세)이 치러 오자 그에게 은 1천 달란트의 조공을 바쳤다.

⑤ (15:23-26) <북17. 브가히야의 죄악>
브가히야는 악을 행하다가 베가에게 죽임을 당했다.

⑥ (15:27-31) <북18. 베가의 패배>
베가는 BC 733년 앗수르 왕 불에게 전국 도시들을 정복당했고(29절) 호세아에게 죽임당했다.

⑦ (15:32-38) <남11. 요담의 전쟁>
요담은 성전의 윗문을 건축했다. 한편 아람 왕과 북이스라엘의 베가왕 연합군에게 공격을 받았다.

⑧ (16장) <남12. 아하스의 우상숭배>

＊ 아하스는 앗수르의 환심을 사려고 다메섹에 있는 이방신의 제단을 복제해서 예루살렘에 두었다.

＊그는 하나님보다 앗수르 제국을 의지했다(사7:3-12).

■ 위기의 때에 사람을 계속 두려워할 것인가, 하나님께 돌아올 것인가(잠29:25)?

⑨ (17장) <북19. 호세아의 멸망>

호세아는 앗수르와 애굽 사이에서 줄타기를 하다가 앗수르 왕 살만에셀에게 3년이나 포위당했고 결국 BC 722년에 마지막 보루인 사마리아가 함락되면서 멸망했다.

⑩ 앗수르 제왕과 북이스라엘의 상관관계

1. **아닷니나리 3세** 〉 다메섹을 침공했고 아람을 약화시켰다(13:5).
2. **디글랏빌레셀 3세(불)** 〉 므나헴의 조공을 받았다. 북왕국 1차 침공 후 전국 도시들을 점령했다(15:29). 아람(다메섹)을 점령한 후 북왕국을 2차 침공했다(16:9).
3. **살만에셀 5세** 〉 사마리아를 포위하던 중에 사망했다(17:5).
4. **사르곤 2세** 〉 사마리아를 3차 침공했고 함락시켰다(17:6).
5. **산헤립** 〉 히스기야를 압박한 이후에 암살당했다(19장).
6. **에살핫돈** 〉 남유다의 므낫세왕과 조약을 맺었다(19:37).

■ 북왕국은 우상숭배로 신앙적 정통성을 상실했고, 앗수르의 혼혈정책으로 민족적 정통성마저 상실했다.

이후 사마리아는 여호와도 믿고 우상도 섬기는 혼합주의 신앙으로 전락했다(33, 41절).

⑪ 왜 북이스라엘은 멸망했는가(17장)?

1. 하나님의 은혜와 언약을 잊었다(7, 15절).
2. 가나안 **우상숭배**에 빠져 버렸다(8, 10절).
3. **금송아지** 우상숭배를 멈추지 않았다 (8, 16절).
4. **복술과 사술**(샤머니즘)에 빠졌다(17절).
5. 선지자들을 보내도 **순종**하지 않았다(13절).

■ 하나님은 강복의 약속뿐만 아니라 심판의 약속도 지키신다(신28:36).

• 각 사람의 기질을 사용하셔서 **뜻을 이루시는 하나님**이시다(9:20).
• 하나님의 백성이 온전히 순종하여 **승리하기 원하시는 하나님**이시다(13:14-25).
• 범죄함으로 고난에 빠진 백성도 불쌍히 여겨 **구원하시는 하나님**이시다(14:25-27).

Day 30

남왕국의 멸망

열왕기하 18-25장

 남유다는 히스기야와 요시야를 빼고 내리 악한 왕들이 등장했고
결국 바벨론에 멸망당했다.

① 히스기야의 노력(18-21장) 히스기야는 선하였지만 므낫세와 아몬왕은 우상을 숭배했다.
② 남유다의 멸망(22-25장) 요시야는 선했지만 이후 왕들은 다 악하여서 바벨론에 멸망당했다.

30 | 바벨론 제국의 발흥

카스피해

아라랏산 ▲

③ BC 612년
나보폴라살이 함락시킴

리디아

갈그미스 · 하란

니느웨

앗수르

메대

악메다 ·

⑤ BC 605년
느고 2세가 느브갓네살에게 패배

구브로

리블라 ·

아람

앗수르 ·

② BC 626년
나보폴라살이 점령함

베니게

· 다메섹

암몬

바벨론

④ BC 609년
요시야의 전사

두로 ·
므깃도 ·

예루살렘 ·

바벨론 · 수사

믹돌 ·

유다

모압

엘람

우르 ·

리비아

에돔

갈대아

온(헬리오폴리스) ·

놉(멤피스) ·

두마 ·

① 나보폴라살의 고향

페르시아만

헤르모폴리스 ·

· 데마

이집트

시로- 아라비아 사막

노아몬(테베) ·

홍해

④시드기야 심문 및 선고
(왕하25:6-7)

하맛

립나(리블라)

하맛

대해(지중해)

베니게

시돈

두로

•다메섹
•헤르몬산
단

아람

갈릴리 바다

므깃도

•길르앗 라못

암몬
•랍바

욥바

여리고

블레셋
가사•라기스•예루살렘

유다
염해

②시드기야 체포
(왕하25:5)

브엘세바 모압

①예루살렘과 함께
멸망(렘34:7)

③성벽 훼파, 성전 전소
(왕하25:9-10)

에돔

ⓐ 앗수르는 해변길로 내려와 남유다에서 두 번째로 강한 군사기지인 **라기스**를 거점으로 삼은 뒤 예루살렘으로 진격했다(18:13-17).

ⓑ 히스기야는 강한 독립의지로 앗수르를 배반했지만(18:7) **산헤립**은 1차 침공에서 남왕국 46개 성읍을 점령했고 20만 명을 포로로 잡아갔으며, 2차 침공에서 예루살렘을 포위하고(18:17이하) 히스기야를 '새장에 든 새'라고 조롱했다.

1 히스기야의 노력(18-21장)

① (18:1-12) <남13. 히스기야의 개혁>

히스기야("여호와께서 강하게 하신다")는 종교개혁을 단행했고, 살만에셀이 죽고 사르곤 2세가 즉위하는 혼란기에 부친 아하스의 친앗수르 정책을 버렸다(7-9절).

Ⓐ 히스기야의 종교개혁의 특징은(18장)?

1. 민간신앙의 뿌리인 **산당**들을 제거했다(4절).
2. **바알**의 주상과 **아세라** 목상을 찍었다(4절).
3. 모세의 놋뱀인 **느후스단**("놋 조각")을 부쉈다(4절).
 * BC 8세기가 **앗수르의 혼란기**여서 가능했다.
 ■ 나는 세상 무엇보다 여호와를 가장 의지하는가(5절)?

Ⓑ 남유다 왕가의 주요 특징

1. 1-3대: 북이스라엘과 전쟁 2. 4-7대: 아합 가문과 연합 3. 히스기야: 제1대 종교개혁 4. 아하스, 므낫세: 극한 죄악 5. 요시야: 제2대 종교개혁	왕의 수 20명 선한 왕 8명 모반사건 1건

② (18:13-37) <앗수르의 침공>

BC 701년 산헤립은 애굽 침공의 교두보 마련을 위해 남유다를 1차 침공해 46개 성읍을 점령했고(13절), BC 699년 2차 침공해 랍사게가 협박과 회유를 했다.

③ (19장) <히스기야의 기도>

히스기야는 자신의 위기보다 하나님을 비방한 것에 대한 징계를 요청했고(4절), 하나님의 응답대로 산헤립은 디르하가(구스 왕인 동시에 애굽 25대 왕조의 세 번째 바로)의 진군 소식 및 하룻밤 새 앗수르 대군 18만 5천 명이 죽는 사건 때문에 고국으로 되돌아갔다. 거기서 아들들이 그를 암살했다(37절).

④ (20장) <히스기야의 치유>

ⓒ 히스기야는 왜 책망을 들었는가(20:17-18)?

* 히스기야는 불치병을 치유받고 **15년간** 생명을 연장받았다.
* **바벨론 왕** 브로닥발라단이 앗수르에 반란하여 독립하려던 차에 남유다와 연대하고자 사절단을 보냈다.
⇒ 히스기야도 **앗수르를 견제**하려고 그들을 환대했다.
■ 하나님보다 열강을 의지함으로 인해 책망을 받았다.

⑤ (21:1-18) <남14. 므낫세의 죄악>

므낫세는 남유다의 최장 기간(55년) 통치자이자 최악의 왕이었다.

⑥ (21:19-26) <남15. 아몬의 죄악>

아몬(애굽의 풍요의 신 이름)은 부친 므낫세처럼 우상을 섬겼다.

ⓓ 남유다가 멸망한 원인은 무엇인가(21장)?

1. 북이스라엘을 따라 **우상**을 숭배했다(3절).
2. 여호와의 **성전**을 우상으로 더럽혔다(5절).
3. 가나안인보다 더 **가증**했다(11절; 신8:19).
4. **무죄한 피**를 심히 많이 흘렸다(16절).
5. 하나님의 은혜의 **한계점**을 넘었다(12절).
■ 하나님은 강복의 약속뿐만 아니라 심판의 약속도 지키신다(신28:36).

② 남유다의 멸망(22-25장)

① (22:1-23:30) <남16. 요시야의 개혁>

요시야는 개혁을 단행했다. BC 625년(요시야 14년) 앗수르바니팔이 죽자 앗수르는 쇠퇴했고, 바벨론의 나보폴라살(BC 625-605)과 메대가 앗수르를 계속 침공했다.

ⓔ 요시야 종교개혁의 특징은(22-23장)?

1. **신명기** 법전에 근거한 개혁(22:8; 신31:26).
2. **바알과 아세라, 일월성신**을 버렸다(23:4).
3. 성전 내 **남창**과 **여사제**의 집을 헐었다(23:7).
4. 전국적으로 **산당**들을 제거했다(23:8).
5. 아하스와 므낫세의 **제단**을 헐었다(23:12).
6. 300년 된 **솔로몬의 산당**들을 폐했다(23:13).
7. 벧엘의 **금송아지** 제단을 헐었다(23:15).
8. **북이스라엘**의 도시들도 정화했다(23:19).
9. 사사시대 이래 **최대 유월절**을 지켰다(23:22).
10. **무당과 가정신**(드라빔)도 제거했다(23:24).
* BC 7세기가 **앗수르의 쇠퇴기**여서 가능했다.
■ 나는 요시야처럼 전심전력으로 하나님의 말씀을 따르는가(23:25)?

원수지간이던 애굽과 앗수르가 연대할 만큼 바벨론이 막강했는데 요시야가 감히 나섰다가 전사했다. 결국 바벨론의 느부갓네살은 갈그미스 전투에서 바로 느고와 앗수르를 제압했다(렘46:2).

ⓕ 왜 선한 요시야는 일찍 죽었는가(23:29)?

* 애굽-앗수르 연대를 막다가 실패했다(23:29).
1. 변화된 국제정세에 대한 **판단 착오**였다(23:29).
   - 히스기야 이후 **친바벨론** 기조를 유지한 것이기도 했다(20:12).
2. 하나님이 유다를 **심판**하기로 결정(23:27)하신 후 요시야가 바벨론 포로가 되지 않게 하심이었다(22:20).

② (23:31-35) <남17. 여호아하스의 쇠락>

여호아하스는 바로 느고에게 잡혀가 죽었다.

③ (23:36-24:7) <남18. 여호야김의 쇠락>
여호야김은 바벨론을 배반했다가 공격을 받았다.

④ (24:8-17) <남19. 여호야긴의 쇠락>
여호야긴도 악행하다가 바벨론에 포로로 잡혀갔다.

⑤ (24:18-25:21) <남20. 시드기야의 멸망>
시드기야도 악행하다가 결국 나라가 바벨론에 패망했다.

◎ 바벨론 느부갓네살왕과 남유다의 멸망사

1. **BC 605년**(18대 여호야김 4년) (24:1; 렘46:2)
   1차 침공 및 **1차 포로**(다니엘 포로, 단1:1)
2. BC 602년(18대 여호야김 6년) (24:1-2, 6)
   2차 침공 및 여호야김 포로/회복(대하36:6)

3. **BC 597년**(19대 여호야긴 원년) (24:10-16)
   3차 침공 및 **2차 포로**(여호야긴, 에스겔, 모르드개, 용사, 장인들 포로, 겔1:2; 에2:6)

4. BC 588년(20대 시드기야 9~11년) (25:1-7)
   4차 침공 및 18개월간 포위(렘39:1-2)
5. **BC 586년**(20대 시드기야 11년) (25:8-21)
   예루살렘 함락 및 **3차 포로**(시드기야 포로)
   ■ 남왕국의 멸망은 하나님의 언약을 버린 결과였다.

⑥ (25:22-30) <남은 자의 역사와 소망>
ⓗ 절망 속에 하나님이 주신 소망은(25:27-30)?

＊ 그달리야 총독을 이스마엘이 암살한 혼란기에 백성은 갈대아인이 두려워서 애굽으로 도주했다.

⇒ 여호야긴(반역의 전력 없이 포로된 유다왕)의 **회복**은 장차 임할 하나님의 회복을 의미하는 것이었다.
- 짧게는 **70년** 만에 이루어질 바벨론의 포로 귀환, 길게는 1948년에 이루어질 이스라엘의 **독립**에 대한 예표적 사건이었다.
"2,534년 만에 되찾은 나라"(모세 다얀, 이스라엘의 4대 국방부 장관).
■ 역사의 어두운 밤에도 하나님의 여명이 비춰 온다.

• 하나님이 보시기에 정직하고 순전한 사람에게 복 주시는 **하나님**이시다(18:1-4).
• 하나님께 의지하고 연합하는 자의 길을 **형통케 하시는 하나님**이시다(18:5-7).
• 여호와만이 천하만국에 홀로 하나님이심을 **알리기 원하시는 하나님**이시다(19:15-19).

●

감찰자 하나님

"내 눈에 합당한 일을 하며"(왕상11:38)

왕이신 하나님은 지켜 보시는 하나님이기도 하시다. 솔로몬왕이 말년에 우상숭배에 빠졌다. 르호보암이 시작부터 아집을 부렸다. 물론 이들이 잘못했지만, 하나님은 여로보암을 북이스라엘의 왕으로 선택하셨다. 그리고 여로보암에게 처음부터 충격적인 말씀을 주셨다.

"너는 네 마음에 원하는 대로 다스려"(왕상 11:37). 하나님은 무슨 생각으로 이 사람을 세우신 것일까? 그가 사울왕처럼 실패할 것을 알고 계시지 않았는가. 그렇다. 그러나 역사는 하나님의 주권적 섭리와 인간의 자율적 실천이 함께 만들어가는 것이다. 하나님이 허락하셔서 그가 왕이 되기는 했지만, 그가 스스로 어떤 길을 선택하느냐가 중요했다.

여로보암은 분명 야망이 있는 인물이었다. 하지만 하나님은 그에게 기회를 주셨다. 그가 하나님의 눈에 합당한 일을 하면 그의 왕위를 견고하게 하시겠다고 약속하셨다(왕상11:38). 처음부터 "너는 안 돼"라고 오답 처리하지 않으셨다. 그러나 무엇이 평가기준인지는 명확하게 알려주셨다. 기회와 기준을 주고 지켜보며 평가하여 상벌을 주는 것이 어느 조직에서나 바른 리더십이 아닌가.

"감찰(監察)하다"는 "자세히 보고 살피다" 내지 "감독하고 관찰하다"라는 뜻이다. 하나님은 감찰하시는 하나님이시다. 성경에서 가장 많이 나오는 표현 중 하나가 "여호와 앞에/보시기에 (직역, 두 눈에)"(왕상15:3, 26)다. 하나님이 불꽃 같은 눈동자로 보고 계신다. 당신이 선을 행하는지 악을 행하는지, 하나님을 경외하는지 경멸하는지 똑똑히 보고 계신다.

그래서 열왕기에 수많은 왕들이 등장하지만 성경의 관심은 그들의 업적이나 치세기간이 아니었다. 오직 단 한 가지 기준, '하나님이 보시기에 선한가 악한가?'였다. 창조주 하나님의 유일한 기준점도 동일하다. "하나님이 보시기에 좋았더라"(창1:10). 이것만이 모든 존재의 온전한 시작이 아니었던가. 진실로 우리는 하나님의 시선이라는 거울 앞에서 살아가고 있다.

"그에게 일곱 뿔과 일곱 눈이 있으니 이 눈들은 온 땅에 보내심을 받은 하나님의 일곱 영이더라"(계5:6하). 이 말씀은 온 땅을 두루 감찰하시는 하나님의 시점이 전지적임을 보여준다. 그렇다. 하나님은 만물을 창조하시고 섭리하시는 전지적 창조주 시점을 가진 분이시다.

자, 그러면 하나님이 전지적 시점으로 인생을 바라보고 계신다는 것은 어떤 의미일까? 첫째, 하나님의 백성에게는 감사한 일이다. "여호와의 눈은 온 땅을 두루 감찰하사 전심으로 자기에게 향하는 자들을 위하여 능력을 베푸시나니"(대하16:9). 만약 하나님이 내면까지 두루 살피시는 분이 아니라면, 어찌 다윗 같은 목동이 왕이 되었겠는가. 또한 하나님은 우리의 마음속 탄식조차 들어주시고, 골방의 기도를 듣고 응답해 주시는 하나님이시다.

둘째, 죄와 불순종 가운데 있는 사람에게는 두려움이 된다. "내가 주의 영을 떠나 어디로

가며 주의 앞에서 어디로 피하리이까"(시139:7). 은밀함에는 두 가지 종류가 있다. 하나님의 임재로 인한 은밀함과 죄악을 숨기려는 은밀함이다. 범죄한 영혼은 하나님의 시선을 피하려고 한다. 그러나 누가 하나님의 시선을 피할 수 있겠는가. 하나님의 시선에는 사각지대가 없다.

셋째, 불완전한 것을 완전하게 하시는 따스한 시선이다. 하나님은 다 보시고 다 아시지만 기다려주시는 분이기 때문이다. 그런데 우리는 그런 하나님을 원망한다. 다 아신다면서 왜 미리 답을 알려주지 않으시는가? 다 하실 수 있다면서 왜 개입해서 도와주지 않으시는가? 물론 하나님께는 명백한 답이 있지만, 그 답을 선택하는 것은 인간인 내가 해야 하는 일이다.

감독이 경기와 선수들을 세심하게 살피지만 선수 대신 경기를 뛰어주지는 않는다. 선생님이 학생에게 원리와 공식, 풀이법을 다 알려주지만 문제를 직접 푸는 것은 학생이다. 혹여 당신은 하나님이 개입하시면 간섭한다고 원망하고, 하나님이 기다리시면 방관한다고 원망하지 않는가? 인생과 역사를 단순논리로 풀려고 하지 말라.

리더의 유형을 쉽게 네 가지로 나눌 수 있다. 첫째는 멍부(멍청하고 부지런한) 리더다. 사울왕처럼 어리석은 일에 부지런한 경우다. 둘째는 멍게(멍청하고 게으른) 리더다. 남유다 마지막 왕 시드기야처럼 바벨론에 항복해야 한다고 선지자가 일러줘도 아무 결정도 안 하고 있다가 망한 경우다. 셋째는 똑부(똑똑하고 부지런한) 리더다. 솔로몬왕처럼 똑똑하고 부지런해서 많은 일을 이루지만 백성들을 피곤하게 만드는 리더다. 넷째는 똑게(똑똑하고 게으른) 리더다. 다윗왕처럼 다 알고 보고 있지만, 부하들에게 위임하고 기다려주는 리더다.

하나님의 리더십도 이와 같다. 하나님은 다 알고 계신다. 하지만 인생과 역사를 위임하고 기다려 주신다. 여로보암을 세울 때 하나님의 입장은 명확했다. "내가 널 선택했다. 네 마음대로 해 봐라. 그러나 내가 보고 있다는 것을 명심해라." 인생도 역사도 인간이 하고 싶은 대로 하는 것이다. 그러나 하나님이 보고 계신다. 이것을 알아야 하나님의 임재 의식 속에 살 수 있다. 하나님이 기다려주시다가 개입하시는 날은 큰 상급의 날이거나 큰 징계의 날임을 알라.

역사서 내내 하나님은 이스라엘의 실패를 예견하고도 기다리셨다. 왜 기다리고 계셨을까? 그럴 때마다 사람들은 "내가 실패하기를 기다렸다가 넘어지는 걸 보니까 좋으신가요!"라며 하나님께 대든다. 하지만 생각해 보라. 걸음마를 배우는 아이가 엎어지거나 주저앉을 때 아이에게 다가가는 아빠가 정말 자녀의 실패를 원하고 있는 것일까?

하나님을 오해하지 말라. 자녀가 20-30대가 되면 부모 곁을 떠난다. 나 혼자 잘 살 것처럼 맘대로 살아본다. 그러다가 인생이 힘들어지고 재정이 바닥나고 마음이 병들면 돌아와 부모의 그늘에 와서 위로를 얻는다. 부모가 그동안 당신의 인생에 개입하지 않은 것은 당신이 실패할 때를 기다린 것이 아니다. 당신이 힘들면 언제든지 도와주려고 기다린 것이다.

하나님은 역사의 미래를 낙관하셔서 역사를 지탱하고 계시는 분이 아니다. 하나님은 인간을 너무나 사랑하셔서 역사를 지탱하고 계신 분이시다. 바라보고 계신 하나님은 언제든지 내가 많이 비뚤어지면 혼내기도 하고 지쳐서 돌아오면 도와주실 준비를 하고 계신다. 그분이 내게 소중한 인생을 주셨고 중요한 역사를 맡겨주셨다. 오늘 하루를 마음껏 살아가라. 그러나 그분이 공의와 사랑의 시선으로 나를 매 순간 바라보고 계심을 잊지 말라.

역대상은 사무엘하에 대한 해설서고, 역대하는 열왕기에 대한 해설서다. 포로귀환자들이 남유다 위주로, 다윗을 중심으로 씀으로써 민족의 자긍심을 고취했다. 황폐화된 고국에서 다시 시작해야 하는 유다인에게 하나님 나라를 세우는 신앙 공동체의 정체성 회복은 매우 중요했다. 에스라는 성전 재건의 책이다. 학자 에스라를 중심으로 신앙 개혁을 일으켰다. 과거 역대 왕들은 '하나님 보시기에' 악을 행했지만 귀환한 이들은 하나님을 찾으며 부흥을 꿈꾸었다. 우리 삶에서 재건해야 할 곳은 어디인가? _____

Week 06

역대상 01장 - 에스라 10장

● 역대상

역대상은 사무엘하에 대한 해설서다. 1-10장은 아담에서부터 다윗에 이르기까지의 계보와 사울왕의 죽음에 대해서 기록했고, 11-29장은 다윗왕의 통치와 성전건축 준비에 대해서 기록했다.

역대상은 사무엘하와 동시대에 발생한 사건을 다루지만 몇 가지 차이점을 갖는다. 첫째, 초반부는 9장에 걸쳐 아담에서부터 시작되는 계보를 다룬다. 이는 귀환 공동체가 역사적 뿌리를 확인함으로써 정체성을 깨닫고 민족적 자부심을 회복하려는 의도였다. 둘째, 일반 역사보다 성전건축 역사를 더 강조한다. 당시 귀환 공동체에게 가장 중요한 과제는 무너진 성전 재건에 있었다(이런 강조점은 에스라, 학개, 스가랴, 말라기에서도 확인된다). 셋째, 다윗과 솔로몬에 대한 부정적인 사건의 언급이 없다. 밧세바 간음 사건, 압살롬의 반역, 시므이의 저주 등이 등장하지 않는다. 성전을 건축한 두 왕을 모범적인 기준으로 제시했다. 다만 다윗의 인구조사 사건은 언급했는데 이를 통해서 모리아산이 후에 성전건축 부지가 되었기 때문이다. 또한 이렇게 다윗과 솔로몬의 긍정적인 측면만 부각시킨 것을 일방적인 역사 미화라고 볼 수 없는 것은, 귀환시대 유다인들은 예언자들이 선포한 메시아의 오심과 다시 회복될 다윗 왕국을 대망하고 있었기 때문이다. 넷째, 바벨론 포로 후기에 기록되었다. 역대기는 포로귀환을 이끈 에스라가 기록했기 때문에, 그들은 과거 역사의 재조명을 통해 성전 재건에 대한 비전과 동기부여를 원했고 신앙 공동체로서의 이스라엘의 재건을 꿈꿨다.

특별히 역대기의 수치 및 통계 기록이 사무엘/열왕기의 기록과 차이를 보이는 경우가 몇 차례 있다. 이에 대해 역대기가 민족의 자긍심을 고취하기 위해서 의도적으로 숫자를 늘린 것이라는 문제제기가 있다. 물론 열왕기는 국가에서 공식 기록한 왕조실록일 가능성이 크지만, 역대기는 학사 에스라가 개인적으로 정리한 역사서로 추정된다. 또한 후대에 그들이 처한 관점으로 해석된 역사라는 차이점도 있지만, 분명히 저자는 많은 역사서를 참고하여 사실을 고증해 가며 역대기를 기록했다는 점 또한 인정해야 한다(27:24, 29:29; 대하12:15, 16:11, 20:34, 24:27, 32:32, 35:4).

○ 다윗의 계보 (1-10장)			
1	다윗의 계보	1장-9:34	다윗왕을 중심한 계보
2	사울의 계보	9:35-10장	사울왕의 계보와 최후

○ 다윗의 통치 (11-29장)			
1	다윗의 승리	11-20장	다윗의 승리와 언약궤
2	다윗의 준비	21-29장	성전 건축을 위한 준비

● 역대하

역대하는 열왕기에 대한 해설서다. 1-9장은 솔로몬의 성전건축과 통치에 대해서 기록했고, 10-36장은 남유다 왕국의 초창기부터 왕들의 방황을 이야기하다가 결국에는 왕국이 멸망하는 역사까지 기록했다.

역대하는 열왕기상·하와 동시대에 발생한 사건을 다루지만 몇 가지 차이점을 갖는다. 첫째, 남유다 왕국의 역사만 다룬다. 북이스라엘의 역사는 남왕국과 관련된 내용 외에는 굳이 언급하지 않는다. 이는 역사적으로 북왕국이 신앙적·혈통적 정통성을 잃어버렸기 때문이기도 하지만, 더 나아가 귀환 공동체가 남왕국의 핵심 지파인 유다와 베냐민 지파 중심이었고, 이들은 북쪽 사마리아인들과 갈등 관계에 있었기 때문이기도 했다(이런 강조점은 느헤미야서에서도 확인된다). 둘째, 성전 보수와 예배 회복을 강조한다. 남왕국 왕들의 치적 중에서도 성전과 예배 회복의 업적이 많이 다뤄진 것은, 이런 이슈들이 재건 공동체의 주요 사안들이었기 때문이다(이런 강조점은 에스라, 느헤미야, 학개, 스가랴, 말라기에서도 확인된다). 셋째, 남유다 왕들의 장단점을 자세하게 설명해서 열왕기에서는 의문이 되었던 본문들에 대한 해답 역할을 해준다. 역대기는 다윗과 솔로몬을 모범적 기준으로 제시한 반면, 남유다 왕들이 우상숭배한 죄들과 성전 보수, 유월절 행사, 종교개혁에 대해서는 자세히 기록했다. 그러므로 역대기는 열왕기 역사를 좀 더 풍부하게 하고 있으며 상호간에 좋은 보완 관계를 형성하고 있다. 넷째, 고레스 칙령을 통한 성전회복을 언급한다.

역대기의 수치 및 통계가 사무엘/열왕기의 기록보다 과장되었다고 문제제기를 하는 사람들이 있다. 하지만 오히려 열왕기의 수치상 오류를 정정해 준 구절(33일① 참고)도 있고, 열왕기에서 자세히 기록하지 않았던 선한 왕들의 부끄러운 면모들을 밝혀내기도 했다. 이는 역대기가 얼마나 역사 고증을 철저하게 한 책인가를 보여준다. 귀환자들의 성전 재건이 과거 역사를 미화한다고 되는 것이 아니라, 정직한 역사 인식을 바탕으로 하나님 나라를 세워갈 신앙 공동체라는 정체성을 회복해야만 가능한 것이기에 역대기는 양면을 다 갖는다.

○ 솔로몬의 통치 (1-9장)

1	성전 건축	1-7장	성전 건축과 봉헌 기도
2	부귀 영화	8-9장	경제 번영과 깊은 지혜

○ 남왕국의 통치 (10-36장)

1	초기 왕들	10-16장	북과의 계속된 전쟁
2	북과 동맹	17-24장	아합 가문과의 교류
3	방황 역사	25-28장	아깝게 실패한 왕들
4	종교 개혁	29-35장	마지막 혼신의 개혁
5	최후 멸망	36장	바벨론 포로와 회복

● 에스라

에스라서는 성전 재건의 책이다. 1-6장은 총독 스룹바벨을 중심으로 바사국에서 돌아온 1차 귀환자들의 성전 재건에 대해서, 7-10장은 학사 에스라를 중심으로 돌아온 2차 귀환자들과 신앙 개혁에 대해서 기록했다.

출애굽기가 애굽에서 탈출한 "첫 번째 출애굽"의 책이라면, 에스라서는 바사(페르시아)에서 돌아온 "두 번째 출애굽"의 책이다. 바벨론과 바사에 흩어진 유다인들이 최대 4-5백만 명으로 추산되기 때문에, 두 번째 출애굽(총 9만 5천 명, 36일ⓑ 참고)은 첫 번째 출애굽(60만 명)보다 초라했다. 하지만 포로귀환은 장차 메시아를 통해 이뤄질 진정한 출애굽을 예표하는 사건이었다. 이는 또한 70년 만에 귀환하리라는 예레미야 예언의 성취였다. 포로귀환자들의 인원이 적을지라도 이들이 자원자였다는 점이 의미가 있다(1:5). 이들은 무너진 성전 재건을 꿈꾸며 올라온 사람들이었다. BC 536년의 1차 귀환 후 80년이 지난 BC 458년의 2차 귀환을 주도한 에스라는 학사 겸 제사장으로 귀환자들의 영적 지도자 역할을 했는데, 그는 바벨론 포로기부터 시작된 회당(76일ⓓ 참고) 중심의 경건 운동(예배와 성경연구)의 맥을 이은 사람으로 추정된다. 그래서 에스라서에는 1차, 2차 귀환 역사가 다 담겨 있다.

에스라는 다니엘처럼 올곧은 신앙인이었기에 2차 귀환자들과 함께 돌아오는 여정에서 강도의 위험이 있음에도 불구하고 바사국의 군사 호위를 받지 않고 오직 하나님의 보호를 의지했다. 하나님은 그가 안전하게 예루살렘에 이를 수 있도록 도와주셨다. 에스라서와 느헤미야서는 히브리 성경에서는 하나의 책이며, 전통적으로는 에스라가 저자라고 보았다. 후대에 느헤미야서가 에스라가 아닌 느헤미야의 저작으로 여겨지게 되었지만, 에스라서는 여전히 에스라의 저작으로 추정되고 있다. 성전건축은 1차 귀환자들이 BC 536년에 시작해서 BC 516년에 마쳤다. 60년 뒤에 아닥사스다왕의 명을 받아 귀환한 에스라는 신앙개혁을 주도했으며 주변 민족의 훼방으로 성벽 재건을 이룰 수는 없었지만, 이 과제는 3차 귀환을 주도했던 총독 느헤미야가 담당하게 된다.

○ 성전 재건 (1-6장)			
1	1차 귀환	1-2장	고레스의 칙령으로 귀환
2	성전 재건	3-6장	다리오 6년에 성전 봉헌

○ 신앙 개혁 (7-10장)			
1	2차 귀환	7-8장	에스라의 인도하에 귀환
2	회개 운동	9-10장	이방인과의 통혼을 회개

성경은 수많은 고대 사본을 통해 전해온 하나님의 말씀이다. 문제는 1940년대까지 구약성경의 최고(最古) 사본은 AD 900년경의 맛소라사본뿐이라는 것이다. 율법서의 저자가 모세라면 BC 1446년~1406년경에 기록됐고, 마지막 선지서 말라기가 BC 400년경에 기록됐으므로, 당시 최고의 사본은 적어도 1,400년이나 차이가 있었다. 이럴 경우 사본학상, 원자료의 변질로 인한 오류가 상당한 규모가 되는 일이 많다.

그런데 1946년 11월 염해 서쪽의 쿰란에서 베두인 목동이 양을 찾다가 동굴에서 사해사본을 발견하였다. 이것은 에세네파가 분실을 우려하여 비밀스럽게 보관해둔 것으로 추정된다. 현재까지 12개의 동굴에서 600개의 사본들이 발견되었다. 그런데 연구결과 사해사본은 BC 125년경에 기록된 구약성경 사본들(에스더서의 일부를 제외한 구약성경 전체)과 유대교의 고대 문서들이었다. 그러므로 사해사본은 1,100년이나 성서 원본과의 간격을 좁혀주는 놀라운 발견이었다. 다만 기독교계는 큰 긴장에 휩싸였다. 만약 사해사본이 당시 교회가 읽고 있던 성경과 내용이 다르다면, 기독교는 전혀 엉뚱한 글들을 진리라고 믿은 것이 되기 때문이었다.

그런데 사해사본과 맛소라사본은 놀랍게도 오차 없이 99.99% 일치했다. 어떻게 이런 일이 가능했을까? 그것은 성경을 필사하고 보관하는 것이 직업인 서기관들의 사명감과 원칙이 다음과 같이 철저했기 때문이다. 같은 옷을 입고 필사하라. 검정색으로만 필사하라. 글자 사이의 간격을 좁혀서 다른 글자가 첨가되지 않게 하라. 단 한 글자라도 첨삭되었으면 문서 전체를 폐기하라. 각 권의 절과 단어와 글자의 개수를 기록해서 바르게 필사했는지 확인하라. 각 장의 첫 단어와 마지막 단어 그리고 정중앙에 위치할 단어가 정해져 있다. 암기해서 쓰지 말고 원본을 보고 필사하라. 두 번째 필사할지라도 사본을 보지 말고 원본을 보고 필사하라. 완성된 필사본은 30일 이내에 검토하라. 잘못된 것이 판명된 필사본은 파기하라.

서기관들은 필사하다가 테트라그라마톤("네 글자", YHWH, 여호와)이 나오면, 목욕재계를 하고 다시 와서 썼다고 한다. 이들은 감히 전능하신 하나님의 이름을 함부로 부를 수 없어서, 낭독할 때도 아도나이("주님")라고 읽었다. 필사자들은 테트라그라마톤을 쓰다가 왕이 들어와도 일어나지 않았다. 역사적으로 앗수르, 바벨론의 침공 때 적군이 밀고 들어오는데도 필사를 멈추지 않다가 적잖은 필사자들이 칼에 맞아 죽었다고 한다.

"그런즉 유대인의 나음이 무엇이며 할례의 유익이 무엇이냐 범사에 많으니 우선은 그들이 하나님의 말씀을 맡았음이니라"(롬3:1-2). 아브라함이 하나님의 음성을 듣고 가나안으로 이주했고 모세가 시내산에서 하나님의 계명의 말씀을 십계명과 율법의 형태로 받은 이래로 유대인들은 성언(聖言) 전달자로서의 막중한 사명을 수천 년 동안 신실하게 감당해 왔다. 그 덕분에 구약성경은 문서 보존학적 측면에서 놀라운 신뢰성을 갖게 되었다.

Day 31

다윗의 계보
역대상 1-10장

아담에서 다윗까지, 다윗에서 포로시대까지의 족보와
사울의 죽음을 기록했다.

1️⃣ 다윗의 계보(1장-9:34) 다윗을 중심으로 12지파의 계보와 포로귀환자의 명단을 기록했다.
2️⃣ 사울의 계보(9:35-10장) 사울왕의 계보 및 길보아 전투에서의 사망 사건을 기록했다.

1️⃣ 다윗의 계보(1장-9:34)

① (1:1-27) <아담에서 아브라함까지>
역대기의 역사는 인류 최초의 족보로부터 시작된다.

Ⓐ 역대기는 사무엘/열왕기와 무엇이 다른가?

＊ 동일한 왕정시대의 역사를 다루고 있다.
1. 기존 역사를 귀환시대의 관점으로 해석했다.
2. 성전재건과 신앙회복이 최우선 과제였다.
3. 바벨론에서 귀환한 남유다 중심의 역사다.
4. 정치사보다 종교사에 관심을 둔 기록이다.
5. 선지자적 관점보다 제사장적 관점이다.
■ 역대기는 귀환시대 독자들에게 주시는 역사적 교훈이다.

Ⓑ 삼하 + 열왕기	역대기
왕국 역사 서술	왕국 역사 해석
역사 자체 강조	성전예배 강조
남북왕국 기록	남왕국만 기록
정치적인 역사	종교적인 역사
선지자적 관점	제사장적 관점
인간들의 실패	하나님의 회복

Ⓒ 역대기 첫 족보의 구성과 의의는(1:1-27)?

1. 인류의 조상인 아담의 계보(1-4절, 창5).
2. 노아의 아들들의 계보(5-23절, 창10).
3. 아브라함까지의 계보(24-27절, 창11:10-26).
⇒ 우리가 어디에서 시작되었는지 뿌리를 알자. 포로에서 귀환한 유대인의 정체성을 확인하자.

② (1:28-54) <아브라함에서 야곱까지>

열국의 아비가 된 아브라함 자손들의 족보가 나온다.

Ⓓ 이스마엘과 에서의 족보 구성과 의의는(1장)?

1. 이스마엘의 계보(28-31절; 창25:13-16).
2. 후처 그두라의 자손(32-33절; 창25:1-4).
3. 에서의 후손(34-37절; 창36:1-19).
4. 세일 원주민 호리족(38-42절; 창36:20-30).
5. 에돔을 다스린 선출직 왕 8명(43-50절).
6. 에돔 족속 11명의 족장(51-54절).
⇒ 언약의 아들인 이삭과 야곱을 나중에 소개한다(중요한 인물을 나중에 기록하는 것은 성경 족보의 **전형적인 기술 방법**에 해당된다. 창세기 10장에서도 가장 중요한 셈의 족보를 가장 마지막에 소개했다).

③ (2장) <야곱에서 다윗까지>

야곱의 12아들이 나온 뒤(1-2절), 다윗까지의 계보가 나온다.

Ⓔ 다윗까지의 유다 지파 계보의 구성(2장)

1. 유다의 다섯 아들과 자손(3-8절).
2. 헤스론의 차남 람의 가계와 다윗(9-17절).
3. 헤스론의 삼남 갈렙의 가계(18-24절).
4. 헤스론의 장남 여라므엘의 가계(25-41절).
5. 삼남 갈렙의 자손 중 주요인물들(42-55절).
■ 다윗을 중심으로 하는 유다 지파의 계보를 소개했다.

아간을 아갈(7절, "괴로움")이라 불렀으니 그를 처형한 곳이 아골("괴로움") 골짜기였다(수7:26). 다윗의 형이 7명(삼상16:10, 17:12)인데 한 명이 빠진 것(15절)은 그가 후사 없이 죽었기 때문으로 추정된다. 압살롬의 군대장관 아마사(17절)는 개종한 이스마엘 사람 예델(이드라, 삼하17:25)의 아들이었다. 헤스론의 아들 갈렙(18절)은 여분네의 아들 갈렙(4:15)이 아니라 글루배(9절)와 동일인이다. 야일(22-23

절)은 부친이 유다 지파지만 모계를 따라 요단 동편 므낫세 지역에서 활동했다. 갈렙의 자손 중에 십 황무지(헤브론 남쪽 6km) 주민의 선조(42절), 베들레헴의 개척자, 벧가델의 개척자(51절)가 등장한다. 갈렙의 딸 악사(49절)는 유명한 정탐꾼 갈렙의 딸(수15:16)보다 약 300년 전 인물이다. 베들레헴 인근 야베스에 살던 서기관 종족이(55절) 레갑 가문의 조상 함맛에게서 나온 겐 종족이라고 소개한 것은, 겐 족속 이드로의 아들 호밥이 갈렙 족속의 여상속자와 결혼함으로 겐 족속이 갈렙 족속에 병합되었을 것으로 추정된다.

④ (3장) <다윗에서 포로까지>

다윗과 솔로몬의 왕가 계보이자 포로시대까지의 명단이다.

Ⓕ 다윗까지의 유다 지파 계보의 구성

1. 다윗왕의 자녀들(1-9절).
2. 솔로몬왕의 자손(10-24절).
■ 다윗왕(BC 1010년) ~ 스룹바벨 자손(BC 500년)

솔로몬은 암미엘(엘리암, 삼하11:3)의 딸 밧수아(밧세바, 5절)의 자녀다. 요시야의 아들들 가운데 살룸(15절)이 남유다 17대 왕 여호아하스의 본명이다(왕하23:30; 렘22:11). 여고냐(고니야, 16절; 렘22:24)는 19대 왕 여호야긴(왕하24:8)이다. 1차 귀환한 유다 총독 스룹바벨(19절)은 본래 브다야의 아들인데 계대결혼법(신25:5-6)에 따라 큰아버지 스알디엘의 아들이 되었다.

⑤ (4-8장) <12지파의 계보>

다윗을 중심으로 아담에서 포로기까지의 계보(1-3장)를 소개한 뒤, 12지파의 계보를 대략적으로 소개했다.

ⓖ 역대기에 나오는 12지파 계보의 구성(4-8장)

1. 유다 지파의 계보(4:1-23).
2. 시므온 지파의 계보(4:24-43).
3. 동편(르우벤, 갓, 므낫세) 지파의 계보(5장).
4. 레위 지파의 계보(6장).
5. 서편(잇사갈, 베냐민, 납달리, 므낫세, 에브라임, 아셀) 지파의 계보(7장).
6. 베냐민 지파의 추가 족보(8장).

ⓗ 역대기에 나오는 12지파 계보의 특징

1. 스불론과 단 지파가 제외되었다 - 귀환자 명단에도 없기 때문이다
2. **유다와 베냐민** 지파 중심이었다. 이들이 주요 귀환자를 구성하고 있기 때문이다.
3. **레위** 지파의 후손들을 강조했다 - 성전 재건을 강조하기 위해서였다.
   ■ 나의 가문은 이 시대에 교회 재건을 위해 헌신하는가?

야베스(4:9-10)는 야차브("고통")에서 유래한 말로 "고통의 아들"이라는 뜻이다. 오히려 그래서 하나님께 복을 구했고 반전의 은혜를 체험했다. 셀라의 자손(4:21-23)이 전부 왕과 함께 거주하면서 토기장이(렘18:2) 일을 했다는 것은, 그들이 왕의 경작지에서 일하면서 왕의 후원으로 토기 만드는 수공업을 병행했음을 말해준다. 시므온 지파는 다른 지파에 비해서 자손이 번성치 못했다(4:27; 창49:5-7; 민26:14). 시므온이 차지한 그돌(4:39)은 유다산지의 그돌(4:4, 18)이 아니라 세일산으로 가는 길목이었을 것이며, 함의 자손, 즉 가나안 족속을 물리치고 그 땅을 차지했다. 또한 히스기야왕 때 반앗수르 동맹 형성을 위해 반대파를 진압하며 모우님 사람들(염해의 동남쪽에 거주하던 족속)을 진압했다(4:41). 또 다른 무리가 세일산에 가서 아말렉 사람을 치고 거기 거주했다(4:42-43). 르우벤(5:1-2)은 장자 역할을 하지 못했고 요셉이 대신 장자의 명분을 얻었으며 유다에게서 왕들이 나왔다. 요단 동

편 지파들은 하갈 사람(이스마엘 후손)과 계속 전쟁을 했다(5:10, 19-22). 요단 동편 지파들은 BC 733년에 앗수르 왕 디글랏빌레셀에게 포로로 잡혀갔다(5:6, 22, 26; 왕하15:29). 레위 지파(6장)에서 대제사장의 계보(1-15절)와 레위 자손의 계보(16-30절), 찬양대(31-48절), 아론의 계보(49-53절) 및 정착지(54-81절)를 기록했다. 대제사장의 계보는 여호사닥(14-15절)까지였는데, 여호사닥은 귀환 공동체의 제사장 여호수아의 부친(학1:1)이었다. 다윗이 성전에서 찬송하는 직분을 맡긴 헤만, 아삽, 에단(6:33, 39, 44)은 다윗의 3대 악장이자(15:19) 왕의 선견자였다(25:5; 대하35:15). 아론의 계보를 재차 제시(6:49-53)한 것은 아비아달은 제사장 직위가 파면됐고(왕상2:27) 오직 사독만 정통성 있는 제사장으로 남았기 때문이다.

ⓘ 베냐민 족보를 비중 있게 다룬 이유는(8장)?

* 7:6-12의 내용을 보충하는 자료를 추가했다.
1. 이스라엘 초대 왕 **사울**이 속한 지파이기 때문이었다.
2. **귀환자**가 유다에 버금갔다(느11:4, 7, 31-36).
   ■ 베냐민 지파는 유다 지파와 남왕국을 구성했던 지파다.

기브온 성읍의 창설자인 여이엘(8:29)은 사울 왕의 조부 아비엘(삼상9:1)과 동일인이다.

⑥ (9:1-34) <포로귀환자>

포로귀환자들은 12지파의 계보(1-9절), 제사장의 계보(10-13절), 레위인의 계보(14-34절) 순으로 기록됐다. 이스라엘 왕조실록은 성경의 열왕기(상하)가 아니라 현재는 유실된 궁전 기록이다(1절).

② 사울의 계보(9:35-10장)

① (9:35-44) <사울의 계보>
베냐민 지파 출신인 사울왕의 계보다.

② (10장) <사울의 전사>
사울왕이 길보아산 전투에서 전사한 사건을 기록했다.

① 사울의 계보와 전사를 언급한 이유는(9:35-44)?

1. 단일왕국 이스라엘의 **첫 번째 왕**이었기 때문이다.

2. 다윗을 소개하기 위한 **도입**부분으로 사용했다(중요한 인물을 나중에 기록하는 것은 성경 족보의 전형적인 기술방법에 해당된다).

■ 역대기는 서론으로 족보를 전면에 내세우고, 본론으로 다윗 왕조의 정통성 및 성전 건축의 중요성을 말한다.

• 가문을 통해 거룩한 **계보를 이어가기 원하시는 하나님**이시다(1-9장).

• 시대와 공동체를 이끌어갈 **지도자를 세우기 원하시는 하나님**이시다(5:2).

• 하나님의 백성도 **징계하고 훈련하시는 하나님**이시다(9:1-2).

Day 32

다윗의 통치
역대상 11-29장

 다윗은 언약궤를 다윗성에 모시고
성전 건축을 위해 준비하고 후대에 부탁했다.

① 다윗의 승리(11-20장) 다윗은 온 백성의 지지로 왕이 됐고 성전을 건축하기 원했다.
② 다윗의 준비(21-29장) 다윗은 성전 부지를 매입했고 건축을 위한 만반의 준비를 했다.

ⓐ **밀로**("채우다", 11:8)는 다윗성을 강화할 뿐 아니라 성전의 기틀을 마련하는 교두보가 되었다 (25일 지도 참고).

 ① 다윗의 승리(11-20장)

① (11-12장) <다윗의 용사들>
다윗이 온 이스라엘의 왕으로 즉위했다.

ⓐ 7년 반간의 남북전쟁은 왜 생략되었는가(11:1)?
* 남(다윗)과 북(이스보셋)의 갈등(삼하3:1).
1. 다윗 개인의 여정보다 **통일**국가에 관심을 두었다.
 - 남북분열 양상보다 통일된 조국을 강조했다.

2. 어려운 시절보다 **영광**스런 역사를 조명했다.
 ■ 재건시대에 온 이스라엘의 단합을 강조하고 부정적인 역사보다 긍정적인 역사를 부각시켰다.

다윗이 여부스 원주민을 칠 때 요압이 시온산성을 공략하는 선봉장이 되었는데(11:6) 이때의 공적으로 통일 이스라엘의 군대장관이 되었다.

ⓑ 다윗 용사들의 명단 구성은(11-12장)?

1. 사무엘하에 나온 다윗의 용사들(11:10-41).
2. 요단 동편의 용사들 명단이 추가되었다 (11:42-47).
3. 유대광야 피난기의 용사들(12:8-15).
4. 시글락 망명기의 용사들(12:1-7, 16-22).
5. 남유다 왕 통치기의 용사들(12:23-40).
- ■ 다윗은 통일 전부터 **거국적 지지**를 받았다. 12지파 전체가 통일왕국을 위해 **협력**했다. 나라와 민족을 세우려면 한 사람의 영웅보다 **모두의 헌신**이 중요하다.

블론 사람 아히야(11:36)는 "아히도벨의 아들 엘리암"(삼하23:34)과 동일인으로 추정된다. 다윗은 암몬, 헷, 모압, 므소바의 이방인도 하나님의 군대에 발탁했다(11:39, 41, 46-47).

② (13장) <다윗의 열심>

다윗이 언약궤를 옮기고자 1차 시도를 했지만 실패했다.

ⓒ 언약궤 이전

삼하6장	대상13장
3만 명의 선발자(1절)	전국에서 초대했다
각양 악기 연주(5절)	제사장, 레위인(2절)

- ■ 예배 사역자들을 명시하는 제사장적 관점이다.

③ (14장) <다윗의 명성>

다윗이 르바임 골짜기에서 블레셋을 두 차례 크게 격파했다.

ⓓ 다윗의 명성

삼하5:25	대상14:16-17
승리의 역사(25절)	승리의 역사(16절)
(추가 설명 없음)	다윗의 명성과 이방의 두려움(17절)

- ■ 이방인에게 위협받던 재건 공동체를 격려했다.

④ (15장) <다윗의 장막>

다윗의 장막(1절)은 기브온 산당, 즉 모세의 성막을 그대로 본떠 만든 것이었다. 다윗은 2차 시도에서 이전의 잘못을 깨닫고(2절), 율법의 규례대로 이전했다(민4:15). 언약궤를 3개월간 지켰던 오벧에돔(13:14)은 고핫 자손인데(26:12, 15) 가드 사람인 것은 레위인의 성읍 가드림몬 출신(수19:45)이기 때문인 것으로 추정되며, 그는 문지기 오벧에돔(므라리 후손 여두둔의 아들, 15:24, 16:38하)이 아니라 수금을 타는 문지기 오벧에돔(15:21, 16:38상)이다.

ⓔ 미갈의 조롱

삼하6장	대상15장
미갈의 조롱(16절)	미갈의 조롱(29절)
미갈의 심판(23절)	(추가 설명 없음)

- ■ 부정적인 심판의 내용을 굳이 언급하지 않았다.

⑤ (16장) <다윗의 찬양>

다윗은 백성들을 축복하고 감사 찬양을 드렸다.

⑥ (17장) <다윗의 소원>

하나님은 다윗이 성전을 짓고 싶어하는 소원을 들으시고 그에게 복을 약속하셨다.

⑦ (18-20장) <다윗의 승전>

다윗이 사방의 적들에게서 승리를 거두었고 랍바성을 함락시켰으며 다윗의 군대도 다윗처럼 용맹했다.

Ⓕ 다윗의 승리

삼하 8, 10, 12장	대상 18-20장
하닷에셀의 놋 탈취 (삼하8:8)	성전기구를 위한 것 (18:8)
총 병력 3만3천 명 (삼하10:6)	용병 병거 3만2천 대 (19:7)
아람 병거 7백 대와 마병 4만 명 (삼하10:18)	아람 병거 7천 대와 보병 4만 명 (19:18)
랍바성 탈취 (삼하12:29)	밧세바 언급 없음 (20장)

■ 다윗의 전리품이 장차 **성전건축**을 위한 초석이 됨을 밝혔으며, 부정적 역사의 언급을 자제하고 **압도적인 군사적 승리**라는 긍정적 역사를 부각시켰다.

② 다윗의 준비(21-29장)

① (21장) <다윗의 인구조사>
다윗이 인구조사하는 죄를 지었다.

Ⓖ 다윗의 인구조사	
삼하 24장	대상 21장
전군 130만(9절)	전군 157만(5절)
당시 군대의 특성상 예비군 130만	상비군 28만 8천이 더해진 숫자(27:1-15)

■ 과거의 이스라엘이 **군사 강국**이었음을 강조했다.

하나님은 인간의 죄와 교만을 다루시지만 하나님의 백성을 사탄의 공격에서 구원하여 온전케 하기 원하신다. 이처럼 자연재해와 사회적·개인적 고난에는 다양한 이유가 공존한다. 인생과 역사를 단순논리로 해석하지 말고 균형 잡힌 시각으로 해석하라(24일Ⓗ 참고).

Ⓗ 다윗이 구매한 땅

삼하 24:24	대상 21:25
은 50세겔	금 600세겔
아라우나의 타작마당	모리아산 전체

■ 다윗은 **성전 건축용** 부지를 구입하게 되었다.

② (22장) <다윗의 건축 준비>
다윗은 이방인 거류자들을 조사해서(대하 2:17) 성전건축 자재를 준비케 했다(2절). 다윗이 바친 금은 십만 달란트(14절)가 아니라 3천 달란트(29:3-4)인데 오기했던 것 같다. 가장 부요했던 솔로몬 시대에 1년 세입금이 금 666달란트였다. 10만 달란트는 솔로몬 시대로 말하자면 150년치 세입금 액수다.

Ⓘ 왜 하나님은 성전 건축을 막으셨는가(22:8-9)?
1. 다윗이 **전쟁**으로 피를 많이 흘렸기에(8절).
2. **평화의 사람**(솔로몬)이 세울 것이기에(9절).
3. **평화의 도시**(예루살렘)에 세울 것이기에.
4. **평화의 집**(하나님의 성전)을 세울 것이기에.
5. **평화의 왕**(그리스도)이 이곳에 오실 것이기에(사9:6).
■ 하나님이 진정으로 원하시는 것은 정복전쟁이 아니라 평화와 구원임을 신뢰하는가(눅2:14)?

다윗이 성전을 세우고 싶었지만 못한 것은 모세가 가나안에 들어가고 싶었지만 못했던 것과 유사하다. 각자에게 주어진 사명이 있는 법이다.

③ (23장) <다윗의 예배 조직1>
다윗은 노년에 솔로몬을 왕으로 지명하고(1절), 레위인들을 계수하고 조직했다. 레위인의 회막봉사는 원래 30세 이상이었지만(민4:3), 후에는 25세로 조정됐고(민8:24), 다윗은 20세로 낮추었다(24절). 더 이상 성전을 이동할 일이 없기 때문이었다(26절).

④ (24장) <다윗의 예배 조직2>
다윗이 세운 제사장의 24반차(4-5절) 조직은 예수님 시대까지 이어진 성전 봉사 조직이었다(눅1:8).

⑤ (25장) <다윗의 예배 조직3>
다윗은 레위인 가운데 악장과 찬양대를 조직해 세웠다.

> ⑦ 신령한 노래를 부른 선견자는 누구인가(25:5)?
> * 성령의 감동으로 **예언적 노래**를 했으며(1절), 기록된 하나님의 **말씀**을 노래로 불렀다(5절).
> ⇒ 아삽, 헤만, 여두둔 3인의 악장은 단순한 악사가 아니라 찬양으로 왕께 **하나님의 뜻**을 선포하는 선견자들이었다.
> * 3인의 악장(6절) 〉 24인의 리더(9-31절) 〉 288인의 보컬(7절) 〉 4,000인의 성가대(23:5)
> ■ 내가 예배 사역자라면 거룩한 기름 부음이 있는 예언적인 예배를 사모하라.

⑥ (26장) <다윗의 예배 조직4>
성전 문지기와 곳간지기들을 조직했고, 성전 밖에서 관원과 재판관으로 섬기는 레위인들도 조직했다.

⑦ (27장) <다윗의 군사 조직>
다윗은 이스라엘의 12지휘관 및 12지파의 관장을 세웠고, 왕의 재산 관리자들과 모사들을 세웠다.

⑧ (28장) <다윗의 권면>
다윗은 이스라엘의 모든 지도자들과 솔로몬에게 자신이 하나님께 받은 설계도(11절)대로 성전을 건축하라고 당부했다.

⑨ (29장) <다윗의 헌신>
다윗이 성전을 위해 예물을 바치자 지도자들과 백성들도 즐거이 헌신했고, 다윗은 감사의 기도와 제사를 드렸다.

- 하나님이 주신 사명을 위해 도전하는 사람을 **책임져 주시는 하나님**이시다(11:5).
- 하나님께 전심으로 예배하는 예배자를 기뻐하여 **복 주시는 하나님**이시다(15:29, 16:39).
- 회개와 희생의 터 위에 예배의 자리를 **세우시는 하나님**이시다(21:18-27).

Day 33

솔로몬의 통치
역대하 1-9장

 솔로몬이 성전을 건축하고 봉헌 기도를 드렸으며,
하나님은 그에게 큰 번영을 주셨다.

① 성전 건축(1-7장) 솔로몬은 성전을 건축하고 궤를 옮긴 뒤 봉헌 기도를 올렸다.
② 부귀 영화(8-9장) 솔로몬은 영토를 확장하고 이스라엘의 최전성기를 구가했다.

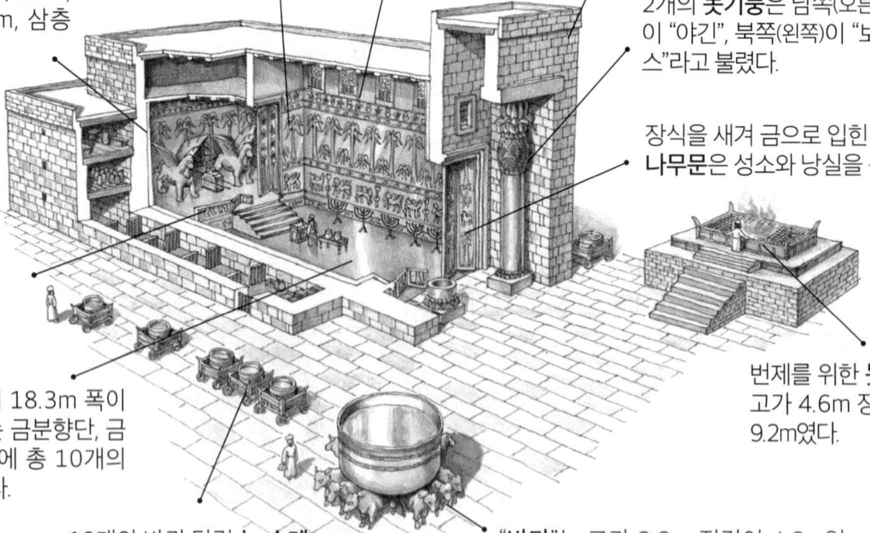

장식을 새겨 금으로 입힌 2개의 **나무문**은 지성소와 성소를 구분했다.

내소 벽에는 창틀이 있는 붙박이 **창문**을 달았다.

낭실(주랑)은 폭이 9.1m, 고가 4.6m였다.

성전벽을 둘러싼 3층의 다락에 **골방**들을 만들었으니 하층 폭이 2.3m, 중층 폭이 2.7m, 삼층 폭이 3.2m였다.

2개의 **놋기둥**은 남쪽(오른쪽)이 "야긴", 북쪽(왼쪽)이 "보아스"라고 불렸다.

지성소(내소)는 9.1m의 정방형이었다. 한 쌍의 거대한 정금 그룹이 궤 양쪽에 있었는데 각각 고와 폭이 4.6m였다.

장식을 새겨 금으로 입힌 2개의 **나무문**은 성소와 낭실을 구분했다.

성소(외소)는 장이 18.3m 폭이 9.1m였다. 안에는 금분향단, 금 진설병상과 남북에 총 10개의 금등잔대가 있었다.

번제를 위한 **놋제단**은 고가 4.6m 장과 폭이 9.2m였다.

10개의 바퀴 달린 **놋 수레와 물두멍**에는 번제물을 씻는 물을 각기 880리터씩 담았다.

"**바다**"는 고가 2.3m 직경이 4.6m인 놋대야였다. 제사장들이 씻을 때 사용할 물 44톤을 담았다. 바다는 12마리의 청동 소가 받치고 있었다.

그림 02_ 솔로몬 성전
솔로몬은 BC 967년경 모리아산 위 예루살렘에 "여호와의 전"을 착공해서 7년째인 960년에 완공했다. 삼면의 낭실을 제외한 성전 자체는 장이 27.4m, 폭이 9.1m, 고가 13.7m였다. 성전은 담벽으로 둘러있는 뜰 중앙에 세워졌다(왕상6-7장; 대하3-4장).

① 성전 건축(1-7장)

① (1장) <솔로몬의 지혜>

역대하는 왕상1-2장 부분을 생략하고 기브온에서 일천 번제를 드리고 하나님께 기도하는 솔로몬의 예배와 헌신으로 시작한다.

④ 솔로몬의 번제(대하1:3-5) [왕상3에 추가내용]

1. **온 회중**과 함께 기브온 산당으로 갔다(3절).
2. 모세의 장막 앞 **브살렐의 놋제단**에서 번제를 드렸다(5절).

■ 기브온 제사의 국가적 연합과 정통성을 강조했다.

② (2장) <성전 건축 준비>

솔로몬이 두로 왕에게 공장장을 요청한 이유는 성전을 예술적 차원으로 건축하고 싶어서 당대 국제문물에 가장 뛰어난 베니게의 도움을 요청했던 것이다.

⑧ 두로에 지불한 사례

왕상5:11	대하2:10
밀 2만 기름 20	밀 2만 보리 2만 포도주 2만 기름 2만
궁정용 음식물로 제공	벌목하는 종들에게 제공

■ 솔로몬의 지불이 **상당한 규모**였음을 강조했다.

성전 건축의 공장장이 된 히람은, 아버지는 두로 사람이고 어머니는 단 지파(14절) 사람으로 납달리 지역에서 살았던 것으로 추정된다(왕상7:14). 이스라엘과 베니게 양쪽 문화와 언어에 다 능통하여 양국간 교류를 담당하기에 적합한 인물이었다.

③ (3-4장) <성전 건축>

솔로몬이 제4년 2월 2일에 모리아산(창22:2), 즉 오르난의 타작마당(예루살렘 북쪽 언덕)에 건축을 시작했고 지성소, 두 기둥, 놋바다 및 성전 기물을 제작했다. 바르와임(3:6)은 오늘날 예멘의 바르와(Farwa)로 추정되며 이곳의 금은 붉은 빛이 돌았다.

ⓒ 솔로몬 성전의 기둥

왕상7:15	대하3:15
18규빗	35규빗
각 기둥의 높이	두 기둥의 높이의 합

■ 솔로몬 성전이 **상당한 규모**였음을 강조했다.

두 기둥 야긴과 보아스(3:15-17)는 성전 앞에 세운 기념비 같은 구조물인데, 각각 "그가 세우신다", "그에게 능력이 있다"라는 의미로서 두 기둥은 "그가 능력으로 세우신다"는 뜻이다.

ⓓ 솔로몬 성전의 청동바다

왕상7:26	대하4:5
2천 밧	3천 밧
2(ב, 베이트)	3(ג, 김멜)

■ 오기일 **가능성**도 있고 솔로몬 성전의 **규모**를 **강조**하기 위함일 수도 있다.

④ (5장) <성전 봉헌>

솔로몬은 성전을 완공한 뒤 다윗의 장막에서 언약궤를 새 성전으로 옮겼다(2절). 그는 부친의 실수로부터 배워서 처음부터 레위인이 궤를 메도록 했고(4절) 다윗이 했던 것처럼 그 앞에서 제사를 드렸다(6절). 성전 낙성식에 해당 반차뿐 아니라 모든 제사장이 섬긴 이유는 (11절) 낙성식 규모가 워낙 방대했기 때문이다.

⑤ (6장) <솔로몬의 기도>
솔로몬이 온 백성에게 축복한 뒤, 하나님께 간절히 기도했다.

E 솔로몬의 기도(대하6:13) [왕상8에 추가내용]
⇒ 놋대(단상)에서 무릎을 꿇고 손을 들고 기도했다.
■ 국가의 지도자가 하나님을 경외하는 인물이 되도록 중보하라.

솔로몬은 하나님께 성전에 대한 간구의 기도를 7번에 걸쳐 드리며 이스라엘이 허물이 있어 환난에 처할 때 성전을 향해 기도하면 용서해 달라고 했다(22-40절).

⑥ (7장) <성전 낙성식>
솔로몬의 기도가 끝나자 모세의 장막과 다윗의 제단에서처럼 하늘에서 불이 내려 번제물을 살랐고(레9:24; 대상21:26), 하나님의 영광이 성전에 가득했다(1절). 낙성식에 드린 소 2만 2천 마리와 양 12만 마리는 2주(낙성식 1주 + 장막절 1주) 동안 드린 제물이었다(5절; 왕상8:63). 하나님은 솔로몬에게 다시 나타나 성전에 대한 약속을 확인해 주셨다.

F 성전 낙성식(대하7:13-16) [왕상9에 추가내용]
⇒ 기근 재해 전염병이 유행할 때(13절), 내 백성이 기도하여 나를 찾으면 고치리라. 이곳의 기도에 내 눈과 귀를 집중하리라(14-16절).
■ 나라와 시대를 살리는 중보기도의 연합을 일으키라.

② 부귀영화(8-9장)

① (8장) <솔로몬의 영화>
솔로몬은 20년간 성전과 궁궐을 건축했는데, 두로에 준 20성읍을 두로 왕이 가불이라고 하며 싫어하여 돌려줌으로(왕상9:12-13) 솔로몬은 이

곳을 재건하여 백성들이 거주하게 했다(2절).

G 솔로몬이 일으킨 역군들은 누구인가(8:9-10)?
1. 이스라엘 감독관 250인(9-10절).
2. 이방인(원주민) 감독관 3,300인(왕상5:16).
3. 이방인(원주민) 역군 153,600인(2:17-18).
■ 성전 건축을 위해서 히브리인과 원주민이 연합하였다.

H 별궁(대하8:11) [왕상9:24에 추가내용]
⇒ 바로의 딸을 위해 별궁을 지은 것은 주의 임재를 의미하는 궤의 거룩성을 유지하기 위함이었다.
■ 솔로몬의 예배자의 마음을 강조한 것은 귀환 공동체에 이방인 이슈가 중요했기 때문이다(스9-10).

솔로몬이 절기들을 지켰고 다윗의 규례대로 제사장과 레위인이 섬기게 했다. 또한 성전 건축 때 모든 것을 사전에 완비해서 결점 없이 진행했다.

I 오빌의 금

왕상9:28	대하8:18
금 420 달란트	금 450 달란트
20(ㄷ, 카프)	50(ㄴ, 눈)

■ 오기일 가능성도 있고 솔로몬 왕국의 규모를 강조하기 위함일 수도 있다.

② (9장) <솔로몬의 부귀>
솔로몬은 스바 여왕의 방문을 받았고(26일 A 참고), 40년간 경제적으로나 외교적으로 이스라엘 역사의 최전성기를 구가했다.

① 솔로몬 병거의 외양간과 마병

왕상4:26	대하9:25
외양간 4만	외양간 4천
마병 1만2천	마병 1만2천

■ 열왕기의 **오류**를 **정정**한 것으로 추정된다(왕상10:26).

역대기는 열왕기보다 후대에 기록됐지만 많은 역사적 자료들을 참고한 것이므로 역사서로서의 신뢰성을 갖는다(29절; 왕상11:41).

- 그분의 마음에 합한 기도에는 간구한 것 이상의 **복을 주시는 하나님**이시다(1:11-12).
- 이방인의 재능과 헌신과 섬김의 예배도 **기뻐 받으시는 하나님**이시다(2:3-18).
- 하나님이 기뻐하시는 기도는 친히 **확인해 주시고 알려주시는 하나님**이시다(7:12-16).

Day 34

남왕국의 통치1
역대하 10-24장

 북이스라엘이 분리된 후 남북이 대립하다가 다시 동맹을 맺었고
요아스 때 개혁했다.

1 초기 왕들(10-16장) 르호보암은 율법을 버렸고 아사는 아람을 의지하다가 벌을 받았다.
2 북과 동맹(17-24장) 여호사밧은 아합과 연합했고 요아스는 말년에 우상을 섬겼다.

 1 초기 왕들(10-16장)

①(10-12장) <남01. 르호보암의 실정>
르호보암은 북쪽 지파들이 반역한 후 국방을 견고하게 했다(11:5-12). 그가 결혼한 마아가는 압살롬의 아름다운 무남독녀 다말(삼하14:27)의 딸로 추정된다(11:20). 애굽의 22왕조 초대 왕 시삭은 테베와 아몬의 신전 벽화 기록에 의하면, 남유다와 북이스라엘에서 180개의 성읍을 탈취했다(12:2). 시삭이 이스라엘을 공격한 것은 유다의 우상숭배(왕상14:23-24)와 하나님의 말씀을 외면한 불순종 때문이었다(12:1).

Ⓐ 르호보암(대하11-12) [왕상12, 14에 추가내용]
1. 르호보암이 남방에 **방어라인**을 구축했다 (11:5-12).
2. 북왕국의 우상숭배로 예배자들이 **남하**했다 (11:13-17).

3. 시삭의 침략은 율법을 **외면**한 결과였다 (12:1).
4. 스마야의 책망에 왕이 **겸비**하자 하나님이 구원을 베푸셨다(12:7).
5. 열왕기보다 많은 사료를 참고했다(12:15).
■ 르호보암의 실정을 보다 입체적으로 설명했다.

②(13장) <남02. 아비야의 전쟁>
아비야가 여로보암과 싸울 때 여호와께 부르짖었더니 하나님께서 큰 승리를 주셨다. 역대기는 아비야와 여로보암 간의 전쟁사를 구체적으로 다루었다.
여로보암이 두 배의 군사력에도 불구하고(3절) 복병까지 두는 작전을 쓴 것은(13절) 영적으로 쓴소리를 하는 아비야를 단번에 무너뜨리려는 전술이었다. 하지만 이 전쟁의 패배가 여로보암 몰락의 시발점이 되었다(20절).

⑧ 아비야(대하13) [왕상15에 추가내용]

1. 북의 80만과 남의 40만 군대가 충돌했다(3절).
2. 남유다의 **정통성**을 외친 아비야의 연설을 기록했다(4절).
3. 남유다의 **승리**로 여로보암이 징벌을 받았다 (20절).
4. 죄를 지적했던 열왕기보다 **긍정적**인 평가를 내렸다.
5. 아비야를 여로보암을 심판하는 도구로 평가했다.
- ■ 하나님은 악인을 들어 악인을 징계하는 도구로 사용시기도 한다.

③ (14-16장) <남03. 아사의 말로>

아사가 선을 행하자 하나님이 그를 형통하게 하셨다.

ⓒ 시삭과 세라는 누구인가(12:2, 14:9)?

1. 리비아 혈통의 시삭이 세운 '**리비아 왕조**'는 BC 945-715년 총 230년간 지속된 **애굽 22왕조**였다.
2. 초대 왕 시삭1세가 180개의 성읍을 탈취했다(12:2).
3. 2대 왕 세라1세는 시삭1세의 아들로 추정된다. 남유다의 아사왕과 전쟁했다가 대패했다(14:13).
4. 구스 군대와 리비아 군대가 **연합**해서 공격했다(16:8).
   - *룹(16:8) = 훕(12:3, 개역한글) = 루빔(나3:9) = 리비아 사람(단11:43)
- ■ 하나님은 주변 열강을 통해서도 하나님의 백성을 교훈하신다.

아사가 구스에게 대승을 거둔(14:9-13) 이후 남유다는 애굽으로부터 간섭을 받지 않았다. 그러다 북이스라엘 마지막 왕인 호세아가 애굽에 조공을 바쳤고(왕하17:4) 남유다 16대 왕 요시야가 바로 느고에게 패했다(왕하23:29). 아사는 선지자 오뎃의 아들 아사랴의 예언에

힘입어 우상들을 제거했다(15:1, 8). 아사가 북이스라엘을 견제하기 위해 아람과 조약을 맺자 선견자 하나니를 통해 경고하셨는데 오히려 그런 선견자를 투옥시키고 반대자들을 학대했다(16:10). 말년에 그는 발에 병이 났는데 하나님께 기도하지도 않고(약5:14-15) 의원만 찾다가 죽었다(16:12).

⑨ 아사(대하14-16) [왕상15에 추가내용]

1. 아비야 때보다 병력을 증강시켜 58만 명을 만들었다(14:8).
2. 아사가 기도하여 구스 군대를 이겼다(14:9-15).
3. 아사랴의 경고와 아사의 **종교개혁**(15장).
4. 북왕국은 정통성이 없다고 단호히 **규탄**했다(15:3).
5. 하나니의 책망과 아사의 **학대**(16:7-10).
6. 아사의 병인과 사인은 **불순종**과 **불경건**이었다(16:12).
- ■ 아사처럼 주님을 향한 열심이 변질되어 독단으로 흐르지 않게 하라.

② 북과 동맹(17-24장)

① (17-20장) <남04. 여호사밧의 노력>

여호사밧이 하나님을 구하자 하나님께서 그에게 부귀영화를 주셔서 주변국들이 그를 두려워하게 하셨다. 여호사밧은 아합왕을 경계하며 국방뿐만 아니라 신앙도 강화했다(17:1-9). 하나님은 사방에 평화를 주셨고 아사보다 두 배의 군대를 주셨다(17:10-19). 이는 상비군과 예비군을 포함했거나 주변 식민국의 군대까지 포함한 숫자일 가능성이 있다. 어찌되었든 엄청난 부국강병을 이루었다.

그런데 여호사밧은 왜 아합 가문과 정략결혼을 해서 다윗 왕가에 역경을 초래했을까? 국방력과 경제력이 강해지자 선조들이 북왕국과 대립관계였던 것과는 달리 자신감을 갖고 외교력 확장을 위해 인간적인 전략을 사용했

기 때문이다. 이후 선견자 예후의 경고를 듣고 여호사밧은 사법개혁을 단행했다(19:1-11).

염해 동편(아람 쪽, 20:2)의 모압과 암몬이 에돔 근처의 마온 사람들(세일산에 거주하는 비에돔계열 원주민 모우님 사람들, 대상4:41)과 연합하여 남유다를 치러 올라왔을 때(20:1), 여호사밧이 기도한 뒤 야하시엘의 예언을 신뢰하고 찬양대를 앞세웠다(20:14-21). 이때 하나님이 복병으로 승리케 하셨는데(20:22), 문맥상 이 복병은 세일산 거민들로 보인다. 약탈족인 그들은 물질적 이득에만 혈안이 되어 복병을 두었고 이를 알게 된 모압과 암몬 군대가 서로를 의심하여 쳐 죽이는 일이 벌어졌다(20:23).

Ⓔ 여호사밧(대하17-20) [왕상22에 추가내용]
1. 여호사밧의 부국강병과 신앙적 열심(17장).
2. 블레셋(서쪽)과 아라비아(동쪽)의 조공(17:11).
3. 아사 때보다 군병력이 2배인 116만 명에 이르렀다(17:14-19).
4. 예후의 책망과 여호사밧의 **개혁**(19장).
5. 북왕국에 대한 **단호한** 입장 표명(19:2).
6. 모압, 암몬, 마온과의 전쟁에서 대승(20장).
7. 선두에 선 찬양대로 인한 승리.
   – **예배**를 강조함이었다(20:21).
8. 북왕국과 연합한 무역의 실패를 예언했다(20:37).
   ■ 여호사밧처럼 예배자의 승리를 체험하라.

Ⓕ 여호사밧은 왜 계속 북과 교류했을까?
1. 선견자 예후가 북왕국과의 연합을 **책망**했다(19:2).
2. 아합 사후에도 북왕국과 여전히 **교류**했다(20:35).
3. 이미 혼인으로 맺은 **인척** 관계였기 때문이다(18:1).

4. 북의 군사력과 국제무역을 **의지**했기 때문이다(20:36-37).
   ■ 내가 거절해야 하는 인간관계가 있는가?

② (21장) <남05. 여호람의 실패>
여호람은 왜 왕위에 오르자마자 동생들을 죽였을까(21:4)? 자기보다 착한 동생들에 대한 가인 콤플렉스가 있었던 것인가(21:13; 창4:8), 아니면 아합의 딸과 결혼하여 악을 행하였기 때문인가(21:6)?

Ⓖ 여호람(대하21) [왕하8에 추가내용]
1. 여호람은 왕위를 얻고도 동생들을 **숙청**했다(4절).
2. 엘리야가 장차 전쟁과 질병을 **경고**했다(12-15절).
3. 블레셋과 아라비아가 **침략**했다(16절, 17:11).
4. 창자가 흘러나오는 **병**으로 비참하게 죽었다(19절).
   ■ 여호람의 실패와 악행을 더 자세히 설명했다.

③ (22:1-9) <남06. 아하시야의 실패>
아하시야(아하스+야흐[여호와], 1절)는 여호아하스(여호와+아하스, 21:17)와 단어조합의 전후 순서만 바뀐, 같은 이름("여호와께서 붙드신다")의 동일인이다. 그는 아합의 집과 같이 악을 행했고(4절) 북이스라엘 요람왕과 길르앗 라못 정벌에 나섰다가 죽었으니 이는 하나님의 섭리였다(7절).

Ⓗ 아하시야(대하22) [왕하8-9에 추가내용]
1. 블레셋-아라비아의 침략 때 홀로 생존했다(1절).
2. 22(כב, 왕하8:26)를 42(מב)로 오기했다(2절).
   –일부 역본에는 22세, 다른 역본에는 42세로 기록되어 있다.
   ■ 아하시야의 실패에 대해 더 자세히 설명했다.

④ (22:10-23장) <남07. 아달랴의 악행>

황후 아달랴는 손주들을 죽이고 왕위를 찬탈했다가 7년 후에 처형되었다.

① 아달랴(대하23) [왕하11에 추가내용]

1. 친위대(왕하11:4)보다 **온 백성**을 강조했다(2절).

2. **다윗 왕가**의 회복이라는 당위성을 천명했다(3절).

3. 관리들이 성전을 수직한(왕하11:18) 이유는 율법대로 **예배**를 **회복**하기 위함이었다(18절).

■ 나라의 회복과 예배의 회복을 위해 헌신하라.

⑤ (24장) <남08. 요아스의 말로>

여호야다는 왕이 아닌 사람으로 유일하게 열왕의 묘실에 장사되었다(16절). 요아스는 제사장 여호야다의 은혜를 잊고 그의 아들 스가랴를 죽이고 우상숭배를 하다가 심판을 받았다(24:23-26).

① 요아스(대하24) [왕하12에 추가내용]

1. 요아스의 **우상숭배** 및 스가랴 **처형**(17-22절).

2. 아람의 약탈과 그의 **비극**적인 말로(23-25절).

3. 열조의 묘실에 안장되지 못했다(25절; 왕하12:21).

■ 나도 예배자의 초심을 잃었다면 어서 속히 돌이키라.

• 교만한 자를 낮추시고 **겸손한 자를 높이시는 하나님**이시다(12:1-7, 19:2-3).

• 부르짖어 기도하는 자를 **구원하시는 하나님**이시다(13:15, 14:11-12, 20:1-23).

• 전심으로 하나님을 향하는 자들에게 **능력을 베푸시는 하나님**이시다(16:9).

Day 35

남왕국의 통치2
역대하 25-36장

 남왕국은 선한 왕들의 개혁에도 불구하고 악을 행하다가
결국 바벨론에게 멸망당했다.

1️⃣ 방황 역사(25-28장) 아마샤와 웃시야는 끝이 안 좋았고 아하스는 우상을 섬겼다.
2️⃣ 종교 개혁(29-35장) 히스기야와 요시야의 개혁에도 므낫세의 죄가 치명적이었다.
3️⃣ 최후 멸망(36장) 마지막 네 왕은 다 악했고 마지막 세 왕은 바벨론에 잡혀갔다.

 1️⃣ 방황 역사(25-28장)

① (25장) <남09. 아마샤의 노력>
아마샤가 처음에는 여호와 보시기에 정직했다 (2절). 이스라엘 군대 10만 명을 용병으로 고용하려다가(6-10절) 하나님의 말씀에 순종하여 남유다 군대만으로 에돔을 쳐서 승리했다. 하지만 이후에 어리석은 판단을 했다. 자신이 패배시킨 에돔의 우상들을 가져와 경배했으며 (14-16절), 교만에 빠져 여전히 강국이던 북왕국에 시비를 걸다가 패전했다(17-28절).

Ⓐ 아마샤(대하25) [왕하14에 추가내용]

1. 남유다 군 30만 + 북왕국 10만 고용(5-6절).
2. 선지자의 경고 및 북왕국에 대한 단호한 입장 (5-13절).
3. 아마샤가 에돔 신들에게 **우상숭배**(14, 20절).
4. 선지자의 책망과 아마샤의 **협박**(15-16절).

5. 북왕국에 패배한 이유는 우상숭배 때문이었다(20절).
■ 하나님을 향한 나의 인간적인 열심과 하나님께 끝까지 순종하는 참된 열심은 다른 것이다.

② (26장) <남10. 웃시야의 노력>
웃시야가 하나님을 찾는 동안에는 형통했다. 그는 지혜롭고 성실해서 에돔 땅에 있는 엘롯(2절, 엘랏[왕하14:22], 26일ⓑ 참고)을 회복했고, 유대광야에 망대를 세워 가축의 약탈을 막고 물웅덩이(저수지)를 만들어 농업 장려 정책을 시행했으며(10절), 다양한 신무기들을 제조했고(15절), 애굽 변방까지 명성을 얻었다(8절). 그런 웃시야가 끝이 좋지 않았다.

Ⓑ 웃시야(대하26) [왕하14-15에 추가내용]

1. 스가랴의 묵시 기간 동안에는 형통했다(5절).
2. 블레셋, 아라비아, 암몬, 마온에 승리를 거두었다(6-8절).

3. 목축과 농경 등 1차 산업 육성을 위해 노력했다(10절).
4. 나병의 이유는 **교만**해져서 스스로 분향했기 때문이다(16절).
5. 제사장 아사랴가 담대히 **경고**하고 쫓아냈다(17절).
6. 왕들의 묘실에도 안장되지 못했다(23절).
■ 많은 왕들의 신앙 변질을 보고 무엇을 느끼는가? 교회는 세상을 정화시키는 거룩함이 있는가?

③ (27장) <남11. 요담의 전쟁>

요담은 여호와 보시기에 정직하게 행하며 부친의 잘못을 반복하지 않았고(2절), 성전 윗문을 건축했으며(3절), 오벨 성벽 즉 모리아산 남쪽 경사지를 요새화했고(3절), 암몬 자손에게 승리했다(5절).

ⓒ 요담(대하27) [왕하15에 추가내용]

1. 부친의 **선행**은 본받고 악행은 따라하지 않았다(2절).
2. 암몬과의 전쟁에서 **승리**하여 조공을 받았다(5절).
3. 르신+베가의 공격 이야기(왕하15:37)가 없는 것은 요담의 섭정, 아하스 때로 추정하기(왕하15:30, 33) 때문이다.
■ 요담처럼 하나님 앞에 겸비하고 있는가(2절)?

④ (28장) <남12. 아하스의 우상숭배>

아하스는 지독한 우상숭배자였다. 결국 아람 왕이 와서 다메섹으로 백성들을 잡아갔고, 이스라엘 왕이 와서 백성들을 살육했으며(5절), 에돔과 블레셋의 공격을 받자(17-18절) 앗수르 왕에게 원군을 요청했지만 결과적으로 배신만 당했다(20-21절).

ⓓ 아하스(대하28) [왕하16에 추가내용]

1. 아람의 공격은 **왕의 우상숭배**가 원인이었다(5절).

2. 베가가 죽인 남유다의 전사자는 12만 명에 달했다(6절).
3. 북왕국이 20만 명의 인질을 사마리아로 잡아갔다(8절).
4. 선지자 오뎃의 충고와 포로 송환(9-15절).
5. 에돔, 블레셋의 침략은 **왕의 죄악** 때문이었다(19절).
6. 앗수르 왕 불(디글랏빌레셀)의 공격으로 **손해**만 보았다(20-21절).
7. 다메섹의 **아람 신들**에게 제사를 드렸다(23절).
8. **성전** 기구들을 부수고 성전 문을 닫았다(24절).
9. 왕들의 묘실에 안장되지 못했다(27절).
■ 악한 왕 하나가 세워지면 나라와 교회가 다 무너지게 된다.

② 종교 개혁(29-35장)

① (29-32장) <남13. 히스기야의 예배>

히스기야는 성전을 수리하고 정화했으며 예배를 재개했다. 그리고 온 이스라엘을 모아 성대한 유월절을 지켰다(30:1-27). 그리고, 첫 소산과 십일조를 드려 레위인들이 성전 업무를 집중할 수 있게 했다(31:1-21). 앗수르 왕 산헤립이 쳐들어왔을 때는 성 밖 기혼샘 물을 성안으로 끌어들였는데(32:3-4, 30) 이것이 530m에 이르는 소위 히스기야 터널이다. 다윗이 시온성을 점령할 때 사용한 물길이 바로 이것이었다(23일 ②① 참고).
히스기야왕과 이사야가 간절히 기도하자 하나님은 놀라운 기적으로 앗수르 군대가 물러가게 하셨다. 또한 하나님은 히스기야를 치료하신 뒤 그의 중심을 시험하셨다(32:31).

ⓔ 히스기야(대하29-32) [왕하18-20에 추가내용]

1. **성전 정화**(29:3-19) 및 예배 재개(29:20-36).
2. 이방인들의 침략은 예배 중단 때문이었다(29:6-8).
3. 거국적인 **유월절**을 2주간 시행했다(30장).
4. 레위인 조직, 헌금 재개 등의 **종교개혁**(31장).

5. 브엘세바에서부터 단까지(30:5; 대상21:2).
   -남유다를 중심으로 종교개혁을 진행했다는 뜻이다.
   cf)반대 표현(삼상3:20; 삼하3:10; 왕상4:25).
6. 회개하면 포로를 귀환시켜 주시리라(30:9).
7. 백성들이 자발적으로 **우상**을 **제거**했다(31:1; 왕하18:4).
8. 해시계 기적에 관한 이야기(왕하20:10)가 없다.
9. 왕의 **회개** 및 하나님의 시험 의도(32:26, 31).
■ 선한 지도자는 백성이 스스로 회개하도록 감동시킨다. 그리스도인 지도자는 자기 잘못을 인정하고 회개할 줄 알아야 한다.

② (33:1-20) <남14. 므낫세의 반전>
므낫세는 누구보다 악을 많이 행하였고 우상숭배를 하다가 앗수르 왕에게 끌려갔지만, 겸비하여 기도하자 하나님이 그의 왕위를 회복시켜 주셨다.

Ⓕ 므낫세(대하33) [왕하21에 추가내용]
1. 므낫세가 앗수르에 **포로**되어 끌려갔다가 **귀환**했다(11-13절).
2. 므낫세의 우상 제거 및 **종교개혁**(15-16절).
■ 최악의 인생일지라도 회개하면 하나님은 다 받아 주신다.

③ (33:21-25) <남15. 아몬의 죄악>
아몬이 우상숭배하다가 신하의 반역으로 죽임을 당했다.

④ (34-35장) <남16. 요시야의 예배>
요시야는 8세에 즉위해 16세에 남유다와 북왕국 전역에 종교개혁을 단행했다(34:1-7). 요시야 26세에 대제사장 힐기야가 성전에서 발견한 모세의 율법책(34:14)은 성전용 율법서로서 본래 언약궤 곁에 보관되어 있어야 했다(신31:26). 그렇다면 악한 왕 므낫세와 아몬 시

절에 사람들이 언약궤와 율법책을 치웠던지 누군가가 안전한 곳으로 옮겼던 것일 수도 있다. 요시야 때 율법책도 발견했고, 언약궤도 제자리에 옮겨 놓았다(35:3). 요시야는 사무엘 이후로 가장 성대한 유월절을 지켰다.

Ⓖ 요시야(대하34-35) [왕하22-23에 추가내용]
1. 율법책을 발견하기 전에 이미 **종교개혁**을 했었다(34:3-7).
2. **율법책 발견** 이후 우상제거에 대해서는 간략하게 서술했다(34:33).
3. 요시야의 **유월절**을 매우 자세히 서술했다(35장).
   -히스기야 때(30:26)보다 성대한 규모였다(35:18).
4. 요시야가 전사한 이야기를 **자세히 기록**했다(35:21-24).
5. 예레미야가 요시야를 위해 **애가**를 지었다(35:25).
■ 종교개혁보다 예배회복을 더 강조했고 남유다 마지막 선왕 요시야의 죽음을 애통히 여겼다.

③ 최후 멸망(36장)

① (36:1-4) <남17. 여호아하스의 쇠락>
여호아하스는 애굽 왕 느고가 폐위시켰다.

② (36:5-8) <남18. 여호야김의 쇠락>
여호야김은 악하여 느부갓네살왕에게 결박되어 잡혀갔다.

③ (36:9-10) <남19. 여호야긴의 쇠락>
여호야긴도 악행하다가 느부갓네살왕에게 잡혀갔다.

④ (36:11-21) <남20. 시드기야의 멸망>
시드기야도 악행하다가 바벨론에 잡혀갔고 남유다 왕국은 느부갓네살왕에게 망했다.

⑤ (36:22-23) <고레스 칙령>
이스라엘 땅은 황폐하여 안식년을 누리는 것 같이(레26:34) 지냈다. 예레미야의 예언 대로(렘25:11) 70년 뒤 고레스가 유다인에게 예루살렘 성전 건축을 명령했다.

ⓗ 유다 멸망(대하36) [왕하24-25에 추가내용]
1. 마지막 왕들의 **쇠락**을 간략히 서술했다 (1-10절).
2. 예레미야의 **경고** 내용(12절; 렘38:17-23).
3. 제사장들도 백성도 모두 크게 **범죄**했다(14절).
4. 하나님이 수많은 **선지자들**을 보내 집중적으로 경고하셨다(예레미야, 에스겔, 스바냐, 하박국 등, 15절).
5. 남유다가 **회복 불능**의 상태이기 때문에 심판하셨다(16절).
   -1일ⓗ2, 53일 ②ⓜ(렘13:23), 63ⓕ2 참고.
6. 여호야긴의 회복 내용(왕하25:27-30)은 없고 그 대신 **고레스 칙령**을 기록했다(22-23절).
■ 하나님의 백성에 대한 징계는 회개와 회복으로 이어진다.

- 교만하여 악행하는 자도 겸손히 기도하면 **용서하시는 하나님**이시다(33:11-13).
- 하나님의 말씀 앞에 통곡하고 회개하는 자에게 **평강을 주시는 하나님**이시다(34:26-28).
- 회복불능이 되기 전까지는 끊임없이 **돌아오라고 부르시는 하나님**이시다(36:12-20).

요시야는 성전 수리 중에 무엇인가를 전달받은 뒤, 여호와의 진노가 왜 그들에게 임했는지를 깨닫게 되어 옷을 찢으며 통곡했다. 요시야왕은 과연 무슨 내용을 보았기에 대대적인 종교개혁을 감행하게 되었는가? 우리의 내면에는 어떤 개혁이 필요한가(34:8-35:19)?

성전 재건
에스라 1-10장

 1차 귀환자들은 예루살렘 성전을 재건했고
2차 귀환자들은 신앙 회복에 힘썼다.

① 성전 재건(1-6장) 포로귀환자들은 온갖 훼방에도 성전 건축을 완성해서 봉헌했다.
② 신앙 개혁(7-10장) 에스라와 2차 귀환자들이 예루살렘에 돌아와 회개 운동을 일으켰다.

ⓐ 예레미야의 예언(렘25:11, 29:10)대로 1차 바벨론 유수(BC 605년) 후 70년 만에 1차 포로귀환이 이루어졌다(BC 536년).

ⓑ 1-3차 포로귀환 및 성경인물

1차(BC 536)	스룹바벨(왕족)	성전 재건
# (BC 478)	에스더(왕비)	민족 구원
2차(BC 458)	에스라(제사장)	신앙 재건
3차(BC 444)	느헤미야(관리)	성벽 재건

■ 에스라, 느헤미야, 에스더는 동명의 책이 있다. 포로귀환자는 3차에 걸쳐 총 9만 5천 명이었다.

ⓒ 바사 왕 고레스는 누구인가?

고레스("태양" 또는 "보좌")는 엘람의 소국 안산(Anshan) 태생으로 오늘날 **페르시아(이란) 건국의 아버지**로 불리는 인물이다.

서쪽으로 BC 549년 메디아를, BC 546년 리디아를, BC 539년 바벨론을 정복했고, 동쪽으로 파르티아까지 합병하여 지금의 아프가니스탄을 넘어 인도까지 세력을 확장했다.

ⓓ 바사 제왕과 귀환 공동체의 역사

1. **고레스**(BC 559-530년), 바사 제국 창시자. 1차 포로귀환 및 성전 재건 명령(1:1).
2. **다리오1세**(BC 521-486년), 공용 아람어 선택. 학개/스가랴 예언. 성전 재건 허가(6:8).
3. **아하수에로**(BC 486-464년), 그리스 정벌 실패. 에스더를 왕비로 세움. 예루살렘 성벽 재건을 중단시키기 위한 고발장 접수(4:6).
4. **아닥사스다**(BC 464-423년), 에스라 파송. 예루살렘 성벽 재건 중단(4:7). 느헤미야 파송.
5. **다리오3세**(BC 336-330년), 알렉산더에게 패전.

① 성전 재건(1-6장)

① (1장) <고레스 칙령>

고레스는 예레미야의 예언대로 남아있는 백성이 올라가 예루살렘 성전을 건축하도록 명령했고, 이에 자원하는 유다와 베냐민 사람들 및 제사장과 레위인들이 일어났으며(5절), 성전 기명들은 총독 세스바살에게 맡겨졌다(7-11절).

ⓐ 예루살렘 성전 기명의 이동(1:7-11)

* **3차** 바벨론 **유수** 때 탈취되었던 것들이다 (7절; 왕하25:14-15).
* 바벨론 멸망시 벨사살이 술잔치에 사용했었다(단5:3).
⇒ **1차 귀환** 지도자인 유다 총독 세스바살이 책임을 지고 운반했다.

ⓑ 세스바살은 누구인가(1:8)?

1. 바벨론식 이름으로 "태양신이 보호한다"는 뜻이다.
2. 귀중한 성전 보물의 운반을 맡은 책임자.
3. 고레스 치하에서 초대 유다 총독 임명자인데, 이후 기록에는 스룹바벨만 등장한다(2:2-5:2).
4. 고레스 조서 회고에서 재등장한다(5:14, 16).
■ 세스바살은 다른 인물이 아닌 스룹바벨로 추정된다.

② (2장) <1차 귀환자>

스룹바벨(2절)은 남유다 19대 왕 여호야긴의 손자(마1:12)이고, 예수아는 대제사장 스라야의 손자(대상6:14; 스3:2)이며, 느헤미야는 1세기 후에 귀환했던 아닥사스다왕의 술관원장(느2:1)인 느헤미야와는 동명이인이다.

1차 귀환자의 주요 구성은 유다와 베냐민 지파였다(1-35절, 1:5). 또한 성소 업무를 담당할 제사장들과 레위인과 노래하는 자들과 문지기의 자손들이 있었다. 느디님 사람들(43절, "바쳐진 사람들")은 기브온의 전쟁포로들이 성전 사역에 바쳐짐으로 인해서 시작된 성전 봉사자(temple servant)들이고, 솔로몬의 신하의 자손(55절)은 솔로몬이 일으킨 역군들로서 가나안 원주민으로 추정된다(왕상9:20-21; 스2:58). 느디님 사람들이나 솔로몬의 신하들은 이방인의 자손인데도 예루살렘 성전에 대한 깊은 애정과 헌신의 마음을 품고 있었다.

③ (3장) <성전 착공>
귀환 7월 1일부터 상번제를 시작했고(6절), 솔로몬 성전 때처럼 두로와 시돈의 도움을 받아 백향목을 공급받은(7절) 뒤, 2년 2월(시브월)에 예수아와 스룹바벨의 지도하에 성전 공사를 시작(8절)했으니 이는 4-5월이 건기의 시작이기 때문이었다. 성전 기초를 놓을 때 젊은이들은 기뻐 찬양했지만 고령자들은 화려하고 아름다웠던 솔로몬 성전이 기억나서 대성통곡했다(12절).

④ (4장) <건축 중단>
유다와 베냐민의 대적(사마리아인들)이 일어나 혼혈정책을 펼쳤던 앗수르 왕 에살핫돈(BC 681-669년, 왕하17:24)을 언급하며(2절) 주도권을 잡으려고 했지만, 귀환 공동체는 그들과 함께하지 않겠다는 단호한 입장을 표명했다.

ⓒ 사마리아인들에게 왜 단호했는가(4:3)?
1. 북쪽은 우상숭배와 혼합주의 **신앙**이었기 때문이다.
2. **혈통**상 이방인(왕하17:24) 내지 혼혈이기 때문이다.
3. 예루살렘 성전을 재건할 **주체**가 아니었기 때문이다.

■ 역대기가 북왕국에 단호했던 동일한 이유 때문이었다.

4장에는 사마리아인이 귀환 공동체를 괴롭힌 사건들을 모두 모아서 기록했다. 이들이 아하수에로 즉위 때(BC 486년) 고발한 것(6절)도, 아닥사스다왕에게 고발하여(7-16절) 중단시킨 것도, 성전 재건이 아니라 예루살렘 성벽 재건(12, 21절)이었다. 그러므로 성벽 재건을 방해하려는 고발장을 아하수에로에게 제출했고, 아닥사스다가 중단시킨 이야기(4:6-23)는 삽입된 부분이다.
성전 재건이 중단된 것은 (단10:1-2)에 근거해 고레스 3년(BC 536년)부터 다리오1세 2년(BC 520년)까지 16년간으로 추정된다(5, 24절).

ⓓ 에스라서에 아람어가 사용된 본문은?
1. 바사 왕 진상서와 조서들(스4:7-6:18).
2. 아닥사스다왕의 조서(스7:12-26).
* 바사시대 **국제 공용어**는 아람어였기 때문이다.
■ 마치 로마시대의 국제 공용어가 헬라어였던 것과 같다.

⑤ (5장) <건축 재개>
다리오1세 2년(BC 520년)에 학개와 스가랴의 예언으로(1-2절) 성전공사를 재개했다. 그러자 유브라데강 건너편 총독이 다리오에게 고발했으나 다리오는 고레스의 조서(BC 538년)를 발견하고 건축 재개를 허락했다.

⑥ (6장) <성전 완공>
악메다(1-2절)는 본래 메대 제국의 수도였는데 이후 바사 왕의 여름 휴양지가 되었으며, 이곳에 국가적인 보물들과 함께 중요 문서를 보관해 두었다. 성전 완공(15절)은 다리오왕 6년(BC 516년) 아달월(2-3월) 3일로, 총 20년이 걸렸다. 다리오를 "앗수르 왕"(22절)이라고 부른 것은, 페르시아 왕들은 앗수르 왕 및 바벨론 왕의 후계자임을 자처했고 실제로 공식 명칭에 함께 불렀기 때문이다.

② 신앙 개혁(7-10장)

① (7장) <에스라의 결심>
아닥사스다는 에스라를 예루살렘으로 보냈다.

에스라는 아닥사스다왕 7년(BC 458년) 1월 1일에 출발해 5월 1일에 예루살렘에 도착했다(9절).

② (8장) <2차 귀환자>
에스라는 백성과 제사장, 레위인, 느디님 사람들과 함께 아하와 강가에서 금식하고 성전에 바칠 예물을 갖고 출발하여 안전하게 예루살렘에 도착했다.

③ (9-10장) <신앙개혁 추진>
이스라엘 백성과 제사장들과 레위인들이 이방인들과 통혼한 죄(9:1)를 회개하고 에스라는 이방인 아내와 자녀들을 율법대로(10:3; 신 7:3-4) 다 내보내도록 했다. 귀환자들이 이방인 가족을 내보내는 일은 가나안 정복만큼이나 고통스러운 일이었다.

- 한 치의 오차도 없이 회복의 **약속을 지키시는 하나님**이시다(1:1-4).
- 말씀을 통해 하나님의 일을 **담대히 행하게 하시는 하나님**이시다(5:1-2).
- 금식하며 간구할 때 자기 백성을 친히 **보호하시는 하나님**이시다(8:21-23).

6주 / 하나님은 누구신가?

응답자 하나님

"밤에 여호와께서 솔로몬에게 나타나사 그에게 이르시되

내가 이미 네 기도를 듣고"(대하7:12)

솔로몬은 왕위에 오르자 일천 번제를 드리며 하나님께 지혜를 구했다. 그것은 하나님이 기뻐하시는 기도였기에 하나님은 그의 소원을 들어주셨다. 하나님은 우리가 소원을 품고 하나님께 나아가 기도하는 것에 응답하기를 기뻐하시는 분이시다.

그러나 어떤 이들은 "내가 소원을 가진들 하나님 뜻대로인데 무슨 소용이 있는가?"라고 반문한다. 괜한 희망을 품었다가 절망하고 싶지 않다는 심리다. 하지만 과연 그럴까? 다윗이 품었던 성전건축의 소원은 응답되었는가? 그의 당대에는 이루어지지 않았지만 아들 때에 이루어졌다. 아브라함이 하나님께 약속받은 땅과 많은 자손에 대한 소원은 응답되었는가? 당대에는 아들 하나와 매장지 하나뿐이었다. 그러나 후대에 놀라운 번성과 번영의 응답을 받았다.

하나님은 사람이 하나님의 뜻에 합당한 소원을 품으면 반드시 들어주시는 분이시다. 하지만 하나님을 멀리하고 대적하면 사람이 원하지 않는 재난들로 심판하신다. 대표적으로 가뭄과 메뚜기 떼와 전염병이라는 3대 재앙을 언급하셨다(대하7:13). 오늘날뿐 아니라 고대에도 하나님은 기후변화와 자연의 역습 및 전염병으로 인류를 징계하셨다. 실로 기상과 자연현상은 하나님의 은혜의 도구이면서 동시에 심판의 도구로 사용되었다.

그러면 하나님을 멀리하고 대적하던 사람을 징계하시는 이유가 무엇인가? 돌아와 하나님께 부르짖으라는 요청이다. "내 이름으로 일컫는 내 백성이 그들의 악한 길에서 떠나 스스로 낮추고 기도하여 내 얼굴을 찾으면 내가 하늘에서 듣고 그들의 죄를 사하고 그들의 땅을 고칠지라"(대하7:14). 이것이 하나님의 본심이다.

하나님은 마치 기다리셨다는 듯이 응답하시는 분이시다. 부모가 자녀를 교육할 때 사사건건 잘못을 지적할 수는 없다. 그러면 아이는 위축되고 자립심을 잃어버린다. 자녀가 스스로 돌이켜야만 계속해서 바른 길을 갈 수 있기 때문에 기다려주는 것이다. 물론 기다리는 부모의 마음이 쉽지는 않다. 그러나 기다려야만 그 자녀를 바르게 성숙시킬 수 있다. 그렇다. 하나님은 탕자의 아버지처럼(눅15:20) 날마다 문간에 서서 우리를 기다리시는 분이시다.

"응답(應答)하다"는 말은 "부름이나 물음에 반응하여 대답하다"라는 뜻이다. "누구든지 주의 이름을 부르는 자는 구원을 받으리라"(행2:21). 구원도 우리의 부름에 대한 그분의 응답이라는 말씀이다. 그러므로 우리는 그분의 이름을 불러야 한다. 그분 앞에 나아가 질문해야 한다. 하박국 선지자는 하나님께 따지듯이 질문했는데도 하나님께서 다 대답해 주지 않으셨는가.

우리는 기도가 영적인 노동이라며 힘들어한다. 물론 세상에는 온갖 잡음이 난무하기에 그 속에서 하나님과의 통신은 쉽지 않다. 또 인생의 어두운 터널 속에 갇히면 신호 자체가 끊겨버리기도 한다. 기도하기도 쉽지 않은데 응답받기도 어렵다 보니, 우리는 그 과정에서 기도를 중단할 때가 많다.

하지만 기도를 포기할 때 얼마나 위험에 빠지는지 모른다. 아담과 하와가 뱀의 유혹 앞에서 하나님께 한 번 여쭤보기라도 했다면 얼마나 좋았을까. 여호수아가 기브온 사람들의 거짓 화친 시도 앞에서 하나님께 한 번 질문을 했다면 얼마나 좋았을까. "어떻게 할지를 여호와께 묻지 아니하고"(수9:14하). 이 구절 안에 하나님의 진한 아쉬움이 묻어나지 않는가.

그러면 언제 어떻게 기도해야 할까? 솔로몬은 밤에 기도했다고 한다(대하7:12). 낮에는 세상살이로 바쁘고 마음의 초점을 잃을 때가 많다. 하지만 밤에는 모두가 잠들고 비활성화 모드가 된다. 말하자면 나의 주도권을 내려놓고 하나님의 주도권 앞에 엎드릴 수 있는 시간이다. 그래서 새벽이 좋고 밤이 좋다. 내가 오롯이 그분에게만 집중할 수 있는 시간이기 때문이다.

또한 인생이 위기를 맞아 어려울 때 기도하라. 그러면 나중에는 평안할 때도 기도할 수 있다. 이스라엘 백성이 홍해를 건널 때와 요단을 건널 때의 차이가 그렇다. 홍해를 건널 때는 한밤중이었고 바로의 군대가 뒤쫓아 와 밤새 정신없이 건넜다. 그러나 여호수아와 광야 2세대가 요단강을 건널 때는 한낮에 맨정신으로, 그것도 강물이 최고 수위일 때 담대히 건넜다. 한밤에도 한낮에도 하나님과 대화의 길이 열리는 하나님의 사람이 되어갈 것을 기대하라.

내가 정말 하나님께 응답받기를 원한다면, 먼저 하나님의 음성을 경청해야 한다. 우리 영혼은 하나님의 음성을 들어본 적이 있어야만, 기도할 때 그분의 음성을 분별할 수 있기 때문이다.

하나님이 내게 응답을 하지 않는 것이 아니다. 내가 들을 귀가 없는 것이다. 내가 볼 눈이 없는 것이다. 내가 느낄 마음 상태가 아닌 것이

다. 하나님은 정말 말씀하기 좋아하시고 말씀이 많으신 분이다. 반복해서 말하고 또 말하시는 분이다. 성경책을 보라. 중요한 내용만 선별했는데도 이만큼이다. 왜 하나님을 말수가 적으신 분으로 오해하는가.

언어 습득의 제1원리는 먼저 그 언어를 많이 듣는 것이다. 그래야 귀가 열린다. 하나님의 음성 듣기를 원하는가? 그렇다면 성경을 읽고 또 읽으라. 성경에서 하나님의 음성 지원이 되기까지 읽으라. 인간의 언어가 아닌 신의 언어가 들려오기까지 읽으라. 인간의 역사 사이로 하나님의 손길이 보일 때까지 읽으라. 하나님의 음성과 손길이 들리고 보이면 드디어 성경이 열린 것이다. 드디어 영적인 시력과 청력을 얻게 된 것이다.

나의 주 하나님은 응답자 하나님이시다. 나의 작은 신음소리에도 반응하시는 하나님이시다. "그가 내게 간구하리니 내가 그에게 응답하리라"(시91:15상). 그러면 왜 응답하시는가? 나를 사랑하시기 때문이다. 사랑하는 이들은 서로를 응시하고 응답하는 사이다. 그리고 미묘한 감정의 움직임에도 반응해 주는 사이다. 하나님은 그렇게 우리를 응시하고 계신다.

기도는 영적인 작용과 반작용(action & reaction)이다. 친구나 가족과 대화할 때도 리액션이 참 중요하다. 하나님은 역사의 주권자로 액션을 주도하는 분이시면서, 동시에 나의 작은 몸짓과 언어에도 리액션해 주시는 하나님이시다. 내게 인생과 역사를 위임하고 기다려주실 뿐 아니라, 언제든지 질문하고 도움을 요청하면 반응해 주시는 좋으신 하나님이시다.

느헤미야는 성벽 재건의 책이고, 에스더서는 유대 민족 구원의 책이다. 하나님은 바사에서 살던 유대인도 잊지 않고 구원해 주셨다. 이로써 역사서는 막을 내리고 시가서가 시작된다. 시가서는 삶과 신앙의 고백이다. 욥기는 의인의 고난에 대한 책이고, 시편은 찬양과 기도의 책이다. 욥과 같은 엄청난 고난은 아닐지라도 우리도 인생에서 종종 고난을 만난다. 시편의 저자들도 그러했다. 이해되지 않는 고난을 우리는 어떤 자세로 마주하는가. 고난의 터널을 지날 때는 이유를 찾지 말고 하나님을 찾으라. 그분의 손을 잡고 터널의 끝을 향해 나아가라.

Week 07

느헤미야 01장 - 시편 72편

● 느헤미야

느헤미야서는 성벽 재건의 책이다. 1-7장은 주변 민족들의 방해에도 불구하고 52일 만에 성벽을 재건한 이야기이며, 8-13장은 언약을 갱신하고 언약의 말씀대로 종교적·사회적 개혁을 단행한 이야기다.

에스라와 느헤미야는 히브리 성경에서는 본래 한 권이었지만, 느헤미야서는 느헤미야 본인이 1인칭으로 서술한 책이기 때문에 후대에 명확하게 느헤미야의 저작으로 인정받게 되었다. 느헤미야서는 이스라엘 국내 역사의 마지막 책이라고 할 수 있다(36일ⓑ 참고). 시대적으로는 에스더와 모르드개가 활동했던 때보다 30여 년 후대임에도 에스더서보다 먼저 배치된 것은, 이스라엘 국내 역사의 연장선상이기 때문이다.

느헤미야는 아닥사스다왕의 술 관원으로 왕의 두터운 신임을 받던 고위 관료였고 3차 포로 귀환의 지도자였다. 관료 출신인 그는 에스라와는 달리 바사국 군대의 호위를 받으며 예루살렘으로 돌아왔다. 그러나 그가 영성보다 정치력에 의지했다고 예상하면 큰 오산이다. 그는 바사국에서의 높은 사회적 지위를 다 포기하고 예루살렘 재건, 민족 공동체 재건이라는 비전을 이루겠다는 일념으로 돌아온 인물이었기 때문이다. 그는 사방의 방해를 이겨내는 동시에 내부의 분열을 보듬고 규합하는 리더십을 보였으며, 목표를 반드시 이뤄내는 돌파력과 자기 자신을 희생하는 겸손을 겸비한 인물이었다. 그는 귀환 공동체를 거룩한 신앙 공동체로 재건하겠다는 투철한 신앙심과 사명감으로 비전을 현실로 만들어냈다. 그런 점에서 다니엘과 같은 영성 및 다윗과 같은 예배자의 마음, 사도 바울과 같은 실행력을 갖춘 리더였다.

앞의 책이 에스라서이지만, 사실 학사 에스라는 1차 귀환자들보다는 시기적으로 3차 귀환자들과 가까운 때에 활동했다. 에스라가 신앙의 개혁을 주도했다면, 느헤미야는 사회의 개혁을 주도했고 에스라가 마음껏 활동할 수 있도록 환경과 기회를 마련해 주는 역할을 했다.

○ 성벽 재건 (1-7장)			
1	재건 준비	1-2장	느헤미야의 기도와 비전
2	재건 완성	3-7장	52일 간 성벽 재건 완료

○ 언약 갱신 (8-13장)			
1	언약 갱신	8-10장	율법 낭독 및 언약 갱신
2	언약 준수	11-13장	성벽 봉헌 및 사회 개혁

● 에스더

에스더서는 유대 민족 구원의 책이다. 1-4장은 에스더의 왕후 등극과 하만의 유다인 학살 계획에 대한 이야기이며, 5-10장은 왕이 모르드개를 높이고 에스더가 왕에게 고발하여 하만을 처형하고 유다인을 구원한 이야기다.

에스라서와 느헤미야서가 예루살렘과 유대로 귀환한 유다인들의 국가 재건 이야기라면, 에스더서는 바사 제국에 남아있던 유다인들의 구원 이야기이다. 이스라엘의 역사 이야기는 국내 관점에서 보면 느헤미야서에서 끝이 났다. 귀환 공동체는 하나님의 도우심으로 성전도 재건했고 성벽도 재건했다. 하지만 수백만 명의 유다인 디아스포라가 여전히 바사 제국에 남아있었는데, 그들은 어떻게 되었는가? 이때 에스더서에서는 유다인 전체가 바사 제국 안에서 몰살될 위기에 처하게 된 사건을 언급한다. 이미 바벨론 이주(BC 597년 2차 포로) 이후 119년이 지났음에도 불구하고 이주민의 생존권조차 위협받는 위태로운 상황이었다. 그래서 에스더서에 하나님의 이름이 한 번도 언급되지 않은 것이 전혀 이상하지 않다. 마치 로마의 박해 시절에 밧모섬에 유배되어 있던 사도 요한이 로마제국을 직접 언급하지 못하고 바벨론이라고 말했던 것과 같은 맥락이다. 주인공 에스더가 왕후가 되었는데도 자신이 유다인이라는 것조차 밝히지 못했다. 그러면 이렇게 해외에서 죽음의 위기에 처한 유다인을 하나님은 잊으셨는가? 민족도 신앙도 밝힐 수 없었던 그들을 하나님은 놀랍게 구원해 주셨다. 그래서 에스더서는 보이지 않는 하나님의 손길을 보여주는 반전의 책이다.

에스더의 남편은 크세르크세스(아하수에로, BC 486-465년 통치)다. 그는 선왕 다리오1세의 미완의 꿈을 이루기 위해 그리스 정벌을 계획했다. 그 과정에서 조력하지 않은 왕후 와스디가 폐위되었다. 결국 왕은 제국의 사활을 건 해외 정벌 프로젝트에 실패한 후, 에스더를 왕비로 세우기는 했지만 하만이라는 악인에게 의지하며 불안한 정국을 만들었다. 이때 모르드개의 충성과 에스더의 기도를 하나님이 사용하셔서 유다인을 구원하시고 악인 하만을 처형하게 하셨다. 이런 반전의 역사를 오늘날까지 기념하여 유다인들은 부림절을 지키고 있다. 하만이 부르("제비")를 뽑아 유다인을 처형하려던 날이 유다인 구원의 날이 되었기 때문이다. "제비는 사람이 뽑으나 모든 일을 작정하기는 여호와께 있느니라"(잠16:33).

	유다인의 위험 (1-4장)		
1	왕후 에스더	1-2장	에스더가 왕후로 선발됨
2	대적자 하만	3-4장	하만이 유다인을 대적함

	유다인의 승리 (5-10장)		
1	하만의 처형	5-7장	하만이 음모로 처형됨
2	반전의 승리	8-10장	유다인이 원수를 갚음

●시가서

시가서는 구약성경에서 성도의 삶과 신앙의 고백을 담은 부분으로, 역사서의 과거와 선지서의 미래를 연결하는 다리 역할을 한다. 역사서가 율법서(토라)의 진리를 실천하는 부분이라면, 시가서는 고백하는 부분이고, 선지서는 선포하는 부분이다.

시가서는 다섯 권이지만 방대한 주제를 품고 있다. 의인의 고난과 선하신 하나님(욥기), 성도의 찬양과 기도(시편), 성도의 실천적 지혜(잠언), 인생의 본질적 의미(전도서), 진실하고 온전한 사랑(아가)에 대해서 다루고 있다. 시가서는 다양한 고백을 통해서 성도의 삶 속에서 섭리하시고 교훈하시는 하나님을 신뢰하고 찬양하도록 한다.

특히 시가서에는 히브리 지혜문학의 반복되는 주제가 등장한다. 그것은 여호와 하나님을 경외하라는 메시지다. 욥기에서는 하나님을 신뢰하고 경외하는 자가 고난을 이겨낼 수 있음을 말하며, 시편에서는 인생의 모든 상황 가운데 하나님을 경외하는 자의 승리와 회복의 찬양을 담고 있다. 잠언에서는 지혜로운 사람은 하나님을 경외하고 그 말씀을 따르는 의로운 사람이라는 점을 교훈하고 있고, 전도서에서는 세상의 많은 자랑이 다 헛되지만 하나님을 경외함으로 살아가는 인생은 참된 의미를 발견할 수 있다고 말하며, 아가서에서는 참 사랑은 사랑의 대상만을 전심으로 사랑하는 것이라고 말하고 있다. 물론 아가서의 결이 다르지만, 하나님의 백성에게 하나님만을 사랑하고 신뢰하고 경외하라고 하는 말씀은 율법서에서 제시한 이후로 역사서에서 검증하게 하시고 시가서에서 고백하게 하시며 예언서에서 경고하시는 말씀이다.

히브리 시의 종류는 감성적인 서정시(시편), 금언적인 교훈시(잠언, 전도서), 그리고 극적인 극시(욥기, 아가서) 세 가지다. 또한 기법에는 평행되는 사상을 반복적으로 배치하는 대구법, 회화적 언어를 사용하는 비유법, 히브리어 알파벳 순으로 시를 구성하는 아크로스틱(acrostic), 비슷한 말로 재미있게 표현하는 언어유희 등이 있다. 이런 기법들을 통해 다양한 시적 감수성으로 하나님과 하나님 백성의 관계를 표현해내고 있다.

시가서	정의	계시
욥기	의인의 고난	섭리하시는 하나님
시편	성도의 찬양	찬양받으실 하나님
잠언	실천적 지혜	교훈하시는 하나님
전도서	인생의 의미	깨우치시는 하나님
아가서	진실한 사랑	노래하시는 하나님

● 욥기

욥기는 의인의 고난에 대한 책이다. 1-2장은 욥의 고난에 대해서, 3-26장은 3차에 걸친 욥과 친구들의 논쟁 및 욥의 최후 발언과 엘리후의 진술에 대해서, 38-42장은 하나님의 음성과 욥의 회복에 대해서 기록하고 있다.

욥기는 서두의 1-2장과 마지막의 42장을 제외하면 전부 운문(시) 형식이다. 욥기는 4천 년 전에 기록된 탁월한 문학작품이다. 욥기만큼 고난의 문제를 숨김없이 깊이있게 파고든 책이 없다. 단순히 고난 속에서 인내하라는 이야기가 아니다. 욥기는 하나님을 경외하는 인생, 고난과 믿음의 관계, 사탄의 존재와 공격, 하나님의 주권적인 통치 등에 대한 신학적인 통찰을 얻게 해주는 책이다.

욥기의 저자는 미상이다. 다만 욥은 아브라함과 같은 족장시대 인물로 추정된다. 또한 욥은 고난받는 의인의 대명사다. 욥기를 보면서 독자들은 "어떻게 선하신 하나님이 의인에게 고난을 주시는가?"라는 질문을 던지게 된다. 그 답을 찾아가는 과정이 세 친구와의 세 번에 걸친 논쟁 시리즈다. 친구들은 인과응보의 논리로 일관하지만, 욥의 고난은 그런 규범적인 틀에서 이해될 수 없는 종류였다. 오히려 이해할 수 없는 고난 속에서도 하나님의 주권과 현존에 대한 신뢰가 인생의 해답임을 발견하게 한다. 쾌락주의자의 관점으로 보면, 고통은 악이고 그런 악을 주신 하나님이 선하실 수 없다. 하지만 그런 단순 논리로 인생을 해석하기 시작하면, 일도 사랑도 사역도 고통 없이 할 수 있는 것이 우리 인생에서 과연 몇이나 되겠는가? 그 고난 중에도 의미있고 가치있는 인생을 꽃 피우게 하시는 하나님을 바라보아야 한다. 그것이 인생의 참된 승리의 시작이다!

○ 욥의 고난 (1-2장)

1	첫째 고난	1장	재산과 가족을 잃음
2	둘째 고난	2장	자신의 건강을 잃음

○ 욥의 논쟁 (3-37장)

1	논쟁 1	3-14장	친구들의 정죄에 자기 변호
2	논쟁 2	15-21장	친구들의 비난에 자기 변호
3	논쟁 3	22-26장	친구들의 공격에 영적 요청
4	최종 발언	27-31장	자기 변호와 하나님을 갈망
5	엘리후의 변	32-37장	하나님의 주권을 변호함

○ 욥의 회복 (38-42장)

1	하나님의 응답	38-41장	창조세계에 대한 반문
2	욥을 회복하심	42장	욥의 회개기도와 회복

●시편

시편은 찬양과 기도의 책이다. 하나님의 성품과 역사를 찬양하는 내용과 하나님의 구원과 도우심을 간구하는 내용이 담겨 있다. 1-41편은 1권, 42-72편은 2권, 73-89편은 3권, 90-106편은 4권, 107-150편은 5권으로 구성되어 있다.

시편은 시가서의 대표적인 책으로서 모세오경과 비슷한 구조와 주제를 갖고 있다. 1권은 창세기(사람과 창조), 2권은 출애굽기(구원과 구속), 3권은 레위기(예배와 성소), 4권은 민수기(광야와 방황), 5권은 신명기(말씀과 찬양)와 유사하다. 그래서 어떤 학자는 "모세는 토라 5권을 주었고 다윗은 시편 5권을 주었다"라고 말한다. 또한 이렇게 고백할 수도 있다. 하나님이 모세를 통해 5권의 토라를 주셨다면, 우리는 시편을 통해 5권의 찬양과 기도를 올려드린다. 이렇듯 시편은 율법서와 역사서를 통해서 주신 하나님의 은혜와 진리, 사랑과 공의, 구원과 심판, 주권적 섭리에 대한 성도들의 고백이요 찬양이요 기도의 모음집이다. 신약의 서신서가 하나님의 말씀인 동시에 사복음서와 사도행전에 대한 당대 성도들의 신앙고백인 것과 같은 맥락이다.

시편은 모세(시90)부터 포로 후기(시126)까지 약 천 년 동안 기록되었고, 주요 저자는 다윗(73편), 아삽(12편), 고라 자손(12편), 솔로몬(2편), 모세(1편), 헤만(1편), 에단(1편) 등이다. 많은 시편들에 표제가 있고 표제어 중에는 다양한 음악용어들(41일①, 42일Ⓕ, 43일① 참고)이 포함돼 있어서 시편은 개인적으로나 공예배(성전, 회당, 가정 등) 때 노래로 불린 기도와 시라는 사실을 알 수 있다. 시편은 과거의 역사적 교훈과 현재의 신앙적 고백뿐 아니라 미래의 예언적 선포들도 담고 있다. 그래서 시편에는 메시아에 대한 예언을 담고 있는 메시아 시편들이 다수 포함되어 있다. 어떤 이들은 시편에 메시아에 대해 언급한 예언이 있다는 것에 의아해 할 수도 있다. 하지만 부활의 주님이 제자들을 만나 시편에 당신에 대해 기록된 모든 것을 깨닫게 하셨다(눅24:44-45). 놀라운 것은 우리도 하나님 앞에 참된 예배를 드리면 그 예배는 시편처럼 예언적 예배로 이어진다는 점이다.

		○ 시편의 내용 (1-150편)	
1	제1권	1-41편	선악을 판단하시는 창조주 (창)
2	제2권	42-72편	악인에게서 보호와 구원 (출)
3	제3권	73-89편	시온의 성소에서 예배드림 (레)
4	제4권	90-106편	이스라엘과 동행하시는 주님 (민)
5	제5권	107-150편	완전하신 말씀을 찬양하라 (신)
		○ 시편과 예수 그리스도	
1	왕(마)	2, 18, 20, 21, 24, 47, 110, 132편	
2	종(막)	17, 22, 23, 40, 41, 69, 109편	
3	인자(눅)	8, 16, 40편	
4	성자(요)	19, 102, 118편	

기독교는 계시의 종교다. 하나님의 계시의 말씀인 성경에 기초하기 때문이다. 특히 인본주의와 세속주의가 침투한 가톨릭에서 반발하고 나온 종교개혁자들은 성경의 권위를 교황의 권위보다 위에 두었다. 1521년 마르틴 루터(Martin Luther)는 자신을 정죄한 보름스 의회에서 "내 양심은 하나님 말씀의 포로다"라고 선언했다. 그는 가톨릭교회와 교황이 가르치는 전통과 교시보다 말씀의 진리가 우위라는 사실을 명백하게 했다.

그래서 종교개혁가들은 "오직 성경(Sola Scriptura)"이라는 구호를 외쳤다. 성경만이 우리의 신앙과 삶의 유일한 기준이요 근간이기 때문이다. 사실 중세에는 일반인의 라틴어 문해율(literacy)이 바닥이었기 때문에 라틴어 성경인 불가타(Vulgata) 역을 읽을 수 없었다. 그렇기에 교황과 사제들이 해석해 주는 것을 절대 진리로 믿고 맹종할 수밖에 없었다. 그래서 종교개혁가들은 성경을 자국어로 번역해서 일반인이 성경을 읽는 신앙의 민주화 시대를 열었다. 이것이 인쇄술의 발달과 함께 거대한 사회적 파장을 일으켰고 종교개혁과 더불어 근대 시민사회를 여는 원동력이 되었다.

잉글랜드의 존 위클리프(John Wycliffe)는 "종교개혁의 등장을 알린 샛별"이라고 불린다. 그는 성경이 "국민의, 국민에 의한, 국민을 위한 정부"를 만들어낼 것이라고 주장했다. 1382년 그는 라틴어 성경을 영어로 번역했다는 죄 때문에 사후 44년 교황 마르티누스 5세의 명령에 따라 부관참시를 당했다. 이후에 마르틴 루터는 바르트부르크성에 피신하면서 11주 동안 신약성경을 독일어로 번역했고 1522년 독일어 신약성경은 서민들에게 큰 반향을 일으켰다. 위클리프와 루터에게 영향을 받은 윌리엄 틴들(William Tyndale)이 1526년 영어 신약성경을 번역했으며 이 또한 서민들에게 큰 인기를 얻었다. 하지만 틴들은 성경을 번역한 죄로 1536년 화형을 당했다.

황제와 가톨릭교회는 평범한 신도가 교회의 가르침과 도덕성을 검증할 수 있는 기준을 갖게 되는 것이 두려웠던 것이다. 하지만 성경을 읽고 싶어하는 서민들의 불길 같은 열망에 굴복하게 된 영국은 자신들이 직접 공인하는 영어 성경을 번역하기에 이르렀는데 이것이 1611년에 나온 〈킹 제임스 성경(흠정역)〉이다. 이후로 각국에서 각 민족의 언어로 성경이 번역되었고 구원의 역사는 불길같이 일어나게 되었다. 물론 완벽한 번역이란 존재하지 않지만, 하나님은 모든 사람이 모든 언어로 하나님의 말씀을 읽고 구원받기 원하신다.

존 번연(John Bunyan)은 영국의 베드퍼드 출신의 땜장이였으며 거의 교육을 받지 못했지만 영어 성경을 읽고 감동을 받아 설교하다가 투옥되었고, 1678년 감옥에서 《천로역정》을 썼다. 이 책은 성경 다음의 베스트셀러가 되었다. 한국 기독교 역사도 번역 성경이 교회를 세운 역사라고 할 수 있다. 번역된 한글 성경이 먼저 국내로 유입되고 교회를 세우면서 시작되었기 때문이다. 이 한 권의 성경이 내 손에 쥐어지기까지 수많은 순교자들이 기꺼이 피를 흘렸다. 오직 성경만이 인류를 구원할 수 있고 세상을 변화시킬 수 있는 가장 소중한 길이기 때문이다.

Day 37

성벽 재건
느헤미야 1-13장

 느헤미야는 왕의 허락을 받고 예루살렘에 와서
성벽을 재건하고 사회를 개혁했다.

① 성벽 재건**(1-7장)** 느헤미야는 기도하며 52일 만에 예루살렘 성벽 재건을 완성했다.

② 언약 갱신**(8-13장)** 에스라가 백성에게 율법을 가르쳤고 느헤미야는 성벽을 봉헌했다.

ⓐ 느헤미야의 대적은 산발랏(북쪽 사마리아 호론[수16:3, 5] 사람), 도비야(동쪽 암몬인), 게셈(남쪽 아라비아인), 아스돗(서쪽 블레셋 사람) 등 동서남북 사방에 있었다(4:7). 이들은 기득권을 주장했고 계속해서 유다 도(道)를 수탈하기 원했다.

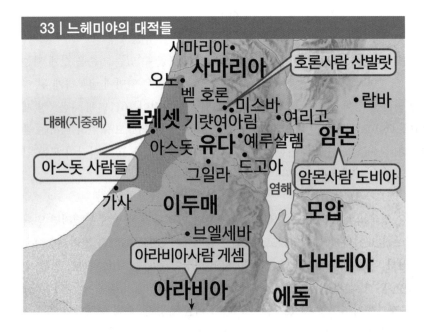
33 | 느헤미야의 대적들

242   보라 통독

① 성벽 재건(1-7장)

① (1장) <느헤미야의 기도>

느헤미야는 아닥사스다 20년에 2차 귀환에서 돌아온 동생 하나냐("여호와의 은혜")에게 소식을 들었다. 예루살렘 성벽은 BC 586년 이후 140년간 훼파돼 있었고 주변의 약탈이 지속되고 있었다(1:3). 술관원장(11절)은 왕에게 식음료를 진상하는 사람(창40:9; 왕상10:5)으로 왕에게 가장 신임받는 고위직 관료였다.

Ⓐ 느헤미야는 어떤 인물인가(1:1)?

1. 느헤미야("여호와의 위로"), 바사의 유다인.
2. 아닥사스다왕의 측근인 술 관원장(1:11).
3. 까다로운 왕에게 총애를 받은 인물(2:2).
4. BC 444-433년 유다 총독으로 부임(5:14).
5. 3차 귀환 뒤 바사로 귀국했다가 BC 432년에 예루살렘으로 재귀환(13:6).
6. 예루살렘의 성벽을 재건한 탁월한 실행가.
   ■ 오늘날에도 훼파된 공동체를 재건할 느헤미야와 같은 지도자가 필요하다.

② (2장) <느헤미야의 비전>

느헤미야는 여름에는 악메다 궁에, 겨울에는 바벨론 궁에 머물다가 봄가을에 수산 궁에 오는 왕에게 BC 444년(농사력 기준) 니산월(3-4월, 2:1)에 보고를 올렸다.

Ⓑ 아닥사스다가 왜 허락했을까(2:6)?

＊궁중연회 중 신하가 수심을 띠는 것은 **사형감**이었다(2절).
-문헌상 아닥사스다왕은 신경질적이고 권위주의적인 **폭군**이었다. 게다가 그가 성벽 공사를 중단시켰던 장본인이었다(3절; 스4:11-21).
＊당시 정치에 영향력을 미치던 **왕비**도 동석한 자리였다(6절).
1. 왕이 **아하수에로의 아들**이라서 유대인 관료를 중용했을 가능성이 있다.

2. 왕과 왕비 모두에게 **신뢰**를 받았던 느헤미야였기 때문이다.
   ■ 나는 일터에서 헌신하고 세상 사람들에게 신뢰받는 사람인가?

느헤미야는 군대의 호위 아래 귀환했고 홀로 밤에 예루살렘을 둘러보는 암행 조사 후 성벽 건축의 비전을 제시했다(17절).

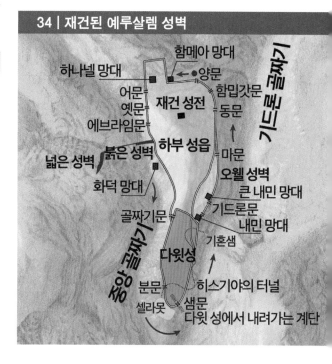

34 | 재건된 예루살렘 성벽

③ (3장) <재건자들의 목록>

느헤미야는 제사장과 귀족, 백성이 다 동참하게 하는 리더십과 조직력을 발휘했다. 대제사장 엘리아십(1절)은 백성을 대표해서 첫 삽을 뜨기는 했지만 손자를 산발랏의 딸과 결혼시켰고(13:28) 도비야에게 성전방을 주었던 인물이다(13:7). 드고아(예루살렘 남쪽 15km에 위치)의 귀족들(5절)은 아라비아인이 두려워 동참하지 않았다. 르바야(9절)는 예루살렘 변두리 지방의 관리자였다. 할로헤스 가의 딸들(12절)은 아들 대신 상속자가 되듯(민36:8) 노역에도 동참하는 책임감을 보였다. 므레못(4,

243

21절)은 족보가 불분명해 제사장직을 박탈당한 학고스의 손자(느7:63-64)였으며 이방인과 결혼해서 책망을 듣기도 했지만(스10:36) 겸손히 각성하여 처음 맡은 구역을 마치고 다른 구역도 담당했다.

④ (4장) <대적자들에 대비>
성벽이 연결되고 절반쯤 작업했을 때(6절) 중단 위기가 있었다.

ⓒ 어떤 외적인 위기가 왔는가(4장)?

1. 사방의 대적자들이 조롱하고 **위협**했다(2-3, 7, 12절, 지도33 참고).
2. 흙무더기(성벽 **잔해**)가 여전히 많았다(10절).
3. 한정된 **참여**자들에게 일이 가중되어 상당히 지쳐 있었다(10절).
4. 할 수 없다는 **회의**적인 의견들이 나왔다(10절).
5. 외곽의 유다인들이 대적자들의 압박으로 인해 중단하라고 **요청**했다(12절).
■ 한 손으로는 일하고 한 손에는 병기를 잡고(17절) 두 배의 집중력으로 위기를 돌파하라.

⑤ (5장) <동지들에게 선대>
내적 위기도 왔다.

ⓓ 어떤 내적인 위기가 왔는가(5장)?

1. 흉년이 닥쳐서 먹을 양식이 부족했다(3절).
2. 바사 제국에 내야 하는 과중한 **세금**이 부담되었다(4절).
3. 같은 동족에게 자식을 **종**으로 내주었다(5절).
4. 귀족과 민장들이 **고리대금업**을 했다(7절).
■ 지도층과 부유층의 고리대금을 금지시키고 총독의 녹을 받지 않고 유다인을 공궤한 느헤미야의 섬김의 리더십을 당신도 따르겠는가(14, 17절)?

⑥ (6장) <음모론자를 무시>
ⓔ 음모론자들을 이겨낸 대응법은(6장)?

1. 암살할 계획으로 담판을 **요청**했다. 그러나 느헤미야는 네 번이나 **불응**했다(2-4절).
2. 모반 혐의로 **고발**하겠다고 위협했다. 하지만 느헤미야는 사실무근이기 때문에 일절 **만나지 않았다**(8절).
3. 비난 여론을 조성하려고 성전 피신을 **권유**했다(11절). 이에 대해 느헤미야는 차라리 죽으면 죽으리라는 자세로 불응했다.
■ 불필요한 논쟁과 싸움에는 무대응 원칙이 가장 탁월한 대책일 때가 있다.

오노 평지(2절)는 예루살렘 북서쪽 32km에 있는 유다지역 외부에 있다. 가스무(6절)는 게셈의 아라비아식 이름이었다. 스마야는 성전에 들어간 것으로 보아 제사장이자 선지자였는데 뇌물을 받고 성전 피신(출21:13-14)을 권면해 느헤미야 총독에게 사회적 비난을 일으키려고 했다. 하지만 느헤미야는 흔들림 없이 52일 만에 성벽 공사를 끝냈다.

ⓕ 예루살렘 성벽 재건의 의의는(6:15)?

1. 예루살렘 주민의 **생존권** 보장.
2. 예루살렘의 정치적 **자주권** 확립.
3. 유다 민족의 **공동체성** 공유.
■ 140년간 못한 일을 불과 52일 만에 끝냈다는 것은 놀라운 믿음의 승리였다!

⑦ (7장) <귀환 공동체 계수>
느헤미야는 예루살렘을 파수할 책임자들을 세웠지만 거주 인구가 적어서 방어력이 부족하므로 포로귀환자의 인구조사부터 먼저 했다. 이는 그가 예루살렘을 살려야 한다는 당위성만으로 강제 이주정책이나 이벤트성의 부양책을 밀어붙이지 않았고, 오히려 백성들의 상황부터 돌아봤기 때문이다. 그는 93년 전 1차 귀환자의 명단부터 살펴봤다(6-73절=스2:1-70).

② 언약 갱신(8-13장)

① (8장) <율법 낭독>
에스라는 수문 앞(성전 앞, 스10:9) 광장의 강단에 서서 백성에게 율법책을 낭독하고 가르쳤다. 당시 유다인이 공용어인 아람어를 사용했기 때문에 히브리어로 된 토라를 아람어로 통역·해설해 주어야 했다(8절). 백성들은 회개의 눈물을 흘렸고(9절) 일곱째 달 절기인 초막절을 지켰다(14절).

② (9장) <언약 갱신>
7월 24일에 온 백성이 금식하고 회개하며 이스라엘의 역사를 회고하고 언약을 갱신했다.

③ (10장) <언약 비준자>
귀환자들은 언약을 비준하고 말씀대로 살겠다고 맹세했다.

④ (11장) <재정착 계획>
느헤미야는 예루살렘 내외부에 거주할 사람들을 결정했다. 지도자들(3-18절)이 솔선수범해 성내에 거주했고 일반 백성은 제비를 뽑아 10분의 1을 성내에 거주하게 했고, 자원자들도 거주하도록 했다(1-2절).

⑤ (12장) <성벽 봉헌>
제사장과 레위인을 계수했고, 예루살렘 성벽 봉헌식을 비로소 거행했다.

ⓒ 성벽 봉헌은 왜 늦어졌을까(12:27)?
＊성벽은 이미 완공되어 있었지만(7:1), 가옥과 주민이 없어 황량하고 불안한 상태였다(7:4).
1. 백성들이 먼저 언약에 **재헌신**케 했다(8-10장).
2. **거주 계획**부터 시행한 이후에 성벽을 봉헌했다(11-12장).

■ 성벽 봉헌식을 급하게 행사로 끝내지 않고 예루살렘이 완전히 살아나게 철저히 준비한 뒤에 봉헌식을 진행했다.

⑥ (13장) <사회 개혁>
느헤미야는 바사로 일시 복귀했다가 돌아와 대제사장이 성전 안에 이방인 도비야에게 방을 준 사실을 알고 정리했다(6-9절). 또한 레위인들에게 양식을 지원했고, 안식일에 거래를 금지시켰으며, 이방인과의 통혼을 금지했다.

- 기도하는 신실한 사람이 **은혜를 입게 하시는 하나님**이시다(1:11, 2:8).
- 당신이 기뻐하시는 일을 행한 자에게 **은혜 주시는 하나님**이시다(5:19, 13:14, 31).
- 은혜와 긍휼이 많으사 돌이키는 백성을 **회복하시는 하나님**이시다(9:17, 31-32).

Day 38

유다인 구원
에스더 1-10장

바사 제국의 유다인들은 모르드개와 에스더를 통해
하만의 음모에서 구원받았다.

1 유다인의 위기(1-4장) 에스더는 새 왕후가 되었지만 하만은 유다인을 멸하려고 했다.
2 유다인의 승리(5-10장) 에스더의 간청에 왕은 하만을 처형했고 모르드개를 총리로 세웠다.

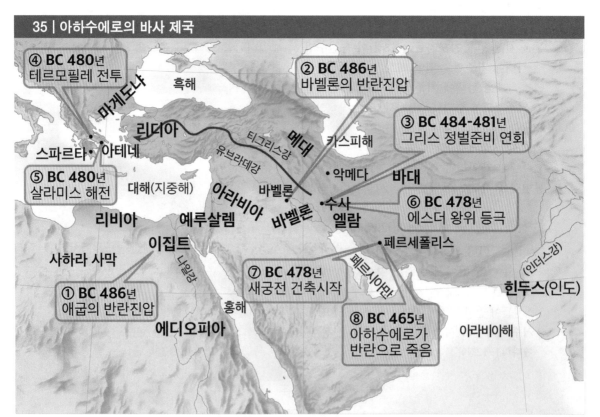

35 | 아하수에로의 바사 제국

④ BC 480년
테르모필레 전투

② BC 486년
바벨론의 반란진압

흑해

마게도냐

리디아

메대

카스피해

③ BC 484-481년
그리스 정벌준비 연회

티그리스강

스파르타 · 아테네

유브라데강

⑤ BC 480년
살라미스 해전

대해(지중해)

아라비아

바벨론

· 악메다

바대

⑥ BC 478년
에스더 왕위 등극

리비아

예루살렘

바벨론

· 수사
엘람

이집트

사하라 사막

나일강

① BC 486년
애굽의 반란진압

· 페르세폴리스

⑦ BC 478년
새궁전 건축시작

페르시아만

(인더스강)

힌두스(인도)

홍해

에디오피아

⑧ BC 465년
아하수에로가
반란으로 죽음

아라비아해

ⓐ 바사 제국의 아하수에로(BC 486-465년)는 인도(인더스강)로부터 구스(에티오피아, 나일 강 상류)까지 127도를 다스렸다(1:1).

ⓑ 아하수에로 왕은 누구인가(1:1)?

1. 아하수에로("영웅들의 아버지"), 바사 5대 왕. -일반사의 크세르크세스1세(BC 486-465년).
2. BC 486년 이집트의 반란을 진압한 후 **강경책**을 펼쳤고, 바벨론의 반란을 진압한 후 바벨론의 주신 마르둑을 파괴해 버렸다.
3. BC 484-481년 **그리스 정벌**을 준비하면서 연회를 열었다(1장).

4. BC 480년 170만 대군을 이끌고 그리스를 침공하여 테르모필레에서 스파르타 300인과 싸우고 아테네까지 진격했지만, 살라미스 해전에서 패배했다.
5. BC 478년 페르세폴리스에 새 궁전을 세우는 방대한 **건축**사업을 시작했다.
6. BC 465년 아들과 신하들의 **쿠데타**로 **처형**되고 말았다.
■ 선왕 다리오의 그리스 정벌이라는 꿈을 이루려다 실패한 후 실정한 왕이었다.

 ① 유다인의 위기(1-4장)

① (1장)<와스디의 폐위>

"바사와 메대"(3, 14, 19절)는 야벳의 아들 마대(창10:2)의 후손 메대족이 바사국의 중요 지분을 갖고 있음을 보여준다. 메대족은 오늘날 쿠르드족의 조상이다. 아하수에로는 부친 다리오1세의 미완의 꿈인 그리스 정벌을 위해 신하들을 격려하고 전략을 짜고 있었다.

Ⓐ 왜 와스디를 폐위시켰는가(1:19)?

1. 그리스 출정을 위한 중요한 연회에 **협조**를 해주지 않았다(12절).
2. **왕명**을 어기고 잔치에 나타나지 않았다(12절).
 -왕비가 왕의 과도한 전쟁계획에 **동의**하지 않은 듯하다.
3. 신하들과 온 백성이 순종하고 충성하도록 만들려는 의도였다(17절).
4. 왕의 기분을 맞추려고 아첨한 관리들 때문이었다(19절).
■ 하나님은 일반 세속사를 통해서도 구속사를 준비하시는 분이시다.

② (2장) <에스더의 간택>

세월이 지난 후 아하수에로왕이 생각에 잠겼다(1절). 과거 잔치(BC 483년)를 떠올렸고, 그리스 정복에 실패했던 살라미스 해전에서의 대패(BC 480년)를 기억하면서 후회했다. 그리고는 새 왕후를 세웠는데 유다인 에스더가 선발됐다(BC 478년).

ⓑ 에스더는 누구인가(2:7)?

1. BC 597년 2차 포로된 유다인의 후손(6절).
2. 일찍 부모를 잃은 에스더("별")의 히브리 본명은 **하닷사**("도금양")였다.
3. 삼촌 모르드개("마르둑의 종")가 **양육**해서 키웠다(7절).
4. 그녀는 **미모**와 **관계**지수(7, 15절)와 **기도**의 영성(4:16)을 겸비한 여인이었다.
■ 준비된 하나님의 사람이 되어 언제든지 주님이 쓰실 수 있는 인생이 되어라.

내시들이 왕에게 원한을 품었던 것은 와스디 때문이거나 그리스 원정 실패 때문이었을 것으로 추정된다(21절). 그만큼 아하수에로의 왕권이 불안했음을 보여주는 증거다.

③ (3장) <하만의 음모>

아각 사람 하만이 자신에게 절하지 않는 모르드개 때문에 유다인을 미워했고, 제국 내 모든 유다인을 멸절하려고 제비(부르)를 뽑았으며, 마침내 왕명에 따라 12월 13일에 제국 내의 유다인을 모두 멸하라고 명령하기에 이르렀다.

ⓒ 하만은 누구인가(3:1)?

1. 아각 사람, **아말렉** 왕족의 후손으로 추정된다 (삼상15:8, 33).
2. 함므다다("달에 의해 주어진", 바벨론식 이름) 의 아들로서 **바벨론** 출신으로 추정된다(1절).
3. 은 1만 달란트를 제시했던 것으로 보아 상당한 **거부**(9절)였던 것 같다.
4. 패전 후 재정난을 겪고 있던 아하수에로왕에게 **매력**적인 인물이었다.
■ 한 명의 인사실패가 나라를 쇠하게 한다.

하만을 중용한 것은 아하수에로왕의 또 다른 실정이자(15절) 인사검증의 부재였으며, 이는 리더십의 불균형을 초래했다(1:10, 14). 결국 바벨론 지역에만 70만 명, 페르시아 전역에 3-4백만 명으로 추산되는 유다인들이 모두 위기에 빠졌다.

ⓓ 하만에게 왜 절하지 않았는가(3:2)?

* 모르드개는 이미 포로 4세대이며 이방인 왕의 신하였다(2:5).
1. **아말렉인** 하만은 하나님의 진멸의 대상이기 때문이었다.
   - 지키고 싶은 신앙양심과 신앙적 **지조**가 있었다(2절).
2. 왕을 진정으로 아끼는 **충성심** 때문이었다 (2:22).
■ 나의 신앙 양심을 지키면서도 조직 생활에 충성을 다하고 있는가.

④ (4장) <에스더의 기도>

모르드개는 에스더에게 왕에게 호소하라고 했고, 에스더는 3일 금식 뒤 죽음을 각오하고 나아가겠다고 다짐했다.

ⓔ 금지 규정은 왜 있었는가(4:11-16)?

* 왕의 부름이 없이는 왕을 알현할 수 없는 규정이 있었다(11절).
⇒ 암살을 예방하고 왕권을 강화하기 위한 규정이었다(11절).
* 일곱 모사(1:14) 및 하만(3:15)은 예외였다. 하지만 왕후에게는 예외적 특권이 없었다(11절).
   - 목숨을 걸고 기도하는 길 외에는 없었다.
■ 인간의 한계선이 하나님의 출발선이 된다.

② 유다인의 승리(5-10장)

① (5장) <에스더의 잔치>

왕이 소원을 말하라고 하자 에스더는 왕과 하만을 잔치에 초대했다. "나라의 절반이라도"(5:3)는 고대 왕들의 관용적 표현(7:2; 막 6:23)이었다.
하만이 모르드개 때문에 분노하자 하만의 아내와 친구들이 50규빗(약 25m) 되는 나무에 그를 매달라고 했으니, 악인들끼리 유유상종이었다.

ⓕ 왜 처음부터 폭로하지 않았을까(5:4)?

1. 본인이 서두르지 않고 **왕**이 주도하도록 만들었다(5:5).
2. 왕비에게 정말 깊은 **시름**이 있다는 것을 암시했다(5:8).
* 그 밤의 **반전**이 아니었다면 모르드개는 죽을 뻔했다(6:2).
■ 에스더 왕비는 아름다운 외모보다 기도의 힘을 의지했다.

② (6장) <모르드개의 상급>

그 밤 잠 못 이루던 왕은 하만을 통해 모르드개에게 상을 내렸다.

ⓒ 왕은 왜 잠을 이루지 못했을까(6:1)?

1. 왕후와의 **대화** 때문에 생각에 잠겼을 수 있다(5:6).
2. 정치적 **실패**로 인한 후회와 두려움도 있었을 것이다(2:21).
   * 궁중일기에서 모르드개의 암살 고발 사실을 **발견**하고(2절), 왕의 행차를 상으로 내릴 정도로 고마워했다(10절).
   – 실제로 말년에 그는 쿠데타로 살해당했다.
   ▣ 우연 속에 필연을 만드시는 하나님의 놀라운 섭리를 보라!

③ (7장) <하만의 처형>

에스더가 자기 민족을 죽이려는 자가 하만이라는 사실을 아뢰자 왕은 진노하여 하만을 처형했다. 결국 50규빗의 장대(5:14)는 하만의 잔악함과 교만과 어리석음을 보여주는 형틀이 되었다. 왜냐면 그는 등잔 밑이 어두워서 자신이 미워하는 상대가 누군지도 모르다가(8:1) 자기 덫에 걸렸기 때문이다(10절).

④ (8장) <반전의 조서>

왕은 모르드개를 하만 대신 총리로 세웠고 유다인이 오히려 그들의 대적을 진멸할 수 있게 하는 조서를 내렸다.

⑤ (9장) <유다인의 승리>

유다인이 왕명에 따라 수산에서 이틀간 하만의 무리 800명을 진멸했으나 그들의 재산에는 손을 대지 않았으며, 이후로 유다인은 매년 부림절을 지키게 되었다.

㉩ 부림절은 어떤 절기인가(9:21-22)?

1. 하만이 **부르**("주사위")로 날짜를 정한 데서 유래되었다(3:7).
   * 1월 13일에 유다인을 진멸할 조서가 공포되었다(3:12).
   * 3월 23일에 유다인이 원수들을 진멸할 조서를 새롭게 공포했다(8:9).
2. 12월 13일에 유다인이 하만과 원수들을 제거했다(9:1).
3. 오늘날 유대인들은 부림절에 회당에서 에스더서를 낭독하고, 친지에게 선물을 주고, 불우이웃에게 자선하고, 가족과 만찬을 나눈다.
   ▣ 하나님은 역전의 대가, 구원의 대가이시다. 하나님은 해외에 흩어져 있는 디아스포라도 잊지 않고 기억하고 계신다.

⑥ (10장) <모르드개의 존귀>

모르드개는 바사 제국 안에서 아하수에로왕의 신임을 받게 되었고, 온 유다인의 존경을 받았다.

- 하나님을 사랑하는 자가 사람에게도 **사랑받게 하시는 하나님**이시다(2:9, 15, 17).
- 목숨 걸고 하나님의 백성을 구원하려는 자를 **도우시는 하나님**이시다((4:13-16).
- 우연한 사건을 통해 하나님의 섭리를 **필연적으로 이루시는 하나님**이시다(6:1-6).

Day 39

욥의 고난
욥기 1-21장

욥이 소유와 가족을 다 잃고도 하나님을 경외했지만
친구들은 그를 죄인으로 고발했다.

① 욥의 고난(1-2장) 욥은 하나님을 경외했지만 사탄의 공격으로 가진 것을 다 잃었다.

② 논쟁1(3-14장) 세 친구가 욥의 고난이 죄로 인함이라고 하자 욥은 무정하다고 말했다.

③ 논쟁2(15-21장) 친구들이 욥에게 악인이라고까지 말하자 욥은 하늘의 중보자를 요청했다.

ⓐ우스는 북쪽 하란(렘25:20)에서 남쪽 에돔(애4:21)까지의 요단 동편 지역으로 추정된다.

36 | 욥기의 배경

251

1 욥의 고난(1-2장)

① (1:1-5) <욥의 삶>

욥은 하나님을 경외하는 동방의 거부였다.

Ⓐ 욥은 어떤 인물인가(1:1)?

1. **족장시대**의 인물로 추정된다.
   a. 개인제사를 드렸다(1:5).
   b. 같은 화폐 단위인 "크시타(케쉬타)"를 사용했다(42:11; 창33:19).
   c. 긴 수명을 누렸다(42:16).
2. 진실하게 하나님을 **경외**했던 사람이다(1-5절).
3. 동방에서 가장 재산이 많은 **거부**였다(3절).
4. 욥("**고통받다**", "미움받다", "회개하다").
5. 하루아침에 재산과 자녀와 건강을 잃었다.
■ 신실한 성도의 고난에 대해 당신은 어떻게 생각하는가?

② (1:6-22) <욥의 고난1>

하나님이 주재하시는 천상 회의에 천사들(하나님의 아들들)과 사탄이 입회했다(6절). 하나님의 허용으로 사탄은 스바인(에티오피아, 15절)과 갈대아인(바벨론, 17절)을 통해 욥의 재물과 자녀들을 거둬갔다.

Ⓑ 사탄은 어떤 존재인가(1:6)?

1. 사탄("**대적자**")은 천사 3분의 1과 함께(계12:4),
2. 범죄하고(벧후2:4) 천상에서 **이탈**했다(유1:6).
3. **타락**해서(사14:12) 땅으로 쫓겨났다(계12:9),
4. **거짓말**로(요8:44) 인류를 타락하게 만들었다(창3:6),
5. **공중권세**를 잡고(엡2:2) 세상의 임금 행세를 하며(요16:11),
6. 두루(벧전5:8) **유혹**(막1:13)하고 미혹해서(딤전4:1),
7. 사람들을 **충동**해(대상21:1) 범죄하게 만들고 있으니(눅22:31),

8. 결국 죽이고 **멸망**시키려는 목적뿐이다(요10:10).
9. 하나님보다 자기 **자신**을 높이더니(사14:13),
10. 하나님의 신성과 권위를 **모독**하고(계13:5),
11. 하나님의 구원을 **훼방**하다가(마16:23),
12. 결국 **심판**을 받아 무저갱에 갇히게 되고(계20:3),
13. 영원히 **불 못**에 던져지게 될 존재다(계20:10).
■ 사탄이 아무리 집요하게 유혹하고 강력하게 압박해도 당신은 하나님께 순복하고 마귀를 대적하라(약4:7).

③ (2장) <욥의 고난2>

욥이 악성종기로 고통하자 그의 아내도 떠났고 세 친구가 그를 찾아왔다.

Ⓒ 욥의 세 친구는 누구인가(2:11)?

1. 엘리바스는 데만(**에돔**의 남방지역) 출신이다.
2. 빌닷은 수아(**유브라데**강 중부지역) 출신이다.
3. 소발은 나아마(아라비아 북부로 추정) 출신이다.
■ 세 친구는 욥이 거하는 우스 땅 남쪽과 북쪽의 지인들로 욥과 비슷한 지위였고 나이는 욥보다 많았다(15:10).

Ⓓ 신정론(神正論, theodicy)은 무엇인가?

1. **신의 정의**(正義)를 변호하려는 이론(理論)이다.
2. "**선하신** 하나님이 왜 **악**을 허용하시는가?"라는 질문에 대한 고찰과 답변이다.
■ 욥기는 신정론에 대한 철학적 · 신학적 고찰이다.

Ⓔ "왜 하나님은 의인에게 고난을 주시는가?"

1. "과연 **하나님**이 선하신가?"
2. "과연 욥은 완전한 **의인**이었는가?"
3. "과연 고난의 **이유**는 무엇인가?"

■ 신론, 인간론, 고난이 신정론의 주요 질문들이다. 이에 대한 답변은 욥기 말미에 등장한다.

Ⓕ 욥의 고난은 왜 시작되었는가(1:8, 2:3)?

*천상회의소의 대화록을 투명하게 공개했다 (결코 밀실회의가 아니었다).

1. 하나님이 **사탄의 계략**에 넘어가신 것이 아니었다(2:3).
2. **욥이 죄가** 있어서도 아니었다(2:3; 욥9:3).
3. **하나님의 자랑과 신뢰**에서 모든 일들이 시작되었다(1:8, 2:3).
   - 욥은 하나님 나라의 명예를 걸고 대표주자로 테스트를 받게 되었다.

■ 하나님은 욥이 결국 승리할 것이라고 믿어 주셨다!

Ⓖ 욥이 고통스러워한 것은 무엇인가(1-2장)?

1. 인생에 닥쳐온 외적인 **고난** 자체(1-2장).
2. 하나님의 자녀를 향한 **사탄의 집요한 공격** (1:11, 2:5).
3. 고난의 원인에 대한 **하나님의 침묵**(23:8-9).
   - '하나님이 날 버리셨는가?'라는 **의심**을 갖게 만들 때가 있다(30:20).

■ 오해하지 말라. 하나님의 침묵은 그분의 눈물이요(막15:34) 회복을 위한 그분의 기다리심이다(사30:18).

Ⓗ 하나님의 허용은 비난받을 일인가(1:12, 2:6)?

⇒의인에게 고난을 허용하신 **하나님을 원망**하는가? 하지만 반대로 고난과 재난이 **사탄의 맘**대로라면 이미 지구는 불바다가 되어 파멸됐을 것이다. **하나님의 주권** 아래에 있음이 오히려 감사한 것이다.

■ 형통도 고난도 하나님 안에 있음이 감사한 것이다. 하나님 밖에 있다면 그것 자체가 재앙이다.

① 주 이름 찬양♪ (매트 레드맨 작사·작곡)

주님은 주시며 주님은 찾으시네

(중략)

모든 축복 주신 주님 찬양하리
어둔 날이 다가와도 난 외치리
주의 이름을 찬양해 주의 이름을!

■ 욥처럼 고난 중에도 하나님을 신뢰하고 찬양하겠는가(1:21)?

② 논쟁1(3-14장)

① (3장) <욥의 저주>

욥은 자신이 불임되었거나(3-9절) 사산아(11절)나 낙태아(16절)였기를 바란다면서 죽고 싶다고 말했다(21절).

② (4-5장) <엘리바스의 정죄>

엘리바스는 죄로 인한 고난이니(4:7-8) 인정하라(5:17)고 했다. 이것은 인과응보 사상(4:7, 8:4, 11:14)이었다.

③ (6-7장) <욥의 답변1>

욥은 잘못이 없는(6:10) 자신을 동정해 주지 않는다(6:14)며 시련이 계속될 것을 두려워했다(7:19).

① 그리스도인은 어떻게 상담해야 할까(6:25)?

*세 친구의 입바른 소리는 욥에게 **상처**만 됐다(6:25).

1. **해답**이 필요한지(나는 해답을 알고 있는가?),
2. **공감**이 필요한지(그를 진실로 사랑하는가?),
3. **기도**가 필요한지(그의 영혼이 지쳐 있는가?) 먼저 하나님의 **분별**을 구하고 나서 내담자와 상담해야 한다.

■ 그리스도인의 상담과 대화는 영혼을 살리는 길로 가야 한다.

④ (8장) <빌닷의 정죄>

빌닷은 욥의 자녀들이 죄를 지어서 벌을 받았다(4절)고 했다. "네 시작은 미약하였으나 네 나중은 심히 창대하리라"(7절)는 말씀은 축복의 선언이 아니라 죄를 인정하라는 권면이었다.

⑤ (9-10장) <욥의 답변2>

욥은 하나님의 주권을 인정하며(9:12) 중보자를 구했다(9:33).

1. **욥의 경건**은 정말 이유 없는 순전한 것이었다(1:9).
2. **사탄의 정죄**는 이유 없는 고발이었다(2:3).
3. **욥의 고난**은 범죄함이 이유가 되어서 받는 것이 아니었다(9:17).
4. **친구들의 비난**은 확실한 이유가 없는 비난이었다(22:6).
▣ 나는 고난 중에 이유를 찾겠는가, 진리를 찾겠는가(10:2)? 고난 중에 이유를 찾으면 모순에 빠질 뿐이다.

⑥ (11장) <소발의 정죄>

소발은 죄악과 불의를 버려야 환난이 지나간다(14-15절)고 충고했다.

⑦ (12-14장) <욥의 답변3>

욥은 친구들의 조언의 한계를 말하고(13:2) 자기 의를 주장하며(13:16) 하나님께 대답을 구했다(13:22, 14:15).

③ 논쟁2(15-21장)

① (15장) <엘리바스의 비난>

엘리바스는 욥의 말이 욥을 정죄한다면서(5-6절) 그가 악하고 부패하다고 비난했다(16절).

② (16-17장) <욥의 답변1>

욥은 친구가 조롱한다며(16:20) 하늘의 중보자를 요청했다(16:19).

③ (18장) <빌닷의 비난>

빌닷은 악인의 빛은 꺼지고(5절) 질병이 그를 삼킨다고 했다(13절).

④ (19장) <욥의 답변2>

욥은 억울하다며(6절) 이제 하나님 보기를 원한다고 말했다(27절).

⑤ (20장) <소발의 비난>

소발은 악인이 잠시 자랑해도(5절) 똥처럼 망하리라고 했다(7절).

⑥ (21장) <욥의 답변3>

욥은 친구들의 논리는 다 안다며(27절) 헛된 위로라고 했다(34절).

⇒처음에는 분명히 **위로**하려고 시작한 대화였다(2:11). 하지만 친구들은 **비난**의 수위를 높였다(15:34, 18:13, 20:7). 내 신앙 논리로 상대를 이기는 것이 신앙적인 대화의 **목적**이 되지 않게 하라. 그리고 하나님을 변호한다는 명목 아래 절대 **영혼**을 죽이지 말라.
▣ 아무런 위로도 해답이 되지 않는다면 차라리 언쟁을 멈추고 침묵하고 기도하라.

• 선악을 주관하시며 온 세상을 통치하시는 하나님이시다(1:1-2:7).
• 주기도 하시고 거두기도 하시는 **주권자 하나님**이시다(1:21).
• 인생의 문제와 갈등을 **해결해 주실 수 있는 유일한 한 분 하나님**이시다(13:22, 16:19-21).

Day 40

욥의 회복
욥기 22-42장

계속되는 논쟁 중 엘리후가 하나님의 주권을 변호했고
하나님이 폭풍 중에 말씀하셨다.

1 논쟁3(22-26장) 친구들이 공격하자 욥은 하나님의 행사를 다 알 수 없다고 말했다.
2 최종 발언(27-31장) 욥은 주를 경외함이 지혜라며 전능자의 대답을 바란다고 말했다.
3 엘리후의 변(32-37장) 엘리후가 하나님의 침묵과 주권에 대해서 설명하자 욥은 잠잠했다.
4 하나님의 응답(38-42장) 하나님이 말씀하시자 욥은 회개했고 하나님이 그를 회복해 주셨다.

1 논쟁3(22-26장)

① (22장) <엘리바스의 공격>
엘리바스는 마치 욥의 악행을 본 것처럼 (5-11절) 인신공격을 하며 겸손하라고 말했다.

② (23-24장) <욥의 답변1>
욥이 회복의 날을 기대하며(23장) 세상의 악을 한탄했다(24장).

Ⓐ 고난 중에 하나님을 바라는가(23장)?
1. 내가 어찌하면 하나님을 **발견**할까(3절)?
2. **앞뒤좌우**로 하나님을 뵐 수가 없구나(8-9절).
3. 내가 지금 가는 길을 하나님이 **아신다**(10절).
4. 나는 지금 하나님의 **연단** 가운데 있다(10절).
5. 연단 후에는 **순금**처럼 나올 것이다(10절).
■ 나는 고난 중에도 여전히 하나님을 바라는가(사40:31)?

③ (25장) <빌닷의 공격>
빌닷은 벌레 같은 인생(6절)이 어찌 의를 주장하냐(4절)고 공격했다.

④ (26장) <욥의 답변2>
욥은 친구들이 무익하다며(2절) 하나님을 다 알 수 없다고 말했다.

Ⓑ 고난 중에 하나님을 변호하는가(26장)?
＊단순논리와 흑백논리의 한계를 절감했다 (2-4절).
1. 사망과 스올을 하나님이 **알고** 계신다(5-6절).
2. 창조 역사와 피조세계를 **운행**하신다(7-13절).
3. 하나님의 **행사**를 누가 다 헤아리겠는가(14절).
■ 하나님은 인간이 다 이해할 수 없는 광대한 분이시다.

② 최종 발언(27-31장)

① (27-28장) <욥의 풍자1>
욥은 자신의 온전함을 버리지 않았고(27:5),
친구들의 불의가 드러나기를 원했다(27:7).

ⓒ 고난 중에 하나님을 경외하는가(28장)?
＊**지혜**는 인간 세상에서 찾을 수가 없다
　(12-13절).
＊지혜의 값은 보물과도 비교 불가하다
　(15-19절).
1. 천지의 **창조주**요 **운행자**만이 아신다
　(23-26절).
2. 하나님을 **경외**하고 악을 떠남이 지혜다
　(28절).
　－이것은 지혜 문학의 일관된 **주제**다(잠1:7;
　　전12:13).
■ 욥은 고난과 고통 중에도 변함없이 하나
　님을 경외하고 있었다.

① (29-31장) <욥의 풍자2>
욥은 지난날을 추억하며(29장) 지금은 처참하
다고 말했다(30장).

ⓓ 욥의 경건했던 삶의 증거들은(31장)?
1. **처녀**를 쳐다보지 않는다고 자기 눈과 약속
　(1절).
2. 허위, 속임수, **거짓**저울을 사용하지 않음
　(5-6절).
3. **종들**의 권리를 저버린 적이 없었음(13절).
4. 빈자와 과부, 고아, 객을 **돌봄**(16-21, 32절).
5. **물질**에 인생의 소망을 두지 않음(24-25절).
6. 해와 달 등 **우상숭배**를 하지 않음(26-27절).
7. **원수**의 멸망도 기뻐하지 않음(29-30절).
■ 욥처럼 나의 일상 속에서도 경건의 결단
　과 노력이 필요한 부분은 무엇인가?

ⓔ 고난 중에 하나님만 소망하는가(31:35)?
＊사람과 논쟁해 봤자 아무 도움이 되지 않
　는다.
1. 하나님과 인간 사이의 **중보자**를 원해(9:33).
2. 주여 나를 부르시고, **대답**해 주소서(13:22).
3. 사람과 하나님 사이의 **중재자**를 원해
　(16:21).
4. 사후라도 **영으로** 하나님을 보리라(19:26).
5. 하나님이 **연단**하시고 **회복**하시리라(23:10).
■ 고난이 축복이 되는 것은 고난 중에 하나
　님을 찾게 되기 때문이다.

③ 엘리후의 변(32-37장)

① (32장) <엘리후의 개입>
친구들이 침묵하자 엘리후("그가 내 하나님이시
다")는 연소하나(6절) 말하겠다면서, 욥이 하
나님보다 자기를 의롭다 함을 책망했다(2절).

② (33-35장) <엘리후의 변1>
엘리후는 세 친구보다 합리적으로 하나님을
변호했다.

③ (36-37장) <엘리후의 결론>
하나님은 주권자이시니 분노하여 악을 범치
말라. 사람이 하나님께 이래라저래라 말할 수
없다(36:22-23).

ⓕ 엘리후의 변호가 왜 합당한가(33-37장)?
1. 하나님의 침묵은 그분의 **주권**적 영역이다
　(33:12-13).
2. 인생을 연단하셔서 **겸손**케 하신다
　(33:19-28).
3. 의롭고 전능하사 세상을 **주관**하신다
　(34:10-28).
4. 욥이 가진 **의**나 **악**도 타인과 일반이다
　(35:6-8).
5. 욥이 아니라 **하나님**이 기다리고 계신다
　(35:9-16).

6. 환난 중 주께 분노하는 **악**을 조심하라
(36:5-21).

7. 만물을 경영하는 그분의 광대하심을 **경외**
하라(36:24-37:24).

■ 하나님의 사람이여, 고난 중일지라도 하
나님의 선과 주권을 신뢰하라.

④ 하나님의 응답**(38-42장)**

① **(38-39장) <하나님의 응답1>**

하나님은 폭풍우 가운데 욥에게 반문하시며
(1절) 하나님이 지으신 자연을 이해하는지 답
하라고 하셨다. 땅의 기초(38:4), 바다의 한계
(38:8), 매일 반복되는 아침(38:12), 깊은 바다
속과 사망의 문과 땅의 너비(38:16-18), 광명
의 길과 흑암의 길(38:19), 홍수와 비(38:25-
30), 천체의 궤도(38:31-33)를 아는가? 하나
님이 창조하신 피조물들도 언급하셨다. 수탉
의 지혜(38:36), 사자와 까마귀의 먹이(38:39-
41), 산 염소와 암사슴의 출산(39:1-4), 들나귀
와 들소의 자유(39:5-12), 타조의 속도(39:13-
18), 말의 힘(39:19 -25), 매와 독수리의 비상
(39:26-30)을 아는가?

ⓒ 욥기에 나타난 고대의 우주관은**(38:33)?**

1. **지구**가 원형이다(22:14).

2. 땅이 **공간**에 달려 있다(26:7).

3. 천체가 정해진 법칙에 따라 **궤도**를 그린
다(38:33).

4. 자연만물은 하나님에 의해 **창조**되었고 **운
행**되고 있다(38-41장).

■ 족장시대 사람들에게 하나님의 창조 질서
에 대한 깊은 이해가 있었다.

② **(40-41장) <하나님의 응답2>**

하나님은 욥이 공의로운 하나님의 역할을 할
수 있다면 자력구원이 된다고 인정해 주겠다
고 하셨다(40:8-14).

ⓗ 욥기에 공룡이 등장한다**(41:26)?!**

1. **베헤못**(40:15-24)은 백향목(25m) 같은 꼬리
와 철장 같은 뼈대를 가진 초식동물로, 하마
(개역한글)가 아닌 거대한 초식 공룡으로 추
정된다.

2. **리워야단**(41:1-34)은 악어(개역한글)가 아니
라 강력한 몸통갑옷(26절)을 입은 거대한
반수생 공룡으로 추정된다.

3. **라합**("거대한" "교만한", 9:13, 26:12)은 거대
바다 생명체로서 성경에서 주로 애굽을 상
징(시89:10; 사30:7)한다.

4. **탄닌**(히)은 신화적 "바다 괴물"(7:12)이 아
니라 하나님이 창조하신 큰 바다짐승(창
1:21)인 어룡이며, 성경에서 큰 뱀(렘51:34,
dragon), 악어(겔29:3, dragon), 용(시74:13,
148:7; 사27:1, 51:9)으로 다양하게 번역된
다.

■ 인간과 공룡이 공존했다고 성경은 말해주
고 있다.

-공룡(dinosaur)은 1842년 영국의 고생물학
자 리처드 오언이 처음 사용한 용어다.

ⓘ 욥에 대한 하나님의 대답은**(40-41장)?**

1. 욥의 질문에 대한 직접적인 답변은 없었다.

2. 하나님의 **권능**과 **주권**에 대해 말씀하셨다.

3. 하나님의 **현현**과 **임재** 자체가 해답이었다.

■ 하나님의 동행만이 인생의 모든 문제에
대한 진정한 해답이다(시23:4).

사탄은 하나님께 욥을 신뢰하지 말라고 했지
만(1:9-11) 오히려 하나님은 고난을 통해 신
뢰를 나타내셨다(1:12). 또한 사탄은 고난을
통해 우리가 하나님을 신뢰하지 못하게 하려
고 하지만, 오히려 믿음과 경외심을 지켜낼
때 결국에는 승리하게 된다.

① 고난을 어떻게 받아들일 것인가(욥기)?

1. 고난은 하나님에 대한 참 **믿음**의 시금석이다.
2. 고난의 이유를 찾지 말고 **하나님**을 찾으라.
3. 고난의 **이유**는 고난이 끝나면 알게 된다.
4. 고난 중 하나님의 **침묵**은 하나님의 **눈물**이다.
5. 고난을 **인과응보**로 가볍게 해석하지 말라.
6. 고난이 반드시 하나님의 **심판**만은 아니다.
7. 고난은 이해하는 게 아니라 **통과**하는 것이다.
8. 고난은 인생의 **불순물**을 제거하는 과정이다.
9. 고난 중엔 **시야**가 좁아져서 무지해진다 (38:2). 그러므로 어리석은 말과 생각에 빠지지 않도록 주의하고 자제하라.
10. 고난은 하나님의 **주권**을 인정하는 시간이다.
11. 고난 중 유일한 **해답**은 나와 함께하시는 하나님이다.
12. 고난 중에는 하나님만이 유일한 구원이심을 **체험**하게 된다.

■ 고난 중에도 하나님을 신뢰해야 승리한다. 당신도 욥처럼 고난 중에 만난 하나님에 대한 체험이 있는가?

③ (42장) <하나님의 회복>

욥은 자신이 무지했음을 회개했다. 하나님은 욥에게 가족과 재산을 주셨고, 욥은 140년을 더 살다가 죽었다. 다만 가족은 숫자로 대체가 불가능하기에 위로와 함께 슬픔도 있었을 것이다. 다만 가장 큰 회복은 욥의 신앙이 귀로 듣던 신앙에서 눈으로 보는 신앙으로 승화되었다는 점이다(5절).

- 주를 경외하는 사람을 순금같이 만들고자 **단련하시는 하나님**이시다(23:10).
- 인간이 다 헤아릴 수 없는 **놀라우신 하나님**이시다(36:26, 37:5).
- 고난 중에 있는 의인을 **회복하시는 하나님**이시다(42:10-17).

결국 욥이 고난의 이유를 듣지는 못했지만 그가 더 중요하게 깨달은 것은 무엇일까(42:1-6)?

Day 41

창조주 하나님 찬양
시편 1-41편

 의인이 복인이요, 창조주 하나님을 의뢰하여 말씀을 묵상하면 하나님이 구원하신다.

1 하나님의 창조와 심판 찬양**(제1권/1-41편)** 주제는 "**창조와 사람**"(창세기)이며, 대부분의 저자는 다윗이다(저자미상인 1, 2, 10, 33편 제외).

1 하나님의 창조와 심판 찬양**(제1권)**

(1편) 복 있는 사람의 형통함: 복 있는 사람은 하나님의 말씀을 묵상하여 형통하지만 복 없는 사람은 인간의 악한 꾀를 따르다가 망한다.

(2편) 여호와와 기름부음 받은 자: 2편은 메시아 시편으로 "너는 내 아들이라"(7절)는 말씀은 예수님이 세례 후 들으셨으며(막1:11), 바울과 히브리서 기자도 인용했다(행13:33; 히1:5).

Ⓐ 시편 1편	시편 2편
"**복 있는**" (1절)	"**복이 있도다**" (12절)
개인 예배 시편	공동 예배 시편
다윗의 시로 추정	**다윗**의 시 (행4:25)

■ 1-2편은 수미쌍관법으로 연결되며 다윗의 시로 세 시편의 도입부에 해당된다.

(3편) 압살롬의 반역 가운데 구원하심: 시3-7편은 탄원시이다. 다윗이 대적의(1절) 에워쌈(6절)으로부터 지켜달라고(5절) 하나님께 탄원했다.

Ⓑ "**셀라**"(시3:2)의 뜻은 무엇인가?

＊**시편**에 71회, **하박국**에 3회 사용되었다.
1. 살랄("높이다, 중지하다")의 파생어로 추정된다.
2. **연주음**을 높이거나 일시 중지하라는 용어다.
＊**국악**의 **추임새**('어이' '얼쑤' '좋다' 등)와 유사하다.
■ 흐름상 주의 환기가 필요할 때 외친 단어다.

(4편) 경건한 자의 저녁기도: 다윗이 저녁 침상에 누울 때(4절) 평안을 구했던(8절) 탄원이다.

(5편) 악인의 심판을 구하는 아침기도: 다윗이 아침에(3절) 악인을 심판해 달라(10절)고 탄원했다. 5편은 성전의 아침 번제와 함께 불렸다.

(6편) 구원을 바라는 눈물의 심야기도: 다윗이 밤에(6절) 잠 못 이루며 눈물로 탄원했다(10절).

(7편) 악인을 판단하시기를 구하는 기도: 다윗이 베냐민인 구시(사울왕 통치 때 다윗을 공격한 인물[삼상24:9]이거나 다윗을 저주했던 시므이[삼하16:5], 또는 압살롬의 죽음을 알린 구스인[삼하18:21] 중 한 사람으로 추정됨)의 공격을 받고 감정이 격앙되어서 악인을 끊어달라고(9절) 탄원했다.

© 탄원시(psalms of petition, 시3-7편)

1. 3편 - 대적의 공격에서 **구원**해 주소서.
2. 4편 - 주의 얼굴을 비추사 **평안**을 주소서.
3. 5편 - 악인이 자기의 **꾀**에 빠지게 하소서.
4. 6편 - 원수가 **부끄러움**을 당하게 하소서.
5. 7편 - 악인을 끊으시고 **의인**을 세우소서.
■ 나도 다윗처럼 하나님께 억울함을 쏟고 도움을 구하는가?

Ⓓ 제1권에 나오는 표제어

1. **식가욘**(7편): "감정적으로 들뜸"
2. **깃딧**(8편): 갓 사람이 만든 현악기(81, 84편).
3. **뭇랍벤**(9편): "아들(압살롬으로 추정)의 죽음에"
4. **믹담**(16편): "돌에 새김"이라는 의미로서 "황금시, 금언시"를 뜻한다.
5. **마스길**(32편): "교훈시"(실용적 지혜의 시)
6. **여두둔**(39편): 다윗의 3대 악장 중 1인(대상 25:1)이었다(32① 참고).

(8편) 창조주의 영광과 인간의 존귀: 다윗은 천지를 아름답게 창조하신 창조주의 영화와 존귀로 관을 씌워주신 인자의 존엄함을 노래했다.

(9편) 열방을 심판하시는 하나님을 찬양함: 다윗은 당대 최고의 전사였지만 악하고 미친 사울왕도 정적들도 자신의 손으로 심판하지 않았다.

(10편) 악인에 대한 심판을 요청함: 9편과 주제와 표현에서 유사하여 다윗의 시로 추정된다.

(11편) 선악 간에 인생을 감찰하시는 하나님: "새같이"(1절)는 삼상26:20과 연관된 표현이다.

(12편) 시대의 악함에 대한 고발: 오만한 악인들이 판을 쳐도 여호와께서 의인들을 보존하신다.

(13편) 하나님의 즉각적인 응답을 요청했다.

Ⓔ 악인의 심판을 요청하는 시편(시9-13편)

1. 9편 - 열방을 심판하사 하나님을 **알게** 하소서.
2. 10편 - 하나님이 없다 하는 악인을 **심판**하소서.
3. 11편 - 하나님이 의인과 악인을 **감찰**하신다.
4. 12편 - 비열한 시대에도 주께서 **주관**하신다.
5. 13편 - 원수가 칠 때에 여호와여 **응답**하소서.
■ 악인에 대한 심판은 하나님께 맡기라!

(14편) 어리석은 무신론자에 대한 고발: "어리석은 자"(1절)는 "하나님이 없다"(1절)고 말하는 적극적 무신론자 내지 하나님이 세상에 개입하지 않으신다는 소극적 무신론자(이신론자)다(시10:4, 11). 이들이 악으로 빠진 것은 선악간에 판단하시는(시14:2-3; 롬3:11-12) 하나님의 주권을 간과하기 때문이다. 무신론적 사회는 도덕적 붕괴와 성적 타락으로 갈 수밖에 없다!

Ⓕ 무신론자를 고발하는 시편은?

1. 10편 - 무신론(1절) 내지 **이신론**(4, 11절).
2. 14편 - 무신론(1절)으로 인한 **도덕불감증**(3절).
3. 53편 - 하나님을 두려워하지 않다가 오히려 **두려움**에 빠짐(5절).
■ 무신론은 도덕적·영적으로 자충수가 된다.

(15편) 주의 장막에 머무를 자: 무신론자(14편)의 반대는 예배자다. 다윗은 하나님 임재의 장막에 머물 수 있는 사람의 특징들을 말한다.

(16편) 의인에게 주시는 영원한 기쁨: 다윗이 하나님이 주신 기업에 감사하며(5-6절) 부활과 영생을 믿음으로 고백했다(10-11절; 행 2:27-28, 13:35).

(17편) 나를 눈동자같이 지키소서: 다윗은 자신을 눈동자같이 지켜 달라(8절)고 기도하며 "깰 때에 주의 형상으로 만족"하겠다며(15절), 악인에게서의 해방과 죽음에서의 부활을 노래했다.

(18편) 나의 힘이신 여호와를 사랑합니다: 다윗은 환난에서 건져주신 하나님께 감사를 드리는 정도가 아니라 사랑의 고백(1절)을 드린다(삼하 22장).

(19편) 자연과 율법에 나타난 하나님의 계시: 다윗은 자연(시29편)과 율법에 나타난 하나님의 계시(자연계시와 특별계시)를 노래하며, 자신의 말과 묵상이 주께 열납되기를 소망했다(14절).

(20편) 하나님을 의지하는 왕을 구원하소서.

(21편) 왕의 승리로 인해 찬양하리라.

(22편) 십자가 수난을 당하는 메시아 예언: 예수께서 십자가에서 "내 하나님이여 어찌 나를 버리셨나이까"(1절; 막15:34) 외치셨고, 군병들이 예수님의 옷을 제비 뽑았다(18절; 막15:24).

(23편) 나의 선한 목자 되시는 여호와.

ⓖ **시편 23편**
1. 목자였던 다윗에게 **선한 목자** 되신 여호와.
2. 목자는 양들을 **초장과 물가**로도 인도하고,
3. 음침한 **골짜기나 원수 앞**으로도 인도한다.
4. 그것은 생명의 길로 인도하기 위한 **과정**이다.
■ 나도 다윗처럼 목자이신 주님을 믿고 끝까지 따르겠는가?

(24편) 왕이신 여호와의 승리의 귀환: 승리 후 귀환하는 왕의 모습 속에 메시아가 계시다.

(25편) 인자와 진리로 나를 교훈하소서: 히브리 22개 알파벳으로 만든 알파벳 시(acrostic psalm)로서 하나님의 섭리를 다루고 있다.

(26편) 나를 살피시고 구원하소서.

(27편) 여호와를 의지하니 두려워하지 말라: 다윗은 전쟁 중에도(3절) 성전을 사모했다(4절).

(28편) 나의 간구에 응답하심을 찬송함.

(29편) 자연에서 들리는 여호와의 소리: 초막절에 레위인이 광야를 기억하며 암송한 시편이다.

(30편) 슬픔을 춤으로 바꾸시는 은혜: 다윗이 하나님의 징계가 풀려(11절) 언약궤를 다윗성에 옮긴 것을 노래한 것으로 추정된다. 이것을 포로귀환자들이 성전낙성가로 사용했다(스6:16).

(31편) 나를 주의 은밀한 곳에 숨기소서: 다윗이 영감으로 메시아를 예언했다(5절; 눅23:46).

(32편) 죄 사함을 받은 자의 복: 다윗의 마스길.

(33편) 여호와의 말씀으로 창조하고 다스리심: 하나님이 말씀과 성령으로 만물을 창조하셨다는 고백(6절)으로, 32편과 연계시일 수 있다.

(34편) 나를 건지신 선하신 하나님 찬양: 다윗이 아비멜렉(가드 왕 아기스로 추정, 삼상21:10) 앞에서 쫓겨난 후 하나님을 원망하지 않고 오히려 찬양했다.

(35편) 부당하게 원수된 자들에게서 건지소서: 41편과 함께 선대해 주었던 친구들(13-14절)의 배신을 고발했으니, 다윗은 실로 외로운 인생이었다.

(36편) 악인의 죄악과 하나님의 인자하심: 악인을 바라보지 말고 그분의 인자(5, 7, 10절)를 바라보라.

(37편) 악인들로 불평하지 말라: 하나님을 의지하면(5절) 온유한 자가 땅을 차지하리라(11절; 마5:5).

(38편) 죄에 대한 고백과 구원의 요청: 다윗이 밧세바를 범한 후 드린 회개시로 추정된다.

(39편) 헛된 나그네 인생의 소망은 오직 주님.

(40편) 구원의 감격을 기억하며 구원을 간구함.

⊕ **시편 속 "인자"이신 예수 그리스도(누가복음)**

1. 8편-**"인자"**(4절; 히2:6; 마21:16; 고전15:27)
2. 16편-영원한 **부활**(10-11절; 행2:31 인용)
3. 40편-인자의 **초림**(6-8절; 히10:5-10 인용)
■ 인자(단7:13)로 오실 메시아를 다윗이 예언했다.

(41편) 치유하심을 구하는 병상에서의 기도.

- 말씀을 묵상하는 사람에게 **복을 주시는 하나님**이시다(1:2-3,6).
- 하나님을 의지하는 자를 위기 가운데서 **안전하게 지키시는 하나님**이시다(3:1-6).
- 나의 선한 목자가 되셔서 나를 채우시고 **인도하시는 하나님**이시다(23:1-6).

Day 42

구원자 하나님 찬양
시편 42-72편

 악인의 공격에도 하나님을 의지하는 백성을
보호해 주시고 구원해 달라고 기도했다.

1 하나님의 구원하심 찬양(제2권/42-72편) 주제는 "구원과 구속"(출애굽기)이며, 대부분 다윗(18편)과
고라 자손(8편)의 시편이다.

1 하나님의 구원하심 찬양(제2권)

(42편) 소망의 하나님을 갈망함: 바벨론에 포로된 고라 자손이 성전에서 섬기던 때(대상6:31-39)를 사모하며 노래한 비탄시다.

(43편) 하나님께 소망을 두고 찬송하라.

Ⓐ시편 42편	시편 43편
"어찌 낙심"(5절)	"어찌 낙심"(5절)

하나의 시편이 후대에 나뉜 것으로 추정된다.
- ■ 포로기에 구원을 갈망한 시편 2권의 도입 부분이다.

(44편) 열방에 흩어진 주의 백성을 구하소서: 고라 자손은 바벨론에 흩어진 백성들(11-12절)의 수난을 호소했다(22절; 롬8:36).

(45편) 왕의 아름다움을 노래함: 왕의 결혼예식에서 불린 축가로서 고라 자손이 만들었다.

(46편) 우리의 피난처와 도움이신 하나님.

Ⓑ 하나님의 구원의 노래(46편)
1. 여호와는 나의 **힘과 도움**이시라(1절; 출15:2).
2. 바닷물이 뛰놀아도 **두렵지 않아**(3절; 출15:8).
3. 가만히 있어 하나님을 **알라**(10절; 출14:13).
*홍해 도해 후에 불렀던 "모세의 노래"와 유사하다(출15).
■ 포로귀환 역사는 출애굽과 같은 놀라운 하나님의 구원이었다.

(47편) 온 땅의 왕이신 하나님을 찬양함: 언약궤의 다윗성 운반 내지 예배자들의 성전 찬양 때 임하시는 하나님의 임재를 노래했다(5절).

(48편) 하나님의 성 시온의 영광과 아름다움: 포로 후기에 레위인이 안식일 낮에 낭송했다.

(49편) 허무한 인생이여 깨달으라: 잠언이나 전도서 같은 지혜문학과 맥을 같이한다. 존귀한 인생이 하나님을 모르면 짐승과 같다(20절).

(50편) 하나님을 영화롭게 하는 감사의 제사: 선견자 아삽(대하29:30)이 하나님의 말씀을 1인칭으로 대언한 형식의 시편이다(5-21절).

(51편) 범죄한 다윗이 드린 참회의 기도: 다윗이 범죄 후 회개했다(삼하12:13). 인간은 범죄하는 순간 성령의 떠나심을 느끼고 영적인 분리불안에 빠진다(11절; 창6:3; 삼상16:14; 엡4:30). 철저한 회개와 주님의 은혜만이 인생을 재창조하신다(10절; 고후5:17; 왕상1:4).

(52편) 포악한 악인을 멸하시리라: 에돔인 도엑이 다윗의 동선을 사울에게 보고하고 제사장들을 죽였지만(삼상22:9, 18), 하나님은 악인을 심판하고 의인에게 인자를 베푸시리라는 노래다.

(53편) 어리석은 무신론자가 받은 수치: 14편이 약간 변형 반복된 시편이다.

(54편) 악인의 추적에서 건지신 하나님: 십 사람들의 고발로 사울왕이 수색하자(3절) 다윗이 하나님의 구원을 요청한 시편이다.

(55편) 친구의 배신에 대한 탄식과 간구: 사망의 위험(4절), 강포와 속임수(9-11절), 친구의 배신(12-14절), 음모를 꾸미는 언변(21절)으로 보아 압살롬의 반역에 동조한 다윗의 모사 아히도벨(삼하15:12)에 대한 시편으로 추정된다.

(56편) 두려움 중에 하나님을 의지하리라: 다윗이 두려움(3절)과 눈물(8절)의 도피생활을 할 때 하나님께 서원하며(12절) 구원을 요청했다.

6. **알다스헷**(57편): "파괴하지 말라"는 곡조.
7. **수산에듯**(60편): "증언의 백합화"라는 곡조.

(57편) 위기 중에도 변함없는 예배의 고백: 다윗이 굴에 피신 중임에도(삼상22:1, 24:3) 마음을 정하고 새벽부터 찬양하겠다고 고백했다.

(58편) 악한 통치자들을 심판하시는 하나님.

ⓖ **원한의 감정을 노래해도 되는가(58편)?**

＊때로 시편은 멋진 고백이 아니라 적나라한 **고발**이다(58:6-10).
1. 내가 원수를 갚지 않고 하나님께 **맡기는 기도다**(55:9).
2. 하나님 편에서 살아가는 의인의 **호소다** (35:8).
■ 기도는 미사여구가 아니라 중심을 하나님 앞에 쏟는 것이다.

(59편) 원수의 포위에서 건져내신 하나님: 사울이 다윗을 죽이려고 군인들로 지키던 때에 (삼상19:11), 다윗이 하나님의 보호를 신뢰하며 평안한 아침을 주실 것을 믿음으로 고백했다.

(60편) 주의 군대를 도와 승리하게 하소서: 북쪽에서 다윗이 아람과 교전하는 동안 남쪽에서 에돔이 봉기해서 이스라엘이 초반에 고전하다가(왕상11:15-16) 나중에 하나님의 은혜로 대승을 거두게 되었다(삼하8:3-14; 대상18:12-13).

(61편) 보호하심을 구하는 다윗왕의 기도: 주의 장막에 피할 때에 인자와 진리로 보호하소서.

(62편) 나의 영혼아 잠잠히 하나님만 바라라: 잠잠히 하나님만 바라는 것은 구원의 소망이 하나님으로부터만 오기 때문이다.

(63편) 황폐한 광야에서 하나님을 갈망함: 다

윗왕(11절)이 압살롬의 모반으로 유다광야로 나갔을 때 지은 시다(삼하15:23, 28).

ⓗ **다윗의 일생과 관련된 시편(연대순)**
1. 59편 - 사울이 **다윗의 집**을 포위(삼상19:11).
2. 56편 - 다윗이 **가드**에서 잡힘(삼상21:10).
3. 34편 - 다윗이 **미친 척**하다 쫓겨남 (삼상21:15).
4. 57편 - 다윗이 굴에 피신함(삼상22:1).
5. 52편 - **도엑**이 사울에게 보고함(삼상22:9).
6. 63편 - 다윗이 **유다광야**에 거함(삼상23:14).
7. 142편 - 다윗이 굴에 있을 때(삼상24:3).
8. 54편 - **십 사람**이 사울에게 보고함 (삼상26:1).
9. 30편 - **언약궤**를 옮기던 날(삼하6:15).
10. 60편 - **아람 및 에돔**과의 전쟁(삼하8:3-14).
11. 51편 - **밧세바**와 동침 후 회개함 (삼하12:13).
12. 3편 - 다윗이 압살롬을 피함(삼하15:17).
13. 7편 - **구시의 말**(삼상24:9; 삼하16:5, 18:21).
14. 18편 - 모든 원수에게서 **구원받음**(삼하22:1).
■ 하나님이 나의 평생 구원자가 되심을 신뢰하는가?

(64편) 원수에게서 나의 생명을 보존하소서.

(65편) 성전에 거하는 자에게 응답하시리: 주의 성전을 사모하는 자에게 응답하시리라.

(66편) 인생을 단련하고 회복하시는 하나님.

(67편) 하나님의 구원을 열방에 알리소서.

(68편) 그 백성을 구원하시는 전능자 하나님: 하나님은 하늘 구름을 타고 이스라엘 백성을 구원하시는 분이시다(시18:10, 68:4, 33, 104:3).

(69편) 주를 위해 비방받는 나를 건지소서.

(70편) 즉각적인 구원을 요청하는 기도: 40편 13-17절을 약간 변형 반복한 시편이다.

(71편) 노년에 간구하는 기도: 다윗이 노년에 (왕상1:1) 원수들(10절)에게서 건져달라고 간구했다.

(72편) 주의 판단력을 왕자에게 주소서: 솔로몬의 시이지만 다윗의 기도가 끝났다(20절)고 말한 것은, 1-2권(총72편)이 대부분 다윗의 시 (60편, 총82%)이기 때문에 편집자가 붙인 말이다.

- 대적으로 인해 낙심하고 불안할 때 **소망을 주시는 하나님**이시다(42:1-11).
- 상한 심령을 원하시고 통회하는 마음을 **멸시하지 않으시는 하나님**이시다(51:17).
- 고난 중에도 결심하고 찬양하는 사람에게 **승리의 예언을 주시는 하나님**이시다(57편).

주관자 하나님

"욥이 어찌 까닭 없이 하나님을 경외하리이까"(욥1:9)

욥기는 인생에서 만나는 고난의 이유를 고찰하는 난해한 책이다. 하지만 그 이유가 될 만한 장면이 서두에 등장한다. 천상 회의소에 하나님이 좌정해 계시고 천사들이 시립해 있는데 갑자기 감히 사탄이 등장한다. 왜 등장했는가? 이 행악자도 하나님 앞에 보고할 의무가 있고 하나님의 허용 없이는 수족을 놀릴 수 없는 존재이기 때문이다.

우리는 지상에서 일어나는 온갖 재난, 전쟁, 갈등, 실패, 아픔들을 왜 하나님께서 그냥 보고만 계시는가 원망한다. 그렇다면 하나님은 손 놓고 계시고 사탄이 다 휘젓고 다닌 결과일까? 아니다. 하나님이 역사의 고삐를 쥐고 계신다. 사탄도 하나님의 허락 없이는 미동도 하지 못한다. 역사는 사탄의 손 아래 있지 않다. 역사는 주관자이신 하나님의 손 아래 있다.

그렇다면 두 번째 하나님에 대한 오해가 생긴다. 그러면 왜 욥에게 고난을 주는 결정을 하셨는가? 하나님이 사탄의 계략에 휘말리신 건가? 사탄의 자극에 충동적으로 결정하신 건가? 물론 사탄은 그런 줄 알았으리라. 하지만 하나님은 사탄의 얄팍한 계략을 아시면서도 더 깊은 신뢰로 욥을 믿고 계셨다.

생각해 보라. 욥이 사탄의 시험에 실패하면 누가 손해인가? 욥이 하나님의 명예를 걸고 사탄의 테스트에 대표선수로 나간 것이다. 그가 실패하면 하나님 얼굴에 먹칠이다. 그렇다면 하나님이 욥을 과대평가하신 게 아닌가? 그러나 하나님은 믿고 계셨다. 욥이 아무리 연약하고 힘들어도 하나님을 떠나지 않고 등지지 않을 것임을. 모든 성경은 인간에게 하나님을 신뢰하라고 말하지만, 욥기는 하나님이 당신을 신뢰하고 계시다고 말해준다.

하지만 사탄은 속이 꼬여 있다. 그래서 욥이 하나님을 경외하는 것은 다 까닭이 있다고 주장한다. 진짜 하나님을 사랑하는 게 아니라 집과 소유물 때문에 하나님을 사랑하는 것이라고 고발했다. 그러자 하나님은 욥의 순전한 신앙을 신뢰하셨기에 시험을 허락하셨다. 그가 하나님의 선물 때문이 아니라 정말 이유 없이 순전하게 하나님을 사랑한다고 믿으셨다.

정말 욥의 신앙은 순전했다. 오히려 사탄이 까닭 없는 정죄를 했고(욥2:3), 친구들이 까닭 없는 비난을 했다(욥22:6). 그리고 욥은 죄의 결과로 받는 인과응보의 고난이 아니라 까닭 없는 고난을 받았다(욥9:17). 그러니 아무리 고난의 이유를 알고 싶어도 마음만 어려울 뿐 그 이유를 알 수 없었다.

고난은 순전한 신앙의 본질만 남게 만드는 풀무불이다. 모든 불순물을 제거하고 오직 하나님만 의지하는 믿음만 남긴다. "그러나 내가 가는 길을 그가 아시나니 그가 나를 단련하신 후에는 내가 순금같이 되어 나오리라"(욥23:10). 나 자신도 내 인생의 숲이 보이지 않는다. 그러나 하나님만은 내 가는 길의 큰 그림을 알고 계시니 이 풀무불의 시간에도 하나님을 신뢰하리라는 욥의 고백이었다.

그렇다. 하나님은 인생과 역사를 책임지고 주관하시는 분이시다. 물론 욥은 고난 중에 하나님을 붙들면서도, 하나님의 침묵으로 인해 고통스러워했다. 고난 중에 가장 힘든 것은 고난 자체보다 하나님의 침묵이다. 그러나 하나님의 침묵을 하나님의 포기나 거절로 오해하지 말라. 아무리 좋은 감독도 선수 대신 경기를 뛰어주거나 경기를 조작해서는 안 되지 않는가.

하나님은 침묵하셨다. 욥의 고난 중에도 철저히 침묵하셨고, 당신의 아들이 십자가에 달릴 때에도 철저히 침묵하셨다. 부모로서 자녀를 키우다 보면 자녀가 인생의 가장 힘든 시간을 보낼 때 침묵해야 하는 것이 가장 힘들다. 자녀가 사춘기 방황을 할 때, 입시 스트레스로 고통스러워할 때, 인생의 실패로 절망의 늪에 빠져 있을 때 말없이 곁에서 바라만 봐야 하는 부모의 고통을 아는가. 하나님의 침묵은 하나님의 신뢰요 눈물이요 기다리심이라는 것을 잊지 말라.

하나님을 신뢰한다는 것이 무엇일까? 첫째는 그분의 전능하심, 둘째는 그분의 선하심, 셋째는 그분의 주권을 신뢰하는 것이다. 욥은 하나님의 주권을 신뢰했다. 하나님의 큰 그림을 신뢰했다. "주신 이도 여호와시요 거두신 이도 여호와시오니 여호와의 이름이 찬송을 받으실지니이다"(욥1:21하). 나의 체질을 나보다 잘 아시고 내가 잘되기를 응원하시는 하나님이시다.

욥의 고난의 이유는 결국 밝혀지지 않았다. 3-38장에 걸쳐서 친구들은 고난의 이유가 있을 것이라고 욥을 정죄했고, 욥은 자신이 왜 고난을 받아야 하는지 이유를 알고 싶어 했다. 하지만 39-41장에서 하나님은 하나님의 주권과 하나님이 세상을 주관하심에 대한 이야기만 하셨지 이유는 말씀하지 않으셨다. 왜? 그들이 생각하는 인과응보적인 이유는 없었기 때문이다.

나도 욥과 같은 고난을 받을까 두려워하지 말라. 나도 욥과 같이 순전한 신앙인가를 두려워하라. 다니엘의 세 친구처럼 하나님이 건져

주지 않으셔도 풀무불에 뛰어들고, 하박국처럼 무화과 나뭇잎이 마를지라도 여호와로 인해 기뻐하고, 욥처럼 이유 없는 고난을 당하고도 하나님이 다시 만나주신 것만으로도 기뻐하는 그런 신앙인가? 나는 오롯이 하나님만으로 기뻐하는가?

하나님은 역사의 주관자이시다. 나는 그런 하나님의 큰 그림을 신뢰하는가? 목자가 푸른 초장과 쉴 만한 물가로만 데려가는 게 아니라 때로 사망의 음침한 골짜기로 데려간다 해도 그 목자를 신뢰하는가? 다윗같이 순전한 예배자도 부모에게 버림받고 왕에게 버림받고 광야에서 고생했다. 하나님이 그렇게 인도하실지라도, 다윗처럼 그분을 신뢰하며 광야의 새벽을 깨워 찬양하겠는가?

2014년 ISIL(이슬람 국가)이 내전을 일으키자 수백만 명의 시리아 난민이 주변국으로 흩어졌다. 사람들은 하나님이 계시다면 어떻게 이런 일이 일어나는가 원망했다. 그런데 이때 무슬림 형제국들보다 기독교 단체들이 적극적으로 구호 활동을 했고 복음을 전했다. 현장 선교사들이 말했다. "지금 무슬림들이 기적처럼 돌아오고 있습니다. 거의 낫을 들고 추수하는 상황입니다. 그래서 어떻게 기도해야 할지 모르겠습니다. 내전이 멈추면 복음의 문은 닫히는데 말입니다."

우리는 하나님의 큰 그림을 다 알 수 없다. 다만 인생과 역사가 절대로 버려져 있지 않다는 것을 알라. 최고 주권자이신 그분이 책임지고 주관하고 계신다. 그분이 모든 것을 합력하여 선을 이루실 것이다. 고난의 터널을 지날 때는 이유를 찾지 말고 하나님을 찾으라. 고난은 이해하는 것이 아니라 통과하는 것이다. 그분의 손을 잡고 터널의 끝을 향해 가는 것이다.

잠언은 실용적인 지혜의 책이고, 전도서는 철학적인 지혜의 책이다. 아가서는 남녀의 사랑 노래로서 하나님과 교회의 친밀한 사랑의 관계를 묵상하게 해준다. 지혜자들은 짧은 인생을 어떻게 살아야 하는지 촌철살인의 말을 들려주고 있다. 세상 지혜는 처세술부터 철학까지 다양하게 제공하지만 하나님을 아는 지혜는 줄 수 없다. 모든 부와 지혜를 누린 솔로몬은 인생 노년에 쓴 전도서에서 '모든 것이 헛되다'고 말한다. 그렇다면 허무한 세상에서 의미 있게 사는 유일한 방법은 무엇인가? 바로 하나님을 경외하는 것이다. 하나님을 전심으로 사랑하며 사는 것이다. 성경을 통해 하나님을 알아가는 복된 인생이 되길 바란다. ─────

Week 08

시편 73편 - 아가 08장

● 잠언

　　잠언은 실용적 지혜의 책이다. 1-9장에는 솔로몬왕이 아버지로서 자녀들에게 주는 잠언이고, 10-29장은 솔로몬의 잠언이며, 30-31장은 야게의 아들 아굴과 르무엘왕의 잠언이다.

　　시가서 중 잠언, 전도서, 아가서가 솔로몬의 저작이다. 잠언이 실용적인 지혜서라면, 전도서는 철학적인 지혜서이며, 아가서는 낭만적인 사랑가다. 연대순으로 보면 솔로몬왕은 청년기에 아가서를, 중년기에 잠언을, 노년기에 전도서를 썼다고 보인다. 마지막 30-31장은 아굴과 르무엘왕이 저자로 등장하는데, 이들은 이스라엘의 현자이거나 이방인 개종자일 것으로 추정되지만 그 외의 자세한 내력은 소개되어 있지 않다.

　　915개의 잠언은 인생을 향한 하나님의 지혜를 담고 있다. 율법서와 마찬가지로 권고의 명령과 금지의 명령으로 구성되어 있어서, 복과 화의 결과가 나뉘게 되며, 지혜로운 인생과 무지한 인생 내지 의로운 인생과 악한 인생으로 구분된다. 그러므로 율법적인 규범을 담고 있는 규범적 지혜이기도 하고, 그대로 순종해서 살아야 하는 실천적 지혜이기도 하다. 짧은 경구 안에 신앙과 인생에 대한 많은 실용적 지혜를 담고 있는데, 이 점은 현자의 가르침을 담은 중동의 지혜문학과 맥을 같이하고 있다(왕상4:30). 물론 고대 중동의 문학적 토양에서 나온 것이라 할지라도, 잠언은 하나님을 경외하는 것이 지식의 근본이라고 역설한다는 점에서 성경의 지혜서와 동일한 주제를 표현하고 있다. 더 나아가 하나님의 지혜를 인격화하여 어리석은 인생들을 부르시고 돌이키시는 분으로 묘사하고 있는데(1:20-33, 8:22-31), 이는 단순히 인격화된 지혜가 아니라 실제 인격이신 지혜, 즉 그리스도를 드러내는 말씀이다(고전1:24). 결국 모든 지혜는 주님께로부터 나오고 주님께로 수렴되기 때문이다(롬11:33-36).

○ 아버지의 잠언 (1-9장)			
1	잠언의 목적	1:1-6	지혜를 깨닫게 하려 함
2	아비의 권면	1:7-9장	아들에게 지혜를 권면

○ 솔로몬의 잠언 (10-29장)			
1	첫 번째 모음	10-24장	솔로몬의 잠언 모음집
2	두 번째 모음	25-29장	솔로몬의 잠언 편집본

○ 지혜자의 잠언 (30-31장)			
1	아굴의 잠언	30장	경건한 인생의 지혜
2	르무엘의 말	31장	왕도와 현숙한 아내

● 전도서

전도서는 철학적 지혜의 책이다. 1:1-11은 해 아래 모든 것이 헛되다는 명제를 선언하고, 1:12-11:8은 해 아래 모든 것이 헛되다는 증거들을 제시하며, 11:9-12장은 헛된 인생이 되지 않으려면 하나님을 경외하라고 권면한다.

전도서는 표면적으로는 인생무상(人生無常)이라는 허무주의를 노래하는 것처럼 들린다. 하지만 심층적으로는 하나님 없는 인생과 역사가 얼마나 무의미한가를 노래한다. 그러므로 하나님을 경외하는 지혜를 얻는다면 인생의 참 의미를 발견하게 된다는 메시지다.

솔로몬은 전무후무한 지혜를 하나님께 받았던 인물인데, 평생을 살고서 후대에게 유언적인 메시지로 전도서를 남겼다. 그는 평생 많은 업적을 이루었고 많은 분야에서 최고가 되었지만 "수확체감의 법칙"대로 노력의 결과를 얻으면 얻을수록 오히려 내적 만족이 반감된다는 것을 깨달았다. 그것은 세상의 자랑과 즐거움이 모두 유한적이고 상대적이기 때문이며, 현재의 성공과 지혜와 만족도 내일을 보장하지 못한다는 존재의 불확실성 때문이고, 인간 세상에서는 절대적 차원의 정의 구현이 불가능하기 때문이다. 결국 솔로몬은 다다익선(多多益善)이라는 물량주의적 관점의 모순을 경험하면서 과유불급(過猶不及)이라는 중용지도의 지혜를 말한다. 하지만 결론적으로 극단주의를 피하려는 인간에게 유일한 해법은 절대자에게 돌아가는 것밖에 없음을 고백했다. 그래서 유대인 학자들은 솔로몬이 노년에 우상숭배를 회개하고 전도서를 기록했다고 보았다. 하지만 그가 회개하고 돌이켰다는 기록이 역사서에는 없다. 가장 지혜로운 자가 가장 지혜로운 조언을 남기며 인생을 마감했다. 그것은 하나님을 경외하고 순종하는 것이 사람의 본분이라는 말씀이다.

○ 명제 : "모든 것이 헛되다" (1:1-11)			
1	인생무상	1:1-2	모든 것들이 헛되다
2	자연현상	1:3-11	자연 만물도 헛되다

○ 논증 : "모든 삶이 헛되다" (1:12-11:8)			
1	경험에서	1:12-2장	지혜와 쾌락도 헛되다
2	관찰에서	3-6장	관계와 장수도 헛되다
3	악한 세상	7-9:12	인간의 해법은 없다
4	불확실성	9:13-11:8	불안한 미래는 헛되다

○ 결언 : "하나님을 경외하라" (11:9-12장)			
1	청년에게	11:9-12:8	창조주를 기억하라
2	최종 조언	12:9-14	하나님을 경외하라

●아가

아가서는 남녀의 사랑 노래다. 1:1-3:5은 사랑에 빠진 연인에 대해서, 3:6-5:1은 결혼으로 연합한 부부에 대해서, 5:2-7:9은 갈등을 겪는 부부에 대해서, 7:10-8장은 사랑을 성숙시키는 부부에 대해서 노래하고 있다.

아가서는 솔로몬과 술람미 여인(6:13)의 사랑 노래다. 이는 왕과 목녀(shepherdess) 사이의 극적인 사랑 이야기인 동시에, 이스라엘을 신부로 맞이하시는 하나님(호2:19-20) 내지 교회를 신부로 맞이하시는 그리스도(엡5:22-33)의 사랑 이야기를 의미한다. 해석하는 입장에 따라, 아가서를 실제적인 사랑 이야기로 보는 관점도 있고 영적인 의미로 해석하는 관점도 있다. 두 가지 관점이 다 필요하다. 무조건 금욕주의적인 관점에서 볼 것이 아니라(딤전4:3), 솔로몬과 목녀의 실제 사랑 이야기를 통해서 하나님이 인간 남녀에게 허락하신 건강하고 온전하고 아름다운 사랑이 무엇인가를 깨달을 필요가 있다. 그러나 인간 사랑의 한계 가운데 어떻게 온전한 사랑을 세워가야 하는가에 대한 성찰적 질문이 필요하고, 하나님의 완전하신 사랑을 묵상하고 깨닫게 되는 신앙고백까지 나아가야 한다.

아가서는 시가서이면서 일종의 희곡대본이다. 한글성경에는 문장부호가 다 생략되어 있기 때문에 각 절의 노래가 누구의 고백인지 알기가 어렵지만(그래서 48일 일일레슨을 보면 전체 구절이 누구의 대사인지를 구분해 두었다), 아가서는 술람미 신부와 솔로몬왕과 합창단(예루살렘의 딸들)이 등장해서 노래하는 한 편의 드라마(뮤지컬)다. 솔로몬은 많은 지명과 풍경 및 다양한 식물과 동물을 통해서(왕상4:33) 연인의 아름다움을 비유하고 묘사했다. 본서는 부부의 사랑을 노래한 책이기 때문에, 이스라엘에서 30대 미만의 싱글 남성에게는 금서였다. 또한 전도서와 더불어 가장 늦게까지 정경으로서의 영감성 여부에 대해 논란이 많았던 책이기도 하다. 그러나 아가서는 오늘날 성도들에게 하나님과 교회의 친밀한 사랑의 관계를 묵상하게 해주는 보물 같은 책이 되었다.

○ 사랑의 시작 (1장-5:1)			
1	소개	1:1-11	서로 아름다움 노래
2	구혼	1:12-3:5	사랑의 고백과 청혼
3	결혼	3:6-11	솔로몬 결혼식 행렬
4	신혼	4:1-5:1	결혼 첫날밤의 노래

○ 사랑의 성숙 (5:2-8장)			
1	권태	5:2-6:13	서로 사랑이 식었음
2	재회	7:1-9	서로 사랑을 회복함
3	갈망	7:10-8:4	왕을 고향에 초대함
4	성숙	8:5-14	사랑의 회상과 다짐

성경의 권위에 대한 도전은 21세기에도 현재 진행형이다. 정경 이외의 문서들을 거론하며 기존 성경의 권위에 도전하고, 성경 사본들의 정확성과 신뢰성에 대해 의문을 제기하고 오류를 지적하며 성경의 권위를 부정하는 경우도 있다. 또한 이런 관점을 일부 수용하는 교인들도 있다.

이에 대해서 《신의 언어》 3부 21장 "두 개의 언어"의 주요 내용을 요약해서 답변하고자 한다. 성경 안에는 두 개의 언어, 즉 신의 언어와 인간의 언어가 있다. 성경은 신의 계시가 인간의 언어를 입었으니 언어의 성육신이다. 하지만 과연 인간의 불완전한 언어로 신의 계시를 담아낼 수 있을까? 오히려 하나님이 완벽한 천상의 언어로 말씀하셨다면 어떠했을까? 그러면 인간이 절대 진리를 수용했을까? 오히려 이해 불가하다면서 거부하지 않았겠는가.

자연과 초자연은 작품과 작가의 관계로 만나고, 인간과 하나님은 자녀와 아버지의 관계로 만난다. 이질적인 두 세계는 반대편에 있는 것이 아니라 하늘과 땅처럼 포개져 있다. 마찬가지로 신의 언어는 인간계에서 부재하는 것이 아니라 모든 인간 언어로 존재 가능한 것이다.

자 그러면 하나님은 어떤 언어를 선택하셨는가? 성서 히브리어는 고대 셈족의 유목민이었던 히브리인의 일상적 언어였고, 성서 헬라어는 시장에서 통용되던 통속적(코이네) 헬라어였다. 왜 하나님은 하늘의 계시를 통속적 언어로 표현하셨는가? 하나님은 당신의 메시지가 인간 언어 안에서 훼손되고 왜곡될 것에 대한 걱정이 없으셨던 것인가?

하나님이 그것을 충분히 예상하심에도 불구하고 우리의 눈높이를 맞춰주셨다. 그것을 모르고 인간이 성경의 언어 수준이 낮다고 말한다면 얼마나 큰 오해인가. 성경에 드러나는 의미의 모호성이나 내용의 불일치는 인간 언어의 한계 때문이지 하나님의 계시의 한계 때문이 아니다. 하나님은 기꺼이 그런 오해를 받을 위험을 무릅쓰고 우리와 소통하기 원하셨다. 신의 언어가 통속화의 십자가를 지면서까지 우리에게 전달하고 싶은 이야기는 우리를 향한 그분의 절절한 사랑의 고백이다.

그런데 미복잠행(微服潛行)하신 왕을 십자가에 매달았던 유대인들처럼, 신은 인간에게 수난받을 수 없다며 예수님의 십자가 사랑을 희화했던 헬라인들처럼 신의 언어를 거부하겠는가. 성경은 하나님의 자기 계시의 역설이다. 하나님은 오류투성이인 인간 언어를 동역자로 삼으셔서 완전한 복음을 알려주셨다. 값진 복음을 값싼 복음으로 전락시키지 말며, 값진 신의 언어를 값싼 인간의 언어로 왜곡하지 말라. 다만 성경에 대해 계속해서 질문하되, 그분을 신뢰하면서 질문하는 방법론적 회의를 하라. 그러면 마침내 이 신의 보고(寶庫)에서 놀라운 보물들을 발견하리라.

Day 43

인도자 하나님 찬양
시편 73 - 106편

 03. 광야시대   06. 통일시대   09.귀환시대

 하나님께서 예루살렘 성전을 회복하시고
방황하는 주의 백성과 동행하신다.

① 성소와 예배에 대한 노래(**제3권/ 73-89편**) 주제는 "제사와 성소"(레위기)이며, 아삽(11편), 고라 자손(4편), 다윗(1편), 에단(1편)의 시편이다.
② 하나님의 동행하심 찬양(**제4권/ 90-106편**) 주제는 "광야와 동행"(민수기)이며, 다윗(2편)과 모세(1편)의 시편 외 저자미상(14편)의 시편들이다.

 ① 성소와 예배에 대한 노래(**제3권**)

(**73편**)악인의 형통에 대한 의문: 아삽이 성소에서(17절) 답을 깨달았다.

Ⓐ 신정론(神正論)을 주제로 하는 시편
1. 37편-악인 때문에 **불평**하지 말라(1절). 악인은 망하고(20절) 의인은 살리라(27절).
2. 49편-죄악을 꾸미고 재물을 의지하는(5-6절) 악인은 망하나(20절) 나는 **구원**받으리라(15절).
3. 73편-의인의 고난(2절), 악인의 형통(3절), **허무 고통**(13, 16절), 악인은 사라지리라(20절).
■ 악인 때문에 실족하지 말고 하나님을 바라라!

Ⓑ 시편 73편
1. "**정결**"(1절) "깨끗하게, 무죄하다"(13절).
2. **성소**에 들어갈 때 깨달았다(17절).

■ 레위인의 정결과 성소에서의 예배를 강조한 시편 3권의 도입 부분이다.

(**74편**) 성소를 더럽힌 원수를 멸하소서: 아삽은 BC 586년 바벨론이 성전을 전소시킨(3-11절) 악행을 고발했다. 다윗시대 악장인 아삽의 시편은 상당수가 아삽 자손의 시편으로 추정된다.

(**75편**) 악인을 심판하시는 재판장이신 하나님.

(**76편**) 시온에서 다스리시는 하나님: 아삽은 예루살렘 장막에 거하시는 하나님(2절)이 열왕들을 꾸짖으신다(6절)고 고백했다.

(**77편**) 환난 날에 옛 은혜의 사건을 기억함.

(**78편**) 이스라엘 역사와 다윗을 선택하심: 에브라임의 물러감(9절)은 역사적으로 사사시

대에 완전히 정복하지 못한 것(17일ⓓ 참고)과 북이스라엘의 멸망(29일❷ⓓ 참고)을 의미하는 것으로 추정된다.

ⓒ **역사적 시편(historical psalms)**

1. 78편-"**조상들**이 자손에게 일러서"(3, 6절).
2. 105편-**자손들**아 주의 기적을 기억하라 (5-6절).
3. 106편-"**조상들처럼** 범죄했나이다"(6절).
4. 114편-"**애굽**에서 나와 성소가 되다"(1-2절).
5. 135편-**애굽**에 표적들을 행하셨다(9절).
6. 136편-"이스라엘을 **인도**해내신 이"(11절).
▣ 우리 민족에 대한 하나님의 구원 역사를 자녀들에게 가르치고 있는가?

(79편) 성전을 더럽힌 이방인들을 복수하소서: 예루살렘 성전의 훼파로 인한 애가이자 성전 훼파의 주범인 이방국가들에게 복수해 달라는 요청이다(1, 10절).

(80편) 이스라엘의 목자여 소생케 하소서: 역사적 배경은 북왕국 이스라엘의 멸망으로 추정된다. 그래서 이스라엘을 '요셉'이라고 표현했다(1-2절). 극상품 포도나무의 변질은 성경에 반복해서 등장하는 비유다(8-15절; 사5:1-7; 렘2:21).

(81편) 하나님이 정하신 예배와 절기의 회복: 아삽은 초하루(월삭), 보름(7월 15일 장막절로 추정), 명절(유월절로 추정)에 절기를 지키라(3절)고 권했다. 예배가 회복되어야 나라가 회복되는 법이다. 본 시편은 나팔절(유대인의 신년절, 3절)에 낭송된 시편이다.

(82편) 불의한 재판관들을 책망하심: "신들의 모임"("하나님의 회", 개역한글)은 천상 회의소(왕상22:19; 욥1:6) 내지 재판관들의 모임(6-7절)이다. 레위인의 업무는 제사(81편), 율법과 역사 교육(76-78편) 및 재판(2절)이었다.

(83편) 이스라엘의 대적들을 멸하소서: 역사적 배경은 북이스라엘이 몰락한 때다(8절).

(84편) 여호와의 성전에 대한 사모함: 귀환한 고라 자손이 재건 성전과 예배를 사모했다(10절).

(85편) 포로된 자들이 돌아오게 하신 하나님: 고라 자손이 포로에서 귀환하여(1절) 지은 시다.

(86편) 환난 중에 종을 구원하소서: 주님만 의지하는 종(2절) 다윗이 구원을 요청하는 기도다.

(87편) 열방이 시온에서 예배하는 비전: 열방이 시온에서 예배하게 될 것이며 이스라엘을 통해 거시적인 하나님의 나라가 세워지리라는 놀라운 비전이다. 라합(4절)은 40일⑪3을 참고하라.

(88편) 깊은 고통 중에 부르짖는 기도: 고라 자손 헤만을 에스라인이라고 쓴 것은 유다 지파 에스라인 헤만(왕상4:31)과 혼동한 것 같다. 88편은 다른 시편과 달리 승리의 확신이 아닌 고통의 절규로 끝난다. 기도가 항상 확신으로 끝나지 않아도 괜찮다. 기도는 정직한 내려놓음이기 때문이다.

ⓓ **제3권에 처음 나오는 표제어**

1. **소산님에둣**(80편): "증언의 백합들"이란 곡조.
2. **마할랏르안놋**(88편): "질병의 노래"라는 곡조.
3. **헤만**(88편): 다윗의 3대 악장 중 1인(대상 25:1, 32일ⓙ 참고).
4. **에단**(89편): 예스라 출신의 현인(왕상4:31).

(89편) 다윗과 맺으신 언약대로 회복하소서.

② 하나님의 동행하심 찬양(제4권)

(90편) 짧은 인생의 날에 지혜를 구함.

Ⓔ 시편 90편

1. "주는 대대에 우리의 **거처**가 되셨다"(1절).
2. "은총을 내리사 우리의 행사를 **견고하게** 하소서"(17절).
   * 광야 여정의 지도자인 **모세**의 유일한 시편이다.
   ■ 인생과 역사의 광야길에서 하나님의 동행을 강조한 시편 4권의 도입 부분이다.

(91편) 전능자의 그늘 아래서 받는 보호: 내용상(신32) 모세나 다윗의 시로 추정한다(삼하24).

(92편) 매일 주의 인자와 성실을 찬양함: 여호와를 부르는 네 문자(YHWH)가 7번 나오는 유일한 시다. 종려나무는 200년간 열매를 맺고 백향목은 5천 년의 수명을 자랑한다(12절).

Ⓕ 귀환시대에 성전에서 애송된 시편

1. 92편-**안식일**에 레위인들이 부른 찬송(1-3절).
2. 93편-**금요일**(창조가 끝난 뒤)에 낭송하던 시편(1절).
3. 94편-**수요일**(해와 달 창조일)에 낭송하던 시편(1절).
   ■ 귀환시대의 역경 속에서 신앙고백을 담은 시편들이다.

(93편) 하나님이 권위로 세계를 다스리심.

(94편) 악한 지도자에게 복수하시는 하나님: 20절을 직역하면 "법으로 해악을 끼치는 부정한 보좌(throne)가 주와 교제할 수 있습니까"다.

Ⓖ 신정시(神政詩, theocratic psalms)

1. 95편-만물의 **주관자** 하나님께 경배하자.
2. 96편-열방도 **세계**도 여호와께 노래하라.
3. 97편-여호와께서 **다스리시니** 기뻐하라.
4. 98편-이스라엘과 **열방**이 구원을 보았도다.
5. 99편-하나님의 **발등상** 앞에서 경배하라.
6. 100편-**선하신** 여호와께 감사 찬송하라.
   ■ 여호와께서 열방과 세계를 통치하심을 믿는가?

(100편) 감사제(레7:12)와 관련해 불린 시다.

(101편) 바른 길로 가겠다는 다윗의 결심: 다윗왕의 통치 이념과 의지를 보여주는 시다.

(102편) 고난당한 자가 회복을 구하는 기도: 예루살렘 함락 이후(13-14절)에 지어진 시다.

Ⓗ 참회시(penitent psalms)

1. 6편-"주의 **분노**로 징계하지 마소서"(1절).
2. 32편-"내 허물을 여호와께 **자복**하리라"(5절).
3. 51편-"내 **죄악**을 지워 주소서"(1절).
4. 102편-"주의 **진노**로 말미암음"(10절).
5. 130편-"모든 죄악에서 **속량**하시리로다"(8절).
6. 143편-"종에게 **심판**을 행하지 마소서"(2절).
   ■ 징계 가운데 있을 때 죄를 자복하고 참회하라.

Ⓘ 시편 속 "성자"이신 예수 그리스도(요한복음)

1. 19편-**창조주**요 **말씀**이신 주님의 구원(12절).
2. 102편-영원한 **창조주**(25-27절; 히1:10-12).
3. 118편-**구원의 문**(20절; 요10:9).
   머릿돌(22절; 막12:10; 행4:11; 벧전2:7).
   구원하소서(호산나, 25-26절; 마21:9, 23:39).

■ 창조주요 구원자이신 성자 그리스도의 오심을 예언했다.

(103편) 긍휼이 많으신 하나님을 송축함.

(104편) 만물을 창조하고 보존하시는 하나님.

(105편) 아브라함의 하나님께서 인도하심: 다윗의 시편으로 추정된다(1-15절 = 대상16:8-22). 하나님이 부르신 족장들도 인간적인 부족함이 많았지만 그들이 하나님의 기름부음을 받은 자들이요 선지자들로 불린 것이 놀랍다(15절)! 하나님은 미약한 자들을 불러 친 백성으로 삼으시고 사명자로 세우시는 분이시다!

(106편) 범죄한 백성에게도 자비하신 하나님: 시작과 끝이 "할렐루야"인 할렐루야 시편이며 역사적 배경은 바벨론 유수(41, 46-47절)다.

① 역사를 요약한 역사시(historical psalms)

1. 105편-하나님이 아브라함의 후손을 선택해 **출애굽**시킨 뒤 **광야**에서 먹이시고 보호하셨다.
2. 106편-이스라엘을 **출애굽**시키신 하나님께 **바벨론 포로**에서 구원해 달라고 호소했다.

■ 이 민족을 광야에서 인도해 주셨던 하나님, 오늘도 우리를 긍휼히 여기사 회복하소서.

- 주 여호와만이 온 세계의 지존자이심을 **알게 하시는 하나님**이시다(83:18).
- 이 땅에 임하사 의와 진실로 세계를 **심판하시는 하나님**이시다(96:13).
- 우리를 자식처럼 긍휼히 여기시고 **우리 체질을 아시는 하나님**이시다(103:13-14).

Day 44

대화자 하나님 찬양

시편 107-150편

 하나님의 행사와 성품과 주권과 완전하신 말씀을
온 이스라엘과 온 열방이 찬양하라.

① 완전하신 말씀을 찬양(제5권/107-150편) 주제는 "말씀과 찬양"(신명기)이며, 다윗(15편)과 솔로몬(1편)의 시편 및 성전 입례송(15편)이 있다.

① 완전하신 말씀을 찬양(제5권)

(107편) 주의 인자와 기적으로 인해 찬송하라: 바벨론 포로귀환을 배경으로 한다(2-3절).

④ 시편 107편

1. 고통받던 백성을 가나안에 인도하셨다(6-7절).
2. **말씀**에 거역해 고난받았다(11-12절; 신28:15).
3. 기도하면 **말씀**으로 건지셨다(19-20절; 신30:2).
■ 말씀에 대한 순종을 강조한 시편 5권의 도입 부분이다.

(108편) 우리를 도와 구원하심을 찬양함: 다윗의 두 시편(57:7-11, 60:5-12)이 하나로 편집됐다.

(109편) 악하게 저주하는 자를 심판하소서.

(110편) 왕과 제사장, 재판장이신 메시아.

® 시편 속 "왕"이신 예수 그리스도(마태복음)

1. 2편-"그의 **아들**에게 입 맞추라"(12절).
2. 18편-**열방**의 복종(43-44절; 빌2:10-11).
3. 20편-"**왕**을(왕께서, KJV) 구원하소서"(9절).
4. 21편-장차 불로 심판하실 왕
　　　(9절; 벧후3:7).
5. 24편-"영광의 왕이 누군가?"
　　　(8절; 계19:15).
6. 47편-열방이 하나님의 **백성**이 된다(9절).
7. 110편-만주의 **주**(1절; 마22:44; 히1:13).
　　　영원한 **제사장**(4절; 히5-7).
　　　열국 심판(6절).
8. 132편-**다윗의 뿔** "기름 부음 받은 자"
　　　(17절).

■ 만국을 통치하고 심판하시는 왕이신 그리스도를 노래하고 예언했다.

(111편) 여호와를 경외함이 지혜의 근본이라: 할렐루야로 시작되는 찬양시며 지혜시다(10절).

(112편) 여호와를 경외하는 자가 받을 복: 찬양시며 의인의 인생을 노래하는(1-9절) 지혜시다.

(113편) 겸비하사 세상을 돌보시는 주님: 유대인들이 유월절 식사 직전에 부르던 시편이다.

(114편) 출애굽하여 성지가 된 이스라엘: 출애굽 역사를 가장 강렬하게 표현한 시편으로 유월절에 불린다. 〈이집트 할렐〉이라 불리는 시 111-118편은 출애굽을 기념하여 부르는 시편들이다.

(115편) 여호와의 이름만 찬양하고 의지하라.

(116편) 평생 주신 모든 은혜에 감사하리라.

(117편) 모든 나라들아 여호와를 찬양하라.

(118편) 고통 중에 응답하신 하나님 찬양: 예수님이 감람산에 가시기 전에 마지막으로 부르신 시편(마26:30)이며, 다윗이 왕으로 등극할 때 혹은 바벨론 포로귀환 때를 배경으로 한다.

(119편) 하나님의 말씀을 내가 사랑합니다: 여호와의 율법을 찬양한 알파벳 시편이다(히브리 알파벳 22자×8절=총 176절). 가장 긴 시이자 가장 긴 성경의 장으로서, 거의 모든 절에서(122, 132절을 제외하고) "율법"의 10가지 동의어(말씀, 증거, 법도, 율례, 규례, 계명, 판결, 약속, 길, 도)가 등장한다. 하나님을 사랑하는 자는 하나님의 말씀도 사랑한다(요15:10).

ⓒ **토라 시편(Torah psalms)**

1. 1편 - **율법**을 묵상하는 자의 형통(2-3절).
2. 19편 - 여호와의 **율법**의 완전함(7-10절).
3. 119편 - 모든 언어로 **율법**의 말씀을 찬양함.
■ 시편은 천상의 말씀에 대한 지상의 고백이다.

'잃은 양'(176절)은 목자이신 메시아를 기다린다. 성전 입례송(시120-134)은 다윗 언약에 기초하여(132:1) 구원을 베푸실 메시아에 초점이 있다.

ⓓ 토라 시편	메시아 시편 (Messianic psalms)
1편	2편 열방의 통치자
19편	20-24편 왕의 통치 + 종의 수난
119편	120-134편 입례송(메시아 강조)

■ 모든 말씀과 찬양의 예언은 메시아로 귀결된다.

ⓔ **성전 입례송(Song of Ascents)**

1. 120편 - 환난 중에 화평을 구하는 노래.
2. 121편 - 천지를 지으신 여호와의 도우심.
3. 122편 - 예루살렘의 평안을 구하는 기도.
4. 123편 - 주님의 은혜를 간절히 바라는 노래.
5. 124편 - 올무에서 건지신 하나님을 찬양.
6. 125편 - 자기 백성을 보호하시는 하나님.
7. 126편 - 포로에서 해방된 기쁨의 노래.
8. 127편 - 인생의 집은 여호와께서 세워주신다.
9. 128편 - 여호와를 경외하는 자가 받을 복.
10. 129편 - 시온을 미워하는 자들이 받을 수치.
11. 130편 - 죄를 용서하시는 하나님을 갈망함.
12. 131편 - 젖 뗀 아이같이 여호와를 바람.
13. 132편 - 솔로몬 성전에 임하신 하나님.
14. 133편 - 성전에 가는 예배자들의 연합과 복.
15. 134편 - 밤에 성전에서 찬양하는 예배자들.
■ 레위인의 입례송 또는 순례자들의 입례송이다.

(121편) "낮의 해"(이집트)도 "밤의 달"(바벨론)도 하나님의 백성을 해칠 수 없다고 고백하는 시이기에 바벨론 포로귀환 시대로 추정된다.

(126편) 바벨론 포로로 잡혀갔던 이들이 고국으로 돌아오는 감격적인 순간의 찬양이다.

(127편) 인생의 주권자 하나님을 고백한 솔로몬의 지혜시(wisdom psalm)다. 하나님이 기꺼이 다윗의 집(왕조)을 세워주셨고 하나님의 집(성전)은 솔로몬이 짓게 하셨다(1절).

(128편) 하나님을 경외하면 일터와 가정과 예루살렘에 복이 임한다고 고백하는 지혜시다.

(129편) 예루살렘 귀환자들이 주변 민족의 압박 가운데 기록한 것으로 추정된다(1-3, 5절).

(132편) 다윗 언약을 기억하시고 솔로몬 성전에 임하신 하나님을 노래한 시로서 성전 입례송의 핵심을 보여준다. 언약궤가 에브라다(베들레헴)에 있었던 것이 아니라 에브라다에서 언약궤 소식을 들었던 것이다(6절, 공동번역, 새번역, 현대인의 성경 및 NIV, KJV, NASB가 이것을 지지한다). "나무밭"은 기럇여아림(히, "숲의 도시")을 뜻한다(6절).

(135편) 이스라엘을 택하신 하나님을 찬양.

(136편) 선하고 인자하신 주께 감사하라: 매절 "여호와께 감사하라 그 인자하심이 영원함이로다"를 반복하는 장엄한 찬양시다.

(137편) 바벨론 포로생활 중의 슬픔과 탄원: 유대인 포로들이 바벨론의 강변에서 시온을 기억하고 울며 노래하는(1-4절) 시다.

(138편) 환난 중에 건지신 하나님께 감사.

(139편) 나를 아시는 하나님 나를 인도하소서.

(140편) 악인에게서 건지시며 심판하소서: 다윗이 사울왕 또는 압살롬을 피할 때 지은 시로 추정된다.

(141편) 나는 건지시고 악인은 걸리게 하소서.

(142편) 내 길을 아시니 나를 건지소서.

(143편) 주의 종에게 심판을 행하지 마소서: 70인역에는 "그의 아들 압살롬에게 쫓길 때"라는 표제어가 있다(2절). 이 시는 참회시(43일ⓗ 참고)에 해당한다(2절).

(144편) 전쟁에서의 승리와 나라의 번영: 다윗왕이 주변 민족들과 전쟁을 치르던 때로 추정된다.

(145편) 위대하고 은혜로우신 구원자 하나님: 9편의 알파벳 시(acrostic psalms, 시9-10, 25, 34, 37, 111-112, 119, 145편) 중 하나다.

(146편) 인생이 아닌 하나님을 의지하라.

Ⓕ 12편의 할렐시(Hallel psalms)

1. 113-118편: **제1할렐집**은 유월절, 오순절, 초막절에 많이 불린다. 113-114편은 유월절 식전에, 115-118편은 유월절 식후에 불린다.
2. 136편: **대할렐시**. 성전이나 회당의 공식집회 때 불린다.
3. 146-150편: **제3할렐집**. 할렐루야로 시작과 끝을 맺는 시편 전체의 마무리 송영이다.

(147편) 예루살렘을 세우시는 하나님을 찬양.

(148편) 천지와 만물과 만민아 찬양하라: 시편기자가 천사들과 만물과 만민과 이스라엘에

게 찬양을 명령한다.

ⓒ 성경의 하늘(148:1) 개념은?

1. 1층천(**대기권**, sky)
2. 2층천(**우주**, space)
3. 3층천(**천국**, Heaven) (고후12:2)

(149편) 이스라엘이여 여호와를 찬양하라: 입에는 찬양이 있고 손에는 칼이 있다(6절)는 구절로 볼 때 느헤미야 재건 시대(느4:17)의 찬양으로 추정되며, 유다 마카비의 성전 수복 때 불렸던 것으로 알려져 있다.

(150편) 호흡이 있는 자마다 찬양하라: 11번의 "찬양하라"는 외침으로 가득한 시편이다.

ⓗ 시편의 마무리 송영(Doxology)

1. 1권(41:13) "여호와를 영원히 **송축하라** 아멘."
2. 2권(72:19) "그 이름을 영원히 **찬송하라** 아멘."
3. 3권(89:52) "여호와를 영원히 **찬송하라** 아멘."
4. 4권(106:48) "하나님을 영원히 **찬양하라** 아멘."
5. 5권(150:6) "여호와를 **찬양하라** 할렐루야."
   ▣ 시편은 영원히 하나님을 찬양하는 노래다.

- 말씀으로 원수와 스승과 노인보다 **지혜롭게 하시는 하나님**이시다(119:98-100).
- 예배하는 공동체를 기뻐하사 영생의 **복을 주시는 하나님**이시다(133편).
- 천지와 만물과 만민에게 **찬양받기 합당하신 하나님**이시다(148, 150편).

시편 기자는 때로 악인에게 무서운 저주를 쏟는다. 시편에서 이야기하는 악인은 누구인가? 우리는 개인적으로 우리를 힘들게 하는 사람에 대해 이런 기도를 해본 적이 있는가 (109:6-13)?

Day 45

솔로몬의 잠언
잠언 1-15장

 솔로몬은 여호와를 경외함이 지혜요 의인의 길이라고
자녀들과 사람들에게 권면했다.

① 청년을 위한 잠언 **(1-9장)** 아들아, 부모의 훈계를 따라 여호와를 경외하며 음녀에 빠지지 말라.
② 솔로몬의 잠언1 **(10-15장)** 지혜로운 의인은 은총을 받지만, 어리석은 악인은 정죄를 받는다.

 ① 청년을 위한 잠언 **(1-9장)**

① **(1:1-6) <솔로몬의 잠언이라>**
이스라엘 왕 솔로몬의 잠언(1절)은 지혜를 깨닫게 하기 위함이다(2절).

② **(1:7-19)<여호와를 경외하라>**
내 아들아 여호와를 경외하며(7절) 부모의 훈계를 떠나지 말고(8절) 악한 자의 유혹을 따르지 말라(10절).

Ⓐ "여호와를 경외함이 지식의 근본"(1:7)
1. **율법서**의 교훈(출14:31; 레26:2; 신6:24).
2. **역사서**의 교훈(수24:14; 삼상12:14).
3. **욥기**의 교훈(1:8-9, 2:3).
4. **시편**의 교훈(2:11, 19:9, 111:10, 147:11).
5. **잠언**의 교훈(2:5, 8:13, 14:27, 22:4, 31:30).
6. **예언서**의 교훈(사11:2; 렘2:19; 호3:5).

■ 성경 전체가 이토록 강조하는 이유가 무엇일까?

Ⓑ 여호와를 경외한다는 뜻은(1:7)?
1. **성일**과 **성소**를 경외하게 된다(레19:3, 26:2).
2. 하나님의 **말씀**을 지키게 된다(신31:12).
3. **악**에서 떠나게 된다(욥1:8; 잠8:13).
4. 주님을 **신뢰**하고 **겸손**케 된다(22:4, 23:17).
5. 하나님의 **뜻**을 따르게 된다(출14:31; 잠24:21).
■ 하나님이 어떤 분인지를 아는 상태에서 오늘 나의 삶을 산다는 뜻이다.

잠언 1-9장은 "내 아들아" 내지 "아들들아"(1:8, 10, 2:1, 3:1, 11, 21, 4:1, 10, 20, 5:1, 7, 6:1, 3, 20, 7:1, 8:32)라고 부르며 솔로몬이 자녀들 내지 젊은 이들에게 준 지혜와 훈계의 잠언이다.

ⓒ 경외와 순종의 관계는(1:8-10)?

1.**부모**를 경외하고 하나님을 경외하라(레 19:3).

2.**노인**을 공경하고 하나님을 경외하라(레 19:32).

＊유대인 **가정의 신앙교육**의 초점이 여기에 있다(신6:4-9).

■ 부모는 하나님의 말씀을 들으라고 자녀에게 가르치라. 더불어 부모가 먼저 하나님 경외함의 모범을 자녀에게 보이라.

③ (1:20-33) <지혜가 부른다>

인생들을 부르는 지혜(20절)는 단순히 의인화된 지혜가 아니라 그의 영과 말씀을 주시는 하나님이시요(23절), 궁극적으로는 장차 오실 "그리스도"이시다.

ⓓ 하나님의 지혜는 누구인가(1:20-33)?

＊**성령과 말씀**을 주시는 지혜의 초청(1:20-33).

⇒ **창조주**요 **구원자**이신 지혜(8:17, 22-31, 35), 하나님의 궁극적 지혜이신 **그리스도**(고전 1:24)이시다.

■ 하나님의 인격적인 지혜는 그리스도이시다.

④ (2장) <지혜를 구하라>

지혜를 구하고(4절) 조강지처를 버리지 말라(17절). 그것은 하나님과 언약을 지키는 것과 같은 것이기 때문이다.

⑤ (3장) <지혜는 생명나무라>

하나님을 인정하면 하나님이 길을 인도해 주신다(6절). 하나님은 사랑하시는 자를 아버지처럼 징계하시니 징계를 경히 여기지 말라(11-12절; 히12:5).

ⓔ 지혜가 생명나무인 이유는(3:18)?

1.**선악의 기준**이 하나님께 있음을 인정하기 때문이다(창2:9).

2.하나님을 **경외**하여 악에서 떠나기 때문이다(1:7-10).

3.악인과 음녀와 사탄의 거짓을 **분별**하기 때문이다(2:16).

4.**그리스도**는 구원에 이르는 지혜이시기 때문이다(딤후3:15).

■ 하나님의 지혜의 생명나무 안에 거하는 삶을 살고 있는가?

⑥ (4:1-19) <지혜가 제일이라>

지혜가 제일이니 지혜를 얻으라(7절). 그러면 지혜가 너를 영화롭게 하리라(8절). 솔로몬이 '유약한 외아들'이라(3절) 함은 그가 형제 중 어린 막내였다는 뜻이다.

⑦ (4:20-27) <마음을 지키라>

생명의 근원인 마음을 지키고(23절) 악에서 떠나라(27절).

ⓕ 당신의 마음을 지켜야 하는 이유(4:23)

1.마음은 **선악** 간을 선택하는 출발점이다(창6:5).

2.마음은 오직 **하나님 사랑**에만 드려져야 한다(신6:5).

3.마음에서 지켜야 **삶**에서 지킬 수 있다(4:4, 21).

■ 실천적 지혜는 순결한 마음에서 시작된다. 경험적 지혜를 넘어 순전한 지혜를 구하라.

⑧ (5장) <음녀를 멀리하라>

음녀에게 빠지는 자는 사지로 내려가니 음녀를 멀리하라(3-5, 8절).

ⓖ 조강지처가 중요한 이유(5:18)

1.**첫 결혼**의 약속은 하나님과의 언약이다(2:17).

2.아내는 타인과 나눌 수 없는 **샘물**이다(5:15-17).

　-중동에서 가족 우물은 타인이 마시지 못한다.

3. **조강지처**를 사랑함이 복된 인생이다(5:18-21).

■ 목이 마르다고 아무 물이나 마시면 죽는다!

⑨ (6:1-19) <스스로 구원하라>

보증 서지 말고(1절) 게으르지 말며(6절) 거짓 말하지 말라(12절). 하나님이 미워하시는 7가지는 교만, 거짓, 폭력, 음모, 악행, 위증, 이간질이다(16-19절).

⑩ (6:20-35) <간통하지 말라>

음녀를 품는 것은 불을 품는 것이다(27절).

㉮ 간통은 죄인가 아닌가(6:29, 32)?

＊한국에서 **간음죄**가 폐지되었고(2009년), **간통죄**가 폐지되었다(2016년).
⇒세상이 아무리 합법화할지라도 죄는 여전히 **사망의 길**이다(34절; 7:27).
■ 나에게 세상 유혹이 다가올 때 세상의 법과 하나님의 법 중 무엇을 따르겠는가?

⑪ (7장) <음녀에게 미혹되지 말라>

한 젊은이가 기생에게 빠졌으니 스올의 길로 감이라.

⑫ (8장) <지혜를 사랑하라>

창조 전에 존재했고 창조자가 되신 지혜를 얻는 자는 생명과 은총을 얻는다고 하였으니, 잠언의 지혜는 태초부터 계셨던 말씀이시며 장차 말씀이 육신이 되어 오실 그리스도이시다(요1:1-3; 요일5:12).

⑬ (9장) <지혜가 초대한다>

지혜는 어리석은 자를 잔치 집에 초대하지만(1-12절), 미련한 여인은 행인들을 스올로 유혹한다(13-18절).

② 솔로몬의 잠언1(10-15장)

10-24장은 "솔로몬의 잠언"으로서, 잠언의 두 번째 단락이다.

① (10장) <지혜로움과 미련함>

솔로몬의 잠언이라. 의로운 인생이 지혜로운 인생이요 악한 인생은 어리석은 인생이다(1, 11, 23, 24, 28절).

① 지혜로운 인생	어리석은 인생
아비의 **기쁨**(1절)	어미의 **근심**(1절)
의인의 입(11절)	**악인**의 입(11절)
지혜가 낙(23절)	**행악**이 낙(23절)
소원이 이뤄짐(24절)	**두려움**이 임함(24절)

■ 시편과 잠언에서 반복되는 핵심 메시지다.

② (11장) <의인의 형통과 악인의 패망>

의인이 형통하면 시대가 평안해지고, 악인이 주도하면 나라가 망하게 된다(28:12).

① 의로운 지도자를 세워주소서(11:9-11)

1. **악한 지도자** 하나가 자신도 이웃도 죽인다.
2. **좋은 지도자** 하나가 공동체와 시대를 살린다.
3. 인사만사(人事萬事)는 성경적 리더십의 원리다.
■ 교회와 기업, 국가 지도자를 위해서 기도하라.

"돼지 코에 금 고리"(22절)는 외모지상주의에 일침을 주는 말씀이다. 그리스도인은 스킨케어, 바디케어를 넘어 소울케어(soul care)를 해야 한다.

③ (12장) <은총과 정죄>

훈계와 지식을 좋아하는 선인은 여호와께 은총을 받으려니와 징계를 싫어하는 악인은 정죄를 받으리라(1-2절). 의인은 가축의 생명을 돌보지만 악인은 잔인하다(10절)고 했는데, 여러 과학적 심리학적 연구결과에 의하면 동물학대 유경험자들이 연쇄살인범이 되는 일이 많다는 사실이 입증됐다.

Ⓚ 동물을 학대하지 말라(12:10)

1. 인간과 함께 **동물**도 구원하셨다(창6:19-21).
2. 가축을 **도축**할 때도 존중하라(출23:19).
3. 가축이 **노동**할 때 배려하라(신25:4; 잠14:4).
4. 의인이라면 자기 가축을 **돌보라**(12:10).
5. 하나님은 가축도 **불쌍하게** 여기신다(욘 4:11).
■ 반려동물도 야생동물도 학대하지 말라. 가축의 생태노동 환경 및 도축을 고려하라.

④ (13-14장) <생명의 샘과 사망의 그물>

지혜자와 동행하여 삶의 지혜를 얻으라(13:20). 여호와를 경외하는 것이 생명의 샘이니 사망의 그물에서 벗어나게 한다(13:14, 14:27).

Ⓛ 겉으로 판단 말고 마음을 헤아리라(14:10)

1. 마음의 **희노애락**은 남이 알기 어렵다(14:10).
2. **겉**으로 웃어도 **마음**에는 슬픔과 근심이 있다 (14:13).
3. **주님**은 마음을 보고 아신다(삼상16:7; 막 2:8).
■ 나는 사람들과 마음으로 함께 웃고 울어 주는가(롬12:15)?

⑤ (15장) <악인의 제사와 선인의 기도>

여호와는 악인과 선인을 감찰하사(3절) 악인의 제사는 미워하시고 의인의 기도는 기뻐하신다(8절).

Ⓜ 언어의 지혜는 마음의 지혜에서(15:1)

1. **분노**를 자제해야 순한 대답이 가능하다 (15:1).
2. **분노**를 자제함이 용사보다 훌륭하다 (16:32).
3. 경우를 **분별**해야 합당한 말이 가능하다 (25:11).
■ 상대에게 할 말을 선택하기 전에 먼저 나의 마음가짐을 선택하라.

- 부모의 훈계를 통해 하나님을 경외하는 법을 **가르치시는 하나님**이시다(1:7-9).
- 범사에 하나님을 인정하는 자에게 그 길을 **지도해 주시는 하나님**이시다(3:4).
- 불꽃같은 눈동자로 어디서든지 악인과 선인을 **감찰하시는 하나님**이시다(15:3).

Day 46

지혜자의 잠언
잠언 16-31장

인생 경영을 하나님께 맡기며 그분을 경외하라.
왕도를 따르고 현숙한 여인이 되어라.

①솔로몬의 잠언2(16-29장) 하나님을 의뢰하고 여호와와 왕을 경외하며 양 떼를 잘 돌보라.
②지혜자들의 잠언(30-31장) 아굴은 경건한 삶을, 르무엘은 왕도와 현숙한 여인을 논했다.

①솔로몬의 잠언2(16-29장)

10-29장은 "솔로몬의 잠언"으로서, 16:1-22:16은 의로운 삶을 격려했고, 22:17-24장은 여러 가지 상황에서의 지혜를 논했다. 25-29장은 히스기야 시대에 편집된 솔로몬의 잠언이다.

① (16장) <인생을 하나님께 맡기라>
인생의 경영을 하나님께 맡기면 그가 인도하시리니(1, 3, 9절), 교만은 패망의 선봉이므로(18절) 겸손하여 말씀에 주의하면 복이 있으리라(19-20절).

Ⓐ 인간과 하나님의 협업(16:3)
1. 사람의 마음의 **경영** + 하나님의 **응답**(16:1).
2. 사람의 **행사** + 하나님의 **성취**(16:3).
3. 사람의 인생의 **계획** + 하나님의 **인도**(16:9).

4. 사람의 많은 **계획** + 여호와의 뜻 **성취**(19:21).
■ 나의 최선과 하나님의 은혜가 함께 가는 인생이 참으로 복된 인생이다.

만물에는 때와 용도가 있어서(4절; 전3:1) 하나님은 악인도 쓰신다(롬8:28). 출애굽 때는 바로도 사용하셨고, 욥의 고난과 예수님의 십자가 처형에서는 사탄의 계획을 사용하셨다. 그러나 모든 것이 결국 하나님의 뜻을 이루게 만드셨다.

Ⓑ 교만은 패망의 선봉이라(16:18)
1. 교만은 여호와께서 **미워**하시는 것(6:17).
2. 하나님을 경외하지 않고 **악행**하게 함(8:13).
3. 눈이 높고 마음이 교만한 것이 **죄임**(21:4).
4. 교만한 자는 **결국** 하나님이 낮추신다(29:23).
■ 하나님을 경외하는가? 결코 교만할 수 없다! 또한 사랑의 주님을 안다면 겸손해진다(빌2:5).

② (17-22:16) <경건한 삶을 살라>
경건하고 지혜로운 삶을 살고 악하고 어리석
은 길로 가지 말라.

ⓒ 가정은 풍요보다 평안이 중요하다(17:1)

1. 떡 한 조각에 **화목** 〉 제육 가득 다툼(17:1)
2. 채소 먹으며 **사랑** 〉 살진 소에 미움(15:17)
3. 홀로 움막에 삶 〉 다투며 삶(21:9, 19, 25:24)
   ■ 외형의 집(house)만 세우는 것이 아니라
   화목한 가정(home)을 세우고 있는가?

ⓓ 하나님은 인생을 연단하신다(17:3)

1. 의인은 고난의 단련 이후 **순금**같이 나온다
   (욥23:10).
2. 도가니와 풀무처럼 하나님은 사람의 **마음**
   을 연단하신다(17:3).
3. 하나님의 사람은 고난의 연단으로 **정결케**
   된다(단12:10; 말3:3).
   cf) **칭찬**으로도 찌꺼기를 드러내 연단하신다
   (27:21).
   ■ 고난과 칭찬 가운데 드러나는 내 인생의 불순
   물은 무엇인가?

ⓔ 선악을 뒤집지 말라(17:15)

1. 하나님께는 **선악의 기준**이 분명하다(창
   2:17).
2. **선악의 도치**는 여호와께서 미워하신다
   (17:15).
3. 선악(善惡)과 명암(明暗), 감고(甘苦)를 뒤
   바꾸면 **화**가 있으리라(사5:20).
   ***다원주의**는 선악의 기준을 상대화시키는 인
   간적인 관용(tolerance)일 뿐이다.
   ■ 나는 하나님의 절대적 선악의 기준을 신
   뢰하는가?

ⓕ 분리주의자가 되지 말라(18:1)

1. 자기 의와 **욕심** 때문에 분리를 주장하지 말
   라(18:1).
2. 인간은 본래 **공동체**적인 존재로 창조되었
   다(창5:2).
3. 누구도 **절대적 의**를 갖고 있다고 주장할 수
   없다(롬3:10).
4. **다윗**이 악한 사울을 정죄하고 죽이지 않았
   다(삼상24:6).
5. **사도 바울**은 끝까지 유대교를 떠나지 않았
   다(롬9:3).
   *타협과 굴복은 하지 말되 **일치**안에서 **개혁**하라.
   ■ 교회는 자기의 때문에 정죄하고 분리하는
   것이 아니라 회개와 정화라는 개혁의 길을
   가야 한다.

조급한 말은 조급한 판단에서 오기에 겸손하
게 기다렸다가 말하라고 권한다(18:13, 17).

ⓖ 지식 없는 소원은 좋지 않다(19:2)

1. 생각 없는 열정, 방향 없는 **질주**는 좋지 않다.
2. **무한경쟁**에 빠지지 말고 자신만의 길을 가라.
3. 신앙적·사상적 **근본주의**를 경계하라
   (롬10:2).
4. **멍부**(멍청하고 부지런한) 리더가 되지 말라
   ("하나님은 누구신가"(5주) '감찰자 하나님' 참
   고).
   ■ 나는 일하기 전에 하나님의 뜻을 먼저 묻
   는가(시1:2-3)?

ⓗ 자녀를 징계하되 학대하지 말라(19:18)

1. 자녀가 잘못하면 **징계**하라(22:15, 23:13).
2. 자녀를 죽일 듯이 **학대**하지 말라(19:18).
3. **사랑**하는 마음이 없다면 **징계**하지 말라
   (3:12).
   - 사랑과 공의의 **균형**을 가진 부모가 되어라.
   - 바다 같은 은혜와 칼날 같은 정의로 대하라.
4. **어릴 적**에 신앙, 인생, 예절교육을 하라
   (22:6).

■ 과잉보호도 아동학대도 심각한 사회문제다.

하나님이 리더에게는 주관자의 마음과 지혜를 주셔서 팔로어들이 보지 못하는 것을 보고 말하고 결정하게 하신다(21:1, 25:2-3).

① 인생에도 뉘앙스가 있다(21:5)
⇒ **부지런한 것**과 **조급한 것**은 다르다(21:5).
 -자신은 부지런하다고 생각하지만 조급하다면 풍부함이 아니라 궁핍함에 이르게 될 것이다.
■ 내 인생의 뉘앙스를 정확하게 파악하라.

선물도 뇌물도 힘이 있지만(21:14), 선물을 하되(18:16) 뇌물은 하지 말라(15:27, 17:23, 29:4).

③ (22:17-24:22) <악한 길로 가지 말라>
약자를 탈취하지 말고(22:22), 지계석을 옮기지 말며(22:28), 관원 앞에서 탐하지 말라(23:3). 악인의 형통을 부러워하지 말고(24:1), 원수의 넘어짐을 기뻐하지 말며(24:17), 왕을 경외하라(24:21).

① '술 마시지 말라'는 말은 없다(23:29-35)?
1. 성경에 '술 **취하지 말라**'고 했을 뿐 아닌가(엡 5:18)?
2. 잠언에는 술을 **보지도 말라**는 말씀이 있다(23:29-35)!
3. 예수님도 마셨는데 왜 마시지 말라고 하는가?
 -물이 귀한 이스라엘에서 포도주는 음료수의 개념이었다.
4. 술로 망가진 한국사회를 어떻게 살릴 것인가?
■ '무엇을 위해 살 것인가'라는 삶의 우선순위부터 정하라.

자신의 은사와 재능 하나만 열심히 갈고 닦아도 존귀한 인생이 될 것이다(22:29). 의인의

재기를 믿음도, 원수의 실패를 기뻐하지 않음도 하나님을 의지하기 때문이다(24:16-17).

ⓚ 지혜로운 조언자들과 팀워크를 이루라(24:6)
1. 지혜로운 **조언자들**이 있어야 성공한다(11:14).
2. 지략가들과 **의논** 후 경영해야 성공한다(15:22, 20:18).
 ＊비전은 기도로 받더라도 경영은 **팀워크**로 하라.
■ 나는 회사나 교회에서 독단적으로 일하는가, 팀워크로 일하는가?

④ (24:23-34) <공정하게 재판하라>
적당한 말로 대답하고(26절) 게으르지 말라(30-34절).

⑤ (25:1-7) <왕 앞에서 겸손하라>
왕 앞에서 겸손하라(2-7절).

⑥ (25:8-28) <사람들과 화평하라>
이웃과 다투지 말고(8절) 원수를 선대하라(21절).

⑦ (26장) <다툼을 주의하라>
우매자에게 대답하지 말고(4절) 게으른 자를 구별하며(16절) 이웃을 속이는 자를 주의하라(19절).

⑧ (27-29장) <양 떼를 잘 돌보라>
친구에게 진실된 조언을 해주고(27:5) 양떼를 부지런히 살피며(27:23) 율법을 지키는 자가 되어라(28:9). 먼 친척보다 "이웃사촌"이다(27:10). 탐욕에 빠진 인간들이 끊임없이 스올("음부")과 아바돈("멸망")으로 향한다(15:11, 27:20).

ⓛ 어떤 말을 경청하는 리더인가(29:12)?
⇒ 주인이 **거짓말**을 경청하기 시작하면 하인들이 전부 거짓말을 한다.

* "그 왕에 그 신하들" - 로마의 속담

* "그 아비에 그 아들" - 우리말 속담

■ 좋은 리더 밑에서 좋은 팔로어들이 세워진다. 사실을 확인하고 진실을 분별하는 리더가 되어라.

(29:18)에 "묵시(계시의 말씀)"가 없으면 백성이 방자히 행한다고 했는데, (호4:6)에서도 "내 백성이 지식이 없으므로 망하는도다"라고 했다.

② 지혜자들의 잠언(30-31장)

① (30장) <아굴의 잠언>

아굴이 거짓도, 가난과 부요도 경계한 것(7-9절)은 하나님을 잃을까 두려워서였다.

Ⓜ 지혜의 근원이 되시는 하나님(30:2-6)

1. 하나님은 **하늘**에 오르고 **땅**에 오신 분이다 (창11:7, 17:22).
2. 하나님은 **기상**을 주관하고 **경계**를 정하신 분이다(행17:26).
3. 순전한 하나님의 **말씀**에 더하지 말라(5-6절).

■ 하나님을 아는 것이 지혜의 시작이다.

자기 의에 빠져서 남은 비난하고 정죄하며 자신은 씻지 않는 인생이 되지 말라(10, 12절).

② (31장) <르무엘왕의 잠언>

왕도(王度)는 주색과 전쟁을 멀리하고 공의와 긍휼을 베푸는 것이다(2-9절). 여호와를 경외하고 가정을 부지런히 보살피는 현숙한 여인은 칭찬을 받는다(10-31절). 남녀 모두 하나님을 경외하라는 말씀이다!

- 세상만사를 섭리하시고 모든 것을 합력하여 **선을 이루시는 하나님**이시다(16:4).
- 사람의 걸음을 인도하시고 그 계획을 **완성하시는 하나님**이시다(16:9, 19:21).
- 여호와를 경외하는 자가 하나님과 사람에게 **칭찬받게 하시는 하나님**이시다(31:30-31).

인생은 허무한가?

전도서 1 - 12장

해 아래 모든 것은 헛될 뿐이니
젊은 날 하나님을 기억하고 그분을 경외하며 살라.

1 '모든 것이 헛되다'는 명제(1:1-11) 전도자가 말하기를, 해 아래 모든 것이 헛되다.

2 '모든 것이 헛되다'는 논증(1:12-11:8) 지혜도 사업도 쾌락도 불안정한 인생도 다 헛되다.

3 '하나님을 경외하라'는 결언(11:9-12장) 청년 때 자기 맘대로 살지 말고 주를 경외하며 살라.

1 '모든 것이 헛되다'는 명제(1:1-11)

① (1:1-2) <모든 것이 헛되다>

(2절)을 직역하면, "헛된 것 중에 헛되고 헛된 것 중에 헛되니 모든 것이 헛되도다!"라는 최상급의 표현이다.

Ⓐ 전도자는 누구인가(1:1)?

1. 전도자는 "소집하는 자"라는 뜻이다.
2. 회중을 앞에 두고 가르쳤다(왕상4:34; 10:1).
3. 다윗의 아들이고 예루살렘의 왕이다(1:1).
■ 전도서의 저자인 전도자는 솔로몬왕이다.

② (1:3-11) <자연만물도 헛되다>

해 아래 인생무상이라는 메시지는 (시127:1-2)의 말씀과 같으니, 시편 127편은 전도서의 요약판이다.

Ⓑ 해 아래 인생은 무상한가(1:3)?

1. 반복되는 자연현상이 피곤하다(4-8절).
2. 새것도 옛것의 반복일 뿐이다(9절)-그래서 네 오클래식(신고전)이 등장하게 된다.
3. 새것도 사라지고 잊히게 될 것이다(11절).
■ 인생은 유한성과 상대성이 가득하여 허무하다.

2 '모든 것이 헛되다'는 논증(1:12-11:8)

① (1:12-18) <지혜도 헛되더라>

지혜로 만사를 연구하니(13절) 번뇌와 근심도 많아진다(18절). 요컨대 "아는 게 병이다(식자우환, 識字憂患)".

② (2:1-11) <사업도 유흥도 헛되더라>
ⓒ 모든 것을 해보니 허무한가(2:11)?
1. 모든 **오락**(엔터테인먼트)도 해봤다(1-3절).
2. 모든 국책 **사업**도 해봤다(4-8절).
3. 그 결과로 **기쁨**도 얻어봤다(9-10절).
4. 다 **바람** 잡는 일이고 무익한 일이다(11절).
 ＊모든 것을 해보고 깨달으려고 하는가
  (빌3:8)!
 ■ 인생의 정답이 이 땅에 있지 않음을 이제는
  깨달으라.

③ (2:12-26) <지혜자의 죽음도 헛되어라>
내가 한 모든 수고를 우매자가 잇는다면 결과
적으로 다 헛되어라(18-19절). 솔로몬의 예상
대로 르호보암은 아버지의 빛나는 업적을 망
쳐 놓았고 태평성대를 종결시켜 버렸다(왕상
12:1-20)!

④ (3장) <인생의 죽음도 헛되구나>
ⓓ 시간과 영원 사이의 인간(3:11)
1. 범사에 **기한**이 있고 만사에 때가 있다(1절).
2. 인생은 **때**에 따라 아름답다. - 시간의 미학
 ＊"카르페 디엠!" 오늘이라는 **순간**을 잡으라!
3. **영원**을 사모하면서도 측량할 수가 없구나!
 ■ 시간적인 존재가 왜 시간에 만족을 못하고 영
  원을 사모할까? 그것은 인간이 영원하신 그분
  에게서 왔기 때문이다.

성경은 시공간의 물질계가 본질이 아니라 하
나님의 영원이 본질이라고 말한다(11절). 그
런 점에서 물질계의 비본질을 간파한 불교는
성경과 맥을 같이하지만, 본질이신 절대자의
존재를 부정했다는 점에서 철학적으로는 회
피론이다.
사람이 짐승같이 흙으로 돌아가는 것도 헛되
다(19-20절). 그러므로 결국 자연주의와 물질
주의는 허무주의로 갈 수밖에 없다.

⑤ (4장) <인생의 불공정함이 헛되구나>
학대받는 이에게 위로자가 없고(1절), 사람의 재
주가 시기를 받으며(4절), 홀로 넘어지는 자가
있고(10절), 좋은 왕도 잊히니(16절) 헛되도다.

⑥ (5:1-9) <종교도 정치도 헛되구나>
결국 하나님을 경외함이 헛된 인생의 유일한
해법이다.

ⓔ 오직 너는 하나님을 경외하라(5:7)
1. **영원**하신 행사들로 하나님을 경외하게 된다
 (3:14).
2. **꿈과 말**을 내려놓고 하나님을 경외하라(5:7).
3. **중용**지도를 가고 싶다면 하나님을 경외하
 라(7:18).
4. **세상**이 악할지라도 하나님을 경외하라(8:12).
5. 결국 하나님을 경외함이 사람의 **본분**이다
 (12:13).
 ■ 전도서에서 일관되게 외치는 핵심 메시지다.

⑦ (5:10-6:12) <재물도 장수도 헛되구나>
재물도(5:10) 장수도(6:3) 수고도(6:7) 미래도
(6:12) 다 헛되도다.

⑧ (7:1-22) <중용지도의 해법>
세상에 지혜자의 길과 우매자의 길이 있지만
어느 길이든 지나치면 해롭다. 그러나 절대자
하나님을 만나면 극단주의의 위험에서 벗어
날 수 있다.

ⓕ 중용지도(中庸之道)와 신앙(7:16-17)
1. 지나친 의인도 악인도 되지 말라?
2. 지나친 지혜자도 우매자도 되지 말라?
 -세상에 절대 평안을 줄 수 있는 것은 없다.
 ＊**극단주의**로 가지 말고 **절대주의**로 오라.
 ■ 다원주의는 출구 없는 미로다. 속지 말
  라. 상대성의 유일한 탈출구는 **절대성**이다
  (7:18). 미로의 어느 지점에서도 **하늘**은 열
  려 있기 때문이다!

⑨ (7:23-29) <인간의 지혜의 해법>

인간의 간악함을 주의하라(25, 29절).

ⓒ 솔로몬의 여혐 발언(7:28)?

1. 올무와 그물, 포승 같은 **여인**을 조심하라(26절).

2. 지혜자를 찾았으나 **여자**는 천 명 중 한 명도 못 찾았다.
   -여성에 대한 **편견** 내지 여성 혐오 발언이 아닌가!
   ■ 그에게 올무가 된 이방 여인들 때문에 말한 자기 성찰적 발언이 아니겠는가(왕상11:4)?

⑩ (8:1-9:12) <사회질서의 해법>

왕의 명령을 지키라(2절). 그렇지 않으면 앞으로 어떻게 될지 알 수 없다(7절). 하지만 악에 대한 징벌이 늦어지고(11절), 의인이 벌을 받고 악인이 상을 받으니(14절) 헛되도다. 의인이나 악인이나 결과는 일반이니 이것은 악한 것이라(9:2-3).

⑪ (9:13-11:8) <미래의 불확실성이 헛되구나>

적은 우매가 지혜를 난처하게 하고(9:18-10:1), 주권자의 허물로 인해 재난이 오며(10:5), 베풀어도 어찌될지 하나님만 아시니 미래가 다 헛되다(11:1-8). 그래도 주변인들에게 구제할 것을 권면(11:1)한 것은 긍휼히 여기는 자가 긍휼히 여김을 받기 때문이다(마5:7).

③ '하나님을 경외하라'는 결언(11:9-12장)

① (11:9 -10) <청년이여 자유하라>

ⓗ 자유와 심판 사이에 놓인 인생(11:9-10)

⇒ **청년** 때 맘대로 살라 하지만 심판이 있을 줄 알라(9절). 솔로몬은 왜 헷갈리는 말을 했는가? 인간에게는 **자유**의지와 더불어 **책임**이 있다는 뜻이다. 이것은 단순히 자율과 통제의 균형을 잡으라는 개념이 아니다.

인생의 **선택**은 내가 하지만 최후 **심판**은 그분이 하신다는 말이다. 현세주의는 물질주의와 쾌락주의로 가지만, 현세가 끝나면 그분의 **심판대** 앞에 서야 한다.
그런즉 지나친 **근심**에 빠져 회의주의, 허무주의, 염세주의로 가지도 말고, 지나친 **방종**에 빠져 현세주의, 향락주의, 퇴폐주의로 가지도 말라.
■ 양극단에 빠지지 않으려면 어떻게 해야 할까?

과도한 방종과 과도한 절제의 양극단을 주의하라. 쾌락과 향락일변도로 살지 말고 우울과 자살충동으로 가지도 말라.

② (12:1-8) <청년이여 기억하라>

청년의 때, 곤고한 날이 오기 전에 창조주를 기억할지니, 그분 앞에 서는 날이 오리라. 먹구름 아래 있어도 구름 위에 태양이 있듯이, 허무한 인생 위에 영원하신 하나님이 계시다. 그러므로 아직 시간이 있을 때 영원을 잡으라(1-7절). 허무해 보이는 시간에 대한 최고의 선용은 영원을 붙잡는 것이다! 오늘 하루는 흘러가는 헛된 날이 아니라 영원을 잡을 수 있는 엄청난 기회이기 때문이다.

③ (12:9-14) <하나님을 경외하라>

하나님을 경외하고 그 명령을 지킴이 사람의 본분(13절; 미3:1)이다. 그러므로 선악 간의 판단은 내가 하겠다고 아무리 고집을 피워도 소용없다. 모든 인생이 최후 심판대 앞에서 선악 간에 심판을 받을 존재이기 때문이다.

① 하나님이 선악 간에 심판하신다(12:14)

1. 하나님이 선악의 **기준**을 세우셨다(창2:17).

2. 하나님이 선악 간에 **평가**하신다(왕하15:3, 9).

3. 하나님의 기준을 **신뢰**하고 경외하라(12:13).

4. 하나님의 기준으로 **돌아오라**(암5:14).
■ 마지막 심판대에 서기 전에 주님께 돌아
   오라(히9:27).

전도서를 요약해 보건대, 해 아래 인생은 헛
되지만 하나님을 경외하여 지혜의 사다리(예
수 그리스도, 요1:51)를 타고 올라가 해 위의 하
나님을 만나는 인생은 결코 헛되지 않다.

해 아래 인생	① 연결 통로	하나님
무의미하다	다른 길은 없다	유의미하다
시간(현세)	유일한 사다리	영원(내세)
상대주의	하나님의 지혜	절대주의

■ 시간과 영원을 잇는 유일한 길은 예수님
   이다!

- 만물을 아름답게 하시고 영원을 사모하도
  록 **섭리하시는 하나님**이시다(3:11).
- 사람에게 자유의지를 주셨지만 그가 내린
  선택에 대해 심판하시는 하나님이시다(11:9).
- 하나님은 모든 행위와 은밀한 일을 **선악 간
  에 심판하시는 하나님**이시다(12:14).

Day 48

사랑의 노래
아가 1-8장

 솔로몬왕과 술람미 여인이
사랑의 구애와 결혼, 권태와 성숙을 노래했다.

1️⃣ 사랑의 시작 (1장-5:1) 왕과 여인이 사랑에 빠져 구혼하고 결혼하여 신혼의 사랑에 빠진다.

2️⃣ 사랑의 성숙 (5:2-8장) 왕비가 권태에 빠졌다가 재회하여 왕의 사랑을 갈망하고 요청한다.

[등장인물]
왕 : 솔로몬왕
여인 : 술람미 여자, 왕의 신부이자 왕비
친구들 : 예루살렘의 딸들
왕궁의 여인들
수넴의 여인들
오빠들

 1️⃣ 사랑의 시작(1장-5:1)

㉮ [소개] (1:1-11): 여인의 자기소개와
왕의 칭찬

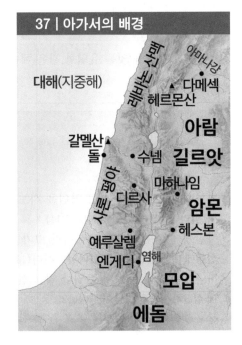

37 | 아가서의 배경

대해(지중해)
아마나강
다메섹
헤르몬산
갈멜산
돌
수넴
아람
길르앗
마하나임
디르사
암몬
헤스본
예루살렘
엔게디
염해
모압
에돔

① (1:1) <제목>
솔로몬의 아가라.

Ⓐ "아가"는 어떤 책인가(1:1)?
1. "**아가**(雅歌, Beautiful song)"-개역성경.
2. "**최고의 노래**(Song of Songs)"-히브리어 제목.
■ 솔로몬이 부른 가장 아름다운 사랑의 노래다.

② (1:2-4상) <여인의 독백>
솔로몬왕은 이스라엘 모든 처녀가 사모할 만큼 아름답구나.

③ (1:4하) <친구들의 노래>
왕이야말로 모든 처녀가 사모할 만한 분임에 동의한다.

④ (1:5-7) <여인의 고백>
친구들아, 내가 비록 검으나 솔로몬의 휘장처럼 아름답구나!

Ⓑ 시골 목녀의 반전 고백(1:5)

1. 오빠들이 포도원지기(목녀)로 내몰았다(6절).
2. 뙤약볕에 일해서 얼굴이 **새카맣게** 됐다(5절).
   - 게달(이스마엘계 아라비아 유목민, 창25:13)의 장막(오늘날 베두인족이 치는 **검정 텐트**)처럼 되었다.
3. 하지만 왕이 날 **사랑**하니 나는 솔로몬의 휘장과 같다.
   * 사랑은 사람을 가장 아름답고 빛나게 한다.
   - 하나님의 사랑을 받으면 얼마나 빛나겠는가!
   ■ 하나님의 사랑 안에서 자존감을 회복했는가?

⑤ (1:8) <친구들의 조언>
양 떼의 자취, 즉 왕이 백성들을 돌보는 자리를 따라 목자들의 장막, 즉 왕의 신하들이 있는 곳으로 가라.

⑥ (1:9-11) <왕의 노래>
애굽에서 온 준마(왕상10:28)처럼 내 사랑은 최고로 아름답구나.

④ [구혼] (1:12-3:5): 사랑의 고백과 청혼

① (1:12-14) <여인의 노래>
왕이 사랑스럽다.

② (1:15) <왕의 노래>
여인이 너무 아름답구나.

③ (1:16-2:1) <여인의 고백>
왕은 아름답지만 나는 수선화나 백합화처럼 평범한 시골 처녀라.

④ (2:2) <왕의 고백>
너는 가시나무 가운데 백합화니, 군계일학(群

鷄一鶴)이구나.

⑤ (2:3-6) <여인의 고백>
왕은 수풀 가운데 사과나무니, 당신도 군계일학이군요.

Ⓒ 사랑은 등가(等價)의 법칙이다(2:2-3)

1. **왕과 시골 처녀**의 인생이 등가일 수 있는가?
2. 사랑하면 서로에게 **최고의존재**가 되는 법이다.
3. 나를 내어줄 만큼 **소중**해지는 것이 사랑이다.
   ■ 사랑은 신분·배경에 상관없이 등가가 된다. 그것이 예수님이 우리에게 보여주신 사랑이다.

⑥ (2:7) <왕의 부탁>
여인의 친구들이여, 이 사랑이 방해받지 않도록 부탁하오.

⑦ (2:8-13) <여인의 이야기>
왕이 내게 찾아와 함께 가자고 청하였답니다.

⑧ (2:14) <왕의 부름>
여인아 얼굴을 보여다오.

⑨ (2:15) <왕과 여인의 이중창>
우리를 위해 작은 여우를 잡으라.

Ⓓ 포도원에서 여우를 잡자(2:15)?

1. 여우들이 **봄철**에 포도나무를 갉아먹는다.
2. 둘이 가꾸는 사랑의 **방해 요소**를 제거하자.
   ■ 사랑은 끊임없이 역경을 넘어서려는 노력이다.

⑩ (2:16-3:4) <여인의 고백>
우리는 서로에게 속하였으니 내가 밤에 님을 찾아 붙잡았구나.

⑪ (3:5) <왕의 부탁>
여인의 친구들이여, 이 사랑이 방해받지 않도록 부탁하오(2:7).

㉴ [결혼] (3:6-11): 솔로몬의 멋진 결혼식 행렬

① (3:6-11) <왕의 결혼식>
솔로몬왕이 용사 60명과 함께 멋진 가마를 타고 왕후가 씌워 준 관을 쓰고 여인과 결혼식을 하러 찾아온다.

Ⓔ 이스라엘의 신데렐라 스토리(3:6-11)
1. 용사 60명과 **백향목 가마**를 타고 오는 솔로몬왕의 위용과 아름다움.
2. 거친 들(척박한 시골)에서 신부를 맞이했다.
■ 비천한 나를 맞아주시는 주님의 최고의 사랑의 모습이다!

㉵ [신혼] (4:1-5:1): 첫날밤 왕과 신부의 사랑

① (4:1-15) <결혼식 첫날밤>
왕이 여인의 아름다움을 감탄하며 자신의 마음을 완전히 빼앗겼다고 고백하고 신부의 순결함을 예찬한다. "잠근 동산, 덮은 우물, 봉한 샘"(12절)은 여인이 왕 앞에 순결한 신부라는 뜻이다(잠5:15).

② (4:16) <신부의 초청>
나를 사랑해 주세요.

③ (5:1) <왕의 사랑>
내가 너를 사랑하노라.

② 사랑의 성숙(5:2-8장)

㉮ [권태] (5:2-6:13): 왕비의 권태와 사랑의 회복

① (5:2-8) <왕비의 거절>
Ⓕ 왕비는 왜 주저했는가(5:2-8)?
1. **한밤중**에 왕이 찾아와서 문을 두드렸다(2절).
2. 자려고 **환복**하고 **목욕**까지 했는데 귀찮게 여겨졌다(3절).

＊왕이 그래도 떠나지 않고 끝까지 **노력**했다(4절).
＊그제야 **감동**해서 일어나 문을 열어줬다(5절).
＊문을 열어보니 왕은 **이미** 떠나고 없었다(6절).
＊사랑의 **나태함**에 대한 자책과 형벌(7절).
＊왕비는 행복한 상사병(2:5)이 아닌 **미안한 마음**이 들었다(8절).
■ 나도 하나님을 향한 첫사랑을 잃고(계2:4) 지금 신앙적 권태기에 빠져 나태해지지는 않았는가?

② (5:9) <친구들의 도전>
왕비여, 당신의 사랑이 뭐가 그렇게 대단할 것이 있는가.

③ (5:10-16) <왕비의 고백>
친구들이여, 왕은 가장 뛰어나다. 사랑도 신앙도 표현하는 것이니 날마다 주께 고백함이 얼마나 중요한가.

④ (6:1) <친구들의 제안>
그래. 함께 찾아보자.

⑤ (6:2-3) <왕비가 왕을 찾아 나선다>
왕이 백성을 돌보는 자리로 찾아간다.

⑥ (6:4-9) <왕의 칭송>
젊은 날(8절; 왕상11:3)의 솔로몬이 그녀가 가장 돋보인다고 칭찬한다.

⑦ (6:10) <친구들의 노래>
정말 가장 아름답다.

⑧ (6:11-12) <왕비의 감탄>
왕비가 왕이 보내준 마차에 이르게 된다.

⑨ (6:13상) <왕궁 여인들의 합창>
여인들이 "돌아오라"고 합창하며 그녀를 기다린다.

ⓖ 왜 그녀는 술람미 여자인가(6:13)?

1.오늘날 술람은 고대의 **수넴**이라는 도시로서 예루살렘 북쪽 80km **이스르엘평원**에 위치한다.
 -수넴 출신의 또 다른 미인 아비삭(왕상1:3, 2:21).
2. 술람미(Shulamite)라는 말은 그 자체로 **솔로몬**(히, Shulomo)**의 여성형**에 해당한다.
 -솔로몬의 여자 내지 아내라는 의미가 된다.
■ 사랑은 서로 다른 두 남녀가 하나됨이다 (창2:24).

⑩ (6:13하) <왕의 반문>

왕도 왕비가 보고 싶지만, 원무(圓舞)로 유명한 마하나임의 춤을 사람들이 구경하듯 왕비를 구경시킬 마음은 없다. 왕이 그녀를 소중히 아끼는 마음의 표현이다.

ⓓ [재회] (7:1-9) : 왕과 왕비의 재회와 사랑

① (7:1-9상) <왕의 예찬>

왕이 재회하자 왕비의 아름다움을 머리끝부터 발끝까지 예찬한다.

② (7:9하) <왕비의 사랑>

왕의 입을 맞춘다.

ⓔ [갈망] (7:10-8:4): 왕을 왕비의 고향에 초대

① (7:10-8:3) <왕비의 초대>

ⓗ 우리 서로 나눈 기쁨을 알 수 없도다(8:2)

1.사랑은 사람이 경험하는 최고의 **친밀함**이다 (7:10).
2.사랑은 타인이 알 수 없는 **은밀함**이다(7:11).
3.사랑은 섬세하게 표현하는 **세밀함**이다(7:12).
4.사랑은 한시도 뗄 수 없는 **긴밀함**이다(8:1).
■ 부부의 사랑에 제3자가 개입될 수 없다!

② (8:4) <왕의 부탁>

'이 사랑이 방해받지 않고 영원하도록'(아2:7, 3:5)을 의미하는 후렴구다.

ⓐ [성숙] (8:5-14): 왕의 회상과 왕비의 요청

① (8:5상) <수넴 여인들의 감탄>

수넴의 여인들이 왕과 왕비를 보고 감탄한다.

② (8:5하) <왕의 회상>

왕이 왕비를 이곳에서 처음 만났던 일을 회상한다.

③(8:6-7) <왕비의 요청>

ⓘ 사랑은 배타적인가(8:6-7)?

1.왕에게 **최고의 사랑**을 요청한다(6상).
2.사랑은 **배타적 순수성**을 추구한다(6하).
3.사랑은 **영원한 지속성**을 추구한다(7절).
■ 평생 사랑의 정절과 믿음의 지조를 지키며 살라.

④ (8:8-9) <오빠들의 말>

왕비가 어린 시절에는 미성숙해서 걱정했었다.

⑤ (8:10-12) <왕비의 말>

내가 장성하여 솔로몬과 결혼함으로 오빠들에게 유익이 되었구나.

⑥ (8:13) <왕의 구애>

너의 목소리를 들려다오.

⑦ (8:14) <왕비의 초대>

왕이여 빨리 오소서.

• 사랑받는 영혼의 자존감을 **회복하시는 하나님**이시다(1:5).
• 사랑하는 이가 최고의 존재라고 **고백하게 만드시는 하나님**이시다(2:2-3).
• 사랑을 통해 배타적인 **소속감을 형성하게 하시는 하나님**이시다(2:7, 16, 8:6).

8주 / 하나님은 누구신가?

지혜자 하나님

"지혜가 길거리에서 부르며 광장에서 소리를 높이며"(잠1:20)

잠언 1장은 지혜를 의인화시켜서 표현하고 있다. 어떤 지혜인가? 성경에서의 지혜는 세상의 지식과는 다르다. 하나님의 지혜는 이 땅의 학습이나 경험을 통해 얻는 것이 아니라 위로부터 임하는 것이기 때문이다. 그런데 햇빛과 단비가 위로부터 온 땅에 내리는 것처럼, 하늘의 지혜도 누구에게나 임할 수 있다. 이 최고의 지혜가 대학교 강의실도 아니고 현자들의 모임도 아닌 길거리와 광장에서 외치고 있다.

그러고는 놀라운 제안을 한다. "나의 영을 너희에게 부어주며 내 말을 너희에게 보이리라"(잠1:23). 하나님의 진리의 영 (히, 루아흐)을 부어주고 하나님의 진리의 말씀(히, 다바르)을 보이시겠다니! 잠언의 지혜는 단순한 삶의 실용적 지혜가 아니라, 성령 충만한 하나님의 언어라는 것이다. 이 언어는 예언자들이 성령의 감동하심 가운데 체험한 동일한 언어였다.

이것은 놀라운 초대가 아닌가. 실로 성경의 언어는 천상에서 지상으로 보내온 신의 초대장이다. 사람의 영혼을 성령으로 감동하시고 사람의 언어를 신의 언어로 채우사 놀라운 존재의 변혁을 일으키시는 언어다. 그러나 세상은 이런 하나님의 언어에 무관심하다. 세상의 첨단 문명과 지식사회의 언어에 젖어 영혼의 언어와 멀어진 까닭이다.

하지만 생각해 보라. 세상의 모든 지식이 어디에서 왔는가? 지혜로운 만물의 창조주로부터 오지 않았는가. 그러므로 성경은 끊임없이 "여호와를 경외하는 것이 지식의 근본"(잠1:7

상)이라고 외친다. 율법서도(신6:24), 역사서도(수24:14) 예언서도(렘2:19) 동일하게 역설하고 있다.

지혜문학이 집중되어 있는 시가서에서는 더더욱 그렇다. "보라 주를 경외함이 지혜요"(욥28:28). "여호와를 경외하며 그의 길을 걷는 자마다 복이 있도다"(시128:1). "하나님을 경외하고 그의 명령들을 지킬지어다 이것이 모든 사람의 본분이니라"(전12:13). 그러므로 성경을 통해 하나님의 지혜를 깨닫고 복된 인생이 되라고 권면하고 있다.

자, 그런데 잠언의 인격화된 지혜는 실제로 인격이신 지혜를 뜻한다. "태초부터… 내가 세움을 받았나니… 그가 하늘을 지으시며 궁창을 해면에 두르실 때에 내가 거기 있었고… 내가 그 곁에 있어서 창조자가 되어"(잠8:23, 27, 30). 잠언이 제시하는 지혜는 영원부터 계시며 태초에 하나님의 창조의 동역자이셨던 성자 그리스도를 지칭한다. "태초에 말씀이 계시니라… 만물이 그로 말미암아 지은 바 되었으니"(요1:1, 3).

사도 요한이 헬라 철학의 로고스 사상을 차용하여 그리스도를 로고스라고 고백했다면, 솔로몬은 고대 중동의 지혜문학을 차용하여 그리스도를 하나님의 지혜라고 고백했다. 하나님의 지혜이신 그리스도는 만물을 창조하셨을 뿐 아니라 육신을 입고 오셔서(요1:14) 십자가에 죽으심으로 우리를 구원하시는 최고 최상의 하나님의 지혜이시다. "유대인이나 헬라인이나 그리스도는 하나님의 능력이요 하나님의 지혜니라"(고전1:24).

그러면 그리스도 안에는 어떤 지혜가 담겨 있는가? 첫째, 모든 역설의 지혜가 담겨 있다. 천상의 그리스도가 사람의 아들이 되셨다가 다시 부활하사 천상의 보좌에 오르셨으니, 세상 지혜로는 모순처럼 보이지만, 이는 우리의 구원을 위한 그분의 역설의 지혜. 그러므로 이제 주 안에 있는 자는 주를 위해 죽고자 하면 살게 되고, 주를 위해 받는 고난은 축복이 되며, 주를 위해 낮아지면 높임을 받는 역설적인 승리를 체험하게 된다.

둘째, 세상 지혜와 다른 차원의 지혜가 담겨 있다. 그것은 위로부터 부어지는 지혜이기 때문이다. "주의 계명들이 항상 나와 함께하므로 그것들이 나를 원수보다 지혜롭게 하나이다… 나의 명철함이 나의 모든 스승보다 나으며… 나의 명철함이 노인보다 나으니이다"(시119:98-100). 시편 119편의 저자가 자신의 지성을 자랑하는 것일까? 아니다. 시편 119편은 토라 시편이다. 하나님의 말씀이 임하면, 그 지혜는 세상 사람의 지혜를 뛰어넘는다는 고백이다. 악인의 치밀한 계략보다, 스승의 축적된 지식과 노인의 다양한 경험보다 더한 지혜를 주시리라.

셋째, 천상과 지상을 연결하는 지혜가 담겨 있다. 성경이 제시하는 하나님 지혜의 정점은 그리스도이시다. 더 나아가 그리스도께서 보이신 지혜의 정점은 십자가에 있다. "십자가의 도가 멸망하는 자들에게는 미련한 것이요… 오직 부르심을 받은 자들에게는 유대인이나 헬라인이나 그리스도는 하나님의 능력이요 하나님의 지혜니라"(고전1:18, 24). 왜인가?

세상 지혜로 일상의 처세술부터 고매한 철학 사상까지 다양한 지식을 얻을 수 있다. 하지만 유일하게 얻을 수 없는 것이 있으니 바로 하나님을 아는 지혜요, 천상의 하나님께 이르는 지혜다. 이것이 세상 지혜와 지식의 한계다. 그래서 솔로몬이 노년기에 지은 것으로 알려진 전도서에서 자신이 평생 지혜자로 우주만물을 궁

구해 본 뒤 말하지 않는가. "헛되고 헛되며 헛되고 헛되니 모든 것이 헛되도다"(전1:2).

해 아래 세상은 허무하다. 그러나 해 위 하나님의 세계는 영원하다. 그러면 어떻게 해야 지상에서 저 피안에 이를 수 있단 말인가? 바로 지상과 천상을 연결하는 유일한 사닥다리이신 그리스도를 통해서다. 이분이 바로 야곱이 환상 중에 보았던 사닥다리요(창28:12), 나다나엘에게 말씀한 인자로 오신 그리스도이시다(요1:51).

하나님은 지혜자이시다. 만물을 지혜로 창조하신 그분께서 만민에게 구원의 길, 지혜의 길을 열어주셨다. 그리고 그 지혜자 하나님이 길거리와 광장에서 우리를 부르신다. 천국 잔치로 부르신다. "길과 산울타리가로 나가서 사람을 강권하여 데려다가 내 집을 채우라"(눅14:23). 그러므로 아직 천국 문이 열려 있을 때 이 지혜의 부름에 응답하라. "너희는 여호와를 만날 만한 때에 찾으라 가까이 계실 때에 그를 부르라"(사55:6).

성경은 덮여 있지만 우리를 향해 소리치고 계신다! 들고 읽으라! 4세기 당대 최고의 지성인이었던 어거스틴은 대학에서 논리학과 수사학을 가르치는 교수였지만, 성적으로 무절제하고 사람을 죽이는 검투경기에 열광하는 방탕아였다. 그러던 그가 어느 날 음성을 듣는다. "이제 그대 앞에 있는 책을 들고 읽으라." 그는 성경을 들고 읽었고, 그날 하나님의 음성을 듣고 인생이 변하여 이 지혜를 전하는 자가 되었다. "지혜 있는 자는 궁창의 빛과 같이 빛날 것이요 많은 사람을 옳은 데로 돌아오게 한 자는 별과 같이 영원토록 빛나리라"(단12:3).

예언서는 언약으로 돌아오면 하나님이 회복하신다는 선지자적 외침을 이야기한다. 이사야서는 하나님의 구원을 예언한 책이고, 예레미야서는 예루살렘의 멸망을 예언한 책이다. 하나님을 떠나 악을 행하는 왕을 비롯한 백성에게 예언자들은 회개하고 하나님께 돌아오라고 외쳤다. 절절한 심정으로 심판을 이야기하면서도 예언자들은 구원을 예언했다. 그 구원자는 예수 그리스도이시다. 그분이 나를 건지기 위해 목숨을 거는 하나님이심을 믿는가? 그분의 눈먼 사랑 때문에 오늘 내가 구원받았음을 감사하며 살고 있는가?

Week 09

이사야 01장 - 예레미야 29장

● 예언서

　예언서는 유대교 성경(타나크) 구분에서는 주로 후기 예언서(네비임)에 포함된다. 예언서는 역사서 뒤에 위치하면서 역사적 실패에 대한 경고와 더불어 율법서의 언약으로 돌아오면 하나님이 회복하시리라는 선지자적 외침을 이야기한다.

　예언서는 5권의 대예언서와 12권의 소예언서[2]로 구성되어 있는데, 이것은 중요도에 따른 구분이 아니라 분량에 따른 구분이다. 예언(豫言)의 핵심은 대언(代言)이다. 예언자들은 하나님의 음성을 대언하되, 죄악에 대해서 책망하는 동시에 하나님께 돌아오라고 강권하며, 심판의 경고를 들려주는 동시에 미래의 회복에 대해 약속해 준다. 그래서 예언서는 공의와 사랑, 심판과 구원이 동전의 양면처럼 함께 등장한다.

　이런 계시의 이중주는 창세기 이래로 끊임없이 이어져온 패턴이다. 아담과 하와를 징계해서 내보내시면서도 가죽옷을 입혀주시고, 홍수로 심판하시면서도 방주로 구원하시고 무지개 언약을 주시는 것과 같다. 그러므로 준엄한 심판에 대한 예언의 말씀을 듣고 결정론적으로 해석해서 자포자기할 것이 아니라, 회개와 회복을 위한 하나님의 부르심임을 깨닫고 돌이켜야 한다. 물론 대부분의 예언들은 그런 열린 구조로 되어 있지만, 예레미야서처럼 확정된 심판 가운데에서 예언하는 경우도 있다. 그러나 그런 예레미야서조차도 70년 만의 회복과 메시아의 궁극적인 구원을 예언했다.

　예언서는 역사를 바른 방향으로 이끌어 가시는 하나님의 자기 계시의 완성편이다. 궁극적으로 메시아를 통한 하나님의 구원 계획의 큰 그림을 보여주기 때문이다. 우리도 주님을 바라봐야 한다. 이스라엘처럼 약속의 땅에만 들어가면, 왕만 세워지면, 전쟁의 위기만 모면하면, 포로에서 돌아오기만 하면 다 좋아질 것이라는 단순 논리에 빠지면 안 된다. 어떤 상황에서든 구원은 오직 하나님께로부터 오기 때문이다. 예언서는 고난을 벗어나려고 하지 말고 하나님께로 돌아오라는 메시지를 전한다. 오직 하나님께만 진정한 회복과 구원이 있기 때문이다.

대예언서		정의	계시
이 사 야	왕정기	메시아의 구원 예언	구원하시는 하나님
예레미야	패망 전	확정된 심판 예언	심판하시는 하나님
애가	패망 후	예루살렘 몰락 조가	애통하시는 하나님
에스겔	포로기	새로운 성전의 환상	회복하시는 하나님
다니엘		열강의 변천사 예언	주관하시는 하나님

2　소예언서는 BC 4세기 말부터 사용된 말로서, 타나크에서는 단권으로 취급된다.

성경의 순서에 따른 구분

소예언서 (시기)		정 의	계 시
분열왕국	호세아	하나님의 사랑 고백	구애하시는 하나님
	요엘	여호와의 날을 예언	소망하시는 하나님
	아모스	북왕국의 심판 예언	정의로우신 하나님
	오바댜	에돔의 멸망 예언	징계하시는 하나님
	요나	니느웨의 멸망 경고	설득하시는 하나님
	미가	남유다의 심판 예언	요청하시는 하나님
	나훔	니느웨의 멸망 예언	심판하시는 하나님
	하박국	하나님의 주권 고백	대답하시는 하나님
	스바냐	남은 자의 회복 예언	숨겨주시는 하나님
포로귀환	학개	제2성전 재건 예언	재건하시는 하나님
	스가랴	제2성전 재건 환상	보여주시는 하나님
	말라기	제2성전 예배 책망	책망하시는 하나님

대상과 시기에 따른 구분

소예언서 (대상)		정 의	계 시
북왕국	호세아	하나님의 사랑 고백	구애하시는 하나님
	아모스	북왕국의 심판 예언	정의로우신 하나님
남왕국	요엘	여호와의 날을 예언	소망하시는 하나님
	미가	남유다의 심판 예언	요청하시는 하나님
	하박국	하나님의 주권 고백	대답하시는 하나님
	스바냐	남은 자의 회복 예언	숨겨주시는 하나님
이방국	오바댜	에돔의 멸망 예언	징계하시는 하나님
	요나	니느웨의 멸망 경고	설득하시는 하나님
	나훔	니느웨의 멸망 예언	심판하시는 하나님
남왕국 (포로귀환)	학개	제2성전 재건 예언	재건하시는 하나님
	스가랴	제2성전 재건 환상	보여주시는 하나님
	말라기	제2성전 예배 책망	책망하시는 하나님

● 이사야

이사야서는 하나님의 구원을 예언한 책이다. 하나님의 심판을 다룬 전반부(1-39장)와 하나님의 구원을 다룬 후반부(40-66장)로 구성되어 있다. 이는 구약 39권과 신약 27권의 구성과도 같아서, 성경 66권의 축소판이라고 할 수 있다.

이사야서는 예언의 최고봉이라고 불린다. 이는 이사야서 예언의 정확성과 필체의 수려함 때문이다. 이사야는 남유다 왕실과 연관되어 있는 왕족 내지 귀족으로 추정되며(대하26:22, 32:32), 탁월한 문학적 표현력으로 본서를 기록했다. 또한 이사야서는 하나님의 구원을 노래한 구약의 복음서라고 불리고, 이사야는 구약의 사도 바울이라고 불린다. 왜냐면 '구원'이라는 단어가 이사야서에서만 63회나(개역개정 기준) 언급되어 있으며, 장차 오실 메시아에 대해서 그 어떤 예언서보다 생생하게 마치 예수님을 눈으로 보듯이 증언했기 때문이다. 또한 이사야의 이름 자체가 "여호와는 구원이시다"라는 뜻이다.

그는 남유다 10대 웃시야왕이 죽은(6:1) BC 739년부터 13대 히스기야왕(BC 715-686년, 1:1) 때를 지나 앗수르 왕 산헤립이 죽은(37:38) BC 681년까지 58년 넘게 예언자로 활동했다. 왜냐면 그가 히스기야왕의 전기(대하32:32)와 산헤립의 죽음을 기록했기 때문이다. 이사야가 활동하던 시기는 역사의 큰 전환점이었다. 왜냐면 BC 722년 북이스라엘이 신앙적·도덕적 타락으로 앗수르에게 패망했고, 남유다도 앗수르에게 멸망당할 위기에서 간신히 벗어났기 때문이다. 이때 이사야는 남유다를 향해 애굽을 비롯한 이방국가들을 의지하지 말고 유일한 구원자 하나님만을 의지하도록 권면했다. 이사야의 예언들은 이중 구조일 때가 많으므로 다층적인 해석이 필요하다. 가까운 미래와 먼 미래(가령 남유다의 몰락과 구원 및 메시아 왕국의 구원)를 중첩되게 예언하고, 고난받는 이스라엘을 고난의 종 메시아와 중첩시켜 예언하기도 한다. 이런 다층적인 예언은 결국 새 하늘과 새 땅이라는 종말과 천국에 대한 예언(65-66장)으로까지 나아간다. 탈무드에 따르면, 그는 남유다 14대 므낫세왕에게 톱으로 처형당했다고 한다(히11:37).

○ 심판의 예언 (1-39장)			
1	유다에 대해	1-6장	유다 심판과 소명장
2	열방에 대해	7-23장	열두 나라 심판 예언
3	그날에 대해	24-27장	그날의 심판과 승리
4	심판과 축복	28-35장	심판과 시온의 회복
5	히스기야왕	36-39장	주님의 구원과 응답

○ 구원의 예언 (40-66장)			
1	이스라엘의 구원	40-48장	고레스를 통한 구원
2	이스라엘의 구원자	49-57장	구원자 하나님의 종
3	이스라엘의 미래	58-66장	새 세상과 예루살렘

● 예레미야

예레미야서는 예루살렘의 멸망을 예언한 책이다. 예레미야의 소명(1장)과 유다를 향한 심판의 예언과 실현(2-45장) 그리고 열방에 대한 심판의 예언(46-51장)과 예루살렘 멸망에 대한 역사적인 보고(52장)로 구성되어 있다.

예레미야서는 남유다 암흑기의 핵심 예언서다. 예레미야는 아나돗 출신의 제사장이자 국가의 멸망을 예언한 선지자였다. 그는 이미 확정된 멸망에 대해 예언했기 때문에 왕과 지도자들에게는 민족의 배신자로 여겨져 투옥됐고, 국제정세로는 앗수르의 약화로 남유다 내에 친애굽론이 득세했을 때 그가 친바벨론 성향의 예언들을 했기 때문에 정치적인 공격을 받았으며, 성전과 제사와 제사장들의 문제점을 맹비난했기 때문에 동료 제사장들에게 온갖 협박과 구타, 격리를 당했다. 하지만 그를 더욱 슬프게 한 것은 자신의 예언이 그대로 성취되는 것을 보는 것이었다. 사랑하는 조국이 무너지는 것을 당대에 목격했기 때문이다. 그래서 그는 눈물의 선지자로 불린다. 멸망을 예언했고 멸망을 목도했던 그는 평생 미혼에 무자녀로 살았다. 예레미야의 이름은 "여호와께서 던지시다"라는 뜻이다. 그런데 놀랍게도 하나님은 그를 통해 확정된 멸망을 선포하시면서도, 하나님의 백성이 하나님 앞에 회개하고 돌아와 회복되기를 원하셨다. 그래서 징계를 거부한 자들에게는 멸망을 말씀하셨지만, 징계를 받고 바벨론에 포로로 잡혀간 사람들에게는 70년 만에 돌아올 것이니 걱정하지 말라는 위로의 약속까지 해 주셨다(29:10-14).

예레미야는 바룩에게 예언을 기록하게 했는데, 예레미야서는 연대기 순이 아닌 왕별, 주제별로 기록되어 있다. 유다를 심판할 '바벨론'을 총 169회(히브리어 기준) 언급했는데, 이는 다른 성경보다 훨씬 많은 숫자다. 이사야서가 후반부로 갈수록 예언의 정점을 이루고 있다면, 예레미야서는 앞뒤로 멸망과 심판의 예언이 포진한 가운데 31장 "새 언약"을 주시리라는 약속에서 정점을 이룬다. 하나님은 심판의 폐허 가운데에서도 구원의 약속을 주시는 분이시다(창9:1-17).

	○ 유다를 향한 예언 (1-45장)		
1	선지자의 소명	1장	제사장의 선지자 소명
2	유다 향한 심판	2-25장	유다의 우상숭배 정죄
3	선지자의 갈등	26-29장	지도자들의 암살 음모
4	앞으로의 위로	30-33장	귀환과 다윗왕국 예언
5	현재적인 파국	34-45장	멸망 직전 직후의 상황

	○ 예루살렘의 멸망 (46-52장)		
1	열방 향한 예언	46-51장	9개 국가의 멸망 예언
2	예루살렘 멸망	52장	예루살렘 멸망과 포로

유다에 대한 예언

이사야 1-12장

 유다의 심판을 예언한 이사야는 소명을 받고
앗수르에 대한 심판을 대언했다.

1️⃣ 유다의 심판 예언**(1-6장)** 이사야는 유다를 책망하며 심판을 예고한 뒤 부르심을 받았다.

2️⃣ 앗수르에 관한 예언**(7-12장)** 이사야는 메시아 탄생을 예언했고 앗수르 멸망을 예언했다.

 1️⃣ 유다의 심판 예언**(1-6장)**

① (1장) <유다의 배반>

"계시"(히, 하존, 1절)는 "이상"(삼상3:1) 내지 "묵시"(대하32:32)를 의미한다(64일Ⓐ 참고). 즉 하나님의 계시는 시청각을 비롯해 다각적으로 전달되는 하나님의 메시지다.

Ⓐ 이사야 선지자는 누구인가(1:1)?

1. 이사야 = "여호와는 **구원**이시다."
2. 웃시야(BC 739)~히스기야(BC 686) **55년간** 활동했다.
3. 므낫세 치하에서 톱으로 **처형**되었다고 전해진다(히11:37, 탈무드).
■ 이사야는 장차 오실 메시아를 생생하게 증언한 선지자였다.

하나님은 형식적인 예배를 질책하셨다(11-14절). 또한 이스라엘의 악인들을 "내 대적, 내 원수"라고 부르시며 진노하셨다(24절).

Ⓑ 하나님의 변론(1:18)

1. 주홍같이 붉은 죄가 **어찌** 눈같이 되겠는가?
2. 주홍같이 붉은 죄지만 **그러나** 눈같이 되리라!
■ 사죄의 능력은 형식적인 제사에 있는 것이 아니라 하나님께 있다.

② (2-4장) <여호와의 날>

말일에(메시아의 날에) 만방이 시온에서 율법(복음)을 받아들이면 하나님께서 진리의 기준으로 판결하시므로 분쟁이 사라지고 민족 간에 평화가 임하게 되리라(2:2-4; 미4:1-3). 하나님은 진리로 열방을 다스리셔서 분쟁이 사라지기 원하시는 분이시다.

유다는 하나님을 의지하지 않고 양식과 물(풍요), 선지자(거짓 선지자), 복술자(점쟁이), 장인(우상제작자), 요술자(마술사) 등을 의지했다(3:1-3). 여호와의 "영광의 눈"을 범했다(3:8)

는 것은 선악 간에 모든 것을 보고 계시는 분 앞에서 지속적으로 극한 악을 행하였음을 의미한다(욥25:5; 잠15:3). 남자들의 교만이 물질과 권력이라면, 여자들의 교만은 사치와 향락, 허영과 음란이다(3:16-24). 오늘날 문화라고 포장하는 과소비와 지나친 노출, 성적인 어필, 외모지상주의에 빠지지 말라.

© "여호와의 싹"은 누구인가(4:2)?

* "거룩한 **씨**가 이 땅의 그루터기니라"(6:13).
* "이새의 줄기에서 한 **싹**이 나며"(11:1, 10).
* "연한 순, 마른 땅에서 나온 **뿌리**"(53:2).
* "다윗에게 한 의로운 **가지**를 일으킬 것이라"(렘23:5, 33:15).
* "내 종 **싹**을 나게 하리라"(슥3:8, 6:12).
⇒ 장차 오실 **메시아**에 대한 선지자들의 전형적인 표현이다.

③ (5장) <포도원의 노래>
ⓓ 포도원의 비유가 의미하는 것은(5:1-7)?

1. 포도나무는 **이스라엘**을 상징한다(렘2:21; 호10:1).
2. 포도나무는 **번영과 평화**를 의미한다(왕상4:25; 미4:4).
3. **들포도**는 야생포도다. 직역하자면 악취가 나는 포도다.
4. **찔레와 가시**는 징벌의 도구다(32:13; 호10:8).
* 예수님도 포도원 농부의 **비유**를 드셨다(마21:33-41).
■ 하나님의 선한 계획을 망쳐놓은 이스라엘을 책망하셨다.

선악의 절대적 기준인 하나님의 말씀을 버리면(24절) 인간은 상대주의와 다원주의의 모순(20절, 46일ⓔ 참고)에 빠지게 되고, 하나님께 징계를 받게 될 것이다(25절). 여기서 북이스라엘과 남유다 왕국을 치게 될 "먼 나라들"(26절)은 앗수르 제국과 바벨론 제국이다.

④ (6장) <이사야의 소명>
ⓔ 이사야의 소명(6장)

* 말년에 신앙이 변질된 **웃시야**의 죽음을 배경으로 한다(대하26:16, 35일ⓑ 참고).
　-그는 부강해지자 교만해져서 직접 분향하다가 나병에 걸렸다.
* 이때는 **앗수르왕** 디글랏빌레셀(BC 745-727)의 전성기였다.
* **천상**의 거룩함 vs. **지상**의 부정함(1-5절).
⇒ 하나님의 안타까운 **부르심**에 응답했다(8절).
■ 이사야는 시대를 향한 하나님의 안타까움에 공감해 파송받은 예언자였다.

ⓕ 마음을 둔하게, 눈과 귀를 막히게(6:10)?

1. 하나님이 막으셨다면 사람이 무슨 **잘못**인가?
2. **이미** 심각했던 남유다의 영적 상태에 대한 표현이다(9절).
3. 하나님의 주권적 **섭리**에 대한 표현이기도 하다(10절).
* "그루터기"는 이스라엘의 남은 자 내지 **메시아를** 의미한다(13절).
■ 사람의 잘못을 책망하시고 또한 회복하시는 하나님이시다.

② 앗수르에 관한 예언(7-12장)

① (7장) <임마누엘의 표적>
이사야는 아들 스알야숩("남은 자가 돌아오리라")과 더불어 아하스왕에게 아람과 에브라임의 동맹을 두려워하지 말라고 말했다(1-4절). 하나님은 아하스왕에게 "징조를 구하라"(11절)시며 그의 불신앙을 바꾸라고 권면하셨지만 그는 "여호와를 시험하지 않겠다"(12절)며 자신의 불신앙을 그럴듯하게 포장했다.

⑥ 처녀와 임마누엘은 누구인가(7:14)?

1. 이사야의 **아내와 둘째 아들**인가(8:3)?
   ⇒역사적 맥락으로 볼 때 맞다(15-16절). 왜냐면 이스라엘 왕 베가와 아람 왕 르신이 몇년 뒤 앗수르 왕 불에게 패배했기 때문이다(왕하15:29, 16:7).
2. 동정녀 **마리아와 예수님**인가(마1:23)?
   ⇒구원사적 맥락으로 볼 때 맞다(눅1:27). 예수님이 태어나실 때도 이때처럼 로마의 압제하에 고통받았다. "젖과 꿀"은 경제적 궁핍과 가난에 대한 표현이었다(21-22절). 장차 예수님은 정치·경제적 고통 가운데 있는 백성에게 오실 것이었다.
   ■ 가까운 미래와 먼 미래에 대한 이중적 예언이다.

⑥ 예수님은 동정녀 탄생이 아니다(7:14)?

일부 무신론자들과 성경의 오류를 주장하는 이들이 이 본문을 비판하기를, "처녀(히, **알마**)"라는 단어는 "젊은 여자"를 의미할 뿐인데, 마태가 "처녀"라는 단어를 사용한 70인역(구약의 헬라어 번역)만 보고 잘못 인용했다고 지적한다. 물론 처녀를 의미하는 명시적인 히브리어는 "**베툴라**"다. 하지만 "알마"라는 단어는 이 단어가 사용된 성경의 모든 용례들을 찾아보면 성 경험이 없는 젊은 여성을 언급하고 있다(창24:43; 출2:8; 시45:14, 68:25; 잠30:19; 아1:3, 6:8). 그러므로 성경상의 "알마"를 "미혼의 젊은 처자, 즉 **처녀**"로 번역한 것은 성경 전체를 볼 때 일관되고 **올바른 번역**이다.
■ 어휘 번역의 일관성 측면에서 동정녀가 맞다.

② (8장) <마헬살랄하스바스의 표적>

마헬살랄하스바스("급하게 노략하다")는 아람과 북이스라엘이 앗수르에 속히 노략을 당하리라는 징표였다(1절). 앗수르가 창일한 하수처럼 남유다에까지 밀고 들어오는 때에 이사야는 갑자기 임마누엘의 이름을 부른다(7-8

절). 이것은 그가 자기 아들을 부르는 것이 아니라 유일한 구원의 소망되시는 주님을 부르는 것이다(7:14). 이는 마치 엘리사가 아람 군대의 포위 너머 둘러싸고 계시는 하나님을 고백한 것과 같다(왕하6:17).

③ (9:1-7) <메시아의 탄생>

① 갈릴리에 오실 메시아(9:1-7)

1. 멸시받던 **갈릴리**를 영화롭게 하시리라(마4:14-16).
2. 장차 갈릴리가 예수님의 **사역 중심**지가 되리라(마4:12-13).
■ 외세 침략지 1순위였던 갈릴리에 장차 주님이 오시리라.

① 놀라운 메시아 탄생 예언(9:6-7)

1. 한 **남자 아기**가 태어날 것인데 그 이름은
2. **기묘한 모사**(Wonderful Counsellor),
3. **전능하신 하나님**(Almighty God),
4. **영존하시는 아버지**(Everlasting Father),
5. **평강의 왕**(Prince of Peace)이라 할 것이요.
6. 영원한 **다윗 왕국**을 세우고 통치하시리라.
■ 어떻게 아기의 이름이 이럴 수가 있는가! 예수님이 탄생하시기 무려 7백 년 전에 이토록 정확하게 그리스도의 탄생을 예언했다.

④ (9:8-10장) <사마리아와 앗수르 심판>

교만하고 완악한 북이스라엘도 심판하시고(9:8-21), 하나님의 진노의 도구일 뿐인데 교만해진 앗수르도 징벌하시리라(10:5, 12). 또한 북쪽에서 진격해 들어와 예루살렘을 포위했던 앗수르 군을 하나님이 치셔서 산헤립이 급거 귀국하게 될 사건을 예언했다(10:28-34; 왕하19:35). "빽빽한 숲, 레바논"(10:34)은 엄청난 규모를 자랑하던 앗수르 군대를 상징한다(겔31:3).

⑤ (11:1-9) <메시아의 통치>

Ⓚ 메시아 왕국의 비전(11:1-9)

1. **이새의 줄기**에서 날 후손이시다(1절; 마1:1).
2. **성령께서** 충만히 강림하시리라(2절; 마 3:16).
3. 진리의 **말씀**인 "입의 막대기"로 세상을 치시리라(4절; 계1:16).
4. 맹수와 가축이 공존하는 **낙원**이 이루어지리라(6-8절; 창2:19-20).
5. 여호와를 아는 **지식**이 세상에 충만하리라(9절; 합2:14).

■ 그리스도께서 세우실 영원한 낙원의 비전이다.

그러면 동물도 천국에 갈까(6-8절)? 하나님이 동물들도 사랑하시고 긍휼히 여기시는 것은 맞다(45일Ⓚ 참고). 하지만 동물은 혼(soul)은 있으나 영(spirit)이 없으며, 죄 사함이나 구원을 받는다는 말씀이 성경에 없다.

⑥ (11:10-12장) <메시아 찬양>

남은 백성이 출애굽하던 때처럼 돌아오리라. 하나님의 도움이 나의 구원이 아니라 하나님 그분이 나의 구원이시다(12:2)! 사막에서 우물을 발견하듯 고난 중의 백성들이 구원을 얻을 것이다(12:3).

- 주홍같이 붉은 죄를 눈과 같이 **씻어주기 원하시는 하나님**이시다(1:18).
- 선악(善惡)과 진위(眞僞)를 도치시키는 사상을 **싫어하시는 하나님**이시다(5:20).
- 하나님의 마음을 품고 하나님의 말씀을 전할 **사람을 찾으시는 하나님**이시다(6:8).

Day 50

열방에 대한 예언
이사야 13-23장

하나님은 이스라엘과 유다를 비롯해 12나라를
심판하고 회복하시리라고 예고하셨다.

① 열방에 경고하시는 말씀 **(13-23장)** 하나님은 유다와 바벨론 등 12나라를 징계하시리라.

---

① 열방에 경고하시는 말씀(13-23장)

① (13장) <바벨론에 대한 경고>
하나님이 메대인을 일으켜 바벨론을 치시리
라(17-19절).

Ⓐ 메대 사람(13:17)
1. **야벳**의 아들인 마대의 자손이다(창10:2).
2. 메대는 오늘날 **이란**의 북서부 지역이다.
 * 바사 왕 고레스가 메대 지역을 정복했다.
   이후 **메대-바사** 풍습이 시작되었다(에1:14;
   단6:8).
 * 메대-바사 연합군이 **바벨론**을 **멸망**시켰다
   (단5:31).
■ 메대인은 바사 제국(BC 550-330년)의 건
 국에 지대한 영향을 미쳤다.

Ⓑ 갈대아 사람(13:19)
1. 함 계열 니므롯이 **바벨**에서 도시들을 세우
   고 나라를 창건했다(창10:10).
2. 갈대아는 **바벨론 남부**의 주민을 지칭하던
   말이다.
 * 느부갓네살의 부친 **나보폴라살**이 갈대아
   출신이었기 때문에 이후로 갈대아인과 바
   벨론인은 동의어가 되었다.
3. "갈대아"는 민족명이고, "바벨론"은 국가명
   이다.
■ 갈대아인은 바벨론 제국(BC 626-539) 건
 국의 주인공이다.

② (14:1-23) <바벨론의 교만>
하나님은 악한 바벨론 왕을 스올에 던지실 것
이니(9-11절), 아침의 아들 계명성이 땅에 떨
어졌도다(12절).

---

③ (14:24-27) <앗수르에 대한 경고>

하나님은 앗수르가 이스라엘을 떠나게 하시
리라.

ⓓ 앗수르 제국(14:25)

1.**셈**의 아들인 앗수르의 후손이다(창10:22).
2.앗수르는 **티그리스강 상류**지역을 지칭하는
　말이다.
3.오늘날 **이라크** 북부 모술 및 니느웨 근처
　지역이다.
■ BC 10세기 앗수르 제국(BC934-609)이 등장
　했다.

④ (14:28-32) <블레셋에 대한 경고>

블레셋은 북방에서 오는 군대로 말미암아 소
멸되리라.

⑤ (15:1-16:14) <모압에 대한 경고>

모압이 하룻밤에 망해(15:1) 3년 내에 능욕을
당하겠지만(16:14), 메시아 왕국은 견고하리
라(16:5). 당시 모압의 곡식과 포도주는 국제
적 명성을 얻었지만(20일ⓐ 참고) 앗수르의 침
공으로 꺾이게 되었다(16:8-9).

⑥ (17장) <다메섹과 사마리아에 대한 경고>

아람의 다메섹과 북이스라엘의 에브라임이
멸절될 것은(3절) 그들이 구원의 하나님을 잊
어버린 까닭이었다(10절). "이종"(移種, 모종을
옮겨 심음, 10절)은 이스라엘이 이방의 우상숭
배를 그대로 옮겨와 답습했다는 뜻이다.

ⓔ 하나님의 역사 경영(17:12-14)

1.민족간 갈등과 **전쟁**의 역사를 어떻게 볼 것
　인가(12절; 시2:1)?
2.표면적으로는 **세상 권력들** 간의 힘겨루기처
　럼 보인다.
3.그러나 영적으로는 하나님이 섭리하시는
　심판과 구원의 역사다(13절).
4.세상 나라는 사라지리니 **두려워하지 말라**
　(14절).
■ 역사의 경영자는 사람이 아니라 하나님이
　심을 믿는가(14:24)?

⑦ (18장) <구스에 대한 경고>

구스(에티오피아)는 나일강과 장대한 백성으로
강하더니(2절) 베임을 당하리라(5절). "강 건너
편 날개 치는 소리"(1절)는 '날개 달린 벌레처
럼 강을 오르내리며 달리는 에티오피아의 신
속한 배들'을 상징하는 표현으로 추정된다.

ⓕ 구스는 어떤 나라인가(18:1)?

1.**함**의 아들인 구스의 자손이다(창10:6).
2.오늘날의 **에티오피아**, 수단, 소말리아가 여기
　에 해당된다.
3.백나일과 청나일의 **분기점**에 위치해 있었
　다(2절).
4.애굽의 제25왕조(**누비안 왕조**, BC 7-8세기)를
　통치했다.
＊**디르하가왕**이 산헤립과 전쟁했고(왕하
　19:9), 히스기야에게 예물을 보냈다(7절;
　대하32:23). 앗수르 제국의 에살핫돈왕에
　게 패배했다.

⑧ (19장) <애굽에 대한 경고1>

애굽은 잔인한 군주들(4절, 히, 복수 형태)과 어리석은 지도자들 때문에 망하리라(13절).

⒢ 애굽 제국의 몰락(19장)

* 애굽은 **함**의 아들인 미스라임의 후손이다 (창10:6).
* **나일강** 하류의 농업과 문명에 기초한 제국이었다.
* 애굽 제국(BC 3200-332년)은 **3천 년간** 지속되었다.
1. 강력했던 제국이 25왕조 전후에 극심한 **혼란**을 겪게 되었다.
2. 델타 지역에 있는 소안과 놉(멤피스)의 지도자의 몰락(13절)은 애굽 제국을 이끌 **지도자의 부재**를 의미했다.
3. 이후 앗수르, 바벨론, 바사 제국이 **연속적으로 침략**했다.
■ BC 331년 알렉산더 대왕의 정복으로 애굽은 완전히 몰락했다.

⒣ 애굽의 신앙적 부흥(19:18-22)

애굽의 다섯 성읍(18-20절)은 포로귀환 후 건설된 유대인 거류지일 가능성이 있으며, **장망성**(將亡城)은 '장차 멸망이 예정된 성읍'(히, 하헤레스)이 아니라 '태양의 성읍'(히, 하헤레스, 즉 헬리오폴리스)을 가리킨다. 히브리어 발음이 같아서 생긴 번역의 오류일 수도 있지만, 태양신 숭배가 망하고 영적 부흥이 일어날 것을 표현한 언어유희일 수도 있다.
실제 역사상 애굽에 거주하던 유대인들이 BC 160년경 톨레미왕의 허락으로 예루살렘 성소와 똑같은 **성소**를 세웠고, 이후 애굽에 많은 **수도원과 교회들**이 세워졌으며, 애굽 북부 해안도시인 알렉산드리아에서 구약성경이 헬라어로 번역(**70인역**)되었다. 또한 마가의 선교로 시작된 **콥트교회**는 오늘날 이집트에 1천 만 명의 성도에 이르고 있다.

⒤ 앗수르가 부흥의 중심지(19:23-25)?

고대근동의 최강자요 적국이었던 애굽과 앗수르가 "그날에" 이스라엘과 더불어 하나님께 경배하고 세계 중에 복이 되리라는 놀라운 예언이다! 앗수르 민족은 현재 전 세계에 **3백만** 명이 남아있으며 놀랍게도 대부분이 **그리스도인**이다. 전승에 의하면 이들은 사도 도마에게 복음을 전해 들었다고 한다. 또한 이들은 최근에 이슬람 근본주의 국가 건설을 목표했던 수니파 이슬람 원리주의 무장단체 ISIS의 주요 박해 대상이었다. **니느웨의 회개 사건**을 기억하여 지금도 앗수르인들은 매년 3일간 금식기도를 하며 그날을 기념한다.

⑨ (20장) <애굽에 대한 경고2>

이사야가 3년간 벗은 몸으로 애굽과 구스가 당할 수치를 예표함은 당시 구스인이 바로가 되어 애굽을 통치하는 누비안 왕조(⒡4 참고)였기 때문이다. 앗수르의 사르곤왕이 BC 722년 북이스라엘을 멸망시키고 BC 711년 아스돗을 점령하여 남유다를 애굽에서 고립시켰고, BC 681년 에살핫돈왕이 디르하가왕에게 승리하며 멤피스를 점령했다.

⑩ (21:1-10) <바벨론에 대한 경고>

엘람과 메대(2절)의 마병대(7절)가 공격하여 바벨론이 함락되리라(9절). 바벨론을 "해변 광야"(1절)라 함은 바벨론이 자주 유브라데강의 범람으로 침수됐고, 장차 엘람과 메대(2절)로 불리는 바사 제국에게 멸망당하기 때문이었다. 그들은 마지막에 전쟁이 다가오는데도 연회를 벌이다가 패배했다(5-9절; 단5).

⑪ (21:11-12) <에돔에 대한 경고>

"두마"(11절)는 "에돔"으로서, 헬라인은 에돔을 "이두매"(막3:8)라고 불렀다. 특히 "두마"가 히브리어로 "침묵, 적막"(시94:17, 115:17)을 의미하기 때문에 그들의 암울한 미래를 상징한 것으로 보인다.

⑫ (21:13-17) <아라비아에 대한 경고>
아라비아가 전쟁에 패하리니 1년 내에 유목민 족인 게달(48일⑧2 참고)의 영광이 다 쇠멸하리라(16-17절).

⑬ (22장) <예루살렘에 대한 경고>
① 예루살렘이 왜 환상골짜기인가(22:1)?
1. **지리**적으로 골짜기로 둘러싸여 있는 성이기 때문이다.
2. 높은 산인데도 낮은 골짜기라고 폄훼함은 **우 상숭배**와 **거짓** 선지자들의 환상 때문이었다.
3. 백성이 **지붕**에서 우상들에게 분향했기 때문이다(1절).
   ＊관원들이 **앗수르**에 잡혀 가리라(3절; 왕하 18:14-16).
   ■ 예루살렘에서 거짓 환상이 깨어지고 하나님의 심판이 임할 것이라.

히스기야의 신하 셉나는 자기 영달을 추구하다가 수치를 당했고(15-19절), 신하 엘리아김은 제 역할을 감당했지만 잘 박힌 못 같았던 그도 삭아서 부러진다는 것은 그의 후손들이 족벌 정치를 함으로 부패했기 때문이다(20-25절).

⑭ (23장) <두로에 대한 경고>
두로와 시돈의 상인들이 애굽의 곡물을 들여와 열국의 시장을 벌여 다시스와 깃딤(구브로)과 무역을 했지만(1-3절) 교만하여 갈대아인 느부갓네살왕에게 망할 것이고 70년 만에 회복될 것이다(15절).

- 열방과 열국을 **경영하시는 하나님**이시다(13-23장).
- 생각하신 것과 경영하시는 것을 반드시 능히 **이루시는 하나님**이시다(14:24).
- 이스라엘뿐 아니라 이방인과 만민을 **사랑하시는 하나님**이시다(19:23-25).

Day 51

그날에 대한 예언
이사야 24-39장

 이사야는 그날에 있을 심판과 회복을 예언했고
히스기야왕의 역사를 기록했다.

① 그날의 심판(24-27장) 그날에 하나님이 세계를 심판하시고 유다를 구원해 돌이키시리라.

② 심판과 축복(28-35장) 에브라임도 예루살렘도 심판받을 것이요 정의로운 왕이 오시리라.

③ 히스기야왕(36-39장) 히스기야 때 앗수르를 물리쳐 주셨지만 바벨론에 멸망하게 되리라.

 ① 그날의 심판(24-27장)

① (24장) <그날의 심판>

하나님이 땅을 흔드시면(3절) 태초의 혼돈 상태가 되고(3절; 창1:2) 낙과처럼 되며(13절) 노아홍수처럼 하늘의 문들이 열리고 땅의 기초들이 진동하리라(18절; 창7:11). 그날에 (21절) 사탄의 높은 군대와 열왕이 심판을 받고 하나님의 나라가 시온에 세워지리니 해와 달(메소포타미아와 애굽, 시121:6)도 부끄러워하리라 (23절).

② (25장) <그날의 찬송>

그날에 하나님이 포학한 나라들에게서 지키시고(3-4절) 성산에서 만민에게 풍성한 잔치를 베푸시리라(6절). 기름진 것과 포도주(6절)의 진미로 만민에게 연회를 베푸시고 영적인 가리개와 덮개(7절; 고후3:15)를 제하셔서 친밀하게 대면하여 교제하시고(고전13:12) 사망

을 삼키시고(고전15:54) 눈물과 수치를 씻어주실 것이다(8절; 계7:17, 21:4).

> Ⓐ 심판은 하나님의 승리의 전주곡(25장)
>
> 1. 12나라에 임할 하나님의 심판(13-23장). 창조주 하나님께서 열왕에 대해 심판(24장).
> 2. 성산에서 만민에게 베푸실 잔치(25장). 유다 땅의 회복과 장차 드려질 예배(26-27장).
> ■ 열방에 대한 하나님의 심판은 만민과 이스라엘의 회복을 위한 전조다.

③ (26장) <그날의 노래>

그날에 유다에서는 여호와께서 구원의 성벽을 세우심을 노래하며 신뢰함으로 평강이 있으리라(1-3절). "심지가 견고한 자"는 "영원한 반석"이신 여호와를 믿는 자들이다(3-4절). 그날에 이스라엘을 압제하던 이방 군주들이 사라지고 주님만이 다스리실 것이며(13절) 죽은 자가 부활하리라(19절; 사25:8).

④ (27장) <그날의 예배>

그날에 여호와께서 아름다운 포도원을 두실 것이요(2절) 돌아온 백성들이 예배하리라(12-13절).

1. 날랜 뱀 리워야단은 티그리스강가의 **앗수르**를 뜻한다.
2. 꼬불한 뱀 리워야단은 유브라데강가의 **바벨론**을 뜻한다.
3. 바다에 있는 용은 홍해와 지중해를 낀 **애굽**을 뜻한다.
＊하수(유브라데)에서 애굽에 이르기까지 하나님께서 포로를 귀환시키시리라(12-13절).
＊"욥기에 공룡이 등장한다"(40일Ⓗ 참고).
■ 강력한 제국들로부터 포로된 하나님의 백성을 귀환시키리라.

② 심판과 축복(28-35장)

① (28장) <에브라임에 임할 심판>

에브라임의 교만한 면류관이 밟힐 것(1, 3절)은 하나님의 경계와 교훈을 받지 않음이요(10절), 예루살렘의 교만한 자들도 넘치는 재앙에 밟히게 되리라(14, 18절).

＊남유다가 의지한 거짓 피난처는 애굽을 의미한다(15절).
⇒시온의 귀하고 견고한 **기촛돌**이신 메시아.
＊산상수훈 가운데 모래 위에 세운 집 vs **반석** 위에 세운 집의 교훈과 같다(마7:25-27).
■ 구원의 머릿돌이 되시는 그리스도에 대한 예언이다(벧전2:6-7).

② (29장) <예루살렘에 임할 심판>

아리엘(히, "하나님의 사자[lion]")은 다윗이 진을 쳤던 성읍(1절) 예루살렘을 뜻하며, 그 위에 괴로움이 임할 것은 그들이 입술로만 하나님을 경외했기 때문이다(13절; 마15:8). 이는 유다인들이 하나님의 계시가 봉해져서 못 읽겠다고 핑계를 대고 문맹이라서 못 읽겠다고 핑계를 댔기 때문이다(11-12절).

1. 피조물인 인간이 창조주 하나님에게 총명이 없다고 비난하는 것은 **모순**이다!
2. **패역함**(거꾸로 뒤집어 생각한다, 새번역)이다.
 -인간이 창조주를 불신하는 무신론적 태도는 그 자체로 **주객전도**의 부조리다!
■ 신앙인도 삶 속에서 무신론적인 태도를 갖지 않도록 경계하라(15절).

③ (30-31장) <애굽을 의지함에 대한 심판>

하나님께 묻지 않고 애굽에 의지하러 가면 수치를 당할 것이니(30:2-3), 이스라엘 자손들아 하나님께 돌아오라(31:6).

1. 하나님이 아닌 **세상 권력**을 의지했기 때문이다.
2. 애굽은 이미 **역사적**으로 패권을 잃었기 때문이다.
3. **라합**(40일Ⓗ3 참고)이 가만히 앉았으니(7절) 아무런 힘도 쓸 수 없다는 뜻이다.
＊영적 판도도 국제 정세도 오판하고 있었다.
＊일부러 그들을 **고립**시키려는 것이 아니었다.
■ 역사의 돌파구는 오직 하나님께 있음을 신뢰하라.

1. **패역**하여 여호와의 법을 듣기 싫어하기 때문이었다(9절).
2. 바른 예언을 하지 말고 **거짓 예언**을 하라고 요구했다(10절).
3. 부담스러우니 거룩한 하나님을 **떠나시게 하라**고 요구했다(11절).

315

> *사회가 병들고 나라가 흔들리면 누가 진리를 외치는가? 오늘날에도 **진리의 등대인** 교회는 하나님의 말씀을 전하는 일에 타협하지 말아야 한다.
> ■ 세상이 병들어서 교회가 망하는 것이 아니라 교회가 병들어서 세상이 망해가는 것이다.

남유다가 패역하고 불순종하여 하나님께서 환난의 떡과 고생의 물을 주셨지만, 회복의 날에는 영적 스승들(선지자들)이 분명하게 길을 인도해 줄 것이라(30:20-21)고 약속하셨으며, 그날에 하나님의 치유하심과 회복하심의 광선이 임할 것이라고 약속하셨다(30:26; 말 4:2). 또한 시온에 거하는 하나님의 백성을 건드리는 민족마다 여호와의 불로 심판하실 것이다(31:9).

④ (32장) <장차 통치할 왕>

Ⓖ 장차 통치할 왕 메시아(32:1)?

1. 공의와 정의로 통치하실 **왕**이 오시리라.
   - **공의**(righteousness)와 **정의**(justice)는 하나님 나라 통치의 핵심 개념이다.
2. **피난처, 냇물, 바위 그늘** 같은 분이다(2절).
3. 영적 **각성**과 영적 **회복**을 주실 분이다(3-4절).
4. 위로부터 **성령**을 부어주실 분이다(15절).
5. 영원한 **화평과 안전**을 주실 분이다(17절).
■ 가까운 미래로는 개혁가 히스기야왕을, 먼 미래로는 의의 왕 메시아를 의미한다.

⑤ (33장) <앗수르에 임할 심판>

시온을 학대하는 자(앗수르 왕, 1절)에게서 우리의 왕이신 여호와가 구원하시리라(22절). 이 예언의 역사적 배경은 앗수르 왕 산헤립이 히스기야왕 14년에 유다를 공격하여 엄청난 조공을 바치게 했던 때이다(왕하18:13-14). 그러나 산헤립은 평화의 언약을 깨뜨리고 재차 예루살렘을 포위했는데(왕하18:17), 이때

히스기야가 하나님께 기도하자, 세금을 계량하여 착취하고 망대를 계수하여 무너뜨리려던(18절) 앗수르 군대를 하나님께서 물러가게 만드셨다. 압도적인 규모의 앗수르 군대의 침략 계획이 수포로 돌아가고 자멸한 것은(11절) 하나님이 히스기야왕과 남유다를 도우신 까닭이었다.

⑥ (34장) <열국에 임할 심판>

여호와께서 열방을 향해 진노하시고 보복하시리라(2, 8절).

Ⓗ 여호와의 책에서 빠진 것이 없다(34:16)?

> *성경말씀이 하나도 빠짐없이 서로 짝이 있어 연결된다는 뜻이 아니다.
⇒ 에돔 멸망에 예언된 짐승들(34:13-15)이 성경에 나온 그대로 다 등장하리라는 뜻이다. 하나님이 이스라엘 12지파에게 제비를 뽑아 기업의 땅을 분배해 주셨듯이 짐승들에게 에돔 땅을 나눠 주시리라는 말씀이다(17절).
■ 성경말씀은 구원의 말씀도, 심판의 말씀도 예언된 그대로 성취된다.

⑦ (35장) <장차 열릴 대로>

광야에 물이 솟고(6절) 거룩한 대로가 열려(8절) 구속함을 받은 자만 시온으로 돌아오리라(9-10절).

Ⓘ 3중적인 메시아 왕국의 비전(35장)

1. 하나님의 보복과 **포로귀환**의 날(4, 8절).
2. 병자들이 치유받는 **메시아 왕국**(5-6절).
3. 영원한 구원의 기쁨을 누릴 **천국**(10절).
■ 예수님은 우리의 영원한 구속자(고엘)가 되시리라(9절).

③ 히스기야왕 (36-39장)

이 부분은 왕하 18-20장 및 대하 32장의 내용과 동일하다.

① (36장) <앗수르의 대적>
히스기야왕 때 앗수르 왕 산헤립이 예루살렘을 포위하고 위협했다.

② (37장) <앗수르의 패퇴>
히스기야가 기도하자 앗수르군은 패퇴했고 산헤립은 살해됐다.

③ (38장) <히스기야의 치유>
하나님은 기도 응답으로 히스기야를 죽을 병에서 치유해 주셨다.

④ (39장) <히스기야의 범죄>
히스기야가 바벨론의 축하 사절에게 나라의 보물을 자랑하자 하나님은 장차 남유다가 바벨론에게 멸망할 것을 예고하셨다.

- 심지가 견고한 자를 평강하고 평강하도록 **지켜주시는 하나님**이시다(26:3-4).
- 우리에게 율법을 주시고 왕으로 통치하시며 **구원을 베푸시는 하나님**이시다(33:22).
- 마지막 날에 하나님의 백성을 위해 완전하고 영속적인 **대반전을 이루실 하나님**이시다 (35장).

Day 52

구원에 대한 예언
이사야 40-66장

 이스라엘의 복역의 때가 끝나고 메시아를 통해 구원이 임하며 새 세상이 이루어지리라.

① 이스라엘의 구원(40-48장) 내 백성의 복역의 때가 끝났으니 고레스를 일으켜 구원하리라.
② 이스라엘의 구원자(49-57장) 주의 종을 통해 백성이 돌아올 것이요 이방인도 나아오리라.
③ 이스라엘의 미래(58-66장) 금식하고 회개하며 구원자를 맞이하라. 새 세상이 열리리라.

 ① 이스라엘의 구원(40-48장)

① (40장) <내 백성을 위로하라>
히스기야에게 바벨론의 침략(39:5-8)을 말씀하신 직후에 내 백성을 위로하라, 노역의 때가 끝났다(1-2절)고 위로하셨다.

Ⓐ 메시아의 길을 예비하는 자(40:3-5)
＊광야에 **대로**를 예비하라는 명령(3절, 35:8)은 고대 동방 군주들이 행차하기 전에 **선발대**에게 시키던 일이었다(4절).
1. 바벨론 **포로귀환**의 길이 열린다는 의미다.
2. 메시아의 길을 예비한 **세례 요한**(마3:3)에 대한 예언이다.
■ 포로귀환과 메시아 출현의 이중적 예언이다.

이스라엘은 하나님이 자신을 외면하신다고 원망하지만(27절), 그들이 하나님을 앙망하면 독수리처럼 새 힘을 얻을 것이다(28-31절).

② (41장) <이스라엘아 두려워 말라>
동방에서 사람(고레스)을 깨우셔서(2절) 포로귀환 명령을 내리도록 하시리라(4절). 포로된 백성아, 두려워 말라(10절). 이스라엘이 새 타작기가 되어 산들(나라들)을 심판하리라(15절). 하나님께서 북방(동방, 2절)에서 일으킬 사람(25절)은 고레스다.

③ (42장) <나의 종을 보라>
Ⓑ 내가 붙드는 나의 종 메시아(42:1)
1. **내 종**이 이방에 정의를 베풀리라(1절).
2. **상한 갈대**를 꺾지 않는 분이시다(1-4절; 마 12:17-21).
＊이전의 예언(9절)은 **바벨론 유수**를 의미한다.
＊새 일(9절)은 **포로귀환**과 **메시아 출현**을 의미한다.
■ 포로귀환과 메시아 출현의 이중적 예언이다.

④ (43장) <이스라엘은 내 것이라>

하나님은 이스라엘이 물을 지날 때(홍해 도해), 불을 지날 때(바벨론 유수) 구원하시는 분이다(1-3절). 애굽과 구스, 스바를 바사 제국에 내어주고 남유다를 구원하심은 오직 사랑때문이라고 하셨다(3-4절). 또한 우리를 창조하시고 선택하신 이유는 하나님을 찬송하게하려 함임을 밝히셨다(21절).

ⓒ 이전 일과 새 일(43:18-19)

1. 이전 일 = **출애굽**과 홍해 도해(46:9).
2. 새 일 = 바벨론 **포로귀환**(48:6-7).
■ 출애굽도 놀라웠는데 장차 있을 포로귀환은 더 놀라운 일이 되리라!

⑤ (44장) <다른 신은 없느니라>

우상 제작은 허망한 일이니(9절) 땔감용 나무로 우상을 만들어 놓고 그것을 섬기는 자는 마음이 어두워지리라(15, 18절; 롬1:21-23). 네 구속자 여호와께 돌아오라(22절).

⑥ (45장) <고레스를 사용하리라>

고레스가 기름 부음 받았다는 것(1절)은 하나님의 선택을 의미한다. 하나님이 그를 통해 열국을 심판하고 통치하시리니 여호와께로 돌이켜 구원을 받으라.

ⓓ 진흙이 토기장이에게 뭘 만드느냐(45:9-10)?

1. 하나님이 하실 일, 즉 심판(바벨론 유수)과 구원(고레스 칙령)에 관해서 **문제**를 **제기**했다.
2. **부모에게** "뭘 낳았느냐"라고 말하는 것과 같다(10절).
3. "왜 그렇게 하느냐 이렇게 하라"고 이스라엘이 하나님께 **항의했다**(11절).
■ 나는 인생과 역사에 대한하나님의 주권을 인정하는가(29:16, 30:14)?

⑦ (46-48장) <바벨론에서 구속하리라>

바벨론의 우상 벨(=바알, "주인"), 즉 주신 마르둑과 느보(마르둑의 아들)는 구부러졌다(46:1). 동쪽에서 일으킬 고레스를 통해 포로귀환을 시행하리니(46:11), 구원을 시온에 베풀리라(46:13). 바벨론은 교만하여(단4:30) 열국의 여주인을 자청했으나 티끌에 앉으리라(47:1, 5, 7; 계17:1, 18:7), 너희는 바벨론에서 나오게 되리라(48:20).

② 이스라엘의 구원자(49-57장)

① (49장) <메시아의 사명>

ⓔ 메시아를 통한 구원 사역(49장)

1. 입이 날카로운 **칼** 같은 분(2절; 히4:12; 계1:16), 하나님의 **영광**을 나타낼 이스라엘(3절; 눅2:32)은 사람에게 멸시당한 **고난의 종**(7절, 53:3)을 의미한다.
2. 신부처럼 사방에서 돌아올 **자녀들**(18절), 열방에서 돌아올 하나님의 **자녀들**(22-23절).
■ 회복될 이스라엘과 장차 오실 메시아에 대한 이중적 예언이다.

② (50장) <메시아의 순종>

ⓕ 인자로 오사 고난받으실 메시아(50:4-9)

1. 학자의 **혀와 귀**로 도와주시는 분(4절).
2. **모욕과 침 뱉음**을 당하실 인자(6절; 눅18:32).
3. **의로우신** 하나님의 아들(8절; 눅23:47).
■ 고난받는 인자이시며 의로우신 성자로 오실 메시아 예수 그리스도이시다.

③ (51장-52:12) <메시아의 권고>

아브라함을 불러내어 복을 주었던 것처럼 시온을 회복하리라(51:2-3).

⑥ 좋은 소식이란 무엇인가(51-52장)?

1. 만민에게 나갈 **율법과 공의**(51:4, 2:3, 32:1).
2. **값없이** 애굽에 노예가 되었다가 풀려났듯이 값없이 바벨론에 포로가 되었다가 풀려나리라(52:3-4).
3. **좋은 소식**(good news, 52:7, 40:9; 롬10:15).
   ■ 포로귀환의 소식이자 동시에 그리스도의 복음이다.

④ (52:13-53장) <메시아의 고난>
⑭ 고난받는 종 메시아(53장)

1. 상했다가 존귀케 될 **내 종**(3절, 52:13-15).
2. 연한 **순**, 땅에서 나온 **뿌리**(2절, 11:1).
3. 징벌을 받으시는 것이 아니라 대속의 **십자가**를 지시리라(4-6절).
4. 죽임당하기 전 **어린양**이 침묵하시리라(7절; 마27:12).
5. **악인 곁**에서 십자가형을 당하시고, **부자의 묘실**에 장사되시리라(9절).
6. 자기 영혼을 버려 많은 이를 **의롭게** 하시리라(11-12절).
   ■ 예수님 오시기 700년 전에 이사야는 십자가의 수난과 대속을 놀랍도록 예언했다.

⑤ (54장) <메시아의 약속>
하나님이 잠시 진노하셨으나 화평의 언약을 맺으시리라(7-10절).

⑥ (55장-56:8) <메시아의 초대>
① 구원으로 초대하는 메시아(55장)

1. 목마른 자도 돈 없는 자도 **오라**(1절; 마5:6; 계22:17).
2. **생명수**와 **생명 양식**을 값없이 주시리라(계21:6).
3. 여호와를 **찾고 부르라**(6절; 행2:21; 롬10:13).
4. 여호와의 총회에 들어올 자격이 없었던 **고자**도(신23:1) **이방인도** 받아주신다(56:3-8).

5. **내 집은 만민이 기도하는 집이다**(56:7; 마21:13).
   ■ 예수 그리스도는 온 인류의 구원자시다(행15:17; 엡2:19; 계7:9).

⑦ (56:9-57장) <메시아의 책망>
이런 은혜에도 우상숭배하는 악인들에게는 평강이 없다(57:21).

③ 이스라엘의 미래(58-66장)

① (58장) <하나님이 기뻐하시는 금식>
하나님이 기뻐하시는 금식으로(6-7절) 예루살렘 재건의 날을 준비하라(11-12절).

② (59장) <친히 구원자되신 하나님>
⑩ 친히 임하실 구속자 메시아(59장)

＊인간의 심각한 **죄악상**을 고발했다(3-8절; 롬3:13-17)
1. 친히 **중재자**요 구원자로 주님이 오시리라(16절).
2. 하나님의 **전신갑주**(17절; 엡6:13-17)를 입으시리라.
3. 시온에 임하실 **구속자** 그리스도이시다(20절).
   ■ 예수 그리스도는 하나님의 심장으로 우리에게 오실 구속자이시다.

③ (사60장) <이스라엘의 영광>
일어나라! 하나님의 영광의 반사체로 살라(1-2절)! 열방과 열왕이 여호와 앞에 나아와 경배하리라(3절).

④ (61장) <메시아의 사역>
⑪ 메시아의 사역(61장)

1. **성령**으로 기름 부음을 받을 분이시라(1절; 마3:16).
2. **복음**을 선포하고 성취하실 분이시라(1절; 눅4:17-21).

320

3. 구원받은 백성을 여호와의 **제사장**으로 세 워주시리라(6절; 벧전2:9).
4. 구원의 옷, **의의 옷**으로 입혀주실 분이시리 라(10절; 롬13:14; 계21:2).
■ 그리스도는 우리를 구원해 거룩한 신부로 삼으시는 주님이시라.

⑤ (62장) <예루살렘의 회복>
예루살렘은 하나님의 왕관, 쁄라("결혼한 여 자")와 헵시바("나의 기쁨이 그녀에게 있다")로 불리리라(3-4절). 이 말씀은 버림받았던 아내 를 재혼이 아닌 신혼처럼 맞이해 사랑하시리 라는 뜻이다(5절; 호3:1-2; 계21:2).

⑥ (63-64장) <남은 자의 기도>
하나님이 만민을 심판하시리라(63:6). 주여 강 림하사(64:1) 황폐한 이곳을 건지소서(64:10- 12절).

⑦ (65:1-16) <하나님의 응답>
주께서 우상숭배자들은 벌하시고 주의 종들 은 살리시리라(2-9절).

⑧ (65:17-66장) <새 하늘과 새 땅>
ⓛ 메시아 왕국의 비전(66:18-23)
1. **신천신지**, 영원한 나라에 대한 비전을 보았 다(65:17, 66:22; 계21:1).
2. **새 예루살렘**은 열방의 예배자들을 모으리 니 세상에 복의 통로가 되리라(18-23절; 계 7:9).
＊이것이 본래 이스라엘을 부르신 하나님의 **섭리**요 하나님의 큰 그림(2일ⓒ, 16일ⓖ 참 고)이었다.
■ 재건 공동체와 메시아 왕국에 대한 이중 적 예언이다.

- 여호와를 앙망하는 자에게 독수리 같은 **새 힘을 주시는 하나님**이시다(40:31).
- 하나님의 영광을 다른 존재와 나누실 수 없는 **절대자 하나님**이시다(42:8, 48:11).
- 이스라엘뿐 아니라 만민을 **구원하기 원하시 는 하나님**이시다(45:22, 60:3, 66:18).

Day 53

유다에 대한 예언1
예레미야 1-13장

 예레미야는 선지자로 부름을 받아
유다 백성을 향한 하나님의 징계의 말씀을 선포했다.

① 예레미야의 소명(1장) 하나님은 예레미야에게 대언하라 하셨고, 2가지 환상을 보여주셨다.
② 유다에 대한 징계1(2-13장) 내 백성이 나를 버려 망하리니 우상숭배와 타락 때문이라.

---

 ① 예레미야의 소명(1장)

① (1:1-10) <소명>

하나님이 그를 예지하고 예정하고 부르셨다(5절). 예레미야는 자신이 아이(히, 나아르, 청소년, 삼상3:1; 왕상3:7)라며 말을 못한다고 했다(출4:10; 사6:5). 그러나 하나님은 하나님의 말을 그의 입에 두시겠다고 하셨다(9절).

Ⓐ 예레미야 선지자는 누구인가(1:1-3)?

1. 예루살렘에서 북동쪽으로 3km에 있는 **아나돗** 출신이었다(수21:18).
 -아론 가문이 기업으로 받은 도시 출신의 **제사장**이었다.
2. 요시야(BC 627)~시드기야(BC 586) 시대에 **예언했다.**
3. **예루살렘 함락** 이후에도 몇 년간 활동했다.
■ 예레미야는 예루살렘의 몰락을 절절하게 예언하고 증언한 선지자였다.

② (1:11-19) <표적>

그에게 두 가지 환상이 보였다.

Ⓑ 예레미야가 본 2가지 환상은(1:11-16)?

1. **살구나무** 가지(봄에 가장 먼저 꽃이 핀다).
 -하나님이 말씀을 속히 지켜 성취하신다는 의미였다.
2. **끓는 가마**가 북에서부터 기울어져 있다.
 -북방에서 오는 바벨론 군대의 재앙을 의미했다.
* 모세를 보내기 전에 **훈련**하셨듯이(출4:2-7) 본 그대로 대언하는 연습을 시키시는 장면이다.
■ 예언은 하나님께 듣고 본 그대로 증언함이다.

② 유다에 대한 징계1**(2-13장)**

㉮ [대언1] (2:1-3:5) : 유다가 행한 죄악
하나님이 유다의 죄악을 정죄하셨다.

ⓒ 유다가 행한 2가지 악은(2:13)?
1.**생수의 근원**인 하나님을 버린 것이었다.
 - 물이 목숨처럼 중요한 땅에서 이는 자살 행위와 같다.
2.**터진 웅덩이**(cistern, 회반죽을 발라서 만든 저수지)를 파서 헛수고한 것이었다.
 - 애굽과 앗수르를 의지함(2:18)이 이와 같다.
■ 유다가 멸망할 수밖에 없는 이유를 말씀하셨다.

하나님을 버림이 악이고 고통이며(2:19), 우상숭배는 영적 반역이자 음행이다(3:1-2). 하나님은 포도나무 비유(49일ⓛ 참고)를 통해 이스라엘이 이방인처럼 되었다고 한탄하셨다(2:21).

㉯ [대언2] (3:6-6장) : 유다가 받을 심판
① (3:6-4:4) <유다여 돌아오라>
이스라엘의 행음을 보고 자매 유다도 행음했으니(3:8), 남편이자 아비이신 여호와께 돌아오라(3:14; 호2:16). 심판의 예언을 주심은 돌아오라는 뜻이다.

② (4:5-31) <유다가 망하리라>
ⓓ 돌이킬 수 없는 심판(4:28)
1.전쟁을 알리는 **나팔**을 불라(5절; 민10:9).
2.**바벨론** 군대는 광야의 열풍과 같으리라(11-13절).
3.모든 성읍이 **황폐**해지리라(29절).
4.남유다의 **심판**은 돌이킬 수 없다(8, 28절).
■ 예레미야는 유다에 확정된 심판을 예언했다.

③ (5장) <유다가 자초했다>
ⓔ 어찌 벌하지 않겠는가(5:9, 29)!
1.예루살렘에 **의인 1명**이 있다면 용서하리라(1절).
 =소돔에 의인 10명이 있다면 용서하리라(창18:32).
 ＊가지만 치라고 말씀하시며 **긍휼**(10절; 2:21; 요15:2)의 마음을 보이셨다.
2.선지자는 **거짓**을 **예언**하고, 제사장은 **권력**을 **남용**했다(31절).
3.어찌 이들을 **벌**하고 보복하지 않겠느냐(9:9).
■ 예레미야는 유다에 확정된 심판을 예언했다.

④ (6장) <유다를 멸하리라>
ⓕ 진노를 피할 수 없는 상태(6:11-15)
1.예루살렘은 **목책**(공성퇴)을 세워 벌할 성이라(6절).
2.여호와의 **분노**가 가득해 참기 어렵다(11절).
3.남녀노소와 성직자가 다 **탐욕과 거짓**에 빠져 있다(13절).
4.**수치심과 죄의식**도 없는 상태다(15절; 딤전4:2).
■ 예레미야는 유다에 확정된 심판을 예언했다.

㉰ [대언3] (7-10장) : 유다의 거짓 예배
① (7장) <유다가 거짓되다>
ⓖ 기도를 들어주실 수 없는 상태(7:16-34)
1.**도둑질, 살인, 간음, 우상숭배**(9절)를 행하면서도 "이것이 여호와의 성전이라" "우리가 구원을 얻었다"고 하니 전부 거짓말이다. 내 집이 도둑의 소굴로 보이느냐! 하나님이 진노하셨다(4-11절).
2.선지자가 기도해도, 중보해도 **소용없다**(16절).
3.온 가족이 다 각자 **우상숭배**를 한다(18절).
4.도벳 사당에서 몰렉에게 **인신제사**를 했다(31절).

5. 유다와 예루살렘에서 기쁨의 소리를 **끊으리라**(34절, 16:9, 25:10, 33:10).
■ 예레미야는 유다에 확정된 심판을 예언했다.

"하늘의 여왕"(18절)은 앗수르와 바벨론이 섬기는 달의 여신 이쉬타르이며, 도벳(아람어, "태우다")의 사당은 예루살렘 남쪽 힌놈의 골짜기에 있었다.

② (8:1-17) <유다가 돌아오지 않는다>
이 백성이 돌아오기를 거절하니(5절) 평강이 없도다(11절). 다 멸망하리라(13-14절). 사람이 쓰러지면 일어나게 되어 있고 외출하면 귀가하는 법인데(4절), 인간의 영혼이 짐승의 본능보다 못해(7절) 치명적인 오작동과 역기능을 일으켰다(창6:5).

③ (8:18-9:6) <유다를 위해 울다>
㉠ 눈물의 선지자 예레미야(9:1)
1. 시대적 절망으로 **마음의 병**을 얻었다(8:18).
2. 주야로 **눈물**이 멈추지 않았다(9:1, 13:17, 25:33).
3. 유다의 거짓과 죄악과 무지로 인해 **한탄했다**(9:3).
■ 이것은 선지자의 눈물이자 하나님의 눈물이다.

④ (9:7-26) <유다가 통곡하리라>
ⓘ 어떤 눈물을 흘리겠는가(9:1)?
1. 죄악과 심판을 깨달을 **지혜**가 없다(12절).
2. **쑥과 독물**을 주시리라(15절, 23:15; 신29:18).
3. 곡하는 부녀가 **지혜로운 부녀**라(17절).
4. 다 망하게 되면 그때는 지혜도 용맹도 물질도 **소용없다**(23절).
5. 오히려 **하나님을 아는 것**을 자랑하라(24절; 고전1:31).
■ 지금 회개해서 울겠는가, 나중에 멸망해서 울겠는가?

⑤ (10장) <유다가 무너지리라>
헛된 이방의 우상들을 섬긴 너희여, 너희 장막이 무너지리라.

㉑ [대언4] (11-12장) : 유다의 언약 위반
① (11:1-17) <유다가 위반했다>
ⓙ 재앙을 피할 수 없는 이유는(11:11)?
1. 출애굽 때 맺은 **언약**을 깨뜨렸다(4, 10절).
 - 시내산 언약은 결혼서약이자 충성서약이었다. '너희는 내 백성이 되겠고, 나는 너희의 하나님이 되리라'(5일㉤ 참고).
2. 유다와 예루살렘이 성읍 수와 거리 수대로 **우상**을 쌓았도다(13절).
 *재앙을 피할 수 없을 것이다(11, 17절).
■ 하나님과의 사랑의 언약을 깨뜨렸기 때문이다.

② (11:18-23) <예레미야가 위협받다>
선지자를 죽이려는 아나돗 사람들을 벌하시리라(22절).

ⓚ 아나돗 사람들이 왜 죽이려 했는가(11:21)?
최악의 우상숭배를 하던 므낫세왕 시대 이후로 요시야의 종교개혁이 일어났고, 예레미야는 이에 동참하며 시대를 향해 선지자적으로 외쳤다. 그러면 제사장의 도시 아나돗 사람들이 그를 돕는 것이 맞지 않을까? 그러나 그들이 오히려 그를 협박하고 죽이려 했다. 그 이유는 그가 성전과 제사와 제사장들이 문제라고 그들을 집중적으로 비난했기 때문이다.
■ 선지자가 고향에서는 배척을 당하게 된다(눅4:24).

③ (12장) <예레미야가 응답받다>
예레미야가 질문하자(1-4절) 하나님이 답변하셨다(5-6절). 보행자와 달려도 피곤하면 어떻게 하겠느냐(5절)고 말씀하신 것은, 앞으로 남유다의 멸망이라는 더 큰 시련이 오는데 벌써 흔들리면 안 된다는 말씀이었다. 사람들은 기다리시는 하나님을 방관하는 하나님이라고 비난하고, 심판하시는 하나님을 두려운 하나님이라고 원망한다. 하지만 인간이 스스로 악인을 심판한다면, 더 큰 악을 조장하게 된다. 마치 르호보암을 심판하겠다고 일어난 여로보암과 아합 가문을 심판했던 예후처럼 말이다. 역사를 경영하시는 하나님을 신뢰하라. 지금 이 정도 상황에서 벌써 지치면 안 된다.

㉑ [대언5] (13장) : 유다의 교만의 결과

선지자가 새 띠를 유브라데 강가 바위틈에 두었다가 가져왔다. 썩은 띠는 남유다가 영적 교만으로 바벨론의 유배지에 끌려가 썩게 되리라는 상징이었다(1-10절). 하나님은 유다 주민들을 진노의 포도주로 취하게 하여(13절) 왕, 제사장, 선지자, 주민과 가족 간에도 충돌하도록 만들겠다고 하셨다(12-14절).

오늘날 성욕과 탐욕, 게임과 온갖 자극적인 엔터테인먼트에 중독되어 부모와 자식이 서로를 죽이는 시대가 되어 버렸으니 그 당시와 다를 바가 없다! 구스인, 즉 흑인이 검은 피부를 바꿀 수 없고 표범이 반점을 바꿀 수 없듯이 악한 너희는 선을 행할 수 없다(23절)고 고발하셨다. 하나님은 언제 진노를 심판으로 이행하시는가? 전혀 돌아올 가능성이 없을 때, 회복불능일 때다(창6:5). 하나님은 끝까지 참고 기다려 주시는 분이시다. 하나님은 언제야 예루살렘이 정결하게 되겠느냐고 물으셨다(27절).

- 단 한 사람이라도 하나님을 구하는 의인이 있으면 **용서하시는 하나님**이시다(5:1).
- 오직 여호와만이 참이시요 살아계시며 영원하시며 **유일하신 하나님**이시다(10:10).
- 우리가 자신을 자랑하지 않고 하나님을 자랑할 때 **기뻐하시는 하나님**이시다(9:23-24).

Day 54

유다에 대한 예언2
예레미야 14-29장

예레미야는 심판에 대해서 예언했지만
제사장들과 거짓 예언자들은 그를 죽이려고 했다.

1 유다에 대한 징계2(14-25장) 하나님은 가뭄을 예고하셨고 바벨론의 침공을 확정하셨다.
2 예레미야의 갈등(26-29장) 제사장들이 그를 죽이려 했고 거짓 선지자들은 갈등을 일으켰다.

1 유다에 대한 징계2(14-25장)

㉮[대언6](14-15장) : 유다가 받을 심판
① (14장) <유다에 가뭄이 오리라>
하나님이 가뭄을 예고하시자(1-6절) 선지자가 중보기도했지만(7-9절) 소용이 없었다(11-12절). 예레미야가 눈물을 흘릴 수밖에 없는 것은(17절) 저주의 예언 그대로(신28:16) 이루어질 것이었기 때문이다(18절).

② (15장) <유다를 벌하리라>
Ⓐ 더 이상 용서하실 수 없는 상태(15장)
1. 모세와 사무엘이 중보해도 징계하리라(1절).
2. 4가지 벌(칼, 죽음, 기근, 포로)을 내리리라.
3. 악한 왕 므낫세 때문에 디아스포라가 되리라.
  * 하나님은 그동안 오래 참고 관용하셨으나(롬9:22) 더는 용서하실 수 없었다(6절; 삼상15:29).
  ■ 예레미야는 유다에 확정된 심판을 예언했다.

선지자는 심판을 예언하는 고통을 호소하며(10, 17절) 하나님이 "속이는 시내" 즉 건기에 마르는 건천 같다고 원망했지만(18절), 하나님은 그에게 힘들어도 돌아오라고 권면하셨다(19절).

㉯ [대언7] (16-17장) : 선지자의 독신 예언
① (16장) <유다와 울지도 웃지도 말라>
초상집도 잔칫집도 가지 말라(5, 8절).

Ⓑ 슬픈 인생으로 예언한 예레미야(16:2)
⇒ 예레미야는 미혼이었고 무자녀였다(2절).
 - 가정이 있던 이사야 때보다 더 심각한 시대에 활동했다.
* 에스겔은 아내의 죽음을 겪었다(겔24:18).
* 호세아는 불행한 결혼을 겪었다(호1:2).
■ 선지자들은 인생을 다 걸고 자기 삶의 메시지로 행위 예언을 했다.

② (17장) <유다가 남긴 죄>

금강석 끝 철필로 바위처럼 굳어진 유다의 마음에 새길 죄가 있는데(1절), 우상숭배(2절)와 안식일을 범함(19-27절)이었다. 하나님은 행위보다 부패한 마음 때문에 심판을 결정하셨다(5, 9절; 창6:5; 삼상16:7). 여호와를 떠난 자는 생명책에 기록되지 못하고 흙바닥에 기록되어 지워져 버릴 것이다(13절).

㉯ [대언8] (18-20장) : 토기장이 집의 징표
① (18:1-17) <토기장이 집으로 가라>

처녀 이스라엘이 심히 가증한 일을 행했다(13절).

ⓒ 토기장이가 좋은 대로 만든다(18:2-4)

이 이야기는 열방과 열국과 만민에 대한 하나님의 **절대주권**(엡1:5)을 뜻한다. 모든 것을 하나님 맘대로 하신다면 인생과 역사는 예측 불가능해지는 것일까? 결코 아니다. 오히려 하나님은 예측 가능하신 분이요, 인격적인 **질서의 하나님**이시다(5일①⇒, 15일Ⓑ*참고). 우리가 악한 길에서 돌이키면 그분도 돌이키시지만(8절), 끝내 하나님을 무시하고(사29:16) 우리 맘대로 하면 심판하시는 분이시다(10절; 사30:14).

② (18:18-23) <선지자를 치려 하다>

자신을 죽이려는 계략이 있음을 알고(18절) 예레미야가 하나님께 간구의 기도를 했다(19-23절). 유다인들은 예레미야를 치려고 구덩이를 팠다(38:6).

③ (19장) <옹기를 깨뜨리며 예언하다>

예레미야는 힌놈의 아들 골짜기에서(2절) 옹기를 깨뜨리며(10절) 심판을 예언했다(11-15절).

④ (20장) <선지자가 핍박받다>

제사장 바스훌이 예레미야를 때리고 묶자(1-2절), 그가 하나님 앞에 억울함을 호소했다(7-13절).

Ⓓ 순종함으로 인해 조롱받는 예레미야(20:7)

1. 성전 감독 바스훌이 **구타**하고 예레미야의 **목을** 나무고랑에 **맸다**(2절).
   - 제사장들이 예수님과 논쟁함(눅20:1)과 같다.
   *바스훌은 **마골밋사빕**("사방의 두려움")이라.
   - 바벨론에 포로로 잡혀가 처형되리라(3, 6절).
2. 주의 이김과 자신의 순종으로 **조롱**(7-8절) 당함을 토로했다.
   - 매번 파멸과 멸망만 예언하니까 배척당할 수밖에 없었다. 예언을 그만두겠다고 하면 속에서 **불**이 붙는다고 고백했다(9절).
   *자기 생일까지 저주할 정도로 **고통**스러워했다(14절).
   - 엘리야의 낙심(왕상19:4), 욥의 고난(욥3:1)과 유사하다.
   ■ 예레미야는 슬프고 외롭고 고통스런 삶을 산 예언자였다(16:2).

㉣ [대언9] (21장-23:8) : 유다 왕들을 향한 메시지
① (21장-22:9) <남20. 시드기야왕에게>

시드기야가 BC 588년 바벨론 느부갓네살왕의 침략에 놀라 자신이 투옥했던(32:2) 예레미야에게 하나님의 뜻을 물었다(21:1-2). 그러자 그는 바벨론에 항복하라(21:9)고 왕에게 권하며 하나님의 얼굴이 이 성읍을 향함은 복을 위함이 아니라 화를 위함이라고 말했다(21:10).

② (22:10-12) <남17. 살룸왕에게>

살룸(여호아하스)은 요시야의 넷째 아들이다(대상3:15; 대하36:1). 선왕 요시야가 애굽의 바로 느고와 싸우다가 전사했고, 예언대로(11-12절) 살룸도 즉위 3개월만에 바로 느고에게 잡혀가 돌아오지 못하고 애굽에서 사망했다(왕하23:34).

③ (22:13-23) <남18. 여호야김왕에게>

여호야김은 예루살렘 밖으로 끌려가 매장당할 것이라고 예언받았다(19절). 여호야김은 애굽 왕 바로 느고에 의해 세움을 받았지만 바벨론의 예루살렘 포위 이후 3년간 바벨론에 조공을 바쳤다(왕하23:34-35, 24:1). 그러나 친애굽적 성향 때문에 바벨론을 배반했다가 느부갓네살의 예루살렘 1차 침공을 받고 바벨론으로 끌려갔다(대하36:6).

④ (22:24-30) <남19. 여호야긴왕에게>
여호야긴(고니야)은 바벨론에 잡혀가서 죽으리라고 예언받았다(25-26절). 그리고 예언대로 예루살렘 3차 침공 때 바벨론에 포로로 잡혀갔다(대하36:10; 왕하24:10-16, 30일ⓒ 참고).

Ⓔ 실패한 왕들(21-22장) vs 메시아(23:5-6)

1. 남20 **시드기야**-바벨론에 포로로 잡혀가 사망했다(21:1-22:9).
2. 남17 **살룸**-애굽에 포로로 잡혀가 사망했다(22:10-12).
3. 남18 **여호야김**-바벨론에 포로로 잡혀가 사망했다(22:13-19).
4. 남19 **여호야긴**-바벨론에 포로로 잡혀갔지만 회복되었다(왕하25:27). 왕위를 잇지는 못했다(22:24-30).
5. **다윗의 후손**인 의로운 왕이 등장할 것이라고 예언했다(23:5-6).
■ 완전한 암흑 속에서도 소망의 빛이신 메시아가 오실 것을 예언했다!

⑤ (23:1-8) <의로운 왕의 이름>
장차 다윗의 자손 메시아(5절)의 이름을 "여호와 우리의 공의"(히, 여호와 치드케누, 6절)라 부르리라.

⑩ [대언10] (23:9-40) : 유다의 거짓 선지자들
예레미야가 마음이 상하고 뼈가 떨리고 말씀에 취함(9절)은 심판의 예언으로 충만했기 때문이다. 거짓 선지자들이 평안을 예언하니(16-17절), 하나님의 말씀은 불과 방망이 같아서(29절) 성언을 도용(盜用)한 자들(30절)과

예언 및 환상 놀이에 빠진 자들(33-36절)을 벌하시리라.

⑪ [대언11] (24장) : 무화과의 환상
무화과의 환상처럼(2절) 포로는 잘 지내리라(5절). 약속의 땅이 파멸되자 하나님이 바벨론 포로들을 희망의 씨앗으로 준비하심은 야곱의 후손을 애굽에서 준비하심과 같다(6-7절).

⑫ [대언12] (25장) : 70년 포로생활 예언
여호야김 4년, 느부갓네살 원년에 예레미야는 열국이 70년간 바벨론을 섬기리라고 예언했다(11절). 세삭(26절)은 "바벨론"에 대한 암호명으로, 히브리 알파벳을 거꾸로 조합한 단어다. 이는 바벨론 통치기였기 때문이다. 신약성경에서 박해시대에 로마를 바벨론으로 부른 것과 같다(벧전5:13; 계14:8).

② 예레미야의 갈등(26-29장)

① (26장) <백성과의 갈등>
예레미야가 성전 파괴를 예언하자(6절) 제사장들과 선지자들이 죽이려 했지만(8절), 장로들과 사반의 아들 아히감(40:5, 훗날 총독이 된 그달리야의 부친)이 그를 건져냈다. 미가(18절)는 이사야와 더불어 히스기야왕의 종교개혁에 영향을 준 선지자였다(미1:1, 3:12).

② (27장) <거짓 선지자들과의 갈등>
예레미야는 줄과 멍에를 목에 걸고(2절) 바벨론 왕을 섬기라고 시드기야(3절)에게 말하며(11절) 거짓 선지자들의 말을 듣지 말라고 했다(14, 16절).

③ (28장) <하나냐와의 갈등>
남유다 마지막 왕인 시드기야 4년 5월에 하나냐가 예레미야의 멍에를 꺾고(10절) 거짓 예언을 하다가(11절) 벌을 받아 그 해 7월에 죽었다(16-17절).

④ (29장) <스마야와의 갈등>

Ⓕ 포로 중에도 소망을 주신 하나님(29:1-14)

＊2차에 포로된 왕과 포로들에게 예레미야
　가 편지를 보냈다(1-2절).
- 바벨론 포로된 곳에서 집을 짓고 텃밭을 만
　들고 평안히 살라(5-7절).
1.하나님의 큰 그림을 신뢰하라(8-10절).
- 약속대로 바벨론에서 70년 뒤에 돌아오리라.
2.너희를 향한 내 생각은 평안이다. 너희가
　내게 기도하면 응답하겠고 나를 구하면 만
　나리라(11-14절).
-사실 우리 힘으로 하나님을 찾을 수는 없
　지만 우리가 전심으로 하나님을 구할 때
　만나주신다. 이는 하나님이 그토록 오랫동
　안 우리를 기다리고 계셨기 때문이다.
■ 나보다 더 나의 회복을 원하시는 하나님
　이시다.

바벨론 포로 공동체에서 일어난 거짓 선지자
아합과 시드기야(21절)는 반란 선동죄로 느
부갓네살에게 처형당했다. 스마야가 예루살
렘의 성전 감독자이자 제사장인 스바냐에게
예레미야에 대해 항의 서신을 보냈고(24-28
절), 예레미야는 그를 향해 저주를 예언했다
(32절).

• 하나님은 구원뿐 아니라 심판을 통해서도
　하나님의 하나님이심을 알리신다(16:21).
• 하나님은 확정된 심판의 선포 중에도 그
　리스도를 통한 구원을 알려주시는 분이시다
　(23:5-6).
• 하나님은 우리를 향해 재앙이 아니라 평안
　과 희망의 큰 그림을 그리시는 하나님이시다
　(29:11).

9주 / 하나님은 누구신가?

구원자 하나님

"대저 나는 여호와 네 하나님이요 이스라엘의 거룩한 이요 네 구원자임이라"(사43:3)

성경은 하나님이 자기를 계시하신 책이다. 하나님이 스스로를 "여호와 네 하나님"이라고 소개하셨다. 그러나 성경에 자주 등장하는 이 관용적인 표현은 논리적으로는 모순이다. "여호와"는 자존자(自存者)라는 뜻이다. "나는 스스로 있는 자이니라"(출3:14). 자존자는 어떤 다른 존재(being)에 의해서도 정의되지 않는 근원적인 존재(Being)라는 뜻이다. 자존자이신 삼위일체 하나님은 그 안에서 완벽한 조화와 일치와 자유와 기쁨의 충만을 누리신다.

그런데 왜 굳이 "내 하나님" "우리 하나님"이 되셨는가? 왜 나와의 관계 속에 스스로를 얽어매셨는가? 그래서 왜 굳이 그분의 영광과 거룩에 흙먼지를 뒤집어쓰는 일을 하셔야 했는가? 왜 굳이 그분의 새하얀 세마포 옷자락에 피를 묻히시는 일을 하셔야 했는가?

"야곱아 너를 창조하신 여호와께서 지금 말씀하시느니라"(사43:1상). 하나님이 갑자기 이스라엘의 아명(兒名)을 부르신다. 왜인가? 이사야 42:18-25에서 이스라엘이 징계받아 마땅한 이유를 열거하시며 혼내시던 분께서 왜 갑자기 부드럽게 아명을 부르시는가? "너는 두려워하지 말라… 너는 내 것이라"(사43:1하). 하나님의 자녀라는 확인을 해주시기 위해서다.

예언서는 여러 모로 독자의 정신을 혼미케한다. 일단 예언이 선포된 당시의 역사적 배경을 모르기 때문이고, 예언이 언제 어떻게 성취되었는지도 잘 모르기 때문이다. 게다가 예언서는 심판과 구원의 목소리가 계속 교차하기

때문이다. 엄청 혼내시다가 갑자기 상냥해지시고, 치셨다가 싸매어 주시기를 반복하기 때문이다.

그러면 하나님이 너무 극단적인 분이셔서 그러신가? 아니면 일종의 양극성 장애이신가? 물론 하나님의 공의는 인간이 상상할 수 있는 것보다 훨씬 예리하고, 하나님의 사랑은 인간이 품을 수 있는 것과 비교할 수 없이 광대하다. 그러다 보니 인간이 그분의 공의를 대할 때는 너무 무서운 하나님이라고 오해하고 그분의 사랑을 대할 때는 너무 무르신 하나님이라고 오해한다. 그러나 그분의 압도적인 공의와 사랑이 있기 때문에 인류 역사와 우주는 아직까지 지탱하고 있는 것이다.

이사야서는 신기하게도 구약과 신약의 조합처럼 39장(사1-39장)은 심판, 27장(사40-66장)은 구원에 초점을 맞추고 있다. 그리고 모든 예언서들이 심판과 구원의 양면을 선포하고 있다. 왜일까? 하나님이 내 아버지이시기 때문이다. "어찌 아버지가 징계하지 않는 아들이 있으리요"(히12:7). 아버지가 잘못한 자녀를 혼내고는 아이를 안아주면서 말하는 것과 같다. "걱정하지 마. 넌 내 아들이잖니. 내 딸이잖니. 이제 잘하면 돼. 아빠가 도와줄게. 아빠가 건져줄게."

인간 입장에서는 때로 궁금하다. 왜 날 사랑하시나? 왜 날 용서하시나? 왜 아들까지 십자가에 내어주시나? 내가 이렇게 하나님의 형상인 나 자신을 망쳐 놓았는데, 인간이 이렇게 아름다운 하나님의 세계를 망가뜨렸는데, 왜 포

기하지 못하실까? 왜 그만 끝내지 않으실까?

이유는 단 하나다. 내가 그분의 자녀이기 때문이다. "내가 너를 구속하였고 내가 너를 지명하여 불렀나니 너는 내 것이라"(사43:1하). 구원은 이미 창조에서 시작된 것이다. 그분이 나의 창조주이시기에 나의 구원자가 되셨다. 내가 범죄하고 나서 구원을 고민하기 시작하신 것이 아니다. 하나님이 내 하나님이시고 내가 그분의 자녀인 이후로 언제든 하나님은 날 구원하시려는 가장 강한 열망을 갖고 계신다.

"이 사망의 몸에서 누가 나를 건져내랴"(롬7:24하). 나를 건져내실 분은 오직 하나님 한 분이시다. 왜냐면 하나님만이 나의 창조주, 나의 아버지이시기 때문이다. 하나님은 나를 물에서도 건져내시고 불에서도 건져내실 것이다. "네가 물 가운데로 지날 때에 내가 너와 함께할 것이라… 네가 불 가운데로 지날 때에 타지도 아니할 것이요…"(사43:2). 하나님은 물불을 가리지 않고 뛰어들어 나를 건져내시는 분이시다.

21세기 현대 사회는 우리를 현혹하고 있다. 하나님 외에 다른 구원자가 마치 우리를 건져줄 것처럼 속삭이기 때문이다. 많은 물질이 나를 건져줄까? 끝없는 쾌락이 나를 건져줄까? 축적된 지식과 실력이 나를 건져줄까? 빅 데이터와 AI기술이 인류 사회를 건져줄까? 한시적이고 상대적이며 물화적인 것이 어찌 인간과 세상을 건져낸단 말인가? 그것은 늪에 같이 빠진 사람들이 서로를 건져주겠다고 말하는 것과 다를 바 없다.

말세지말에 살면서 성도들조차 포비아에 빠져 있다. 쓰나미와 대지진, 예측불허의 전염병, 기후변화와 자연재해, 극단적인 인본주의 정책들, 테러와 핵전쟁 등 지구 종말에 대한 계시록의 시나리오가 눈앞에서 펼쳐지고 있기 때문이다. 그러다 보니 곳곳에서 생필품을 사재기하고 지하 벙커를 예약하고 냉동인간이 되어 재생기술이 개발될 미래에 태어나려고도 한다.

잠시 멈추어 생각해 보라. 이런 것에 구원의 소망을 두겠는가? 구원받은 자녀들은 두려워할 것이 없다. 당신이 언제 어디에 있든 하나님이 반드시 하나님의 자녀인 당신을 모으실 것이기 때문이다. "두려워하지 말라 내가 너와 함께하여 네 자손을 동쪽에서부터 오게 하며 서쪽에서부터 너를 모을 것이며 내가 북쪽에게 이르기를 내놓으라 남쪽에게 이르기를 가두어 두지 말라"(사43:5-6). "택하신 자들을 땅 끝으로부터 하늘 끝까지 사방에서 모으리라"(막13:27하).

하나님은 구원자이시다. 하나님의 구원에는 네 가지 차원(R)이 있다. 첫째, 구원은 대속(Redemption)이다. 그리스도께서 십자가에서 나의 모든 죄 값을 대신 치르셨다. 둘째, 구원은 해방(Release)이다. 그래서 사탄과 죄에 종노릇하던 나는 해방되었다. 셋째, 구원은 구조(Rescue)다. 죄인으로서 마땅히 받아야 할 심판과 저주에서 건짐받았다. 넷째, 구원은 재생(Re-alive)이다. 이제 나는 완전히 살아나 영원히 하나님의 자녀됨의 권세를 누리게 되었다.

하나님은 후회하지 않으신다. 하나님은 당신을 창조하신 것도 선택하신 것도 결코 후회하신 적이 없다. 그렇기에 끝까지 당신을 포기하지 않고 구원하실 분이다. 당신이 그리스도인으로서 갖는 가장 좋지 않은 태도는 후회하는 것이다. 인생이 후회스러울 때는, 잘못은 회개하고 부족함은 인정하라. 그러면 그분께서 용서하시고 채워 주시리라. 어떤 인생이 완전하겠는가. 하지만 불완전한 우리 인생의 가장 완전한 선택은 바로 하나님을 나의 구원자로 고백하는 것이다. 그분은 재 대신 화관을, 슬픔 대신 희락을, 근심 대신 찬송을 주시는 분이 아니신가(사61:3)!

예레미야애가서는 예루살렘의 멸망을 애도하는 책이다. 멸망한 조국을 바라보는 비통한 심정이 가득하다. 그러나 폐허 가운데서도 회복의 날을 위해 노래했다. 에스겔서는 새 이스라엘을 예언한 책이다. 유다는 멸망했지만 하나님은 그곳에서 새 일을 시작하신다. 에스겔서에는 "내가 여호와인 줄 알리라"라는 말이 반복해 나온다. 모두 초토화되고 더 이상 희망이 없다고 할 때 하나님이 일하신다. 이들은 변치 않는 하나님의 사랑을 신뢰했으며 회복시키실 주님을 찬양했다. 영적 광야의 시대, 물질에 영혼이 포로가 된 이 시대에 우리는 주의 기이한 일들을 보게 될 것이다. _____

Week 10

에레미야 30장 - 에스겔 48장

● 예레미야애가

예레미야애가서는 예루살렘의 멸망을 애도하는, 예루살렘성의 장례식 조가(弔歌, elegy)라고 하겠다. 다섯 편의 애가(哀歌)는 예루살렘의 멸망(1장), 주의 진노의 날(2장), 주의 긍휼을 바람(3장), 예루살렘의 포위(4장), 회복을 위한 기도(5장)다.

애가서는 1, 2, 4장이 "어찌하여(히, 애카)"로 시작하며 비통한 심정을 고백한다. 또한 1-4장은 히브리어 알파벳 순서로 슬픔을 기록했다. 이는 모든 언어로 예루살렘 멸망의 슬픔을 표현한다는 의미를 담고 있다. 1, 2, 4장은 22절로, 3장은 알파벳 22자에 3절씩 총 66절로 기록됐으며, 5장은 알파벳 순이 아니다. 형식에서 보듯이, 애가의 경우도 예레미야서처럼 멸망과 슬픔의 노래 한복판에서 예언의 정점이 드러난다. 총 5장 중에서 3장만 3배로 분량이 많은 데다가, 여호와의 인자하심과 구원하심에 대한 찬양이 절절하게 흘러넘치고 있다.

예레미야서가 멸망 이전의 예언이라면, 애가서는 멸망 직후의 노래다. 예루살렘이 파괴되던 날의 생생한 묘사와 증언 및 처절한 감정의 표현이 드러나고 있다. 3년간의 포위를 견디지 못하고 끝내 예루살렘 성벽이 뚫리자 바벨론 군대가 진입해서 성벽을 훼파했고 왕궁과 고관들의 집과 온 성을 파괴했으며, 하나님의 처소였던 예루살렘 성전을 이방인들이 짓밟고 불태워 버렸다. 남유다의 왕들은 끌려가고 남녀노소 백성들이 칼날에 스러져 길거리 곳곳에 널브러졌으며 남은 백성들은 포로가 되어 버렸다. 그러한 폐허 가운데에서도 예레미야는 꽃을 피우듯 기도로 하나님 백성의 회복의 날을 위해 노래했다. 놀라운 점은 예루살렘이 초토화된 상황에서도 그는 하나님을 원망하지 않고 오히려 변치 않는 하나님의 사랑을 신뢰했으며, 이 심판은 전적으로 자신들의 죄 때문이라고 고백했다는 사실이다.

구약성경에서 아가서가 가장 아름다운 노래에 해당한다면, 애가서는 가장 슬픈 노래에 해당한다. 그러나 하나님이 구하시는 제사는 상한 심령이 아닌가(시51:17). 모든 백성이 예레미야의 심정만 같았다면, 하나님이 진노를 거두시지 않았겠는가. 그렇게 하나님은 유다인들의 마음을 겸비케 하시고 회개케 하셔서 그들을 회복하실 계획이셨다.

○ 예루살렘을 위한 기도 (1-5장)			
1	예루살렘 멸망	1장	예루살렘 멸망의 애가
2	주의 진노의 날	2장	주의 진노의 날의 고통
3	주의 긍휼 바람	3장	하나님께 긍휼을 바람
4	예루살렘 포위	4장	예루살렘 포위 때 상황
5	회복 위한 기도	5장	회개하며 회복을 기도

● 에스겔

에스겔서는 새 이스라엘을 예언한 책이다. 에스겔의 선지자 소명(1-3장), 유다에 임할 심판(4-24장), 이방인들에게 임할 심판(25-32장)에 이어서 이스라엘의 회복에 대한 말씀과 환상(33-48장)으로 구성되어 있다.

예레미야가 눈물의 선지자라면 에스겔은 비전의 선지자이고, 예레미야가 예루살렘 멸망을 예언했다면 에스겔은 새 예루살렘의 건설을 예언했다. 에스겔은 예언, 비유, 표적, 상징, 환상을 통해 말씀을 극적으로 전달했다. 에스겔의 이름은 "하나님께서 힘을 주신다"는 뜻이다. 물론 에스겔도 전반부는 남유다를 향해 예정된 심판을 예언했지만, 이것을 결정론적으로 받아들이는 백성들에게 하나님은 결코 악인이 죽는 것을 기뻐하지 않으시며 돌이켜 살기를 원하시는 분이라고 전했다(33장). 하나님은 역사의 주관자이시지만 인간은 역사에 대한 공동 책임을 지는 동역자다. 역사는 하나님과 사람이 함께 만들어가는 것이다.

에스겔은 예레미야처럼 선지자로 부름받은 제사장이었다. 그는 바벨론 2차 유수(BC 597년 여호야긴왕 원년) 때 포로로 잡혀갔으며, BC 593년(여호야긴 5년)부터 남유다의 멸망을 예언하기 시작했다. 이때는 하나님이 입을 열어주실 때만 예언할 수 있는 선별적 침묵 기간이었다. 하지만 BC 586년(에스겔이 포로된 지 12년)에 예루살렘 함락 소식을 듣고 나서 침묵 기간은 끝났고 그는 회복의 메시지와 비전들을 선포하기 시작했다. 그렇게 에스겔은 22년간 예언했다. 예레미야서는 왕별, 주제별로 기록을 배열했지만 에스겔서는 연대순으로 기록되어 있다. 본서가 "내가 여호와인 줄 알리라"(총 43회, 57일Ⓕ 참고), "여호와(하나님)의 영광"(총 15회)을 반복해 강조한 것은, 남유다 백성이 우상숭배와 타락으로 하나님을 알지 못하고 하나님의 영광을 더럽힌 것을 회복하시겠다는 하나님의 분명한 의지 표명이었다. 에스겔서는 여호와의 영광의 환상(1장)으로 시작해서 새 성전과 새 이스라엘의 환상(40-48장)으로 끝난다. 이는 장차 그리스도께서 이루실 이상적인 메시아 왕국과 천국의 모습이다.

○ 에스겔의 소명 (1-3장)			
1	영광의 이상	1장	여호와의 영광의 형상
2	선지자 소명	2-3장	목숨 건 선지자의 소명

○ 남유다의 심판 (4-24장)			
1	징조와 이상	4-11장	유다 심판의 징조와 이상
2	행위와 비유	12-19장	심판의 예언 행위와 비유
3	과거와 오늘	20-24장	과거 역사의 교훈과 심판

○ 새 왕국의 회복 (25-48장)			
1	열방의 심판	25-32장	애굽과 주변 국가 심판
2	회복될 조국	33-39장	참 목자와 골짜기 환상
3	새 왕국 비전	40-48장	새 성전과 새 왕국 환상

Day 55

예루살렘의 미래 예언
예레미야 30-45장

 하나님은 예루살렘의 회복을 말씀하시며
유다인들에게 바벨론에 항복하라고 하셨다.

1. 예루살렘의 회복 예언**(30-33장)** 포로들이 돌아올 것이고 하나님은 새 언약을 맺으시리라.
2. 예루살렘의 멸망 예언**(34-45장)** 하나님이 멸망할 것을 예고하셔도 유다는 끝내 불순종했다.

 ⓐ **믹돌**(44:1)은 히브리인들이 출애굽 직전에 진 쳤던 곳으로(민33:7) 나일강 삼각주 북쪽 해변 도시이며, **다바네스**는 나일강 삼각주 동편 도시이고, **놉**은 카이로 남쪽 20km에 위치한 고대 하이집트의 수도 멤피스이며, **바드로스**는 멤피스보다 훨씬 남쪽에 위치한 상이집트의 도시다.

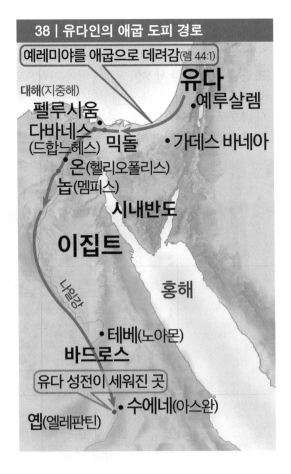

38 | 유다인의 애굽 도피 경로

예레미야를 애굽으로 데려감(렘 44:1)

유다
예루살렘

대해(지중해)

펠루시움
다바네스
(드합느헤스)　믹돌

가데스 바네아

온(헬리오폴리스)
놉(멤피스)

시내반도

이집트

홍해

나일강

테베(노아몬)
바드로스

유다 성전이 세워진 곳

수에네(아스완)
옙(엘레판틴)

① 예루살렘의 회복 예언(30-33장)

① (30장) <국토의 회복>

포로들은 돌아오겠고(3절) 너를 흩었던 이방(바벨론)은 멸망하리라(11절).

Ⓐ 하나님의 로망은(30:22)?

"너희는 **내 백성**이 되겠고 나는 **너희 하나님**이 되리라." 우리와 사랑하고 사랑받는 관계가 되는 것이 하나님이 최애하시는 것이다(32:38). 이 한 가지를 위해 창조도 하셨고 말씀도 주셨고 구원도 베푸셨고 천국도 준비하셨다(계21:3). 당신 안에도 하나님과 동일한 소망을 품으라.

■ 멸망의 예언 중에도 가장 견고한 소망이 있으니 그것은 하나님의 소망이다.

② (31장) <언약의 회복>

라마에서 라헬이 자식이 없어져 애곡함(15절)은 북이스라엘의 멸망을 의미하는데, 이것을 마태는 예수 탄생시 대헤롯의 박해에 대한 예언으로 인용했다(마2:16-18). 여자가 남자를 둘러싸리라는 예언(22절)은 여자(반역했던 딸 이스라엘)가 참 남편이신 하나님께 돌아오리라는 뜻으로서 신부가 신랑 주위를 7번 도는 유대인의 혼인예식에서 나온 표현으로 보인다. 부모 세대에게서 누적된 죄악으로 다음 세대가 심판받지는 않는다(29-30절).

Ⓑ 새 언약을 마음에 새기리라(31:31-34)

1. "새 언약", **신약**이라는 말이 처음 등장한다(31절).
   - "**첫 언약**"(히9:15), 즉 옛 언약과는 다르다는 뜻이다(32절).
2. 새 언약은 **심비**에 기록해 주시리라(33절).
3. 하나님의 **로망**이 이루어지리라(33절, 30:22, 신29:13).

4. 누구나 하나님을 **알게** 되리라(34절; 요17:3). 하나님이 그들의 죄를 다시는 기억하지 아니하시리라(34절; 히8:12).

■ 새 언약의 중보자는 그리스도이시다(히9:15).

③ (32장) <경제의 회복>

시드기야왕 10년에 바벨론이 포위 중인데(2절) 예레미야는 아나돗의 밭을 사서(9절) 장차 포로들이 이곳에 돌아와 경제활동을 하리라고 예언했다(43-44절).

④ (33장) <언약 재확인>

Ⓒ 반드시 선한 일을 성취하심(33:2, 14-15)

*선지자는 궁중감옥에 갇혀서 아무것도 못하는 상태였다(1절).
1. 하나님은 일을 반드시 **성취**하신다(2, 14절).
2. 하나님이 보이실 **크고 은밀한 일**이 있다(3절).
   - 유다와 이스라엘의 **포로**가 돌아오리라(7절).
   - 다윗의 가지인 **메시아**가 오시리라(15절).
   - **두 가계**(이스라엘+유다)를 회복하리라(24-26절).

■ 포로귀환과 메시아 구원의 이중적 예언이다.

② 예루살렘의 멸망 예언(34-45장)

㉠ [멸망 이전] (34-36장)
① (34장) <남20. 시드기야왕에게>

시드기야는 예언대로 칼에 죽지 않고(4-5절) 옥에서 사망했다(52:11). 왕이 히브리 노비들에게 자유를 선포(신15:12)한 후 고관들이 그들을 다시 노예로 삼았으니(8-11절) 지도자들도 예루살렘성도 심판을 받으리라(17-22절).

② (35장) <레갑 족속에게>

* 선조 **요나답**("여호와는 관대하시다")은 당대에 경건주의의 표상이었고, 예후의 종교개혁을 도와준 인물이다(왕하10:15). 그는 자손에게 **금욕과 무소유**의 삶을 명령했다(6-7절).
⇒레갑 족속은 선조에게 **순종**하는데 너희는 내게 순종하지 않는다(14절).
* 하나님이 레갑 족속을 **칭찬하고 축복하셨다**(19절).
■ 하나님은 당신의 말씀에 순종하는 자녀를 기뻐하시는 분이시다(삼상15:22).

③ (36장) <남18. 여호야김왕에게>
예레미야가 대신 기록하게 한 예언의 두루마리를 바룩이 금식일(6절, 특별히 소집된 집회일로 추정됨)에 성전에서 백성에게 낭독했는데, 여호야김왕은 그 심판의 말씀을 듣고도 자기 옷을 찢는 것이 아니라 말씀을 칼로 베어서 태워버렸다(20-23절).

* 고향의 제사장들은 예레미야를 대적했다(11:21, 20:2, 26:8).
1. 예레미야의 대필자였던 **바룩**(32:12, 36:4, 32).
2. 예레미야를 구덩이에서 건져준 구스인 **에벳멜렉**(38:7).
3. 예레미야의 조력자였던 시드기야의 병참감 **스라야**(51:59-64).
■ 외로운 선지자에게도 하나님은 동역자들을 보내주셨다.

㉔ [멸망 직전] (37-38장)
① (37장) <남20. 시드기야왕에게1>
BC 588년에 애굽 군대가 나오자 갈대아인이 떠났다(5절). 하지만 애굽은 물러가고 바벨론이 다시 돌아와 이 성을 빼앗으리라(7-8절).

예레미야가 베냐민 땅(아스돗)에 유산 상속분이 있어서 분깃을 받으러 갔다가(12절) 동향 사람 이리야(레위 지파)에게 붙잡혀 요나단의 집(옥)에 갇혔는데 그곳은 뚜껑을 씌운 웅덩이였다(15-16절). 예레미야는 시드기야왕에게 간청하여 감옥 뜰로 나오게 되었다(20-21절).

② (38장) <남20. 시드기야왕에게2>
친애굽파 유력인사들이 바벨론에 항복하라는 예레미야를 죽이라고 압박하자(1-4절), 왕은 무기력하게 그를 내주었다(5절). 결국 예레미야는 구덩이 진창 속에 빠졌는데(6절) 왕궁 내 시인 구스인 에벳멜렉이 건져냈다(7-13절). 시드기야가 바벨론에 항복하기를 꺼려한 것은 이미 잡혀간 유대인들, 말하자면 포로 선배들에게 조롱당할까 봐 두렵기 때문이었고(19절), 그 절박한 와중에도 자신의 체면을 지키려 하는 인간적인 어리석음을 드러냈다(24절).

㉕ [멸망 당시] (39장) : 예루살렘의 함락
시드기야왕 11년 4월 9일에 예루살렘은 함락되어 불타고 성벽은 무너졌다. 시드기야는 도주하다가 잡혀서 리블라(요단 동편 하맛 남쪽의 도시)에서 심문을 당했고 바벨론에 잡혀 갔다. 예레미야는 석방되어 총독 그다랴(그달리야, 왕하25:22)에게 갔다. 예레미야를 구해주었던(38:7) 구스인 에벳멜렉도 하나님의 약속대로 재난을 피하게 되었다.

㉖ [멸망 이후] (40-45장)
① (40-42장) <유다의 남은 자들에게>
예레미야는 바벨론의 사령관 느부사라단의 허락으로 유다 땅에 남았다(40:4-6). 이스마엘이 총독 그다랴와 갈대아 군사들을 죽이자(41:1-3), 유다의 남은 자들은 처벌받을까 봐 두려워 애굽으로 도주하려고 했다(41:18).

Ⓕ 기도의 목적은 무엇인가(42:1-6)?

남은 자들이 앞으로 어떻게 해야 할지 하나님께 여쭙는 기도를 예레미야에게 부탁하면서, 반드시 하나님의 말씀대로 **순종**하겠다고 **약속**했다(42:1-6). 이에 예레미야는 백성들에게 애굽으로 가면 칼이 따라올 것이고 여기 남으면 구원을 받으리라고 예언했다(42:10-22). 그러자 그들은 거짓말이라고 **비난**하며 하나님의 말씀에 **불순종**했다(43:2-7). 왜냐하면 예레미야가 받은 응답은 자신들이 원하던 응답이 아니었기 때문이다.

■ 기도는 내 뜻을 관철시키는 것이 아니라 하나님의 뜻에 기꺼이 순종하는 것이다.

② (43-44장) <애굽의 남은 자들에게>

남은 자들은 예레미야의 동역자였던 서기관 바룩에게 전혀 근거 없는 비방을 하면서(43:3) 애굽의 다바네스로 도망갔다. 예레미야는 백성들에게 우상숭배하지 말라고 했지만 애굽에 거주하던 유다인들은 예루살렘에서 하던 대로 우상숭배를 하겠다고 고집을 부렸다(44:16-19). 애굽의 바로 호브라는 시드기야 왕이 느부갓네살왕에게 반란을 일으키면 지원하겠다고 약속했고 군대를 파견하기도 했던 인물이다(37:5). 하나님은 호브라를 원수의 손에 넘겨주겠다고 하셨는데, 역사적으로 BC 567년 호브라는 반란군을 진압하다 잡혀가 처형당했다.

③ (45장) <바룩에게>

여호야김 4년에 바룩이 예레미야의 예언을 기록했고, 하나님은 그의 생명을 지켜주시겠다고 약속하셨다.

- 우리 하나님 되심을 **가장 기뻐하시는 하나님**이시다(30:22, 32:38).
- 하나님의 계획대로 역사를 **주관하고 섭리하시는 하나님**이시다(33:2).
- 하나님의 말씀에 순종하는 가문에 **복을 내리시는 하나님**이시다(35:19).

하나님은 출애굽할 때 이스라엘 백성에게 모세를 통해 시내산 언약을 주셨다. 그런데 예레미야 31장에서 하나님은 새 언약을 주신다. 왜 다시 새 언약을 주셨을까? 새 언약은 무엇이며 우리에게 어떤 의미가 있는가(31:31-34)?

Day 56

예루살렘의 멸망

예레미야 46-52장

예레미야는 바벨론의 심판을 예고한 뒤,

예루살렘의 함락을 목도했다.

① 열방에 대한 예언(46-51장) 하나님은 열방을 심판하고 종국에 바벨론도 심판하시리라.

② 예루살렘의 멸망(52장) 예루살렘은 함락되었고 유다인은 바벨론에 잡혀갔다.

① 열방에 대한 예언(46-51장)

① (46장) <애굽에 대해>

하나님은 느부갓네살왕의 애굽 침공 경로를 말씀하셨고(13-14절, 44:1) 그가 다볼같이 갈멜같이(18절), 즉 이스르엘 평원의 두 산이 평원에서 달리는 것처럼 보이듯 침공하리라고 하셨다(59일 지도40 참고). 북의 쇠파리 떼(20절)는 바벨론 군대이며, 노아몬(25절)은 상이집트의 테베라는 도시로서 신왕조시대의 수도였고 이후에도 사제직의 중심지였다.

Ⓐ 중동의 패권국이 바뀌리라(46장)

1. BC 609년 애굽의 **바로 느고**가 요시야에 승리한 뒤, 갈그미스를 점령하여 바벨론의 확장을 1차 저지했다.
2. BC 605년 유브라데강 **갈그미스** 전쟁에서 바로 느고와 애굽군이 느부갓네살왕에게 패배했다(2절). 애굽은 앗수르와 연대했어도 **신흥강국 바벨론**에게 상대가 되지 못했다.

*애굽 동맹=구스(에티오피아, 50일Ⓕ 참고)+ 붓(리비아, 34일Ⓒ 참고)+루딤(루디아, 롯[겔 30:5], 소아시아 서부, 9절)도 패하리라.

3. 이후 **남유다, 시리아**는 바벨론에 잠식되었다. 남유다 멸망 후 바벨론이 애굽을 **침공하리라**(13-26절, 59일 지도40 참고).

■ 바벨론은 앗수르와 애굽을 잠재운 새로운 패권국가였다.

② (47장) <블레셋에 대해>

북쪽 시내(바벨론)가 블레셋을 유린하고(2절) 갑돌섬(지중해의 그레데섬, 블레셋의 원류)에 남아있는 블레셋 사람까지 유린하리라(4절). 몸을 베는 것과 머리를 미는 행위는 애도의 표시였다(5절, 16:6, 48:37).

③ (48장) <모압에 대해>

이스라엘이 벧엘의 금송아지를 의지하다가 수치를 당했듯 모압은 모압의 주신 그모스를 의지하다가 수치를 당하리라(13, 26절). 모압의 곡식과 포도주가 국제적인 인기를 누렸음은 이사야도 인정했다(32-33절; 사16:8-10).

모압은 오늘날 요르단(수도 암만, 암몬 족속의 후손)에 포함되어 있지만 예언대로 자체적인 국가는 이루지 못했다(42절).

④ (49장) <동편 국가들에 대해>
암몬의 수도 랍바는 폐허가 될 것인데, 말감(1절)은 암몬의 민족신 밀곰(왕상11:5)이다. 하나님이 에돔을 독수리의 높은 보금자리(험한 산속)에서 끌어내시리라(16절)는 예언은 오바댜의 예언과 동일하다(옵1:3-4). 다메섹의 성벽과 궁전은 불탈 것이며(23, 27절), 게달(아라비아 사막에 거주했던 이스마엘의 후손인 유목민, 창25:13)과 하솔(갈릴리 북부의 하솔[삿4:2]과 달리 아라비아 유목민이 거주했던 성읍)은 황폐하리라(28절). 엘람(바벨론 동쪽 산악지대로서 오늘날의 이란)에서 쫓겨난 자들이 각국에 흩어지리라(34-36절).

⑤ (50장) <바벨론의 패배에 대해>
ⓑ 중동의 패권국이 다시 바뀌리라(50장)
1. **벨**(바알처럼 폭풍의 신, 수메르인의 주신).
  = **므로닥**(마르둑, 바벨론의 주신)이 수치를 당하리라(2절).
2. 북쪽의 한 나라(**바사**)가 바벨론을 치리라(3절).
  -바사는 활과 투창을 가진 잔인한 민족이었고 역사상 탁월한 **전술전략**으로 유명했다(42절).
  *바사 왕 **고레스**가 남유다의 포로귀환을 명령하리라(19절).
■ 열국의 역사를 주관하고 섭리하시는 분은 오직 하나님이시다.

북쪽에서 한 나라를 일으켜 바벨론을 무너뜨리리니(3절) 너희가 돌아오리라(4절). 이는 하나님의 보복이시라(15절). 하나님이 유다의 죄를 찾을 수 없는 이유(20절)는 새 언약을 통해 그들의 죄를 기억하지 않겠다고 약속하셨기 때문이다(31:34). 므라다임과 브곳(21절)은 실제 지명이자 언어유희로서, 바벨론 남부의 지명이자 "이중 반역"과 "징벌"이라는 뜻이므로 이중 반역한 땅에 임할 하나님의 징벌을 의미한다.

⑥ (51장) <바벨론의 몰락에 대해>
바벨론은 온 세계를 취하게 한 여호와의 금잔이요 포도주(7절)라는 비유는 후에 로마 제국에도 적용되었다(계14:8, 17:1-2). 예언대로 메대(그리고 바사, 사13:17 참고) 왕들이 일어나 바벨론을 멸망시켰으며(11절), 바벨론은 평지에 있는 도시였지만 국제적 위상 때문에 산으로 비유되었고(25절), 예언대로 바벨론의 마지막 왕 벨사살이 궁중에서 연회를 열던 날 하룻밤에 도살장으로 끌려가듯 멸망당했다(39-40절; 단5:1, 30-31). 시드기야왕 4년에 예레미야가 스라야에게 바벨론에 가서 예언하고 그 책을 돌에 매 유브라데강에 던지는 예언행위를 하게 했다(59-64절).

ⓒ 심판의 도구 바벨론이 심판받다(51장)
***바벨론**은 오늘날 이라크의 바그다드 남쪽 80km에 위치했던 도시다. 역사상 가장 오래된 고도(故都) 중 하나다(창10:10, 11:9).
*BC 2100년경 **아브람**이 갈대아 우르에서 출발했다(창11:31, 1일 ④② 2일ⓐ 참고).
*BC 1895년 아모리 왕조가 **구바벨론** 제국을 세웠다.
  -이곳은 인류 최고의 우르남무 법전, 함무라비 법전 및 교육(천문학, 점성학, 쐐기문자)의 중심지였다.
1. BC 627년 나보폴라살이 **신바벨론** 제국을 건설했고. BC 605년 느부갓네살이 세계를 재패했다(30일ⓒ 참고).
2. 수도 바벨론은 성벽의 높이가 90m, 너비가 26m되는 **난공불락**이었다.
  -그러나 BC 539년 바사의 고레스에 의해 **정복** 당했다.
■ 세상의 열강과 열왕들아, 역사의 주관자이신 하나님 앞에 다 겸손하라.

바벨론 제국은 실로 부패한 열국을 징계하시는 하나님의 강력한 심판 도구였다(50:23, 51:20).

ⓓ 바벨론은 왜 그리 빨리 무너졌는가(51장)?

* 매우 빨리 세계를 **재패**한 제국이자(단 4:30), 역사상 가장 빨리(88년 만에) **패망**한 제국이었다.
1. 하나님의 70년 회복의 **약속** 때문이었다(29:10; 단9:2).
2. 바벨론의 영적인 **교만** 때문이었다(50:29; 사 14:12; 단4:30).
* 이후 바벨론은 하나님의 주권에 도전하는 **악**(사탄)의 세력을 상징하는 단어가 되었다(계14:8).
■ 하나님이 역사를 섭리하고 경영하실 때 강력한 구원과 강력한 심판이 함께 간다.

② 예루살렘의 멸망(52장) <예루살렘의 함락>

시드기야왕이 바벨론을 배반하니 9년 10월 10일에 느부갓네살왕에게 포위됐고(3-4절), 11년 4월 9일에 양식이 떨어졌으며(6절), 성벽이 파괴되고 성이 함락되었다(7절). 그후 느부사라단이 바벨론에 갔다가 다시 온 5월 10일에 성전과 왕궁과 집들을 불살랐다(12-14절). BC 586년(3차 침공시, 시드기야왕 11년)에 포로가 잡혀갔을 뿐 아니라(15, 28-29절) BC 581년 총독 그다랴의 암살 및 반란으로 또 포로들이 잡혀갔다(30절). 그러나 바벨론 왕 에윌므로닥("므로닥의 사람", 31절)왕이 여호야긴 왕을 회복시켜 주었다.

예루살렘을 위한 애가
예레미야애가 1-5장

 예레미야는 예루살렘의 멸망을 목도한 뒤, 다섯 편의 애가를 지어 불렀다.

① 예루살렘을 위한 기도(1-5장) 슬프다 어찌 주께서 버리셨는가. 그러나 주께 돌아가자.

 ① 예루살렘을 위한 기도(1-5장)

① (1장) <예루살렘 멸망>
슬프다 예루살렘성이여 어찌 그리 적막해져 위로할 자가 없는가(1, 17절)! 선지자는 심판 중에도 여호와의 의를 인정하고(18절) 자신의 반역을 고백했다(20절).

② (2장) <주의 진노의 날>

슬프다 주께서 어찌 그리 진노하셨는지(1절)
자기 성소를 버리셨도다(7절). 주께서 원수같
이 행하셨으니(5절) "나는 네 대적이라"고까지
말씀하셨다(렘21:13). 선지자는 눈이 상하고
창자가 끊어지고 간이 땅에 쏟아진다며 애끓
는 심정을 고백했다(11절).

③ (3장) <주의 긍휼 바람>

선지자는 자신을 매 맞고 고난당한 민족의 대
표자로 고백했다(1절). 심판의 계절에는 기도
응답조차 없는 영적 고통을 겪게 되지만(8, 44
절; 렘7:16, 11:14), 그는 여호와의 인자와 긍휼
로 인한 구원을 소망했다(22, 26, 40절). 왜냐
면 이미 그가 개인적으로 하나님의 구원을 체
험했기 때문이다(55-56절; 렘38:6, 11).

④ (4장) <예루살렘 포위>

슬프다 어찌 금처럼 빛나던 시온성과 성전이
무너졌는가(1절)! 남유다의 죄가 소돔의 죄보
다 무겁구나(6절). 원수가 예루살렘으로 들어
가게 될 줄은 상상불가였는데(12절) 다 우리
의 죄 때문이라(13절). 남유다는 하나님을 의
지하지 않고 헛되이 애굽을 의지했도다(17
절). "우리의 콧김", 즉 다윗 왕조의 마지막 호
흡 같았던 최후의 왕 시드기야가 바벨론의 함

정에 빠졌구나(20절).
실제로 시드기야는 예루살렘을 둘러싼 바벨
론의 포위망을 뚫지 못하고 도주하다가 잡혀
서 바벨론에 포로로 끌려갔다.

⑤ (5장) <회복을 위한 기도>

여호와여 우리가 당한 것을 기억하소서(1절).
이 나라의 남녀노소가 치욕과 절망과 슬픔에
빠지게 됨은 우리의 죄 때문입니다(16절). 하
지만 영원하신 하나님께서 반드시 우리를 새
롭게 하실 것이니 우리를 주께로 돌이키소서
(20-21절). 애가서의 기도를 보면, 기도는 마
치 폐허 속에서 피어나는 꽃처럼 실로 절망과
소망 사이에 다리를 놓는 일이 아닌가!

- 여호와는 반드시 죄악에 보응하시고 **보복
하시는 하나님**이시다(렘51:56).
- 열방과 자기 백성을 심판할지라도 **의로우
신 하나님**이시다(애1:18, 20).
- 인자와 긍휼이 무궁하고 성실이 크셔서 우
리를 **회복하시는 하나님**이시다(애3:22-23).

유다 심판의 이상들
에스겔 1-11장

에스겔은 바벨론에서 부름받았고
예루살렘이 얼마 후 완전히 멸망할 것을 예언했다.

1 에스겔 선지자의 소명(1-3장) 에스겔은 여호와의 영광을 보았고 선지자의 소명을 받았다.
2 유다에 임할 심판1(4-11장) 하나님은 예루살렘의 멸망과 영광의 떠남을 보여주셨다.

ⓐ **리블라**는 요단 동편 하맛 남쪽에 있는 도시였고, **그발강**은 느부갓네살이 건설한 바벨론의 대운하였으며, **델 아빕**은 바벨론 그발강가에 있던 유다인들의 포로 정착지로서, "홍수의 언덕, 이삭의 언덕"이라는 뜻이다. 유다인들은 홍수로 퇴적물이 쌓이면 그곳에서 농사에 동원되어 노동력을 제공했던 것으로 추정된다.

1 에스겔 선지자의 소명(1-3장)

① (1장) <하나님의 영광의 이상>

여호야긴왕 5년에 그발 강가에서 여호와의 말씀이 제사장 에스겔에게 임하였다(1-3절). 30년째(1절)가 에스겔의 나이라면 그는 25세에 바벨론으로 이동했고 여호야긴왕이 체포된지 5년(2절)에 말씀의 임재체험을 한 것이 된다. 30세에 예언자로 부름받은 제사장 에스겔은 22년간 예언사역을 했다(29:17). 하나님의 현현의 현상들이 폭풍(욥38:1), 구름(출40:35), 불(출24:17), 단 쇠(번쩍이는 금속, 겔8:2)로 표현되었다(4절).

Ⓐ 성경에 나오는 천사들은(1:5)?

1. **스랍**: 하나님의 보좌 최측근에서 찬양하는 천사들이다(사6:2).
2. **그룹**: 네 생물(5절; 계4:7)로서, 에덴동산을 지켰고(창3:24), 속죄소(출25:20)를 지켰으며, 하나님의 보좌를 운반하는 일을 담당하는 천사들이다(겔1, 10장).
3. **천사계급**: 통치, 권세, 능력, 주권 등의 계급이 있다(엡1:21, 6:12).
4. **미가엘**: 천군의 지휘관이다(단10:13; 계12:7).
5. **가브리엘**: 하나님의 메신저다(단8:16; 눅1:26).
6. **천사**(히, 말라크, "하나님의 말씀 전달자").
7. **루시퍼**와 타락천사들이 있다(50일Ⓒ 참고).
■ 천사는 하나님을 섬기고 사람을 돕도록 창조된 영계의 존재들이다.

Ⓑ 여호와의 영광의 이상(1:28)

1. 무지개 같은 **여호와의 영광**의 광채 (28절; 창9:13-16; 계4:3)
2. **보좌**에 앉은 **인자**의 형상 (26-27절; 단7:13)
3. 보기에 두려운 수정 같은 **궁창** (22절; 창1:6-7; 계22:1)
4. **네 생물**(사람, 사자, 소, 독수리의 얼굴) (5-14절, 10:14; 계4:7)
5. 사방에 눈이 가득한 겹**바퀴들** (15-21절)

■ 에스겔은 놀라운 하나님의 현현을 보았다.

무지개 같은 광채는 하나님의 빛나는 영광과 신실한 은혜의 언약을 드러낸다.

② (2장) <선지자 소명>

너는 패역한 이스라엘에게 가되(3절) 두려워하지 말라(6절). 두루마리를 먹고(8절) 있는 그대로 말씀을 전하라.

Ⓒ 두루마리 환상(2장)

* **말씀**의 임재와 **성령**의 임재를 동시에 체험했다(2절).
* 선지자는 구약의 **사도**(보냄받은 자, 4절)다. 사도는 신약의 선지자(말씀의 대언자)다.
1. 안팎에 **심판**이 기록된 두루마리 책을 펼쳐서 보이셨다(9-10절).
2. 너는 두루마리를 **먹고 말하라**(3:1; 계5:1).
■ 에스겔은 성령의 감동으로 하나님의 말씀을 시청각으로 체험했다.

③ (3장) <선지자 사명>

하나님이 그의 이마를 금강석(다이아몬드)같이 강하게 하시리라(9절).

ⓓ 왜 이스라엘의 파수꾼인가(3:17-21)?

1. 파수꾼은 가장 먼저 **징조**를 보는 자다(17절).
2. 파수꾼은 백성에게 **소식**을 알릴 책임이 있다(33:1-9).
 - 악인과 변절자를 깨우치지 않으면 **책임**을 져야 한다.
■ 예언은 호기심이 아닌 사명감으로 받아야 한다.

그는 첫 환상(겔1:4 이하)과 동일한 환상을 보는 중에(22-23절) 무리가 그에게 나와서 예언 활동을 하지 못하게 압박하겠지만(25절), 입을 닫고 여는 것은 하나님이시라는 음성을 들었다(26-27절, 출4:11). 하나님이 말씀하시면 선지자도 말하고 하나님이 침묵하시면 선지자도 침묵한다. 이것이 대언자의 기본 역할이다.

② 유다에 임할 심판1(4-11장)

㉮ [4가지 징조] (4-5장)
 ① (4:1-3) <징조1. 토판>
토판 위에 예루살렘 성읍을 그리고 그 성읍을 포위하고 사다리와 토성과 공성퇴를 배치하라. 이것이 징조가 되리라.

 ② (4:4-8) <징조2. 눕는 행위>
ⓔ 에스겔의 눕는 행위 예언의 의미는(4:4-8)?

1. 좌로 390일 우로 40일 누워서 남북왕국의 **죄**를 담당하라.
2. 1일=1년이면, 390년+40년=**430년**을 의미한다.
3. **바벨론 포로기**가 또 다른 애굽 기간이란 뜻이다.
 (해석1)왕국분열에서 포로귀환까지 390년 (BC 930-538)+시온 함락에서 포로귀환까지 40년(BC 586-538).
 (해석2)여로보암에서 시온 함락까지 390년 (BC 975-586)+므낫세왕의 우상숭배 기간 40년(BC 697-643).

■ 해석은 다양하지만 에스겔의 행위는 남북 왕국의 죄를 표현하는 것이었다.

 ③ (4:9-17) <징조3. 부정한 떡>
쇠똥 불(처음에는 인분, 신23:12-14)에 보리떡을 구워 먹어 예루살렘의 양식이 끊어질 징조를 보이라. 예루살렘 멸망시 재난들이 설상가상으로 닥치리라.

 ④ (5장) <징조4. 삭도와 털>
삭도로 머리털과 수염을 깎아 3분의 1은 성읍 안에서 불(전염병과 기근)로, 3분의 1은 성읍 사방에서 (적군의) 칼로, 3분의 1은 바람에 날려 이방인에게 망할 것을 보이라.

㉯ [2가지 메시지] (6-7장)
 ① (6장) <메시지1. 우상숭배의 죄악>
이스라엘의 산당을 멸하리니(3절) 포로 공동체의 남은 자들이 우상숭배의 죄악을 한탄할 것이라(9절). "(애굽에 인접한) 광야에서부터 디블라까지"(14절) 하나님의 심판으로 전 국토가 황폐화되리라. 디블라(리블라, 렘52:9-10)는 시드기야왕이 잡혀가 고문받고 그의 아들들과 고관들이 처형당한 곳이다.

 ② (7장) <메시지2. 바벨론의 공격>
끝났도다(2절)! 우상숭배에 대한 보응이요 비상한 재앙이다(4-5절)! 악한 이방인들이 성소를 더럽히고(22절) 선지자, 제사장, 장로, 왕, 고관, 주민 모두가 심판을 받으리니 내가 여호와인 줄을 그들이 알리라(26-27절)!

ⓕ 내가 여호와인 줄 알리라(7:26-27)!

1. **출애굽**의 구원을 통해
 (출6:3, 7:5, 17, 10:2, 14:18, 16:12, 29:46).
2. **아람**에게서의 구원을 통해(왕상20:13, 28).
3. **남유다**의 회복과 구원을 통해(사49:26).

4. 눈이 가려진 자들에게 거룩한 **환상**을 통해 (겔6:10, 7:4, 11:10, 12:15, 13:23, 14:8, 15:7, 20:44, 22:16, 23:49, 24:24, 25:7, 28:24, 29:9, 30:25, 32:15, 33:29, 36:23, 37:6, 38:23, 39:7).

■ 말씀과 환상을 주시는 목적은 하나님을 아는 지식을 주기 위함이다.

㉯ [4가지 이상] (8-11장)
① (8장) <이상1. 성전의 우상>
포로 6년 6월 5일에 하나님이 에스겔에게 이상들을 보여주셨다.

㉦ 우상숭배의 이상들(8장)

1. 성전에 있는 **질투의 우상**(3절; 출20:5).
2. 이스라엘의 대표인 **장로 70인**(민11:16)이 각양 우상을 숭배하는 모습(10-11절).
 *산헤드린 공회도 70명(막15:1, 77일ⓐ 참고).
3. **담무스**(BC 7세기에 유입된 바벨론의 우상-봄에 식물을 생장시키는 신이 여름에 죽으면 사람들이 애곡하지만 풍요의 여신 이쉬타르가 이듬해 봄에 그를 소생시킨다는 신화에서 유래되었다, 14절).
4. 25인(대제사장+24반차)이 성전을 등지고 **태양신**을 숭배하는 모습(16절).
 -나뭇가지를 코에 두어 태양빛이 인간의 호흡으로 불결해지지 않게 하는 의식을 행하였다(17절).

■ 하나님이 불꽃 같은 눈동자로 우리의 죄악을 다 보고 계신다!

② (9장) <이상2. 예루살렘의 살육>
㉨ 심판에 관한 이상들(9-11장)

1. 천사 6명이 먹그릇(갈대펜을 위한 잉크 그릇)을 차고 **우상**숭배하는 남녀노소를 살육하더라(9장).

2. **숯불**(진노의 불)을 성읍에 흩으라(10:2). 여호와의 영광이 예루살렘을 떠나시리라(10:18).
3. 불의한 **고관 25인**을 끌어내리라(11:1-7).

③ (10장) <이상3. 떠나는 하나님의 영광>
네 생물의 얼굴이 에스겔 1장과 같다. 다만 히브리어 원문에서는 "그(정관사) 그룹의 얼굴"(14절)이라고 표현했다.

④ (11장) <이상4. 악한 고관들>
25명의 고관들이 우리는 가마 안의 고기처럼 안전하다며 불의를 품고 악을 꾀하지만, 하나님이 악행한 그들을 끌어내시리라.

• 기록된 말씀이 체질이 되고 충만하게 되어 **선포되기를 원하시는 하나님**이시다(2:8-3:3).
• 심판을 통해서도 그분만이 하나님이심을 **알게 되기를 원하시는 하나님**이시다(6:7, 10, 14).
• 심판 중에도 그 백성의 **회개와 회복을 원하시는 하나님**이시다(11:18-20).

유다 심판의 메시지

에스겔 12-24장

 에스겔은 징조와 메시지와 비유를 통해
유다의 죄악을 고발하고 멸망을 예언했다.

1️⃣ 유다에 임할 심판2(12-19장) 에스겔은 포로될 것을 예언했고 지도자의 부재를 한탄했다.

2️⃣ 유다에 임할 심판3(20-24장) 조상들의 죄를 따른 남유다에 심판이 임하리니 슬퍼하지 말라.

 1️⃣ 유다에 임할 심판2(12-19장)

① (12장) <포로됨의 행위 예언>

에스겔은 포로의 행장을 꾸려 낮에 내놓고 밤에 나가는 징조와 떨며 음식을 먹는 행위를 통해 임박한 심판을 알렸다.

Ⓐ "날이 더디고 묵시가 사라지리라"(12:22).

1. **다시는** 이 속담을 말하지 못하리라(23절).
2. 날은 가깝고 모든 묵시는 **속히** 응하리라.
■ 하나님의 오래 참으심을 결코 안일하게 생각하지 말라.

② (13장) <거짓 선지자들>

거짓 선지자들은 황무지의 여우 같아서(3-4절) 성 무너진 데에 올라가지도 않고 수축하지도 않으며(5절), 평강이 있다고 백성을 유혹하니 균열을 숨기는 담벼락의 회칠과 같다(10절; 마23:27). 또한 여예언자들은(17절) 거짓

삯을 위해 점복을 하며(19절) 의인을 근심케 하고 악인을 굳세게 한다(22절).

③ (14장) <장로들>

하나님은 에스겔을 찾아온 장로들이 우상숭배자라고 책망하셨다(3절).

Ⓑ 거짓 선지자에게 속아 억울한가(14:9-10)?

1. **거짓 예언**한 선지자는 자기 죗값을 치르리라.
2. 그 선지자에게 **물어본 자**도 죗값을 치르리라.
■ 말세에 미혹하는 일이 많으니 이런 일에 동조하지 않도록 주의하라(딤전4:1).

어떤 나라가 범죄하여 징계를 받을 때는 노아, 다니엘, 욥이 중보할지라도 자기 생명만 건질 것이라고(14절) 엄중하게 말씀하셨다. 먼저 끌려온 기존 포로공동체는 귀환의 소망이 물거품이 되어 실망하겠지만, 예루살렘 몰락 이후 포로로 잡혀온 이들의 소행을 보니

정말 망할 수밖에 없음을 알게 되어 오히려 위로를 받게 되리라(22절).

④ (15장) <포도나무 비유>
포도나무가 땔감으로 던져지듯이 예루살렘 주민도 그와 같으리라.

ⓒ 포도나무를 땔감으로 던지리라(15장)
1. 포도나무는 볼품이 없어도 열매가 큰 기쁨이 되는 나무이기 때문에 하나님의 **백성**을 상징한다(49일① 참고).
2. 제거할 가지가 된 **이스라엘**(4절; 요15:2상).
■ 하나님 앞에 기쁨의 열매가 될 것인가, 심판의 땔감이 될 것인가?

⑤ (16장) <부정한 여인 비유>
ⓓ 간음한 아내 이스라엘의 역사(16:1-43)
1. 예루살렘의 **근본**은 가나안이 되었다고 책망하셨다(3절).
2. **족장시대**. 버려진 아이처럼 불쌍했다(5절).
3. **애굽시대**. 들풀처럼 많으나 헐벗었다(7절).
4. **시내산**. 옷을 입히고 언약을 맺었다(8절).
5. **통일왕국**. 왕후의 지위와 명성을 얻게 해 주셨다(13-14절).
6. **분열왕국**. 이방인을 따라 열방과 행음했고(15절), 강대국을 하나님보다 의지했다(26-29절).
7. 간음한 아내에 **화와 보응**이 있으리라(32, 43절).
■ 하나님은 그 백성을 아내처럼 사랑하셨는데 그들은 하나님의 사랑을 배반했다.

ⓔ 자매가 똑같다(16:44-63)
1. 모전여전이고 남왕국과 북왕국 **자매가 똑같**다(44-45절, 23장).
2. **남유다**는 언니 **북이스라엘**보다 부패했고 동생 소돔보다도 행위가 부패했다(46-47절).
* 유다와 이스라엘과 소돔을 하나님이 **회복**하시리라(55절).

-옛 언약을 기억해 영원한 **언약**을 세우시리라(60절).
-내가 여호와인 줄 네가 **알게** 되리라(62절).
-너는 놀라고 **부끄러워**하게 되리라(63절).
■ 당신의 백성을 끝까지 구원하시는 하나님의 사랑은 정말 놀라운 사랑이다.

⑥ (17장) <두 독수리 비유>
ⓕ "연한 가지"는 누구인가(17:22)?
* 큰 독수리(느부갓네살)가 꺾은 백향목 가지는 장사하는 땅(가나안)에서 상인의 성읍(바벨론)으로 포로로 잡혀간 **여호야긴**왕을 상징한다(3-4절).
* 그 땅의 종자를 심어 자란 포도나무는 다른 큰 독수리(애굽)를 의지하다가 멸망한 마지막 왕 **시드기야**왕을 상징한다(5-10, 15절).
⇒ 연한 가지는 만민을 살리실 **메시아**를 의미한다(22-24절).
■ 이스라엘의 반복된 실패는 메시아의 구원으로 귀결된다.

⑦ (18장) <속담과 메시지>
ⓖ 아버지가 신포도 먹어 아들 이가 시다(18:2)
1. 모든 영혼이 다 내게 속했고 **소중**하다(4절).
2. **범죄**하는 그 영혼이 죽게 되리라(4절). 부자 간에 서로의 죄악을 담당하지 않는다(20절).
3. 악인이 **회심**하면 이전 죄는 기억되지 않는다(21절).
-조상을 탓하거나 신세를 한탄하지 말고 진실하게 회개하면 소망이 있다는 말씀이다.
4. 의인이 **변심**하면 이전 의는 기억되지 않는다(24절).
-이전의 선행이 다 소용없다는 뜻이 아니다. 선민의식을 내려놓고 다시 주 앞에 겸비하라는 권면의 말씀이다.
5. 과연 하나님이 **불공평**하신 것인가(25절)?

6. 악인도 살리기 기뻐하는 **하나님**이시다(23절).
7. 하나님을 원망하지 말고 **살 길**을 찾으라(31절).
■ 악인도 의인도 구원받기를 원하시는 선하신 하나님이시다.

⑧ (19장) <애가>
이스라엘 고관들을 위한 애가를 지었다(1절). 왜냐면 17대 왕 여호아하스는 애굽에 끌려갔고(3-4절; 대하36:4), 18-20대 왕 여호야김, 여호야긴, 시드기야는 바벨론에 끌려갔기 때문이다(5-9절). 결국 나라를 위기에서 구할 권세자의 규(14절), 즉 지도자가 부재하게 되었다.

❷ 유다에 임할 심판3(20-24장)

① (20장) <장로들의 문의>
7년 5월 10일에 장로들이 여호와께 물으러 오자(1절) 조상들처럼 너희도 반역과 우상숭배를 일삼는다고 책망하시며(4절) 광야에서 조상들을 심판하셨듯이 그들을 열방의 심판으로 심판하리라(36절)고 하셨다.

⊕ 산당인가 성산인가(20:29, 40)?
＊"너희가 다니는 산당이 무엇이냐?"(29절)
1. 바마("**산당**")=바("**다니다**")+마("**무엇이냐**"). 그들이 쓸데없는 곳에 다니고 있다는 하나님의 책망의 말씀이다.
2. 온 이스라엘이 **성산**에서 예배하리라(40절).
■ 포로귀환 및 메시아 왕국에 대한 이중적인 예언이다.

하나님께서 남쪽 숲, 즉 남유다에 맹렬한 불을 붙이시겠다는 비유를 주셨다(46-48절).

② (21장) <여호와의 칼>
여호와께서 칼을 빼어 의인과 악인을 끊으시고(3절) 열방을 두려워할 줄 모르는 "업신여기는 규"(13절)인 남유다의 왕들이 사라지게 하시리라. 그리고 바벨론 왕이 처음에는 암몬의 랍바성(삼하12:26) 대신 유다의 예루살렘을 치기로 점괘를 얻지만(19-23절), 그다음에는 그들이 암몬도 칠 것이다(28-32절).

③ (22장) <심판 메시지>
① 하나님이 심판하실 수밖에 없는 성읍(22장)
1. 예루살렘은 **피 흘려 벌 받을 때**가 이른 성읍이다(1-2절).
2. 고관들이 **권력남용**으로 무고한 피를 흘렸다(6절).
3. **부모**를 공경하지 않고, **객과 고아와 과부**를 학대했다(7절).
4. **성물**들을 우습게 생각하고, **안식일**을 더럽혔다(8절).
5. 간음, 간통, 근친상간 등 **성적인 죄**들을 저질렀다(9-11절).
6. 뇌물, 고리대금, 강탈 등 **물신숭배**가 심각했다(12절).
7. 이스라엘이 제거할 **찌꺼기**가 되었다(18절).
8. **선지자**들이 하나님께 반역하다니(25절)!
9. **제사장**들이 율법과 성물을 범하다니(26절)!
10. **고관**들이 불의한 이익을 탐하다니(27절)!
11. **백성**들이 포악하고, 강탈을 일삼고, 가난한 자를 압제하고, 나그네를 학대하다니(29절)!
12. 무너진 데를 막아설 **중보자**가 없었다(30절).
■ 지금 우리 사회가 이렇게 심판받을 상황으로 가고 있지 않은가!

④ (23장) <형과 동생>

ⓙ 오홀라	오홀리바
"그녀 자신의 장막"	"그녀 안의 내 장막"
멋대로 신전을 세움	하나님의 성전 처소
북이스라엘/사마리아	남유다/예루살렘
앗수르와 행음(5절)	앗수르와 연애(12절)
므나헴(왕하15:19)	아하스(왕하16:7, 11)

■ 하나님을 잊고 음행한 죄를 담당하리라
(35절).

⑤ (24:1-14) <끓는 가마>
9년 10월 10일에 바벨론 왕이 예루살렘에 이르니(2절), 녹슨 가마처럼 더러워진 예루살렘(6절)을 끓는 가마처럼 심판하시고(4-5절) 죄악을 정결케 하시리라(11절).

⑥ (24:15-27) <아내의 죽음>
에스겔이 아내의 죽음에도 슬퍼하지 못한 것(16-17절, 54일⑧ 참고)은 하나님이 그분의 성소를 슬퍼하지 않고 버리실 것이기 때문이었다(21절).

- 행위 예언, 기적, 꿈, 환상, 사건 등 **다양한 채널로 말씀하시는 하나님**이시다(12:3).
- 공의의 심판과 자비의 구원을 **베푸시는 하나님**이시다(18:29-32).
- 멸망할 수밖에 없는 마지막 순간까지도 **중보자를 찾으시는 하나님**이시다(22:30).

하나님은 의인이라도 범죄하면 그의 의를 기억하지 않으시고, 악인이라도 돌이키면 그의 죄를 기억하지 않으신다고 하셨다(18장). 이 말씀을 통해 하나님이 주고 싶으신 메시지는 무엇일까(18:21-32)?

Day 59

열방에 임할 심판
에스겔 25-39장

내 백성의 멸망을 기뻐한 열방을 심판할 것이요,

내 백성은 살려내 승리하게 하리라.

1️⃣ 열방에 임할 심판(25-32장) 내 백성의 멸망을 기뻐한 민족들과 교만한 민족들을 벌하리라.

2️⃣ 이스라엘의 회복(33-39장) 하나님은 이스라엘을 회복하시고 말일에 곡을 심판하시리라.

ⓐ 애굽이 교만하여 **믹돌**(하이집트)에서 **수에네**(상이집트)까지 칼에 엎드러지리라(30:6). **놉**(현재 카이로 남쪽 24km에 위치한 고대 하이집트 수도 멤피스, 수많은 신전들이 있는 종교중심지), **바드로스**(상이집트의 수도), **소안**(하이집트의 고센), **노**(신왕조 시대 상이집트의 수도 테베), **신**(나일강 동쪽 국경의 요새), **아웬**(온, 태양신 숭배의 중심지 헬리오폴리스), **비베셋**(나일강 하류 고센 근처), **드합느헤스**(신 근처에 바로의 궁전이 있었던 국경도시)가 심판을 받으리라(30:13-18). (55일ⓐ 참고).

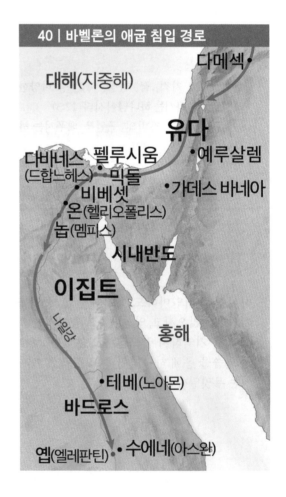

40 | 바벨론의 애굽 침입 경로

대해(지중해)

다메섹·

유다

·예루살렘

다바네스
(드합느헤스)

펠루시움

·가데스 바네아

믹돌

비베셋

온 (헬리오폴리스)

놉(멤피스)

시내반도

이집트

나일강

홍해

테베(노아몬)·

바드로스

옙(엘레판틴)· ·수에네(아스완)

352

1 열방에 임할 심판(25-32장)

① (25장) <암몬 모압 에돔 심판>

암몬이 내 백성의 멸망을 좋아했으니 패망하리라(1-7절). 모압이 유다는 이방과 같다고 조롱했으니 동방사람에게 넘기리라(8-11절). 에돔이 유다를 쳤으니 원수를 갚으리라(12-14절). 블레셋이 옛날부터 미워했으니 내 원수를 그들에게 갚으리라(15-17절).

② (26-28장) <두로 시돈 심판>

11년 어느 달 1일에, 예루살렘의 몰락을 자신의 이익으로 계산한 두로에 대한 예언이 임했다(26:1-2). 다민족이 파도처럼(바다 가운데 건설된 두로를 치려고, 26:3) 밀려와 그물을 칠 것이라(26:5). 고대 근동에서 해상무역의 패권을 쥐고 있던 두로(27장)는 느부갓네살왕과 알렉산더 대왕의 침공 이후로는 이전의 영광을 결코 회복하지 못했다(26:20). 스닐(헤르몬산)의 잣나무, 레바논의 백향목, 바산의 상수리나무, 깃딤(구브로)섬의 황양목에 엘리사(구브로)섬의 최고가 청색 자색 천으로 만든(27:5-7) 화려한 두로의 무역선단은 페니키아의 시돈, 아르왓, 그발 사람과 바사, 룻(리디아), 붓(리비아) 사람을 고용했다. 그리고 다시스(스페인의 항구도시), 소아시아의 야완, 두발, 메섹, 도갈마, 아라비아의 드단, 워단, 게달, 수리아의 아람, 다메섹, 유다, 이스라엘, 아프리카의 스바, 라아마, 메소포타미아의 하란, 간네, 에덴, 앗수르, 길맛과 무역했다(27:8-23; 계18:11-14).

Ⓐ 최고의 해상무역국 두로의 몰락(26-28장)

＊고대 근동 **해상무역**의 패권국가였던 두로(27:25)는 바다 가운데 세워진 난공불락의 **요새**였다.
1. "**나는 신!** 하나님의 자리에 앉았다"(28:2).
 -너의 **교만** 때문에 바다 가운데서 죽으리라(28:8).

2. 이후 예언대로 **재건축**되지 못했다(26:14)
 -옛 두로는 폐허가 되었고, 현 두로는 인근의 전혀 다른 도시다.
3. BC 585-573년 **느부갓네살왕**이 두로를 철저히 파괴했다.
 BC 332년 **알렉산더**가 폭 60m의 다리를 놓아 파괴했다.
＊(지성소의 법궤를) 지키는 그룹(28:14)이란?
 -두로 배후의 **사탄**(39일Ⓑ, 57일Ⓐ2,7 참고)은 소고와 비파를 부는 천사장에서 타락한 천사였다(28:16).
■ 교만한 세상 권력의 배후에 사탄의 세력이 앉아 있다.

내가 시돈을 대적함은 그들이 이스라엘을 찌르는 가시였음이라(28:20-24).

③ (29-30장) <애굽 심판>

10년 10월 12일에 에스겔이 애굽에 대해 예언했다.

Ⓑ 고대 패권국 애굽의 몰락(29-30장)

＊바로는 나일강에 누운 큰 **악어**다(29:3).
 "이 강은 **내 것**이라 내가 만들었다"(29:3).
1. 갈고리로 꿰어 짐승의 **먹이**가 되리라(29:4-5).
 -갈대 **지팡이**를 의지하면 부러진다(29:6-7).
2. 40년의 폐허 뒤에(바사 왕 고레스의 칙령으로) 바드로스로 **귀환**하여 미약한 나라가 되리라(29:13-14).
 -다시는 패권국가가 되지 못하리라(29:15).
＊이스라엘에서 돌아올 "한 뿔"은 **메시아**를 의미한다(29:21).
■ 교만한 세상 권력을 하나님이 반드시 심판하신다.

27년 1월 1일에 예언했다(29:17). 느부갓네살왕이 두로를 13년간 공략해 점령했지만 두로가 이미 보물을 빼돌려 이익을 얻지 못했기에 하나님이 애굽을 보상으로 그에게 넘기시리라(29:18-19). 그날에 칼이 임해(30:3-4) 애굽과 구스(에티오피아), 붓(리비아), 룻(루디아, 소아시아 서부), 굽(추정불가)의 동맹이 패하리라(30:4-5). 하나님이 애굽 왕의 양팔을 꺾으신다(30:22)는 예언대로, BC 605년 갈그미스에서의 패전(56일Ⓐ 참고) 후 애굽은 바벨론에 노략당했다.

④ (31-32장) <애굽 왕 비유>

11년 3월 1일에 에스겔이 예언하기를, 애굽왕 바로는 백향목같이 아름드리 거대한 나무였다가 스올에 떨어진 앗수르(31:1-3, 15)와 같다고 하셨다. 12년 12월 1일에 바로에 대한 애가를 부르며 큰 악어를 그물로 끌어오겠다고 하셨다(32:1-3, 29:3). 그리고 12년 어느 달 15일에, 바로가 스올에서 열국의 강자들을 보고 위로를 받으리라는 비참한 말로를 예고하셨다(32:17, 31).

② 이스라엘의 회복 (33-39장)

① (33장) <파수꾼>
Ⓒ 이스라엘의 파수꾼 에스겔(33:1-9)

1. 파수꾼이 나팔을 불어도 피하지 않으면 자기의 **책임**이다(4절). 그러나 나팔을 불지 않아 못 피하면 그것은 파수꾼의 **죄**다(6절).
   - **에스겔**은 이스라엘 족속에게 **경고**해야 했다(7절, 57일Ⓓ 참고).
2. **백성**이 말하기를 "어차피 우리는 죄로 죽는다"(10절)고 운명론을 말한다.
   - 사실은 그들이 선지자의 말을 **유행가**처럼 여기는 것이 문제였다(32절).
3. **하나님**이 말씀하신다. "나는 악인이 죽는 것을 기뻐하지 않는다. 이스라엘아 악한 길을 떠나 돌이키고 돌이키라"(11절).
   - ■ 돌아오지 않는 님을 향한 하나님의 애타는 절규를 들으라.

포로 12년 10월 5일에 예루살렘에서 도망 온 자를 통해 예루살렘의 함락 소식을 들은 이후, 하나님이 말씀하실 때만 말하고 침묵하던 에스겔의 선별적 침묵 기간이 끝났다(21-22절, 3:26-27, 24:27).

② (34장) <참 목자>
Ⓓ 친히 양의 목자 되실 메시아(34:15, 24)

* 이스라엘 목자들에게 **화** 있을진저(2절).
  - 양 떼를 먹이지 않고 잡아**먹었도다**(3절).
  - 양 떼를 고치지 않고 **포악**으로 행했다(4절).
  - 양 떼는 **유리**하고 들짐승의 밥이 되었다(5절).
1. **하나님**이 친히 양 떼의 목자가 되시리라(15절).
2. 염소 같은 **거짓 목자**를 벌하시리라(17절; 마25:32).
3. 내 종 다윗, 즉 **메시아**를 세우리라(23절).
■ 오늘날 하나님이 교회에 세우신 목자들도 겸비하여 회개하라.

③ (35장) <에돔 심판>
에돔이 바벨론의 동맹으로 예루살렘의 함락을 도왔으므로(5절) 세일산에 피가 따르리니 이는 하나님의 기업인 남유다와 북이스라엘을 넘보았기 때문이다(10절).

④ (36장) <새 영, 새 마음>
Ⓔ 새 영과 새 마음을 주리라(36:26-28)

* 유다의 멸망으로 인해 **주의 거룩한 이름**이 더러워졌다(20절). 그러나 (남은 자들을 통해) 그 이름을 아꼈노라(21절).
1. **새 영과 새 마음**을 주리라(26절, 11:19-20).
   - **성령**께서 하나님의 말씀을 지킬 새 마음을 주시리라.
2. 너희는 **내 백성**이 되고, 나는 **너희 하나님**이 되리라(28절, 55일Ⓐ 참고)
■ 메시아가 이루실 완전한 회복을 예언했다(55일Ⓑ 참고).

⑤ (37장) <에스겔의 골짜기 환상>

Ⓕ 에스겔의 골짜기 환상(37장)

1. 여호와의 권능(손), 즉 성령이 임재하셨다(1절).
2. 마른 뼈가 지면에 가득한 **골짜기**를 보았다 (2절).
3. "인자야, 이 **뼈**들이 살 수 있겠느냐"(3절).
4. "인자야, 너는 **생기**를 향해 대언하라"(9절).
5. 살아나 극히 큰 **군대**가 된 이스라엘(10-12절).
6. 남북왕국 **통일**을 뜻하는 2개의 막대기(16-17절).
7. 내 종 다윗(**메시아**) 왕이 다스리리라(22, 24절).
■ 메시아가 이루실 완전한 구원의 환상이었다.

⑥ (38-39장) <마곡 심판>

Ⓖ 마곡 왕의 정체와 심판(38:2).

＊마곡(창10:2)의 왕 곡은 누구인가(38:2)?
1. 역사상 리디아 최고의 왕이었던 **기게스**를 가리킨다.
   = 구구("높다", 앗수르 문헌상 탁월한 통치자였다).
2. 곡 연합이 **말세**에 이스라엘과 전쟁하리라 (38:5-6, 8).
 - 예언되어 온 궁극적인 대적을 가리킨다 (38:17; 계20:7-10).

＊하나님의 거룩을 위해 곡을 **심판**하시리라 (38:16, 39:6).
1. **하몬곡**("곡의 무리", 39:15) 골짜기에 그들을 매장하고 그곳을 **하모나**("많은 무리", 39:16) 성읍이라고 하리라.
2. 하나님의 열심으로 이스라엘 백성을 **회복**하리라(39:25).
■ 말세에 일어날 사건을 예언했다(욜2:28-32; 슥12, 14장).

- 목자 없는 양 떼를 불쌍히 여겨 친히 **목자 되시는 하나님**이시다(34:5, 6, 15).
- 당신의 거룩한 이름을 위해 우리에게 **새 영을 주시는 하나님**이시다(36:21, 22, 26).
- 완전히 죽은 뼈들을 살리시듯 그 **백성을 살리시는 하나님**이시다(37장).

Day 60

새 이스라엘의 회복
에스겔 40-48장

 하나님은 에스겔에게 새 성전과

새 예루살렘과 새 나라의 환상을 보이셨다.

① 새 성전의 환상(40-43장) 하나님은 새 성전에 하나님의 영광이 충만한 환상을 보이셨다.
② 새 예배의 환상(44-46장) 하나님은 거룩한 새 예배 및 안식일과 절기를 지키라고 하셨다.
③ 새 나라의 환상(47-48장) 하나님은 성전의 생명수 환상과 새 땅의 환상을 보이셨다.

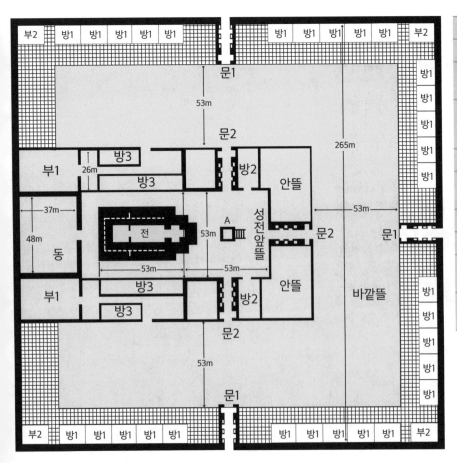

문1	바깥문(40:6-17, 20-27)
문2	안문(40:28-37)
방1	바깥뜰의 30개의 방(40:17)
방2	성전 및 제단을 지키는 제사장들의 방 (40:44-47)
방3	제사장의 방(42:1-14)
전	성전(40:48-41:11, 13-14, 16-26)
동	건물(41:12)
단	번제단(43:13-17)
부1	제사장을 위한 부엌(46:19-20)
부2	백성의 제물을 삶는 부엌(46:21-24)

표09_ 에스겔의 새 성전 환상

1 새 성전의 환상(40-43장)

① (40장) <성전의 이상>

포로된 지 25년, 함락된 지 14년 1월 10일에 매우 높은 산(시온산, 2절, 17:23)에 남향한 성읍 형상의 환상을 보았다. 놋같이 빛난 사람(천사)이 삼줄과 장대를 들고 선지자에게 보고 듣고 생각하라며(3-4절), 성전의 동문, 바깥뜰, 북문, 남문, 안뜰의 남문, 동문, 북문 및 방들과 현관문의 규격을 보여주었다.

Ⓐ 새 성전 윤곽의 환상(40장)

1. **삼줄**(넓은 곳 측량)과 장대(좁은 곳 측량, 3절).
2. **장대**는 일반 규빗(45cm)보다 넓은 왕실 규빗(53cm, 43:13)으로 6척(규빗), 즉 3.2m(5절)였다.
3. **동문**: 문 너비도 1장대, 문지기방도 1장대. 종려나무 문양을 새긴 것은(16절) 솔로몬 성전과 같았다(왕상6:29).
4. **바깥뜰**: 3면(동남북)이 박석으로 포장된 보도가 있고, 방이 삼면의 현관 좌우에 5개씩 총 30개가 있었다(17절).
5. **북문과 남문**: 동문과 같은 구조였다.
   바깥뜰로 입장하는 7층계(22절)는 주의 임재의 완전함을 상징한다.
   안뜰로 입장하는 8층계(34절)는 성소를 향한 경외감을 상징한다.
6. **안뜰 북문 곁방**: 번제물을 씻는 방이다(38절).
7. **안뜰 남향 방**: 성전을 지키는 제사장용이다(45절).
   안뜰 북향 방: 제단을 지키는 제사장용이다(46절).
8. **현관 기둥**: 야긴과 보아스처럼 2개의 기둥이 있다(49절; 왕상7:21).
■ 하나님이 꿈꾸시는 완전한 예배의 처소에 대한 모습이었다.

② (41장) <성소와 지성소>

천사가 에스겔에게 성소와 지성소의 규격을 보여주었다(1-11절).

③ (42장) <제사장의 방>

Ⓑ 새 성전 성소의 환상(41-42장)

1. **성소**: 20m×10m(41:2) 솔로몬 성전과 동일.
2. **지성소**: 10m×10m(41:4) 솔로몬 성전과 동일.
3. **골방**: 3면 3층 30개의 골방이 있고, 각층은 나선형 계단으로 연결된다(왕상6:8).
4. **건물**: 성전 서쪽(41:12)에 있으며 창고 역할로 추정된다.
5. **문양**: 지성소, 성소, 현관, 회랑에(41:15하-16) 그룹들과 종려나무 모양을 새겼다(41:18-20; 왕상6:29).
6. **남북방**: 제사장의 지성물 식사용(42:1-13).
7. **사면 담**: 가로와 세로의 길이가 각 500척이 되는 담은 성속을 구별하기 위함이다(42:20).
■ 영광스럽고 거룩한 새 생전에 대한 환상을 보았다.

④ (43장) <여호와의 영광>

Ⓒ 새 성전에 임할 영광의 환상(43장)

1. 여호와의 영광이 **동문**을 통해 성전에 들어가 여호와의 영광이 성전에 **가득**하더라(4-5절).
2. 원래 시온 **심판 때** 성전을 떠났었고(10:18). 성전 밖으로 완전히 나가셨었다(11:23).
* 재건 성전인가, 헤롯 대성전인가, 천년왕국 성전인가?
　- **에스겔 성전**은 구체적인 치수로 측량했지만 실제로 건축하라는 명령이 없었다(출25:9; 대상28:10).
　- 이전의 죄악을 **회개**하고 하나님이 주시는 **말씀**대로 살라는 메시지이다(10-11절).
■ 그리스도 안에서 이루어질 완전한 영적인 의미의 성전이다.

이곳은 하나님 보좌의 처소이므로 앞으로는 음행(우상숭배)과 왕들의 시체(조상신 섬기던 이방제사)로 더럽히지 말라고 하셨고(7절), 번제단의 식양을 보이시며 7일간 봉헌하게 하셨다.

② 새 예배의 환상(44-46장)

① (44장) <여호와의 영광>

Ⓓ 성전의 동문은 왜 닫혀 있는가(44:2)?

＊골짜기문(느2:13)=미문(행3:2)=**황금문**.
－지금까지 **사용하지 않고 있는** 예루살렘의 유
일한 문이다.
1. **여호와**께서 친히 들어오신 문이기 때문이다
(2절).
2. 장차 **메시아**의 임재 때 사용된다는 유대 전승
때문이다.
3. 한때 무슬림들은 이 문이 **통치자의 문**을
상징하기 때문에 봉쇄시켰었다.
■ 이미 그리스도께서는 이 문으로 입장하셨
다(마21:1-10)!

다만 왕은 동문 현관 하나님 앞에서 교제할
수 있으니, 백성의 대표로서 새 예배의 거룩
한 직무를 감당함이었다(3절). 앞으로 이방인
을 성소에 들이지 말며(9절) 변절했던 레위인
들은 봉사 업무만 맡으라(14절). 사독 계열 제
사장들은 성소 직분을 담당하되, 제의상 부정
하게 땀을 흘리지 않도록 양털옷(방한복) 말고
베옷을 입을 것이며(17절), 의식적 정결과 삶
의 거룩을 지키고 성경교육과 재판일을 충실
히 감당하라(15-27절).

② (45:1-17) <거룩한 구역>

기업 분배 시 한 구역을 드려 중앙 성소 및 제
사장 거주지로 삼고 그 옆에 레위인 거주지를
마련하라. 거룩한 구역 양옆은 왕의 기업으로
삼되, 왕은 주어진 것에 만족하고(9절) 정의로
통치하며 예배에 헌신해야 한다.

③ (45:18-46:18) <거룩한 예배>

성전을 정화하고 유월절과 초막절을 지켜야
하며 안식일, 초하루, 상번제를 지키되, 군주
는 백성과 함께 예배하고 백성의 기업을 빼앗
지 못할지니라.

④ (46:19-24) <제사장의 방>

북향한 제사장의 방 뒤 서쪽에 있는 제사장의
부엌 및 바깥뜰 네 구석에 있는 백성들의 부
엌을 보여주셨다.

③ 새 나라의 환상(47-48장)

① (47장) <생명수>

Ⓔ 성전에서 흘러나온 물은 무엇인가(47:1)?

1. 성전 안 하나님의 임재에서 흘러나오는 **생
명수**를 보았다(요4:14).
－동쪽(세상)으로 흘러 사해(死海)도 살린다
(8절). 그러나 이 생명수를 거부하는 이들
도 있다(11절).
＊염해 서쪽이 **그물**을 치고 물고기를 잡는 곳
이 되리라(10절).
－장차 영혼 구원이 많으리라는 뜻이다(마
13:47; 막1:17).
－강가의 **나무들**(12절)은 구원받은 영혼들을
상징한다(사61:3).
＊이것이 **에덴**동산의 본 모습(창2:9-10)이자
영원히 완성될 **천국**의 환상이다(계22:1-2).
■ 에덴에서 천국까지 그리스도께서 완성하신다.

하나님은 새 땅의 경계를 알려주셨다(13-23절).

② (48장) <새 이스라엘>

Ⓕ 새 이스라엘의 환상(48장)

1. 북쪽 단에서 남쪽 유다까지 **7지파**의 땅.
2. 가운데 **거룩한 땅**(성소, 성읍, 왕의 땅 포함).
3. 북쪽 베냐민에서 남쪽으로 갓까지 **5지파**의 땅.
4. **새 예루살렘** 사방 문에 12지파 이름(31-34절).
5. **여호와 삼마**("여호와께서 거기 계시다.")
＝임마누엘("하나님이 우리와 함께하시다.")
■ 그리스도를 통해 영원히 함께할 하나님이
시다.

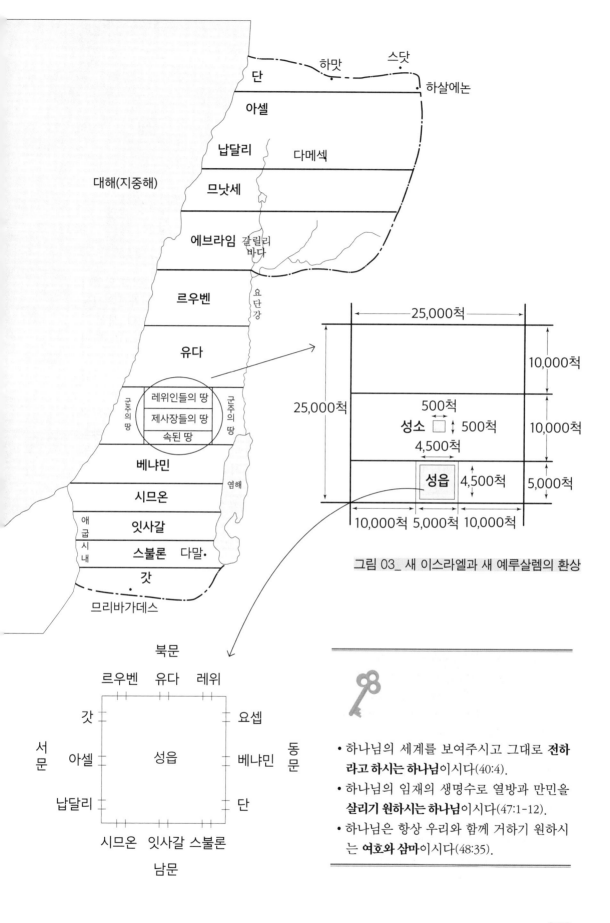

그림 03_ 새 이스라엘과 새 예루살렘의 환상

- 하나님의 세계를 보여주시고 그대로 **전하라고 하시는 하나님**이시다(40:4).
- 하나님의 임재의 생명수로 열방과 만민을 **살리기 원하시는 하나님**이시다(47:1-12).
- 하나님은 항상 우리와 함께 거하기 원하시는 **여호와 삼마**이시다(48:35).

계시자 하나님

"하늘이 열리며 하나님의 모습이 내게 보이니"(겔1:1)

에스겔은 30세에 부르심을 받았다. 바벨론 제국의 대표적인 왕 느부갓네살이 건설한 대운하 그발강가에서 포로로 잡혀간 지 5년차에 놀라운 환상을 보게 되었다. 그것은 하나님의 모습에 대한 환상이었다. 얼마나 감격스러웠을까! 얼마나 놀라웠을까! 성경 어디에도 하나님의 모습을 이렇게 자세하게 본 사람은 없었다.

하나님과 친구처럼 대면해서 이야기했던 모세조차도 하나님의 얼굴을 보지 못했다. "네가 내 얼굴을 보지 못하리니 나를 보고 살 자가 없음이니라"(출33:20). 그런데 놀랍게도 에스겔은 하나님의 모습을 완전한 4D 입체에 총천연색으로 보았다. 하나님이 그분의 거처인 "북쪽"(겔1:4, 시48:2)에서부터 에스겔이 서 있는 그발 강가까지 폭풍과 큰 구름 가운데 다가오셨다.

처음 보인 것은 네 생물의 형상(겔1:5), 즉 그룹이었다. 천사들 가운데 하나님 최측근에서 찬양하는 스랍이 있는가 하면(사6:2), 에덴동산을 두루 도는 불 칼(화염검)과 함께(창3:24) 가장 은밀한 지성소를 지켰던 그룹이 있다(출25:20). 이들은 하나님의 임재를 수행하고 보좌하는 역할을 한다. 그룹은 사람, 사자, 소, 독수리의 얼굴(겔1:10)을 하고 있는데, 이는 모든 피조물을 대표하고 있기 때문이다. 사실 천사들도 하나님을 섬기도록 지음받은 천상의 피조물 아닌가.

네 생물, 즉 그룹이 번개처럼 움직이는데(겔1:14), 하나님의 영(루아흐, 겔1:20)이 가시는 곳마다 순종해서 빛의 속도로 움직이고 있었다(겔1:20). 이는 놀라운 영적 능력을 가진 천사들이 하나님께 즉각 순종했다는 뜻이다. 사실 천사들 가운데 "범죄한 천사들"(벧후2:4)도 있지만, 그룹처럼 자원하여 하나님을 섬기며 충성을 다하는 천사들도 있음을 보여준다. 하나님은 인간에게 자유의지를 주셔서 자원하여 하나님을 사랑하게 하셨고, 천사들에게도 자유의지를 주셔서 자원하여 하나님께 충성하게 하셨다. 그러니 정말 하나님은 우리의 상상을 초월하는 인격자이시다.

에스겔은 생물의 머리 위에 수정 같은 궁창의 형상을 보았다(겔1:22). 수정같이 투명한 궁창은 하나님의 보좌 앞에서 나오는 생명수 강을 의미한다. "그가 수정같이 맑은 생명수의 강을 내게 보이니 하나님과 및 어린양의 보좌로부터 나와서"(계22:1). 실로 하나님의 임재는 거룩하고 순결한 자리요, 생명과 은혜가 넘치는 자리다.

그리고 에스겔은 그 위에 보좌의 형상이 있고 그 위에 사람의 모양 같은 한 형상이 있음을 보았다(겔1:26). 놀랍지 아니한가. 보좌에 앉으신 만왕의 왕이신 하나님이 사람의 모양 같은 형상으로 현현하셨다. 성자께서는 인자 같은 모습으로(단7:13) 보이셨고, 실제로도 인자로 오셨다. 하지만 성부께서 사람의 모양 같은 형상으로 현현하시다니 놀랍다! 이것은 사람이 하나님의 형상(창1:27)임을 보이심이요, 하나님이 우리와 소통하는 인격적인 분이심을 보이심이다.

에스겔은 치명적인 계시를 보았다. 왜냐면 하나님을 본 사람도 없고(요1:18) 하나님을 보고 살아남을 존재도 없기 때문이다. 그리고 하나님은 영이시며(요4:24) 물리적 형체가 없으시기 때문에(약1:17), 사실 인간이 육안으로 본다는 것 자체가 이론적으로 불가능한 이야기다.

그러면 도대체 에스겔은 어떻게 하나님의 모습을 본 것인가? 하나님이 스스로 그 이론을 파괴하셨기 때문이다. 그리고 인간이 볼 수 없는 하나님을 보게 해 주셨다! 이것은 마치 죄인이 의로우신 하나님 앞에 감히 나갈 수 없음에도 불구하고 하나님은 아들까지 십자가에 내어 주시면서 그 죄인을 끌어안아 주신 것과 같다.

우리는 하나님의 마음을 다 이해할 수 없다. 하나님의 생각과 우리의 생각은 정말 천양지차다. 그런데 하나님은 우리가 이해할 수 없는 그 하나님의 마음을 우리가 이해하게 되기를 원하신다. 그래서 우리에게 보여주신다. 이것이 계시(啓示)다. 하나님은 인간이 알 수 없는 천상의 비밀, 구원의 비밀을 계시하신다. 그리고 가장 중요한 계시는 바로 하나님 자신을 보여주시는 계시다.

하나님은 영적 기억상실증에 빠진 인간에게 찾아오신다. 불가능의 선을 넘어서 자신을 계시해 주신다. 자연을 통해, 역사를 통해, 성경을 통해, 그리스도를 통해 하나님 자신을 보여주신다. 그리고 우리는 영적 시력과 청력을 상실했는데도, 어느 날 기적적으로 눈을 떠 그분을 보게 되고 귀가 열려 그분의 음성을 듣게 된다.

아브라함이 장막에 있다가 나그네로 현현하신 여호와를 대면했고, 모세가 떨기나무 불꽃 가운데서 주님의 현현을 마주하지 않았는가. 나도 이들처럼 주님을 보기 원하지 않는가? 그러면 그들은 어떻게 보았는가? "마음이 청결한 자는 복이 있나니 그들이 하나님을 볼 것임이요"(마5:8). 그러면 얼마나 청결해야 할까? 만물보다 심히 부패한 것이 인간의 마음인데 말이다(렘17:9).

그리스도의 보혈로 씻기고 성령의 불로 태워지고 아버지의 눈물의 품에 안긴 영혼에게는 가능하다. 인간으로서 하나님을 보는 것은 가장 불가능한 일이지만, 또한 가장 하나님이 원하시는 일이다. 생각해 보라. 숨어서 자식을 바라보기 원하며 만족할 부모가 어디 있겠는가!

그러면 에스겔은 언제 하나님을 보았는가? 조국은 멸망 직전이고 자신은 포로로 끌려간 때였다. 세상 자랑과 즐거움을 모두 내려놓고 빈들에 나가게 된 그때 하나님이 자신을 보여주셨다. 왜일까? 야곱도 빈들에서 처음 노숙하던 날 천상의 하나님의 환상을 보았다(창28:11-14). 스데반도 돌에 맞아 순교하던 마지막 순간에 천상의 그리스도의 보좌를 보았다(행7:55-56). 사도 요한도 밧모섬에 유배되어 지낼 때 종말의 환상과 천상의 그리스도를 보았다(계1:9-20).

물질만능이 극에 달할수록 영적 갈증은 심해질 것이다. 도시 문명에 숨이 막힐수록 영적 시력은 쇠퇴할 것이다. 그러나 이 영적인 광야의 시대, 물질에 영혼이 포로가 된 시대야말로 에스겔의 때와 같지 아니한가. "내 눈을 열어서 주의 율법에서 놀라운 것을 보게 하소서"(시119:18).

눈이 있으나 보지 못하고 귀가 있으나 듣지 못하는 영적 터널의 삶이 아니라, 이제 눈을 들어 만물과 만사와 만민 속에 하나님의 흔적과 손길과 모습을 발견할 수 있다면! 성경 구절 구절 속에 면면히 흐르는 성부의 눈물과 성자의 보혈과 성령의 생수를 볼 수만 있다면! 영원하신 하나님의 환상을 보는 사람만이 이 사라질 세속 문명의 거짓 환상에서 깨어날 수 있으리라.

다니엘서는 세속사를, 호세아서는 하나님의 사랑을, 요엘서는 여호와의 날을, 아모스서는 북이스라엘을 향한 심판을, 오바댜서는 에돔의 멸망을, 요나서는 니느웨의 멸망을, 미가는 남유다에 대한 심판을, 나훔서는 니느웨의 멸망을 예언한 책이다. 하박국서는 하나님의 주권에 대해 질문한 책이고, 스바냐서는 남은 자의 회복을, 학개는 성전 재건을, 스가랴서는 성전 재건의 환상을, 말라기는 재건 성전에서의 예배를 비판한 책이다. 소예언서를 보며 우리는 사랑의 하나님을 만날 수 있다. 혼내놓고도 안쓰러워 하시고, 포기하지 않고 끝까지 붙잡으시는 사랑을 만난다. 말라기로 구약은 마침표를 찍지만 우리를 구원하시려는 하나님의 계획은 계속된다. ─────────

Week 11

다니엘 01장 - 말라기 04장

● 다니엘

다니엘서는 세속사를 예언한 책이다. 이방 세계의 역사를 예언한 부분(1-7장)과 유대인의 역사를 예언한 부분(8-12장)으로 구성되어 있다. 전반부는 2장 4절 상반절까지 히브리어에 3인칭으로, 2장 4절 하반절부터 6장까지는 아람어에 3인칭으로 기록되었고, 7-12장은 히브리어에 1인칭으로 기록되었다.

에스겔이 성전에 대한 기대감을 유대인들에게 심어주었다면, 다니엘은 세계 역사에 대한 하나님의 계획을 바벨론 왕들에게 심어주었다. 하나님은 이스라엘의 역사만 주관하시는 분이 아니라 세계 역사를 주관하시는 분이시다. 다니엘은 바벨론, 바사, 그리스, 로마에 대해서 놀라우리만큼 명확하고도 구체적인 예언들을 남겼다. 또한 그런 세상 권력들은 망할지라도 궁극적으로 세워질 메시아 왕국은 영원하리라는 비전을 제시했다. 다니엘의 이름은 "하나님께서 심판하신다"는 뜻이다.

다니엘은 바벨론 유수 1차(BC 605년 느부갓네살왕)에 포로로 잡혀온 소년이었으며 바벨론, 메대, 바사의 3개 제국에서 총리가 되어 80대까지 중용되었던 정치인이요 영성가였다. 다니엘은 후대의 모르드개처럼 총리의 자리에 오른 인물이지만 기도와 말씀의 사람이었기에 하나님은 그에게 놀라운 계시와 환상을 보여주셨다. 다니엘은 사실 소수민족 출신의 포로 소년이었지만, 로마 감옥에 갇힌 포로로 우주적 교회의 환상을 본 사도 바울처럼, 밧모섬에서 죄수로 종말과 천국의 환상을 보았던 사도 요한처럼 메시아 왕국과 종말 및 하나님 나라에 대한 놀라운 환상을 보았다. 사실 하나님이 일하시는 방식은 창세기 때부터 일관된다. 하나님은 느부갓네살 같은 영웅을 쓰시는 것이 아니라, 연약할지라도 하나님을 신뢰하고 따르는 한 사람을 쓰시는 분이시다. 그러므로 하나님 나라의 동역자요 계시의 통로로 쓰임받은 다니엘은 당대 최강의 제국 바벨론의 왕들 앞에서도 전혀 위축되지 않았고 오히려 그 왕들 위에서 다스리시는 하나님의 말씀을 담대히 증거했으니, 마치 애굽의 바로 앞에서도 담대했던 모세와 로마의 가이사 앞에서도 담대했던 바울과 같았다.

○ 세계사 예언 (1-7장)			
1	다니엘의 결심	1장	포로 소년의 결심과 지혜
2	이방인의 역사	2-7장	신상, 나무, 짐승의 환상

○ 유대사 예언 (8-12장)			
1	숫양과 숫염소	8장	바사와 헬라의 전쟁 환상
2	70이레에 대해	9장	성전 재건과 메시아 환상
3	이스라엘에 관해	10-12장	중간기 및 종말의 환상

● 호세아

　호세아서는 하나님의 사랑을 예언한 책이다. 부정한 고멜을 향한 호세아의 사랑을 이야기한 부분(1-3장)과 부정한 이스라엘을 향한 하나님의 사랑을 이야기한 부분(4-14장)으로 구성되어 있다.

　호세아는 거룩한 선지자가 음란한 창녀와 결혼하고 재혼하는 과정을 통해, 거룩하신 하나님이 음란한 이스라엘과 결혼하고 재혼하실 것임을 예언하고 있다. 이를 통해서 선지자 개인의 삶 자체가 예언적 메시지가 되었다. 호세아(Hosea)의 이름은 "여호와는 구원이시다"라는 뜻으로, 이사야(Isaiah)나 여호수아(Joshua), 그리고 예수(Jeshua)와 같은 뜻의 이름이다. 여호수아의 본래 이름이 호세아이고(민13:16), 축약된 이름이 예수(히브리어 원전, 느8:17)다.

　호세아는 북이스라엘의 중흥을 이끌던 13대 왕 여로보암 2세의 통치기부터 마지막 왕 호세아 통치기까지(1:1, 남왕국 히스기야 통치기가 북왕국 호세아의 통치였다) 예언자로 활동했던 인물이다. 그가 처음에 하나님의 심판을 예언했을 때는 북왕국 백성들의 귀에 멸망이라는 말이 들어오지 않았을 것이다. 당시는 부국강병을 이룬 상태였기 때문이다. 하지만 정말 그의 예언대로 당대에 북왕국은 앗수르 제국의 침략을 받아 몰락하게 되었다. 8세기 전반, 즉 여로보암 2세 때는 앗수르의 영향력이 약화되어 그들이 번영을 누릴 수 있었지만, 8세기 후반에는 디글랏빌레셀 3세의 확장 정책(29일① 참고)으로 북이스라엘이 앗수르에 종속되고 결국 멸망하기에 이르렀다. 북이스라엘이 멸망할 수밖에 없었던 이유는 우상숭배와 성적 타락 때문이었다. 그런데 우상숭배라는 신앙적인 외도(外道)는 부부간의 외도(外道)와 유사하며 상호 연관되어 있다. 절대자 하나님을 부정하면 인생에서 지켜야 할 절대적 가치도 사라지기 때문에, 영적 타락은 도덕적 타락으로 가는 것이 수순이다. 결국 극단적인 우상숭배에 빠져 하나님이 누구신지 알 수 없게 되었다는 것(4:1, 6)이 북왕국이 서 있을 토대 자체를 무너뜨렸다. 하나님과의 관계에서 우상숭배나(출20:3-6), 부부관계에서 외도는 용납될 수 없는 일이다(마5:32). 그런데 하나님은 그렇게 외도한 아내 같은 이스라엘을 다시 받아주시겠다는 충격적인 사랑 고백을 하셨다(호14:1, 4).

○ 고멜과 호세아 (1-3장)			
1	결혼	1장	고멜과 결혼해 자녀 출산
2	재혼	2-3장	간음한 아내와 다시 결혼

○ 이스라엘과 하나님 (4-14장)			
1	영적 간음	4-5장	하나님을 몰라 영적 간음
2	우상숭배	6-8장	하나님을 떠나 우상숭배
3	심판	9-10장	이스라엘에 세 가지 심판
4	회복	11-14장	사랑과 회복에 대한 약속

●요엘

요엘서는 여호와의 날을 예언한 책이다. 역사적으로 이스라엘에 실제로 있었던 메뚜기 떼로 인한 자연재해를 다룬 부분(1장)과 예언적으로 미래에 군대들이 침략할 것을 다룬 부분(2-3장), 이렇게 두 부분으로 구성되어 있다.

요엘서는 메뚜기 재앙 이야기로부터 시작된다. 그런데 메뚜기 재앙은 하나님이 교만한 애굽에 내리셨던 재앙이 아니었는가(출10:4-6). 오늘날에도 기후 변화로 생기는 메뚜기 떼는 바람을 타고 하루 150km를 이동하며 농지와 산림을 초토화시켜 버린다. 1km 규모(약 1억5천 마리)의 메뚜기 떼가 하루에 3만5천 명 분의 농작물을 먹어치우는데, 2020년 2월에 케냐에서 시작되어 중동과 파키스탄까지 휩쓸었던 메뚜기 떼는 2000km에 달했다. 자 그런데 이런 재앙이 실제로 이스라엘 땅에 닥쳤다. 그것도 팥중이, 메뚜기, 느치, 황충(1:4)이 휩쓸고 가는 4중 재앙이었다. 이것은 분명히 하나님이 자연재해를 통해서 남유다에게 주시는 경고의 메시지였다. 그리고 이 경고대로 BC 7세기 초반에 앗수르 제국의 왕 산헤립이 메뚜기 떼처럼 몰려와 남유다를 침공해서 예루살렘을 포위하고 히스기야를 압박하는 사건이 벌어졌다(2:4-10).

요엘의 이름은 "여호와는 하나님이시다"라는 뜻이다. 요엘서는 자연재해와 전쟁을 통해서 여호와 하나님이 역사를 주관하고 계시며 그들에게 말씀하고 계신다는 것을 깨달으라는 메시지다. 그런 점에서 요엘서는 "여호와의 날"을 강조한다. 여호와의 날은 두 가지 의미를 갖는다. 그날은 엄청난 심판의 날이 될 것이고(2:1), 또한 그날은 놀라운 구원의 날이 될 것이다(2:18, 28, 3:1). 여호와의 날은 하나님이 역사에 친히 개입하실 때, 심판과 구원을 통해 하나님께 반응해야 함을 알려준다. 요엘서는 심판과 구원이라는 예언서의 전형적인 양면을 보여주고 있다. 궁극적으로 그날은 주(그리스도)의 이름을 부르는 날이요 하나님의 영(성령)으로 충만해지는 날이다(2:28-32).

요엘서의 연대는 본서에 따로 언급되어 있지 않다. 하지만 남유다 8대 요아스왕 시대로 추정된다. 왜냐면 첫째, BC 8세기 중엽에 활동한 아모스 선지자가 요엘서의 자료를 활용했고(욜 3:16, 18; 암1:2, 9:13 등), 둘째, 왕에 대한 언급이 없는데 이는 아달랴를 몰아내고 요아스가 왕으로 즉위했던 때에 대제사장 여호야다가 섭정을 하고 있었기 때문이다. 그렇다면 앗수르 침공 150여 년 전에 요엘이 남유다에 임할 국가적 재앙을 미리 경고한 셈이 된다.

○ 여호와의 날에 대한 예언 (1-3장)			
1	회상	1장	메뚜기 떼의 재앙
2	예상	2-3장	만국 심판과 구원

● 아모스

아모스서는 북이스라엘을 향한 심판을 예언한 책이다. 심판받아 마땅한 죄에 대해서(1-2장), 심판을 불러오는 태도에 대해서(3-6장), 심판이 어떠할지에 대한 징조에 대해서(7-9장) 기록하고 있다.

호세아가 북이스라엘의 영적 타락을 고발하고 있다면, 아모스는 북이스라엘의 도덕적 타락을 고발하고 있다. 그는 원래 남유다의 드고아 고원에서 목축을 하며 뽕나무를 재배하던 평범한 농부였지만(1:1, 7:14), 북이스라엘을 향해 심판을 예언하는 부담을 져야 했다. 아모스의 이름은 "짐을 지다"라는 뜻이다. 북이스라엘 사람들이 그의 예언을 받아들이지 않았던 것은, 북이스라엘의 영적 교만과 안일 때문이기도 했지만, 다른 한편으로는 그가 남유다 출신이었다는 점과 외진 시골 농부였다는 점 때문이었다. 아모스는 금송아지 제단이 있는 벧엘(7:10-13)에 가서 북이스라엘의 전성기인 여로보암 2세의 통치기에 심판을 예언했기 때문에, 마치 앗수르 제국의 전성기에 수도 니느웨에 가서 심판을 예언한 요나와 같은 입장이었다. 그러나 다른 점이 있다면, 요나의 예언으로 니느웨는 회개하여 하나님의 심판이 유예되었지만, 북이스라엘은 아모스의 예언에도 회개하지 아니하여 100여 년 만에 실제로 앗수르 제국에게 패망하게 되었다는 점이다. 그러나 아모스도 이스라엘 가운데 임할 하나님의 회복에 대해서 예언했으니, 예언서들을 통해서 하나님은 심판과 구원의 양면을 말씀하셨다. 실로 역사는 하나님과 사람이 함께 만들어가는 것이다.

아모스의 연대는 BC 755년경으로 추정된다. 그가 남유다 10대 웃시야왕(BC 767-739년)의 시대이자 북이스라엘의 13대 여로보암왕 시대(BC 782-753년)에 예언했으므로 BC 767-753년 사이가 될 것이다. 그리고 이후 한 세대만인 BC 722년에 북이스라엘은 멸망했다. 9장에 걸친 아모스의 외침은 북왕국을 향한 거의 마지막 경고에 해당되었다.

○ 여덟 나라 심판 (1-2장)			
1	주변	1장-2:3	주변의 나라들
2	이스라엘	2:4-16	유다, 이스라엘

○ 세 가지 메시지 (3-6장)			
1	현재	3장	심판의 당위성
2	과거	4장	회개하지 않음
3	미래	5-6장	장차 임할 심판

○ 다섯 가지 환상 (7-9장)			
1	환상	7장-9:10	다섯 가지 환상
2	약속	9:11-15	이스라엘 회복

●오바댜

오바댜서는 에돔의 멸망을 예언한 책이다. 에돔에 대한 심판 예고(1:1-9), 에돔의 죄악(1:10-14), 그리고 주의 날에 있을 만국 심판과 시온의 구원(1:15-21)에 대한 메시지로 구성되어 있다.

오바댜는 남유다에 살았던 것으로 보이며, 가족이나 직분에 대한 추가 설명이 없는 것으로 보아 왕족이나 제사장 신분이 아닌 일반인이었을 것으로 추정된다(1:1). 하지만 오바댜("여호와의 종")라는 이름의 뜻대로, 그는 여호와 하나님의 말씀만을 의지하여 예언한 선지자였다.

오바댜의 예언 시기는 명시되어 있지 않지만 크게 세 시기로 압축된다. 첫째, 여호람의 통치기(BC 848-841년)에 예언했을 것으로 추정한다. 이유는 이 시기에 에돔이 반란을 일으켜 독립 국가가 되어 나갔고 남유다 왕궁 약탈 사건이 있었기 때문이다(10-14절; 대하21:8-10, 16-17). 둘째, 남유다 12대 아하스왕(BC 735-715년)이 그의 아들이자 13대 히스기야왕(BC 729-686년)을 섭정하던 시기(BC 729-715년)였을 것으로 추정한다. 이유는 북이스라엘의 자손이 포로에서 회복될 것을 예언했는데(18-20절) 이는 역사적으로 BC 722년에 북왕국이 멸망하여 북이스라엘 사람들이 포로로 잡혀간 상태를 전제하기 때문이다. 셋째, 바벨론 왕 느부갓네살이 예루살렘을 침략하여 멸망시켰던 때(BC 586년)로 추정한다. 이는 예루살렘 멸망 때 에돔이 유다를 침공한 것으로 기록하고 있기 때문이다(11-16절; 애4:21-22). 오바댜의 연대에 대해서는 지금도 다양한 설들이 대립되고 있지만, 만약 그가 여호람왕 때 예언한 것이 맞다면 엘리사와 동시대에 활동한 선지자가 되므로 소선지서들 중에서는 최초의 기록을 남긴 선지자가 된다. 하지만 지금도 가장 지지를 얻는 시기는 세 번째 의견이다.

오바댜서는 예언 시기보다도 야곱과 에서의 긴장관계 및 에돔의 교만과 멸망에 주목할 필요가 있다. 에돔은 이스라엘(야곱)과 형제 민족임에도 불구하고 이스라엘이 광야를 지나 가나안에 입성할 때도 도움을 주지 않고 대적했다. 이들은 역사적으로도 대립 관계였으며, 남유다의 멸망을 정치·군사적으로나 심정적으로 지지하기까지 했다. 이런 에돔의 교만을 상징하는 높은 바위 요새는 오늘날 고대세계 7대 불가사의로 여겨지는 기암괴석의 암벽 도시 페트라(Petra)를 방문해 보면 쉽게 이해된다. BC 553년 에돔도 바벨론 제국에 멸망당했고, 이후로 그들은 나바테아인들에 의해 험난한 지형과 요새 지역에서 밀려나 유다 남부로 이주해 브엘세바 지역까지 이르렀다. 그리고 점점 유다화되어 이두매인이 되었는데, 그중에서 나온 헤롯이 로마 제국의 신임을 받아 헤롯왕으로 등극하게 되었다(67일ⓑ 및 69일 표10 참고).

○ 에돔의 멸망 예언 (1장)			
1	심판	1:9-18	에돔의 교만과 심판
2	회복	1:19-21	야곱이 에서를 심판

●요나

요나서는 니느웨의 멸망을 경고한 책이다. 하나님에게서 도망가는 요나(1장), 요나의 회개기도(2장), 니느웨의 멸망을 예고하는 요나(3장), 하나님의 설득을 듣는 요나(4장)에 대한 내용으로 구성되어 있다.

요나는 북이스라엘에서 활동한 민족중흥의 메신저(왕하14:25)였고 순결한 하나님의 사람이었기에 니느웨 선교에 동의할 수 없었다. 요나의 이름은 영적 순결을 상징하는 "비둘기"라는 뜻이다. 사실 선지자는 신언(神言) 전달을 위한 도구적 존재이지만, 요나서만큼은 하나님께서 선지자를 설득하시는 이야기요, 말하자면 선지자를 위한 선지서다.

요나서에는 동화 같은 기적들이 많이 등장한다. 그래서 역사적 사실이라기보다 설화로 여기는 이들이 많다. 하지만 피조물과 자연현상과 우연으로 보이는 사건들을 사용하셔서 인생과 역사를 주관하시는 하나님의 일하심은 성경 곳곳에서 등장하는 주권자 하나님의 모습이다. 게다가 예수님이 자신의 부활에 대한 예표로 요나 선지자가 물고기 뱃속에 사흘간 있었던 일을 언급하셨으니(마12:39) 이것을 설화가 아니라 실제 사건으로 인정하심이 아닌가. 실제로 고래 뱃속에서 살아 돌아온 사람들의 이야기가 있다. 1891년 2월 남미 해안의 포클랜드 제도 부근에서 집채만 한 향유고래를 포경선의 선원들이 잡았는데 고래의 배에서 살아있는 사람이 나왔다. 그는 15시간 동안 산 채로 고래 뱃속에 갇혀 있던 제임스 바틀리라는 남자였다. 구사일생으로 살아났지만 고래의 위장 소화액으로 인해 온몸의 털이 녹고 피부도 하얗게 변한 바틀리는 이후 직업을 바꾸고 다시는 바다에 나가지 않았다고 한다. 이와 유사한 실제 사건들이 여러 차례 있었다.

하지만 요나서에서 가장 큰 기적은 단연 12만 명의 니느웨 이방인들이 회개했고 하나님이 그들을 긍휼히 여기셔서 심판을 면하게 되었다는 사실이다. 그러나 선민의식과 자기 의에 빠져 있었던 요나는 하나님의 긍휼을 용인할 수가 없었다. 그런 요나에게 하나님은 이방인도 품으시는 하나님의 넓은 사랑과 이방인도 구원하시는 하나님의 구원 계획의 큰 그림을 설명해 주셨고, 요나가 침묵으로 받아들였다. 이 마지막 장면은 요나서의 백미라고 하겠다.

○ 첫 번째 사명 (1-2장)			
1	소명	1장	니느웨 명령에 불순종
2	기도	2장	물고기 뱃속에서 기도

○ 두 번째 사명 (3-4장)			
1	순종	3장	니느웨에 심판을 선포
2	불만	4장	불평하는 요나를 설득

●미가

　미가서는 남유다에 대한 심판을 예언한 책이다. 남유다 왕국의 죄악에 대한 징벌(1-3장), 메시아 왕국에 대한 약속(4-5장), 약속의 성취를 위한 회개 촉구(6-7장)로 구성되어 있다.

　아모스가 북이스라엘의 죄악상을 고발한 선지자라면, 미가는 남유다의 죄악상을 고발한 선지자다. 미가는 블레셋 근방의 모레셋이라는 작은 마을 출신이었다. 그런 미가가 수도 예루살렘과 남유다를 향해 경고의 메시지를 전했다는 것이 충격이었을 것이다. 그가 제시한 궁극적인 해결책은 메시아께서 직접 통치하시는 새로운 사회였다. 미가의 이름은 미가야의 축약형으로서 "하나님과 같은 자 누구인가?"(미7:18)라는 뜻이다. 미가는 선조나 가족이 언급되어 있지 않아서 비천한 배경 출신일 것으로 추정되지만, 이름 자체가 수사학적 질문으로 되어 있듯이, 그가 한 예언들은 탁월한 수사학을 구사하며 거침없는 언변으로 전개되어 있다. 앗수르 제국의 군대가 예루살렘까지 밀고 올라오는 모습을 12도시의 이름에 빗대어 묘사하는(64일ⓐ 참고) 언어유희(word play)나 "천천의 숫양, 만만의 강물 같은 기름"(6:7)과 같은 과장법(64일ⓗ 참고)을 사용하여 하나님의 계시를 막힘없이 풀어냈다. 그러면서 미가는 하나님이 요구하시는 것은 정의와 인자와 겸손한 동행임을 결론적으로 강조했는데(6:8), 이는 동시대의 선지자인 아모스가 공의(암5:24)를 강조했고, 호세아가 인자(사랑, 3:1)를 강조했으며, 이사야가 하나님과의 동행(사40:27-31)을 강조한 것과 맥을 같이한다.

　미가의 연대는 서두에서 밝힌 대로 남유다의 11대 요담왕, 12대 아하스왕, 13대 히스기야왕 통치기였다(1:1). 이때는 역사의 격변기였으니, 북이스라엘이 내리막길을 가다가 앗수르 제국에 멸망하고, 남유다도 앗수르 제국의 위협 앞에 풍전등화의 시기였다. 그러나 진짜 문제는 남유다 내부의 우상숭배와 도덕적 타락이었다. 이에 대한 하나님의 심판을 예언했지만, 결론적으로는 하나님이 앗수르 제국을 멸망시키실 것이고 그 백성을 포로에서 귀환하게 하실 것을 메시아 왕국의 비전과 중첩되게 예언했다. 미가는 회복을 예언하면서 회개를 촉구했다. 진정한 회개 없이는 참된 회복이 불가능하기 때문이다. 진정한 회개가 있어야만 회복 이후에 다시 죄악의 상태로 돌아가지 않기 때문이다. 하나님이 회복시켜 주시지 않는다고 원망만 할 것이 아니다. 내가 진정성을 갖고 나아가면 하나님은 언제든지 회복시킬 준비를 하시는 분이시다. 역사는 하나님과 인간이 함께 만들어가는 것이다.

○ 남유다의 심판 예언 (1-7장)			
1	심판	1-3장	백성과 지도자 심판
2	회복	4-5장	귀환자와 다스릴 자
3	회개	6-7장	주님의 촉구와 약속

●나훔

나훔서는 니느웨의 멸망을 예언한 책이다. 니느웨 멸망을 선포하는 내용(1장), 니느웨 멸망을 묘사하는 내용(2장), 니느웨 멸망을 노래하는 내용(3장)으로 구성되어 있다.

요나서(BC 760년)가 니느웨의 멸망을 경고한 책이라면, 나훔서(BC 660년경)는 니느웨에 임박한 멸망을 예언한 책이다. 나훔서의 기록 연대는 BC 660년경으로 추정된다. 테베(노아몬, 3:8-10)의 멸망(BC 664년)을 최근의 사건으로 언급했고 테베의 재건(BC 654년)을 언급하지 않았기 때문이다. 실제로 니느웨가 멸망한 것은 요나의 예언으로부터 149년, 나훔의 예언으로부터 49년 후인 BC 612년이었다. 니느웨는 티그리스 강변에 해자(垓字, 성 주위의 못)로 둘러있고, 성루 위를 전차 2대가 동시에 달릴 수 있는 성벽으로 둘린 난공불락이었지만 메대와 바벨론 연합군에 의해 무너졌다(65일ⓑ 참고). 나훔의 이름은 "위로"라는 뜻이다. 이것은 역설적인 의미다. 앗수르 제국의 심장 니느웨가 앗수르 제국에 의해 멸망했고, 오래도록 그 통치 아래 고통받았던 북이스라엘 사람들에게는 하나님의 위로의 사건이 될 것을 의미하는 이름이기 때문이다. 나훔 선지자의 고향은 엘고스라고 기록되어 있는데(1:1) 정확한 위치는 알 수 없지만 갈릴리의 가버나움으로 추정하기도 한다. 왜냐면 엘고스 사람들이 나훔을 기리기 위해서 도시 이름을 가버나움("나훔의 마을")으로 바꾸었을 것이라는 추측 때문이다. 또 다른 학자들은 앗수르 제국 안에 있는 지명이나 남유다 내에 있는 지명일 것으로 추정하기도 한다.

요나의 예언을 듣고 회개한 니느웨 사람들을 하나님이 용서해 주셨다. 그런데 왜 나훔 선지자의 예언대로 하나님이 그들을 심판하셨는가? 하나님은 악인이 죽는 것을 조금도 기뻐하지 않으시며 그들이 돌이켜 사는 것을 기뻐하신다(겔18:23). 하지만 의인이라고 자부하고 악을 행하면 결국 그는 자신의 허물과 죄로 인해 죽을 것이라고 말씀하셨다(겔18:24). 사랑과 공의의 하나님은 어떠한 흉악한 악인도 회개하면 용서해 주신다. 하지만 자기 의에 의지하여 안일해져 악행을 계속하는 자는 결국 하나님의 심판을 받게 될 것이다. 인생과 역사는 하나님과 사람이 함께 만들어가는 것이다. 사실 앗수르 제국은 잔인한 정벌과 통치 방식으로 인해 주변 민족들에게 악명이 높았다. 그런데도 하나님이 요나를 통해 경고하시고 회개한 그들을 용서해 주신 것이 놀라울 따름이다. 이는 마치 악인 아합이 회개할 때 바로 용서해주신 하나님의 모습과 동일하다(왕상21:27-29). 그러나 이후 앗수르 사람들은 다시 죄악의 길로 돌아갔고 하나님의 징계를 피할 수 없게 되었다.

		○ 니느웨의 멸망 예언 (1-3장)	
1	선포	1장	하나님의 질투와 심판
2	묘사	2장	파괴자의 군대가 공격
3	이유	3장	피흘림과 영적인 음행

●하박국

하박국서는 하나님의 주권에 대해 질문한 책이다. 타락한 남유다를 그냥 두시는 하나님의 침묵에 대한 질문과 하나님의 대답(1장), 악인을 사용하시는 하나님의 정의에 대한 질문과 하나님의 대답(2장), 그리고 선지자의 고백과 기도(3장)로 구성되어 있다.

하박국은 집요하게 하나님께 들러붙어서 질문했다. 하박국은 세상의 악에 대해, 악을 심판하기 위해 사용되는 더 큰 악에 대해, 하나님의 침묵과 섭리에 대해 의문이 가득했다. 그러나 결국 선하신 하나님을 기쁨으로 포옹(hug)하게 되었다. 하박국의 이름은 "들러붙다, 껴안다"라는 뜻이다. 하박국이 마지막 3장에서 "시기오놋('식가욘'의 복수형, 시7편 표제어)에 맞춘… 기도"라고 소개하고 3장 마지막에 "이 노래는 지휘하는 사람(영장)을 위하여 내 수금에 맞춘 것이니라"라는 말로 마무리한 것으로 보아, 그가 찬양의 직분을 맡은 레위인이었을 가능성이 크다. 그는 예배자의 영성과 음악인의 감수성으로 시대의 부조리와 세상의 악에 대해서 하나님 앞에 호소하고 기도하며 응답을 받은 인물이었다.

하박국의 연대는 명시되어 있지 않다(1:1). 그러나 그가 남유다의 죄악을 고발했고(1:2-4), 바벨론의 침략을 임박한 사건으로 예고했으며(1:6, 3:16), 바벨론을 이미 강국의 면모로 묘사했다는 점(1:6-11), 그리고 바벨론의 예루살렘 함락을 독자들의 생전에 경험하리라고 말했다는 점(1:5)에서 하박국의 예언 시기는 남유다 말기에 신흥 강국 바벨론이 앗수르를 정복(BC 612년)하고 갈그미스에서 완승을 거두고(BC 605년) 패권국가로 등장한 시기, 즉 여호야김왕(BC 609-597년) 통치 초기로 추정한다.

욥기가 신정론(神正論)에 대한 내러티브라면, 하박국은 신정론에 대한 질의응답이다. 하나님이 욥에게 실존적으로 답변하셨다면, 하박국에게는 섭리적으로 답변하셨다. 남유다의 죄악에 대해서는 바벨론을 들어 징계하시지만, 악하고 교만한 바벨론 또한 징계하셔서 온 세상이 하나님의 주권을 알게 되리라고 알려주셨기 때문이다. 결국 세상이 악하고 시대가 흉흉할 때 하나님은 무엇을 하고 계시는가 원망할 것이 아니라, 하나님의 사람은 하나님께서 가장 어려운 이 시기에 그분의 가장 선한 뜻대로 역사를 이끌어가실 계획을 품고 계시는 역사의 주관자이심을 신뢰할 필요가 있다. 그래서 하나님은 "의인은 그의 믿음으로 말미암아 살리라"(2:4)라는 가장 핵심적인 말씀을 주셨다. 흔들리는 세상에서 견고히 설 수 있는 길은 영원히 불변하시는 하나님을 신뢰하는 것이기 때문이다. 결국 하박국은 그 하나님을 신뢰하고 찬양하기에 이른다. 그래서 하박국서는 물음표로 시작해서 느낌표로 끝나는 예언서라고 불린다.

○ 하나님의 주권 질문 (1-3장)			
1	질문과 대답	1-2장	두 번의 질의응답
2	기도와 찬양	3장	신뢰의 기도 찬양

●스바냐

스바냐서는 남은 자의 회복을 예언한 책이다. 여호와의 희생의 날에 임할 심판(1장), 하나님 앞에 겸비할 것에 대한 권면(2장), 그리고 남은 자에 대한 하나님의 사랑과 구원의 계획(3장)으로 구성되어 있다.

스바냐는 하나님이 심판하시는 날에 그분의 백성이 어떻게 숨겨지고 그 고난을 어떻게 통과할 것인가를 말하고 있다. 고난 가운데 겸비하여 회개하고, 하나님의 변함없는 신실한 사랑을 신뢰하며, 고난의 터널을 통과해야 한다. 스바냐의 이름은 "여호와께서 숨기시다"(2:3)라는 뜻이다. 하나님이 선지자를 통해 임박한 심판을 예고하시면서도 겸손히 하나님을 찾는 자가 숨겨진다는 소망을 말하고 있다. 정말 하나님은 남유다가 멸망의 문턱에 서 있는 마지막 순간까지도 어떻게든 하나님께 반응하는 사람들을 건져주시려고 끝까지 포기하지 않으셨다. 그러므로 하나님이 그 백성을 구원하시는 날에는 너무나 기뻐서 보좌에서 일어나 덩실덩실 춤을 추며 노래까지 하시는 모습으로 등장하신다(3:17).

스바냐는 히스기야왕의 현손으로 왕족이었다(1:1). 그는 남유다 16대 요시야왕 시대에 예언한 것으로 명시되어 있다(1:1). 그렇다면 요시야가 대대적인 종교개혁을 시작하기 이전 14대 므낫세왕과 15대 아몬왕 때부터 내려오던 심각한 우상숭배가 여전할 때에 하나님의 결정된 심판을 예고했을 것으로 추정된다. 그러면서도 그는 남은 자들이 하나님의 구원과 사랑과 회복을 경험할 것이라고 노래했다. 그러므로 스바냐의 메시지를 통해서 요시야왕은 종교개혁을 추진할 때 큰 힘을 받았을 것이고, 또한 포로기의 남은 자들도 큰 소망을 갖게 되었을 것이다.

스바냐서는 요엘서와 같이 "주의 날"을 모티브로 하는 예언서다. 심판을 예고하시는 전반부에서는 "여호와의 희생의 날"(1:8), "여호와의 분노의 날"(2:2-3)에 일어날 일들을 묘사했다. 그러나 회복을 예고하시는 후반부에서는 "그날에"(3:11, 16) 하나님께서 하나님 백성의 수치와 두려움을 제하여 주시겠다고 약속했다. 스바냐서 역시 모든 예언서와 결을 같이하며 심판과 예언의 이중주를 부르고 있다. 하나님이 하나님의 백성을 징계하심은 그들이 회개하여 회복하기를 원하시기 때문이다. 그리고 그 구원은 이스라엘뿐만 아니라 열방의 구원(3:9)을 포함하는 메시아 왕국의 모습이다.

		○ 남은 자의 회복 (1-3장)	
1	심판	1장-3:8	악인들을 진멸
2	구원	3:9-20	남은 자의 구원

●학개

학개서는 성전 재건을 예언한 책이다. 성전 재건의 우선순위(1: 1-11), 성전 재건을 격려함 (1:12-15), 재건 성전에 임할 영광에 대한 약속(2:1-9), 거룩하라는 요청과 스룹바벨에 대한 축복(2:10-23)으로 구성되어 있다.

학개는 1차 포로귀환 공동체의 지도자이며 성전 재건을 주도한 총독 스룹바벨을 도운 선지자다. 학개의 연대는 "다리오왕 제이년 여섯째 달 초하루"(1:1)라고 명시되어 있다. 바벨론에 포로되었던 남유다 백성들이 바사 제국 고레스왕의 명령을 받고 BC 536년 예루살렘으로 귀환했고 성전을 재건하기 시작했지만 주변 민족들의 방해로 16년간 공사가 중단되었다가 BC 520년 바사의 다리오왕의 허락으로 재개하여 BC 516년에 드디어 제2성전인 스룹바벨 성전을 완성하게 된다.

본서는 BC 520년, 다리오왕 제2년 6월부터 9월까지 주어진 예언의 말씀들이다. 첫째 예언은 성전 재건을 격려했고(1:1-11, 다리오왕 2년 6월 1일), 둘째 예언은 성전 재건 이후의 영광을 예고했으며(2:1-9, 2년 7월 21일), 셋째 예언은 정결한 삶과 곡식의 축복을 예언했고(2:10-19, 2년 9월 24일), 넷째 예언은 열방의 심판과 이스라엘의 회복을 예언했다(2:20-23, 2년 9월 24일). 학개는 성전 재건의 현재적 중요성만 강조하지 않고 미래적 중요성도 예언했다. 이 성전에 장차 메시아가 오실 것이기 때문에 지금은 초라한 작업처럼 보일지라도 이 성전의 나중 영광이 놀라울 것이라는 비전을 제시했다. 그로 인해 귀환자 공동체는 책임감뿐만 아니라 비전을 갖고 성전을 재건할 수 있었다.

학개의 이름은 "나의 절기" 내지 "여호와의 절기"(출13:6)라는 뜻이다. 남유다가 우상숭배에 빠져 있을 때 그들은 하나님 앞에 지켜야 할 제사와 절기를 등한시했다. 하지만 포로로 잡혀간 후, 하나님 앞에 예배드릴 수 있고 절기를 지킬 수 있음이 큰 복이었음을 깨닫게 되었다. 하지만 귀환 공동체는 성전 재건은 엄두도 내지 못할 정도로 생존 자체가 가장 현실적인 과제였다. 이때 학개 선지자를 통해 격려를 받아 4년 만에 성전을 재건했고 재건 성전에서 유월절 절기를 지키는 감격을 경험할 수 있었다(스6:19-22).

학개서는 성전 재건이라는 하나의 목표에 영적 초점을 맞춘 예언서다. 동시대에 함께 성전 재건에 대해서 예언한 스가랴와 말라기는 도덕적인 문제와 예전적인 문제를 언급했지만, 학개는 전혀 그런 언급을 하지 않은 채 단 하나의 목표, 성전 재건에 대해서만 예언했다.

○ 성전 재건 촉구 (1-3장)			
1	명령	1장	성전 재건의 명령
2	영광	2-3장	재건 성전의 영광

●스가랴

스가랴서는 성전 재건의 환상을 이야기한 책이다. 성전 재건에 관한 8가지 환상(1-6장), 금식 문제와 예루살렘의 회복에 대한 메시지(7-8장), 그리고 메시아의 통치와 하나님 나라에 대한 예언(9-14장)으로 구성되어 있다.

스가랴는 에스겔처럼 선지자로 부름받은 제사장이었다. 에스겔이 새 성전에 대한 환상을 노래한 선지자라면, 스가랴는 재건 성전에 대한 환상을 노래한 선지자다. 에스겔과 스가랴가 제사장이었던 만큼 성전 회복에 대한 소망이 강렬했다. 스가랴의 이름은 "여호와께서 기억하신다"라는 뜻이다. 여호와 하나님은 그 백성에게 "내게로 돌아오라 … 그리하면 내가 너희에게로 돌아가리라"(1:3) 말씀하셨다. 하나님은 그들에게 바벨론 유수라는 징계를 내리셨지만 결코 그들을 잊지 않고 기억하셨다. 스가랴가 본 8가지 환상(1:7-6:15)은 학개를 통해 성전 재건 공사를 재개한 귀환 공동체에 큰 격려의 메시지가 되었다. 또한 귀환자들 중에 금식을 계속해야 하는지 질문한 자들의 외식을 책망하면서 진정성 있는 예배와 순종의 삶을 촉구함으로 내면의 영성을 세우는 일에도 힘썼다. 학개의 예언이 시작된(학1:1, 다리오왕 2년 6월 1일) 두 달 뒤 예언하기 시작한(1:1, 다리오왕 2년 8월) 스가랴 선지자는 학개 선지자가 2장에 걸쳐서 성전 재건과 메시아 도래를 예언한 것을 14장에 걸쳐서 확장판으로 예언했다고 말할 수 있겠다.

더 나아가 스가랴는 성전 재건의 환상만 노래한 것이 아니라 장차 오실 메시아에 대해서도 이사야처럼 구체적으로 예언했다. 9-11장에서는 메시아의 고난을 예언했는데, 나귀 새끼를 타고 겸손의 왕으로 오실 것에 대해서(9:9), 은 30개에 팔리실 것에 대해서(11:12) 예고했다. 또한 12-14장에서는 메시아의 통치를 예언했는데, 자신들이 십자가에 죽인 메시아를 하나님의 백성이 바라보고 애통할 것이며(12:10), 그날에 죄를 씻는 샘물이 열릴 것이며(13:1), 열방이 예루살렘에 올라와 하나님께 경배하는 메시아 왕국이 세워질 것(14:16-21)을 예고했다.

○ 8가지 환상 (1-6장)			
1	회개	1:1-6	내게로 돌아오라
2	환상	1:7-6:8	성전 재건의 환상
3	제사장	6:9-15	여호수아의 면류관

○ 질문과 응답 (7-8장)			
1	질문	7:1-3	5월 금식의 진행
2	응답	7:4-8장	희락의 절기 되리

○ 2개의 후렴 (9-14장)			
1	왕의 거절	9-11장	겸손의 왕을 거절
2	왕의 통치	12-14장	메시아 왕의 통치

●말라기

　말라기서는 재건 성전에서의 예배를 비판한 책이다. 이스라엘을 향한 하나님의 사랑(1:1-5), 제사장들의 불경함과 남유다의 거짓됨(1:6-2:16), 그리고 하나님의 심판과 엘리야의 출현에 대한 예언(3-4장)으로 구성되어 있다.

　말라기는 성전에서 드려지는 예배의 문제를 고발했다. 말라기는 이스라엘 역사의 마지막에 절망의 마침표를 찍고 메시아 시대의 희망을 예고했다. 구약의 마지막 선지자 말라기는 신약의 첫 선지자 세례 요한과 동일한 패턴의 메시지를 했다고 볼 수 있다. 왜냐면 세례 요한도 예수님 당시의 유대인들의 죄악을 고발하면서 그리스도께서 오실 길을 예비하는 사역을 했기 때문이다. 또한 말라기의 이름은 "나의 사자(messenger)"라는 뜻인데, 여호와께서 보내리라 약속하신 "내 사자"(3:1)가 세례 요한을 가리키는 예언이었다.

　말라기서의 연대는 명시되어 있지 않다(1:1). 다만 성전에서 제사장들이 업무를 성실하게 수행하지 않고 백성들도 예배 열기가 식었음을 신랄하게 비판하는 것으로 보아 성전이 완공된 시기(BC 516년)로부터 상당 기간이 흐른 BC 450년경으로 추정한다. 귀환 공동체는 학개와 스가랴의 격려에 힘입어 성전을 재건했지만, 여전히 그들은 바사 총독의 통치 아래에 있었고(1:8), 수확이 적어서 경제적인 어려움에 시달렸다(3:11). 그러면서 예배만 타락한 것이 아니라 결혼과 가정도 타락해서 총체적인 난국이었다. 사실 근본적인 문제는 그들이 하나님과의 언약을 어긴 것에 있었다. 그러므로 말라기는 성전과 율법과 제사라는 옛 언약의 실패를 여실히 보여주는 책이다. 고국에 귀환하고 성전이 재건되고 제사가 재개되었지만, 여전히 하나님의 백성은 죄와 타락의 굴레에서 벗어나지 못하고 있었으니, 이제 소망은 오직 약속된 메시아 그리스도께서 오시는 길밖에 없었다.

　학개와 스가랴 모두 재건 성전에 오실 그리스도를 예언했으며, 말라기는 재건 성전의 예배의 타락을 고발하고 메시아의 오심을 예언함으로, 이 세 권의 예언서는 구약의 마지막과 신약의 처음을 연결하는 가교 역할을 하게 되었다. 말라기를 마지막으로 구약 39권은 모두 마무리되고, 400년간의 신구약 중간기가 이어진다. 이때 유대인들은 헬라의 압제와 영적인 침체 속에 고통하고 신음하며 메시아 대망 사상을 키워가게 된다.

○ 예배의 타락 고발 (1-3장)			
1	제사장들	1장-2:9	악하고 형식적인 제사
2	유다 백성	2:10-16	더럽고 불경해진 가정
3	헛된 예배	2:17-3:15	하나님의 것을 도둑질

○ 민족을 향한 약속 (4장)			
1	메시아	3:16-4:3	메시아가 치유하리라
2	엘리야	4:4-6	엘리야가 돌이키리라

카스피해

포로전
포로기
포로후

앗수르
요나
나훔

티그리스강

대해(지중해)

이스라엘
아모스
호세아

유브라데강

요단강

바벨론
에스겔
다니엘

유다
요엘, 미가,
이사야, 스바냐,
예레미야, 하박국

바벨론 포로 이전

바벨론 포로 시기
예레미야애가

에돔
오바댜

바벨론 포로 이후
학개, 스가랴,
말라기

나일강

페르시아만

Day 61

세계사와 구속사
다니엘 1-12장

 다니엘은 바벨론에 잡혀가 왕들의 환상을 해석하며
총리가 되었고 미래를 예언했다.

① 다니엘의 결심(1장) 다니엘은 바벨론에 포로로 잡혀가 왕에게 관료로 선발되었다.
② 세계사 예언(2-7장) 다니엘은 환상을 해석했고 위기에서 벗어났으며 세계사를 예언했다.
③ 유대사 예언(8-12장) 장차 일어날 북방왕의 만행과 종말의 대환난과 구원을 예언했다.

 ① 다니엘의 결심(1장)

다니엘이 포로로 잡혀간 것은 BC
605년이었다(30일ⓒ 참고).

Ⓐ 다니엘은 누구인가(1장)?

1. **1차 바벨론 유수** 때 잡혀온 귀족 소년이었다
   (1-3절).
   - **바벨론 왕립학교**에서 고위 관리가 될 기회
     였다(4절).
2. 왕의 **진미와 포도주**를 먹지 않겠다(8절)고
   말한 것은 신앙적인 이유 때문이었다(고전
   8:1, 4; 롬14:21).
   - 10일간의 **채식** 테스트로 검증됐다(12-16절).
   * 바벨론궁의 최고 관리인 **환관장**이 오히려
     두려워했다(10절).
3. 학문과 지혜가 탁월했고, 환상과 꿈을 해석
   하는 **은사**가 있었다(17절).
   - 느부갓네살이 발탁해 고레스왕까지(19-21
     절) BC 605-536년 거의 **70년** 동안 관료로
     지냈다.

■ 하나님만 의지한 소년 다니엘이 하늘의
지혜를 얻게 되었다!

Ⓑ 바벨론식 개명(1:6-7)

1. 다니엘("하나님이 심판하신다.")
   → 벨드사살("벨이여 왕을 보호하소서.")

2. 하나냐("여호와의 은혜.")
   → 사드락("아쿠의 명령.")

3. 미사엘("하나님 같은 이 누구랴.")
   → 메삭("아쿠 같은 이 누구랴.")

4. 아사랴("여호와께서 도우신다.")
   → 아벳느고("느고의 종.")

■ 바벨론의 우상을 이름에 붙여서 그들의
신앙적 정체성을 바꾸려고 했지만 그들은
변질되지 않았다.

② 세계사 예언(2-7장)

① (2장) <느부갓네살의 꿈>

다니엘이 느부갓네살의 꿈을 해석했다. (단2:4-9:28)은 아람어로 기록돼 있다. 당시 바벨론의 상용어는 아람어였고, 종교 의식에서는 아카드어, 역사 기념비에는 앗수르어가 사용되었다.

ⓒ 느부갓네살이 본 큰 신상(2장)

큰 신상 (2장)			짐승 (7장)
1. 금 머리	바벨론	느부갓네살	사자
2. 은 가슴	바 사	또 다른 제국	곰
3. 놋 배	헬 라	온 세계 통일	표범
4. 쇠 다리	로 마	강력한 제국	짐승
* 돌 태산	메시아	하나님 나라	인자

■ 세상 나라가 끝나는 날 주의 나라가 세워지리라.

② (3장) <금신상과 풀무불>

다니엘의 세 친구가 금신상에 절하지 않은 것은 하나님의 능력과 주권에 대한 믿음 때문이었다(16-18절). 7배나 뜨거운 풀무불 속에 함께 있었던 이(천사 또는 그리스도)가 그들을 구원했고, 결국 우상숭배의 자리가 하나님을 찬양하는 자리로 변하는 영적 반전이 일어났다(28-29절). 다니엘이 현장에 없었던 것은 지방관리가 참석 대상이었기 때문이다(2절).

③ (4장) <왕의 교만과 겸비>

느부갓네살은 온 땅을 덮는 큰 나무 환상을 통해 하나님의 경고를 받았지만 바벨론성을 보고 자만하다가(29절; 삼하11:2) 소처럼 풀을 먹으며 일곱 때를 지냈으며 총명을 회복한 뒤 하나님을 찬양했다.

④ (5장) <벨사살왕의 멸망>

BC 605년 다니엘이 15세였다고 추정하면 이때는 82세였다.

ⓓ 석회벽의 네 단어의 뜻은(5:5)?

*부왕 **나보니두스**는 즉위 직후 아라비아 원정길에 올랐고 돌아오지 않은 상태였다. -BC 553-538년 **벨사살**이 바벨론의 실질적인 왕권을 행사하고 있었다.

1."**메네 메네 데겔 우바르신**"(5, 25절). ="끝났다 끝났다 부족하다 나뉘리라."

*역사가 헤로도투스의 증언에 따르면"궁 안의 모두가 **술**에 취해서 메대군이 손쉽게 점령할 수 있었다."

■ 멸망의 날까지 취할 것인가? 깨어나라!

ⓔ 바벨론을 무너뜨린 게 메대인가(5:31)?

*바벨론은 바사의 **고레스**가 정복하지 않았는가? 실제로 **바사-메대 연합**군이 바벨론을 정복했다(에1:14). 다만 고레스는 외숙부인 **다리오**의 딸과 결혼했고 62세의 다리오를 바벨론 왕에 등극시켜 주었다. 3년 후 다리오가 죽자 고레스가 바벨론의 왕으로 **등극했다.**

■ 바벨론 정복은 바사-메대의 정치적인 연대로 인한 작품이었다.

⑤ (6장) <사자굴 속 다니엘>

다니엘이 최고 총리(영의정)가 되자 시기하는 정적들의 음모로 인해 사자굴에 떨어졌다. 하지만 하나님은 사자들의 입을 막으사 다니엘을 건지셨고 다리오는 반대로 참소자들을 사자굴에 던졌다.

⑥ (7장) <네 짐승과 인자>

Ⓕ 네 짐승의 환상(7장)

1. 날개가 달린 **사자** (당시 바벨론의 문양)	바벨론
2. 한쪽이 기운 **곰** (메대-바사의 불균형) -세 갈빗대 (리디아 바벨론 애굽)	바사
3. 새 날개의 **표범** (초고속으로 정복한 알렉산더) -네 머리(알렉산더 사후 제국이 네 개로 분열)	헬라
4. 무서운 **짐승** (역사상 최강의 제국)	로마
*인자**가 세우실 영원한 하나님 나라	메시아

■ 역사의 최종 결론은 그리스도의 나라다!

알렉산더 대왕 사후에 나뉜 4개의 국가(6절)는 헬라, 소아시아, 셀류커스 왕조의 시리아, 톨레미 왕조의 애굽이다. 예수님이 자신을 "인자"(13절)라고 부르신 것은 다니엘의 환상을 언급하심이었다.

③ 유대사 예언(8-12장)

① (8장) <숫양과 숫염소의 환상>
두 뿔의 숫양이 상징하는 메대와 바사는 서쪽에서 온 숫염소가 상징하는 헬라에게 패배하는데, 숫염소의 현저한 뿔이 알렉산더 대왕이다. 숫염소의 네 뿔은 네 나라로 갈라짐을 뜻하며, 작은 뿔인 안티오쿠스 4세 에피파네스가 제사를 폐하고 성소를 헐어버린 BC 167년부터 계산하면, 2,300주야(1,150번의 낮밤의 합즉 3년, 14절)가 지난 BC 164년에 유다 마카비가 봉기해 성전을 수복하고 정화했다.

② (9장) <70이레에 대한 환상>
다리오 원년에 다니엘이 예레미야서를 읽다가 70년 만에 귀환한다는 예언을 깨닫고 금식기도를 했다.

Ⓖ 70이레에 대한 환상(9:24)

1. **7이레**(고레스 칙령에서 성전 재건까지).
2. **62이레**(성전 재건 이후 그리스도의 초림까지).
3. **중간기**(예수님 처형, 디도의 예루살렘 함락).
4. **1이레**(적그리스도의 활동과 대환난).
■ 주님은 심판과 구원의 날짜를 세고 계신다.

③ (10-11장) <힛데겔강가의 환상>
고레스 3년에 힛데겔(티그리스) 강가에서 환상 중에 세마포 옷을 입은 이(그리스도로 추정, 계1:13-16)가 다니엘에게 바사와 헬라의 역사를 말씀하셨다.

Ⓗ 힛데겔강가의 환상(11장)

1. 바사 4대 왕 **아하수에로**의 그리스 침공(2절).
2. 능력 있는 왕 **알렉산더** 대왕의 등장(3절).
3. 분열 이후 남방(애굽 **톨레미** 왕조)과 북방(시리아 **셀류커스** 왕조) 사이에 벌어진 기나긴 전쟁(4-35절).
■ 세상 제국과 역사의 주관자는 하나님이시다.

Ⓘ 안티오쿠스 4세는 누구인가(11:21-)?

① 북방(셀류커스 왕조) 출신의 **비천한 왕**(21절).
② 왕위 계승자 데미드리오를 로마에 감금하고 왕의 직계도 아닌데 **거짓**으로 왕위에 올랐다(21절).
③ 자기를 **신의 현현**(에피파네스)이라 했다(36절). 그러나 당시 사람들은 그를 에피마네스(미치광이)라고 불렀다.
④ 1차 애굽 약탈 후 이스라엘에 와서 8만 명을 **학살**했다(28절).
⑤ 2차 애굽 원정시 로마함대에 패전하자 분노해서 예루살렘 성전에 와서 온갖 **만행**을 저질렀다- 제우스 신상을 세우고 제단에 돼지 피를 쏟았다(31절, 9:27, 12:11).

* **유다 마카비**의 성전 수복(32절)을 기념하여 오늘날까지 하누카(수전절)를 지킨다.

* 최후 전쟁을 일으킬 **적그리스도**를 예표하는 인물이다(36-45절).

■ 그는 적그리스도를 예표하는 인물이 되었다.

④ (12장) <영생과 영벌>

천사장 미가엘(57일Ⓐ4 참고)이 하나님의 백성(성도들)을 보호하는 가운데 일어날 환난(1절)은, 가깝게는 에피파네스의 성전 훼손, 멀게는 종말의 대환난이다. 생명책(1절; 시69:28; 빌4:3; 계13:8)에 기록된 자는 다 구원받고, 죽은 자들도 영생과 영벌에 들어가리라(2절; 계21:6-8). 많은 이를 옳은 데로 돌이킨 자는 별과 같이 영원히 빛나리라(3절; 마13:43). 다니엘의 봉함된 예언은 마지막 때에 성취될 예언이니, 결국 많은 이들이 종말의 비밀을 알고자 노력해서 지식을 얻게 되리라(4절). 멸망케 할 가증한 것을 세울 때부터 1,290일(11절)은 3년 반의 환난기간(7절; 계12:6)으로서, 여기에 45일(메시아 왕국이 세워지는 기간으로 추정)이 더해진 1,350일까지 이르는 사람은 복이 있으리라. 다니엘아, 부활하여 상급받을 마지막 날을 기다리라(13절; 딤후4:8; 계22:12).

- 하나님께 뜻을 정한 사람을 지키시고 **승리케 하시는 하나님**이시다(1:8-21).
- 세상의 모든 은밀한 것을 나타내시는 **지혜의 근원이신 하나님**이시다(2:27-28).
- 당신을 가까이하여 헌신하는 자에게 **큰 은총을 베푸시는 하나님**이시다(9:23, 10:11).

Day 62

하나님의 사랑
호세아 1-14장

 호세아가 음란한 여인을 사랑하듯,
하나님은 부정한 이스라엘을 사랑해 구원하시리라.

1️⃣ 고멜과 호세아(1-3장) 호세아는 고멜과 결혼했고 고멜이 음행했지만 그를 다시 데려왔다.
2️⃣ 이스라엘과 하나님(4-14장) 이스라엘이 우상숭배했으나, 긍휼히 여기시는 주께 돌아오라.

 1️⃣ 고멜과 호세아(1-3장)

① (1:1) <활동시기>

Ⓐ 호세아 선지자의 활동시기(1:1)

북이스라엘	남유다
13대 여로보암 2세	10대 웃시야
↓	11대 요담
	12대 아하스
19대 호세아	13대 히스기야
BC 722 멸망	

■ 호세아는 여로보암 2세부터 북이스라엘의 멸망까지 활동했다.

② (1:2-2:23) <호세아의 결혼>
하나님은 거룩한 선지자에게 음란한 여자와 결혼하라고 하셨으니 선지자가 얼마나 충격이었을까!

Ⓑ 호세아의 결혼 및 영적 의미(1장)

1. 선지자 호세아("구원")가 받은 첫 명령이었다.
 -음란한 여자 고멜("완벽한/완성")과 결혼하라.
 a. 이스르엘("하나님이 흩으시다[sow]")
 -아합을 심판한 예후를 심판하시리라(4절; 왕하10:28-31).
 -예후의 4대 손인 14대 왕 스가랴가 암살당했다(왕하15:10).
 b. 로루하마("긍휼히 여김을 받지 못하다.")
 c. 로암미("내 백성이 아니다.")
2. 이스라엘의 영적 음란과 하나님의 징계 이후 남북연합과 메시아(10-11절)의 회복을 예언한 것이다.
 a. 이스르엘("하나님이 심으시다[sow]", 11절)
 b. 루하마("긍휼히 여김을 받다", 2:1)
 c. 암미("내 백성이다", 2:1)
■ 재건공동체와 메시아 왕국에 대한 이중적 예언이다.

"그러나"(7절) 북이스라엘과 남유다는 다르며, "그러나"(10절) 이전 심판과 이후 회복이 다르리라. 당시 이스라엘이 혼합종교에 빠져 여호와를 "내 바알("주인/주님")"이라고 불렀다(2:16). 그런 이스라엘을 회복해서 하나님이 "장가"(2:19)드시겠다니 이는 재혼이 아닌 초혼을 의미하심이었다.

③ (3장) <호세아의 재혼>
하나님이 이방 신전에서 우상숭배하고 건포도 과자를 먹는 이스라엘을 여전히 사랑하시는 것처럼 호세아도 타인의 사랑을 받아 음녀된 아내를 사랑하라고 하셨다(1절).

◎ 호세아의 재혼 및 영적 의미(3장)
1. 하나님이 **우상숭배**한 이스라엘을 사랑하듯이 호세아도 **음녀**된 아내를 사랑하라(1절).
2. 은15+보리1.5호멜=은30(마26:15)의 **신부값**을 지불하고 재혼이 아니라 **초혼처럼** 결혼했다(2절).
3. 제사+주상(기둥), 에봇(삿8:27), 드라빔(가정신, 삿17:5) 등 심각한 **혼합종교** 행태(4절)로 징계받은 후에 이스라엘 자손이 다윗왕(**메시아**)을 찾으리라(5절).
- ■ 이스라엘의 회복과 완전한 사랑을 꿈꾸시는 하나님이시다.

② 이스라엘과 하나님(4-14장)

① (4장) <여호와의 논쟁>
하나님의 핵심적인 두 성품(진실과 인애=진리와 은혜=공의와 사랑)이 없다는 것은 필연적으로 하나님을 아는 지식이 없는 것이기 때문에(12:6; 잠1:7) 결국 망할 수밖에 없었다(6절).

◎ 지식이 없어 망하게 된 모습들(4:6)
＊하나님의 **성품**(진실, 인애)도 **지식**도 없다(1절).

- 하나님을 **알면** 구원받지만(요17:3), 모르면 멸망한다(6절).
1. **백성**이 **제사장**을 책망하지 말라. 서로가 똑같잖은가(4절).
2. 먹어도 배부르지 않고 음행해도 번성치 못하고 있었다(10절).
   - **신전**에서의 방탕한 축제를 책망하심이다.
3. 남녀노소 온가족이 **성적타락**에 빠져 있었다(13-14절).
   오늘날 불륜한 남녀에 대해 사회적으로는 공분하면서도 간통죄(겔22:11, 9일②, 45일 ㉻ 참고)는 폐지해 버렸다. 법적으로 성적인 죄를 합리화시킨 시대다.
4. **길갈**(수5:9)이 우상숭배지가 되었고, **벧엘**(창28:19)이 벧아웬("사악한 집", 5:8, 10:5)이 되었다(15절).
- ■ 하나님을 아는 인격적 신앙이 되어야만 도덕적·성적 타락에 빠지지 않는다.

하나님이 바람으로 싸서 날려버리듯 북이스라엘을 앗수르에게 망하게 하시리라(19절).

② (5장) <하나님의 침묵>
지도자들이 요단 동편 길르앗 땅의 미스바(창31:49)에도, 요단 서편 이스르엘 평원의 다볼(대상6:77)에도 우상숭배의 올무와 그물을 놓았다(1절). "새 달"(7절) 즉 월삭에 형식적인 예배를 드리는 그들이 망하리라(2:11, 사1:13). "에브라임이 앗수르로"(13절) 갔으니 북이스라엘 16대 왕 므나헴도 앗수르 왕 불에게 의지했고(왕하15:19) 19대 왕 호세아도 앗수르 왕 살만에셀에게 조공을 바쳤지만(왕하17:3), 야렙 왕("싸움의 왕", 앗수르 왕의 별칭)은 아무런 도움이 되지 못했다(13절).

Ⓔ 하나님의 침묵은 기다림이다(5:15)

1. 하나님의 침묵을 포기나 외면으로 **오해**하지 말라. 하나님이 사자같이, 젊은 사자같이 **심판**하시지만(14절) 그들이 고난 중에 **간구**하기를 기다리신다(15절).
2. "오라 우리가 여호와께로 **돌아가자**"(6:1). 그러면 우리를 살리시며 **일으키시리라**(6:2). "그러므로 우리가 힘써 여호와를 **알자**"(6:3).
■ 하나님의 침묵은 가장 간절한 외침이시다!

③ (6장) <여호와께 돌아가자>

돌아오면(1, 3절) 회복하신다는 말씀(2절)은, 가깝게는 포로귀환, 멀게는 그리스도의 3일 만의 부활을 의미한다.

Ⓕ 하나님이 원하시는 것은(6:6)?

1. **인애**를 원하신다(6절; 4:1, 64일① 참고).
2. **하나님 아는 것**을 원하신다(45일Ⓑ 참고).
 - 형식적인 예배가 아닌 인격적인 교제를 원하신다(요일1:3).
3. 우리는 하나님을 '적당히'가 아니라 '**힘써**' 알아가야(3절) 빛의 자녀로 살 수 있다.
 ＊이른 비(우기 초 10월 파종기의 비, 신11:14). **늦은 비**(우기 말 4월 증식기의 비).
■ 하나님은 우리에게 은혜를 주시고 싶어서 기다리고 계시는 분이다.

매일 선악과를 먹는 우리도 아담과 다를 바가 없으니 어찌 아담을 비판하겠는가(7절). 당시 제사장들은 도적 떼와 공모해 벧엘로 가는 길목에 위치한 세겜에서 순례자들을 강탈했다(9절).

④ (7장) <세 가지 비유>

이스라엘이 달군 화덕 같으니 쉼 없이 모반의 음모를 꾸미며(7절), 뒤집지 않은 전병처럼 한쪽은 타고 한쪽은 설익었으니 하나님을 의지하지 않고 열강(앗수르와 애굽)을 의지하며(11절), 속이는 활같이 빗나갔으니 앗수르를 의지하다 앗수르에게 멸망하고 애굽을 의지하다 애굽에게 조롱당하리라(16절).

⑤ (8장) <우상숭배를 책망>

앗수르 왕 살만에셀이 독수리처럼 덮치리니(1절, 29일①3 참고), 북이스라엘이 다윗 가문을 부정하고 마음대로 왕을 세웠고(4절), 우상을 숭배해 바람을 심고 광풍을 거뒀기 때문이라(5-7절). 그들이 욕정대로 다니는 들나귀(9절; 렘2:24)처럼 열강을 의지하니 애굽(13절)에서 노예생활했던 시절처럼 포로생활을 하게 되리라.

⑥ (9장) <하나님의 심판>

당시 이스라엘은 추수한 곡식으로 하나님께 감사제를 드리지 않고 타작마당에서 바알 앞에 방탕한 축제를 벌였다(1절). 그러므로 하나님이 가시와 찔레(엉경퀴, 창3:18)로 그들을 심판하시고(6절), 기브아의 타락을 보인(삿19-20장) 사사시대 같은 이들의 죄악상을 벌하시리라(9절).

⑦ (10장) <선지자의 경고>

이스라엘은 하나님과 우상 사이에서 두 마음을 품었으니, 하나님을 경외하지도, 왕을 두려워하지도 않고 호세아왕이 끌려간 뒤 왕정 무용론까지 주장했다(2-3절). 두 가지 죄(10절), 즉 하나님을 버리고 금송아지 우상을 숭배(5, 8절)한 죄와 다윗과의 언약을 배신한 죄로 인해 남유다와 북이스라엘(야곱)이 밭 가는 고생(11절; 창3:19)을 하리니, 이는 그들이 악을 밭 갈아 죄를 거둠이라(13절).

⑧ (11장) <어찌 버리겠느냐>

⑥ 애굽에서 불러낸 아들은 누구인가(11:1)?

1. 출애굽시킨 하나님의 백성 **이스라엘**이다(출 4:22).
2. 장차 애굽으로 피신하실 **예수님**이시다(마 2:13-15).
 * 사람의 줄, 사랑의 줄로 그들을 인도했다.
 - 하나님의 **부정**(父情)에 대한 표현이다(4절; 삼하7:14; 히12:9).
 - 소돔, 아드마, 스보임(신29:23)처럼 심판하지 않으시리라는 하나님의 긍휼과 회복의 말씀이다.
 ■ 이스라엘을 향한 하나님의 애끊는 부정이다.

⑨ (12장) <돌아오라>

돌아오라(6절), "상인"(히, 가나안, 1일⑥ 참고)처럼 부정 축재하는 자들이여(7-8절).

⑩ (13장) <심판과 구원>

스스로 교만하여 망한 에브라임아(1절; 창 49:22; 수17:14; 삿8:1, 12:1; 왕상11:26), 하나님만이 구원자이시니(4절), 그가 너희를 사망에서 건지시리라(14절; 고전15:55).

⑪ (14장) <여호와의 도>

⑭ 하나님의 진심을 알라(14:9)

이스라엘이 **돌아온다면**(1절; 6:1) 기쁘게 사랑하리라(4절). 이는 하나님께서 재혼이 아닌 **초혼처럼** 사랑하시고(2:19, 3:2), 우리의 **과거**를 기억하지 않으시고 사랑의 언약을 맺으신다는 뜻이다(2:19; 렘31:31-34). 이제는 선악 간에 하나님의 **지혜**(도)를 깨달으라(9절; 창2:9).
■ 부디 하나님의 사랑의 진심을 깨달으라(9절).

- 세상과 음행에 빠진 우리를 값을 지불하고 **돌이키시는 하나님**이시다(3:1-3).
- 당신이 찾도록 침묵하시지만 우리가 돌이키면 **응답하시는 하나님**이시다(5:15-6:3).
- 징계하면서도 사랑하시는 것을 우리가 **알기 원하시는 하나님**이시다(4:4, 6:1, 6, 14:9).

Day 63

여호와의 날
요엘 1-3장

 요엘은 여호와의 날에 임한 재앙을 회상하고
그때에 있을 구원을 기대한다.

① 주의 날을 회상(1장) 재앙을 몰고 왔던 메뚜기 떼처럼 한 민족이 올라오리라.
② 주의 날을 예상(2-3장) 주께 돌아오라. 주가 구원하실 것이며 만국을 심판하시리라.

 ① 주의 날을 회상(1장)

① (1절) <선지자 요엘>

요엘이 여호사밧 때를 회고했고(3:2) 아모스가 요엘을 인용(3:16, 18 → 암1:2, 9:13)한 것에 기초해 요엘의 활동기를 요아스 때로 추정한다.

ⓐ 요엘 선지자의 활동 시기(1:1)

북이스라엘	남유다
	4대 여호사밧
↓	↓
	8대 **요아스** 여호야다 섭정(1:1)
13대 여로보암 아모스 선지자 활동	9대 아마샤
	10대 웃시야

■ 요엘 선지자의 활동은 남유다 8대 왕 요아스 시대로 추정된다.

② (2-20절) <메뚜기 재앙>

팥중이, 메뚜기, 느치, 황충의 4중 재앙이 이미 일어났음을 회상했다(4절). 그리고 그 피해에 빗대어 장차 한 민족이 올라와(6절) 심판을 이행할 것을 경고했다. 그날은 여호와의 날이 될 것이다(15절).

② 주의 날을 예상(2-3장)

① (2:1-17) <심판의 날>

ⓑ 여호와의 날은 어떤 날인가(2:1)?

⇒여호와께서 친히 **개입**해 역사하시는 날이다.
 a. **자연 재해**(1:4)도 하나님의 섭리하심이다.
 b. **전쟁 발발**(2:1)도 하나님의 섭리하심이다.
 c. **성령 강림**(2:28)도 하나님의 섭리하심이다.
■ 하나님은 자연계, 인간계, 영계의 유일한 주관자이시다.

이방 군대가 메뚜기 떼처럼 무섭게 몰려와 침략할 것을 시각적으로 생생하게 비유했다(4-11절). 재앙이 오기 전에 금식하고 돌아오라(12절).

② (2:18-3장) <구원의 날>

◎ 여호와의 구원의 날(2:18-3장)

1. 그때 북군 앗수르를 동해와 서해(염해와 지중해)로 몰아넣으리라(2:20).

2. 이른비와 늦은비의 은총을 주리라(2:23; 호6:3). 큰 군대로 해 받은 햇수만큼 갚아주리라(2:26).

3. 그후 만민에게 성령을 부어주시리라(2:28-29; 행2:16-21). 누구든지 주의 이름을 부르면 구원을 얻으리라(2:32).

4. 그날 여호사밧 골짜기(대하20:26)에서 만국을 심문(3:1-2)하시리라. 모든 민족을 심판하시는 전쟁이 있으리라(3:9; 계16:12-16).

5. 그날 성전에서 생명샘이 흘러나와서(겔47:1) 싯딤 골짜기(염해)를 살리리라(3:18; 겔47:8).

■ 가까운 미래(1, 2)와 먼 미래(3)와 종말(4, 5)에 대한 삼중적 환상과 예언이다.

이스라엘의 심판

아모스 1-9장

 아모스는 현재 이스라엘의 죄악을 고발하고 미래의 심판과 구원을 예언했다.

1 여덟 나라 심판(1-2장) 아모스가 주변국과 남북왕국에 내릴 벌을 선포했다.

2 세 가지 메시지(3-6장) 아모스는 죄의 보응, 회개치 않음, 심판의 결과를 선포했다.

3 다섯 가지 환상(7-9장) 하나님은 다섯 가지 환상을 통해 심판과 마지막 회복을 약속하셨다.

 1 여덟 나라 심판(1-2장)

① (1:1-2) <아모스의 부르심>
북왕국 번영기에 하나님은 심판을 선포하셨다. 지진 발생(4:11) 2년 전이었다.

◎ 아모스 선지자는 누구인가(1:1)?

1. 베들레헴 남쪽 8km 드고아 출신의 목자(1절).
 - 드고아는 샘, 우물, 초장이 있는 목축지이다(7:14-15).

2. 초장(남쪽 드고아)에서 갈멜산(북쪽)까지 외쳤다.
 - 남유다와 북이스라엘을 아우르는 예언이었다는 의미다.

■ 남유다 출신 목자가 북이스라엘을 향해 외치다.

② (1:3-2장) <죄와 벌>

하나님은 서너 가지 죄(3절), 즉 여러 가지 죄를 책망하셨다.

ⓔ 여덟 나라 심판(1:3-2장)

1. **다메섹**(옛 시리아의 수도)-BC 9세기 시리아 왕국의 창시자 하사엘과 그의 아들 벤하닷이 이스라엘을 침략했다. BC 734년 앗수르에게 파괴되었고, 아람인은 기르에 포로로 잡혀갔다(1:3-5).
2. **블레셋**-이스라엘인을 노예로 팔았다. 웃시야왕이 공격했고(대하26:6) 앗수르에 정복되었다(1:6-8).
3. **두로**(베니게)-다윗과 솔로몬을 기억하지 않고 노예무역(겔27:13)을 했다. 느부갓네살에게 정복되었고(겔29:18), BC 332년 알렉산더가 파괴한 후 해상 패권을 완전히 상실했다(1:9-10).
4. **에돔**-바벨론과 동맹해 형제국 남유다의 멸망을 도왔다(겔35:3). BC 8세기 앗수르에게 정복되었고, BC 4세기 나바테아인에게 함락되었다(1:11-12).
5. **암몬**-요단 동편의 이스라엘을 괴롭히다가 BC 8세기 앗수르에게 함락됐고 BC 6세기 느부갓네살에게 함락되었다(1:13-15).
6. **모압**-상대 국가에 모욕을 주는 악행을 저질렀다. BC 6세기 느부갓네살에게 침략당했다(2:1-3).
7. **유다**-예루살렘이 바벨론에게 함락되었다(2:4-5).
8. **이스라엘**-긍휼은 사라지고(출22:26-27) 강포와 쾌락만 남았다(2:8). 앗수르에게 패망했다(2:6-16).
■ 하나님은 역사와 열국의 주관자이시다!

② 세 가지 메시지(3-6장)

① (3장) <보응하리라>

하나님이 이스라엘을 주목하셨던 만큼 실망하셨고 보응하시리라(2절). 심판은 죄악에 대한 당연한 결과이며(4-6절), 하나님은 예언으로 경고하고 심판하신다(7절). 양이 맹수에게 먹히면 결백 증명을 위해 목자가 사체 일부를 주인에게 제시해야 하듯이(출22:13) 북왕국의 몰락이 심하리니(12절), 벧엘의 금송아지 제단 뿔을 꺾고(14절) 이스르엘의 겨울궁과 사마리아의 웅장한 여름궁과 상아궁(27일ⓒ 참고)을 파괴하리라(15절).

② (4-5장) <돌아오지 않았다>

ⓕ 불러도 돌아오지 않는 내 백성아(4-5장)

1. **바산**은 길르앗 북쪽의 비옥한 땅이다-물욕과 타락에 빠진 **바산의 암소** 같은 사마리아의 지도자들을(4:1, 8:5; 왕상21:4, 11) **하르몬(헤르몬)산** 넘어 앗수르에 던지리라(4:3).
2. 흉작, 기근, 재해, 전염병, 지진(4:9-11)의 **경고**에도 너희가 내게로 돌아오지 않았으니, 심판하시는 하나님 만나기를 **준비**하라(최후통첩, 4:12).
3. **우상도시**로 전락한 벧엘, 길갈, 브엘세바에 가지 말고(5:5) 묘성(플레이아데스성단)과 삼성(오리온), 천체와 기후를 **주관**하시는 여호와를 찾으라(5:8).
4. 너희를 **책망**하는 의인과 선지자를 싫어하다니(5:10), 너희가 사모한다는 여호와의 (구원의) 날은 여호와의 **심판**의 날이 되리라(5:18).
■ 하나님은 결코 즉흥적으로 심판하지 않으신다.

식굿(앗수르의 전쟁신)과 기윤(앗수르의 별신, 토성)이 너희를 건져 주기는커녕 오히려 너희가 그 우상들을 지고 포로로 끌려가게 되리라(5:26).

③ (6장) <화 있을진저>

갈레(창10:10)와 하맛(갈릴리 북부 도시), 가드는 각기 BC 9세기 앗수르와 아람의 하사엘에게 정복되었는데도 시온과 사마리아는 태평하다(1-4절, 9:10). 이스라엘에서는 시체를 매장만 했는데 너무 많이 죽어서 전염병 위험으로 화장하게 될 것이고 그제야 여호와의 이름을 두려워하게 되리라(10절). 지도자들의 불의함이 심각하고(12절) 여로보암 2세의 영토 확장으로 교만한(13절) 이스라엘을 하맛에서 아라바(염해 남부)까지 치시리라(14절).

③ 다섯 가지 환상(7-9장)

아모스가 아마샤에게 심판을 예언했다(7:10-17). 날이 이르면 (하나님의 침묵으로 인해) 말씀의 기근이 오리라(8:11).

ⓖ 심판의 다섯 가지 환상(7-9장)

1. **메뚜기 재앙** 후 하나님이 용서하셨다(7:1-3).
2. **불의 징벌** 후 하나님이 용서하셨다(7:4-6).
3. **다림줄**(담벽의 수직 측량줄)을 보이시고 용서치 않으리라고 말씀하셨다. 이삭(이스라엘)의 산당을 파괴하고 여로보암의 아들 스가랴를 치시리라(7:7-9).
4. **과일 광주리**(곧 먹힌다, 곧 썩는다, 8:1-3)의 환상.
 -북왕국은 여로보암 이후에 급격히 무너지게 된다는 뜻이다.
5. 벧엘의 **금송아지 제단**이 무너지는 환상(9:1-4). 너희가 구스인처럼 돌이키지 않는구나 (9:7; 렘13:23).
 ■ 하나님은 도저히 회복할 수 없고 용서할 수 없을 때 심판하신다(1일ⓗ2참고).

ⓗ 다윗의 장막을 꿈꾸시는 하나님(9:11)

⇒ 그날에 하나님이 최애하셨던 다윗의 장막에서의 **예배**(11절, 36일ⓔ 참고)를 회복하고 이스라엘이 하나님의 자녀가 될 **만국**을 얻으리라(12절).
 -야고보가 인용했다(행15:16-17).
 ＊하나님의 백성 이스라엘의 **회복**을 예고하셨다(14-15절).
 ■ 포로귀환 및 메시아의 열방 구원에 대한 이중적 예언이다.

• 하나님은 만민에게 성령을 부어 주시고 **구원하기 원하시는 하나님**이시다(욜2:28, 32).
• 하나님은 끝까지 돌이키고자 부르시다가 회복불능일 때 **심판하시는 하나님**이시다 (암4:6-11).
• 하나님은 정의를 물같이 공의를 강같이 흐르게 하기를 **원하시는 하나님**이시다 (암5:24).

Day 64

에돔의 멸망
오바댜 1장

 하나님이 교만한 에돔을 낮추시고 심판하시리라.

① 에돔에 대한 심판(1:1-16) 교만하고 포악한 에돔을 바위틈에서 끌어내리리라.

② 이스라엘의 회복(1:17-21) 야곱이 불이 되어서 에서를 심판하리라.

① 에돔에 대한 심판(1:1-16)

① (1상) <묵시>

Ⓐ 묵시의 의미는(1:1)?

＊묵시(히, 하존)는 하자("**보다**")에서 파생된 단어다.

1. 본래 시각적 메시지인 이상의 개념이 확장되어 하나님께 받은 분명한 **계시**를 뜻하게 되었다.

2. "**이상**"(삼상3:1; 호12:10; 암1:1; 미3:6) 내지 "**묵시**"(잠29:18; 겔12:22; 미1:1)로 번역되었다.

■ 예언자는 하나님의 말씀의 목격자요 증언자다.

② (1하~16절) <에돔에 대한 심판>

Ⓑ 바위틈의 교만한 에돔(1:3)

⇒별같이 높은 **바위틈**에 독수리처럼 거주하고 있다.

- 요르단 남부에 있는 천연의 기암괴석 요새인 **페트라**(Petra,"바위")는 세계 7대 불가사의요 에돔의 아지트였다.

＊ BC 4세기에 쫓겨나 일부는 유다 남부로 이주했고, **에돔(이두매)인** 중 헤롯(마2:3)이 권력을 잡고 왕이 되었다.

＊바벨론의 침략에 동조한 **죄**(10-14절)를 책망하시리라(시137:7-8; 겔35:5, 63일Ⓔ4 참고).

■ 하나님은 교만한 세속 권력을 심판하신다.

② 이스라엘의 회복(1:17-21)

시온에 피한 백성이 에서를 심판하고 나라가 여호와께 속한다는 이상(21절)은 가깝게는 포로귀환을 의미하고 멀게는 메시아 왕국을 의미하며, 하나님의 나라가 에돔으로 대표되는 악인과 열국을 심판한다는 의미다(욜3:19-21; 암9:11-12).

니느웨의 회개

요나 1-4장

 요나가 니느웨에서 하나님의 긍휼을 배웠다.

① 첫째 사명(1-2장) 요나는 다시스로 도망가다가 물고기에게 먹혔다.

② 둘째 사명(3-4장) 니느웨는 회개했고 하나님은 요나를 깨우치셨다.

 ① 첫째 사명(1-2장)

① (1장) <소명>

ⓒ 요나는 왜 소명을 거역했는가(1:3)?

1. **북이스라엘**을 격려했던 선지자였기 때문이다(왕하14:25).
   - 고국을 괴롭혀 온 **적국**에서의 사역을 거부했다.
2. 니느웨 사람들을 경고해서 살리시려는 하나님의 뜻을 이미 **간파**했다(4:2).
   * **사표** 내고 다시스(스페인의 낙원 같은 도시)로 향했다.
   - **동쪽 끝** 니느웨가 아니라 **서쪽 끝** 다시스로 도주한 것이다.
   ■ 열국을 향한 심판의 경고는 "돌아오라"는 메시지다.

선지자가 배에서 잠든 것은 평안(막4:37-38)이 아니라 영적 침체였다(삼상3:2, 26:12). 하나님은 그를 연단코자 배, 폭풍, 큰 물고기를 예비하셨다. 모순되게도 폭풍 가운데 하나님을 구한 것도(6절) 경외한 것도(10절) 그분의 주권을 인정한 것도(14절) 요나가 아니라 이방인들이었다! 그들도 주님이 필요한 사람들이다(4:11).

ⓓ 어떻게 사람이 물고기 뱃속에 있는가(1:17)?

⇒고래 뱃속에 있다가 **생환**한 실제 사건들이 있다.

* 3일간 요나의 체험은 장차 있을 그리스도의 **부활**의 예표였다(마12:39).
■ 성경은 신화나 동화가 아니라 사실이다.

② (2장) <기도>

요나는 해초를 뒤집어쓰고 산의 뿌리(바다 깊은 곳)까지 내려갔지만(5-6절), 자신은 헛된 우상숭배자(이방인)들과는 다르다는(8절) 선민의식에 여전히 빠져 있었다.

② 둘째 사명(3-4장)

① (3장) <순종>

요나는 3일 여정인 니느웨를 하루만 돌았다. 그런데 그들이 전국적으로 회개했다. 말씀에 제대로 반응한 것은 이번에도 요나가 아니라 이방인들이었다! 이에 하나님은 그들을 용서해 주셨다(렘18:7-8).

② (4장) <불만>

요나는 죽고 싶다고 했지만(욘1:12, 4:3, 8), 하나님은 박넝쿨, 벌레, 동풍(시로코 열풍)의 교훈으로 그를 일깨우셨다.

남유다의 심판
미가 1-7장

유다는 심판받지만 메시아의 구원을 보게 되리라.

1 심판에 대한 예언(1-3장) 사마리아와 예루살렘이 죄악 때문에 벌을 받으리라.

2 회복에 대한 예언(4-5장) 끝날에 시온이 회복되고 메시아가 심판하시리라.

3 회개에의 촉구(6-7장) 참 신앙을 회복하라. 나는 여호와의 구원을 바라보리라.

42 | 미가서의 남유다 성읍들

ⓐ 가드에서 예루살렘까지 12도시는(1:9-16)?

1. **가드**(블레셋)에 알리지 말라(삼하1:20).
2. **베들레아브라**("티끌의 집")에서 티끌에 굴렀다.
3. **사빌**("아름다운")아 수치를 무릅쓰고 나가라.
4. **사아난**("밖으로 나오다")은 나오지 못하리라.

5. **벧에셀**("보호의 집")이 의지할 곳이 없으리라.
6. **마롯**("고통")은 근심 중에 복을 바란다.
7. **라기스**(우상의 유입 경로)는 허물이 보였다.
8. **가드모레셋**("결혼 예물")에 이별 예물을 주라.
9. **악십**("기만")이 이스라엘 왕들을 속이리라.
10. **마레사**("소유자")는 침입자들이 소유하리라.
11. **아둘람**("도피처")까지 영광이 낮아지리라.
12. **예루살렘**("평화의 도시") 너희 자녀들이 잡혀가리라.
■ BC 701년 산헤립의 유다 침입 경로를 보여준다(왕하18:13).

① 심판에 대한 예언(1-3장)

① (1장) <선지자의 고발>

작은 마을 모레셋(예루살렘 남서쪽 50km, 지도 참고, 렘26:18) 출신인 미가가 남북왕국의 심장인 사마리아와 예루살렘을 향해 외쳤다! 그는 죄인이나 노예처럼 벌거벗은 채(8절) 애곡했다.

② (2장) <죄악상과 소망>

Ⓕ 양 떼를 이끄실 메시아 왕(2:12-13)

＊ 화 있을진저! 탐하여 강탈하는 백성아(1-2절).
- 하나님이 주신 **기업**을 이을 자 없으리라(5절).
- 참 예언은 거부하고(6절), **거짓 예언**은 환영하는구나(11절).
- 피난민을 **노략**(8절)하니 포로가 되리라(10절).
⇒ **보스라**(에돔의 유명한 초장)의 양 떼 같으리라. 길을 여는 자(**왕**)가 앞서고 **여호와**가 선두에 서시리라.
▣ 포로귀환 및 메시아 구원에 대한 이중적 예언이다.

③ (3장) <지도자들의 죄악>

통치자는 악을 기뻐하고 선지자는 삯을 좋아하니 너희가 망하리라.

② 회복에 대한 예언(4-5장)

Ⓖ 끝날에 있을 메시아의 구원(4-5장)

＊ 끝날 열방이 복음을 받고 **구원되리라**(4:1-2; 사2:2-3).
＊ 양육강식이 끝나고 참 **평화의 세상**이 오리라(4:3-5).
＊ **베들레헴**(에브라다)에 오실 통치자가 계시니 그의 근본은 영원에 있다(5:2; 마2:6).
＊ 7목자 8군왕(열방)을 세워 앗수르(대적)를 치시리라.
- 하나님 백성의 대적자를 **멸하시리라**(5:5-6).
▣ 포로귀환 및 메시아 왕국에 대한 이중적 예언이다.

③ 회개에의 촉구(6-7장)

① (6장) <하나님의 요구>

Ⓗ 하나님이 구하시는 것(6:6-8)

＊ 하나님이 기뻐하시는 예배에 대한 선지자의 **고민**(6절, 62일Ⓕ참고).
- **천천의 숫양, 만만의 기름**일까(사1:11; 호6:6)?
- **인신제사**(가나안 풍습, 헌신에 대한 과장)일까?
⇒ **정의와 인자**(진리와 은혜) + 하나님과의 **동행**

② (7장) <하나님의 회복>

미가는 재앙이 임할 이스라엘에 감정이입이 되어 괴로워했다(1절).

Ⓘ 주와 같은 신이 어디 있으리이까(7:18)

＊ 선인도 **가시와 찔레**(형벌, 악인[눅6:44] 같으니 파수꾼(예언자)들의 경고대로 **형벌**의 날이 오리로다(4절).
＊ **오직** 나는 여호와를 바라나이다. 대적(열방)이여 기뻐하지 말라. 여호와께서 **회복**하시리라(7-9절). 그날에 열방에서 포로된 백성이 **돌아오리라**(12절).
⇒ 이런 신이 "**어디 있는가**"('미가'의 뜻, 18절).
- 하나님이 **성실과 인애**를 베푸시리라(20절; 6:8).
▣ 포로귀환 및 메시아 왕국에 대한 이중적 예언이다.

- 교만한 백성을 심판하시고 **낮추시는 하나님**이시다(욥1:2-4).
- 우리를 일만 하는 사역자가 아니라 마음을 나누는 **동역자로 세우시는 하나님**이시다(욘4).
- 제사보다 정의와 인자와 겸손한 **동행을 원하시는 하나님**이시다(미6:6-8).

Day 65

니느웨의 멸망
나훔 1-3장

 질투하시는 하나님이 니느웨를 멸하시리라.

① 니느웨를 향한 심판(1-3장) 질투하시는 하나님이 파괴자를 보내서서, 열국을 침략하고 미혹케 한 니느웨를 황폐하게 하시리라.

 ① 니느웨를 향한 심판(1-3장)

① (1장) <심판 선포>

엘고스(유다 남부의 마을) 출신인 나훔의 묵시(환상, 64일ⓐ 참고)다.

ⓐ 니느웨가 멸망하리라(1:2-3)

* 여호와는 질투하고 **보복**하시는 하나님이시자 긍휼히 여기시고 **용서**하시는 하나님이시다(2-3절).
1. **요나**의 예언에 니느웨가 회개해서 용서하셨지만(욘3:10) **나훔**의 예언은 임박한 심판을 말씀하셨다(3절).
2. 요나의 예언은 취소된 것이 아니었다! 회개한 당대만 구원받고 **결국** 심판이 임했다.
■ 하나님은 이방의 악인에게도 긍휼과 질투로 역사하신다.

니느웨의 영화는 지푸라기같이 사라질 것이고(10절) 악을 꾀하는 산헤립이 남유다를 공격하는 사악한 일을 했지만(11절; 왕하18:13 이하) 하나님이 이후로는 더 이상 유다를 괴롭

히지 아니하시고 멍에와 결박을 풀어주실 것이다(12-13절).

ⓑ 니느웨는 어떻게 함락되었는가(1장)?

하나님은 권능이 크신 분이기에 가능했다(3-5절). 니느웨는 티그리스 강변에 20m 깊이의 해자(못)를 파고 성벽은 높이 30m, 너비 45m에 달하는 **난공불락**의 성읍이었다. 예언대로(8절, 2:6, 8) **홍수**로 인해 티그리스 강물이 범람하여 성벽 일부가 파괴되었고, 이에 메대와 바벨론 연합군이 그 틈으로 진입하여 니느웨를 약탈하고 **파괴**했다. 니느웨는 2014-2017년까지 ISIL이 점령했던 **모술**의 강 건너편에 위치해 있다.

② (2장) <심판 묘사>

파괴하는 자(1절), 즉 바벨론이 니느웨를 치러 올라오리라. 지리적으로도 물이 많이 모인 곳이고, 열방의 사람들과 재물들이 모인 곳이었던 니느웨(8절; 계17:1)가 공허하고 황폐해지리니(10절), 사자처럼 잔인하던 앗수르의 소굴(수도) 니느웨는 어디로 사라졌는

가(11-12절)! 너의 파견자(사신들)를 다시 볼 일이 없을 것이다(왕하18:17).

③ (3장) <심판 이유>
포악이 가득한 피의 성(1절), 열국이 우상숭배에 빠지게 만든 음녀(4절; 왕하16:10-14)가 황폐하리니 누가 위로할까(7절).

◎ 심판이 어떻게 위로인가(3:7)?
*황폐해진 니느웨에 **위로자**가 없도다(7절).

⇒시온에 악행하던 니느웨를 심판하심(1:11)은 하나님의 백성에게는 **위로**가 된다는 뜻이다.
*나훔의 이름이 "위로"라는 뜻이다.
■ 심판을 통해서도 위로하시는 좋으신 하나님이다.

애굽의 노아몬도 니느웨와 비슷한 지리적 여건이라서 평안할 줄 알았다가 무너졌으니, 너도 그처럼 망하리라(8-11절, 56일Ⓐ3 및 59일④ 참고).

하나님의 주권
하박국 1-3장

 하박국은 역사와 하나님에 대한 의문을 품다가
결국 하나님을 신뢰하고 찬양하게 되었다.

1️⃣ 하박국의 질문**(1-2장)** 세상의 악에 대해 두 번 질문했고 하나님은 그에게 대답해 주셨다.
2️⃣ 하박국의 기도**(3장)** 마침내 선지자는 하나님을 신뢰하며 기도와 찬양을 올려드렸다.

 1️⃣ 하박국의 질문**(1-2장)**

① (1:1-11) <질문과 대답1>
하박국의 묵시(환상, 64일Ⓐ 참고)이자 경고다.

Ⓓ 하박국과 하나님의 질의응답1(1:2-11)
1. 하박국의 **질문1**(2-4절)
"언제까지 **죄악**상을 가만히 두시겠습니까?"
2. 하나님의 **응답1**(5-11절)
"너의 생전에 국제정세가 뒤집히리라"(5절, BC 612년 니느웨 함락 또는 BC 605년 갈그미스 전투를 의미한다).
"갈대아인을 일으켜 유다를 **심판**하리라"(6절).
■ 정의를 외치는 인간 vs 진실로 공의로우신 하나님.

② (1:12-2:20) <질문과 대답2>
하박국은 파수하는 곳(2:1)에서 기다렸는데 이는 그가 민족의 파수꾼, 즉 선지자(57일Ⓓ 참고)이기 때문이었다.

⑥ 하박국과 하나님의 질의응답2(1:12-2:20)

1. 하박국의 질문2(1:12-2:1)

"심판의 도구로 그들을 세우심은 알겠다"(1:12).

"하지만 더 악한 자들의 패역을 공의로우신 하나님이 어찌 **방관**하실 수 있는가?"(1:13).

"어찌 주는 사람을 벌레 같게 하시는가?"(1:14).

2. 하나님의 응답2(2:2-20)

"이 묵시를 분명하게 기록해 읽게 하라"(2:2).

"비록 바벨론은 교만하고 부정직할지라도 의인은 **믿음**으로 말미암아 살리라"(2:4; 롬1:17).

"죄를 쌓은 바벨론이 갑자기 망하리라"(2:5-8).

"열국의 흥망은 **하나님의 경영**하심이다"(2:13).

"만민이 **주권자 하나님**을 인정하리라"(2:14).

■ 인간적인 근시안에서 벗어나서 역사를 경영하시는 하나님의 큰 그림을 보라.

바벨론이 레바논(아름다운 하나님의 백성을 상징, 렘22:6; 호14:5)에 강포를 행하리니, 악인이 득세하고 우상이 난립해도 유일하신 하나님 여호와는 성전에 좌정해 계시니 온 땅은 하나님을 신뢰하고 경외함으로 잠잠하라고 말씀하셨다(17-20절).

③ 하박국의 기도(3장)

하박국은 시기오놋('식가욘'의 복수, 41일①1 참고)에 맞춰 기도하며 하나님께서 데만(에돔 남방의 도시)과 바란산(바란광야, 신33:2)에서 출애굽 여정을 인도하셨던 영광(3절)과 구산 리사다임(삿3:9-10)과 미디안(삿7:25, 8:28)을 사사들을 통해 물리치시고(7절), 홍해를 가르시고(8-9절), 기적으로 아모리의 다섯 왕을 물리치셨던(11절; 수10:11,13) 역사를 기억했다.

⑥ 하박국은 어떻게 찬양하게 되었는가(3장)?

1. 하나님의 섭리를 깨닫고 역사하심을 요청했다(2절).

2. 하나님이 베푸셨던 구원 역사를 기억했다(3-15절).

3. 장차 임할 바벨론의 침공은 두렵지만(16절) 구원자 하나님을 주목하고 기뻐하며 힘을 내리라(17-19절).

■ 역사의 경영자이신 하나님을 신뢰할 때 비로소 우리 영혼은 살아난다.

남은 자의 회복

스바냐 1-3장

07.분열시대

 여호와께서 심판 후에 남은 자들을 구원하시리라.

① **주의 날에 임할 심판 (1-2장)** 하나님이 범죄한 유다와 주변국들을 벌하시리라.

② **주의 날에 임할 구원 (3장)** 남은 자들이 하나님의 구원과 사랑을 노래하리라.

397

① 주의 날에 임할 심판(1-2장)

① (1:1-2:3) <여호와의 심판의 날>
히스기야(남유다 13대왕)의 현손(1:1) 스바냐가 예언했다. (심판의) 그날에 적군이 어문(예루살렘 북문, 어상들의 출입문, 느13:16)과 제2구역(어문 안쪽 성내 구역), 작은 산들(예루살렘 성내 언덕들)에 들어오므로 비명이 들리고(1:10) 막데스(어문 반대편 예루살렘 남쪽의 상업구역)까지 관통하므로 여기서도 울리라(1:11).

ⓒ 혹시 숨김을 얻으리라(2:3)

＊16대 요시야왕(BC 640-609), 즉 남유다가 멸망하기 직전이었다(1:1).
-노아 홍수같이 진멸하시리라(1:2-3; 창6:7).
-바알과 그마림(바알 제사장들)을 멸절하시리라(1:4).
-일월성신과 말감(암몬인의 신)을 멸절하시리라(1:5).
-요시야의 종교개혁에도 불구하고 우상숭배가 여전히 심각했다.
⇒예루살렘 함락 전 공의와 겸손을 구하라(미6:8). 혹시 숨김(스바냐의 뜻)을 얻으리라(2:1-3).
■ 마지막 순간까지 구원의 길을 여시는 하나님이시다.

② (2:4-15) <주변국들의 심판>
해변에 거주하는 블레셋(가사, 아스글론, 아스돗, 에그론, 4절), 즉 그렛 사람(5절, 23일②④ 참고)과 모압과 암몬도 황폐할 것이요, 구스와 앗수르도 진멸되리라.

② 주의 날에 임할 구원 (3장)

예레미야와 동시대였던 스바냐는 결정된 심판과 함께 구원도 예언했다.

ⓗ 너를 잠잠히 사랑하시는 하나님(3:17)

＊패역한 성읍 예루살렘에 화가 있으리라(1절).
-열국을 심판해도 교훈을 깨닫지 못하니(6-7절), 예정하신 심판의 날까지 기다리라(8절).
＊그때에 열방이 여호와를 부르고 섬기리라(9절).
-남은 자들이 여호와를 의탁하리라(12절).
⇒"여호와는 구원을 베푸실 전능자시라. 기쁨을 이기지 못하고 잠잠히 사랑하시리라."
-나를 사랑하사 춤추고 노래하시는 하나님이시다(17절).
＊포로라서 절기도 지키지 못했지만 회복되리라(18-20절).
■ 포로귀환과 메시아 왕국에 대한 이중적 예언이다.

• 여호와는 하나님을 대적하는 자에게 진노하사 보복하시는 하나님이시다(나1:2).
• 역사를 경영하시는 하나님을 믿을 때 의인으로 살 힘을 주시는 하나님이시다(합2:4, 14).
• 너로 인해 기쁨을 이기지 못하시며 잠잠히 사랑하시는 하나님이시다(습3:17).

하박국은 어찌 더 악한 사람을 통해 심판하시느냐고 두 번째로 질문했다. 이에 하나님은 무엇이라고 답변하셨는가? 하나님의 답변을 들은 하박국은 귀한 고백과 함께 찬양했다(합3:17-19). 우리도 하박국과 같은 기도를 올려드리는가(합 1:12-17, 2:4-14, 3:1-2, 16-19)?

성전 재건의 예언

학개 1-2장

 학개는 성전 재건을 명령하고 예언했다.

① 성전 건축의 명령(1장) 성전이 황폐하니 재건하라는 명령에 모두가 순종했다.

② 성전 건축의 영광(2장) 하나님은 이 성전의 나중 영광과 강복을 약속하셨다.

① 성전 건축의 명령(1장)

〈성전을 건축하라〉

BC 536년 포로귀환부터 16년 뒤 다리오 2년(BC 520년)까지(1절) 성전건축이 미뤄진 것은 경제적 궁핍과 주변의 압박 때문이었다. 그러나 이 상황이 옳지 않기에(4-5절) 그들이 노력한 만큼 수확을 얻지 못하는 것(6절; 호4:10; 미6:14)이라고 말씀하셨다.

② 성전 건축의 영광(2장) 〈나중 영광이 크리라〉

7월 21일(1절)은 건축을 재개한 지 한 달이자 장막절(7월 15-22일)의 마지막 날이었다.

> Ⓐ 이 성전의 나중 영광이 크리라(2:9)
>
> *스룹바벨 성전(제2성전)은 재건 성전이었다.
> -이전 (솔로몬 성전의) 영광은 훨씬 컸다(3절).
> ⇒열방의 보물이 이곳에 모이고(사60:5) 여기에 메시아가 오시리니 나중 영광이 더 크리라(5-9절).
> *우주적이고 종말론적인 심판을 예고하셨다(20-22절).
> *"내 종 스룹바벨"을 인장(왕권 상징)으로 삼으리라.
> -그가 다윗의 후손(사9:7; 대상3:19)으로서 메시아(슥3:8)의 조상(마1:13)이 되리라(23절)는 뜻이다.
> ■ 재건 성전 및 메시아 초림에 대한 이중적 예언이다.

거룩보다 부정이 쉽게 전염되기 때문에 하나님이 복을 거두셨지만(12-17절) 이제 다시 복을 주시리라(18-19절).

성전 재건의 환상
스가랴 1-14장

 스가랴는 성전 재건과 메시아 왕국을 선포했다.

① 8가지 환상 (1-6장) 하나님은 환상들을 통해 성전이 재건될 것임을 알려주셨다.
② 질문과 응답 (7-8장) 시온의 회복과 건축 완공이 이뤄지면 기쁨이 있으리라.
③ 2개의 후렴 (9-14장) 메시아가 오실 것이요 거룩한 성전이 세워지리라.

 ① 8가지 환상 (1-6장)

① (1:1-6) <내게 돌아오라>
Ⓑ 선지자 스가랴는 누구인가(1:1)?
⇒ 다리오왕 2년(BC 520년, 학1:1)에 활동을 시작한, 1차 귀환자인 제사장 잇도(느 12:4,16)의 손자요 **제사장**이자 선지자였다(에스겔처럼 환상을 많이 기록했다).
＊"내게 **돌아오라**. 나도 네게 **돌아가리라**"(3절).

② (1:7-6:8) <8가지 환상>
Ⓒ 스가랴가 본 8가지 환상(1:7-6장)
1. 네 천사가 지상의 평온함을 확인한 후 70년 만에 **성전 건축**을 위해 먹줄(측량줄)을 치리라(1:7-17).
2. 유다를 흩어버린 **네 뿔**(나라)을 떨어뜨리는 **네 대장장이**(나라, 1:18-21; 단2:37-44)의 환상.
3. **예루살렘**이 성곽 없는 평안한 성읍이(겔 38:11) 되리라. 하나님이 친히 불성곽이 되셔서(왕하6:17) 눈동자같이(신32:10) 지키시리라(2장).
4. 여호수아에게 아름다운 옷을 입히시니 제사장은 "내 종 **싹**"(3:8; 사11:1, 42:1)인 메시아를 예표한다. 기초석(시118:22; 사28:16)인 메시

아가 온 땅을 감찰해 죄악을 제거하시리라(3장).
5. **순금 등잔대와 두 감람나무**(여호수아와 스룹바벨의 환상). 성전 재건은 성령의 역사이며 은총이다(4장).
6. **날아가는 두루마리**의 저주로 십계명의 8계명(도둑질), 3계명(맹세)을 위반한 자를 끊으리라(5:1-4).
7. 악(여성형)을 **에바**(22리터 뒤주)에 넣어 날개 달린 두 여인(천사)이 시날 땅에(창11:2)에 보내니 바벨론(계17-18장)이 망하리라(5:5-11).
8. **네 병거**가 두 구리산(성전의 두 놋기둥, 왕상7:21)에서 나와 세계를 심판하리라(6:1-8).
■ 역사의 주관자인 하나님이 악을 제거하시고, 열국 통치, 성전 재건과 더불어 메시아 왕국을 세우시리라!

③ (6:9-15) <면류관을 여호수아에게>
'싹'(슥3:8, 49일Ⓒ 참고, 스룹바벨이자 메시아)이 성전을 건축하겠고(12절) 그는 왕이자 제사장이시니(13절), 면류관을 보관해 '헨'("은혜", 14절)을 기념하고 장차 오실 메시아를 대망하도록 하라.

399

② 질문과 응답 (7-8장)

① (7:1-7) <금식에 대한 질문>
벧엘에 거주하는 귀환자들이 금식을 계속할지 묻자, 그들의 외식을 책망한 옛 선지자들의 말씀(사58:3-8; 렘14:10-12)을 기억하라고 하셨다.

⑩ 예루살렘 함락과 관련된 금식일 (7:5, 8:19)
1. **10월 금식** (예루살렘 도성 포위, 렘39:1).
2. **4월 금식** (예루살렘 성벽 훼파, 렘39:2).
3. **5월 금식** (예루살렘 성전 전소, 왕하25:8-9).
4. **7월 금식** (그달리야 총독 암살, 왕하25:25).

② (7:8-8장) <금식에 대한 응답>
너희는 올바른 삶(7:9-10)을 살며 성전 재건 재개일(BC 520년)에 선포된 선지자들의 말(학1:1; 슥1:1)에 순종하라(8:9). 장차 금식일은 희락의 절기가 되겠고(8:19) 열방은 메시아의 은혜를 얻고자 모이리라(8:22-23).

③ 2개의 후렴 (9-14장)

① (9-11장) <후렴1. 메시아의 거절>
ⓔ 메시아에 관한 예언 (9-11장)
***알렉산더 대왕**의 정복으로 인해 수리아(9:1-2상), 베니게(9:2하-4), 블레셋(9:5-7)이 패하리라.
1. "네 왕이 겸손하여 **나귀 새끼**를 타시나니."
 -세상과 달리 겸손의 왕으로 오실 메시아(9:9).
 -이스라엘에는 평화, 열방에는 화평의 복음이 되리라(9:10).

2. 언약의 피(창15:9-21)로 포로를 귀환시키고 헬라를 공격하리라(9:11-13).
 -가깝게는 **성전수복**(단11:32), 멀게는 **메시아 왕국**의 승리를 예언함이다.
3. 유리하던 백성이 용사같이 되겠지만(10:2-5)레바논(아름다운 하나님의 백성, 11:1-3; 렘22:6)이 쓰러지리라.
 -AD 70년에 디도가 **예루살렘**을 **함락**시키리라.
 -악한 **세 목자**(11:8, 왕, 제사장, 선지자)를 제거하리라.
4. 메시아를 **은30개**에 내어주고(11:12; 마26:15) 삯은 **토기장이**에게 던지리라(11:13; 마27:5-7).
5. **은총**이 꺾임은 메시아를 거부했기 때문이며 **연합**이 꺾임은 지역과 종파의 분열 때문이다(11:7-14).
■ 메시아 왕국 이전에 있을 고난의 이유들이 예언되었다.

② (12-14장) <후렴2. 메시아의 통치>
ⓕ 메시아 왕국에 관한 예언 (12-14장)
1. 그 **찌른 주**(메시아, 12:10)를 보고 애통하면, **죄를 씻는 샘**이 열리리라(13:1; 겔36:25).
2. **목자**를 쳐 양이 흩어진 뒤에(13:7; 마26:56) 종말에 열방이 예루살렘과 싸우겠지만(14:2) 빛과 광명체는 떠나고(14:6; 욜2:31; 마24:29) **생수**가 솟아나 열방에 흐르리니(14:8; 겔47), 여호와께서 **천하의 왕**이 되실 것이요(14:9), 온 땅에 예루살렘만 솟고(14:10; 사40:4; 미4:1) 거룩한 성전과 **메시아 왕국**이 서리라(14:16-21).
■ 십자가의 주님이 만왕의 왕이 되시리라!

재건 성전의 예배
말라기 1-4장

말라기는 예배의 타락을 고발하며 예언했다.

① 예배의 타락 고발(1-3장) 제사와 결혼과 봉헌의 타락에 대해서 책망하셨다.
② 민족을 향한 약속 (4장) 여호와의 날에 엘리야가 예비하고 주가 심판하시리라.

 ① 예배의 타락 고발(1-3장)

① (1장) <예배의 타락>
사랑으로 선택받은 너희가 제사를 더럽혔지만, 하나님이 열방 중에는 높임을 받으시리라(11절).

② (2:1-16) <결혼의 타락>
제사장들을 저주해 제물의 똥(출29:14)을 묻혀 버리리라(3절). 유다인들은 이방 여인과 결혼하고(11절) 버림받은 이스라엘의 조강지처들이 제단에서 통곡하니(13-14절), 하나님은 아담을 위해 오직 한 여자만 만드신 것을 기억하고(창2:22) 아내와 이혼하거나 학대하지 말고 경건한 자손을 이어가라(15-16절).

③ (2:17-3장) <봉헌의 타락>
ⓖ 세례 요한과 예수 그리스도 예언(3:1)

＊너희는 정의의 하나님을 부정하지만(2:17)
1. 내 사자(세례 요한, 사40:3; 말4:5)가 준비하고.
2. 주, 곧 언약의 사자(예수 그리스도)가 오셔서 정결케 하고 공의로 심판하시리라(2-5절).
■ 예수님은 하나님의 공의(고전1:30; 살후 1:7-8)이시다.

너희는 하나님의 것인 십일조(신14:22-29)와 봉헌물을 도둑질하며(3:8) 예배와 회개가 헛되다 하니(3:14) 그때(종말)에 경건한 자들은 기념책에 기록되고 의인과 악인은 구분되리라(3:16-18).

② 민족을 향한 약속(4장) <메시아 예언>

ⓗ 엘리야를 보내 준비케 하리라(4:5-6)

＊용광로 불 같은 끝날에 악인은 멸하시고(1절), 경건한 자들은 치료하시리라(2절).
⇒ 엘리야(세례 요한, 눅1:17)가 백성을 돌이키리라. 돌이키지 않으면 주께서 심판하시리라.
■ 오실 메시아 예수는 구원자이시자 심판주이시다.

• 하나님의 전을 세울 때 사람들의 마음을 감동시키시는 하나님이시다(학1:14).
• 자기 백성을 양 떼같이 구원하시고 왕관의 보석같이 빛나게 하시는 하나님이시다(슥9:16).
• 우리의 마음을 하나님께로 돌이켜서 자녀로 사랑해 주시는 하나님이시다(말4:6).

사랑의 하나님

"내가 네게 장가들어 영원히 살되"(호2:19)

호세아는 끔찍한 결혼을 해야 했다. 고멜("완벽하다")이라는 음란한 여자와 결혼하라고 하나님이 명하셨기 때문이다(호1:2). 고멜은 이스르엘, 로루하마, 로암미 세 자녀를 낳고도 가출해서 자기가 연모하는 애인들을 만나러 다녔다. 하나님은 이스라엘도 똑같이 방탕하고 우상숭배에 빠져 나를 배신했다고 진노하시며 2장 13절까지 폭풍 같은 심판의 경고를 쏟으셨다.

그런데 갑자기 2장 14절에서 "내가 그를 타일러 거친 들로 데리고 가서 말로 위로"하시겠단다. 하나님이 심장이 벌렁거릴 정도로 혼내시더니 갑자기 따스한 음성으로 위로하신다. 부모가 왜 자녀에게 매를 들겠는가? 잘못된 길로 가지 말라고, 바르게 잘되라고 그러는 것이다. 나도 내 아들들이 어린 시절에 그들과 잘 놀아주다가도 정말 잘못했을 때는 따끔하게 혼냈다. 그러나 지금도 가끔 그때 생각이 나면 가슴이 저려온다.

하나님도 혼내놓고 안쓰러워하셨다. 제2의 광야인 바벨론에 잡혀간 그들을 위로하시겠다고 말씀하셨다. 오히려 "아골 골짜기로 소망의 문을 삼아 주리니"(호2:15)라고 말씀하셨다. 아골(고통)의 골짜기, 즉 실패와 심판의 상처가 트라우마로 남아있는 곳이 소망의 시작점이 되게 해주시겠다는 약속이다. 절망의 막다른 골목에서 소망의 문을 열어 주시겠다는 말씀이다.

그런 날이 되면 "네가 나를 내 남편이라 일컫고 다시는 내 바알이라 일컫지 아니하리라"(호2:16)고 하셨다. 무슨 뜻인가? 하나님은 바알처럼 만신전의 신들 중 하나가 아니라 유일하신 전능자이시기 때문이다. 또한 하나님은 바알("주인님")처럼 인간에게 두려움을 주며 군림하는 군주신이 아니라, 쌍방 간에 사랑하여 동행하기 원하시는 인격적인 하나님이시기 때문이다.

사실 하나님이야말로 피조물과 인간에게 주종관계를 요구하실 수 있는 유일한 자격을 갖춘 분 아닌가. 그럼에도 불구하고 하나님은 나의 남편이 되시겠다고 하신다. 왜인가? 나를 정말 사랑하시고 나의 사랑을 정말 원하시기 때문이다. 사랑한다고 강제하고 강압적인 폭력을 행사하면 사랑이 아니지 않은가. 하나님은 인격적인 눈높이의 사랑을 원하신다.

이제 하나님이 "내가 네게 장가들어 영원히 살되"라고 말씀하신다. 하나님이 19절에 2번, 20절에 1번, 총 세 번이나 "나 결혼합니다!" 외치고 계신다. 하나님이 엄청 들떠 계시고 행복해서 어쩔 줄 몰라 하신다. 왜냐면 본인이 좋아서 이 결혼을 하시는 것이기 때문이다. 하나님은 정말 온 우주에서 최고의 로맨티시스트이시다. 사랑에 모든 것을 거신 분이다.

그렇게 사랑하는 우리와 결혼해서 영원히 살고 싶다는 소망을 말씀하신다. 천국이 왜 천국인 줄 아는가? 눈물과 고통이 없는 곳이어서? 큰 상급이 기다리고 있어서? 아니다. 그곳이 천국인 것은, 나를 온 우주에서 최고의 사랑으로 영원히 사랑해 주시는 그분이 계신 곳이기 때문이다.

그리고 다시 한 번 하나님의 로망을 말씀하신다. "너는 내 백성이라 하리니 그들은 이르기를 주는 내 하나님이시라 하리라"(호2:23). 마치 긴 연속극의 마지막 회에 남자 주인공과 여자 주인공이 재회하여 손을 맞잡고 서로를 향해 사랑의 확인을 하는 해피엔딩의 장면 같다.

자 이제 이렇게 엔딩 크레딧이 올라간 것으로 끝났을까? 아니다. 아직 아내가 돌아오지 못했기 때문이다. 구약은 예언서를 통해 심판의 메시지와 구원의 노래를 끊임없이 교차시키다가 엔딩하는 듯하다. 하지만 여기가 끝이 아니다. 하나님은 순박한 시골 청년처럼 사랑 노래만 부르고 계신 분이 아니라 아내를 데려오는 일을 실행하기로 결단하신 분이기 때문이다.

세 번이나 외치셨던 "장가간다"는 말은 "신부 값을 지불하고 신부를 얻다"라는 뜻이다. 그런데 그 값이 얼마인가? 바로 예수 그리스도의 생명 값이었다. 예수님이 십자가를 지시기 전 "아버지여 때가 이르렀사오니 아들을 영화롭게 하사 아들로 아버지를 영화롭게 하게 하옵소서"(요17:1) 기도하셨다. 이 말이 내 귀에는 "저 장가갑니다!"라는 음성으로 들린다. "저 드디어 십자가를 지러 갑니다! 하나님 기쁘시죠! 저도 기쁩니다! 드디어 되찾을 때가 되었습니다!"

방탕한 배우자와 재혼하면서 뭐가 그리 기쁘실까! 망가진 죄인과 재회하면서 뭐가 그리 영화로우실까! 어떻게 더러운 자를 품에 안고 행복하다고 하실 수 있을까! 예수님이 모세의 이혼규정에 대해 논하시면서 아내가 부정한 경우만 이혼 사유가 된다고 말씀하셨다. 그러나 하나님 당신의 경우에는 그래도 이혼하지 않으시겠다는 말씀이다. 아니 제 발로 뛰쳐나간 아내라도 데려와 재혼하시겠다는 말씀이다.

더 충격적인 것은, 호세아서 어디에도 재혼이라고 말하지 않는다는 점이다. 순결한 신부와 처음 결혼하는 것처럼, 하나님이 죄로 만신창이가 된 나와 신혼처럼 결혼하시겠단다. 그리고 십자가를 앞에 두고도 들떠서 기뻐하시는

하나님은, 나와 영원히 "나의 하나님" "나의 백성"이라고 서로 사랑 고백하며 천국에서 지낼 날을 손꼽아 기다리신다!

누가 구약의 하나님은 무서운 하나님이고, 신약의 하나님은 사랑의 하나님이라고 했는가? 그 아름다운 세상만물을 다 맡겨 주시고도 딱 한 가지 외에는 규정이 없었던 하나님은 사랑의 하나님이시다. 가인 같은 살인자도 불쌍히 여겨 보호의 표를 주시고, 홍수를 내려 심판하실 지경인데도 노아를 구원해 다시 희망의 노래를 부르게 하시고, 교만의 탑을 쌓는 백성이 멸망하지 않도록 흩어 버리신 하나님은 무서운 하나님이 아니라 사랑의 하나님이시다.

19세기 세계적인 부흥사였던 D.L. 무디는 가는 곳마다 수천수만의 사람들에게 하나님의 심판을 외쳐서 회개와 부흥을 일으켰다. 그런 그의 설교를 완전히 뒤집어놓은 인물이 있었다. 그는 소년 설교가 헨리 무어하우스였다. 그가 시카고에 있는 무디의 교회에 찾아와 집회를 시작했는데, 매일 요한복음 3장 16절로 성경의 창세기부터 계시록까지 훑어가며 하나님의 사랑을 설교했다. 일곱째 날 강단에 오른 그의 다음 말은 무디에게 충격 그 자체였다.

"오늘도 종일 새 본문을 구했지만, 요한복음 3장 16절입니다. 하나님이 여러분을 얼마나 사랑하시는지 제 우둔한 입으로는 다 형용할 길이 없습니다. 그러나 만약 제가 야곱의 사다리를 빌려 천상에 올라가 하나님의 존전에 서 있는 가브리엘 천사장을 만나 아버지께서 이 세상을 얼마만큼 사랑하시는지 물어본다고 해도 그도 이 말밖에는 할 말이 없을 것입니다. '하나님이 세상을 이처럼 사랑하사 독생자를 주셨으니 이는 그를 믿는 자마다 멸망하지 않고 영생을 얻게 하려 하심이라.'"

신약
성경

_중간기의 역사

BC 330년 알렉산더 대왕이 바사를 정복하고 이룩한 헬라제국은 알렉산더 사후 네 개의 왕국으로 분열되었고, 이스라엘은 시리아를 중심으로 하는 셀류커스 왕조와 이집트를 중심으로 하는 프톨레미 왕조 간 대립의 장이 되었다. 그중 셀류커스 왕조의 안티오쿠스 4세 에피파네스(BC 175-164년 통치)가 성지를 점령하면서 예루살렘 성전을 모독하고 종교 탄압 정책을 시행했다. 그는 성전 안에 돼지 피를 뿌리고 제우스 신상을 세워 섬기게 했으며 성전 앞에서는 레슬링 경기를 하게 만들었다. 이에 룻다 지방의 모디안 출신인 제사장 맛디아가 봉기하고 그 아들 유다 마카비("쇠망치")가 혁명을 이어받아 BC 164년 12월 14일 예루살렘을 탈환하고 성전을 정화시켰다. 이것이 하누카(수전절, 요10:22)의 유래다.

마카비의 후손들이 셀류커스 왕조의 시리아로부터 독립 전쟁을 이어감으로써 이후 130년간 하스몬 가문이 유대를 다스리는 하스모니안 왕조 시대가 된다. BC 63년에 하스모니안 왕국은 로마 공화국에 의해 멸망당했고 그 지배하에 들어가게 된다. BC 31년에는 옥타비안이 악티움 해전에서 안토니오와 클레오파트라를 격파하고 프톨레미 왕조를 로마에 편입시키면서 제정 로마시대가 열리고 200년간의 팍스 로마나("로마의 평화") 시대가 시작된다. 정치와 법률과 도로는 로마의 시스템으로, 철학과 문화와 언어는 헬라의 콘텐츠로 통일된 그 시점에 하나님의 아들 예수 그리스도께서 오셨다. 결국 문화적으로는 헬레니즘이 앞섰지만 종교적으로 헤브라이즘이 채워지면서 세계는 기독교의 탄생을 맞이하게 됐고, AD 313년 콘스탄틴 대제가 밀라노 칙령을 통해 기독교를 공인했고 AD 392년에 이르러서는 로마제국이 기독교를 국교로 채택하기에 이르렀다.

_신약성경의 상황

1. 정치적 상황

유대인들은 로마 제국의 통치 아래 있었지만 어느 정도의 자치권이 주어졌다. 법치국가였던 로마는 비교적 합리적이고 정의로운 나라였다. 로마제국에 협조적이었던 헤롯 가문(69일 표10 참고)을 분봉왕으로 세워서 다스리게 했고, 제국 중앙에서 임명한 총독을 파견하여 소요와 반란을 예방하고 진압하도록 했으며, 반란 모의를 하지 않는 조건으로 자치권을 부여받은 산헤드린 공회가 유대 사회 안에서 종교적·사회적 자치권을 행사할 수 있었다. 헤롯 대왕은 아구스도 황제의 인준으로 왕이 되었고, 유대인들에게 지지를 얻기 위해 예루살렘 성전을 증축했으며, 예수님 탄생 시에 유아 살해극을 벌이기도 했다. 그는 이두매(에돔) 출신으로 하스몬가의 미리암(마리암네)과 결혼했으나 왕비와 두 아들, 처남, 모친, 장모까지 왕권을 노린다고 의심해 죽였다. 그의 아들 헤롯 안디바는 동생 헤롯 빌립1세의 아내 헤롯디아를 빼앗은 일로 세례 요한의 비판을 받았고 결국 요한을 살해했다. 헤롯 대왕의 손자 헤롯 아그립바1세는 사도 야고보를 죽이고 교회를 박해했으며(행25장), 그의 아들 헤롯 아그립바2세는 사도 바울을 심문했고(행25장) AD 70년 예루살렘이 멸망한 이후 로마로 건너가 로마의 행정관이 되었다. 이로써 유대 땅에서 헤롯가의 통치는 종료되었다.

2. 사회적 상황

당시 이스라엘 사회는 여러 측면에서 분열의 양상을 겪고 있는 혼란기였다. 정치적으로는 친로마 세력(헤롯당)과 반로마 투쟁 세력(열심당)으로 분열되어 있었다. 경제적으로는 관료, 종교인, 세리 등의 부유층과 대부분의 서민 빈곤층으로 분리되어 있었다. 또한 종교적으로는 노골적으로 세속적인 사두개파 및 경건주의를 표방했지만 세속과 타협한 바리새파, 그리고 현실 비판적인 에세네파로 분열되어 있었다. 문화적으로는 본토 유대인과 헬라파 유대인 사이에 분열 양상을 보이고 있었다. 본토 유대인들이 같은 본토 출신의 베드로의 설교에는 마음이 찔려 회심했지만(행2:37-41), 헬라파였던 스데반의 설교에는 마음이 찔려 돌로 쳐 죽인 사건(행7:54-58)이 대표적인 경우였다. 또한 예루살렘 초대교회 안에서도 유대인의 가장 중요한 과부 공궤 사역에 있어서 본토 유대인들이 헬라파 과부들을 등한시함으로 내분이 발생했던 경우(행6:1)도 같은 맥락의 사건이었다.

3. 사상적 상황

전통적인 히브리 사상이 새로운 헬라 사상과 충돌하고 있었다. 신(神) 중심의 통전적 사고를 하는 히브리인들에게 인간 중심의 분석적 사고를 하는 헬라 문화 및 철학과 언어는 생소했다. 그러나 BC 250-150년에 헬라어 구약성경인 70인역(LXX)이 프톨레미 왕조 치하에 알렉산드리아에서 완역됨으로 종교적 히브리어를 모르는 유대인들과 헬라인들(행8:28)까지 구약을 이해할 수 있는 기초가 놓였다. 그런 가운데 신약성경 또한 당시 만국 공용어였던 코이네 헬라어("공통 그리스어", Common Greek)로 기록되어 예수 그리스도의 복음을 전 세계에 전할 수 있었다. 또한 사도 요한은 메시아 사상을 로고스 사상으로 발전시켰고, 사도 바울은 헬라권에서 태어난 디아스포라 유대인으로서 로마 전역을 여행하며 복음을 히브리어와 헬라어로 증거해 유대인과 이방인 모두에게 복음을 전하고 교회를 개척할 수 있었다.

4. 영적인 상황

바벨론 포로기 이후 경건주의자들(히, 하시딤)에게서 시작된 유다 마카비의 독립 운동과 바리새파 중심의 성서 운동은 이후 이들이 세속 권력과 물질을 탐하면서 변질되었고, 이에 크게 실망한 유대 민중은 더더욱 메시아를 갈망하며 메시아 왕국의 도래를 사모하게 되었다. 성전을 수복했던 유다 마카비의 후손들이 하스모니아 왕조를 세우며 세속 권력자들이 되어 버렸고, 로마 제국이 왕권을 에돔 사람 헤롯에게 넘겨주면서 유대인들은 더욱 영적으로 깊은 목마름을 느껴야 했다.

_신약시대의 당파

1. 정치적 당파

정치적인 편향성을 놓고 보면 크게 로마 타도를 외친 열심당(셀롯인, Zealot, 행1:13, 가나나인이라고도 불렸다, 막3:18), 친헤롯 행보를 한 헤롯당이 있었다. 첫째, 열심당은 셀롯인이라고도 했는데, 이들 중에는 다혈질의 갈릴리 사람들이 많았다. 게다가 갈릴리 지역은 수도 예루살렘에서 먼 지역이어서 혁명을 꿈꾸는 이들이 활동하기 좋았다. 이들은 BC 6년경 헤롯 대왕 통치기에 조직되어 AD 73년 마사다 항전까지 활동했는데, 이스라엘 안에서 친로마 세력을 암살해서 제거하고자 하는 극단적인 유대민족주의자들이었다. 열심당원들 중에는 칼을 품고 다니며 친로마 인사들을 제거하는 조가 있었으며 이들을 시카리("단검으로 무장한 사람")라고 불렀다. 이들은 로마 제국의 압제로부터 그들을 독립시킬 정치적 메시아상을 갖고 있었다.

둘째, 헤롯당은 헤롯 왕조(69일 표10 참고)의 출현과 더불어 세력화된 무리로서 헤롯 안디바 때 가장 크게 세력화되었다. 복음서에는 그들이 지지하는 헤롯 정권을 위협하는 세력 요한을 제거하게 만들고, 결국 예수를 정치적으로 견제하며 제거하려는 세력으로 등장한다. 이들은 예수님에 대한 대중의 지지를 격감시키기 위해 세금 논쟁을 일으켰고 바리새파와 손을 잡기도 했다(막12:13). 그러나 헤롯 왕가는 로마에 거금을 바치고 분봉왕에 오른 가문이기 때문에 끝까지 민족적 정통성을 인정받을 수 없었고, 결국 로마 제국에 의해 예루살렘이 무너질 때 이들도 함께 막을 내리게 된다.

2. 종교적 당파

크게 세속주의와 경건주의의 연속선상에 놓고 보면 주요 종교적 당파로는 사두개파, 바리새파 및 에세네파가 있었다. 첫째, 사두개파는 제사장 사독의 후예를 자처하는 이들로서 부유한 귀족 지배 계층이었다. 이들은 제사장 가문과 권력가 가문의 후손들로서 정치적 기득권을 갖고 있었으며 모세오경만을 인정하고 내세와 천사, 부활을 부정하는 극단적 현세주의 당파였다. 예수님께 부활 논쟁을 제기했던 이들은 바리새파와 산헤드린 공회의 권력을 양분하는 세력이었다.

둘째, 바리새파는 "분리된, 성별된" 사람들이라는 뜻으로 종교적인 삶에 헌신한 자들이었다. 바벨론 유수로 인해 성전이 소실된 이후 학사 에스라로부터 기인하여 생긴 하시딤("경건주의자") 운동은 성경을 신앙의 근간으로 삼았다. 그래서 평생 성서를 필사하는 것이 본업이었던 서기관들이 바리새인들 가운데서 많이 나왔다. 이들은 회당 중심으로 신앙 공동체의 부흥을 주도했다. 예수님도 회당을 중심으로 사역하셨고 사도 바울도 로마 도시들을 다니며 유대인 회당을 거점으로 선교했다. 결국 회당은 유대인 국내 선교와 이방인 도시 선교의 교두보 역할을 하게 되었다. 서민 출신이었던 바리새인들은 일반 백성들과 친밀했고 그들의 존경을 받았다. 하지만 이들은 점점 세속 권력과 물질을 탐하기 시작하면서 형식적인 종교인으로 전락했고 율법주의자들이 되었다. 사복음서에 이들이 예수님의 집중적인 비판 대상이 된 것은, 사두개인들이 노골적인 세속주의자들이었다면 바리새인들은 경건의 모양을 가장하고 외식하는 자들이었기 때문이다.

셋째, 에세네파는 바리새파의 뿌리인 하시딤에서 나온 것으로 추정된다. 이들은 아예 세속을 떠나 엄격한 금욕주의의 길을 걸었다. 유대광야로 나가 공동체 생활을 했으며 개인적인 경건훈련과 정결예식을 강조했다. 또한 극단적인 메시아 대망사상을 갖고 있어서 결혼과 출산을 금지하기까지 했다. 제사장의 자녀로 태어나 광야에서 경건주의 공동체를 이끌며 시대의 영적 등대로 활동했던 세례 요한이 에세네파의 일원으로 추정된다. 이들은 염해 서쪽 쿰란에 머물렀는데, 이곳에서 1946년 사해사본이 발견되었다. 600개의 두루마리는 BC 2세기에 기록된 최고(最古)의 사본이었다.

이런 당파들을 통해서 몇 가지를 볼 수 있다. 유대 신앙을 가진 일반 이스라엘 대중은 이상과 현실의 갈등 속에서 메시아 대망 사상이 극에 달해 있었다. 거대한 로마 제국의 정치적 압제와 지배자 계층 및 세리들 같은 친로마 세력의 경제적 수탈, 신뢰했던 하스몬 가와 바리새파의 세속화, 정통성도 없는 에돔인 헤롯 왕가의 학정, 400년간 계속된 영적 암흑기는 그들로 하여금 하나님 앞에 부르짖게 만들었다. 마치 400년간의 애굽 노예생활의 끝자락에서 히브리인들이 하나님 앞에 부르짖을 때 구원자 모세를 보내주신 것과 같았다. 이는 또한 사사시대와 사울왕 시대의 400년간의 영적 타락의 끝자락에 사무엘을 선지자로 보내시고 선군 다윗왕을 보내신 것과 같다. 창조 이래 인간의 죄악사도 반복되었지만, 하나님의 구원사도 반복되었다. 과연 역사의 마지막은 어느 쪽으로 결말이 날 것인가? 하나님은 선하시기에 결코 하나님의 백성을 포기하지 않으시며, 궁극적인 구원의 길을 열어 놓으신다. 그분께서 예비하신 역사의 마지막 시나리오를 보여주면서 신약성경이 마무리를 짓게 된다.

"내가 선지자 엘리야를 너희에게 보내리니 그가 아버지의 마음을 자녀에게로 돌이키게 하고 자녀들의 마음을 그들의 아버지에게로 돌이키게 하리라"(말4:5-6). 구약시대 마지막 선지자였던 말라기의 예언이다. 그리고 예언대로 세례 요한이 선지자 엘리야로 왔고(마11:12-14) 예수님이 오실 길을 예비했다. 앞으로 펼쳐질 인류 역사의 마지막에 대해서는 또 다른 요한이 외쳤다. "이것들을 증언하신 이가 이르시되 내가 진실로 속히 오리라 하시거늘 아멘 주 예수여 오시옵소서!"(계22:20) 우리는 주님 오시는 그날 어떤 모습으로 서 있을 것인가?

구약성경의 기록이 3,500년~2,400년 전까지 거슬러 올라간다면, 신약성경은 2,000년 전으로 거슬러 올라간다. 지난 2,000년 동안 신약성경은 얼마나 잘 보존되어 왔을까? 구약성경이 철저한 필사 과정을 통해 문서보존의 정확도를 높였다면, 신약성경은 어떤 면에서 신뢰할 만하다 할 수 있을까?

사실 신약성경은 유대인보다 이방인들 사이에 광범위하게 전파되었다. 예수를 그리스도로 영접하는 이들의 대다수가 이방인들이었기 때문이다. 그런데 이들의 성경 필사 과정은 유대 서기관들의 성경 필사 과정에 비해 전문성이 떨어질 수밖에 없었을 것이다. 그렇다면 과연 어느 정도의 정확성으로 필사가 되어서 우리에게까지 전달이 되었을까?

고서 검증법을 통해서 살펴보자. 신약성경도 구약성경과 마찬가지로 원본은 존재하지 않지만 수많은 사본들이 존재한다. 현존하는 신약성경 사본은 약 5,500개, 번역사본은 약 18,000개에 이른다. 이와 비교할 만한 책은 호머(Homer)의 《일리아스》다. 신약성경도 《일리아스》도 후대에 의해 계속 필사되어 왔고 오늘날까지 애송되기 때문이다.

내용	신약성경	일리아스
사본의 개수	24,643	643개
원본 기록 연대	AD 40-100년	BC 800년
최초 사본 연대	AD 125년	BC 400년
시간적 차이	25년	400년
오류 정도	0.5%	5%

위에 표에서 알 수 있듯이, 신약성경은 《일리아스》에 비해 사본의 수는 40배 가까이 되며, 원본과 사본의 간격은 16배나 짧고, 사본들 간의 오류 정도는 10배나 더 신뢰성을 갖는다. 어떤 이들은 구약성경에 비해서 사본 간 차이나 오류가 많다고 말할 수도 있다. 하지만 《일리아스》의 사본 정확도를 1로 볼 때, 신약성경은 6,400배나 더 정확하다.

신약성경의 정확성을 비판하는 이들은, 초대교회의 분파마다 교리적인 입장 차이로 인해서 성경을 필사할 때 근거 구절이 될 만한 부분들을 상당 부분 첨삭하거나 변질시켰을 것이라고 주장한다. 하지만 2만 개가 넘는 엄청난 사본들이 0.5%의 차이에 불과하며, 분파들마다 성경 해석의 차이점 때문에 필사의 차이를 가져온 부분들이 미세하게 있을지라도 그런 부분들조차 성경에 표시되거나 사본 간 비교 가능하게 되었다는 것에 주목해야 한다. 성서학자 F.F. 브루스(Bruce)는 말했다. "신약성경의 증거는 고전 작품에 대한 증거보다 훨씬 많기 때문에 그 신뢰성은 의심할 여지가 없다." 신약성경이 오랜 박해와 치열한 교리 논쟁을 뚫고 신뢰할 만한 책으로 남은 것은, 이 말씀의 진리를 수호한 필사자들 덕분이었다.

성경의 지리와 기후를 이해해야 성경이 평면(2D)이 아닌 입체(3D)로 보이게 된다. 성경이 입체적으로 보이면 예수님이 제자들을 부르셨던 갈릴리 해변을 함께 걷게 되고, 헬라 문명을 받아들인 10개의 도시들로 구성된 데가볼리 지역의 거라사에서 만난 광인이 시골 출신이 아니라 도시 출신이었다는 점도 알게 되고, 예루살렘에서 여리고 가는 길이 지금도 강도가 출몰하는 험한 바위산길이라는 것도 그려지게 된다.

_신약성경의 지리

1. 로마 제국

구약의 지리가 메소포타미아와 이집트 사이에서 펼쳐졌다면, 신약의 지리는 지중해를 중심으로 로마 제국 안에서 펼쳐졌다. 아구스도 황제(눅2:1)가 이룩한 로마의 평화(팍스 로마나, Pax Romama) 시대는 최강의 제국 로마가 지중해를 중심으로 세계를 정치 문화적으로 통일했기 때문이다. 예수 그리스도는 바로 이 시점에 오셨다.

43 | 아구스도 통치기의 로마제국

- 구브로(Cyprus): 소아시아에서 65km 떨어져 있고, 수리아에서 96km 떨어져 있는 지중해의 섬으로서, 구약에는 깃딤(창10:4; 겔27:6)이라고 불렸으며, 바나바의 고향이었다(행4:36).
- 그레데(Crete): 아가야반도 밑에 있는 길이 250km에 달하는 지중해의 큰 섬(행27:7)으로서, 구약에는 갑돌(신2:27)이라고 불렸으며, 디도가 이곳 목회를 맡았다(딛1:5).
- 시실리(Sicily): 이탈리아 본토 아래에 있는 지중해의 섬이며, 시실리 남동쪽에는 멜리데(몰타, 행28:1)섬이 있다.

- 이스라엘: 로마의 속국 유대(Judea) 지역은 분봉왕 헤롯과 로마 총독들이 다스렸다.
- 아라비아: 사도 바울은 회심 후 이곳에 와서(갈1:17) 복음 사역을 준비했다.
- 이집트: 예수의 부모는 헤롯의 학정 때문에 이곳으로 피신했다(마2:14).
- 수리아: 안디옥을 수도로 셀류커스 왕조가 통치했으나 BC 64년 로마에 점령됐다.
- 갈라디아: BC 25년 로마가 세운 갈라디아주에 더베, 루스드라, 이고니온이 있다(행14장).
- 아시아: 수도 에베소(80일ⓒ,ⓓ 참고)에서 바울이 선교했고 이후 디모데와 요한도 에베소 교회에서 사역했다.
- 마게도냐: 알렉산더 이후 로마의 속국이 된 발칸반도 북부로 사도 바울의 유럽 첫 선교지였다.
- 아가야: BC 27년 아구스도가 아가야를 분할했으며 아가야의 수도는 고린도(79일ⓐ,ⓑ 참고)였다.
- 그리스: 도시국가들로 구성되었던 그리스는 알렉산더 때 세계적인 제국을 건설했다.
- 이달리야: 로마 제국이 발흥한 지역으로서 수도 로마(78일ⓐ,ⓑ 참고)를 품고 있었다.

2. 주요 도시

44 | 예수님 당시의 유대 지역

- 갈릴리: 유대인들에게 무시당한 외진 곳이었지만 국제적인 문물 교류가 활발했고 많은 랍비들이 활동하던 지역이었다. 예수님도 이곳에서 주로 사역하셨다(마4:23).
- 사마리아: 북이스라엘의 수도명(왕상16:24)이었던 사마리아가 이후 유대와 갈릴리 사이 지역을 일컫는 지역명(요4:3-4)으로 변했다. 사마리아인은 북왕국의 우상숭배 및 앗수르의 혼혈정책으로 신앙적·혈통적 정통성을 상실했기 때문에 유대인들에게 이방인 취급을 당했다(요4:9).
- 유대: 수리아와 더불어 로마의 속주가 되었고 로마인들은 유대를 팔레스타인("블레셋의 땅")이라고 불렀다.
- 이두래: 갈릴리와 다메섹 사이 지역으로 예수님 당시 헤롯 빌립이 통치했다(눅3:1).
- 드라고닛: 갈릴리 동쪽 다메섹 남쪽의 암석지대로 헤롯 빌립이 통치했다(눅3:1).
- 아빌레네: 갈릴리 북동쪽에 다메섹을 포함한 지역으로 루사니아가 통치했다(눅3:1).
- 데가볼리: 갈릴리 동남쪽에 있는 10개의 로마 도시들이 위치한 지역(마4:25)으로 거라사(막5:1)도 이곳에 포함된다.
- 베레아: 유대 동쪽 요단강 건너편 지역이다(마게도냐의 베뢰아[행17:10]와 다르다).
- 이두매: 에돔 족속은 아라바 지역에서 유다 남서부로 이동했었다(64일Ⓑ 참고).

- 가이사랴 빌립보: 가이사 아구스도가 준 땅으로 헤롯 빌립이 명칭을 수정했다.
- 가이사랴: 헤롯 대왕이 아구스도를 기념해 건설한 항구요 로마 총독부와 군대의 주둔지로 사용되었다.
- 벳새다: "물고기 집"이라는 뜻으로, 시몬 베드로와 안드레 및 빌립의 고향이었다.
- 거라사(가다라): 가다라 지방(마8:28) 내지 거라사인의 지방(막5:1)에 거라사라는 해안마을이 있었다.
- 가버나움: "위로의 마을"이라는 뜻으로, 예수님의 갈릴리 사역의 중심지였다.
- 고라신: 가버나움 북쪽 3km에 위치한 마을로서, 예수님께 책망을 들었던 곳이다.
- 달마누다(막달라): 예수님이 칠병이어의 기적을 일으키신 곳으로 막달라 근처로 추정된다.
- 가나: 나사렛 북동쪽 6.4km 지점의 마을로, 예수님이 포도주 기적을 일으키신 곳이었다.
- 나사렛: 하부 갈릴리 마을로서, 예수님이 공생애 시작 전에 가족과 사셨던 고향이다.
- 나인: 나사렛 동남쪽 8km에 위치한 마을로, 주님이 과부의 죽은 아들을 살리셨다.
- 수가: 사마리아 지역에 있는 동네로 야곱의 우물이 위치한 마을이었다.
- 엠마오: "따뜻한 목욕장"이라는 뜻의 온천 마을로서 예루살렘에서 10km에 있다.
- 여리고: 고도 -250m의 무역 도시며 종려의 성읍이고 헤롯 대왕의 겨울궁이 있었다.
- 예루살렘: 고도 760m의 "평화의 도시"로서 오늘날 유대교, 기독교, 이슬람교의 성지다.
- 베다니: 예루살렘 동편 감람산 기슭에 있던 "빈자의 집"이었으며 나사로 가족이 살았다.
- 베들레헴: "떡집"이라는 뜻으로 예루살렘 남쪽 10km에 있으며 예수님의 탄생지다.

_신약성경의 구분

헬라어로 기록된 신약성경은 복음서, 역사서, 서신서, 예언서로 구성되어 있다. 예수님의 공생애를 함께했던 사도들의 가르침으로 예루살렘 교회가 세워졌고(행2:42), 사도적 전승으로 기록된 복음서와 사도들의 선교 역사를 기록한 역사서 및 사도들의 가르침(고전15:3; 벧후3:2; 유1:7)에 기반한 서신들이 신약성경을 구성하게 되었다. 또한 서신서의 상당 부분을 차지하는 바울의 가르침도 초대교회 안에서 사도들의 가르침과 같은 중요도로 받아들여졌다(벧후3:15-16).

〈신약의 순서〉

신약성경의 순서는 저작 시기에 따른 것이 아니라 유형별 구분에 따른 것이다.

복음서		역사서		서신서					
(4권)		(1권)		<바울서신> (13권)				<일반서신> (9권)	
				교회에게 (9권)		개인에게 (4권)			
<공관복음>		행	사도행전	롬	로마서	딤전	디모데전서	히	히브리서
마	마태복음			고전	고린도전서	딤후	디모데후서	약	야고보서
막	마가복음			고후	고린도후서	딛	디도서	벧전	베드로전서
눅	누가복음			갈	갈라디아서	몬	빌레몬서	벧후	베드로후서
				엡	에베소서			요일	요한일서
<비공관복음>				빌	빌립보서			요이	요한이서
요	요한복음			골	골로새서			요삼	요한삼서
				살전	데살로니가전서			유	유다서
				살후	데살로니가후서			계	요한계시록
저자 이름		주인공 이름		수신지 이름		수신인 이름		발신인 이름	

• 2권일 경우: 구약(상/하), 신약(전서/후서)

• 3권일 경우: 요한서신(일서/이서/삼서)

• 예언서: 서신서이면서 예언서

〈신약의 시대〉

11.복음 〉 12.교회 〉 13.선교 〉 14.종말

11. **복음**시대: 예수님이 오셔서 구원의 복음을 주신 시대

12. **교회**시대: 예수님을 영접한 이들이 교회를 세운 시대(~행15장)

13. **선교**시대: 예수님을 증거해 열방에 복음을 전한 시대(행16장~)

14. **종말**시대: 예수님이 재림하사 역사를 완성하시는 시대

복음서는 성자이신 예수님이 죄인들을 구하러 이 땅에 오신 기쁜 소식이다. 복음서는 구약의 메시아 예언의 성취이자, 신약의 교회사 전개의 기초가 된다. 복음서는 예수님이 누구이신가에 대해서 네 가지로 비춰준다. 마태복음은 왕이신 예수님, 마가복음은 종이신 예수님, 누가복음은 인자이신 예수님, 요한복음은 성자이신 예수님에 초점을 맞춘다. 예수님은 한 영혼을 살리는 값으로 자기 생명을 기꺼이 내놓으셨다. 복음서 곳곳에서 우리는 예수님이 목숨 걸고 영혼들을 건지시는 장면들을 만날 것이다. 예수님은 지금도 고난과 고통의 현장에 갇힌 우리를 찾아와 손을 내미신다.

Week 12

마태복음 01장 - 누가복음 24장

● 복음서

　복음서는 신약성경의 46%를 차지하는 신약의 시작이자 핵심 내용이다. 복음(福音, gospel)은 성자께서 죄인들을 구하러 이 땅에 오신 소식이다(마1:21; 요3:16; 딤전1:15). 참으로 예수님은 열방의 만민에게 구원의 복음을 주신 분이다. 그러므로 사복음서는 구약의 메시아 예언의 성취이자, 신약의 교회사 전개의 기초가 된다.

　사복음서는 네 명의 저자가 예수님의 생애를 기록한 책이다. 사복음서에는 상이한 부분들이 존재하는데, 이는 역사적 사실성을 약화시키기보다 오히려 역사적 진실성에 기초한다. 왜냐면 예수님에 대한 동일한 신앙고백에 기초하면서도 각자의 시각과 서술의 차이를 인위적으로 끼워 맞추지 않고 있는 그대로 인정했기 때문이다. 그렇게 예수님의 생애와 죽음은 많은 퍼즐 조각들이 맞춰져 독자들에게 더 큰 그림을 보여주고 있다.

　마태, 마가, 누가복음은 역사적인 관점에서 기술되었기에 공관복음이라고 불리며, 요한복음만 예외적으로 신학적인 관점에서 기술되었기에 비공관복음이라고 불린다.

　복음서는 신약 27권의 시작이자, 예수님의 자기 계시의 시작이다. 복음서는 예수님이 누구이신가에 대해서 분명하면서도 반복적으로 말씀하고 있다. 특별히 사복음서는 모두 예수님의 생애에 비해 마지막 일주일의 수난과 죽음에 상당한 분량을 할애하고 있다. 왜냐면 성자께서 인자가 되시고 왕이 종이 되신 것은, 우리를 위한 대속의 죽음을 위해서였기 때문이다(막10:45). 예수 그리스도는 그분의 영원한 선재보다 성육신의 삶으로 충격을 주셨고, 성육신의 삶보다 대속의 죽음으로 그분의 압도적인 사랑의 충격을 주셨다.

	관점	중심	묘사	고백	절기	지리	교훈
공관복음	역사적	사건	인성	메시아	유월절 1회	갈릴리 중심	실천적
요한복음	신학적	말씀	신성	로고스	유월절 4회	유대 중심	실존적

복음서	연대	독자	계시	특징
마태복음	AD 65	유대인	왕으로 오신 예수님	예언과 성취
마가복음	AD 55	로마인	종으로 오신 예수님	최초의 복음
누가복음	AD 60	헬라인	인자로 오신 예수님	역사적 정리
요한복음	AD 90	초대교회	하나님 아들 예수님	신앙적 정리

● 마태복음

마태복음은 왕이신 예수님을 증거한 책이다. 1-15장은 왕이신 예수님의 등장에 대해, 16-28장은 왕이신 예수님의 죽음에 대해 기록하고 있다. 핵심구절은 베드로의 신앙고백(16:16)과 대위임명령(28:18-20)이다.

예수님의 탄생, 생애, 죽음은 구약의 예언에 대한 성취임을 130회의 구약 인용을 통해 강조했다. 이를 통해서 예수님은 하나님이 약속하신 메시아(헬, 그리스도)이심을 증거했다. 이렇듯 신약성경의 첫 번째 책인 마태복음은 구약성경과 신약성경의 다리 역할을 하고 있으며 유대계 그리스도인들을 독자로 하고 있다. 또한 왕의 나라인 "천국(Kingdom of Heaven)"을 32회 언급했고, "교회"(마16:18, 18:17)를 명시적으로 언급한 유일한 복음서다.

마태의 이름은 "하나님의 선물"이라는 뜻이지만 그는 유대 민족의 배신자로 낙인찍혔던 세리였다. 마태복음에는 특별히 돈에 대한 언급이 많이 나오며, 다른 책에는 등장하지 않는 세가지 표현, "반 세겔 세금"(17:24), "한 세겔 동전"(17:27), 달란트(18:24, 25:15)가 등장한다. 그는 마가복음 내용의 대부분을 포함하면서도 세리 특유의 철저함과 세밀함으로 예수님의 가르침을 더 세심하게 전달했다. 그래서 독자들이 산상수훈(5-7장), 제자파송 설교(10장), 천국 비유(13장), 종말에 대한 교훈(23-25장)을 풍성하게 읽을 수 있다.

마태가 첫 번째 복음서의 저자가 되었으니 얼마나 놀랍고 영광스러운가. 그는 자신을 죄인의 괴수라고 불렀던 사도 바울(딤전1:15)처럼 본서에서 자신을 "세리 마태"(10:3)라고 공개한다. 그러고도 유대인들에게 복음을 담대히 전했으니 박해자였던 자신을 사도로 세워주신 주님의 은혜에 감격했던 사도 바울(딤전1:13-14)의 심정이었을 것이다.

○ 왕의 등장 (1-15장)			
1	왕의 탄생	1-2장	약속된 구원자로 태어남
2	왕의 재가	3-4장	세례와 광야시험의 승리
3	왕의 선포	5-7장	산상수훈을 통한 가르침
4	왕의 능력	8-10장	치유와 축귀의 능력 행함
5	왕의 배척	11-15장	종교인들이 예수님 배척

○ 왕의 죽음 (16-28장)			
1	왕의 현현	16-17장	하나님의 아들이심 공개
2	왕의 교훈	18-20장	천국 비유들로 교훈하심
3	왕의 입성	21-23장	예루살렘성에 입성하심
4	왕의 재림	24-25장	재림 때의 징조와 비유들
5	왕의 수난	26-27장	배신당함과 십자가 죽음
6	왕의 부활	28장	부활하심과 대위임 명령

● 마가복음

마가복음은 종으로 오신 예수님을 증거한 책이다. 1-10장은 종으로 오신 예수님의 출현에 대해, 11-16장은 종으로 오신 예수님의 희생에 대해 기록하고 있다. 핵심 구절은 예수님이 오신 이유를 나타내는 (10:45) 말씀이다.

마가복음은 최초의 복음서요 사복음서 중에서 가장 간단 명쾌한 복음서다. 예수님의 생애와 죽음을 솔직담백하게, 해설이나 꾸밈없이 사건 중심으로 기록했다. 마가복음에서 예수님은 하나님의 뜻에 즉각 순종하시는 종이자 사람들의 필요에 즉각 섬기시는 종으로 묘사되고 있다. 마가복음은 로마인 독자를 대상으로 기록된 것으로 추정된다. 왜냐면 이방인에게는 무의미한 내용, 즉 유대 족보나 율법, 관습은 기록하지 않았고 라틴어를 다수 사용했으며(11가지 단어를 18회 사용), 아람어를 번역해 주었기 때문이다.

마가 요한은 바나바의 조카였고, 마가의 어머니 마리아는 제자들에게 오순절에 다락방을 제공했다(행1:13, 12:12). 마가는 베드로에게 아들 같은 동역자(벧전5:13)였다. 원래 마가는 바울과 바나바의 선교 동역자였다. 그러나 중도 하차(행13:13)하는 바람에 처음에는 사도 바울의 인정을 받지 못하다가 후일에 바울과 화해하게 됐다.

마가복음에 별명을 붙인다면 "베드로복음"이라 하겠다. 왜냐면 베드로가 전한 복음에 기초해서 기록한 것으로 추정되고, 또한 예수님의 기적 사건이 강론보다 많고(예수님의 전체 35개의 기적 중 18개, 70가지 비유 중 18개가 등장한다), 이야기가 상당히 속도감 있게 전개되며, 마무리도 급하게 종결되기 때문이다. 또한 솔직하게 제자들의 무지함을 인정하는 내용도 자주 등장하는 것을 볼 때, 솔직하고 열정적인 행동과 베드로의 기질이 상당히 반영된 복음서라 하겠다.

○ 종의 섬김 (1-10장)			
1	종의 준비	1장	세례 후 제자들을 부르심
2	종의 반대	2-4장	반대자들의 예수님 비방
3	종의 기적	5장-8:26	병자와 소외자 치유하심
4	종의 교훈	8:27-10장	섬김의 제자도 가르치심

○ 종의 희생 (11-16장)			
1	종의 논쟁	11-12장	입성 후 성전에서 논쟁함
2	종의 예언	13장	성전 멸망과 종말을 예언
3	종의 고난	14-15장	만찬 후 체포와 십자가형
4	종의 부활	16장	부활 후 세계선교의 명령

● 누가복음

누가복음은 인자로 오신 예수님을 증거한 책이다. 1-11장은 예수님이 인자로 오심에 대해, 12-24장은 예수님의 승리에 대해 기록하고 있다. 핵심 구절은 인자가 오신 목적을 나타내는 (19:10) 말씀이다.

누가복음은 24장이지만 분량이 마태복음보다 많은 가장 긴 복음서다. 예수님의 생애를 역사적인 관점에서 시간 순서대로 기술했다(눅1:3). 의사 누가는 뛰어난 헬라어 실력으로 가장 문학적인 복음서를 기록했으며, 목격자가 아니면서도 목격자들의 증언과 기록을 모아 예수님의 생애를 집대성했다. 누가는 누가복음과 사도행전을 기록하여 성경 전체의 28%를 집필했는데, 이는 바울서신보다 많은 분량이다. 누가는 사도행전의 저자답게 누가복음에서도 "성령" "기도" "찬송"을 강조하고 있다.

"인자"라는 칭호가 누가복음(25회, 헬라어 기준)보다 마태복음(30회, 헬라어 기준)에서 더 많이 쓰였지만, 본서는 단연 인자로 오신 예수님을 강조하고 있다(마가복음 14회, 요한복음 12회). 왜냐면 누가복음에는 예수님의 유년기에 대한 기록이 가장 많고, 감정 표현도 가장 많으며, 사회적 약자였던 빈자, 여자, 장애인, 죄인에 대한 긍휼과 구원의 기록도 가장 많기 때문이다.

누가는 직업에서 비롯된 정밀함과 약자에 대한 동정심을 갖고 본서를 기록했다. 또한 누가는 바울의 동역자로서 복음 증거(evangelism)를 강조했다. 놀랍게도 바울은 예수님의 목격자가 아님에도 가장 훌륭한 사도 선교사가 되었고, 누가는 12사도가 아님에도 가장 체계적인 복음서 저자가 되었다. 누가복음과 사도행전은 바울의 순교(AD 68년) 전에 기록되었다.

	○ 인자의 오심 (1-11장)		
1	인자의 탄생	1-3장	요한과 예수님의 태어나심
2	인자의 출현	4-5장	시험 후 갈릴리 사역의 시작
3	인자의 설교	6장	12사도의 선택과 평지 설교
4	인자의 사역	7-9장	병자들을 고치고 가르치심
5	인자의 배척	10-11장	반대파의 비방에 책망하심

	○ 인자의 승리 (12-24장)		
1	인자의 경고	12-13장	외식, 탐심, 안일함 경고
2	인자의 교훈	14-16장	겸손, 제자도, 비유 가르치심
3	인자의 예고	17-18장	인자의 날이 번개같이 오리라
4	인자의 입성	19-21장	삭개오 및 환난 날의 징조
5	인자의 죽음	22-23장	만찬 후 십자가에 처형되심
6	인자의 승리	24장	증인되라 명하시고 승천하심

왕의 등장
마태복음 1-15장

 그리스도는 약속대로 오셔서 천국 복음을 전하셨지만
유대인들은 예수님을 배척했다.

① 왕의 탄생(1-2장) 그리스도는 약속의 자손으로 오셨지만 헤롯의 박해를 피해 피신하셨다.
② 왕의 재가(3-4장) 예수님은 세례를 받고 시험에 승리하신 후 천국 복음을 전파하셨다.
③ 왕의 선포(5-7장) 예수님은 산에서 팔복을 말씀하시며 천국 백성의 삶에 대해 강론하셨다.
④ 왕의 능력(8-10장) 예수님은 병자를 고치시고 죽은 소녀를 살리시고 12제자를 부르셨다.
⑤ 왕의 배척(11-15장) 바리새인들이 예수님을 비난하자 예수님은 비유를 통해 가르치셨다.

@ 예수님의 생애와 지리

유대	갈릴리
1. 탄생(베들레헴)	2. 성장(나사렛)
4. 죽음(예루살렘)	3. 사역(가버나움)

유대인들은 갈릴리가 소외 지역이라고 무시했
지만(마26:73), 이곳은 헬라 문물과 교류하던 곳
이자 많은 랍비들이 활동하던 지역이었다.

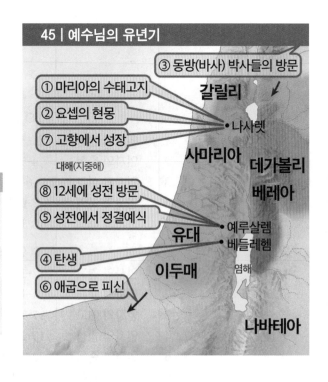

45 | 예수님의 유년기

③ 동방(바사) 박사들의 방문
① 마리아의 수태고지
② 요셉의 현몽
⑦ 고향에서 성장
갈릴리
나사렛
대해(지중해)
사마리아
데가볼리
⑧ 12세에 성전 방문
베레아
⑤ 성전에서 정결예식
예루살렘
베들레헴
유대
④ 탄생
이두매
⑥ 애굽으로 피신
염해
나바테아

BC 63	로마 장군 **폼페이**의 팔레스타인 정복.	AD 26	**빌라도**가 유대 총독으로 부임. 예수님의 **공생애** 시작.
BC 37	로마 원로원이 **헤롯**을 '유대인의 왕'으로 임명.	AD 30	예수님의 **사망과 부활**.
BC 30	**아우구스투스**가 로마 황제로 등극.	AD 33	청년 **사울**의 개종.
BC 05	**예수님의 탄생**.	AD 46-48	사도 바울의 1차 전도여행.
BC 04	헤롯 대왕의 사망.	AD 54	**네로**가 황제로 등극.
AD 14	아우구스투스 사망, **티베리우스**가 황제로 등극.	AD 64	**로마 대화재**와 네로의 기독교 박해.
		AD 67-68	사도 베드로와 바울의 **순교**.
		AD 66-70	팔레스타인에서 **반로마 봉기**.
AD 18	**가야바**가 예루살렘 대제사장이 됨.	AD 70	로마 장군 **디도**의 예루살렘 파괴.

46 | 예수님의 갈릴리 사역

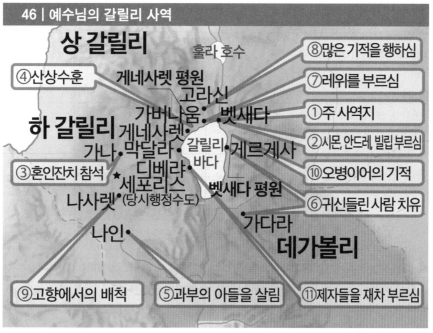

47 | 세례 요한의 사역

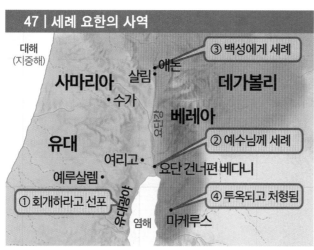

425

① 왕의 탄생 (1-2장)

① (1장) <예수의 탄생>

Ⓐ 예수님의 계보가 보여주는 것은(1:1-17)?

1. 아브라함과 다윗의 언약의 자손이시다(1절).
2. 둘째 아담인 분의 계보로 시작한다(창5, 11장).
3. 원복음의 예언이 드디어 성취되었다(창3:15).
4. 예수님은 하나님이 보내신 완전한 구원자이시다(14대×3회 이후, 즉 7대로 세면 7회차에 오신 분이시다).
   - 숫자를 통한 상징적 메시지는 유대 문화의 특징이다.
■ 예수님은 하나님의 구원 약속을 온전히 이루실 분이다.

Ⓑ 예수님의 족보에 오른 여인들(1:3, 5, 6, 16)

1. 다말=유다의 며느리, 가나안인으로 추정(창38:6).
2. 라합=여리고의 기생(수2:1).
3. 룻=모압 여인(룻1:4), 보아스와 재혼.
4. 밧세바=헷 사람 우리아의 아내(삼하11:3).
5. 마리아=정혼한 처녀(당시 정혼 1년 뒤 결혼).
■ 이방인도 부족한 인생도 구원의 반열에 오르게 하셨다.

마리아의 혼전임신은 당시로는 돌을 맞을 일이었다. 그럼에도 예수의 탄생은 마리아의 신앙적 결단과 요셉의 헌신으로 가능했다. 임마누엘(God surrounding us)이 마침내 오셨다(사7:14).

② (2장) <헤롯왕과 동방박사들>

Ⓒ 진정한 왕으로 오신 분(2:1-11)

1. 동방 박사들이 왕께 경배하러 왔다(2절, 27:37).
2. 예수 그리스도(메시아, "기름 부음 받은 자").
3. 황금(왕), 유향(제사장), 몰약(선지자)의 세 가지 예물을 드렸다(11절).
   * 대헤롯은 로마 원로원이 임명한 유대인의 왕.

* 대제사장과 서기관들(바리새인들)도 메시아가 오신 소식을 들었다(4절).
■ 진짜 왕과 가짜 왕 및 제사장, 선지자들의 대립이 시작되었다.

② 왕의 재가 (3-4장)

① (3장) <요한의 세례>

요한은 신구약 중간기 400년 간의 영적 암흑기에 혜성과 같이 등장한 선지자다. 예수님은 요한에게 세례를 받으심으로 사생애(private life)를 마치고 공생애(public life)를 시작하셨다.

② (4장) <시험과 사역>

Ⓓ 시험에서 승리하신 예수님(마4:1-11)

아담(완벽한 환경)		예수(황량한 광야)	
먹음직함	육신의 정욕	40일 금식	말씀의 양식
보암직함	안목의 정욕	만국 영광	하나님 경배
탐스러움	이생의 자랑	영적 기적	하나님 신뢰

■ 둘째 아담이신 예수님은 고난 속에서도 말씀의 진리로 승리하셨다!

예수님은 갈릴리 가버나움에서 사역을 시작하셨다. 예수님의 3대 사역은 가르침(teaching), 천국 복음 전파(preaching), 치유(healing)였다.

③ 왕의 선포 (5-7장)

Ⓔ 산상수훈이 말하는 것은(5-7장)?

1. 천국 백성의 삶은 팔복의 삶이다(5:1-12).
2. 천국 백성의 정체성은 소금과 빛이다(5:13-16).
3. 예수님은 모세보다 크신 분이다(5:17-48).

-성전, 요나, 솔로몬(12:6, 41, 42)보다 크신 분이다.
4. 구제, 기도, 물질도 하나님 앞에서 하라(6장).
5. 비판치 말고 기도하며 말씀에 순종하라(7장).
■ 예수님은 교리가 아닌 진리를 선포하셨다!

④ 왕의 능력(8-10장)

Ⓕ 치유의 기적이 보여주는 것은(8-9장)?

1. 나보다 나의 치유를 더 원하시는 예수님(8:3).
2. 우리의 믿음을 기뻐 사용하시는 예수님(8:10).
3. 말씀으로 치유의 능력을 행하시는 예수님(8:16).
4. 만물보다 한 영혼을 귀히 여기시는 예수님(8:32).
5. 죄 사함의 권세로 치유하시는 예수님(9:2, 6).
6. 작은 소망과 믿음에도 반응하시는 예수님(9:22).
7. 목자의 마음으로 긍휼히 여기시는 예수님(9:36).
■ 우리를 사랑하사 치유하시는 예수님이다.

예수님은 제자도의 우선순위(8:22)와 사역 원리(10:5-33)를 알려주셨다. 마태는 사복음서에서 유일하게 자신의 이름을 명확히 밝히며(9:9, 10:3) 세리가 변하여 복음 증거자가 된 것을 간증했다.

⑤ 왕의 배척(11-15장)

① (11장) <요한의 의심>
요한도 옥에서 예수님을 의심했다. 예수님은 영적 공감대를 상실한 세대(16-19절)와 회개치 않는 도시들(20-24절)을 책망하셨다.

② (12장) <바리새인의 배척>
안식일의 주인께서 안식일에 병자를 고친 것으로 대적하자 예수님은 성령 모독죄(69일 Ⓕ 참고)를 언급하시며 심판을 예고하셨다.

③ (13장) <천국 비유>
예수님은 천국 비유들을 통해 믿음과 불신의 두 갈래 길을 말씀하셨다.

④ (14장) <헤롯의 악행>
예수님은 요한의 죽음에도 불구하고 백성이 불쌍해서 오병이어의 기적을 베풀어 주셨다.

⑤ (15장) <정결법 논쟁>
바리새인들은 정결법 논쟁으로 예수님을 배척했다. 이에 두로와 시돈 지방으로 물러갔다가 돌아오셨다.

- 예수님은 약속대로 오셔서 우리를 **죄에서 건져주신 구원자**이시다(1:21).
- 예수님은 **유대인의 왕**이요 **만왕의 왕**이시다(2:2, 11).
- 예수님은 **세리와 죄인의 친구**가 되어주신 분이시다(11:19).

Day 68

왕의 죽음
마태복음 16-28장

 바리새인들과 대제사장들은 예수님을 십자가에 처형했지만
그는 부활하셨다.

1️⃣ 왕의 현현(16-17장) 베드로의 신앙고백 후 예수님은 산에서 영광스런 모습으로 변화되셨다.

2️⃣ 왕의 교훈(18-20장) 예수님은 천국에 대한 교훈들과 비유로 강론하셨다.

3️⃣ 왕의 입성(21-23장) 예수님이 예루살렘에 입성하셔서 비유를 가르치셨고 논쟁도 하셨다.

4️⃣ 왕의 재림(24-25장) 예수님은 예루살렘의 멸망과 말세의 징조 및 여러 비유를 말씀하셨다.

5️⃣ 왕의 수난(26-27장) 예수님은 유월절 만찬 이후 체포되어 십자가에 처형돼 죽임당하셨다.

6️⃣ 왕의 부활(28장) 안식 후 첫날 예수님은 부활하셨고 제자들에게 세계 선교의 명령을 주셨다.

ⓐ 예수님의 마지막 일주일

일〉 예루살렘 입성
(안식일 후 첫날)

월〉 무화과 저주. 성전 정화

화〉 성전 논쟁, 과부의 헌금,
말세 예언

수〉 친구들과의 만찬 및
향유옥합.

목〉 세족식, 유월절 성만찬,
겟세마네 기도.

금〉 배신⇒ 체포⇒ 심문
⇒ 재판⇒ 처형(9시)
⇒ 흑암(12시)⇒ 운명(3시)
⇒ 장사(일몰 전)

토〉 안식일(무덤에 머무르신 날)

일〉 부활(안식일 후 첫날)

48| 예수님의 마지막 일주일

ⓑ **예수님의 마지막 예루살렘 여정**

① 빌립보 가이사랴(16:13)
② 변화산(헤르몬산 추정, 17:1)
③ 가버나움(17:22,24)
④ 요단강 건너 유대 지경
  (베뢰아로 추정, 19:1)
⑤ 여리고(20:29)
⑥ 예루살렘(21:10)
⑦ 베다니(21:17)

⑧ 시몬의 집(26:6)
⑨ 예루살렘 성안(26:18)
⑩ 겟세마네("기름 짜는 틀") 동산(26:36)
⑪ 가야바의 집(26:57)
⑫ 총독 관정(27:2)
⑬ 골고다(27:33)
⑭ 무덤(27:60)
⑮ 갈릴리(28:16)

1 왕의 현현(16-17장)

① (16장) <표적인가 믿음인가>

Ⓐ **왜 요나의 표적을 주셨는가(16:1-12)?**

1. 이미 수많은 기적을 보고도 **믿음**이 없기에(1절).
2. 악하고 음란한 세대, 즉 **불신**의 세대이기에(4절).
3. **믿음의 실체**가 없는 가르침(누룩) 때문(11절).
4. 마지막 보여주실 기적은 **부활**의 기적뿐이다!
■ 믿음이 부족해서 계속 기적을 구하는가, 아니면 그분을 인격적으로 신뢰하는 믿음이 있는가?

Ⓑ **베드로의 신앙고백이 왜 중요한가(16:13-20)?**

1. 남들이 아닌 자신의 **인격적**인 신앙고백을 주님은 듣기 원하신다(15절).
2. 예수는 주요 **그리스도**요 하나님의 아들이시다(16절).
3. 예수 그리스도에 대한 신앙고백 위에 주의 **교회**가 세워지리라(18절).
4. 교회가 천국을 여닫는 구원의 사명을 담당하게 될 것이다(19절).
■ 내게는 예수님을 향한 개인적인 인격적 고백이 있는가?

② (17장) <변화산의 영광>

Ⓒ **변화산 사건의 의미는(17:1-8)?**

1. 예수께서 **천상의 영광**의 형체로 변형되셨다(2절).

2. 모세와 엘리야의 등장은 예수님이 율법이 **예표**하고 선지자가 **예언**한 분임을 보여준다(3절).
3. 성부께서 십자가를 질 아들을 **격려**하심이었다(5절) vs 베드로는 인간적인 관점을 벗어나지 못하고 있었다(4절).
■ 때로 십자가의 고난을 통해 내게 주신 하나님의 뜻을 이루고 있는가?

Ⓓ **십자가 처형은 우연이었는가(17:22-23)?**

1. 십자가 수난을 **3번** 예고하셨다(22절; 16:21, 20:18-19).
2. 우연의 사고가 아니라 하나님의 완전한 **섭리**라는 것을 의미한다.
3. **하나님의 아들**이기에 십자가를 지시는 것이요, 하나님의 아들만이 십자가를 지실 수 있는 것이다.
■ 그리스도께서 십자가를 지기 위해 오셨다(20:28).

2 왕의 교훈(18-20장)

Ⓔ **천국의 관점으로 살아가라(18-20장)**

1. 아이처럼 **겸손**한 자가 천국에서 큰 자다(18:4).
2. 형제를 **용서**해야 하늘 아버지께서도 용서하신다(18:35)=행위구원이 아닌 실존적 구원을 말씀하신 것이다(6:12)!

3. 하나님이 주신 아내를 버리지 말라(19:6) + 비혼주의인가, 천국을 위한 **헌신**인가(19:12; 고전7:17).
4. 천국은 **어린아이** 같은 사람의 것이다(19:14).
5. **부자**는 천국에 들어가기가 어렵다(19:23).
6. 천국은 포도원에 품꾼을 들이는 것과 같다(20:1-16).
   -부름받음에 감사하는 은혜 의식으로 살라.
■ 오늘도 천국 백성의 마음으로 살고 있는가?

③ 왕의 입성(21-23장)

① (21:1-17) <예루살렘 입성>
Ⓕ 예루살렘 입성이 보여주는 것은(21:1-17)?

1. "네 **왕**이 나귀를 타시나니"(슥9:9) 예언(5절).
2. 호산나("구원해 주소서")를 외친 것은 예수님을 **구원자**로 고백한 것이다(9절).
3. 다윗의 자손으로 오시는 **메시아**라는 고백이다(9절, 1:1; 사9:7).
4. 예수 그리스도는 성전을 정화하시는 성전의 **참 주인**이시다(13절).
■ 주님이 내 삶의 주인으로 임재하셔서 다스리고 계시는가?

② (21:18-22장) <논쟁과 비유>
예수님은 두 아들, 포도원 농부, 혼인 잔치 비유를 통해 종교 지도자들이 하늘 아버지의 부름에 반응하지 않음을 책망하셨다. 또한 권위, 세금, 부활, 큰 계명의 논쟁을 통해 그들을 압도하셨고 마지막으로 그리스도 논쟁을 통해 예수님은 다윗의 후손이자 영원한 천상의 그리스도이심을 역설하셨다(22:45).

③ (23장) <예수님의 책망>
Ⓖ 왜 특히 바리새인을 책망하셨는가(2-7절)?

정치적 당파인 헤롯당이나 세속적 당파인 사두개인들은 그들의 성향에 솔직하기라도 했다. 하지만 바리새인들은 성서를 연구하고 회당 예배를 주관하며 백성들에게 경건의 모델로 존경받았지만, 형식주의에 빠져 하나님을 사랑하지도 경외하지도 않았고 물질과 권력을 탐했다. 이에 예수님은 백성을 오도하는 그들의 위선과 교만을 더욱 책망하셨고 7번이나 화를 선포하셨다.
■ 당신에게도 주님이 책망하시는 위선이 도사리고 있지 않은가?

④ 왕의 재림(24-25장)

① (24장) <재림의 징조>
Ⓗ 이 세대에 일어난다는 뜻(24:34)은?

1. 임박한 예루살렘 성전의 몰락을 예고하심이었다(1-2절).
   -AD 70년 로마 장군 디도에 의해 예언이 성취되었다.
2. 인자의 재림에 있을 징조들을 예고하심이었다(3-31절).
   -그 세대에 있을 환난과 하나님 나라의 징조들(예수님의 관점에서 종말은 이미 시작된 것이었다, 4:17).
■ 역사의 마지막 구간을 살고 있다는 것을 인식하며 예수님의 재림을 사모하는가?

② (25장) <재림의 비유>
Ⓘ 재림의 비유들이 주는 메시지는(25장)?

1. 열 처녀 비유 -"깨어서 재림을 준비하라."
2. 달란트 비유 -"맡겨진 사명에 충성하라."
   (1달란트는 20년치 임금에 해당하는 가치다).
3. 양과 염소 비유 -"기준은 소자에게 행한 것이다."
■ 언제 주님이 오실지 모른다는 종말론적인 긴장감으로 오늘을 살고 있는가?

⑤ 왕의 수난(26-27장)

① (26장) <배신과 수난>
마지막 순간에 지도자들은 음모를 꾸몄고(3-4절), 여인(마리아로 추정)은 헌신했으며(7절), 가룟 유다는 배신했다(14-16절). 최후의 만찬을 마치고 예수님은 겟세마네에서 기도하신 후에 체포되셨다.

① 예수님의 죄목은 무엇이었는가(26:61, 65)?

1. 유대법-성전모독죄(61절), **신성**모독죄(65절).
2. 로마법-**반란**죄(27:11; 눅23:2; 요19:15).
   "유대인의 **왕** 예수"라는 죄패(27:37).
■ 예수님은 하나님의 아들이시요 진정한 왕이시라서 죽으셔야 했다.

② (27장) <십자가에서 죽으심>
베드로는 주님을 세 번 부인한 뒤 통곡했고(26:69-75) 유다는 주님을 팔아넘긴 죄책감에 자살했다(3-5절). 예수님은 십자가에 달려 죽으셨고 부자 요셉의 새 무덤에 안치되셨다(57-60절).

⑥ 왕의 부활(28장)

① (28:1-15) <예수님의 부활>
ⓚ 예수님의 부활이 사실인가(28:1-15)?

＊ 안식(토) 후 첫날(일), 죽은 지 삼 일 만에 부활하셨다.
1. 무덤에 갔던 여인들이 증거했다(1절; 막16:1; 눅24:1).
2. 제자들이 증거했고 이후로 목숨을 걸고 평생토록 헌신했다(16-17절; 고전15:1-7).
■ 당신도 날마다 부활의 증인으로 살고 있는가?

② (28:16-20) <예수님의 명령>
부활의 주님이 제자들에게 주신 대위임명령은 가서 모든 민족을 제자로 삼으라는 선교적 명령이었다(19-20절).

• 예수님은 **그리스도**시요 살아 계신 **하나님의 아들**이시다(16:16).
• 예수님은 영광 중에 **재림**하사 양과 염소를 구분하실 **심판주**이시다(25:31-46).
• 예수님은 3일 만에 부활하사 제자들에게 **모든 민족의 제자화를 명령하신 분**이다(28:6, 18).

Day 69

종의 섬김
마가복음 1-10장

 예수님은 복음을 전파하신 후 많은 반대에도 여전히 섬기셨으며
종의 도를 가르치셨다.

① 종의 준비(1장) 예수님은 복음을 전파하셨고 제자들을 불러 사역을 시작하셨다.
② 종의 반대(2-4장) 예수님은 많은 반대에 부딪히셨고 비방을 받자 비유로 가르치셨다.
③ 종의 기적(5장-8:26) 예수님은 치유의 기적들과 오병이어의 기적을 행하셨다.
④ 종의 교훈(8:27-10장) 예수님은 헌신의 제자도와 종의 도를 반복해서 가르치셨다.

ⓐ 예수님의 공생애 사역 동선

1.복음 전파, 제자 선택	6.축귀사역-거라사(5:1)
-**갈릴리**(1:14, 16)	7.어린 딸 치유
2.회당사역	- 두로(7:24)
-**가버나움**(1:21)	8.에바다
3.회당전도, 축귀사역	- 데가볼리(7:31)
- 온 **갈릴리**(1:39)	9.신앙고백
4.중풍병자 치유	-빌립보 가이사랴(8:27)
-**가버나움**(2:1)	10.예루살렘행
5.큰 무리 - **갈릴리**(3:7)	-요단 동편길(10:32)

■ 갈릴리를 중심으로 사역하시되 이방지역도 방문하셨다.

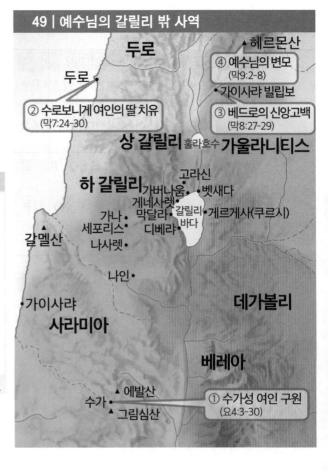

49 | 예수님의 갈릴리 밖 사역

두로
▲헤르몬산
④ 예수님의 변모 (막9:2-8)
두로
•가이사랴 빌립보
② 수로보니게 여인의 딸 치유 (막7:24-30)
③ 베드로의 신앙고백 (막8:27-29)
상 갈릴리 훌라호수 가울라니티스
하 갈릴리
고라신
가버나움 •벳새다
게네사렛•
가나 막달라• 갈릴리 •게르게사(쿠르시)
세포리스• 디베랴 바다
갈멜산▲ 나사렛•
나인•
데가볼리
•가이사랴
사마리아
베레아
수가• ▲에발산
▲그림심산
① 수가성 여인 구원 (요4:3-30)

① 종의 준비 (1장)

① (1:1-8) <종의 등장>

마가복음은 결론부터 선포했다. 예수는 약속된 메시아, 하나님의 아들이시다(1절)! 족보, 조상, 탄생 이야기는 생략하고 공생애로 직진했다.

Ⓐ 세례 요한의 역할은 무엇인가(1:2-8)?

⇒광야에서 주의 길을 앞서 예비하는 자였다 (2-3절).
 -실제 광야에서 회개의 세례를 베풀었다(4-5절).
 -예수님을 성령으로 세례 주실 분이라고 증거했다(7-8절).
■ 나는 주님의 앞길을 열어드리는 삶을 살고 있는가?

② (1:9-13) <종의 준비>

Ⓑ 공생애를 위해 무엇을 준비하셨는가(1:9-13)?

1. 세례를 받으심으로 십자가의 대속적인 사건을 예표하셨다(9-11절).
 -예수님이 받으실 세례는 십자가형이었다 (10:38).
2. 40일 금식기도 이후에 사탄의 시험에 승리하셨다(12-13절).
■ 나도 십자가의 길을 감당하려면 무엇이 필요하겠는가?

③ (1:14-45) <종의 사역>

예수님은 사람들의 필요에 즉시 반응하여 섬기셨다(1:29). 짧은 마가복음에만 "곧, 즉시"(헬, 유테오스)가 42회 사용되었다.

Ⓒ 하나님의 나라가 왔다(1:15)

1. 하나님 나라 복음=예수 그리스도의 복음(1절).
 -예수님의 오심으로 하나님 나라가 온 것이다.
2. 주를 따를 제자들을 부르셨다(16-20절, 2:13-17).

3. 귀신을 내쫓고 병자들을 치유하셨다(21-45절).
* 하나님의 나라는 하나님이 통치하시는 나라다. 지역적 개념이 아니라 통치의 개념이다. 제자들은 성령을 받기까지 이것을 깨닫지 못했다(행1:3-8).
■ 내 인생에 하나님의 나라가 임해 있는가?

② 종의 반대 (2-4장)

① (2-3장) <종의 반대>

하나님의 나라가 임했지만 배척하는 무리도 있었다.

Ⓓ 어떤 반대를 받으셨는가(2-3장)?

1. 죄 사함의 권세를 부정하며 신성모독이라고 정죄했다(2:1-12).
2. 세리와 죄인들과 어울린다고 비난했다(2:13-17).
3. 금식하지 않는다고 비난했다(2:18-22).
4. 안식일에 밀이삭을 추수한다고 정죄했다 (2:23-28).
5. 안식일에 의료 행위를 한다고 정죄했다(3:1-6).
6. 친족들이 예수가 미쳤다고 쫓아왔다(3:21).
7. 바알세불을 힘입어 축귀한다고 조롱했다 (3:22-30).
■ 삶에서 스스로 주님을 밀어내고 있진 않은가?

Ⓔ 예수님의 제자 콜링 방법과 목적(3:13-19)

1. 주권적으로 친히 부르시고 인도하셨다(13절).
2. 전도, 축귀도 중요하지만 주님과의 동행이 우선이었다(14-15절).
■ 나는 매순간 주님과 동행하는 제자로 사는가?

Ⓕ 성령 모독죄란(3:28-29)?

* 용서받지 못하는 죄가 있다니 두렵다(29절)!
⇒ 하나님을 몰라서 예수님이 오셨고 성령님이 깨닫게 하시는데 성령을 거부하면, 예수님도 하나님도 믿을 수가 없다. 성령이 아

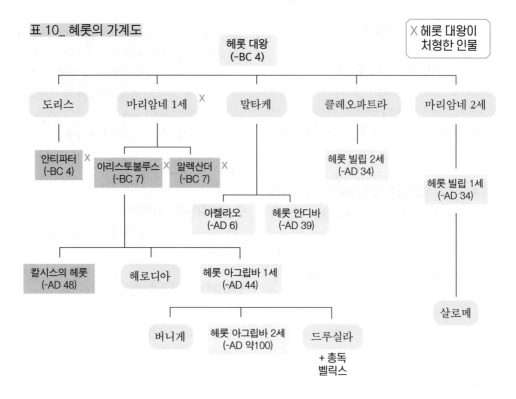

표 10_ 헤롯의 가계도

X 헤롯 대왕이 처형한 인물

1. **헤롯 대왕** – 예수님 탄생 시 통치하고 있었으며(마2:1-16), 가이사랴 및 마사다를 건설했고, 예루살렘 성전을 현대식으로 대규모 증축했던 인물이다.
2. **아켈라오** – 유대인들을 학정하다가 로마 제국에서 골(Gaul)로 추방되었다(마2:22, 지도43 참고).
3. **안디바** – 세례 요한을 살해했고(막6:17-29), 디베랴를 건설했으며, 예수님을 심문했다(눅23:7-12).
4. **빌립1세** – 헤로디아의 전남편이다(막6:17).
5. **빌립2세** – 이두래의 분봉왕이었고(눅3:1), 빌립보를 건설했다.
6. **아그립바1세** – 사도 야고보를 살해했다(행12:1-2).
7. **아그립바2세** – 사도 바울을 심문했고(행25:13-26장), 유대 전쟁 시 로마 장군 디도를 도왔다(77일⑤2 참고).

니시고는 하나님을 아버지라 고백할 수 없고(롬8:16) 그리스도를 주라 고백할 수 없기 때문이다(고전12:3). 이는 스스로 구원의 길을 봉쇄하는 격이다. 하나님은 그분의 구원역사를 훼방하는 것은 용서하지 않으신다(2일⑤참고). 이것은 구약으로 보면 고범죄에 해당하고(민15:30), 신약으로 보면 예수님을 다시 모욕한 배교자들(히6:6), 그리스도의 성육신을 부인했던 이단자들(요일5:16)에 해당한다. 이것은 스스로 고의적으로 구원의 길을 폐쇄한 결과이

기도 하지만 동시에 하나님이 용서하지 않으시면 구원의 길이 없다는 하나님의 주권에 대한 표현이기도 하다. 이와 같이 사복음서와 일반서신은 구원에 있어서 하나님의 주권을 강조했고 존재론적인 구원을 강조했다.
■ 성령의 인도하심을 따라 순종하라(롬8:5, 14).

② (4장) <종의 비유>
예수님은 씨 뿌리는 자, 등불, 스스로 자라는 씨, 겨자씨 비유를 드셨다.

③ 종의 기적(5장-8:26)

① (5장) <종의 기적>
ⓖ 한 영혼을 사랑하시는 예수님(5장)

1. 돼지 2천 마리 대신 거라사 광인을 구원하셨다 (1-20절).
2. 12년 동안 혈루증을 앓던 여인을 치유하고 구원하셨다(25-34절).
3. 야이로의 딸을 포기하지 않고 살려 내셨다 (21-43절).
■ 오늘 내가 살려내야 할 한 생명은 누구인가?

ⓗ 마가복음의 아람어 번역

1. **보아너게** "우레의 아들들"(3:17).
2. **달리다굼** "소녀야 일어나라"(5:41).
3. **에바다** "열리라"(7:34).
4. **아바** "아빠"(14:36, 개역한글).
5. **골고다** "해골의 곳"(15:22).
■ 로마인 독자들을 위해 친절하게 번역해 주었다.

② (6:1-29) <종의 배척>
고향에서의 배척(1-6절)과 세례 요한의 처형 (14-29절)은 예수님을 압박했다.

③ (6:30-8:26) <종의 기적>
ⓘ 배척당해도 일하신 주님(6:30-8:26)

1. 무리를 불쌍히 여겨 오병이어의 기적을 베푸셨다(6:30-44).
2. 풍랑 이는 바다 위를 걸어오신 기적(6:45-52).
＊ 바리새인, 서기관들과의 정결법 논쟁(7:1-23).
3. 수로보니게 여인의 딸을 치유하신 기적(7:24-30).
4. 데가볼리에서 난청에 말더듬이 치유(7:31-37).
5. 4천 명을 먹이신 칠병이어의 기적(8:1-10).
6. 벳새다에서 맹인의 눈에 안수해 치유(8:22-26).
■ 나는 배척을 당해도 변함없이 하나님이 맡기신 사명을 감당하고 영혼들을 사랑하는가?

ⓙ 제자들의 무지와 불신을 보여주는 마가복음

1. "너희가 어찌 믿음이 **없느냐**"(막4:40).
2. 주님의 **강론**을 이해 못함(4:13, 7:18, 8:15-21).
3. 주님의 **기적**의 뜻을 깨닫지 못함(6:52).
4. 주님의 **수난**을 이해 못함(8:32-33, 9:31-32).
■ 무지하여 불신하는 제자도 주님은 끝까지 기다려 주시고 바꿔주신다!

④ 종의 교훈(8:27-10장)

① 종의 정체(8:27-38)
베드로의 신앙고백 후 예수님은 수난을 예고하셨다.

② 종의 섬김(9장)
변화산 사건 이후에는 종의 도에 대해, 그리고 영생과 영벌에 대해 가르치셨다.

③ 종의 교훈(10장)
부자 청년을 안타까워하시며 다시 한 번 종의 도를 가르치셨다.

ⓚ 마가복음에 베드로의 향기가 난다?

1. **감정적** 반응들(1:27, 4:41, 5:40, 6:3, 7:37).
2. 예수님의 연민, 분노, 비통, 슬픔, 고민, 동정, 의분.
3. **불완전**한 문장, 방언, 가외의 표현들을 사용했다.
4. **생동감** 있는 역사적 현재시제를 151번이나 사용했다.

• 예수님은 나보다 내가 온전히 회복되기를 **더 원하시는 분**이시다(1:41).
• 예수님은 우리의 믿음을 격려하시고 없는 **믿음도 도우시는 분**이시다(5:34, 9:24).
• 예수님은 자원하여 **십자가의 길을 앞서 가신 분**이시다(10:32).

Day 70

종의 희생
마가복음 11-16장

예수님은 예루살렘에서 십자가를 지고 죽으셨으나,
부활하셨고 승천하셨다.

1️⃣ 종의 논쟁(11-12장) 예수님은 예루살렘에 입성하신 후 성전을 정화하셨으며 논쟁하셨다.
2️⃣ 종의 예언(13장) 예수님은 제자들에게 성전의 멸망과 마지막 때의 징조를 예언하셨다.
3️⃣ 종의 고난(14-15장) 예수님은 유월절 만찬을 나누신 후 체포되어 심문받고 처형되셨다.
4️⃣ 종의 부활(16장) 삼 일만에 예수님은 부활하사 제자들에게 세계선교를 명하고 승천하셨다.

ⓐ 감람산 동편으로 벳바게("무화과의 집")와 베다니("빈자의 집")라는 마을이 있었다(11:1).
ⓑ 골고다(15:22)와 무덤: 지명은 해골 모양의 지형 및 처형장이라는 이유로 생긴 듯하다. 십자가 처형장과 무덤은 예루살렘 북서쪽에 위치한 것으로 추정된다.
ⓒ 브라이도리온("총독 관정", 15:16): 빌라도가 예수님을 심문하고 사형선고를 한 장소가 기존에는 안토니오 요새(BC 22년 헤롯 대왕이 세움)로 추정됐으나, 최근에는 헤롯궁이 있는 총독 관저로 추정된다.

50 | 예수님의 마지막 24시간

⑨ 금 9시/십자가 달리심
⑩ 금 12시/어두움이 깔림
⑪ 금 15시/숨을 거두심
⑫ 금 늦은 오후/무덤에서 장사됨
③ 목 밤/배신과 체포
② 목 밤/동산에서 기도
⑤ 금 새벽/산헤드린의 심문
⑦ 금 아침/헤롯의 심문
④ 금 새벽/가야바의 심문
① 목 저녁/세족과 성찬
⑥ 금 새벽/빌라도의 심문
⑧ 금 아침/빌라도의 선고

베데스다 연못
안토니오 요새
솔로몬 행각
성전 동문
왕궁 행각
감람산
겟세마네
기드론 골짜기
무덤 골고다
헤롯 안디바의 궁
총독관저 헤롯궁
상부도시
대제사장 가야바의 집
마가의 다락방
하부도시
실로암못
힌놈 골짜기

① 종의 논쟁 **(11-12장)**

① (11:1-26) <종의 입성>
예수님이 나귀 새끼를 타고 예루살렘에 입성하심은 겸손의 왕으로 오심이었다(슥9:9).

Ⓐ 왜 무화과나무를 저주하셨는가(12-14절)?
1. 열매는 없고 잎만 무성한 예루살렘과 같았다.
2. 본 열매인 **테헤나**는 7-8월이 되어야 열리지만 첫 열매인 **파게**는 4월이면 열린다.
 -마을 이름도 "파게의 집"이 아닌가(ⓐ 참고)!
＊ 언제든 **주님의 때**에 드릴 준비를 하고 있는가(11:2-7).
 ▣ 내 때가 아닌 주님의 때에 헌신할 수 있겠는가?

② (11:27-12장) <종의 논쟁>
포도원 농부 비유(12:1-12)는 유대인의 배척에 대한 말씀이었다.

Ⓑ 성전에서의 마지막 논쟁 시리즈(11:27-12장)
1. **권위** 논쟁(11:27-33) "무슨 권위로 하느냐?"
2. **세금** 논쟁(12:13-17) "가이사에게 세금을?"
3. **부활** 논쟁(12:18-27) 7형제와 1아내의 부활 후는?
4. **계명** 논쟁(12:28-34) "모든 계명 중 첫째는?"
5. **그리스도** 논쟁(12:35-37) "다윗이 그리스도를 주라 하였은즉 어찌 그의 자손?"
 ▣ 나는 주님을 신뢰하여 질문을 하는가, 아니면 주님을 불신하여 논쟁하는가?

Ⓒ 마가복음의 라틴어 사용
1. **경제용어** – 말(4:21), 데나리온(6:37), 주발(7:4), 세금(12:14), 고드란트(12:42, 로마 동전의 최소 단위)
2. **군사용어** – 군대(5:9), 시위병(6:27), 가이사(12:14), 채찍질(15:15), 브라이도리온(15:16), 백부장(15:39).

 ▣ 로마인 독자들을 위해 헬라어 대신 라틴어를 사용했다.

② 종의 예언 **(13장)**

대헤롯이 증축한 현대식 성전은 웅장하고 미려했지만(69일 표10), 예수님은 멸망을 예고하셨다(1-2절, 68일Ⓗ1 참고).

Ⓓ 이 세대가 지나가기 전에 다 일어난다(13:30)?
1. 임박한 **예루살렘의 멸망** 예언(1-2절).
2. 종말의 **대환난**과 예수님의 **재림** 예언(5-27절).
 ▣ 임박한 멸망과 종말에 대한 **이중적**인 예언이었다(52일Ⓐ참고).

Ⓔ 마지막 때에 대한 가르침(13:5-37)
1. 사람의 **미혹**을 받지 않도록 주의하라(딤전4:1-2; 마24:5, 11).
2. **복음**이 만국에 전파되어야 한다(10절, 마24:14).
3. **인자**가 구름을 타고 오리라(26절; 행1:9-11; 살전4:16).
4. **무화과나무의 비유**를 배우라(28-30절).
 -계절을 분별하듯 재림의 때를 분별하라(마16:2-3).
5. **때**는 아무도 모르고 하나님만 아신다(행1:7).
6. 깨어 있으라, 주인이 오시기까지(37절; 살전5:4-6).
 ▣ 매일 종말론적 긴장감으로 삶을 살아가고 있는가?

③ 종의 고난(14-15장)

① (14:1-11) <헌신과 배신>

1. **한 여인**(마리아, 요12:3)이 향유옥합을 드렸다 (8절).
  - 복음은 예수님의 헌신과 우리의 헌신이 만나는 것이다(9절).
2. **유다**는 예수를 넘기기로 밀약했다(10-11절).
  - 예수님께 승산이 없다고 보고 배를 갈아탔다.
  ■ 위기 앞에서 나는 주님께 헌신하는가, 주님을 배신하는가?

② (14:12-31) <최후의 만찬>

큰 다락방(15절, 마가의 다락방으로 추정)에서 예수님은 유월절 만찬을 나누셨다. 예수님은 유다의 배신과 시몬 베드로의 부인을 예고하셨다(18-21, 27-31절).

③ (14:32-42) <겟세마네 기도>

1. **아버지**와의 친밀한 소통과 신뢰, 의탁(36절).
  - "너는 내 사랑하는 아들이라"(1:11).
2. 3번의 전심의 **기도**로 심적인 고통을 극복하셨다(41절; 눅22:44).
  - 겟세마네("기름 짜는 틀")에서 깨어짐의 기도를 올려드렸다.
3. 내 뜻을 내려놓고 **아버지의 뜻**을 수용하셨다 (36절).
  ■ 기도는 내 뜻을 관철시키는 것이 아니라 아버지의 뜻을 수용하기까지의 몸부림이다.

④ (14:43-15:5) <체포와 심문>

유다는 거짓 친밀감으로 예수님을 팔아넘겼다. 친교의 동산이 배신의 언덕이 되고 말았다!

⇒ 벗은 몸으로 도망간 청년(**마가 요한**으로 추정된다).

- 자정 넘은 때에 예수님의 동선을 알고 있고 제자들과 함께 있을 만한 사람 .
  cf) **마태**는 홀로 자신을 세리라고 소개(마 10:3), **바울**은 "죄인의 괴수"라고 소개(딤전 1:15), **요한**은 "사랑하시는 제자"라고 소개했다(요19:26).
  ■ 내가 주님을 만나기 전과 후(Before & After)는 어떠한가?

예수님은 심문받는 자리에서 "내가 그니라(I AM)"라고 선언하셨지만(14:62, 4일Ⓔ참고), 베드로는 예수님을 모른다고 부인했다(14:66-72).

⑤ (15:6-47) <처형과 매장>

빌라도는 사형을 선고했고, 비아 돌로로사에서 알렉산더와 루포(롬16:13)의 아버지 구레네(북아프리카 유대인 밀집지역, 지도43 참고)인 시몬이 십자가를 지고 갔다. 예수님은 십자가에서 운명하시고 요셉의 무덤에 장사됐다.

1. **육체**적 고통(채찍, 못, 가시면류관, 사53:5).
2. **정신**적 고통(멸시와 조롱, 17-32절).
3. **인격**적 고통(무죄하신 분이 온 인류의 죄짐을 담당하심, 히4:15).
4. **관계**적 고통(사랑하는 자녀들의 배신, 요1:11).
5. **영**적 고통(영원에서 영원까지 단 한 번도 분리된 적이 없었던 하나님 아버지와의 분리, 34절).
  ■ 예수님이 십자가 위에서 나의 모든 고통을 대신 담당하셨다!

십자가는 우연한 사고나 순간의 선택이 아니었다. 예수님은 십자가를 지기 위해 태어나셨다. 또한 십자가는 골고다 언덕에서 일어난 일회적 사건만이 아니었다. 예수님은 매 순간 십자가를 지는 선택을 하셨다. 어부 시몬과 세리 마태를 부르심도, 거라사 광인을 치유하심도, 삭개오를 용서하심도, 간음하다 잡힌 여인을 용서해 주심도 십자가에서처럼 그 한 영혼을 목숨 걸고 사랑하셨기 때문에 가능한 일이었다.

■ 나는 매순간 십자가의 진정성으로 사람들을 대하는가?

Ⓚ 예수님의 십자가 승리

1. 십자가는 **사탄의 허점**이다. 사탄은 정죄하고 죽이기는 해도 희생은 절대 못한다.
2. 십자가는 **승리의 역설**이다. 주님은 죽으심으로 생명을 얻으셨고 낮아지심으로 높아지셨다.
3. 십자가는 **부활의 전주곡**이다. 십자가에서 옛 사람은 죽고 하나님의 형상이 회복된다.

■ 십자가를 두려워하지 말라! 십자가의 죽음이 참된 승리다!

④ 종의 부활 (16장)

① (1-8절) <종의 부활>

부활 소식에 대한 충격과 함께 마가복음은 갑자기 끝난다(Preclosing). 말하자면, 열린 엔딩이다.

② (9-18절) <현현과 승천>

Ⓛ 추가된 종결 부분에 대한 이해(16:9-20)

1. 추가 내용에 성경적인 오류가 없고, 추가임을 [ ]로 밝혔다.
2. 초대교회에서 내용을 추가한 것으로 추정된다.

■ 나는 예수님의 부활과 승천을 믿는가?

- 예수님은 하나님의 **구원의 마지막 손길**이시다(12:6).
- 예수님은 **겸손의 종**으로 오셨지만 **권능의 왕**으로 재림하실 주이시다(13:26).
- 예수님은 하나님 아버지와 친밀하시면서도 **전적으로 순종**하셨다(14:36).

예수님은 잎만 무성한 무화과나무를 영원히 열매를 맺지 못하게 말려 버리셨다(11:12-14, 20-25). 자비하신 예수님이 왜 그러셨을까?

Day 71

인자의 오심
누가복음 1-11장

 누가는 데오빌로에게 예수님이 인류를 구원할 인자로 오셔서
사역하신 것을 소개했다.

1 인자의 탄생(1-3장) 마리아에게 태어나신 예수님은 삼십 세쯤 요한에게 세례를 받으셨다.

2 인자의 출현(4-5장) 예수님은 광야 시험 후 갈릴리에서 능력으로 사역하셨다.

3 인자의 설교(6장) 예수님은 열두 사도를 선택하셨고 평지 설교를 하셨다.

4 인자의 사역(7-9장) 예수님은 병자를 고치시고 하나님의 나라를 비유로 가르치셨다.

5 인자의 배척(10-11장) 예수님의 영향력이 커지자 바리새인들이 주님을 시험하고 비방했다.

ⓐ 사가랴는 예루살렘 성전(1:9, 68일 지도48 참고)에서 천사를 만났고, 마리아는 갈릴리 나사렛
(1:26, 67일 지도46 참고)에서 수태고지를 받았으며, 엘리사벳은 유대 산골(1:39)에 살고 있었다.

 1 인자의 탄생(1-3장)

① (1:1-4) <저술 목적>

Ⓐ 누가복음의 육하원칙(1:1-4)

1. 누가: 바울의 동역자이자 의사인 **누가**(행1:1;
골4:14; 몬1:24).
2. 무엇: 우리 중에 이루어진 **사실**의 내력(1-2절).
3. 언제: **AD 60년경**(AD 68년 바울의 순교 전에).
4. 어디에서: 바울이 갇혀 있던 **로마**로 추정(딤
후4:11).

5. 어떻게: 목격자들의 증언과 전도자들의 구
전을 **그대로** 시간 **순서대로**(2-3절).
6. 왜: **데오빌로** 각하에게 복음을 확증하려고(4절).
＊ 데오빌로("하나님의 친구")는 특정인이거나
하나님을 사랑하는 이방 그리스도인의 총
칭이라고 여겨진다.
■ 당신은 가족과 지인들에게 복음을 꾸준히 전
하는 사람인가?

② (1:5-80) <수태 고지>

제사장 사가랴는 평생 기도하고도 하나님의 응답을 못 믿었고, 시골 소녀 마리아(14세로 추정)는 하나님의 말씀을 처음 듣고도 믿었다.

Ⓑ 요한의 탄생	예수의 탄생
수태 고지(5-23절)	수태 고지 (26-38절)
예언대로 (17절; 말4:5-6)	예언대로 (32절; 사9:6-7)
사가랴의 불신(18절)	마리아의 순종(38절)
사가랴의 찬송(67-79절)	마리아의 찬가(46-55절)

■ 나는 마리아처럼 하나님의 주도적인 역사하심에 기꺼이 순종하는가?

③ (2장) <탄생과 성장>

아구스도 황제 때 요셉과 마리아는 베들레헴에 호적하러 갔다가 여관(사랑채)에 방이 없어 아기를 낳아 구유에 뉘었다. 목자들이 와서 경배했고 아기 예수는 성전에 올라가 정결예식을 받았다. 12세의 소년 예수는 성년식(바르 미츠바) 1년 전 성전에 올라가셨다.

Ⓒ 찬송이 가득한 누가복음

1. 마리아의 찬송 (1:46-55)
2. 사가랴의 찬송 (1:68-79)
3. 천사들의 찬송 (2:14)
4. 시므온의 찬송 (2:29-32)
5. 호산나 찬송 (19:37-40)
6. 성전 찬송(24:53)

■ 나의 심령에도 늘 찬송의 기쁨이 충만한가?

④ (3장) <세례와 족보>

Ⓓ 신약 시대의 로마 황제들(3:1)

1. **아구스도**(BC 27-AD 14년): 로마제국의 첫 번째 황제 옥타비안. 로마의 평화기를 연 인물 (2:1).
2. **디베료**(AD 14-37년): 신하들을 죽인 폭군 (3:1), 예수님을 처형한 빌라도 때의 황제(요 19:22).
3. **칼리굴라**(AD 37-41년): 아그립바 1세(행 12:1-2)를 임명한 황제. 온갖 기행을 저지르다가 살해됨.
4. **글라우디오**(AD 41-54년): 바울 선교 때 통치했던 황제, 로마에서 유대인을 박해하고 추방함(행18:2).
5. **네로**(AD 54-68년): 모친, 부인, 군장관을 죽인 폭군. 로마 대화재를 일으키고 기독교인을 박해했으며, 바울과 베드로를 처형함(행 25:10).

■ 세상의 최강자들도 하나님의 구원사역의 배경에 불과하다!

Ⓔ 요셉의 족보(마1:1-16)	마리아의 족보(3:23-38)
하향식 족보 (아브라함부터 예수님까지)	상향식 족보 (예수님부터 아담까지)
구약 언약의 성취	온 인류의 구원자
솔로몬(마1:6)	나단(눅3:31)

■ 누가복음은 온 인류를 위한 보편적 구원을 강조한다.

② 인자의 출현(4-5장)

① (4장-5:26) <인자의 사역>

Ⓕ 성령으로 충만한 책(4:1, 14, 18)

1. **예수님** - 세례(3:22), 광야(4:1), 갈릴리(4:14), 나사렛(4:18), 70인 보고(10:21), 승천(24:49)

2.**성도들** -요한(1:15), 마리아(1:35), 엘리사벳(1:41), 사가랴(1:67), 시므온(2:27), 기도(11:13), 할 말(12:12).
■ 예수님처럼 우리들도 성령 충만해야 사명을 감당하고 영적으로 승리할 수 있다.

시돈의 사렙다 과부와 수리아 장군 나아만을 언급하신 예수님은 이방인도 구원(4:25-27)하는 분이시다. 예수님의 능력(헬, 뒤나미스, 행1:8)은 그분의 권위(헬, 엑수시아, 요1:12)로부터 나오는 것이었다(4:36). 예수님은 죄인임을 깨달은 어부 시몬도, 이미 죄인임을 알고 있는 세리 레위도 제자로 부르셨다.

③ 인자의 설교(6장)

12제자(계21:14)는 12지파(창49:28)처럼 새 이스라엘을 시작하신다는 뜻이었다.

Ⓖ 12사도를 부르시다(6:12-16)
1.**시몬 베드로**(열정)-폭발적인 선교(행2:14-41).
2.**안드레**(섬김)-겸손한 섬김(요6:8-9, 12:20-22).
3.**야고보**(순교)-첫 번째 사도 순교자(행12:1-2).
4.**요한**(사랑)-애제자, 성도 간의 사랑을 권면 (요19:26; 요일4:7).
5.**빌립**(믿음)- 실증하는 믿음(요6:7, 14:8).
6.**바돌로매**(소망)- 하늘 소망을 받음(요1:49-51).
7.**마태**(복음)- 세리가 복음서를 저술(마10:3).
8.**도마**(헌신)- 가장 먼 인도로 선교(요20:25-28).
9.**야고보**(기도)-기도의 사람, 작은 야고보(막15:40).
10.**시몬**(혁명)-반로마 혁명가(셀롯인, 행1:13).
11.**유다**(무명)-무명하나 유명한 자(요14:19-22).
12.**가룟 유다**(배반)-탐욕과 배신(요12:4-6; 눅22:3-6).
■ 누구든지 주님의 손에 온전히 붙들리면 쓰임 받을 수 있다.

Ⓗ 산상수훈(마5-7장)	평지 설교(6:22-46)
8복 (심령이 가난한 자)	4복 (가난한 자, 사61:1) 4화(부요한 자)
원수 사랑 (마5:38-48)	원수 사랑 (27-38절)
비판과 열매 (마7:1-20)	비판과 열매 (39-45절)
듣고 행하라 (마7:21-27)	듣고 행하라 (46-49절)
■ 누가 복음은 사회적 약자에 대한 긍휼의 마음을 가진 복음서다.	

④ 인자의 사역(7-9장)

① (7-8장) <사역의 확장>
ⓘ 약자를 향한 끊임없는 사역
1.**백부장의 종**을 말씀만으로 치유(7:1-10).
2.나인성 **과부의 죽은 아들**을 살리심(7:11-17).
3.**요한**에게 실족하지 말 것을 당부하심(7:18-35). -위대한 세례 요한도 천국에 못 가면 아무 의미없다(7:28하).
4.바리새인 시몬의 집에서 **죄인 여자**를 구원하심(7:36-50).
5.12제자 외 **여성 제자들**을 처음 소개하심(8:1-3).
6.**거라사 광인**에게서 귀신을 내쫓으심(8:26-39).
7.**혈루병 여인**과 **야이로의 딸**을 살려내심(8:40-56).
■ 나는 사회적 약자를 볼 때 주님의 긍휼의 마음이 있는가?

② (9장) <제자도 가르치심>
예수님은 벳새다(67일 지도46 참고)에서 오병이어의 기적을 행하셨다. 이는 갈릴리의 분봉왕 헤롯 안디바(9:7-9)를 피해 헤롯 빌립의 땅으로 피신하심이었다. 또한 베드로의 고백을 받으셨고 산에서 변모되셨다.

Ⓙ 여기서 하나님 나라를 볼 자들이 있다(9:27)?

＊임박한 종말론은 이단을 양산하는 문제를 일으킬 때가 많다.

1. 사도 요한은 **환상** 중에 하나님 나라를 보았다 (계시록).

2. **선교**를 통해 지상에 하나님 나라를 세웠다(행 1:3, 8).

-이 세대(눅21:32)가 주님의 초림과 재림 사이의 기간일 수 있다(10:9, 19:11; 막1:15; 벤후 3:8, 68일⑭ 참고).

■ 언제든 주님이 오시리라는 영적 긴박감으로 살아가라.

Ⓚ 만민의 구주를 강조한 누가복음

1. **이방인**도 구원받을 수 있다(2:32, 3:4-6).

-사렙다 과부, 나아만 장군을 언급하심(4:25-27).

2. 외면받던 **사마리아인**들을 사랑하셨다(9:51-55, 10:33, 17:16).

3. 죄 사함의 회개가 **만민**에게 전파될 것이다 (24:47).

■ 이방인 선교에 헌신했던 바울과 누가의 고백이 담겨 있다.

⑤ 인자의 배척(10-11장)

① (10장) <시험받으심>

70인 파송 이후 주님이 영적 승리와 구원 역사로 인해 기뻐하셨지만(18-20절), 율법교사는 자기 의에 빠져 주님을 시험했다. 주님은 선한 사마리아인의 비유를 통해 그의 이중성을 책망하셨다.

② (11장) <비난받으심>

예수님은 제자들에게 기도에 대해 가르치셨다 (1-13절).

Ⓛ 영적 세계의 원리(11:14-26)

＊ 바알세불(15절, 28일❶① 참고)은 귀신의 왕초를 의미한다.

1. 영적 세계에 **회색(접이) 지대는 없다**(17-19절).

2. 하나님 나라는 **하나님이 통치**하시는 나라다(20절, 69일ⓒ 참고).

3. 영적 세계는 **강자의 법칙**이다(21-22절).

4. 영적 세계는 **소속의 법칙**이다(23-26절).

■ 나는 영적 세계의 최강자이신 하나님께 속해 있는가?

예수님은 바리새인들이 의심(38절)하자 그들의 외식(68일ⓖ 참고)에 대해 네 가지 화로 책망하셨다.

• 예수님은 이방인과 이스라엘 사람들을 **모두 구원하시는 분**이시다(2:32, 9:51-52).

• 예수님은 온전히 헌신하는 제자에게 **따라오라고 부르시는 분**이시다(9:57-62).

• 예수님은 사탄에 대한 승리보다 **영혼의 구원을 기뻐하시는 분**이시다(10:18-20).

Day 72

인자의 승리
누가복음 12-24장

 예수님은 예루살렘에서 십자가에 처형되셨다가 부활하셔서
제자들에게 증인이 되라고 명하셨다.

① 인자의 경고(12-13장) 예수님은 외식과 탐심을 경고하시며 분별하고 회개하라고 하셨다.
② 인자의 교훈(14-16장) 예수님은 겸손의 제자도를 말씀하시고 하나님 나라 비유를 가르치셨다.
③ 인자의 예고(17-18장) 예수님은 용서와 믿음을 강조하시고 인자의 날에 대해 예고하셨다.
④ 인자의 입성(19-21장) 예수님은 예루살렘에 입성하사 장차 올 환난의 징조들을 말씀하셨다.
⑤ 인자의 죽음(22-23장) 예수님은 유월절 만찬 후 체포되시어 십자가에서 처형되셨다.
⑥ 인자의 승리(24장) 예수님은 부활하사 제자들을 만나 주셨고 증인이 되라고 명하셨다.

ⓐ **사마리아와 갈릴리 사이**를 지나 예루
살렘으로(눅17:11) 가는 길은, 접경
지를 지나 내려가는 요단강길이나
요단 동편길을 뜻한다.
ⓑ 바디매오를 만나신 곳은 여리고에
서 떠나실 때(마20:29; 막10:46)인가,
여리고에 가까이 가셨을 때(18:35)
인가? **구여리고**(북쪽)에서 나와 헤롯
대왕이 세운 **신여리고**(남쪽 1.5km)로
들어갈 때였던 것으로 추정된다.

51 | 갈릴리에서 유대까지의 여정

②예수님의 변모 (눅9:28-29)
①베드로 신앙고백 (눅9:20)
▲헤르몬산
두로
▲가이사랴 빌립보
훌라호수
악고
가버나움
게네사렛
디베랴
갈릴리바다
가울라니티스
대해(지중해)
갈멜산▲
나사렛
나인
야르묵강
·가다라
요단강
③사마리아인들의 거부 (눅9:51-53)
벧산·
애논·
살림·
④나병환자 10명 치유 (눅17:11-19)
사마리아
사마리아·
·수가
얍복강
데가볼리
⑦예루살렘 입성 (눅19:37-44)
베레아
·여리고
유대
예루살렘 베들레헴·
·베다니
⑤삭개오의 구원 (눅19:1-10)
⑥베다니 벳바게 경유 (눅19:29)
염해

Ⓐ 시대를 향한 경고의 말씀(12-13장)

1. 바리새인의 누룩과 **외식**을 주의하라(12:1-12).
2. **탐심**을 물리치라 + 한 어리석은 부자의 비유 (12:13-21).
3. 몸을 위해 **염려하지** 말고 하나님의 나라를 구하라(12:22-34).
4. 주인이 오실 날을 **준비**하고 있으라(12:35-48).
5. 내가 세상에 화평을 주러 온 것이 아니라 세상이 **분쟁**하게 하려고 왔노라(12:49-53).
6. 기상을 분간할 줄 알면서 어찌 **시대**를 분간하지 못하느냐(12:54-59).
7. **회개**하지 않으면 망한다+무화과 비유(13:1-9).
8. **좁은 문**으로 들어가기를 힘쓰라(13:22-30).
9. 주께서 제삼 일에는 **완전**해지시리라(부활 승리에 대한 예고, 13:31-35).
■ 이 시대를 분별하며 주님 오실 날을 준비하고 있는가?

② 인자의 교훈(14-16장)

① (14-15장) <천국 잔치>
Ⓑ 천국을 바라보라는 교훈의 말씀(14-15장)

1. 잔치의 상좌에 앉지 말고 빈자, 병자, 장애인을 초대하라.
   - 보상이 없는 **나눔**을 베풀라(7-14절).
2. 천국 제자가 되려면 **희생**을 결단하라(15-35절).
3. 잃은 양, 잃은 드라크마, 잃은 아들의 비유.
   - 의인 1명보다 죄인의 회개를 기뻐하시는 하나님이시다(15:7).
■ 길을 잃은 영혼이여, 하늘 아버지께서 기다리시니 어서 돌아오라!

② (16장) <물질과 천국>
Ⓒ 물질관을 강조한 누가복음(16장)

1. 탐심을 경고하셨다(12:13-21). 너희의 재물로 구제하라(12:22-34).

2. 불의한 청지기 비유 - **살길**을 찾으라(1-13절)!
3. 한 부자와 거지 나사로의 비유 - **성경 말씀**을 듣지 않으면 죽은 자의 부활도 소용없다(19-31절).
■ 나의 물질을 천국에 쌓는 삶을 살라(12:33).

③ 인자의 예고(17-18장)

Ⓓ 예수님이 예고하신 2가지(17-18장)

1. 인자의 날(재림)이 번개같이 **오리라**(17:20-37).
2. 인자가 죽지만 3일 만에 **살아나리라**(18:31-34).
■ 예수님처럼 천국을 바라보며 오늘을 사는가?

Ⓔ 기도를 강조한 누가복음

1. **예수님** - 세례(3:21), 홀로(5:16), 밤에(6:12), 따로(9:18), 변화산(9:28-29), 주기도문(11:2-4), 시몬(22:31-32), 십자가상(23:34), 운명(23:46).
2. **가르침** - 벗의 간청(11:5-8), 구하라 성령을 주시리라(11:9-13), 강청기도(18:1-8), 바리새인과 세리의 기도(18:9-14), 종말에(21:34-35).
■ 조석과 정해진 시간에 하나님께 기도하고 있는가?

④ 인자의 입성(19-21장)

① (19-20장) <성전 논쟁>
1 므나는 1/60달란트(100일치 임금)다(19:13).

Ⓕ 하나님 나라의 반전(19장-21:4)

1. 여리고의 **세리장 삭개오**는 구원받았지만(19:1-10) vs **성전**에서 장사하는 자들은 쫓겨났다(19:45-46).
   - 죄인은 구원받고 자칭 의인은 쫓겨나리라.
2. 네 번의 **성전** 논쟁(70일Ⓑ 참고, 20:1-44) vs **가난한 과부**의 헌금을 칭찬하셨다(21:1-4).

-하나님의 저울은 세상의 기준과 다르다.
■ 마지막 천국 문 앞에서도 놀라운 반전이 일어나리라!

② (21장) <감람산 설교>

예수님은 이른 아침부터 성전에서 가르치셨고 밤에는 감람원을 지나 베다니에 가서 쉬셨다 (37-38절; 마21:17; 막11:11).

5 인자의 죽음(22-23장)

① (22장) <만찬과 체포>

예수님이 두 제자에게 다락방을 준비시키신 것은 객실난 때문이었다. 요세푸스에 의하면, 당시 유월절에 예루살렘에서 어린 양 25만 마리를 잡았으니 양 한 마리에 10명씩이면 250만 명이 모였다는 뜻이다.

ⓖ 인자는 성자이시다(22:66-71)

＊"네가 그리스도이거든 말하라"(67절).
⇒"너희들이 내가 그라고 말하고 있다"(70절).
-에고 에이미(내가 그다, 출3:14; 막14:62; 요4:26, 18:5)는 예수님의 자기선언이다.
■ 참 신앙은 영적인 사실을 그대로 믿는 것이다.

② (23장) <십자가 처형>

십자가는 그들의 뜻이 아닌 하나님의 뜻이 이루어진 사건이며(25절), 인간이 자의로 지은 죄를 책임져야 하는 사건이었다.

ⓗ 바라바, 그는 누구인가(23:18-25)?

바라바는 살인자요 민란 주동자(25절)였다. 빌라도가 죽인 갈릴리인들(13:1)은 당시 갈릴리에 모여 있던 반로마 혁명가들이었다. 마치 일제 강점기에 독립운동가들이 만주에 결집했던 것과 같다.
■ 바라바의 석방은 총독 빌라도의 정치적 타협이었다.

① 총독 빌라도, 그는 누구인가(23:1-25)?

황제 디베료가 세운 총독 빌라도는 AD 26-36년에 유대를 다스렸다. 역사가 요세푸스와 필로에 의하면, 그는 탐욕스럽고 잔인한 인물이었다. 그의 본군은 가이사랴에 주둔했고 예루살렘에는 분대를 두었으며 절기에 예루살렘에 올라와 민란을 방지했고, 사형 집행권과 대제사장 임명권을 가졌다.

그는 예루살렘에 로마 군기를 걸고 성전 금고의 돈을 유용해 수로를 건설하고 갈릴리인들을 죽이는 등 온갖 학정으로 유대인의 미움을 샀다. 죄없는 예수님을 처형한 것은, 유대 고위층과 헤롯을 달래는 유화책이자 폭군 디베료의 책임 추궁을 피하기 위함이었다. 결국 사마리아인 학살로 면직된 이후에 사형 통보를 받자 자살했다고 알려져 있다.
■ 빌라도의 죄가 자기에게 되돌아왔다(마27:24).

ⓙ 사복음서의 구성과 분량의 의미

1. 사생애 30년보다 공생애 3년에 집중했다.
2. 3년의 사역보다 마지막 일주일에 집중했다.
   -그리스도는 우리 죄를 대속하러 오셨기 때문이다.
■ 그가 이 땅에 오신 이유는, 죄인인 나를 구원하시기 위함이다!

6 인자의 승리(24장)

부활하신 예수님은 예루살렘에서 25리(10km)에 있는 엠마오(온천 숙박지, 73일 지도52 참고)로 가는 두 제자 및 다른 제자들을 만나 구약성경(26-27, 44-47절)을 통해 그리스도의 수난과 부활, 죄사함의 복음을 깨우쳐 주셨다.

Ⓚ 사복음서에서 부활사건 기록의 차이(24:1-12)

1. 무덤에 찾아간 사람이 **여인들**인가, 막달라 마리아 혼자인가? 마리아가 "우리"라고 표현했음을 주목하라(1-3절; 요20:1-2).

2. **천사**를 무덤 안에서 봤는가, 밖에서 봤는가? 천사가 밖에서 안으로 인도했음을 주목하라(마28:2, 6).

부활 사건은 목격자들에게 **충격적인 체험**이었기에 다소 거칠게 증언된 측면이 있다. 하지만 만약 복음서 저자들이 완벽하게 조작하려고 했다면 오히려 기록을 짜 맞췄어야 한다. 그러나 부활 체험이 분명했기 때문에 **차이점들을 그대로** 두었고 독자들이 퍼즐 조각들을 맞춰 부활 사건의 **큰 그림**을 그릴 수 있게 해 주었다.

■ 지금도 살아계셔서 역사하시는 예수 그리스도를 믿는가?

- 예수님은 **잃어버린 한 영혼을 찾아** 이 땅에 오셨다(15:7, 32, 19:10).
- 예수님은 **하나님의 권능의 우편에 앉으신** 하나님의 아들이시다(22:69-70).
- 예수님은 우리 마음을 감동하시고 **눈을 열어 성경을 깨우쳐** 주신다(24:27, 32).

12주 / 예수님은 누구신가?

●

구원자 예수님

"나를 따르라"(마9:9)

마태는 세리였다. 이름의 뜻은 "선물"이지만 그는 동족 유대인들에게 악몽을 선사하는 인간이었다. 그의 또 다른 이름은 레위다. 하나님께 헌신된 예배자 "레위"라는 이름은 그의 인생이 얼마나 부모의 소망과는 정반대 길의 끝까지 달려왔는가를 보여주는 증거였다. 그러나 그는 인생의 막다른 골목에서도 돌아갈 곳이 없었다. 모두가 가난하던 시절 배곯고 무시당하며 살지 않겠다고 영혼을 팔아 선택한 길인데 이제 와서 어디로 가겠는가. 아니 누가 받아주겠는가.

그런데 그때 예수님이 세관 앞을 지나가신다. 수많은 사람들이 구름 떼처럼 그분 주변을 둘러싸고 뒤따르고 있다. 사실 마태라고 왜 그분을 모르겠는가. 세관은 세상 돌아가는 이야기를 가장 많이 듣게 되는 자리 아닌가. 게다가 그는 가버나움 주요 도로에서 통행세를 받고 있었기에 행인들에게서 예수님 이야기를 두 귀가 울릴 정도로 들었을 것이다.

그때 상식을 벗어난 사건이 터진다. 예수님이 세관에 다가서신 것이다. 환호하던 무리가 갑자기 웅성거리기 시작한다. 예수님이 마태에게 다가오시더니 부드러우면서도 결연한 눈빛으로 "나를 따르라" 말씀하신다. 웅성거림은 탄식으로 변한다. '어떻게 저런 인간을!' 그리고 탄식은 이내 경악과 침묵으로 이어진다. 그 세리가 진짜 주님을 따라나섰기 때문이다.

도대체 예수님은 그에게서 무엇을 보셨던 것일까? 그의 말할 수 없는 절망과 허무를 보셨다. 평생 돈을 강탈하여 채운 인생이지만 이제는 그 돈과 함께 가라앉고 있는 영혼인데도 이 감옥을 벗어날 수 없어서, 그저 예수님 주변의 무리를 부러움과 체념으로 바라보고 있던 한 사람.

예수님은 한눈에 그의 영혼을 알아보시고 "자, 일어나라! 이제 여기를 떠나자" 말씀하셨다. 예수님은 방금 무덤에서 한 영혼을 일으키셨다. 숨이 넘어가는 절박한 한 생명을 말씀의 충격기로 심폐 소생해 내셨다. 그분은 온 세상에서 유일한 영혼의 중증 외상환자 전문의이시다.

그런데 그게 끝이 아니었다. 그의 집에 가서 식탁에 앉아(옆으로 누워, 마9:10) 제대로 잔치를 벌이셨다. 게다가 초대된 손님들의 면면이 가관이었다. 수많은 세리와 죄인들이 나타났으니, 왁자지껄 거나한 잔치는 볼 만한 광경이었다! 예수님은 조용히 마태와 상담하러 가신 게 아니었다. 응급환자 하나 건지시고는 너무나 기뻐 천상의 잔치를 열고 계시는 중이었다.

그런데 바리새인들이 보기에는 피가 거꾸로 솟는 장면이었다. "어떻게 너희 선생이라는 자가 저런 것들하고 어울리는 거지?" 무슨 뜻인가? 두 가지 의미다. 첫째, 이건 유유상종(類類相從)이다. 죄인 곁에는 죄인이 다가가는 법이다. 둘째, 이러면 근묵자흑(近墨者黑)이다. 죄인하고 어울리면 너희도 죄인이 된다. 일리 있는 말이다. 합리적인 판단이다.

하지만 그들이 간과하는 것이 있었다. 그것은 결정적인 관점의 오류였다. 그들은 영적인 유리 천장을 만들어 놓고 지극히 계급주의적인 사고로 사람들을 판단하고 있었던 것이다.

생각해 보라. 교도소에 있으면 모두가 죄수일까? 지금도 감옥에서 스러져 가는 한 영혼을 살리겠다고 찾아가 눈물로 복음을 전하는 많은 분들이 있다. 환자들 곁에 있으면 다 병자일까? 그들을 치료하기 위해 헌신하는 의사와 간호사들이 있지 않은가. 불구덩이에 있으면 모두가 재난당한 사람들일까? 그들을 살려내겠다고 목숨 걸고 뛰어든 소방관들이 있지 않은가.

왜 오늘날 사람들은 예수님을 구원자로 받아들이기를 거부할까? 두 가지 생각 때문이다. 첫째, 인간 곁에는 인간만이 있을 뿐이다. 안타깝게도 이는 신의 존재를 망각해 버린 자폐적 영혼 상태다. 둘째, 인간은 치료가 필요 없다. 병을 인정하는 순간 의사가 필요하지 않은가. 죄를 인정하지 않으면 마치 아무 문제가 없는 듯이 살아갈 수 있다.

물론 예수님은 이런 인간의 심리를 너무나도 잘 아신다. 그날 세관에 앉아 있던 마태처럼 영혼의 암덩어리를 끌어안고 마지막 숨을 몰아쉬고 있으면서도 아무 문제없는 것처럼 살아가는 사람들이 얼마나 많은가. 그리고 그런 인간은 자력 구원이 안 되는 존재라는 사실과 주님이 목숨 걸고 뛰어들어 건져 주셔야만 살 수 있는 존재라는 것을 주님은 알고 계셨다.

우리는 가끔 고마운 뉴스를 접하곤 한다. 물놀이하다가 물에 빠져 허우적거리는 사람을 아무도 손쓰지 못하고 있을 때, 지나가던 경찰이나 구조원 같은 전문가가 뛰어들어 살려 냈다는 소식이다. 예수님은 주변의 시선을 신경 쓰실 겨를이 없었다. 왜 저런 인간을 건져주냐고 외치는 사람들의 고발을 뒤로하고, 깊은 바닷속, 타오르는 불구덩이 속으로 뛰어드셨다.

복음서는 네 가지로 예수님을 비춰 준다. 왕이신 예수님(마태복음), 종이신 예수님(마가복음), 인자이신 예수님(누가복음), 성자이신 예수님(요한복음). 네 가지 모습일 수밖에 없다. 왕이 종의 형상인 인간으로 오지 않으셨다면(빌 2:7-8) 우리가 어찌 이 죄악의 구덩이에서 벗어났겠는가. 또한 같은 인간으로서가 아니라 하나님으로서 나를 건져 주심이 정말 안심이 되지 않는가.

박해시대에 그리스도인들은 물고기(헬, 익투스)를 암호로 사용했다. 익투스는 "예수(Jesus) 그리스도(Christ) 하나님의 아들(Son of God) 구원자(Savior)"라는 의미다. 그렇다. 천하 사람 중에 구원을 줄 수 있는 다른 이름은 없다(행4:12)! 예수님을 오해하지 말라. 하나님이 사람으로 오신 것은 나와 같은 죄인이라서가 아니라, 나 같은 죄인을 건지시기 위함이었다.

마태는 너무나 감격했다! 평생 그날을 잊을 수 없었다. 신약의 저자들 누구도 직접적으로 말하지 않았는데, 정작 본인은 열두 제자 목록에 "세리 마태"(마10:3)라고 명시했다. 왜인가? "나 같은 죄인 살리신 주 은혜 놀라워 잃었던 생명 찾았고 광명을 얻었네." 나는 죄인의 괴수였노라(딤전1:15) 고백했던 바울과 같은 심정이 아니었겠는가. 실패한 삶의 어두운 골방에 갇혀 살던 수가성 여인이 동네 사람들에게 달려가 외치던(요4:3-30) 심정이 아니었겠는가!

복음서 곳곳에서 예수님은 목숨 걸고 영혼들을 건지셨다. 거라사 광인도, 간음하다 현장에서 잡힌 여인도, 예수님이 목숨을 걸지 않으신 영혼은 없었다. 언제든 그 한 영혼을 살리는 값으로 자기 생명을 내놓으실 참이었다. 그렇게 예수님은 날마다 십자가를 지고 구조 현장에 나타나신다. 지금도 주님이 재난 현장에 갇힌 당신에게 찾아와 동일하게 말씀하고 계신다. "자 이제 이곳에서 나가자!" 오늘 그 주님의 손을 붙잡아야 하지 않겠는가!

449

복음서가 예수님의 이야기라면 사도행전과 이후 서신서들은 복음 전파 이야기다. 사도행전은 사도들이 예수의 증인된 역사를 기록한 책이고, 로마서는 복음에 나타난 하나님의 의에 대해서 논한 교리서다. 사도 바울은 핍박자였으나 다메섹에서 예수님을 만난 후 놀랍게 변화되었다. 그는 13권의 서신을 남길 정도로 열정을 가지고 복음을 전파했다. 바울서신서는 예수 그리스도의 인격과 사역의 의미를 율법과 복음의 관계 속에서 바르게 제시했다는 데 의의가 있다. 성령님은 작은 예수들을 통하여 이들이 가는 곳마다 구원의 역사가 나타나고 질병이 치유되고 귀신들이 떠나가게 하셨다. 21세기에도 성령 행전은 여전히 계속되고 있다. ─────────────

Week 13

요한복음 01장 - 로마서 16장

● 요한복음

요한복음은 예수님을 하나님의 아들로 증거한 책이다. 1-12장은 하나님의 아들이신 예수님의 현현에 대해, 13-21장은 하나님의 아들이신 예수님의 영광에 대해 기록하고 있다. 요한복음 3장 16절은 요한복음과 복음서의 핵심 구절이다.

요한복음은 공관복음과 달리 예수님의 신성에 초점을 맞추고 있으며, 메시아 예수보다 로고스 예수를 강조한다. 본서의 목적은 온 '세상'(본서에 78회 사용)을 위한 구원자 예수를 믿게 하려는 것이기 때문이다(1:12, 3:16, 20:31). 공관복음과 중첩되는 내용은 8%뿐이고 92%는 온전히 독특한 내용이다. 예수님의 행위보다 존재에, 기적보다 강론에, 갈릴리 사역보다 유대 사역에 초점을 두고 있다.

요한("하나님의 은혜")은 자신을 "예수가 사랑하시는 제자"로 표현했다. 애제자 요한은 후에 예루살렘 교회의 기둥 같은 존재가 되었고(갈2:9), 예수님의 모친 마리아를 모시고 에베소에서 목회하던 중 밧모섬에 유배되기 전(AD 95년경)에 본서를 기록했다. 예수님 사후 60년에 이렇게 섬세한 내용을 기록했다는 점에서 요한의 영적 감수성을 보게 된다.

요한복음은 공관복음이 조명한 예수님의 역사성에 신성을 더함으로, 초대교회에 만연했던 영지주의 이단들로부터 교회를 보호하고자 했다. 또한 공관복음이 현재와 미래의 직선 구조라면, 요한복음은 천상과 지상의 이중 구조다. 그리고 요한 서신서와 같이 영생과 사랑을 강조한 것을 볼 때, 제자 요한은 실로 영성의 사도요 사랑의 사도였다.

○ 성자의 현현 (1-12장)			
1	성자의 현현	1장	성육신과 제자들 부르심
2	성자의 증거	2-4장	갈릴리와 유대에서 증거
3	성자의 배척1	5-6장	병자 치유와 생명의 양식
4	성자의 배척2	7-10장	초막절 예수님의 가르침
5	성자의 배척3	11-12장	나사로의 부활과 반대파

○ 성자의 영광 (13-21장)			
1	성자의 문답	13-14장	세족식 및 제자들과 문답
2	성자의 약속	15-17장	보혜사 약속 후 기도하심
3	성자의 죽음	18-19장	심문 후 십자가에서 죽으심
4	성자의 영광	20-21장	제자들 가운데 나타나심

● 사도행전

사도행전은 사도들이 예수의 증인된 역사를 기록한 책이다. 1-12장은 교회의 탄생과 성장에 대해, 13-28장은 교회의 선교에 대해 기록했다. 핵심 구절은 (1:8) 말씀이며, 핵심장은 오순절 성령 강림과 초대교회의 탄생을 보여주는 2장이다.

사도행전은 예수님이 꿈꾸셨고 성령님이 춤추신 초대교회의 역사다. 교회는 복음으로 잉태되어 성령으로 출산되었다. 사도행전은 "성령"이 50회 등장하는 성령행전이다. 또한 사도행전은 선교사명(1:8)을 실천한 선교행전으로서, 지역 기준으로 나누면 예루살렘(1-7장), 온 유대와 사마리아(8-12장), 땅 끝(13-28장)이다. 이런 선교의 역사를 교회가 감당했기 때문에 사도행전은 교회행전이기도 하다. 교회 본부는 예루살렘(2장) ⇒ 안디옥(13장) ⇒ 에베소(19장) ⇒ 로마(28장)로 이동했다. 사도행전을 인물로 나누면 유대인의 사도 베드로(1-12장)와 이방인의 사도(갈2:8) 바울(13-28장)로 나뉜다. 사도행전 30년(AD33-62)사를 통해, 하나님 나라는 유대교에서 기독교로, 율법에서 복음으로 패러다임의 전환을 이루었다.

의사 누가는 2차 전도여행 중 바울을 만났고(16:10) 로마에도 동행했다. 그가 본서에서 네로의 박해(AD 64년)와 바울의 죽음(AD 68년)을 언급하지 않은 것으로 보아 AD 62년경 바울이 로마 감옥에서 풀려나기 전에 전작 누가복음에 이어 데오빌로의 신앙 증진을 위해 본서를 기록한 것으로 추정된다.

사도행전은 신약성경의 유일한 역사서로서 복음서와 서신서들의 가교 역할을 한다. 사도행전은 예수님의 제자들이 작은 예수들이 되어 오직 그리스도만이 인류의 구원자이심을 선포하며 예수행전을 만든 역사이자, 복음 증거로 세워진 교회들을 목양한 교회행전의 역사였다.

○ 교회의 탄생 (1-12장)			
1	교회의 탄생	1-2장	성령 강림과 예루살렘 교회
2	교회의 성장	3-4장	위협 속에서도 지속적 성장
3	교회의 문제	5-6장	영적 순결과 일곱 집사 임직
4	교회의 박해	7-9장	스데반 순교와 사울의 회심
5	교회의 확장	10-12장	고넬료 전도와 안디옥 교회
○ 교회의 선교 (13-28장)			
1	교회의 선교1	13-14장	바울과 바나바의 1차 선교
2	교회의 논의	15장	모교회의 이방인 선교 인준
3	교회의 선교2	16-20장	바울의 2차 선교, 3차 선교
4	계속된 선교	21-28장	바울의 재판과 땅 끝 선교

● 바울서신

바울서신서는 예수 그리스도의 복음에 대한 고백이다. 교회에 보낸 서신 9권과 개인에게 보낸 서신 4권, 총 13권으로 구성되어 있다. 바울서신서는 예수 그리스도의 인격과 사역의 의미를 율법과 복음의 관계 속에서 바르게 제시했다는 데 의의가 있다.

바울서신서의 필체는 성령의 불붙은 논리라고 하겠다. 지식인답게 논리적이면서도 성령의 감동을 따라 기록했다. 또한 바울은 교리적인 해석을 예리하게 풀어내면서도 자신의 개인적인 체험과 고백으로 연결했고 성도들의 실천적 과제들과 연계시켰다. 바울은 통찰력 있는 신학자이면서 사랑이 많은 목회자였고, 탁월한 복음 설교자이면서 다양한 선교 현장에서 사역한 선교사였으며, 수많은 헌신자들을 일으킨 선교 동원가였고, 당대 전 세계에 복음을 전한 하나님 나라의 선구자였다. 바울은 신약성경에서 가장 많은 책을 집필한 저자가 되었다. 바울서신 13권은 기독론, 구원론, 교회론, 목회론, 종말론을 아우르고 있다. 주석가 스코필드는 바울이 아니었다면 교회는 세워지지 않았을 것이라고 말할 정도로 그는 초대교회의 신학적, 목회적 기초를 놓은 중요한 인물이었다.

바울 곧 사울은 교육 도시 길리기아 다소에서 로마 시민권을 갖고 태어난 디아스포라 유대인이다. 그는 어린 시절 그곳에서 헬라 교육을 받았고 장막 만드는 일을 배웠다. 하지만 엄격한 유대인 가정에서 태어난 그는 종교적인 열성을 갖고 예루살렘에 와서 바리새파인 가말리엘의 문하생으로 랍비 교육을 받았다. 그러던 중 청년 사울(25-35세 추정)은 스데반의 처형을 주도하고 기독교인들을 박해하다가 다메섹(75일 지도55 참고) 도상에서 부활의 주님을 만난 뒤 회심했다. 그러고는 아라비아로 가서 3년간 말씀을 연구했고 예루살렘에 올라가 사도들을 만났으며 다소에서 지내다가 바나바의 초청으로 안디옥 목회를 도왔다(75일 지도55,ⓒ 참고). 그 뒤로 바울은 바나바와 1차 선교여행(갈라디아 지방)을 다녀왔고 예루살렘 공회에 참석했으며, 2차 선교여행(유럽, 즉 마게도냐와 아가야 지방) 및 3차 선교여행(에베소를 중심으로 아시아 지방)을 다녀왔다(76일 지도56 참고). 이후 예루살렘에서 반대파의 소송으로 체포되어 재판받다가 로마로 이송된 뒤 로마에서 2년간 복음을 전했으며(4차 선교여행), 잠시 풀려나서 서바나(스페인) 및 다른 목회지들을 방문(5차 선교여행)했다. 그 뒤 다시 체포되어 AD 68년 네로 황제 치하에서 (로마 시민이기 때문에 십자가형이 아니라) 참수형을 당해 순교했다(77일 지도57, 58 참고).

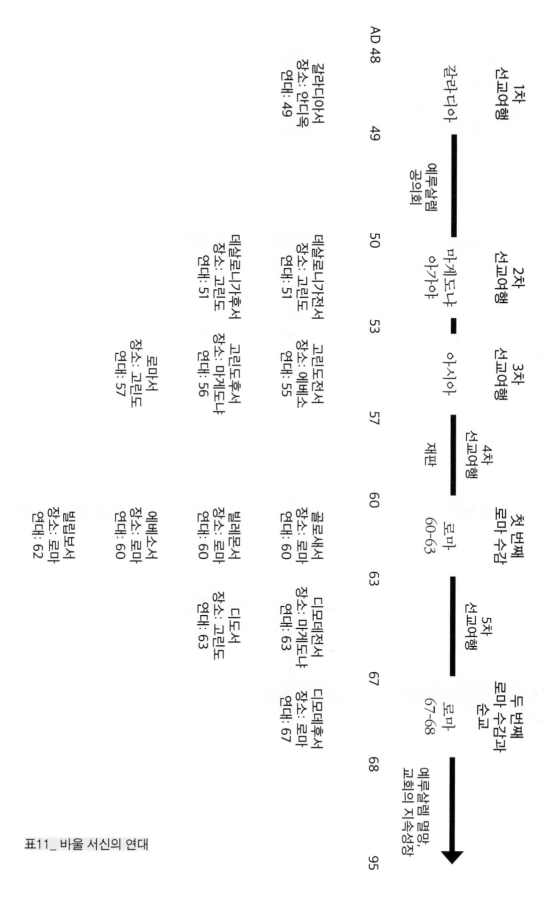

표11_ 바울 서신의 연대

〈바울서신 - 성경순〉

서신	연대	장소	교리	주제	특징
롬	57	고린도	구원론	예수 하나님의 의	율법과 복음의 관계 설명
고전	55	에베소	교회론	교회의 문제 해결	교회 문제들 책망과 교훈
고후	56	마게도냐	교회론	바울 사도권 변호	모함과 모반에 대한 반격
갈	49	안디옥	구원론	자유케 하는 복음	율법주의자들 향한 논쟁
엡	60	로마	교회론	주님의 몸된 교회	기독론에 기초한 교회론
빌	62	로마	기독론	주 안에서의 기쁨	기쁨의 서신(옥중 서신)
골	60	로마	기독론	으뜸이신 그리스도	교회론에 기초한 기독론
살전	51	고린도	종말론	그리스도의 재림	초대 교회의 임박한 종말론
살후	51	고린도	종말론	재림의 소망과 위로	주의 날에 대한 바른 교훈
딤전	63	마게도냐	목회론	교회 리더십의 자세	에베소 목회에 대한 격려
딤후	67	로마	목회론	에베소 목회 조언	사도 바울의 유언적 서신
딛	63	고린도	목회론	그레데 목회 조언	교회 각 그룹에 대한 목회
몬	60	로마	개인서신	형제 용서의 권면	골로새 설립멤버 오네시모

〈바울서신 - 연대순〉

서신	연대	장소	교리	주제	특징
갈	49	안디옥	구원론	자유케 하는 복음	율법주의자들 향한 논쟁
살전	51	고린도	종말론	그리스도의 재림	초대 교회의 임박한 종말론
살후	51	고린도	종말론	재림의 소망과 위로	주의 날에 대한 바른 교훈
고전	55	에베소	교회론	교회의 문제 해결	교회 문제들 책망과 교훈
고후	56	마게도냐	교회론	바울 사도권 변호	모함과 모반에 대한 반격
롬	57	고린도	구원론	예수 하나님의 의	율법과 복음의 관계 설명
골	60	로마	기독론	으뜸이신 그리스도	교회론에 기초한 기독론
몬	60	로마	개인서신	형제 용서의 권면	골로새 설립멤버 오네시모
엡	60	로마	교회론	주님의 몸된 교회	기독론에 기초한 교회론
빌	62	로마	기독론	주 안에서의 기쁨	기쁨의 서신(옥중 서신)
딤전	63	마게도냐	목회론	교회 리더십의 자세	에베소 목회에 대한 격려
딛	63	고린도	목회론	그레데 목회 조언	교회 각 그룹에 대한 목회
딤후	67	로마	목회론	에베소 목회 조언	사도 바울의 유언적 서신

● 로마서

　로마서는 복음에 나타난 하나님의 의에 대해서 논한 교리서다. 1-8장은 하나님의 의의 복음에 대해서 기록했고, 9-16장은 하나님의 의의 실천에 대해서 기록했다. 핵심 구절은 복음에 나타난 하나님의 의를 선언한 (1:17) 말씀이다.

　로마서는 교리를 가장 체계적으로 정리한 서신이다. 율법과 복음의 긴장 관계를 논리적이면서도 영적으로 잘 해석하고 연결했다. 마르틴 루터는 로마서를 "가장 고결한 복음"이라고 했다. 혹자는 로마서를 "바울이 쓴 복음서"라고 부른다. 바울은 유대인과 이방인 모두에게 복음의 참된 의미를 명쾌하면서도 감동적으로 서술했다. 예수님의 제자가 아니었던 바울이 쓴 복음 서신이 사복음서보다 먼저 기록되었고 또 다른 복음서라는 별칭을 얻을 정도이니, 복음 증거와 초대교회에 미친 바울의 헌신이 얼마나 큰 것이었는지 알 수 있다.

　로마 교회는 오순절 회심자(행2:10) 내지 바울의 전도로 인한 회심자에 의해 설립됐을 것으로 추정된다. 이후 AD 49년 유대인들의 분쟁 문제로 글라우디오 황제가 로마의 모든 유대인에게 추방령을 내렸다(행18:2). 이로써 로마 교회는 이방인 중심의 교회가 되었지만 5년 뒤 추방령이 해제되어 유대인들이 돌아오게 되었다. 이때 바울은 로마 교회 성도들에게 복음의 진리를 재정립해 주고, 유대인과 이방인을 복음 안에서 조화시키기 위해 로마서를 기록했다. 공동체의 연합을 위해서 그는 실천적 접근보다 본질적으로 접근했는데, '복음이란 무엇인가'라는 신앙의 근본을 설명함으로 교회 공동체가 하나 되어야 하는 이유를 역설했다.

　바울은 3차 선교여행 말미에 고린도 체류 시에(롬16:23, 고린도 교회의 가이오와 에라스도 언급) 본서를 기록한 것으로 추정된다. 또한 그가 서바나(스페인) 선교에 대한 비전과 계획을 나눈 것을 볼 때, 로마 교회로부터 향후 선교 사역에 대한 동력을 얻고자 본서를 기록했음을 알 수 있다. 어떤 이들은 (로마서가 바울의 로마 방문 이전의 서신이기 때문에) 16장의 동역자 명단이 추가된 것이라고 주장하지만, 바울이 그들과 친밀함을 나타내려는 의도였다는 점과 선교여행 중 여러 도시에서 만난 사람들이라는 점에서 그런 의혹은 충분히 제거된다.

○ 하나님의 의의 복음 (1-8장)			
1	정죄	1-3장	모든 사람이 죄를 범함
2	칭의	4-5장	믿음으로 의와 화평 얻음
3	성화	6-8장	지체를 의의 병기로 드림
○ 하나님의 의의 실천 (9-16장)			
1	변호	9-11장	이스라엘이 돌아올 것임
2	실천	12-16장	거룩한 삶의 예배를 드림

성자의 현현
요한복음 1-12장

 예수님은 말씀이 육신이 되어 구원을 주러 오셨지만
반대파들은 예수님을 부인하고 죽이려고 했다.

① 성자의 현현**(1장)** 예수님은 성육신하여 오셨으며, 첫 번째 제자들을 부르셨다.

② 성자의 증거**(2-4장)** 예수님은 가나의 표적 이후 니고데모와 수가성 여인을 만나 주셨다.

③ 성자의 배척1**(5-6장)** 유대인들은 치유하시는 예수가 성자임을 부인했고 떡과 기적만 따랐다.

④ 성자의 배척2**(7-10장)** 예수님은 불신하는 유대인들이 마귀 자식이라고 맹비난하셨다.

⑤ 성자의 배척3**(11-12장)** 예수님이 나사로를 살리자 바리새인들이 주님을 죽이려고 모의했다.

ⓐ 두 곳의 베다니가 감람산 너머(막11:1)와 요단강 동편(요1:28, 67일 지도47 참고)에 있다.

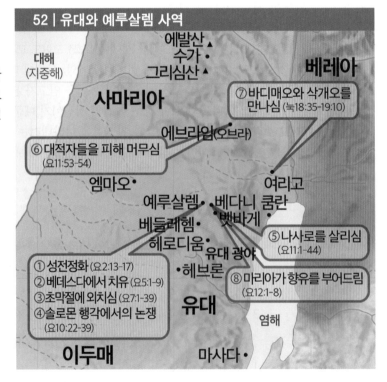

52 | 유대와 예루살렘 사역

에발산 ▲
수가 •
그리심산 ▲

대해 (지중해)

베레아

⑦바디매오와 삭개오를 만나심 (눅18:35-19:10)

사마리아

에브라임(오브라)

⑥대적자들을 피해 머무심 (요11:53-54)

엠마오 •

여리고

예루살렘 • 베다니 쿰란
베들레헴 • 벳바게
헤로디움 유대 광야

⑤나사로를 살리심 (요11:1-44)

① 성전정화 (요2:13-17)
② 베데스다에서 치유 (요5:1-9)
③ 초막절에 외치심 (요7:1-39)
④ 솔로몬 행각에서의 논쟁 (요10:22-39)

• 헤브론

유대

⑧마리아가 향유를 부어드림 (요12:1-8)

염해

이두매

마사다 •

표12_ 예수님의 공생애 기간

세례	유월절 1 AD 30년 4월	유월절 2 AD 31년 4월	유월절 3 AD 32년 4월	유월절 4 AD 33년 4월
AD 29년 가을	(요2:23)	(요5:1)	(요6:4)	(요12:1)

유월절1(2:23)-가나의 잔치 후
유월절2(5:1)-유대인의 명절
　　　　　(유월절로 추정됨)

유월절3(6:4)-오병이어 기적
유월절4(12:1)-나사로의 집에서 잔치

1 성자의 현현(1장)

① (1:1-18) <성육신>

Ⓐ 성육신하신 그리스도(1:1-18)

1. **태초**에 계신 말씀(1-2절, 창1:1)-영원한 신성을 가지신 하나님의 아들.
2. 만물의 **창조주**이신 말씀(창1:3; 요일1:1-2).
3. 주님을 배척하겠는가(9-11절), 영접하겠는가(12-13절)?
4. 말씀의 **성육신**이시요, 하나님 임재의 장막이시요, 은혜와 진리가 충만한 하나님의 **독생자**이시다(14-18절).
■ 하나님의 아들을 기꺼이 영접하고 하나님의 자녀가 되어라.

② (1:19-51) <제자 선발>
세례 요한이 주님을 증언했다.

Ⓑ 처음으로 부르신 제자들(1:35-51)

1. 세례 요한의 제자 **안드레와 요한**(35-41절).
2. 안드레의 형 **시몬 베드로**(게바, 42절).
3. 시몬과 동향인 벳새다 사람 **빌립**(43-44절).
4. 참 이스라엘 사람 **나다나엘**(45-51절).
■ 섬세한 요한 덕분에 영화 속 인물들을 보는 것 같다.

2 성자의 증거(2-4장)

가나의 기적은 모친 마리아의 권위(2:3-5)를 강조함이 아니라 예수님의 영광을 강조함이다(2:11). 거듭남(3:3)은 원어적으로 "새로(anew)" 그리고 "위로부터(above)" 태어남을 뜻한다. 세례 요한이 애논(67일 지도47 참고)에서 예수는 그리스도라고 증거했다(3:22-36).

Ⓒ 예수님은 누구이신가(2-4장)?

1. **창조주**-물을 포도주로 만드는 기적을 일으키셨다(2:1-11).
2. **심판주**-성전을 정화하시고 부활 사건을 예고하셨다(2:13-22).
3. **구세주**-세상을 구원하실 주님이시라(3:16, 4:14, 26).
＊(요3:16)은 요한복음 및 복음서 전체의 핵심 구절이다.
■ 예수님이 나의 구주이심을 믿는가?

Ⓓ 7가지 예수님의 표적(2-11장)

1. 가나의 혼인잔치에서 **물을 포도주로** 바꾸셨다(2:1-12).
2. 갈릴리에서 **왕의 신하의 아들**을 치유하셨다(4:43-54).

459

3. 베데스다 연못에서 **38년 된 병자**를 치유하셨다(5:1-15).
4. 갈릴리 건너편에서 **오병이어**의 기적을 베푸셨다(6:1-15).
5. 풍랑 이는 **바다 위를 걸어오셨다**(6:16-21).
6. 실로암 못에서 **맹인**을 치유하셨다(9:1-12).
7. 죽은 **나사로**를 다시 살리셨다(11:1-44).
■ 요한복음에 기록된 7가지 기적은 예수님의 신성을 나타내는 이적, 즉 **표적들**이다.

③ 성자의 배척1**(5-6장)**

① (5장) <38년 된 병자 치유>
예수님이 예루살렘에 가셨다면 유월절일 가능성이 크다(1절). 안식일에 베데스다(68일 지도48 참고)에 있는 38년 된 병자를 치유하신 뒤 다시는 범죄하지 말라고 명하셨다(5-14절). 유대인들의 박해에는 나를 증언하는 이가 세례 요한(33절), 예수님의 역사(36절), 하나님 아버지(37절), 성경(39절)이라고 변호하셨다.

Ⓔ 성자는 아버지와의 일치를 주장하셨다
1. "나의 양식은 나를 보내신 이의 **뜻**을 행하며"(4:34).
2. "아버지께서 이제까지 일하시니 나도 일한다"(5:17).
3. "아버지께서 나를 **보내신 것**이니라"(8:42).
4. "나와 아버지는 **하나**이니라"(10:30).
5. "아버지께서 내가 말할 것과 이를 것을 친히 **명령**하여 주셨으니"(12:49).
6. "내가 아버지의… 사랑 안에 **거하는 것**"(15:10).
7. "**영생**은… 하나님과… 그리스도를 아는 것이니이다"(17:3).
■ 예수님이 하나님과 동등이시며 한 분이심을 믿는가(5:18; 빌2:6)?

요한복음은 공관복음의 미래적 종말(5:25-29) 외에도 이미 실현된 종말을 선언한다(3:18, 5:24).

② (6장) <인자의 살과 피>
오병이어 기적 후 예수님이 바다 건너편으로 가신 것은, 사람들이 표적이 아니라 떡을 찾았기 때문이다(15, 22, 26절).

Ⓕ 생명의 떡이신 그리스도(6:30-59)
1. "나는 하늘에서 내려온 **생명의 떡**이라"(32-51절).
2. "**내 살과 피**를 먹어야 영생이 있다"(52-58절).
＊성만찬 사건을 기록하는 대신 성찬의 의미를 설명하신 본문이다.
■ 예수님이 그분의 생명을 내어주사 나의 생명을 다시 살리셨다.

Ⓖ 7가지 에고 에이미(I AM)
1. "나는 **생명의 떡**이다"(요6:35).
2. "나는 **세상의 빛**이다"(요8:12).
3. "나는 **양의 문**이다"(요10:7).
4. "나는 **선한 목자**다"(요10:11).
5. "나는 **부활**이요 **생명**이다"(요11:25).
6. "나는 **길**이요 **진리**요 **생명**이다"(요14:6).
7. "나는 **참 포도나무**다"(요15:1).
■ 완전한 성자이신 예수님의 자기선언이셨다 (4일Ⓔ 참고).

④ 성자의 배척2**(7-10장)**

① (7-9장) <초막절의 배척>
동생들도 예수님을 믿지 않았다(7:1-5). 유대인의 배척에 맞서 예수님은 율법을 지키려고 안식일에 할례도 행한다는 말씀을 하셨다(7:14-24).

Ⓗ 예수님은 왜 배척당하셨는가(7-9장)?
1. 초막절 끝날, 즉 남녀노소 모두 제사장의 뜰에서 광야의 생수를 기념하며 실로암 물을 제단에 붓는 의식을 할 때에 예수님이 직접 **생명수**를 주겠다고 선포하셨다(7:37-39).
2. 음행 중에 잡힌 여인까지 **용서**해 주셨다(8:1-11).

3. 유대인들을 **마귀 자식**이라고 정죄하셨다(8:31-47).
4. 예수님 자신이 **아브라함 전부터** 계셨다고 말씀하셨다(8:56-58).
 *예수님이 나이를 언급하신 것(8:57; 눅3:23) 이 20대 초반의 최연소 제자 요한의 인상에 남아 있었다.
5. 안식일에 실로암 못(68일 지도48 참고)에서 **맹인**을 치유하셨다(9:1-14).
■ 예수님을 하나님의 아들로 믿지 않으면 예수님의 모든 것을 거부하게 된다.

② (10장) <수전절의 배척>
예수님이 수전절(61일①* 참고)에 하나님과 하나됨을 주장하자 유대인들이 신성모독이라며 죽이려고 했다(30-33절).

ⓘ 양과 목자의 관계(10:1-18)
⇒ 도둑은 죽이려 하고, 삯꾼은 책임지지 않는다. 그러나 선한 목자는 양을 위해 목숨을 버린다.
 *예수님의 부탁 "내 양을 먹이라"(21:15-17).
■ 주님의 뜻대로 내게 맡겨주신 영혼을 돌보고 먹이고 있는가?

⑤ 성자의 배척3(11-12장)

결정적으로 나사로의 부활 사건 이후 바리새인들은 예수님을 죽이기로 결정했다(11:47-53, 12:9-11). 헬라인들을 만나 한 알의 밀의 죽음을 말씀하신 것은, 이제 당신께서 십자가를 지실 때가 왔음을 아셨기 때문이었다(12:20-27).

ⓙ 예수님의 베다니 친구들(11:1-12:11)
1. 예수님이 **사랑**한 베다니의 가족(11:3, 5, 36).
 *사역에 지친 주님께 늘 편안한 **안식처**를 제공했다(72일❹② 참고).
2. 예수님이 죽은 **나사로**("하나님의 도움")를 살리셨다(11:43-44).

3. **마르다**("여주인")의 섬김(12:2; 눅10:38-41).
4. **마리아**("슬픔")의 헌신(12:3; 눅10:39, 42).
■ 당신은 이들처럼 주님께 위로와 기쁨을 드리는 사람인가?

ⓚ 관찰자 요한이 살려 낸 인물들
1. **안드레**(1:35-42, 6:8-9, 12:20-25).
2. **빌립**(1:43-46, 6:5-7, 12:20-25, 14:8-9).
3. **나다나엘**(1:45-51, 21:1-6).
4. **도마**(11:14-16, 14:4-7, 20:24-29).
■ 섬세한 요한 덕분에 인물 묘사가 입체적이다.

• 예수님은 태초부터 **계신 생명의 말씀**(로고스)이시요 **하나님**이시다(요1:1-4).
• 예수님은 그분을 믿는 자마다 멸망하지 않고 **영생하도록 하시는 분**이다(요3:16).
• 예수님은 영생을 주시는 하나님의 말씀, 즉 **성경의 핵심어**(keyword)이시다(요5:39).

성자의 영광
요한복음 13-21장

 예수님은 새 계명을 주신 후 십자가에서 죽으셨고
부활하셔서 제자들에게 목양을 부탁하셨다.

① 성자의 문답(13-14장) 예수님은 세족식 후에 새 계명을 주셨고 제자들과 문답을 나누셨다.

② 성자의 약속(15-17장) 예수님은 보혜사를 약속하셨으며, 대제사장적 기도를 올리셨다.

③ 성자의 죽음(18-19장) 예수님은 체포돼 심문 받으신 후 십자가에서 죽으셨고 장사되셨다.

④ 성자의 영광(20-21장) 부활의 주님은 막달라 마리아와 제자들을 만나셨고 목양을 부탁하셨다.

- 레오나르도 다 빈치의 〈최후의 만찬〉에 나온 식사 장면은 서양식이고, 실제로 유대인들은 왼쪽으로 기대어(recline) 식사를 한다. 또한 마가의 다락방(사랑방)은 디근(ㄷ)자 모양 식탁이다. 예수님은 왼쪽 날개 중앙의 상석에, 애제자 요한이 예수님의 우측에 (13:23), 가룟 유다가 의외로 예수님 좌측에 (13:26) 있었으며, 반대편에서 머릿짓을 한 베드로는 말석에(13:24) 있었던 것으로 추정된다.

그림04_ 최후의 만찬시 식사자리

① 성자의 문답 **(13-14장)**

① (13:1-35) <세족식>

예수님은 떠나실 때가 되었는데도 사람들을 끝까지 사랑하시는 사랑과 섬김의 본을 보여주셨다(1절).

Ⓐ 세족식의 메시지는(13:1-35)?

1. **세족식** - 서로 섬기라, 섬김의 모범을 보여주셨다(1-20절).
2. **배신** 예고 - 주님의 사랑을 배신할 제자가 있다(21-30절).
3. **새 계명** - "내가 너희를 사랑한 것같이 너희도 서로 사랑하라"(31-35절).
* 공관복음의 성찬식 대신 세족식을 기록했다.
■ 예수님처럼 배신이 있을지라도 끝까지 사람들을 사랑하며 살라(13:1).

Ⓑ 새 계명의 의미는(13:31-35)?

예수님은 이웃을 자신과 같이 사랑하고(막 12:31) 원수도 사랑하라(마5:44)고 하셨다. 이것은 예수님처럼 사랑하라는 뜻이었다(13:34). 젊은 요한은 이기적이고 독점적인 사랑을 했지만(눅9:49-55), 후에 사랑의 사도로 변화되었다.
■ 당신은 이웃도 원수도 예수님의 사랑으로 사랑하고 있는가?

② (13:36-14장) <제자들과의 문답>
Ⓒ 제자들과의 마지막 질의응답(13:36-14장)?

1. **베드로** "주여 어디로 가십니까? 내 목숨을 버리겠습니다."
 - "네가 세 번 나를 부인하리라"(13:36-38).
2. **도마** "주께서 가시는 그 길을 모릅니다."
 - "내가 곧 길이요 진리요 생명이니"(14:4-7).
3. **빌립** "아버지를 보여주시면 족하겠나이다."
 - "나를 본 자는 아버지를 보았거늘"(14:8-11).
4. **유다** "왜 자기를 세상에 나타내지 않습니까?"

 - "나를 사랑하지 아니하는 자는 말을 해주어도 소용이 없다"(14:22-24).
■ 마지막까지 친절하게 제자들과 문답을 나눠주신 예수님이시다.

② 성자의 약속 **(15-17장)**

유월절 저녁 6시부터 자정까지 주님은 오롯이 제자들과 함께하셨다. 요한은 잊을 수 없는 그 밤의 이야기를 상술했다(13-17장).

Ⓓ 포도나무 비유의 메시지는(15:1-11)?

1. 나는 **참포도나무**요 너희는 가지라(1-6절).
2. 열매 맺는 **가지**는 깨끗하게 한다(전정, 2-3절).
3. 내 **말(계명, 사랑)**이 너희 안에 있게 하라(7-17절).
■ **신앙**은 단지 말씀대로 행하느냐의 문제가 아니다. 주님과의 관계 속에 어떤 존재가 되느냐의 문제, 즉 **관계적·존재적** 문제다(17:3).

Ⓔ 요한복음에 소개된 성령님은(16:7-15)?

1. **보혜사**(헬, 파라클레토스, "곁에 부름받은 이", 14:16, 15:26, 16:7) - 우리를 고아와 같이 홀로 두지 않으신다(14:18).
2. 내 안에 솟아나는 **생명수**(4:14, 7:37-39).
3. **진리의 영**(15:26, 16:13) - 예수님이 주님이라고 증언하시고(15:26; 고전12:3; 계19:10), 예수님의 말씀을 가르치고 생각나게 하신다(14:26).
4. **죄**(불신), **의**(자기 의), **심판**(진짜 주인을 잘못 알아본 오판)에 대해 **책망**하신다(16:7-11).
5. **평강의 영**이시다(20:21-23; 엡4:3).
■ 나와 동행하시는 보혜사 성령님을 기뻐하는가?

내가 떠나지만 너희가 세상에서 담대할 것은 내가 세상을 이겼기 때문이라고 주님이 말씀하셨다(16:16-33).

Ⓕ 예수님의 대제사장적 기도(17장)

1. "아들을 영화롭게 하옵소서"(1-5절).
2. "**제자들**이 하나되게, 거룩하게 하소서"(6-19절).
3. "**신자들**도 하나되어 세상이 알게 하소서"(20-26절).
- ■ 사랑으로 하나된 거룩한 그리스도인 공동체를 세워 가라!

③ 성자의 죽음(18-19장)

Ⓖ 추가적인 7가지 "내가 그다(I AM)"

1. **수가성 여인**에게 "내가 그라"(4:26).
2. **풍랑 속** 제자들에게 "내니"(6:20).
3. 의심하는 **유대인들**에게 "내가 그인 줄 믿지 아니하면 너희 죄 가운데서 죽으리라"(8:24).
4. **인자**가 들림받은 후에 "내가 그인 줄을…알리라"(8:28).
5. **영원성**을 주장하시며 "아브라함이 나기 전부터 내가 있느니라"(8:58).
6. 유다의 **배신**을 예고하며 "내가 그인 줄 너희가 믿게 하려 함이로라"(13:19).
7. 예수를 찾는 **유다**의 무리에게 "내가 그니라"(18:5).
- ■ 요한은 반복해서 예수님이 하나님의 아들이심을 소개한다.

Ⓗ 공관복음을 보충하는 수난 기사(18-19장)

1. **시몬**이 **말고**의 귀를 자른 사람이었다(18:10).
2. 대제사장 가야바의 장인 **안나스**에게 끌려가 심문받으셨다(18:13).
3. **요한**의 집은 대제사장과 왕래가 있는 집안이었다(18:15).
4. **총독 빌라도**에게도 죄가 있음을 말씀하셨다(19:11).
5. 유대인들이 **가이사**만이 자신들의 왕이라고 외쳤다(19:15).
6. 창으로 예수님의 **옆구리**를 찔렀다(19:31-37).
7. **니고데모**가 몰약과 침향을 가져왔다(19:39).

- ■ 가현설(88일Ⓖ2 참고)은 거짓이다. 예수님은 십자가 위에서 실제로 죽으셨다!

Ⓘ 가상칠언(架上七言)

1. "저희를 사하여 주옵소서"(눅23:34).
2. "오늘 네가 나와 함께 **낙원**에 있으리라"(눅23:43).
3. "**여자여** 보소서 아들이니이다"(요19:26-27).
4. "나의 하나님 어찌 **나를 버리셨나이까**"(마27:46).
5. "내가 **목마르다**"(요19:28).
6. "다 **이루었다**"(요19:30).
7. "내 영혼을 아버지 손에 **부탁하나이다**"(눅23:46).
- ■ AD 33년 4월 14일(금)에 예수님은 십자가에서 죽으셨다.

Ⓙ 애제자 요한은 누구인가?

1. 세례 요한의 제자에서 주의 첫 제자로 부름받았다(1:35-40).
2. 최후의 만찬 중 **예수님 품**에서 식사했다(13:23-26).
3. 십자가에서 주님이 **모친**을 맡기셨다(19:26-27).
4. 예수님의 **빈 무덤**을 가장 먼저 확인했다(20:3-8).
5. **디베랴**에서 주님을 가장 먼저 알아보았다(21:4-7).
6. 죽지 않는다고 소문난 제자였으며 본서의 **저자**이다(21:20-24).
- ■ 애제자는 요한의 영적인 자기 정체성이자 최후의 사도였던 그의 독보적인 자리매김이었다.

④ 성자의 영광(20-21장)

디베랴 호수에 갔던 7명은(21:2) 시몬, 도마, 나다나엘, 야고보, 요한과 뱃새다 사람인 안드레와 빌립으로 추정된다.

ⓚ 요한복음의 기록 목적은(20:30-31)?

요한은 영지주의 이단이 창궐하던 때에 초대 교회 성도들이 예수님을 하나님의 아들이요 그리스도로 믿는 참된 신앙을 갖게 하고자 본서를 기록했다(1:12, 3:16, 20:30-31).

■ 나는 오늘날 창궐하고 있는 이단에 빠지지 않도록 깨어 주의하는가?

ⓛ 한 영혼에 집중하시는 예수님(20-21장)

1. **막달라 마리아**가 빈 무덤을 베드로와 요한에게 알렸고 부활의 주님을 만났다(20:1-18).
2. **도마**가 부활 사건을 의심했다가 부활의 주님을 만나고 믿음을 고백했다(20::24-29).
3. **시몬 베드로**가 절망하고 어부로 돌아갔지만 주님이 오셔서 재헌신시켜 주셨다(21:1-19). 주님의 포기하지 않는 사랑이 그를 회복시켰다. 베드로는 AD 67년 네로 황제에 의해 십자가에 거꾸로 매달려 처형되었다(21:18-19).

■ 나는 이해 관계에 따라 인맥을 관리하는가, 예수님처럼 한 영혼을 돌보는가?

ⓜ 예수님의 십자가와 부활의 의미

십자가는 온 인류를 위한 십자가일 뿐 아니라 바로 **당신 한 사람을 위한 십자가**다. 천하보다 귀한 한 영혼을 위한 십자가다. 왜인가? 자녀를 위해 목숨까지 내어주는 부모의 사랑은 숫자의 개념이 아니기 때문이다. 이 지구상에 당신 한 사람만 있었을지라도 예수님은 오셔서 당신을 위해 십자가를 지셨을 것이다. 예수님은 바로 당신 한 사람을 위해 그분의 생명을 내어주셨다!

■ 예수님은 자신보다 나를 더 소중히 여기셨다.

- 예수님은 십자가의 길을 가심으로 **하나님을 영화롭게 하신 분**이다(17:1).
- 예수님은 **진리에 대하여 증언**하기 위해 세상에 오신 왕이시다(18:37).
- 예수님은 사랑의 마중물을 부어주사 **절망한 영혼을 회복시키는 분**이시다(21:15-17).

교회의 탄생
사도행전 1-12장

 제자들이 성령의 충만을 받고 시작한 교회는
문제와 박해 속에서도 성장하고 확장되었다.

① 교회의 탄생(1-2장) 예수님의 승천 후 제자들은 성령을 받고 복음을 전해 교회를 시작했다.
② 교회의 성장(3-4장) 사도들은 병자를 치유한 뒤 공회에서 심문을 받았지만 교회는 성장했다.
③ 교회의 문제(5-6장) 거짓 헌신한 아나니아와 삽비라는 죽었고 구제 문제로 일곱 집사를 세웠다.
④ 교회의 박해(7-9장) 스데반의 순교 후 빌립은 사마리아에서 전도했고, 청년 사울은 회심했다.
⑤ 교회의 확장(10-12장) 베드로는 고넬료에게 전도했고, 헤롯은 교회를 박해하다가 죽었다.

 ⓐ 유대는 AD 135년 반란 진압 후 팔레스타인이라고 명명되었다. 애굽은 1세기 말에 로마에 정복당했다. 그레데는 길이 250km 섬으로 미노아 문명의 발상지였다 (56일①② 참고, 2:9-11).

53 | 오순절과 디아스포라 유대인

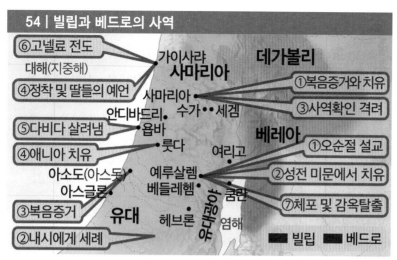

54 | 빌립과 베드로의 사역

- ⑥고넬료 전도
- 대해(지중해)
- ④정착 및 딸들의 예언
- ⑤다비다 살려냄
- ④애니아 치유
- ③복음증거
- ②내시에게 세례

가이사랴
사마리아 데가볼리
사마리아 수가··세겜
안디바드리· 욥바
·룻다 여리고·
아소도(아스돗)· 예루살렘· 쿰란·
아스글론· 베들레헴
유대 헤브론· 염해
헤브론· 염해

- ①복음증거와 치유
- ③사역확인 격려
- **베레아**
- ①오순절 설교
- ②성전 미문에서 치유
- ⑦체포 및 감옥탈출

■ 빌립 ■ 베드로

55 | 청년 사울의 회심

길리기아 ·다소
시리아 관문
안디옥· ·알레포
⑤ 고향에 돌아감
(행9:30)
·살라미 **시리아**
바보· **구브로** ·하맛
트리폴리·
비블로스· ·팔미라
시돈·
대해(지중해) 두로·**베니게**·다메섹
·가이사랴 빌립보
① 공문을 받음(행9:1-2)
⑦ 예루살렘 부조(행11:29-30) ·가버나움
가이사랴· ·여리고
욥바· 예루살렘·
아소도(아스돗)· 여리고
가사· 유대
이두매

- ⑥ 바나바와 목회 (행11:25-26)
- ③ 세례받고 예수증거 (행9:17-22)
- ② 부활의 주님 만남 (행9:3-7)
- ④ 말씀과 기도로 준비 (갈1:17-18)
- 시로 - 아라비아 사막

ⓑ **룻다**는 샤론 평원에 있으며, **욥바**(욘 1:3)는 천연 항구이고, **가이사랴**는 인공 항구였다(77일 지도57 참고).

ⓒ **다메섹**은 오늘날 시리아의 수도로서 지리적 요충지이자 상업도시였다. **다소**는 길리기아의 수도로서 아시아와 시리아의 무역로에 위치해 헬라 문명이 활발했으며 "소아시아의 아테네"라 불릴 만큼 교육 도시였다. **안디옥**은 BC 300년경 셀류커스왕이 부친 안티오쿠스를 기념해 세운 시리아의 수도였다.

① 교회의 탄생(1-2장)

오순절은 40일 강론(1:3)과 10일 기도 후, 즉 초실절(부활) 50일째 되는 날이었다.

Ⓐ 사도행전의 저자와 독자는?

1. 저자: **누가**(71일Ⓐ1 참고).
　-"먼저 쓴 글"(1절)=누가복음(눅1:1-4).

　-사도 바울과 밀접하게 동행한 동역자였다 (77일ⓒ 참고).

2. 독자: **데오빌로**(71일Ⓐ* 참고).

■ 누가처럼 한 영혼이 말씀 안에서 잘 성장할 수 있도록 꾸준히 양육하고 있는가?

Ⓑ 성령 행전

1. 예수님이 제자들에게 40일간 성령으로 **하나님 나라**를 말씀하셨다(1:2-3).

2. **약속**하신 성령을 기다리라(1:4-5; 눅24:49).

3. 오직 성령이 임하셔야 예수의 **증인**이 될 것이다(1:8).
   - 증인(헬, 말뒤스, "목격자, 증언자, 순교자").

4. **오순절** 성령 강림과 복음 증거(2:1-4, 14-40).
   - 구약 예언의 성취(욜2:28-29; 겔36:26-27).
   * 흩어진 언어의 통일(2:11; 창11:9, 1일①＊참고).

5. **박해**에도 성령 충만하여 복음 증거(4:23-31).

6. 거짓을 밝히시는 거룩한 성령의 **징계**(5:1-11).

7. **사마리아** 성도들이 안수 후 성령받음(8:14-17).

8. **고넬료** 집안이 말씀 듣고 성령받음(10:44-48).

9. 성령께서 바울과 바나바를 **파송**하심(13:2).

10. 예루살렘교회 지도자들은 성령께서 **교회의 인도자**가 되심을 고백했다(15:28).

11. 성령께서 바울의 **선교 방향**을 인도하셨다(16:7).

12. **에베소** 성도들이 안수받고 성령받음(19:1-7).

13. **바울**이 성령을 따라 예루살렘에 감(20:22-24).
■ 교회와 선교의 역사는 온전히 성령께서 이끌어가신다.

ⓒ 베드로의 설교(2:14-40)

1. 사도 **보궐 선거**의 취지를 말하다(1:15-22).

2. **유대인**에게 회개와 구원의 복음 증거(2:14-40).

3. 솔로몬 행각에서 **백성**에게 회개 촉구(3:11-26).

4. **지도자들** 앞에서 예수의 구원 선포(4:8-12, 19-20).

5. **산헤드린 공회**에서 구주 예수 증거(5:29-32).

6. **고넬료** 집안에 예수의 부활 증거(10:34-43).

7. **사도들**에게 이방인 선교 설파(11:5-17, 15:7-11).
■ 열정의 사람 베드로가 성령에 붙들려 예수의 증인으로 쓰임받았다.

ⓓ 교회란 무엇인가(2:41-47)?

1. 교회(헬, 에클레시아, "**부름**받아 나온[called out]")는 세상에서 성별된 공동체다.
   - 예)애굽에서 부름받아 나온 "광야 교회"(7:38).

2. 교회는 **복음**의 씨앗(마16:16, 18)과 **성령**의 임재(2장)로 탄생되었다-복음서의 교회 언급(마16:18, 18:17).

3. 기도(1:14), 전도(2:14-40), 구원, 말씀, 교제, 기적, 나눔, 찬송이 **충만**한 공동체(2:41-47).

4. **부흥**하는 공동체(2:41, 4:4, 6:7, 9:31, 16:5).
■ 나는 지금 살아있는 교회를 경험하고 있는가?

② 교회의 성장(3-4장)

바나바("위로자")는 고향 구브로섬의 부동산을 팔아서 헌물했다(4:36-37).

ⓔ 치유와 박해 가운데 성장하다(3-4장)

1. 성전 미문의 걸인을 예수의 이름으로 **치유**했다(3:1-10).
   * 유대인의 시간법: 새벽 6시(0시)+9시=오후 3시.

2. 성전 담당자들이 베드로와 요한을 **투옥 및 심문**(4:1-21).

3. 사도들의 간증, 기도, **성령 충만, 전도**(4:22-31).
■ 영적인 방해가 있을지라도 성령의 역사를 멈추게 할 수는 없다.

③ 교회의 문제(5-6장)

사도들은 공회에서 태형을 받고도 기뻐하며 전도했다(5:27-42; 마5:10-12).

ⓕ 초대교회 내부의 문제는(5-6장)?

1. **순결**의 문제
   - 바나바처럼(4:36-37) 칭찬받고자 소유를 바치면서 일부를 속인 아나니아와 삽비라 부부의 잘못이 드러났다(5:1-11).

2. **공평**의 문제
   - 헬라파 과부를 소홀히 했다(6:1-2).

－성령과 지혜가 충만한 헬라파 7집사를 세웠다(6:3-6).

■ 우리 교회에는 주님이 원하시는 영적인 순결과 공평한 나눔이 있는가?

자유민들(로마에 노예로 팔렸다가 해방된 이들, 6:9)이 스데반을 잡아서 공회에 세웠다(6:12-15).

④ 교회의 박해(7-9장)

요셉의 가족 75인은(7:14) 70명(창46:27)에 요셉의 다섯 손자가 더해진 숫자다(민26:35; 대상 7:14).

Ⓖ 스데반의 설교와 순교(7장)

1. 이스라엘 역사를 회고하며 유대인들이 예수 죽임을 정죄했다(1-53절).
   －마음에 찔려서 죽였다(2:37 비교).
2. 증인들의 옷을 맡은 사울이 주동자였다(58절).
3. 성령 충만해 예수님 같은 모습이었다니(59절)!
■ 순교의 피는 교회를 본질로 돌아가게 만든다.

Ⓗ 민들레 홀씨처럼 퍼져 나간 교회(8-9장)

1. 박해로 인해 성도들이 유대와 사마리아로 흩어졌다(8:1, 1:8).
2. 집사 빌립이 사마리아에 복음을 증거하고 (8:4-8) 광야에서 에티오피아 내시에게 세례(8:26-39)를 베풀었다.
3. 사울이 다메섹 도상에서 변화되었다(9:1-25)-이방인 선교를 위한 그릇으로 부름받았다(9:15; 롬11:13; 갈2:8).
4. 베드로가 애니아를 치유했고, 도르가를 부활시켰다(9:32-43).
■ 주와 함께하면 고난도 축복임을 믿으며 주님 안에서 담대히 살아가는가?

Ⓘ 빈자와 병자에 대한 긍휼(9:32-43)

1. 빈자를 위해 유무상통(2:44-45, 4:33-35).

2. 중풍병자의 치유, 구제 사역자의 부활(9:32-43).
   ＊누가복음과 사도행전(저자 누가)의 공통 관심사였다.
■ 우리 교회는 은혜와 긍휼이 넘쳐 서로를 돌보는가?

⑤ 교회의 확장(10-12장)

Ⓙ 땅끝 선교가 준비되다(10-12장)

1. 베드로가 고넬료를 개종시키고 변호했다 (10:1-11:18).
2. 바나바와 사울이 안디옥 교회를 공동 목회했다(11:19-30).
3. 헤롯의 박해, 야고보 순교(69일 표10, 71일Ⓒ 3 참고), 베드로가 탈출하여 떠나다(12:17).
■ 복음이 흥왕할수록 박해의 강도도 강해졌다.

Ⓚ 그리스도인(Christian)이란(11:24-26)?

"예수쟁이" 내지 "예수당" "작은 예수"라는 뜻이다. 그리스도인은 작은 예수로 살아가며 주를 위해 고난도 죽음도 마다하지 않는 사람들, 세상이 감당하지 못할 사람들이다.
■ 우리는 세상 소속이 아니라 예수님 소속이다.

• 예수님은 부활 승천하셔서 하나님 보좌 우편에 계시는 주님이시다(1:3,9, 7:56).
• 예수님은 모든 인류에게 구원을 주시는 유일한 이름이시다(4:12).
• 예수님은 박해자도 돌이켜 헌신자로 만드는 주권자이시다(9:5, 15).

Day 76

교회의 선교
사도행전 13-20장

바울은 갈라디아(1차)에서,

그리고 교회 공회 후 유럽(2차)과 소아시아(3차)에서 선교했다.

① 1차 선교여행(13-14장) 안디옥 교회에서 파송된 바울과 바나바는 갈라디아에 복음을 전했다.

② 예루살렘 공회(15장) 이방인 선교 문제로 사도와 장로들이 예루살렘에 모여 타협안을 정했다.

③ 2차 선교여행(16-18장) 바울은 바나바와 결별하고 아시아를 지나 유럽에 복음을 전했다.

④ 3차 선교여행(19-20장) 바울은 에베소에서 제자를 훈련했고 밀레도에서 고별 설교를 했다.

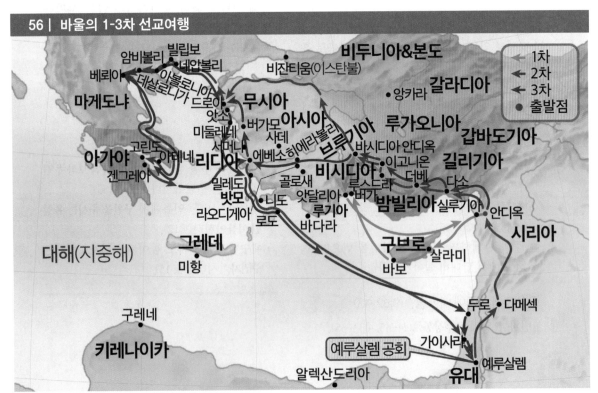

56 | 바울의 1-3차 선교여행

ⓐ (1차 선교지, 13-14장) **살라미**는 구브로섬 동쪽 항구이자 수도였고, **바보**는 구브로섬의 서쪽 항구이자 구수도였다. 소아시아의 **비시디아 안디옥**은 셀류커스가 세운 도시로 유대인 밀집 도시였다. **이고니온**은 소아시아 남부 중앙의 도시로 로마의 대로가 통과하는 상업 중심지였다. **루스드라**는 이고니온 남쪽 30km에 위치한 방어 도시였다.

ⓑ (2차 선교지, 16-18장) **드로아**는 소아시아 서북부 에게해 연안도시로 마게도냐로 넘어가는 관문이었다. **빌립보**는 82일ⓐ를 참고하라. **데살로니가**는 83일ⓐ를 참고하라. **베뢰아**는 데살로니가 서남쪽 75km에 위치하며, **아덴(아테네)**은 오늘날 그리스의 수도로 그리스 여신 아테나(아데미)의 유래다. **고린도**는 79일ⓐ, ⓑ를 참고하라.

ⓒ (3차 선교지, 18:23-20장) **갈라디아**는 소아시아 중앙에 위치한 로마의 속주이며, 주요 도시들은 더베, 루스드라, 이고니온, 안디옥이다. **에베소**는 81일ⓒ를 참고하라. **앗소**는 드로아에서 32km에 있으며, **밀레도**는 에베소 남쪽 45km의 외항이었다. **두로**는 베니게의 도시로 자색염료와 옷감으로 유명했다.

ⓓ **디아스포라 유대인들의 회당**이 세계 선교의 중요한 거점이자 도시 선교의 교두보가 되어주었다(13:14, 14:1). 하지만 회당에서 일어난 근본주의 유대인들이 유대 전통을 지키기 위해서 이방인 선교를 가장 많이 훼방했고, 가는 곳마다 바울을 박해했고, 결국에는 그를 죽음으로 몰아갔다. 바울은 이들의 반대를 보며, 이방인 선교에 집중하기로 결심했다(13:46).

① 1차 선교여행(13-14장)

① (13:1-3) <파송>

ⓐ 이방인 선교의 전진기지(13:1-3)

1. **안디옥**(시리아의 다문화 국제 도시) 교회는 성령이 주신 선교적 비전에 헌신했다.
2. **다문화 리더십** - 바나바(구브로 출신), 니게르("흑인") 시므온, 루기오(북아프리카 구레네인), 헤롯의 젖동생(절친) 마나엔, 사울(길리기아 다소 출신).
■ 안디옥 교회는 담임목사 바나바와 부목사 사울이 선교사로 헌신한 교회였다.

② (13:4-14장) <갈라디아 선교>
바나바와 사울은 갈라디아 지역에서 집중적으로 복음을 전했다.

⑧ 1차 선교 여행(13:4-14장)

1. **구브로** - 마술사 바예수가 훼방하자 사울이 그를 징계했다(13:4-12).
2. **안디옥** - 회당에서 구주 예수를 증거하자 유대인은 시기했고 이방인은 기뻐했다(13:14-52).
3. **이고니온** - 회당에서 표적을 행하고 말씀을 전하자 지지자와 반대자로 갈렸다(14:1-5).
4. **루스드라** - 치유 기적에 사도들을 제우스와 헤르메스로 생각하고 추앙하는 무리도 있었으나 유대인들이 바울을 돌로 쳤다(14:6-20).
5. **복귀** - 전도했던 도시들을 재방문했다(14:21-28).
■ 안디옥에서 가장 가까운 갈라디아 지역을 1차로 선교했다.

ⓒ 박해와 기독교신앙 수호

사도들의 해외 선교는 사방이 장벽이었다. 첫째는 **유대인의 시기와 박해**(4:1-7, 5:17, 13:43-50, 14:19), 둘째는 **헬라의 철학 사상과 다신론적 종교**(17:16-32, 19:23-35), 셋째는 **로마의 정치적 압박**(24-26장), 마지막으로 가장 힘든 장벽은 **율법주의**를 고수하는 모교회 유대인들이었다(11:1-3, 15:1-7).

■ 성령님은 우리들이 모든 장벽을 뛰어넘어 예수 그리스도의 복음을 증거하고 선교하게 하신다!

ⓓ 두 종류의 사도가 있다(14:14)?

1. 예수님의 공생애와 부활의 **목격자**(1:21-22).
2. 선교를 위해 부름받은 **소명자** – 바울, 바나바 등(14:1, 14). 그러나 바울은 자신의 사도권을 의심하고 공격하는 이들로부터 스스로 사도권을 변호해야 했다(고후3:1, 5:12, 6:4).
■ 참된 영적 권위는 주님의 부르심으로부터 온다.

② 예루살렘 공회 (15장)

ⓔ 초대교회의 역사적인 결정(15장)

1. **유대인 신도들** 중 일부가 율법과 할례를 강력하게 고수했다(1-5절).
2. **베드로**가 차별 없는 은혜로 구원받음을 주장했다(6-11절).
3. **바나바와 바울**이 이방인 선교 결과를 보고했다(12절).
4. **야고보**(주의 형제)가 시므온(베드로)을 지지하며 이방인들도 주를 찾게 된다는 선지자의 예언을 고백했다(암9:11-12).
⇒ **타협안**은 우상숭배 관습과 관련된 4가지 금지 조항(우상제물, 피, 목매어 죽인 것, 음행)이었다. 이렇게 AD 48년 최초의 사도회의에서 기독교는 유대교의 틀을 벗어나게 됐다.

■ 유대인과 이방인 신도들의 평화 공존을 위한 결정이었다.

유다와 실라가 이방인 형제들에게 편지를 전달했다(22-33절). 바울과 바나바는 미숙했던 마가 요한으로 인해 다툰 후, 바나바는 마가와 바닷길로 떠났고 바울은 실라와 육로로 떠났다(36-41절).

③ 2차 선교여행 (16-18장)

사도 바울은 성령의 강권하심으로 유럽 선교의 문을 열게 되었다.

ⓕ 2차 선교 여행(16-18장)

1. **더베, 루스드라** – 선발된 디모데(16:1-5)는 바울의 동역자요 믿음의 아들이 되었다(딤전1:2-4; 딤후1:2-5).
2. **드로아** – 성령께서 (소)아시아 선교를 막으시고(75일ⓑ11 참고) 건너와서 도우라는 마게도냐인의 환상을 보여주셨다(16:6-10).
3. **빌립보** – 자색옷 장사 루디아와 빌립보 간수의 가정에 유럽의 첫 교회를 세웠다(16:11-40).
4. **데살로니가** – 회당에서 예수를 증언하자 유대인들이 시기하여 소동을 일으켰다(17:1-9).
5. **베뢰아** – 간절하게 말씀을 받고 믿었지만 데살로니가에서 온 유대인들이 소동하게 했다(17:10-15).
6. **아덴** – 헬라 철학자들과 논쟁했고 하나님 앞에 회개하라고 설교했다(17:16-34).
7. **고린도** – 아굴라와 브리스길라 부부와 동역하며 1년 반 동안 말씀을 가르쳤다(18:1-17).
8. **안디옥** – 에베소와 가이사랴를 거쳐 안디옥 교회로 복귀했다(18:18-22).
■ 성령의 인도하심을 따라 유럽(마게도냐와 아가야)에서 선교하고 교회들을 세웠다.

알렉산드리아 출신에 언변과 성경에 능통한

아볼로를 아굴라 부부가 데려다가 업그레이드 시켜 주었다(18:24-28).

ⓖ 바울의 설교

1. 비시디아 **안디옥 회당**에서의 전도(13:16-41).
2. **루스드라**에서 병자 치유 후 전도(14:15-17).
3. **아덴의 아레오바고**(아크로폴리스 남서쪽의 '아레스의 언덕'이라는 법정)에서 복음 증거 (17:22-31).
4. **에베소 장로들**에게 교회 목양 부탁(20:18-35).
5. **예루살렘의 성난 군중** 앞에서 본인 간증(22:1-21).
   * 바울의 회심 체험에 대한 개인 간증(9:1-22, 22:1-21, 26:9-18).
   ■ 사도 바울처럼, 나는 만나는 누구든지 기회가 닿는 대로 복음을 전하는가?

④ 3차 선교여행(19-20장)

바울은 에베소를 중심으로 아시아에서 집중적으로 제자들을 양육했다.

ⓗ 3차 선교 여행(19-20장)

1. **갈라디아, 브루기아** – 1-2차 선교여행 때 양육했던 제자들을 굳게 했다(18:23).
2. **에베소** – 회당에서 3개월, 두란노 서원에서 2년간 제자를 양육했다. 큰 영적인 부흥이 있었으며, 우상 산업을 걱정하는 무리로 인한 큰 소동이 또한 일어났다(18:24-19:41).
3. **마게도냐** – 여러 말로 2차 선교여행 때 양육했던 제자들을 격려했다(20:1-5).
4. **드로아** – 밤새 강론했고 3층에서 떨어져 죽은 청년 유두고를 살려냈다(20:6-12).
5. **밀레도** – 에베소 장로들에게 고별설교를 했다(20:13-38).
   ■ 복음 증거를 나의 생명까지 드릴 사명으로 여기는가(20:24)?

- 예수님은 믿는 자에게 **구원과 성령을 차별없이 주시는 은혜의 주**시다(15:7-11).
- 예수님은 믿는 자와 그 가정에 **구원을 주시는 능력의 이름**이시다(16:31).
- 예수님은 우리 인생에 생명 다해 완수할 **선교적 사명을 주시는 주님**이시다(20:24).

행17장에서 바울의 아레오바고 설교를 보면 이방인에게 전도할 때와 유대인에게 전할 때가 많이 다르다는 것을 발견하게 된다. 믿지 않는 사람에게 전도할 때 우리가 배울 점은 무엇일까(17:22-31)?

계속된 선교
사도행전 21-28장

 바울은 예루살렘에서 체포되어 가이사랴에서 재판받다가
로마로 이송되었고 거기서도 예수를 증거했다.

① 바울의 체포(21-23장) 바울은 예루살렘에서 붙잡혀 변명한 뒤에 가이사랴로 이송되었다.
② 바울의 재판(24-26장) 바울은 총독들과 아그립바왕에게 신앙을 변명했고 황제에게 상소했다.
③ 바울의 이송(27장) 바울은 죄수로 로마에 이송되다가 광풍을 만났지만 사람들을 구원해냈다.
④ 바울의 증거(28장) 바울은 로마로 들어가 2년간 셋집에서 하나님 나라와 주 예수를 증거했다.

ⓐ 바울은 예루살렘 성전 (21:30)에서 체포됐고 로마군의 **영내**(안토니오 요새, 21:34, 68일 지도48 참고)에 있다가 산헤드린 ("함께 모여 앉는다") **공회** (반로마 투쟁을 하지 않는 조건으로 활동이 허용된, 71명의 대표로 구성된 유대인 최고 자치기구, 22:30)에서 변명했다. 로마군의 호위 아래 **안디바드리** (대헤롯이 부친 안디바를 기념하기 위해 세운 도시로 국제적인 고속도로가 있으며 예루살렘에서 64km,

57 | 바울의 체포와 투옥

⑥ 총독들 앞에서 변론 (행24-26)
⑤ 헤롯의 감옥에 투옥 (행23:33-35)
④ 1박후 기병과 출발 (행23:31-32)
③ 중무장한 로마군의 이송 (행23:23-30)
② 바울이 공회에서 변론 (행22:30-23:10)
① 성전에서 체포됨 (행21:27-36)

가이사랴
사마리아
데가볼리
사마리아
안디바드리
욥바
룻다
여리고
엠마오
아소도
예루살렘
베들레헴
유대

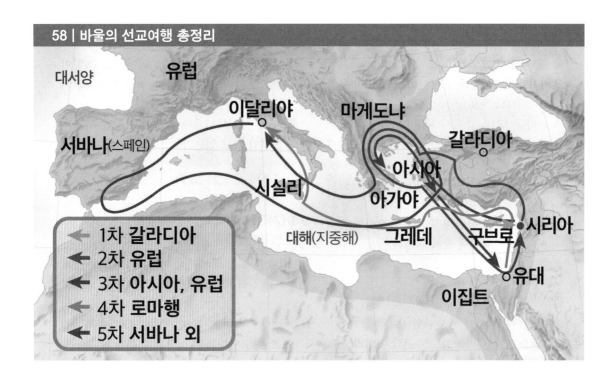

가이사랴에서 40km에 위치, 23:31)를 지나 **가이사랴**(대혜롯이 가이사 아구스도를 기리며 건설한 항구도시로 로마 총독부와 영내가 있었다, 23:33)로 이송됐다.

ⓑ 바울의 로마행(4차 선교여행, 27:1-28:15)-**무라**는 소아시아 루기아 지방의 수도로 애굽 및 로마 항로상 주요 무역항이었다. **미항**(반어법적인 표현)은 그레데섬의 남쪽에 위치한 조그만 항구였고, **뵈닉스**는 그레데섬의 남서쪽 항구였다. **스르디스**는 그레데섬 남서쪽의 북아프리카 해안에 돌출한 모래톱이었다. **멜리데**(몰타)는 지중해 시실리섬 남쪽 95km

에 위치한 섬으로 역사적으로 페니키아, 카르타고, 로마의 식민지였다. **수라구사**(Syracuse)는 시실리섬의 항구도시이며, **레기온**은 이탈리아 서남단의 항구다. **보디올**(이탈리아 나폴리만의 작은 항구) **압비오광장**은 여행자들이 말을 바꿔 타던 중요한 숙박지(**트레이스타베르네**="세 개의 여관")였다.

ⓒ 바울의 5차 선교여행-AD 62년 바울은 2년간 풀려나 **서바나**(스페인, 제국의 서쪽 끝, 바울이 땅 끝이라 생각했던 장소, 롬15:28)를 비롯해 그레데, 에베소, 마게도냐, 헬라 교회들을 방문했고, AD 64년에 네로에게 다시 체포됐다.

① 바울의 체포(**21-23장**)

① (21-22장) <체포>

Ⓐ 예루살렘에서 체포된 바울(21-22장)

1. 두로의 제자들의 경고와 아가보의 예언에도 불구하고 바울은 주를 위해 **죽을 각오**라고 답했다(21:1-14).

2.**야고보의 권면**대로 결례를 행했다(21:17-26).

＊야고보는 유대인들과의 평화 공존과 타협을 원했다(76일⇒ 참고).

3.**아시아의 유대인들**이 성전에서 사도 바울을 잡았다(21:27-30).

4.로마군 영내 앞에서 바울이 변명하며 이 위기 상황에서도 자신의 **회심**을 **간증**했다(22:1-29).

＊바울은 나면서부터 로마 시민권자였다(16:37).

■ 바울처럼 주를 위해 죽기를 각오하면 주께서 위기 상황에서 살려 내신다.

② (23장) <이송>

⑧ 예루살렘에서 가이사랴로(23장)

1.바울은 공회에서 예수님의 **부활을 증거**했고 주님은 그가 로마에서도 증언할 것이라고 알려 주셨다(1-11절).

＊바리새파와 사두개파는 정반대의 부활관을 갖고 있었다(409쪽 '종교적 당파' 참고).

2.**유대인들**의 음모를 바울의 생질이 알려주어서 피할 수 있었다(12-22절).

3.**로마군** 470명을 동원해서 가이사랴 총독 벨릭스가 있는 영내까지 이송했다(23-35절).

＊대헤롯이 지은 헤롯궁이 총독의 관저로 사용되고 있었다.

■ 하나님은 사명자 한 사람을 지키시기 위해 사람들을 움직이신다.

ⓒ 바울의 동역자 누가(21:1-18)

＊"우리"라는 표현은 바울과 동역자 누가를 뜻한다.

1.바울과 **2차 선교**(유럽)에 동역했다(16:8-16).

2.바울과 **3차 선교**(아시아)에 동역했다(20:5-15).

3.바울과 **예루살렘**에도 동행했다(21:1-18).

4.바울과 **로마 감옥**에도 동행했다(27:1-28:16).

-"사랑받는 의원 누가"(골4:14; 몬1:24), 1차 투옥 때.

-"누가만 나와 함께 있다"(딤후4:11), 2차 투옥 때.

⇒고질병(고후12:7-9)에 시달리면서도 쉼 없이 선교했던 바울에게 의사 누가는 하나님의 큰 위로의 손길이었다.

■ 나도 선교사님들에게 누가와 같은 위로의 손길이 되고 있는가?

② 바울의 재판(24-26장)

① (24장) <벨릭스 앞>

ⓓ 벨릭스에게 심문받는 바울(24장)

1.**고발인 측**은 대제사장 **아나니아**(AD 4-58년, 제사장들의 재산을 강탈해서 로마에 뇌물로 바친 탐욕적이고 정치적인 인물)와 당대 로마 제국에서 유명 변호사였던 더둘로(헬라파 유대인으로 추정)였다(1절).

2.**재판관**인 총독 **벨릭스**는 뇌물과 여색을 탐하고 반대파를 암살하며 강도 떼와 거래하는 등 온갖 비위 행위를 저지르다가 유대인들의 고발로 로마에 소환된 인물이었다(3절).

3.**고발내용**은 바울이 전염병 같은 자, 천하를 소요케 하는 자, 나사렛 이단의 우두머리라는 것이었다(5절).

4.**피고인** 바울은 자신에게는 소동 죄가 없다고 변명하면서 이때를 기회 삼아 **부활 신앙**을 전했다(10-21절).

■ 악인들을 마주하게 될 때에도 복음을 전하는가(딤후4:2)?

바울은 벨릭스와 그의 유대인 아내 드루실라에게 의와 절제와 심판을 강론했다(25절, ⓓ2 참고).

② (25:1-12) <베스도 앞>

ⓔ 베스도에게 심문받는 바울(25:1-12)

1.**고발인**은 예루살렘의 **유대인들**이었다(7절).

2. **재판관**인 총독 **베스도**는 유대인들의 환심을 사고자 사도 바울을 협박했다(9절). 베스도는 AD 60년에 부임했으나 62년에 죽었다.

3. **고발내용**은 다양했으나 증거 불충분이었다(7절).

4. **피고인** 바울은 가이사에게 **상소**했다(10-11절).

■ 바울에게는 로마에 가서 복음을 전하리라는 일념이 있었다.

③ (25:13-26장) <아그립바 앞>

Ⓕ 아그립바에게 심문받는 바울(25:13-26장)

1. **의뢰인**인 베스도는 상소 자료가 필요해서 바울 사건을 아그립바왕에게 설명했다(25:14-27).

2. **재판관**인 아그립바왕(2세, 69일 표10 참고, 누이 버니게와의 근친상간으로 유대인들의 미움을 샀다. 그는 헤롯 가의 마지막 통치자로 **AD 70년** 예루살렘 멸망 후 로마에 망명해 행정관이 됐다)은 바울이 무죄임을 알았다(26:31-32).

3. **피고인** 바울은 다메섹 회심을 간증하며(26:4-23), 왕과 모든 배석자들을 전도하려고 했다(26:26-29).

■ 바울은 자신을 심문하는 법정마저도 복음 증거의 자리로 바꾸었다!

③ 바울의 이송(27장)

Ⓖ 유라굴로 광풍을 만난 바울(27장)

1. 아드라뭇데노(터키 북서쪽 항구) 배에서 알렉산드리아 배(애굽 북쪽 알렉산드리아에서 로마까지 운항하는 **곡물 운반선**)로 옮겨 탔다(1-6절).

2. 금식하는 절기(속죄일, 10월)가 지나면 **위험**한데도 편한 곳에서 겨울을 보내겠다고 무리하게 항해했다(9-12절).

3. 항해하자마자 **유라굴로**("북동풍", 그레데섬 중앙에 있는 2,456m의 이다산맥의 영향을 받은 기류 충돌로 생기는 광풍)를 만났다(13-20절).

4. 죄수 바울이 오히려 선원들을 안심시키고 **위로**했다(21-26절).

5. 바울은 아드리아해(이탈리아의 동해) 근처에서 사공들의 도주를 막았고 276명이 안전하게 **전원 상륙**했다(27-44절).

■ 사명자는 어떤 상황에서도 두려워하지 않을 뿐더러 위기 가운데 있는 사람들을 돕는다.

④ 바울의 증거(28장)

멜리데섬 원주민(야만인이 아니라 토착민)의 도움을 받았고, 바울은 독사에 물리고도 멀쩡했다(막16:18). 3개월 후(겨울이 지난 뒤) 알렉산드리아 배(디오스구로 장식-디오스구로는 제우스의 쌍둥이 아들이다)를 타고 로마에 입성했다.

Ⓗ 선교는 계속되어야 한다(28장)!

바울은 로마 셋집에 가택연금 상태에서도 유대인들에게 말씀을 강론했고 2년간 **하나님의 나라와 예수 그리스도의 복음을 증거**했다(16-31절).

■ 주님은 나도 사도행전을 이어서 써내려가기 원하신다.

- 예수님의 이름은 내 **생명을 바쳐 증거할 이름**이시다(21:13).
- 예수님의 이름은 **천하를 뒤흔드시는 능력의 이름**이시다(24:5).
- 예수님은 기꺼이 주를 위해 **헌신한 사람의 목숨을 건지시는 주님**이시다(27:24, 28:3-5).

하나님의 의
로마서 1-16장

 바울은 그리스도 안에 나타난 하나님의 의를 전하며
성도들에게 거룩한 삶을 권면한다.

1. 정죄(1-3장) 복음에 하나님의 의가 나타났고 하나님의 진노는 이방인과 유대인 모두에게 임했다.
2. 칭의(4-5장) 아브라함도 믿음으로 의롭다 했고 이제 의를 얻은 우리는 하나님과 화목하다.
3. 성화(6-8장) 죄에 대해 죽은 우리는 죄의 법에 매이지 않고 성령의 법 안에서 해방되었다.
4. 변호(9-11장) 하나님이 지금 이방인을 구원하셨으나 결국 이스라엘도 돌아오게 하실 것이다.
5. 실천(12-16장) 성도들은 거룩한 삶을 살라. 나는 로마를 방문하고 서바나에 가려고 한다.

ⓐ **로마**는 BC 753년 설립되었고 바울시대에 인구 100만에 이르는 세계 최대 도시였다. 오늘날의 뉴욕처럼 첨단 문명과 문화가 집약된 대도시였다. 공공건물과 주거지에 수도관이 다 연결되어 있었고 바울시대에 욕장(대중 목욕탕)이 300여 개였으며 1세기 말에는 1,000개에 이르렀다. 하지만 인구 대부분이 노예였으니 제국의 번영과 어두움이 공존하는 도시였다. 역사가 타키투스가 네로 황제 치하에서 박해받은 그리스도인들을 '수많은 무리'라고 표현했을 만큼, 신자들의 숫자가 많았다.

ⓑ 도시 로마는 **티베르강**을 끼고 **일곱 언덕**(팔라티노, 카피톨리노, 아벤티노. 첼리오, 에스퀼리노, 비미날레, 퀴리날레)에 세워졌다. **서커스 막시무스**(대전차 경기장)는 25만 명을 수용했다. BC 64년 **네로의 서커스**에서는 기독교인들을 처형해 맹수들의 먹이로 주는 만행을 저질렀다. 바울은 **압비아길**로 들어와서 셋집에 살았고 2차 감금 때는 **포럼**(로마의 정치경제 중심지요 국가 행사가 열리는 곳) 근처 **지하 감옥**에 갇혔다가 AD 68년 **오스티안길**에서 참수형을 당했다.

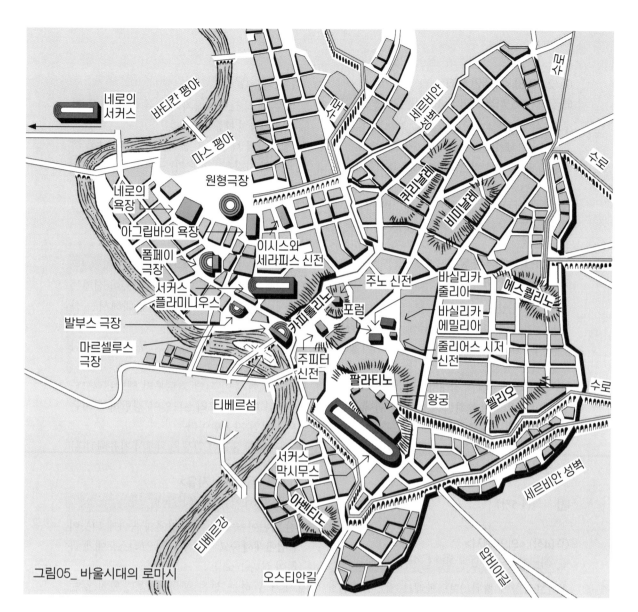

그림05_ 바울시대의 로마시

① 정죄(1-3장)

① (1장) <이방인 유죄>

Ⓐ 로마 교회에 보내는 서신(1:1-17)

1. **발신인**은 복음을 위해 선택된 사도 바울(1절).
2. **수신인**은 로마에서 부름받은 성도들(7절).
3. **기록 동기**는 로마에서도 복음을 전하려 함이었다. **복음**은 구원을 주시는 하나님의 능력이요 믿음으로 하나님의 의를 얻게 한다(8-17절).
■ 나에게는 복음에 빚진 자의 심정이 있는가(1:14)?

Ⓑ 이방인의 불의와 하나님의 진노(1:18-32)

1. 하나님의 **진노**는 불경건과 불의한 자들에게 임한다(18절).
2. **자연**을 통해서도 하나님의 능력과 신성이 계시된다(19-20절).
3. 하나님이 그들을 **불의**(우상숭배, 동성애, 각종 죄악)에 내버려두시자 그들은 죄를 스스로 합리화한다(21-32절).
■ 죄에 대한 자각과 인정마저 거부하는 이 시대를 보라.

479

② (2:1-3:8) <유대인 유죄>

© 유대인의 불의와 하나님의 심판(2:1-3:8)

1. 이방인을 **판단**하면서 같은 죄를 짓는다(2:1-5).
2. 하나님이 **행위**대로 보응하실 것이다(2:6-16).
3. **율법**을 지키지 않으니 표면적 유대인일 뿐이다(2:17-3:8).

■ 나는 그리스도인으로 세상을 판단하면서도 같은 죄를 짓고 있지 않은가?

③ (3:9-31) <모두가 유죄>

Ⓓ 이신칭의의 신비(3:9-31)

1. **다 죄 아래** 있고 의인은 하나도 없다(9-18절).
2. 모두가 죄인이라서 하나님께 이를 수 없는데 **예수님의 속량을 믿음**으로 값없이 의를 얻었다(19-31절).

⇒ 하나님의 구원은 **절대평가**다. 모든 사람이 죄인인지라 불합격인데 예수님 안에서 전부 합격처리해 주셨다!

■ 우리가 받은 구원은 값싼 구원이 아니라 값비싼 구원임을 깨달으라!

② 칭의(4-5장)

① (4장) <의의 예시>

Ⓔ 아브라함은 어떻게 의를 얻었는가(4장)?

1. 아브라함이 행위(2절), 할례(10절), 율법(13절)으로 의를 얻은 것이 아니었다.
2. **오직 믿음으로** 의롭다 함을 얻었다(3절).
3. 그는 **하나님의 약속과 능력**을 믿었다(16-25절).

■ 인생에서 자신을 신뢰하는가, 하나님을 신뢰하는가?

② (5장) <의의 유익>

아담으로 인해 죄와 사망이 들어왔지만 그리스도로 인해 생명이 들어왔다(12-21절).

Ⓕ 복음 안에 드러난 하나님의 사랑(1-11절)

1. 우리가 연약하고 죄인이며 원수였을 때 예수님의 죽으심으로 하나님과 **화목**하게 되었다(1-11절)!
2. 예수 그리스도의 십자가는 우리를 향한 하나님 **사랑의 확증**이다(8절)!

■ 십자가의 예수님을 볼 때마다 나를 향한 하나님의 사랑을 느끼는가?

③ 성화(6-8장)

① (6장) <죄에서 자유>

Ⓖ 죄에서 자유를 얻다(6장)!

1. 물**세례**가 죽음과 부활을 의미하듯이 신자는 죄에 대해서는 죽고 하나님께 대해서는 산 자다(1-11절).
2. 우리 **몸**은 더 이상 불의의 무기가 아니다(12-14절).
3. 하나님께 종이 되면 죄로부터 해방된다(15-23절)! 이것은 그리스도인이 경험하게 되는 역설적인 자유함이다.

■ 하나님께 붙들린 인생은 죄에서 자유해진다!

② (7장) <율법에서 자유>

Ⓗ 율법에서 자유를 얻다(7장)!

1. 전 남편이 죽으면 새 남편에게 속하게 되듯이 **율법에 대해 죽고** 성령 안에서 그리스도에게 속하여 산다(1-6절).
2. 내가 원하는 선은 행하지 않고 원치 않는 악을 행함은, **죄의 법과 하나님의 법**이 내 안에 공존함이라(7-25절).

■ 죄의 중력이 내 영혼을 짓누를 때 성령의 엔진으로 비상하라.

Ⓘ 그러면 율법은 무엇인가(7:7)?

1. 율법은 **죄를 깨닫게** 한다(3:20, 7:7).
2. 율법은 이제 **끝난 것인가**(3:31, 7:1-6)?
3. 율법은 **그리스도 안에서 완성**되었다(10:4, 13:10).

■ 복음은 정죄도 방임도 아닌 율법의 완성이다!

③ (8장) <성령 안의 자유>

⑭ 성령의 법 안에서 자유하라(8장)!

1.**생명의 성령의 법**이 나를 해방하셨다(1-4절).
2.하나님의 자녀는 성령께서 **인도**하신다(5-17절).
＊ 피조물도 이 영적 해방을 고대했다(18-25절).
3.성령이 도우시고 **하나님**이 지키신다(26-39절).
■ 그리스도인이여, 성령의 인도하심을 받는 하나님의 사람으로 살고 있는가?

Ⓚ 성도의 신앙 여정(8:29-30)

1.**예지**(Foreknowledge)　4. **칭의**(Justification)
2.**예정**(Predestination)　5. ＊**성화**(Sanctification)
3.**부르심**(Calling)　6. **영화**(Glorification)
■ 하나님이 나의 신앙 여정을 여기서부터 천국까지 완성하시리라!

④ 변호(9-11장)

바울은 동족(유대인)만 구원받는다면 자신이 버려져도 좋다고 했다(9:3; 출32:32).

Ⓛ 이스라엘을 향한 하나님의 계획은(9-11장)?

하나님은 이스라엘을 선택하셨지만(9:13), 결과적으로 이방인은 구원받고 이스라엘은 넘어졌다(9:30-31). 그들은 지식이 없어서(10:2), 그리스도가 율법의 완성이신데(10:4) 거부했다(10:16-21). 하나님은 이스라엘이 시기하게 하셔서(11:11) 결국 그들을 회복시키실 것이다(11:25-32).
바울은 성경의 남은 자 사상(11:5)과 하나님의 성품(11:29) 및 그분의 역사의 섭리(11:33-36)에 근거하여 이스라엘이 회복될 것이라고 예언했다.
■ 다문화 공동체여, 하나님의 구원의 큰 그림 안에서 일치하라.

⑤ 실천(12-16장)

① (12장-15:13) <의로운 삶>

Ⓜ 성도라면 이렇게 살라(12장-15:13)

1.**삶의 예배**를 드리라. 하나님의 뜻을 분별하고 주신 은혜대로 섬기며 모든 사람과 화목하고 선으로 악을 이기라(12장).
2.권세자들에게 복종하고 이웃을 사랑하며 그리스도로 옷 입고 **거룩하게** 살라(13장).
3.연약한 형제를 비판하지 말고 **형제를 배려**하며 선을 이루고 덕을 세우라(14장-15:13).
■ 구원의 은혜가 마중물이 되었으니 거룩하게 살라.

② (15:14-33) <바울의 계획>

바울의 선교 원칙은 "남의 터 위에 건축하지 않는다"였다(20절). 그는 로마 교회가 서바나(스페인) 선교를 지원하길 원했다(23-24절).

③ (16장) <성도들에게 인사>

바울은 동역자 26명을 언급했고 거짓 교사들을 주의시켰으며, 복음의 계시를 주신 하나님을 찬양했다(25-27절).

Ⓝ 고린도에서 기록한 서신(16장)

1.겐그레아(고린도의 외항, 79일ⓑ 참고) 집사 **뵈뵈**를 추천했다(1절).
2.고린도의 성도 **가이오**를 언급했다(23절; 고전1:14).
3.고린도의 재무상 **에라스도**를 언급했다(23절; 딤후4:20).

• 예수님은 모든 믿는 자에게 **차별 없이 하나님의 의를 주시는 분**이시다(3:22).
• 예수님은 죄로 인해 죽은 우리에게 **하나님의 선물인 영생을 주시는 분**이시다(6:23).
• 예수님은 하나님이 **우리를 결코 포기하지 않으신다는 증거**가 되시는 분이시다(8:31-39).

13주 / 예수님은 누구신가?

주관자 예수님

"나는 네가 박해하는 예수라"(행9:5)

청년 사울이 주동자였다. 그는 스데반을 돌로 쳐 죽인 무리를 지지하고 규합하는 역할을 했다(행7:58). 로마 제국의 지배 하에서 사형 집행권이 없었던 유대인들이 어떻게 스데반을 돌로 쳤을까? 그만큼 유대 근본주의자들의 예수 혐오는 극단적이고 충동적이었다. 그중에서도 가장 섬뜩한 눈빛을 하고 있는 이가 바로 청년 사울이었다.

사울은 살기로 가득했다. 제사장들에게 공문까지 받아 다메섹으로 향했다. 예수 믿는다는 인간들을 죄다 잡아들일 셈이었다. 그러면 사울이 감정이 앞서는 다혈질이었는가? 아니다. 그는 철저하고 계획적인 사람이었다. 감정적인 사람보다 논리적인 사람이 자신의 논리에 맞지 않을 때 정말 무섭게 폭발하는 법이다. 사울을 그대로 두었다면 어디까지 갔을지 모른다.

예수님이 마음이 급하셨다. 다메섹으로 가는 길 위에서 그를 멈춰 세우셨다. "사울아 사울아 네가 어찌하여 나를 박해하느냐?" "주여 누구시니이까?" "나는 네가 박해하는 예수라." 사울이 언제 예수를 박해했는가. 그는 예수 믿는 자들을 박해했을 뿐이다. 하지만 주님께는 다르지 않았다. 주님을 믿는 소자 한 사람에게 한 것이 곧 주님께 한 것이기 때문이다(마10:42).

그러나 그것이 끝이 아니었다. 예수님은 그의 인생을 180도 바꿔 놓으셨다. 사울은 아라비아에 들어가 3년을 기도하고 말씀을 읽으며 그리스도의 계시(갈1:12)를 받았으니, 그의 선교 여정과 서신서들에서 드러나는 복음의 정수는 놀라울 따름이다. 그는 헬라어와 히브리어에 능통했고, 로마법과 유대교에 정통했으며, 구약과 신약을 넘나들었고, 로마 시민권자로 모든 지역과 도시를 다니며 회당과 아고라(헬라 도시들의 시민 광장)에서 복음을 전했다.

예수님은 그를 잡으신 것이 아니라 풀어 주신 것이었다. 증오와 폭력, 율법주의라는 위선의 덫에서 몸부림치는 그를 부르셔서 이방인의 사도로 세우셨다. 우리는 신약성경의 유일한 역사서를 "사도행전"이라고 부른다. 물론 표면적으로 전반부는 사도 베드로가, 후반부는 사도 바울이 활약한 행전이다. 하지만 베드로를 변화시키신 분도, 사울을 부르신 분도 예수님이시다.

우리는 복음서를 다 읽고 나면 한 가지 오해를 한다. 예수님은 이제 승천하셨고 이후로는 제자들과 교회들이 만들어 간 역사라는 생각을 한다. 정말 예수님은 복음의 콘텐츠만 제공하시고 천상에 올라가서 구경만 하신 것일까? 놀랍게도, 사도행전을 보면 곳곳에서 예수님이 살아 역사하시며 사람들을 부르시고 구원사를 이끌어 가시는 주관자이심을 발견하게 된다.

사도시대에 예수님은 복음시대와 동일한 일을 반복하고 계셨다. 예수님이 지상에 오셔서 하신 일이 무엇인가? 천국 복음을 전파하시고 병자들을 치유하시며 귀신을 쫓아내시고 제자들을 양육하셨다. 사도행전을 보라. 사도들이 무엇을 했는가? 가는 곳마다 예수 복음을 전하고 병자들을 치유하고 귀신들을 쫓아내고 제자들을 양육했다.

예수님의 역할은 복음서에서 끝난 듯하지만, 예수님은 작은 예수가 될 사람들을 선택하고 부르시고 단련하시고 동역하셨다! 이것이 사도행전의 역사다. 그러니 표면 구조로는 사도행전이요 내면 구조로는 예수행전이라 해야 할 것이다. "제자들이 안디옥에서 비로소 그리스도인이라 일컬음을 받게 되었더라"(행11:26). 수많은 작은 예수들이 주인공이 된 역사였기 때문이다.

작은 예수들의 등장에 처음으로 긴장한 이들이 유대교 지도자들이었다. 분명히 예수를 죽였는데 예수 닮은꼴들이 여기저기서 나타나는 게 아닌가. 헤롯 안디바가 세례 요한을 처형한 후 예수님의 행적에 당황했던 것과 유사한 현상이었다. 저들에게는 사도들이 두려운 인물이 아니었다. 그들은 예수가 없으면 "학문 없는 범인"에 불과했다(행4:13). 저들이 진정 두려웠던 것은 수많은 예수들이 민들레 홀씨처럼 예루살렘과 온 유대와 사마리아에 퍼져 나가는 것이었다.

그들이 예수의 이름으로 기도할 때 도시가 흔들리고, 예수의 이름으로 일어나 걸으라 명할 때 성전 미문의 앉은뱅이가 일어나고, 예수의 이름을 전할 때 수천 명이 회개하여 세례받고, 예수의 이름을 선포할 때 우상과 귀신의 도시들이 영적인 해방을 얻게 되었다! 사도들이 강력한 것이 아니라 그들이 예수의 닮은꼴이 되었다는 것이 강력했던 것이다. 교회는 초라하고 연약했지만 작은 예수들의 연합체는 세상을 뒤흔들기에 충분한 하늘과 땅의 권세를 가졌다.

사도행전은 또한 성령행전이라고 불린다. 사도행전에만 "성령"이 50회 등장하신다. 예수님이 3년간 제자들과 동역했는데도 그들이 이해하지 못한 것을, 성령께서 불처럼 바람처럼 임하시자 한순간에 깨닫고 체험하고 증거하게 하셨다! 그런데 예수님이 성령님을 "보혜사 곧 아

버지께서 내 이름으로 보내실 성령"이라고 소개하셨다. 왜인가? 예수님 믿고 하나님의 자녀된 사람에게만 성령이 임재하시기 때문이다. 그래서 성령님은 곧 "예수의 영"이시다(행16:7).

21세기는 여전히 교회시대다. 그러나 사도행전의 독자처럼 우리는 오해할 수 있다. 예수 그리스도는 지나간 역사의 위인이 아니시다. 예수 그리스도는 앨범 속에 빛바랜 추억이 아니시다. 예수 그리스도는 천국행 티켓만 주고 사라지신 분이 아니시다. 예수 그리스도는 오늘도 당신을 제자로 부르시고 보내시고 동행하시며 동역하시는 인생과 역사의 주관자이시다.

오늘날 교회는 왜 초대교회처럼 영적인 부흥과 역사가 나타나지 않을까? 왜 아가페적인 사랑이 영혼들을 압도하지 못할까? 역사서가 시작되면서 예수님을 현재형이 아닌 과거형 내지 미래형으로 밀어내기 때문이 아닐까. 신부된 교회가 신랑이신 예수님을 추억 속의 전 남편(ex-husband) 내지 천국에서 만날 미래의 남편(to-be-husband)으로 치부해 버리지 않았는가.

과연 오늘날 성도들과 교회들 가운데 예수 그리스도가 주권자로 다스리고 계신가? 교회의 교회됨은 성도 수와 헌금과 건물에 있지 않다. 교회의 교회 됨은 교회의 머리되신 그리스도의 임재하심에 있다. 예수님이 우리 가운데 계시다면 예수행전은 지금도 불가능하지 않다! 과연 21세기 위기 가운데 있는 인류의 해법이 무엇인가? 정치도 경제도 환경도 식량도 인권도 근본 해법이 아니잖은가. 사도 바울이나 사도 베드로가 네로의 박해 시대에 사역했고 순교했음에도 불구하고, 사회 변혁이나 혁명을 꿈꾸지 않았다는 것에 주목해야 한다(롬13:1-5; 벧전2:13-17). 왜인가? 그들에게는 단 한 가지 믿음이 있었기 때문이다. 그것은 예수 닮은 한 사람만 만들어 내면 그 한 사람이 온 세상을 바꿀 수 있다는 믿음이다.

바울은 아시아와 그리스, 로마, 서바나까지 당대 전세계에 복음을 전했다. 교회가 세워진 후 이단이나 내부 문제 등이 발생해 이들을 권면할 필요가 있었다. 바울은 사랑을 담아 각 교회에 편지를 보냈는데, 기독론, 구원론, 교회론, 목회론, 종말론을 아우르는 내용이었다. 고린도전서는 교회 내 문제들에 대한 해법을 다루었으며, 고린도후서는 바울의 사도권 변호를 다루었다. 갈라디아서는 자유케 하는 복음을 변증했으며, 에베소서는 그리스도 안에서 교회의 부르심을 증거했다. 빌립보서는 주 안에서 누리는 기쁨을 고백했고, 골로새서는 만물의 으뜸이신 그리스도를 선포했다. 데살로니가전서는 재림의 소망을 이야기했으며, 데살로니가후서는 재림에 대한 바른 교훈을 전했다. 디모데전서는 에베소 사역에 대한 목회적 조언이며, 디모데후서는 바울이 디모데에게 남긴 유언적 메시지다. 디도서는 그레데 목회에 대한 조언이며, 빌레몬서는 형제를 용서하도록 종용한 책이다. 바울서신은 일반서신과 함께 성도들을 세우고 교회를 든든히 하는 데 큰 역할을 감당했다.

Week 14

고린도전서 01장 - 빌레몬서 01장

● 고린도전서

　　고린도전서는 교회 내 문제들에 대한 해법을 다룬 서신이다. 1-6장은 분쟁, 음행, 소송 문제에 대한 바울의 명령이고, 7-16장은 결혼, 음식, 예배, 부활, 연보에 대한 바울의 답변이다. 핵심 구절은 거룩한 삶을 촉구하는 (6:19-20) 말씀이다.

　　고린도전서는 교리적인 내용은 없고 윤리적인 내용뿐이다. 고린도교회가 은혜와 은사가 넘치면서도 삶의 문제가 많았기 때문이다. 우리가 종종 "초대교회"를 그리워하지만 초대교회에도 문제가 많았다. 고린도교회는 이교도적 생활방식으로 인해 세상에 거룩한 영향력을 주기는커녕 세상 죄악에 오염되어 있었다. 고린도는 남부 헬라의 주요 상업도시로서, BC 46년 줄리어스 시저가 재건하고 BC 27년 아구스도가 아가야의 수도로 지정하여 번영했으며 바울시대에는 인구 70만이었고 그 중에 2/3가 노예였다. 고린도에는 12개 이상의 신전들이 있었는데 중앙의 아프로디테 신전에는 1천 명의 성전 창기들이 있었으니, 고린도는 상업, 오락, 악, 부패로 악명이 높은 국제 도시였다.

　　바울은 AD 51년에 1년 반 동안 고린도에서 사역하며 교회를 세웠고 이후 아볼로가 고린도교회에서 사역했다(행18:27). AD 53년 말 음행한 자들과 사귀지 말라고 편지(첫 번째 편지이자 고린도전서 이전의 편지)를 보냈다(5:9). AD 55년 바울은 3차 선교여행 중 에베소에서 고린도교회의 소식을 듣고 명령과 답변의 형식으로 본서인 고린도전서를 기록했다.

　　바울은 당대에 로마 제국에서 가장 세속적인 대도시를 변화시키기 위해 엄청난 영적 전쟁을 치러야 했다. 세속 도시의 거친 사람들을 성화시키는 것은 오랜 영적 줄다리기였다. 바울은 이들을 변화시키기 위해서 각 사람에게 필요한 구체적인 교훈을 주었다.

○ 보고와 명령 (1-6장)			
1	분쟁에 관해	1-4장	복음을 받았으니 분쟁하지 말라
2	음행에 관해	5장	음행한 자를 쫓아내고 사귀지 말라
3	소송에 관해	6장	형제 간에 법정에 고발하지 말라

○ 질문과 답변 (7-16장)			
1	결혼에 관해	7장	결혼하되 주님께 헌신하며 살라
2	음식에 관해	8-10장	형제를 실족하게 말고 절제하라
3	예배에 관해	11-14장	질서와 화합, 사랑 안에 예배하라
4	부활에 관해	15장	주의 부활을 따라 우리도 부활하리라
5	연보에 관해	16장	연보를 예비하고 서로 문안하라

● 고린도후서

고린도후서는 바울의 사도권에 대한 변호를 다룬 서신이다. 1-7장은 회개한 다수의 성도들에 대한 기쁨을, 8-9장은 연보에 대한 권면을, 10-13장은 회개치 않은 소수의 반대자들에 대한 징계를 말했다. 핵심 구절은 바울의 사역을 정의한 (4:5) 말씀이다.

로마서가 바울의 논리적 지성을 보여준다면, 고린도후서는 바울의 개인적 감성을 보여준다. 왜냐면 고린도 교회의 문제를 해결하는 과정에서 반대파들이 그를 계속 괴롭혔기 때문이다. 그리고 고린도후서는 통일성 문제가 제기되는 서신이다. 사도직에 대한 설명을 하고(1-7장) 연보를 권면한 뒤(8-9장) 다시 사도직에 대한 강한 변호를 했기 때문이다(10-13장). 그러나 이것은 회개한 다수를 위로하는 한편 여전히 반대하는 소수에 대해 경고하는 이중적인 답변서다.

바울은 고린도전서를 디모데 편에 보냈다(고전16:10-11). 그런데 디모데는 고린도에서 바울을 반대하는 기류가 여전하다는 소식을 전했다. 이에 바울은 에베소에서 고린도로 직행해 고통스러운 방문을 했는데(2:1), 격렬한 공격을 마주하고 조용히 돌아올 수 밖에 없었다. 바울은 반대자들을 징계할 것을 권하는 눈물의 편지(2:4, 세 번째 편지이자 고린도후서 이전의 편지)를 써서 디도 편에 보냈다. 그 후 디도를 만나려고 드로아로 갔다가 시간이 지체되자 못 기다리고 마게도냐까지 건너갔다(2:12-13). 거기서 디도의 보고를 통해 반대자들이 치리를 받았고 다수가 바울에 대한 신뢰를 회복했다는 소식에 위로를 얻었다(7:5-16). 다만 여전히 반대하는 소수를 권면하기 위해 마게도냐에서 AD 56년에 고린도후서를 써서 디도와 또 다른 한 형제 편에 보냈다(8:16-24). AD 57년에 세 번째로 고린도를 방문했을 때는 평안하게 로마서를 집필할 수 있었다.

바울의 대적자들은 "거짓 사도요 속이는 일꾼"들이었다(11:13). 그들은 율법주의적인 신앙을 가르치며 바울을 대적했다. 이에 고린도교회가 많이 동요했던 것은, 바울이 전에 그들의 세속적인 삶을 질책하는 과정에서 대립했던 사람들이 감정적으로 바울을 공격했던 것으로 추정된다(10:10, 11:6). 이에 바울은 하나님의 은혜를 더욱 구하지 않을 수 없었다. 지적으로나 율법적으로나 사회적으로나 모든 면에서 탁월했던 바울이 단 한 가지 부족한 점이 있다면 그것은 사도적 기준(행1:21-22)에 부합하지 않는다는 점이었기 때문이다.

	○ 사도의 자기 변호 (1-13장)		
1	계획의 변경	1-2장	방문을 연기함은 너희를 아낌이라
2	사도직 설명	3-6장	너희가 추천서이니 마음을 넓히라
3	디도의 위로	7장	너희의 회개함으로 위로를 받았다
4	연보를 권면	8-9장	약속했던 연보를 즐거이 준비하라
5	사도직 변호	10-12장	우리의 자랑은 우리의 연약함이라
6	방문을 예고	13장	스스로 믿음 안에 있음을 확증하라

●갈라디아서

갈라디아서는 자유케 하는 복음을 변증한 서신이다. 1-2장은 바울의 사도직에 대한 변호, 3-4장은 복음과 율법에 대한 설명, 5-6장은 자유와 사랑, 그리고 성령에 대한 권면이다. 핵심 구절은 이신칭의(以信稱義, 2:16) 및 자유의 명령(5:1)이다.

갈라디아서는 "자유의 대헌장"이라고 불린다. 교회를 미혹하던 유대 율법주의자들로부터 복음이 준 자유를 지켜내기 위한 선언서다. 루터는 본서를 "나의 편지요 나의 아내다"라고 말했다. 복음과 율법의 관계를 설명하는 교리서신으로서 소로마서라고 불리지만, 로마서가 평화로운 어조라면 갈라디아서는 논쟁적인 어조다. 그만큼 교회 안에 갑자기 파고든 율법주의에 대한 긴박감을 보여준다. 유대주의는 기독교를 탄생시킨 요람이자 기독교를 죽이려는 무덤이었다. 그래서 바울은 본서를 통해 기독교의 독립 선언서를 낭독하고 있다고 하겠다.

고린도 교회가 사도 바울의 사도권을 부정하고 유대주의 거짓 교사들의 가르침을 따르게 된 것은, 그들의 세속적인 삶의 패러다임을 완전히 바꾸려는 시도에 대한 반발에서 비롯되었다. 하지만 갈라디아 교회들이 율법주의 거짓 교사들의 가르침을 따르게 된 것은 다른 양상이었다. 갈라디아 지역 자체가 바울이 선교한 지역 중에서 가장 유대 지역과 근접해 있고, 갈라디아에 워낙 디아스포라 유대인들과 회당들이 밀집되어 있었기 때문에 이곳은 다른 어느 지역보다 유대주의의 영향이 컸다. 그것이 바울의 선교 사역에 교두보 역할을 하기도 했지만 결정적인 걸림돌이 되기도 했다. 사도 바울이 최고의 동역자이자 믿음의 아들 디모데를 발굴한 곳도 갈라디아의 도시 루스드라였다(행16:1-2). 갈라디아 지역의 초대교회들에는 이방인 기독교인보다 유대인 기독교인들이 많다 보니, 이방인 기독교인이 유대주의적인 가르침에 영향을 받았다.

갈라디아는 BC 189년 로마 제국 아래 속하게 되었고 BC 25년 아구스도에 의해 로마령으로 선포됐다. 갈라디아라는 이름은 BC 200년경 이 지역에 침입해 들어온 켈트족 사람들이 골(갈리아) 지역에서 이주해 와서 붙여진 이름이다. 바울은 바나바와 1차 선교여행 때 남부 갈라디아의 도시들을 방문했고(행13:13-14:23), 유대주의가 침투한 소식을 듣고 예루살렘 공회에 가기 직전인 AD 49년 시리아 안디옥에서 이 서신을 기록했다.

○ 그리스도의 복음 (1-6장)				
1	복음의 변호	1-2장	나의 복음은 주님의 계시다	변호
2	복음의 설명	3-4장	율법은 복음의 초등 교사다	교리
3	복음의 실천	5-6장	자유하되 성령 안에 거하라	윤리

● 에베소서

에베소서는 그리스도 안에서 교회의 부르심을 증거한 서신이다. 1-3장은 구원의 비밀을 위임받은 교회의 위치에 대해, 4-6장은 교회의 하나됨과 거룩과 영적 승리에 대해 말한다. 핵심 구절은 교회의 정의(1:23) 및 부르심에 합당한 삶(4:1)이다.

에베소서는 "교회론의 정수"로서 기독론에 기초한 교회론을 펼치고 있다. "그리스도 안에서"("통해" "함께" "피로" 등 동등한 문구)는 에베소에서 35회 나오는데, 이는 신약의 어떤 책보다도 많은 횟수다. 바울은 성도가 그리스도 안에서 얼마나 놀라운 부르심을 받았는지를 먼저 교리적으로 서술하고(1-3장), 그 부르심에 합당하게 살 것을 윤리적으로 명령한다(4-6장). 특히 교회의 하나됨을 강조한 것은 아시아 교회들이 이방인과 유대인들의 연합체여서 늘 분열의 위험이 있었기 때문이다. 에베소서는 매우 형식적이고 비논쟁적인 어조이며, 특별한 교회 문제에 대한 언급도 없고 개인적 감정의 표현도 없어서, 회람 서신일 것으로 추정된다. 실제로 바울은 에베소에 머물면서 아시아 전체 교회의 성도들을 양육했다(행19:8-10).

에베소는 고대 7대 불가사의 중 하나인 아데미 신전으로 유명했다. 바울은 2차 선교여행 때 잠시 방문했다가 3차 선교여행 때 여기서 3년간 머물며 제자 양육에 집중했다(행19장, 20:30-31). 이로 인해 마술과 우상의 매매가 큰 타격을 입기까지 했다. 바울은 에베소의 장로들을 별도로 만나 작별을 고하기도 했다(행20:17-38). AD 60년 바울이 로마에 감금됐을 때 옥중에서 본 서신을 기록했다.

에베소 교회는 사도 바울에게 특별했다. 선교여행 중에 가장 오랜 기간 목회하며 집중적으로 제자 양육을 했던 교회다. 그래서 자신의 동역자인 브리스길라와 아굴라에게 사역을 부탁했었고(행18:18-19), 최종적으로 자신의 영적 아들인 디모데에게 목회를 맡겼다(딤전1:3). 후에는 사도 요한이 예수님의 모친 마리아를 모시면서 에베소 목회를 하며 초대교회 전체를 목양했던 것으로 알려져 있다.

○ 그리스도의 교회 (1-6장)				
1	주님의 교회	1-3장	교회를 통한 구원의 비밀	교리
2	거룩한 성도	4-6장	거룩한 성도의 영적 승리	윤리

● 빌립보서

빌립보서는 주 안에서 누리는 기쁨을 고백한 서신이다. 1장은 나의 생명 되시는 그리스도를, 2-4장은 나의 기쁨 되시는 그리스도를 고백했다. 핵심 구절은 "내게 사는 것이 그리스도니"(1:21)와 "주 안에서 항상 기뻐하라"(4:4)이다.

빌립보서는 "기쁨의 서신"이다. "기쁨, 기뻐하다"는 단어가 16회, "그리스도, 주"라는 단어가 52회 나온다. 본서는 다른 옥중서신(에베소서, 골로새서, 빌레몬서)보다 나중에 기록된 것으로 추정된다. 바울은 1차 로마 감금 상태가 길어지고 자신은 궁핍하고 교회는 내분을 겪는 와중에도 오히려 성도들에게 기뻐하라고 권면했다. 빌립보 교회는 2차 선교여행 중 성령의 강권적인 인도하심으로 도착한 유럽에서 세운 첫 번째 교회였다. 이후 루디아와 간수를 중심으로한 빌립보 가정교회는 바울에게 소중한 동역자가 되었다. 그래서 개인서신처럼 격식을 차리지 않은 친밀함을 표현하며 그들이 처음부터 물질로 후원해 준 것(4:18)에 감사를 표시했다. 그래서 빌립보서는 다른 바울서신들처럼 교리(서술형) 부분과 윤리(명령형) 부분이 명확하게 구분되어 있지 않다.

빌립보는 BC 356년 마게도냐의 왕 빌립(알렉산더의 부친)이 점령하고 붙인 이름이다. BC 168년 로마인들이 점령했고 BC 42년 옥타비안이 안토니의 군대를 격파하고 퇴역 군인들을 이주시키면서 빌립보를 로마의 식민지이자 군사도시로 만들었다(행16:12). 이로써 빌립보인들은 로마인과 같은 법적 지위(시민권)를 누리게 되었다. AD 62년 바울은 로마 감옥에서 제국법원의 선고를 기다리고 있었기 때문에 1차 로마 감금 기간 중 마지막에 이 서신을 기록한 것으로 보인다(2:23).

사도 바울은 특별히 친밀하고 따뜻한 관계였던 빌립보 성도들에게 감옥에서의 근황을 알리며, 그들에게 기쁨의 근원되시는 그리스도를 전했다. 빌립보 성도들 입장에서는 자신들의 영적 아버지이자 지도자인 바울이 감옥에서 선고를 기다리고 있어서 걱정되는 마음으로 바울을 주목하고 있는데, 오히려 바울은 자신이 아니라 예수 그리스도를 주목하도록 만들었다. 정말 바울은 오직 예수 그리스도 한 분께 빠져 있는 사람이었다.

○ 주 안에서의 기쁨 (1-4장)			
1	주는 내 생명	1장	내 안에 사는 이 그리스도
2	주는 내 모범	2장	그리스도의 마음을 품으라
3	주는 내 영광	3장	그리스도를 앎이 고상하다
4	주는 내 능력	4장	내게 능력 주시는 그리스도

● 골로새서

　골로새서는 만물의 으뜸이신 그리스도를 선포하는 서신이다. 1-2장은 교회의 머리시요 만물의 으뜸이신 그리스도를 소개하고, 3-4장은 그리스도와 함께 위의 것을 찾으라고 권면한다. 핵심 구절은 그리스도의 탁월성을 고백한 (1:18) 말씀이다.

　골로새서는 "기독론의 정수"다. 에베소서가 기독론에 기초한 교회론이라면, 골로새서는 교회론에 기초한 기독론이다. 성경에 이보다 더한 그리스도 중심의 서신은 없다. 에베소서가 몸 된 교회를 강조했다면, 골로새서는 머리 되신 그리스도를 강조했다. 에베소서의 155구절 중 75절이 골로새서에 등장한다. 에베소서가 보편적이라면 골로새서는 구체적이다. 아마도 에베소서는 회람서신이고, 골로새서는 특정 교회를 위한 서신이었기 때문일 것이다. 바울은 골로새 교회를 압박한 이단 사상들로부터 교회를 지키기 위해 본서를 기록했다. 바울은 그리스도를 바르게 제시함이 이단을 대적하는 지름길이라고 생각하고 그리스도론을 펼쳤다. 그래서 다른 바울서신들처럼 교리(1-2장)와 윤리(3-4장)로 서신을 구성했다. 교리에서는 그리스도론을 다루고, 윤리에서는 그리스도인의 삶을 다루었다.

　골로새는 에베소 동쪽 160km에 위치한 소도시로서, 바울 시대에는 라오디게아, 히에라볼리 같은 주변 도시들에 비해 쇠락해 가고 있었다. 바울이 3차 선교여행 중 에베소에서 제자양육을 할 때 에바브라가 회심한 것 같고, 바울은 골로새를 방문한 적이 없지만(2:1) 에바브라(에바브로디도와 동일인으로 추정)가 그곳에 방문하여 교회를 세웠다(1:7). 바울은 1차 로마 감금 중에 골로새 교회의 상태를 알게 되어서 AD 61년경에 옥중서신으로 본서를 기록한 뒤 두기고와 오네시모 편에 본서를 전달한 것으로 추정된다(4:7-9).

　바울이 영지주의 이단에 대처한 방식은 그들과 논쟁을 벌이는 것이 아니라 참된 기독론을 가르치는 것이었다. 비진리를 차단하기 위해 진리를 가르침으로 기독교를 변호할 뿐 아니라 이단의 진입을 차단하는 이중 효과를 거두었다. 사도 바울은 본서에서도 역시 오직 그리스도 한 분만을 예찬하고 높여드렸다.

○ 으뜸이신 그리스도 (1-4장)				
1	으뜸이신 주님	1-2장	만물의 으뜸이요 하나님의 비밀	교리
2	주께 순종하라	3-4장	땅의 것 말고 위의 것을 찾으라	윤리

● 데살로니가전서

　데살로니가전서는 재림의 소망을 이야기한 서신이다. 1-3장에서 신앙의 모범이 됨을 칭찬했고, 4-5장은 재림의 소망 가운데 살라고 권면했다. 핵심 구절은 종말론적인 신앙고백을 담은 (3:12-13) 말씀이고, 핵심 장은 재림의 소망을 이야기한 살전 4장이다.

　데살로니가전서는 짧은 기간 목양했던 데살로니가 교회에 대한 목자의 애정이 담겨 있는 서신이다. 사도행전에 의하면, 그가 이곳에 한 달도 안 되게 머물렀다고 보이지만("세 안식일", 행17:1-4), 좀 더 오래 머물렀을 가능성도 있다. 왜냐면, 이곳에 머물 때 "밤낮으로 일"하여(2:9) 생활비를 충당했고, 북쪽으로 160km 떨어져 있는 빌립보 교회로부터 두 차례에 걸쳐 헌금을 받았기 때문이다(빌4:16). 하여간 처음 복음을 접했고 비교적 짧은 기간 목양받은 교회였음에도 데살로니가 교회는 주변 교회들의 본이 되었다. 바울은 다만 이들에게 종말론적인 인생관을 갖고 거룩한 삶을 살 것을 권면했으며, 임박한 재림을 기대했던 성도들에게 재림에 대한 가르침을 주었다.

　데살로니가는 비아 에그나티아(Via Egnatia, 에그나티아 가도)상에 위치한 항구도시요 오늘날 그리스 제2의 도시다. BC 315년 헬라왕국의 카산드라가 알렉산더의 이복여동생이자 자기 아내의 이름인 데살로니가를 따라 개명했다. BC 168년에 로마가 마게도냐를 점령하면서 데살로니가는 마게도냐의 수도가 되었고 인구 20만의 도시이자 '전 마게도냐의 어머니'로 불렸다. 바울은 2차 선교여행 중 아덴에서 530km 북쪽에 떨어져 있는 데살로니가로 디모데를 보낸 뒤(3:2) 고린도에서 재회했고(행18:1-5) 좋은 소식을 접한 후 AD 51년 답장으로 본서를 기록했다.

　데살로니가의 유대인들은 극렬 유대주의자들이어서 베뢰아까지 쫓아와 바울 일행을 대적했다(행17:13). 그래서 사도행전에는 데살로니가 사람들이 베뢰아 사람들에 비해 덜 신사적인 것으로 묘사되어 있다(행17:11). 하지만 데살로니가에서 복음을 받아들인 성도들은 바울의 첫인상과는 달리 매우 모범적인 신앙생활을 했다. 1년 반이나 수고했던 고린도 교회는 바울에게 많은 고통을 주었던 반면, 상대적으로 적은 노력밖에 기울이지 못하고 떠났던 데살로니가 교회는 바울에게 큰 감사의 제목이 되었다(1:2-8).

○ 재림의 소망 (1-5장)			
1	교회를 칭찬	1-3장	신앙의 모범이 됨을 칭찬
2	재림의 교훈	4-5장	재림의 소망 가운데 살라

● 데살로니가후서

  데살로니가후서는 재림에 대한 바른 교훈을 전한 서신이다. 1장은 환난 가운데 있는 성도들을 위로하고, 2장은 미혹에 대해서 경고하고, 3장은 종말론적인 삶을 권면하고 있다. 핵심 구절은 주의 날이 이르렀다고 미혹되지 말라는 (2:2-3) 말씀이다.

  데살로니가후서는 데살로니가전서에 이어서 바로 보낸 서신이다. 전서에서 재림에 대한 가르침을 주었지만, 바울은 안타까운 보고를 받았다. 여전히 박해 가운데 고통하고 있는 신자들, 주의 날에 대해 혼동하는 신자들, 그리고 거짓 가르침으로 삶이 무너진 신자들이 있었기 때문이다. 그래서 바울은 초대교회에 닥친 박해를 종말의 대환란으로 생각한 사람들을 위로하고, 주의 날이 이미 왔다고 주장한 거짓 선생들의 가르침을 반박하며 주의 재림 이전에 있을 사건들을 상기시켰다(2:1-12). 또한 '이미 끝났다면 열심히 살아서 무엇 하는가?'라는 생각으로 임박한 종말론에서 비롯된 잘못된 인생관을 가진 사람들에게 스스로 일하여 양식을 먹으라고 권면했다.

  바울은 실라와 디모데와 더불어 고린도에 여전히 머물고 있을 때 이 서신을 쓴 것으로 보인다(1:1; 행18:5). 주님의 감람산 설교(마24-25장)를 비롯해서 요한계시록과 데살로니가전후서 말씀은 '신약성경의 3대 예언서'로 불린다. 그중에서도 기록 연대상 데살로니가전·후서가 가장 빠르며, 이미 그때 사도적 교리가 초대교회 안에서 인정된 "전통"(2:15, 3:6)으로 받아들여지고 있었음을 알 수 있다.

○ 재림의 교훈 (1-3장)			
1	환난 중 격려	1장	환난 중 인내로 주님께 영광
2	미혹 중 경고	2장	재림에 관해 미혹되지 말라
3	생활의 권면	3장	게으른 자여 스스로 일하라

● 디모데전서

디모데전서는 에베소 목회에 대해 조언한 목회 서신이다. 1-3장은 바른 교훈과 중보 기도와 좋은 리더에 대해, 4-6장은 거짓 가르침에 대한 자세와 성도들을 대하는 태도에 대해 말했다. 핵심 구절은 목회지침을 말한 (3:15) 말씀이다.

디모데전서는 믿음의 아들 디모데를 향한 개인 서신이면서 동시에 목회 지침을 논한 목회 서신이다. 디모데(히. 티마오+테오)라는 이름은 "하나님을 경외하다"라는 뜻이다. 디모데는 바울이 가장 오랜 기간(3년) 심혈을 기울여 제자 양육을 했던 에베소 목회를 맡았으며, 소아시아 교회들을 이끌어 가는 중차대한 역할을 했다. 그런 디모데를 위해서 사도 바울은 다양한 목회적인 조언과 충고를 해줄 필요를 느꼈다. 상대적으로 연소한 목회자였던 디모데는 큰 목회적 부담에 많은 스트레스를 받았지만, 바울은 그에게 선한 싸움을 싸우라고 격려했다.

바울은 로마 감옥에서 석방되어 소아시아 교회들을 방문했고 에베소에 디모데를 남겼다 (1:3). 그리고 자신은 마게도냐로 갔다가 본 서신을 기록했다(3:14). 그러고는 그레데섬으로 전도여행을 갔을 때 디도를 남겼다(딛1:5). 1세기 말 로마의 클레멘트에 의하면 바울은 서바나에 도착했다. 그때가 AD 64년경이었을 것이다. 그리고 겉옷과 책을 두었던 드로아에서 체포되었을 것으로 추정된다(딤후4:13). AD 67년 네로 황제 치하에서 그는 재차 로마에 투옥되었고 그때 디모데후서를 기록했으며 AD 68년에 로마의 서부지역 오스티안 도로에서 참수형을 당해 순교했다.

바울은 유순한 사람 디모데에게 "선한 싸움을 싸우라"(1:18, 6:12)고 권면했다. 비슷한 목회 사역을 하는 디도에게는 그렇게 권면하지 않았는데 유독 디모데에게 이런 권면을 한 것은, 그의 목회에 좀 더 담대하고 적극적인 자세가 필요하다는 주문이었을 것이다. 그래서 디모데 전후서는 목회 지침서이자 전투 지침서라고 불린다. 바울은 자신과 정반대 성격인 디모데를 꾸중하지 않고 끝까지 격려하며 그가 좋은 목회자가 되도록 조언해 주었다.

○ 목회적 조언 (1-6장)			
1	성도들 권면	1-3장	중보의 기도 및 좋은 리더
2	디모데 권면	4-6장	에베소 목회 및 선한 싸움

● 디모데후서

디모데후서는 바울이 디모데에게 남긴 마지막 목회 서신이다. 1-2장은 복음 전파의 사명에 충성하라는 조언이며, 3-4장은 말세에도 주의 말씀을 전파하라는 조언이다. 핵심 구절은 맡은 바 사명을 완수하라는 (1:14) 말씀이다.

디모데후서는 개인서신이자 목회서신이며 옥중서신이다. 목회자 디모데를 향한 메시지이자, 교회 공동체 목회에 대한 충고이며, 마지막 로마 감옥 생활 중에 기록한 서신이다. 그래서 디모데후서는 바울서신 13권 중 마지막 서신이자 영적인 아들 디모데에게 주는 바울의 유서와 같은 서신이다. 바울은 디모데의 신앙의 출발점(1:5)과 결승점(2:5, 4:8)을 말하며 그를 격려하고 있다. 바울과 달리 디모데는 잘 침체됐고(1:6) 두려움이 많았고(1:7) 나이도 어렸고(딤전4:12) 병약했다(딤전5:23). 하지만 그는 예언받은 대로(딤전4:14) 가르침의 은사와 사명이 있었다(딤전4:13; 딤후4:5). 바울은 이 점을 강조하며 그가 성령 충만하여 담대하게 복음을 전하도록 격려했다.

디모데는 바울의 1차 로마 감금 때 함께 있었고 바울이 석방된 뒤 빌립보로 갔다(빌2:19). 이후 그는 에베소 목회를 하다가 수년 뒤 로마에 바울을 보러 갔으리라 추정된다(딤후4:9). (히13:23)에 의하면 디모데 역시 감금됐다가 석방됐다. 본 서신은 두기고에 의해 전달되었고 (4:12) 디모데가 바울을 순교 전에 만났을 것으로 추정된다(4:21).

빌립보서도 유언적인 성격의 서신이었지만, 그때는 로마 1차 감금(가택 연금) 시기였고 판결이 어떻게 날지 알 수 없는 상황이었다. 하지만 디모데후서는 사도 바울이 차가운 로마 감옥 안에서 자신의 처형을 예감하고 받아들이는 상황에서 남긴 진짜 마지막 유언의 메시지였다. 그래서 디모데후서는 바울의 비장한 신앙고백과 디모데에 대한 간절한 당부의 메시지가 중첩되어 있다. AD 64년 네로 황제가 로마시에 대화재를 일으켜 시 절반을 파괴한 이후, 모든 책임을 그리스도인들에게 전가시켰다. 결국 당시의 기독교 박해는 전적으로 황제의 폭정 때문이었다. 그럼에도 불구하고 사도 바울은 정치적인 혁명이나 사회적인 개혁을 외치지 않았다. 그는 그리스도의 복음으로 한 영혼이 변화되면 온 세상을 변화시킬 수 있고 하나님의 나라가 도래하리라는 믿음으로 마지막까지 헌신했다.

○ 목회적 유언 (1-4장)			
1	충성하라	1-2장	복음 전파의 사명에 충성하라
2	전파하라	3-4장	말세에 주의 말씀을 전파하라

● 디도서

디도서는 그레데 목회에 대해 조언한 목회 서신이다. 1장은 바른 지도자를 세우고 거짓 교사들을 막을 것을, 2장은 성도들이 선한 일에 힘쓰도록 할 것을, 3장은 이단자를 멀리할 것을 말했다. 핵심 구절은 그레데 사역의 목적을 말한 (1:5) 말씀이다.

디도서는 디모데전후서와 더불어 사도 바울의 목회 서신이다. 디도서는 디모데전서와 기록연대도 비슷하고 기록했던 상황과 의도와 내용도 비슷하다. 하지만 디모데전서가 바른 교훈을 더 강조했다면 디도서는 바른 행함을 더 강조했다. 에베소 교회가 건전한 신앙 교육이 필요했다면, 그레데 교회는 건전한 신앙생활이 필요했기 때문이다. 하지만 디도서에서도 바울은 건전한 기독교 교리(1:1-4, 2:11-14, 3:4-7)를 제시하며 이에 기초하여 바른 삶을 살라는 권면을 했다. 디도는 안디옥 교회 출신일 것으로 추정되며(행11:26), 할례받지 않은 헬라인이었다(갈2:3). 바울은 3차 전도여행 때 3번에 걸쳐 디도를 고린도로 보냈었다(고후2:12-13, 7:5-7, 8:16-17). 바울이 디도에게 그레데 목회를 맡긴 것은 고린도와 비슷한 문제점이 보였기 때문이 아닐까 싶다. 당시 "그레데 사람처럼 행동한다"라는 말은 '거짓말쟁이'라는 뜻이었다(1:12-13).

그레데는 지중해 남쪽에 있는 길이 250km, 폭 56km의 거대한 섬(제주도 면적의 4.5배)이다. 이곳은 지중해 무역의 중심지였고 일찍이 그리스의 미노아 문명이 일어났던 곳이다. 구약에서 '갑돌'이라고 불렸으며, 오순절 성령 강림을 체험한 성도(행2:11)가 돌아가 교회를 세웠을 것으로 추정된다. 후에 바울이 로마로 호송되던 길에 지나갔지만, 바울의 선교사역은 1차 로마 감금에서 잠시 풀려난 후에 이루어진 것으로 보인다. 그때 디도를 남겨 두어 그레데 교회들을 정비하도록 했다. AD 63년 바울은 고린도에서 본 서신을 써서 그레데에 들렀던 세나와 아볼로(3:13)를 통해 전달했을 것으로 보인다.

바울은 디모데에게도 감독과 집사를 잘 세울 것을 당부했고(딤전3장), 디도에게도 장로들과 감독을 잘 세우라고 권면했다(1장). 바울이 복음을 증거하고 교회를 창립하는 역할을 했다면, 디모데와 디도는 세워진 교회를 행정적으로 잘 조직하고 정비하는 역할을 했다.

○ 건강한 목회 (1-3장)			
1	지도자	1장	바른 지도자와 거짓 교사들
2	성도들	2장	성도들은 선한 일에 힘쓰라
3	이단자	3장	이단자를 훈계한 뒤 멀리하라

● 빌레몬서

빌레몬서는 형제를 용서하도록 종용하는 개인 서신이다. 1-7절에서는 빌레몬을 칭찬하고 8-16절에서는 오네시모를 위해 부탁하고 17-25절에서는 바울 스스로 약속하는 내용이다. 핵심 구절은 종을 형제로 용납하라는 (1:16) 말씀이다.

빌레몬서는 바울의 가장 짧은 서신(epistle)이기에 엽서(postcard)라고도 불린다. 디모데전후서와 디도서도 개인에게 보낸 서신이지만 빌레몬서는 다른 서신들에 비해 더 개인적인 친밀감을 나타냈기에 전체 서신을 친필로 썼다(1:19). 바울은 도망친 종 오네시모를 용서하라고 종용하는 내용을 빌레몬 개인뿐 아니라 골로새 교회 전체를 수신자로 해서 보냈다(1:2). 왜냐면 골로새 교회에는 노예를 소유한 성도들이 있어서(골4:1) 본 서신이 중요한 선례와 기준이 될 수 있기 때문이었다. 로마법에 의하면, 도망친 노예는 중형 내지 사형을 받게 되어 있다. 그러나 바울은 로마로 도망친 오네시모를 만나 그를 변화시켰고(1:10) 이제 그는 종이 아닌 형제가 되었다는 것을 빌레몬에게 알렸다. 빌레몬은 자신의 집에서 골로새 교회 모임을 열 정도로 부자였고 바울이 3차 선교여행 중 에베소 사역을 할 때 만나 개종한 것으로 추정된다.

바울은 골로새서를 써서 두기고에게 맡기면서 오네시모를 함께 보내기로 결정했다(골4:7-9). 두기고는 이중적인 책임을 지고 골로새로 갔다. 빌레몬서는 옥중서신 중 하나로서 AD 60년경 바울이 로마감옥에 1차 감금되었을 때(1:1) 쓴 것이기에 골로새서와 기록연대가 같다고 본다.

사도 바울이 한 영혼을 얼마나 소중하게 생각했는지가 드러나는 실례를 이 서신에서 확인할 수 있다. 주인에게서 도망쳤을 뿐 아니라 재물까지 훔친 노예(1:18)는 법적으로 처벌을 면할 수 없었다. 하지만 바울은 그런 종에게 복음을 전해서 개종시키고 난 뒤 한 영혼이 구원받았다고 기뻐하며, 이제는 그가 처벌받을 종과 죄인이 아니라 사랑받을 형제가 되었다고 선언했다. 바울은 제국 내 황제에서부터 종에 이르기까지, 유대인에서부터 이방인에 이르기까지 만나는 모든 영혼을 예수 그리스도의 복음으로 구원하기 원했다. 그들은 예수님이 목숨 바쳐 구원하신 하나님의 자녀들이기 때문이다. 바울은 노예제도 폐지를 주장하지는 않았지만 실질적으로 노예제도를 무효하게 만드는 기독교적인 만인평등 사상을 가르친 것이었다.

○ 용서의 목회 (1장)			
1	칭찬	1-7절	빌레몬의 교회 섬김에 대한 칭찬
2	부탁	8-16절	오네시모를 형제로 받으라는 부탁
3	약속	17-25절	바울이 빚을 대신 갚겠다는 약속

Day 79

교회를 교회되게
고린도전서 1-16장

 바울은 고린도 교회의 문제들에 관해 명령하고
질문들에 해답을 준 뒤 연보를 권면했다.

1 분쟁에 관해(1-4장) 복음은 세상의 지혜가 아니다. 분열되어서 헛되이 자랑하지 말라.

2 음행에 관해(5장) 너희 중에 음행한 자를 쫓아내라. 적은 누룩이 온 덩어리에 퍼진다.

3 소송에 관해(6장) 형제를 고발해 세상 법정에 세우는 불의한 일을 행하지 말라.

4 결혼에 관해(7장) 결혼하면 갈라서지 말고 미혼은 주님께 헌신하되 각자 부르심대로 살라.

5 음식에 관해(8-10장) 우상의 제물로 형제를 실족시키지 말고 하나님의 영광을 위해 살라.

6 예배에 관해(11-14장) 예배와 성만찬을 온전히 지키고 은사는 교회의 덕을 위해 사용하라.

7 부활에 관해(15장) 부활이 없다면 우리는 불쌍한 자다. 주님처럼 우리도 부활할 것이다.

8 연보에 관해(16장) 예루살렘 교회를 위한 연보를 예비하고 디모데와 아볼로를 영접하라.

ⓐ **고린도**(76일 지도56 참고)는 그리스 본토와 펠로폰네소스반도를 연결하는 좁은 지협에 위치한 도시다. 헬라시대 육상과 해상 무역의 최적지였고 동서 문화와 다종교의 혼합 도시로 BC 27년에 아가야(오늘날 발칸반도의 남부 지역)의 수도가 되었다. 고린도에는 12개의 신전이 있었는데 그중에 **아프로디테 신전**에만 여사제(신전 창기)가 1천 명이 넘어서 "고린도인이 되다(Corinthianize)"는 "성적으로 타락하다"는 뜻으로 방탕과 매춘의 동의어로 쓰였다(2일ⓔ3 참고).

ⓑ 고린도시의 동쪽 외항인 **겐그레아**는 바울이 아굴라 부부와 서원을 한 곳이며(행18:18) 바울서신의 전달자인 뵈뵈 집사의 고향이었다(롬16:1). 고린도의 서쪽 외항은 **레카이온**이었다. **아크로코린토스**(해발 600m의 산, 아테네의 아크로폴리스처럼)에 **아프로디테 신전**이 있었다. **마셀룸**은 육류시장(고전10:25)이었다. 바울은 2차 선교여행 때 "안식일마다 **회당**에서 강론"(행18:4)했다. **극장**에서 "이 성의 재무관 에라스도"(롬16:23)에 관한 비석이 나왔다. **법정**은 바울이 유대인들에게 소송당했던 자리다(행18:12). **스토아**(Stoa, 주랑)는 철학 논쟁을 하는 광장이었다(스토아 학파가 여기서 유래했다).

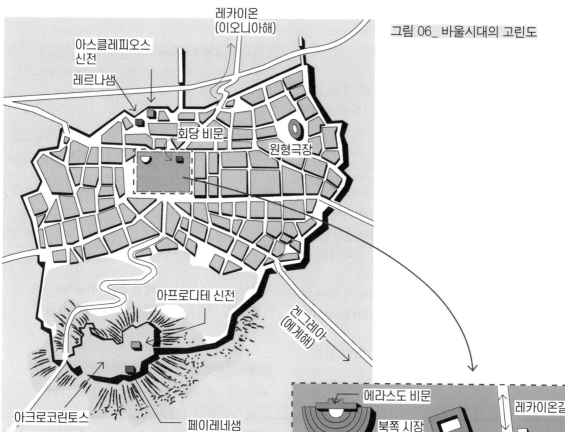

그림 06_ 바울시대의 고린도

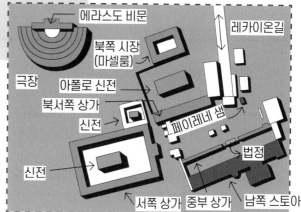

 ① 분쟁에 관해 **(1-4장)**

Ⓐ 분쟁의 문제를 가진 교회(1-4장)

1. 고린도 교회는 은사도 많고 **분파**도 많은 교회였다. 바울파, 아볼로파, 게바파, 그리스도파까지 있었다(1:4-13). 사역자들은 하나님의 일에 동역할 뿐이다(3:4-9).

2. 오직 그리스도를 **자랑**하라(1:18-2:5, 3:18-23).

3. 너희는 영적 분별이 없는 **육적**인 자들이다(2:6-3:3).

4. 신앙의 터는 오직 예수 그리스도다(3:10-15).

5. 스승이 아니라 아버지로서 **권면**한다. 디모데를 보냈으니 초심을 회복하라(4:14-21, 16:10-11).

■ 도시 하층민이 교회에서 은사를 받자 분파를 형성해 권력에 대한 욕구를 표출했다(1:26-28).

② 음행에 관해 **(5장)**

Ⓑ 음행의 문제를 가진 교회(5장)

1. **아버지의 여자**(계모, 첩)를 취한 자를 쫓아내라(1-5절).

2. 적은 **누룩**이 온 덩어리에 퍼진다(6-8절).

3. (고린도전서 이전) 편지에 음행하는 자를 사귀지 말라고 권면한 것은 **교인 중**에 그런 자들과 사귀지 말라는 말이다(9-13절).

■ 교회 안에 성적 순결을 지키는 노력이 있는가?

③ 소송에 관해(6장)

우리 몸은 성령의 전이요, 그리스도의 피 값으로 산 것이니 몸으로 하나님께 영광을 돌려야 한다(19-20절, 7:23).

ⓒ 소송의 문제를 가진 교회(6장)
1. 성도간 다툼을 세상 **법정**에 고발하다니(1-7절)! 당시 법정 소송이나 철학적 논쟁을 거의 오락 수준으로 즐기는 헬라인들의 풍습은 아테네에서부터 비롯된 것이었다(행 17:18-21, 32).
2. 불의한 자는 하나님 나라를 받지 못한다(8-11절). 악덕을 버리고 **회개하라**는 강력한 권고다.
■ 성도 간에 악의적인 고소 고발의 관습을 멈추라.

④ 결혼에 관해(7장)

ⓓ 결혼에 대한 질문과 답변(7장)
1. 음행하지 말고 **결혼**하되 분방하지 말라(1-7절).
2. 기혼자는 **이혼**하지 말고 불신자 남편이나 아내를 버리지 말고 구원하라. 부르심대로 지내라(8-24절).
3. 내 의견에 **미혼**은 임박한 환난도 있으니 주를 기쁘시게 하기 위해 그냥 지내라(25-40절).
■ 나는 가정에서 하나님이 기뻐하시는 결혼 생활을 세워가고 있는가?

⑤ 음식에 관해(8-10장)

ⓔ 음식에 대한 질문과 답변(8-10장)
1. 우상은 아무것도 아니니 **자유**하지만(8:1-6), 우상의 제물로 **형제를 실족하게 하지 말라**(8:7-13).
2. 내가 사도로서 권리와 자유를 내려놓고 모두의 종이 된 것은 영혼 구원을 위해서다(9장).

3. 너희는 **우상숭배자가 되지 말라.** 하나님은 시험 가운데 피할 길을 주신다(고린도에서 우상숭배의 유혹은 실로 전방위적인 것이었다, 10:1-22).
4. 시장에서 파는 것은 양심을 위해 묻지 말고 먹되, 모든 것을 **하나님의 영광을 위해** 하라(10:23-33).
■ 하나님 사랑, 이웃 사랑이 실천적인 기독교 윤리의 근간이다.

⑥ 예배에 관해(11-14장)

고린도 교회 남성도들에게 분쟁과 음행이 문제였다면, 여성도들에게는 시기와 비교의식이 문제였다.

ⓕ 여자만 머리를 가리라고 하다니(11:1-16)!
＊이것은 구시대적인 본문이 아닌가? 그러나 여기서 하나님의 지혜를 발견하라.
1. **남자**는 머리에 두건을 쓰지 말라. 이것이 고린도 남자들이 우상숭배 때 하는 관습이었기 때문에 금지한 것이다(4절).
2. **여자**는 머리에 두건을 쓰라. 당시 여성이 머리에 쓰지 않으면 성매매나 성적 타락을 의미했다(5절).
3. 남녀를 **비교**해서 똑같은 형식을 취해야 동등하다고 논쟁하지 말고 하나님의 창조질서를 따르라(7-12절).
3. 교회에는 **문화적인 온건함도** 중요하다(16절).
■ 공예배 복장으로 건전한 신앙고백을 표현하라.

너희가 모일 때 주의 만찬을 함께 먹으라. 성찬을 분별없이 먹으면 죄를 먹는 것이다(17-34절)!

ⓖ 예배에 대한 질문과 답변(12-14장)
1. **은사장**(12장)-성령의 은사는 지혜, 지식, 믿음, 신유, 능력, 예언, 영분별, 방언, 통역이다. 은사는 그리스도의 몸을 세우기 위함이다.

2. **사랑장**(13장)-은사가 있어도 사랑이 없으면 소용 없다. 은사는 사라져도 사랑은 영원하다.
3. **예배장**(14장)-회중예배에서는 방언을 자랑하지 말고 통역을 하거나 예언으로 유익을 끼치라. 모든 것을 품위 있고 질서 있게 하라.
 *여자는 **잠잠하라**(14:34)? 여성들이 공예배에서 은사를 자랑하고 질서를 어겼기 때문이다(ⓓ참고).
 ■ 다양한 은사를 예배에 활용하되 오직 사랑으로 은사를 사용하라.

⑦ 부활에 관해**(15장)**

ⓗ 부활에 대한 질문과 답면(15장)

1. **부활의 증인들**은 게바, 12제자, 500여 형제, (주의 동생) 야고보, 가장 작은 자 바울이다(1-11절).
 *나의 수고에도 불구하고 하나님의 은혜라고 고백하는 것이 신앙의 역설이다(10절).
2. **부활이 없고 이생뿐이면** 우리는 불쌍한 자들이다(12-19절). 부활이 없다면 왜 세상에서 절제하며 살겠는가!
3. 그리스도께서 **부활의 첫 열매**가 되셨다(20-28절).
4. 부활이 있으니 **사후 세례**도 받는 것이다(29-34절). 임종 세례처럼 당시에는 신앙이 있지만 세례받지 못하고 죽은 자에게 세례를 주었다.
5. **신령한 몸**으로 부활하게 될 것이다(35-58절).
 ■ 나에게는 확실한 부활 소망이 있는가?

⑧ 연보에 관해**(16장)**

디모데가 가리라. 아볼로를 기다리라(10-12절). 바울은 마지막 문안을 하면서도 주를 사랑하지 않으면 저주를 받으리라고 경고했다(13-24절). 그만큼 고린도 교회 내에 사도의 권면에 불응하는 교인들이 있었다. 마라나타("주께서 오신다" "주여 오소서")는 아랍어에서 기원한 초대교회의 선포였다(22절; 계22:20).

ⓘ 연보에 대한 질문과 답변(16장)

⇒흉년(행11:28)으로 가난(갈2:10)에 시달리던 예루살렘 모교회 성도들을 위한 **연보**(구제 헌금)를 미리 성실하게 준비하라(1-9절).
*본서를 3차 선교 도중 에베소에서 기록한 것으로 추정된다(8절).
■ 가난한 형제들을 위해 기꺼이 물질을 나누고 있는가?

• 예수님은 믿는 자들의 **신앙의 유일한 터**가 되신다(3:11).
• 예수님은 **많은 지체를 한 몸 되게 하시며 각 지체에 직분을 주시는** 분이시다(12:5, 12).
• 예수님은 죽은 자 가운데서 살아나사 **부활의 첫 열매**가 되셨다(15:20).

Day 80

사도의 자기 변호
고린도후서 1-13장

 바울은 성도들이 자신의 추천서이며
자신은 오직 주와 교회를 위해 수고한다고 변호했다.

①계획의 변경(1-2장) 위로의 하나님께 감사한다. 고린도 방문을 연기함은 너희를 사랑함이라.

②사도직 설명(3-6장) 우리의 추천서는 너희요 우리가 그리스도를 전파했으니 너희 마음을 넓히라.

③디도의 위로(7장) 너희가 하나님의 뜻대로 회개했다는 소식을 듣고 우리가 위로를 받았다.

④연보를 권면(8-9장) 마게도냐 교회들도 동참했으니 너희도 약속한 연보를 즐거이 넘치게 하라.

⑤사도직 변호(10-12장) 거짓 사도들이 비방하지만 우리는 결백하며 오직 그리스도를 자랑하노라.

⑥방문을 예고(13장) 이번에는 죄인들을 징계하리니 너희 스스로 믿음 안에 있음을 확증하라.

ⓐ 본서는 바울이 3차 선교여행 도중 마게도냐에서 기록한 것으로 추정된다(76일 지도56 참고).

 ①계획의 변경(1-2장)

바울은 아시아에서 극한 환난을 겪었지만 하나님만 의지하게 됐다(1-11절).

Ⓐ 왜 디모데만 공동 발신인일까(1:1)?

바울은 디모데가 **고린도전서**를 직접 전달하며 행악자들을 치리하게 했다(고전16:10-11). 그런데 디모데는 에베소에 돌아와 고린도 교회 안에 바울에 대한 거짓과 적개심이 여전하다는 보고를 했다. 이는 유순한 사람이던 디모

데(딤전4:12, 5:23; 딤후1:7)가 징계를 못하고 **훈육에 실패**했음을 의미할 수 있다. 이에 바울은 오히려 디모데를 격려해 줬고 후에 **에베소 목회**를 맡겼다(딤전1:3).

■ 나는 요즘 내가 만난 사람들의 가능성을 보고 격려해 주고 있는가?

Ⓑ 왜 고린도 방문을 연기했는가(1:12-2:11)?

1.**처음 계획**은 고린도를 경유할 작정이었다 (1:15-17).

2. 고린도에 **가지 않음**은 그들을 아끼기 때문에 근심 중에 만나지 않기로 결정함이었다(1:18-2:4).

3. 근심케 한 자를 차라리 **용서하라**(2:5-11).

■ 목자는 교회 내 분쟁이 있을 때 하나님만 의지하라. 그리고 성도들을 긍휼히 여기는 마음으로 대하라.

바울은 어려움 중에도 자신은 어디에 가든 그리스도의 향기라는 자긍심이 있었다(2:12-17).

② 사도직 설명(3-6장)

① (3장-5:10) <자천>
◎ 바울은 뭐라고 자천했는가(3장-5:10)?

1. **구원받은 너희**가 우리의 추천서(편지)다(3:1-5)-반대자들이 바울에게 당시 풍습이었던 신임장(행9:2, 18:27; 고전16:3)을 요구했다.

2. 우리는 **새 언약의 일꾼**이라. 모세의 영광보다 더한 영광과 자유가 이 복음 안에 있다(3:6-18).

3. 우리는 진리를 증거하여 각인의 양심에 자천한다. 우리는 **오직 예수**의 주되심만 전파한다. 우리가 이 보배를 질그릇에 가졌다(4:1-15).

4. 우리가 낙심하지 않음은 **그리스도의 심판대** 앞에서 다 나타나게 될 것이기 때문이다(5:1-10).

■ 목자의 자랑은 성도가 되고 성도의 자랑은 목자가 되는 교회를 세우라. 그것이 축복이다.

② (5:11-6장) <권면>
◎ 바울은 뭐라고 권면했는가(5:11-6장)?

1. 누구든지 그리스도 안에 있으면 **새로운 피조물**이라. 너희도 새로워져 **화목의 직분**을 받았으니 이제는 **하나님과 화목하라**(5:11-21).

2. 우리는 이 직분을 위해서 갖은 환난 중에도 최선을 다했다. 그러니 이제는 여기에 대한 보답으로 너희도 **마음을 넓히라**(6:1-13).

3. 불신자와 멍에를 함께 메지 말라. 그리스도와 벨리알("불량자", 사탄을 뜻하기도 함)이 상관할 수 없다. **하나님의 성전**으로 살라(6:14-18).

■ 바울은 그들을 정죄하며 권면하지 않았고, 오히려 그들의 영적 정체성을 알려주고 격려하여 권면했다.

③ 디도의 위로(7장)

바울은 이전에 괜히 눈물의 편지를 보냈는가 후회했지만 디도가 고린도 성도들의 사모함과 애통함과 바울을 위한 열심을 전하자, 구원에 이르는 회개가 되었다고 안심했다(2-11절). 바울과 고린도 성도들은 신뢰 관계를 다시 회복했다(16절).

ⓔ 디도가 위로의 소식을 가져왔다(7:6-13)

바울은 **눈물의 편지**를 디도를 통해 보냈다(2:4). 그런데 디도의 복귀가 늦어지자 불안해했다(2:13). 이처럼 바울은 고린도 성도들을 향해 부모 같은 염려가 있었다(11:28-29).

그런데 디도가 마게도냐로 돌아와 바울을 음해했던 사람들은 처리받았고 바울에 대한 신뢰가 회복되었다는 소식을 전했다. 이는 편지의 효과도 있겠지만, 디도가 강단이 있는 리더여서 분열된 교회를 잘 훈육하고 안정시켰던 것 같다. 바울은 그에게 매우 까다로운 그레데 목회를 맡겼다(딛1:5).

■ 목자는 성도의 회개를 기쁘게 받아줘야 한다. 그러려면 목자의 마음에 상처가 없어야 한다.

ⓕ 회개한 성도들에게 전한 메시지의 구성(1-7장)

1. 고린도 방문 계획 변경과 **디도 파송**(1-2장).

2. 사도직 설명과 회개한 성도들 권면(3-6장).

3. 성도들의 회개 소식을 알린 **디도의 보고**(7장).

■ 디도를 통해 들은 회개와 회복의 소식에 바울은 정말 기뻐서 이렇게 긴 감동의 답장을 썼다.

④ 연보를 권면(8-9장)

① (8장) <풍성한 연보>

> **ⓖ 구제 헌금을 모을 때는 이렇게 하라(8장)**

1. 마게도냐 교회들이 시련과 가난 중에도 풍성한 연보를 했으니 너희도 풍성하게 하라 (1-15절). **마게도냐와 아가야**가 서로 선한 열심을 품게 했다(9:2).
2. **주님**은 부요한 분이지만 우리를 위해 가난해지셨다(9절).
3. 거액의 연보를 거두는 만큼 디도와 칭찬받는 두 형제에게 **책임자** 역할을 맡겼다(16-24절).
■ 서로 돕는 선한 일을 격려하되 책임감 있게 열심히 하라.

② (9장) <연보의 원리>

> **ⓗ 구제 헌금은 이렇게 하라(9장)**

1. 각자 마음에 정한 대로 하고 인색함이나 억지로 하지 말고 **자원**하는 마음으로 하라(5-7절).
2. 하나님은 **은혜**를 넘치게 하사 모든 착한 일을 넘치게 하도록 하시는 분이시다(8절).
3. 도움받는 성도가 하나님께 **감사**하게 하라 (11절).
■ 어려운 사람을 구제할 때는 자원하는 마음과 선한 뜻으로 하라.

⑤ 사도직 변호(10-12장)

① (10장) <공격에 대해>

> **ⓘ 바울에 대한 도 넘은 인신공격(10장)**

＊우리의 무기는 육적인 것이 아니라 하나님을 대적하는 생각을 무너뜨리는 하나님의 능력이다(2-6절).
1. 편지는 힘이 있지만 대면해서 말할 때는 시원찮다(10절)는 비방에 대해 바울이 항변했다(11:6).
2. 자신들은 신임장에 근거해 자랑하면서(11-18절, ⓒ1 참고), 바울은 **신임장**이 없다고 깔보았다. 바울이 예루살렘 교회의 지도자들(사

도들)에게 신임장을 받을 수 없어서가 아니라, 그는 오직 예수 그리스도께 받은 복음만을 담대히 전하는 사도였다.
3. 사례를 받지 않았지만 사실은 연보 명목으로 거둔 돈을 **착복**했다며 근거없는 거짓 비난을 했다(12:16).
4. 외적으로 권세와 능력을 가진 대적자들과 세속적인 고린도 교인들이 **가난한 자비량 선교사**(tent-maker)였던 바울을 무시했다(6:9-10, 11:8-9).
■ 교회에서 목회자들과 사역자들을 영적인 관점이 아니라 세상 관점으로 판단하는가?

② (11장) <바울의 고난>

> **ⓙ 바울은 왜 자신의 고난을 자랑했는가(11장)?**

＊스스로 크다 하며 다른 복음을 전한(4절, 갈1:6) 자들은 거짓 사도다(5, 13-15절)! 나도 **육적인 자랑**을 하겠다(1, 16-22절).
1. 투옥, **매** 맞음, 유대식 태형(39대, 신25:1-3)을 5번, 로마식 태장 3번(행16:22, 23-25절).
2. 파선, 바다와 강의 **위험**, 강도와 동족과 이방인과 시내와 광야와 거짓 형제의 위험 (25-26절).
3. 못 자고 못 먹고 굶고 춥고 헐벗었다(27절).
4. 모든 교회를 위하여 **염려**하는 마음(28절).
■ 바울의 고난은 교회를 위한 사랑의 희생이었음을 고백했다.

> **ⓚ 바울의 계시 vs 바울의 질병(12장)**

1. **삼층천**(천국, 44일ⓒ 참고)을 체험했다(1-6절).
2. 그의 **질병**은 간질 내지 안질로 추정된다(7절; 갈4:13-15). 하나님의 은혜는 역설적이다 (8-9절).
＊3차 방문을 앞두고 성도들을 **염려**했다(14-21절).
■ 목자는 자기 변명보다 성도 사랑이 우선이다.

⑥ 방문을 예고(13장)

ⓛ 바울이 엄하게 말한 이유는(13장)?

1. 이번에 가면 **죄인들**을 용서하지 않으리라 (1-2절).
2. 스스로 믿음 안에 있는지 **검증**하라(5절).
3. **엄하게** 쓴 것은 엄하게 대하지 않기 위함이다(10절).
■ 교회는 복음도 회복해야 하고 영적 권위도 회복해야 한다.

ⓜ 축도(Benediction)의 원형(13:13)

1. 주 예수 그리스도의 **은혜**(헬, 카리스).
2. 하나님의 **사랑**(헬, 아가페).
3. 성령의 **교통**하심(헬, 코이노니아, 소통[communication], 교감[communion], 교제[fellowship]).
＊ 대제사장적 축복기도(10일ⓒ 비교).
■ 사도 바울은 가장 속썩이던 교회에게 최고의 축복기도를 해주었다.

- 예수님은 친히 고난받으사 **고난당하는 자를 위로하시는 분**이시다(1:4-5).
- 예수님은 **질그릇 같은 우리 인생에 보배되시는 주님**이시다(4:7).
- 예수님은 부요하신 분으로서 스스로 가난해지셔서 **우리를 부요케 하신 분**이시다(8:9).

Day 81

그리스도의 복음
갈라디아서 1-6장

13.선교시대

바울은 신앙의 토대인 복음을 변호하며
주님이 주신 자유로 사랑하며 살라고 권면했다.

1 복음의 변호(1-2장) 다른 복음은 없다. 주께서 나를 통해 이신칭의의 복음을 전하게 하셨다.

2 복음의 설명(3-4장) 아브라함은 믿음으로 의를 얻었으니, 너희는 모두 약속의 자녀라.

3 복음의 실천(5-6장) 다시는 종이 되지 말고 자유하되 사랑하고 성령 충만하며 선을 행하라.

ⓐ **바울**은 바나바와 기근 때 **예루살렘**을 방문했고(행11:28-30), 14년 후 바나바와 함께 예루살렘에 재차 방문했다(2:1; 행15:1-4).

ⓑ **갈라디아**(76일 지도56, ⓒ 참고)는 오늘날 터키 중부에 해당하는 지역으로서 바울 당시

에는 로마의 속주였다. 이 지역에는 디아스포라 유대인들이 많았고 회당들도 많았다. 그래서 선교적 이점도 있었지만 유대주의의 영향도 강했다.

1 복음의 변호(1-2장)

① (1:1-10) <저주>

Ⓐ 왜 처음부터 저주했는가(1:1-10)?

1. **발신인** – 사도 바울(1절).

2. **수신인** – 갈라디아 여러 교회들(2절, 76일ⓒ 참고).

3. **인사말** – 은혜와 평강이 있기를(3절).

4. 다른 복음을 전하면 **저주**를 받을지어다 (6-10절)!

⇒ 순전한 복음이 **변질**된 것에 다급해졌다.

■ 내 주변에도 영적 심폐소생이 필요한 성도들이 있는가?

Ⓑ 거짓 교사들은 무엇을 가르쳤는가?

1. 바울의 복음 외에 **다른 복음**(1:6-7).

2. **율법의 행위**로 인한 칭의와 구원(3:2, 5:4).

3. 유대인의 **안식일과 절기** 준수(4:9-10).

4. 유대인처럼 **할례**를 행함(5:2-3).

⇒ 거짓 교사들은 이방인 신자들을 그리스도 인이 아니라 유대인을 만들려고 했다.

■ 교회만 다니는 교인이 아니라 참된 그리스도 인이 되어야 한다.

② (1:11-2:10) <바울의 복음사역>
ⓒ 바울은 어떻게 변호했는가(1:11-2:11)?

1. 내가 전한 복음은 오직 **그리스도의 계시**다 (1:11-12).
2. 여정상 사도들에게 배운 게 아니다. 내가 이 방인의 사도됨을 **사도들도 인정**했다(1:13-2:10).

■ 교회에서 사람들에게 인정받기를 원한다 면, 먼저 주님께 온전히 헌신하라.

③ (2:11-21) <이신칭의>
ⓓ 왜 이신칭의를 외쳤는가(2:11-21)?

1. 게바가 **안디옥**에서 외식함에 책망했다(11-14절). 그만큼 갈라디아 지역은 유대주의의 압박이 심했다는 반증이다.
2. **유대인도** 율법의 행위로가 아니라 그리스도 를 믿음으로만 의롭게 된다(이신칭의[以信稱 義]).

■ 내 안에 주께서 살아 역사하시는가(20절), 아니면 율법적인 신앙생활에 지쳐 있는가?

② 복음의 설명(3-4장)

① (3:1-22) <아브라함의 의>
ⓔ 아브라함을 통해 배우라(3:1-22)

1. 아브라함이 **믿음으로** 의를 얻었다(6절).
2. 아브라함 언약에서 "네 자손"은 **그리스도다** (16절).
3. 아브라함 언약이 율법보다 **430년** 앞선다(17 절).

■ 아브라함의 이신칭의가 율법보다 훨씬 앞 선다.

② (3:23-4장) <율법과 복음>
바울에게 눈도 내어주려 했던 그들이 지금은 거짓 교사들의 이간질로 인해 멀어졌다(4:12-20, 80일ⓚ2 참고).

ⓕ 율법의 역할은 무엇인가(3:23-4:20)?

1. 율법은 그리스도께로 인도하는 **초등교사**다 (3:24).
2. 어렸을 때는 **후견인**(율법) 아래 종노릇했지 만 이제 주를 믿고 성령을 받아 하나님을 아 빠 아버지라고 부른다(4:1-7).

■ 나는 율법의 필요와 한계를 알고 있는가 (78일① 참고)?

ⓖ 종의 자녀인가, 약속의 자녀인가(4:21-31)?

1. 하갈=율법=시내산(5일ⓐ2 참고)-이스마엘
2. 사라=복음=예루살렘-이삭

■ 왜 약속의 자녀가 종의 자녀에게 박해받는 가? 율법적 신앙으로 복음적 신앙을 짓누르 지 말라.

③ 복음의 실천(5-6장)

율법이나 할례 같은 종교 형식이 중요한 것이 아니라 새 창조만이 중요하다(6:15; 고후5:17; 엡4:22-24)!

ⓗ 약속의 자녀답게 사는 길은(5-6장)?

1. 주가 주신 **자유**로 다시는 종이 되지 말라(5:1).
2. 자유로 방종하지 말고 **사랑**으로 서로 종노 릇하라(5:13).
3. **성령**을 따라 살면 거룩하게 살 수 있다(5:16-26).
4. 서로 짐을 지며 낙심하지 말고 **선**을 행하라 (6:1-10).

■ 그리스도인의 자유는 성령 충만해야만 아 름답게 감당할 수 있다.

그리스도의 교회
에베소서 1-6장

 바울은 교회가 구원의 공동체임을 설명하며,
일치와 거룩의 삶을 살도록 권면했다.

1 주님의 교회(1-3장) 교회는 구원의 공동체요 화목의 공동체니 나는 이 비밀을 알렸노라.

2 거룩한 성도(4-6장) 이제 힘써 하나되고 거룩하게 살며 영적 전쟁에서 승리하라.

ⓒ **에베소**(76일 지도56, ⓒ 참고)는 인구 30만의 소아시아 최대 도시이자 로마 제국의 5대 도시(로마, 고린도, 안디옥, 알렉산드리아)요 아데미 여신을 섬기는 주술의 도시였다.

ⓓ **아데미(아르테미스) 신전**은 고대 7대 불가사의였다. 에베소 동전에는 "신전지기"(행19:35)라고 새겨져 있었다. 신전은 높이 20m의 백색 대리석 기둥이 127개가 사용되었고, 120년간 건축되었으며, 길이 120m 폭 60m의 초대형 신전이었다(아테네에 있는 파르테논 신전의 2배). 아데미는 처녀들의 수호신이자 다산의 여신이었다. 바울의 사역 당시 소동이 일어났던 도시 중앙의 극장은 2만 5천 명을 수용했다(행19:29). **두란노 서원**의 위치는 미상이다. **아고라**(agora)는 헬라 도시에서 시민들을 위한 시장 및 광장 역할을 하는 장소였다.

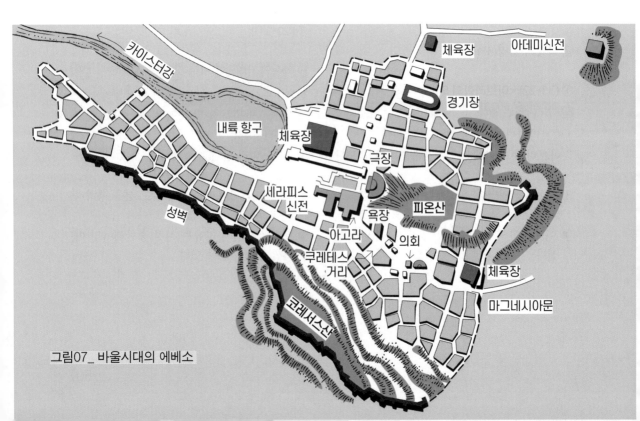

그림07_ 바울시대의 에베소

① 주님의 교회(1-3장)

① (1장) <교회의 정의>

① 교회는 왜 존재하는가(1장)?

＊하나님이 예정하신 구원의 경륜을 **찬양**하라(3-14절).

＊너희가 하나님, 부르심, 기업, 능력을 알게 되기를 **기도**한다(15-22절).

⇒교회는 **그리스도의 몸**이요, 만물을 통일(충만)케 하시는 **주님의 대리인**(Agency)이다(10, 23절).

■ 교회는 주의 구원 역사를 완수하는 사명을 담당하는 공동체다!

② (2장) <교회의 화목>

① 교회는 어떻게 존재하는가(2장)?

1. 진노의 자녀가 **존귀한 자녀**가 되었다(1-10절).
   ‐ "그리스도 안에서"(1:3-6, 11-13, 2:6, 10, 13, 3:6). 오직 주님의 은혜로 이 자리에 서게 되었다!

2. 이방인과 유대인이 그리스도 안에서 **한 새 사람**이 되어 성령 안에서 아버지께 나아간다(11-18절).

3. 교회는 **새로운 가족**이요 **새 성전**이다(19-22절).

■ 교회는 하나님의 자녀들이 연합하게 된 신 인류 공동체!

③ (3장) <교회의 비밀>

Ⓚ 옥중에서의 간절한 기도(3장)

1. 옥중에서 이 비밀을 전한다(3:1, 4:1, 6:20).

2. 너희가 넘치는 그리스도의 사랑을 알게 되기를 기도한다(14-21절).
   ‐ 옥중에서도 찬양과 기도의 능력(행16:25-26).

■ 이방인 선교에 헌신했던 바울과 누가의 한결같은 믿음의 고백이었다.

② 거룩한 성도(4-6장)

① (4:1-16) <성도의 일치>

Ⓛ 성도는 교회에서 어떻게 살 것인가(4장)?

1. 부르심대로 성령의 **하나**되게 하심을 지키라(1-6절).

2. 은사와 직분대로 **봉사**해 교회를 세우라(7-16절).

■ 일치와 섬김이야말로 성도로서 합당한 삶이다.

② (4:17-6:9) <성도의 거룩>

Ⓜ 성도는 세상에서 어떻게 살 것인가(4:17-6:9)?

1. 옛 사람을 벗고 **새 사람**을 입으라(4:17-32).

2. 하나님을 본받는 자가 되어 **거룩**하게 살라(5:1-14).

3. 세상 낙을 버리고 **영적 즐거움**으로 살라(5:15-20).

4. 부부, 부모 자녀, 주인과 종은 **상호 존중**하라(5:21-6:9). '누구에게든 주께 하듯 하라'는 말씀은 당시에는 사회 개혁적 메시지였다!

■ 세상 사람들과는 다르게 그리스도 안에서 새 사람으로 인생을 사는가?

③ (6:10-24) <성도의 영성>

Ⓝ 성도는 영적으로 어떻게 살 것인가(6:10-20)?

1. 마귀의 간계와 **영적 전쟁**이 있으니 하나님의 **전신갑주**를 입으라(10-17절).

2. 성도와 복음 사역을 위해 **기도**하라(18-20절).

■ 영적 전쟁에서 승리하려면 지금 내게 필요한 것은 무엇인가?

• 예수님은 우리를 **죄와 사망과 저주와 율법에서 자유롭게 하신 분**이시다(갈5:1).

• 예수님은 진노의 자녀를 구원하사 **하나님 보좌에까지 앉혀 주시는 분**이시다(엡1:1-6).

• 예수님은 중간에 막힌 담을 허무시고 **모든 사람을 화평케 하시는 분**이시다(엡2:13-14).

Day 82

주 안에서의 기쁨
빌립보서 1-4장

 바울은 자신의 전부가 되시는 주님으로 인해 기뻐하며
성도들에게도 기뻐하라고 권면했다.

① 주는 내 생명(1장) 복음이 전파됨을 기뻐함은 살든지 죽든지 주가 존귀케 되기를 원함이라.

② 주는 내 모범(2장) 너희 안에 그리스도 예수의 마음을 품고 너희 구원을 이루어 가라.

③ 주는 내 영광(3장) 육체를 자랑하지 않고 푯대를 향해 감은 주의 영광의 부활을 사모함이라.

④ 주는 내 능력(4장) 우리가 염려하지 않음은 능력 주시는 주님 안에서 다 감당하기 때문이라.

 ⓐ **빌립보**는(76일 지도56,ⓑ 참고) 알렉산더의 부친 빌립 2세가 정복하고 이름 붙인 도시로서 금광이 많아 군대를 일으켜 헬라제국을 건설하는 밑거름으로 삼았다. BC 42년 옥타비안이 빌립보를 로마의 식민지로 만들었다(행16:12). 빌립보는 로마 제국의 동서 고속도로인 **비아 에그나티아**(에그나티아 가도) 위, 그리고 **네압볼리** 항구에서 16km에 위치해 있어서 마게도냐 지역에 진입하는 첫 번째 도시였다(행16:12). 바울은 문 밖 강가 기도처에서 하나님을 경외하는 루디아를 만났는데(행16:13-14), **간지테스강**은 도시 서쪽으로 1.6km에 위치해 있다. **아고라**는 81일 ⓓ를 참고하라.

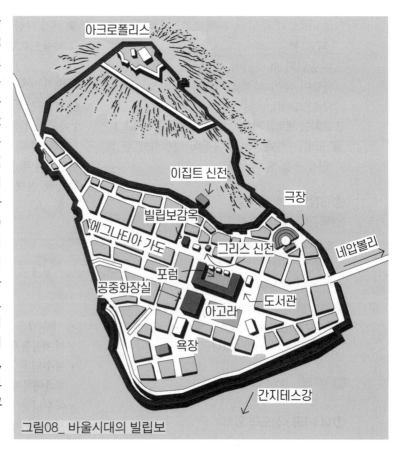

그림08_ 바울시대의 빌립보

1 주는 내 생명(1장)

바울은 자신의 고백과 함께 빌립보 성도들에게 복음에 합당하게 살라고 권면했다 (27-30절).

Ⓐ 빌립보 성도들에 대한 애정(1:1-11)

1. **발신인**은 그리스도의 종 바울과 디모데(1절).
2. **수신인**은 빌립보의 모든 성도, 감독, 집사들 (1절).
3. 줄곧 **복음에 참여**함에 감사하고 있다(3-7절). –지속적으로 사도 바울을 지원했다(4:14-18).
4. 주님의 심장으로 너희를 정말 **사모**한다(8-11 절).
■ 목자와 성도 간에 사랑의 공동체를 세우라.

Ⓑ 사도 바울의 기쁨의 이유는1(1:12-26)?

1. 자신의 투옥이 **복음 전파**에 도움되었다(12-14절).
   * 옥중서신 –"시위대"(관저의 수비대, 13절).
     –"가이사의 집 사람들"(4:22).
2. 투기로 하든 선의로 하든 **주님**만 **전파**되면 나는 기쁘다(15-18절).
3. **주님**이 **존귀**해지신다면 살든지 죽든지 좋다 (19-26절). 사도 바울은 처형될지 석방될지 모르는 상황이었다(2:23).
■ 내 삶의 이유는 오직 예수 그리스도이신가?

2 주는 내 모범(2장)

Ⓒ 사도 바울이 제시한 모범은(2장)?

1. **그리스도 예수의 마음**을 품으라(1-8절). 그가 겸비하사 순종하시자 하나님께서 그를 높이 셨다(9-11절; 사45:23).
   cf) 아담의 교만과 타락(창3:5-6), 바울의 겸 손과 만족(3-4장).
2. 너희 구원을 이루라. 그리고 소원을 품고 하 나님이 기뻐하시는 뜻을 행하라(12-15절).

* **구원의 3가지 시제**는 과거완료(롬8:1-2), 현재진행(12절), 미래완료(1:6)다.
* **겸손의 본**을 보인 **사역자들**–바울(16-18절), 디모데(19-24절), 에바브로디도(25-30절).
■ 주님의 겸손을 닮아가는 기쁨이 내 안에 있는가?

3 주는 내 영광(3장)

자만하던 청년 사울은 주님을 만나 겸손한 바 울 사도가 되었다(2:5). 우리의 시민권은 하늘 에 있다(20절, 빌립보서 개론 참고).

Ⓓ 사도 바울의 비포 앤 애프터(3장)

* 육체를 자랑하는 **유대주의자들**을 삼가라 (1-3절).
1. **비포(Before)**–이스라엘 족속, 바리새인, 교회를 박해하고 율법의 의로 흠이 없던 자(4-6절).
2. **애프터(After)**–예수를 아는 지식이 가장 고상하 여 이전 유익을 다 배설물로 여긴다(7-8절). 아 직도 푯대를 향해 달려간다(9-14절). 주의 영 광의 부활체를 입게 되기까지(20-21절).
■ 주님을 만난 나의 비포 앤 애프터는 어떠한가?

4 주는 내 능력(4장)

바울은 여성 리더들인 유오디아와 순두게에게 연합하라고 권면했다(2절). 루디아가 창립멤버 인 빌립보 교회는 여성 리더십이 영향력을 가 졌던 교회로 보인다.

Ⓔ 사도 바울의 기쁨의 이유는2(4장)?

1. 기뻐하라. 염려하지 말고 **감사함**으로 기도하 라(4-9절).
2. 비천하든 풍부하든 **주님이 내게 능력 주시니** 나는 다 감당할 수 있다(10-13절). 이것은 감옥에서 바울이 한 고백이었다.
■ 기도가 다 이루어지는 신앙보다 주님을 신 뢰하기에 어떤 상황도 뛰어넘을 수 있는 신 앙이 참으로 능력 있는 신앙이다.

으뜸이신 그리스도
골로새서 1-4장

 바울은 그리스도의 탁월하심을 선포했다.

① 으뜸이신 주님**(1-2장)** 그리스도는 만물의 으뜸이시니 거짓된 이단 사상들은 무익하다.

② 주께 순종하라**(3-4장)** 위의 것을 구하고 새 사람을 입으며 서로 사랑하고 우리를 위해 기도하라.

ⓑ **골로새**(76일 지도56 참고)는 한때 소아시아에서 라오디게아와 히에라볼리와 함께 무역이 번창하고 종교와 철학이 흥왕했던 도시지만, 바울 시대에는 쇠락일로에 있었다.

 ① 으뜸이신 주님**(1-2장)**

ⓕ 골로새 교회를 왜 칭찬했는가(1:3-8)?
1. **믿음**과 성도 **사랑**과 하늘 **소망** 때문에(3-5절).
2. 에바브라에게 배우고 복음 안에서 **성장함** (6-8절).
■ 작은 교회 안에 성도 간의 사랑과 믿음의 성장이 있었다.

ⓖ 그리스도 찬미송(1:15-20)
1. 하나님의 형상이요 만물의 창조주(15-17절).
2. 교회의 머리시요 십자가 **구원의 주**(18-20절).
＊영광의 소망이요 하나님의 비밀(1:26-2:3).
■ 나는 예수님을 창조주요 구원자로 믿는가?

ⓗ 골로새 교회를 괴롭힌 이단들은(2:4-23)?
＊그리스도의 신비를 알아야 속지 않는다(4절).
1. "철학과 헛된 속임수"**(영지주의)**-예수님은 신성뿐만 아니라 인성도 가졌던 분이다(8-10절).
2. "할례, 음식, 절기"**(유대주의)**-율법은 그리스도의 구원을 예표하는 그림자일 뿐이다(11-17절).
3. "꾸며 낸 겸손, 천사숭배"**(신비주의)**-영적 체험을 과장하고 머리이신 주님을 붙들지 않았다(18-19절).
4. "붙잡지도 맛보지도 만지지도 말라"**(금욕주의)**-자기 숭배와 고행으로 영적 유익이 없다(20-23절).
＊초등학문(8, 20절)＝미신 vs 율법(갈4:3, 9).
■ 교회 안에 거짓된 신앙 유형들은 무엇인가?

① 골로새서	에베소서
"땅과 하늘에 있는 것" (1:20)	(1:10)
"비밀" (1:26-2:2, 4:3-4)	(1:9, 3:3-4, 9, 6:19)
"그를 일으키신 하나님의 역사를 믿음"(2:12)	(1:19-20)
"온몸이 연합"(2:19)	(4:16)
"옛 사람, 새 사람" (3:5-17)	(4:17-32)
"세월을 아끼라"(4:5)	(5:16)
"남편과 아내, 부모와 자녀, 종과 상전" (3:18-4:1)	(5:22-6:9)

② 주께 순종하라(3-4장)

⊙ 그리스도께 순종하는 삶이란(3장-4:1)?

＊너희가 그리스도와 함께 살리심을 받았으면(3:1),

1. 땅의 것을 생각하지 말고 **위의 것**을 찾으라 (3:1-2).

2. 땅에 있는 지체를 죽이라. 탐심은 우상숭배다. 너희는 이미 **옛 사람**을 벗고 **새 사람**을 입었다(3:5-10).

3. 모든 것 위에 **사랑**을 더해 온전케 하라 (3:14).

4. 부부, 부모 자녀, 주인과 종은 **상호 존중**하라 (3:18-4:1).

■ 주 예수 그리스도께 순종하는 삶을 살고 있는가?

Ⓚ 바울의 동역자들(4:7-17)

1. **두기고**가 본서와 에베소서를 전달했다(4:7; 엡6:21).

2. **오네시모**는 골로새 성도였다(4:9).

3. 바울은 **마가**를 받아들였다(4:10; 행15:37-39).

4. **에바브라**가 성도들을 위해 수고했다(4:12-13).

5. **누가**는 투옥된 바울 곁을 지켰다(4:14, 77일 Ⓒ 참고).

6. **아킵보**가 에바브라 대신 설교 사역을 맡았다 (4:17).

■ 내게는 하나님이 보내주신 동역자들이 있는가?

- 예수님은 근본 하나님의 본체시나 사람의 모양을 입고 오신 분이시다(빌2:6-8).
- 예수님은 만물을 창조하신 **창조주**이시요 **만물의 으뜸**이신 분이시다(골1:16-18).
- 예수님은 만세로부터 감추어졌다 나타나신 **하나님의 비밀**이시다(골1:26-27, 2:2).

Day 83

재림의 소망
데살로니가전서 1-5장

바울은 성도들이 신앙의 본이 됨을 칭찬하면서
재림의 소망 가운데 살라고 권면했다.

1️⃣ 교회를 칭찬(1-3장) 너희 믿음이 본이 되었으니, 우리의 복음을 하나님의 말씀으로 받음이라.
2️⃣ 재림의 교훈(4-5장) 거룩하게 살라. 또한 부활을 바라며 항상 기쁨과 기도와 감사로 살라.

ⓐ **데살로니가**(76일 지도56,ⓑ 참고)는 로마와 동방을 연결하는 에그나티아 도로상에 위치한 상업도시이자 마게도냐의 수도였다. 데살로니가는 BC 315년 알렉산더 대왕 사후에 헬라지역의 후임자가 된 카산더가 자신의 아내이자 알렉산더의 여동생의 이름으로 명명한 것이다.

1️⃣ 교회를 칭찬(1-3장)

① (1장) <자랑스런 교회>

Ⓐ 초창기의 바울서신(1:1-2)
1. **발신인** – 바울, 실라, 디모데(3:6; 행17:13-15, 18:5).
2. **수신인** – 데살로니가 교회(행17:1-9).
■ 초창기 초대교회의 신앙고백을 살펴볼 수 있다.

Ⓑ 바울이 감사기도를 드린 이유는(1:3-8)?
1. **믿음**의 역사, **사랑**의 수고, **소망**의 인내(3절)
–신앙의 열매를 삶 가운데 맺는 성도들이었다.

2. 우리의 **전도**를 통해 하나님이 너희를 택하셨다(4-5절).
3. 환난 중에도 우리와 주를 본받아서 이제는 온 헬라와 각지에 **믿는 자의 본**이 되었다(6-8절).
■ 데살로니가 교회처럼 선한 영향력을 미치는 내실있는 교회를 세우라.

② (2장) <바울의 사역>
데살로니가 성도들과 다시 만나려는 소망을 막은 사탄의 방해란 유대인들의 박해일 것으로 추정된다(18절; 행17:13).

© 사도 바울의 사역자로서의 마음은(2장)?

1. 권위를 주장하지 않고 자비량으로 일하며 유모가 자녀를 기르듯 **사랑으로 양육**했다(7-9절; 고전4:15).
2. 우리가 전한 복음을 너희가 **하나님의 말씀으로 받음**이니 이 말씀이 너희 안에 역사하는구나(13절).
3. 우리의 면류관, 영광, 기쁨은 **너희**다(19-20절).
■ 당신은 새신자를 전도하고 양육하는 기쁨을 누리고 있는가?

③ (3장) <디모데의 소식>

바울은 아덴에서 디모데를 보내 데살로니가 성도들을 위로하고 굳건하게 하고자 했다(1-3절). 바울의 마음 가운데 유대인들의 박해가 심한 데살로니가에서 그들의 복음 사역이 헛수고가 될까 봐 염려함이 있었다(4-5절). 그런데 디모데가 돌아와서 성도들이 주 안에서 굳건하다는 소식을 전해 주자 사도 바울은 살겠다고 말했으니(6-8절), 그가 얼마나 영혼에 대한 깊은 사랑으로 복음사역을 감당했는지를 알 수 있다.

© 성도들을 위한 중보기도의 내용1(3:11-13)?

1. 너희에게로 갈 수 있는 **길**이 열리기를(11절).
2. 너희가 교회 안팎으로 **사랑**이 넘치기를(12절).
3. 주님 **강림**하실 때 흠이 없게 하시기를(13절).
■ 나는 성도들, 특히 초신자들을 위해 기도하는가?

② 재림의 교훈 (4-5장)

① (4장) <재림의 소망>

바울은 데살로니가 성도들에게 이방인과 같이 색욕을 따르지 말고 거룩함으로 사는 것이 하나님의 뜻이라고 가르쳤다(1-8절). 또한 형제를 사랑하고 성실하게 일하며 외인(비기독인)에 대하여 존경받을 만한 삶을 살라고 권면했다(9-12절).

© 재림과 부활의 소망은 무엇인가(4:13-18)?

1. 임박한 재림을 기다리다가 죽은 성도들은 **잠든 것**이니 걱정하지 말라(13절; 막5:39; 요11:11). 주님이 재림하실 때 **먼저 들림**을 받으리라(14-15절).
2. 주님이 하늘에서 강림하셔서 죽은 성도와 살아 있는 성도가 **공중에서 주를 영접**하리라(16-17절). 예수님이 심문당하실 때 증언하신 대로이고(마26:64), 승천하실 때 천사들이 예고한 대로다(행1:11). 하나님의 나팔소리가 울릴 때(고전15:51) 우리는 공중에서 주님 앞에 들림받아 천국으로 인도함 받을 것이다.
■ 그리스도인의 궁극적인 소망은 주님의 재림과 성도의 부활과 영원한 천국에 대한 소망이다.

② (5장) <종말론적 신앙>

© 종말의 때가 언제인지 걱정되는가(5:1-11)?

1. 주의 날이 **도둑같이** 오리라(2절; 마24:43). 마치 임산부에게 산고가 오듯이(3절; 사13:8).
-그날과 그때는 오직 아버지만 아신다(마24:36).
2. 어둠에 있지 않으면 그날이 도둑같이 오지 않는다(4절). 너희는 **빛의 아들**이기 때문이다(5절; 엡5:8).
3. **깨어서** 살라(6-8절). **전신갑주**를 입고(8절; 엡6:13-17) 서로 권면하라(11절).
■ 종말이 언제 오는가가 중요한 것이 아니라 언제 오든지 준비되어 있는 성도가 되는 것이 중요하다.

© 마지막 때를 사는 성도들에게(5:12-22)

1. 게으른 자를 **권계**하고 심약한 자를 **격려**하며 무력한 자를 **지지**해 주고 모두에게 **인내**하라(14절).
2. 악을 갚지 말고 항상 **선**을 따르라(15절; 롬12:17-21).

3. 항상 **기뻐**하고 계속 **기도**하며 범사에 **감사**하라. 이것이 너희를 향한 하나님의 뜻이니라 (16-18절).
4. **성령**을 소멸하거나 **예언**을 멸시하지 말라 (19-20절).
■ 역사의 마지막 구간에는 전력 질주하는 마음으로 살아야 한다.

㉮ 성도들을 위한 중보기도의 내용2(5:23-24)
1. 재림 때까지 너희의 영혼육이 흠 없게 **보전**되기를 원하노라(23절).
2. 부르신 분이 미쁘시니 **이루시리라**(24절; 빌 1:6).
■ 나는 내 (영적) 자녀들을 믿음으로 주님 손에 맡기는가?

재림의 교훈
데살로니가후서 1-3장

13.선교시대

 바울은 환난 중의 성도들을 격려하며 재림에 관해 미혹되지 말고 부지런히 살라고 권면했다.

① 환난 중 격려(1장) 환난 중에 인내하는 너희를 통해 주께서 영광을 받으신다.
② 미혹 중 경고(2장) 재림에 관해 미혹되지 말고 우리의 가르침을 지키라.
③ 생활의 권면(3장) 게으른 자에게 일하여 양식을 먹으라고 권면하라.

 ① 환난 중 격려(1장)

바울은 데살로니가 성도들의 믿음의 성장, 사랑의 풍성, 환난 중 인내로 인해 감사하고 자랑한다고 말했다(3-4절; 살전 1:3).

① 환난당하는 성도들에 대한 격려(1:5-9)
1. 환난은 공의로우신 하나님의 일하심이다(5절). 박해자에게는 **환난**을, 환난받는 너희에게는 **안식**을 주시리니, **재림주 예수**께서 이렇게 하시리라(6-9절).

2. 주께서 강림하실 때 성도들과 신자들에게 **영광과 감탄**을 받으시리라(10절).
■ 종말의 심판을 소망하며 오늘을 담대히 살라.

바울은 성도들이 부르심에 합당하게 살다가 영광에 이를 수 있기를 중보하며 기도했다(11-12절).

② 미혹 중 경고(2장)

바울은 교회가 거짓 교훈이 아닌 선한 일과 말에 굳건하기를 기도했다(16-17절).

ⓙ 재림에 대한 잘못된 교훈을 주의하라(2장)

1. 주의 날이 이미 이르렀다는 말(딤후2:18)에 **두려워 말라**(1-2절).
2. 먼저 배교하는 일과 **불법의 사람(적그리스도)** 이 활동하리라(3-6절). 복음 사역을 방해하는 적그리스도 세력은 종교적으로는 유대주의자들과 영지주의자들(요일2:18), 정치적으로는 스스로를 높인 지도자들(사14:12-15; 단11:36-45; 계13:1, 18, 61일① 참고) 및 배후의 사탄이다.
3. **막는 자**(하나님 내지 성령님)가 제어하고 계시다(7절).
4. 주께서 **재림**하사 적그리스도를 죽이시리라(8절).
* 우리가 가르친 **전통**(사도 전승의 복음, 3:6)을 지키라(15절).
cf) 인간적인 전통(마15:2, 골2:8).
■ 거짓된 종말론을 가르치는 이단들을 주의하라. 사도적 전통, 교회의 건강한 가르침을 따르라.

③ 생활의 권면(3장)

ⓚ 마지막 때에 어떻게 살 것인가(3장)?

이제 종말이니 일할 필요가 없다는 사람들이여 성실하게 **일하라**(6-12절; 살전4:11-12, 5:14). 오늘날도 임박한 종말론을 가르치며 신도들이 생업을 포기하고 극단적인 삶을 살게 하는 이단이 얼마나 많은가. 하지만 **예수님도** 떠나실 때 끝까지 사랑하셨고(요13:1) 가르치셨다(행1:3). **바울도** 텐트 메이커로 성실하게 일하며 사역했다.
■ 순례자들이여, 천성을 향해 마지막 스퍼트를 하라! 일상생활에도, 신앙생활에도 성실하라!

ⓛ 바울의 친필의 의미는(3:17)?

1. 눈이 나빠 **대필자**가 있었다(갈4:15; 롬16:22).
2. 바울의 **친서**임을 증명했다(고전16:21; 골4:18; 몬1:19).
■ 오늘 내가 직접 연락하고 돌봐야 할 사람은 누구인가?

- 예수님은 하늘에서 강림하사 공중에서 **성도들을 맞아주실 재림**의 **주님**이시다(살전4:16-17).
- 예수님은 강림하사 **성도들에게 영광과 감탄을 받으실 분**이시다(살후1:10).
- 예수님은 세상의 모든 불법 세력을 죽이시고 **승리하실 재림**의 **주님**이시다(살후2:8).

주의 날은 밤에 도둑같이 올 것이다(살전5:2). 소망을 갖고 인내하며 그날을 기대하고 있는가? 지금 나는 주의 날을 어떻게 준비하고 있는가?

목회적 조언
디모데전서 1-6장

 디모데에게 열심히 사역하라고 권면했다.

1 성도들 권면(1-3장) 다른 교훈을 주의하고 선한 싸움을 싸우며 감독과 집사를 잘 세우라.

2 디모데 권면(4-6장) 거짓 교훈을 주의하고 믿는 자의 본이 되며 믿음의 선한 싸움을 싸우라.

 ⓐ 바울의 **5차 전도여행**(77일 지도57,ⓒ 참고).

ⓑ **에베소**(81일 그림4, ⓒ, ⓓ 참고)는 소아시아를 대표하는 도시였으며, 에베소 교회는 계시록에 등장하는 소아시아 7개 교회의 중심 교회였다(계2:1).

 1 성도들 권면(1-3장)

①(1장) <바른 교훈>

Ⓐ 디모데는 누구인가(1:1-2)?

1. 아버지는 헬라인(행16:1)이지만 어머니와 할머니에게 히브리 **성경으로 양육**받았다(딤후 1:5, 3:15).

2. 바울의 **믿음의 아들**이자 **동역자**였다(빌2:22; 딤후4:9).

3. 사도 바울이 가장 심혈을 기울였던 **에베소목회**를 맡겼다(3절).

4. **심약하고 연소한 목회자**여서 심적인 부담이 컸다(4:12, 5:23).

■ 나에게는 영적 멘토와 멘티가 있는가?

Ⓑ 말씀 양육의 목적은 무엇인가(1:3-11)?

1. 다른 교훈(이단)과 신화와 족보(유대주의)에 몰두하지 않게 하라.

- 초대교회에 들어온 영지주의 **이단을 막으라** (3-4절).

2. 교훈의 목적은 깨끗한 마음(마5:8), 선한 양심(19절), 진실한 믿음에서 나는 사랑이다(5절). 이단들은 이런 **선한 동기와 신앙 인격**이 없다(6-7절).

3. 율법은 죄인들을 **구원하기 위함**이다(8-11절).

- 유대주의는 행위의 거룩만 강조하고 자랑했다.

■ 말씀을 가르치고 배우는 일에 선한 동기를 품으라.

Ⓒ 바울의 신앙고백과 권면(1:12-20)

1. 박해자였던 내게 복음의 직분을 맡겨 주신 것은 전적인 주님의 은혜였다(12-14절).

2. "주께서 죄인을 구하러 오셨다!"(초대교회 신앙고백문). 내가 **죄인의 괴수**인데 성도들의 **본**으로 세우셨다(15-16절).
⇒ 선한 싸움을 싸우라(담대하게 목회하라)! 믿음과 착한 양심을 가지라(5절, 성도들의 본이 되라).
■ 바울처럼 복음이 그저 교리가 아니라 나의 인격적인 신앙고백인가?

후메내오와 알렉산더는 교회를 어지럽힌 이단자들(딤후2:17-18, 4:14)이어서 출교시켰다(20절).

② (2장) <신앙 공동체의 질서>
ⓓ 바울이 교회에 권면한 것은(2:1-15)?

1. **왕과 지도자들**을 위해 기도하라(2절; 롬13:1). 하나님은 모두가 구원받기 원하신다(4절; 겔18:23)-네로 치하에서도 바울은 사회 변혁이 아닌 영혼구원이 목표였다.
2. **남자들**은 다툼 없이 기도하라(8절)-유대인과 이방인 간에 분쟁하지 말라(79일 ⓐ,ⓖ 참고).
3. **여자들**은 단정히 하고 선행하고 순종하라(9-12절)-고린도교회와 유사한 문제에 대한 권면이다(79일 ⓖ,ⓕ 참고).
■ 교회는 영혼 구원을 목표로 모든 성도가 일치단결해야 한다.

③ (3장) <감독과 집사>
ⓔ 임직자를 세우려면(3장)

1. **감독**의 직분은 선한 일이니 사모하라(1절).
2. **집사**는 깨끗한 양심과 믿음을 가진 자여야 한다(8-9절, 1:5, 19; 행6:3-6).

■ 사역의 성실함과 탁월함도 중요하지만 삶과 신앙의 본이 되는 리더들을 세우라.

② 디모데 권면(4-6장)

부디 사명을 잘 감당하라(6:20).

ⓕ 목회자는 이렇게 하라1 - 영성(4장)

1. 이원론적인 영지주의 **이단**을 **주의**하라(1-5절).
2. 유대주의의 형식을 버리고 **경건**을 **훈련**하라(7-8절).
3. 나이와 상관없이 **믿음의 본**이 되라. 말씀에 전심전력하고 **영적 성숙**을 나타내라(12-16절).
■ 목회자는 분별, 경건, 말씀에 올인해야 한다.

ⓖ 목회자는 이렇게 하라2 - 목양(5장)

1. 남녀노소 성도들을 내 **가족처럼** 대하라(1-2절).
2. 항상 기도하고 자녀를 양육하며 객을 대접하고 성도를 섬기며 환난당한 자를 구제하는 참 과부를 **존대**하라(3-10절).
3. 잘 다스리고 가르치는 장로를 더 **존경**하라(17절).
■ 모든 성도들과 건강한 가족 공동체를 세우라(엡2:19).

ⓗ 목회자는 이렇게 하라3 - 사명(6장)

1. 이단자들처럼 분쟁하지 말고 **자족**하라(3-6절).
2. 돈을 좇지 말고 의, 경건, 믿음, 사랑, 인내, 온유를 따르고 **선한 싸움**을 싸우라(10-12절).
■ 사명자는 오직 주님을 바라고 닮아 가라(빌3:10-14).

목회적 유언
디모데후서 1-4장

디모데에게 담대히 사역하라고 권면했다.

① 충성하라(1-2장) 두려워 말고 충성된 사람들을 세우고 진리의 말씀을 분별하는 주의 종이 되어라.
② 전파하라(3-4장) 말세에 너는 말씀을 전파하라. 나는 선한 싸움을 마쳤고 떠날 시각이 가까웠다.

 ① 충성하라(1-2장)

① (1장) <사명을 지키라>

ⓘ 갈림길에서 사명자가 가야 할 길(1장)

1. 바울이 디모데(Ⓐ 참고)에게 **재차 당부**했다. 두려워 말고 능력과 사랑과 절제를 채우라(7절).
2. 나의 **소명**을 네가 이어받아 잘 지켜라(8-14절).
   *부겔로와 허모게네 같은 **배신자**도 있었지만 에베소의 오네시보로 같은 **동역자**도 있었다(15-18절).

② (2장) <좋은 목자가 되어라>

ⓘ 목회 멘토링(2장)

1. 너도 복음을 충성된 사람들에게 **부탁하라**(2절).
2. 그리스도의 군사, 경기자, 농부가 **되어라**(3-6절).
3. 주와 함께 죽고 살기로 **결단하라**(11-12절).
4. 진리의 말씀과 이단을 **분별하라**(14-18, 23-26절).
5. 정결하여 주께 귀히 쓰임받는 그릇이 되라(20-22절).
   ■ 목회자의 돌봄 1순위는 자기 자신이다.

② 전파하라(3-4장)

① (3장) <마지막 시대>

얀네와 얌브레(8절)는 탈굼(아람어 성경 해석서)에 나오는 애굽 술객들의 이름이다(출7:11).

Ⓚ 마지막 시대를 어떻게 살아야 할까(3장)?

*말세는 자기애, 물욕, 무정함, 쾌락의 때요, 경건의 모양만 있어 진리에 이르지 못하는 때다(1-9절).
⇒ 구원의 지혜를 주는 **성경**을 붙들라(14-17절)! 그리고 이 **말씀 전파**하기를 항상 힘쓰라(4:2)!
■ 하나님의 말씀이 충만하여 경건의 능력이 나타나는 성도인가?

② (4장) <마지막 소망>

데마는 변절했고 그레스게와 디도는 사역지로 갔고 누가만 함께 있었다(10-11절). 디모데는 로마에서 마지막으로 바울과 상봉했다(9, 21절).

Ⓛ 순교자의 고백(4장)

1. 전제(7일Ⓒ4 참고)처럼 부어져 **떠날 때다**(6절).
2. 선한 싸움을 싸웠고 사명을 **완수했다**(7절).
3. 주께서 날 위해 의의 면류관을 **주시리라**(8절).
■ 그대여 세상 떠날 때 이 고백을 할 수 있겠는가?

건강한 목회
디도서 1-3장

디도에게는 선한 일을 독려하라고 권면했다.

① 선한 일에 힘쓰라(1-3장) 좋은 지도자들을 세우고 할례파를 금지하며 선한 일에 힘쓰게 하라.

 ⓒ **그레데**(75일ⓐ 및 77일 지도58, ⓒ 참고).

 ① 선한 일에 힘쓰라(1-3장)

① (1장) <지도자>

Ⓜ 그레데 목회 사역의 목적(1장)

＊믿음의 아들 디도에게 주는 목회적 권면(4절).
1. 그레데섬 교회들에 **장로 조직**을 세우라(5절).
2. **할례파**를 막고 **거짓 교사**를 꾸짖으라(10-14절).
■ 건강한 교회에는 건강한 리더들과 가르침이 필요하다.

② (2장) <성도들>
성도들을 가족처럼 대하고(딤전5:1-2) 선한 일에 힘쓰도록 양육하라(12-14절).

③ (3장) <이단자>
통치자들에게 복종하고(1절; 딤전2:2) 이단자는 한두 번 훈계하고 멀리하라(10절).

용서의 목회
빌레몬서 1장

 빌레몬에게 오네시모를 용서하라고 권면했다.

① 형제를 용서하라(1장) 내가 회심시킨 오네시모를 돌려보내니 그를 종이 아닌 형제로 받아들이라.

 ① 형제를 용서하라(1장)

Ⓝ 빌레몬에게 권면하다(1장)

＊동역자 빌레몬, 아내 압비아, 아들 아킵보에게.
1. 사랑과 믿음으로 성도들을 섬김에 **감사하다**(4-7절).
2. 오네시모가 회심했으니 형제로 **영접하라**(8-16절).
3. 그의 빚은 내가 갚아 주리니 **순종하라**(17-21절).
■ 바울은 노예제의 뿌리를 흔드는 주의 사랑과 용서를 역설했다!

• 예수님은 **죄인을 구원하시려고 세상에 임하신 분**이시다(딤전1:15).
• 예수님은 끝까지 믿음을 지킨 주의 자녀에게 **면류관을 예비하시는 분**이시다(딤후4:7-8).
• 예수님은 주님을 믿는 자에게 **성령을 풍성하게 부어 주시는 분**이시다(딛3:6).

14주 / 예수님은 누구신가?

지존자 예수님
"친히 만물의 으뜸이 되려 하심이요"(골1:18)

다원주의 사회에서 유일신을 믿는 일은 참으로 어렵다. 21세기 포스트모더니즘 사회뿐만 아니라, 2천 년 전 로마시대에는 더욱 그러했다. 그때는 그리스 로마의 만신전(萬神殿, 라틴어, 판테온)에서 숭배하는 데 멈추지 않고 황제 숭배까지 더해졌다. 그런 시대에 유일신을 믿는다는 것은 사회에서 조롱당하고 가족에게 버림받고 국가에서 박해받는다는 것을 의미했다.

그런데도 수많은 그리스도인이 예수 그리스도를 믿는 신앙 때문에 처형장의 이슬이 되고 맹수들의 먹이가 되었다. 도대체 그들의 신앙은 무엇이었는가? 오늘날 강대국인 미국이나 중국의 영향력을 뛰어넘는 초강대국 로마는 황제의 통치 아래 있었다. 옥타비안이 로마의 공화정을 제정으로 바꾸고 황제에 오른 첫 번째 인물이 된 이래로, 로마의 평화시대는 꽃을 피웠다. 그러나 어찌 보면 그 찬란한 꽃의 정점은 바로 예수 그리스도이시다.

"너희가 그리스도 예수를 주로 받았으니"(골2:6). 헬라어 신약성경에서 주는 황제를 부르는 칭호(헬, 퀴리오스)였다. 그리고 구약성경에서 주는 여호와를 부르는 칭호(히, 아도나이)였다. 결국 이 하나의 고백, "주 예수 그리스도"(엡3:11)는 천상의 그리스도(성자)께서 지상의 예수(인자)가 되신 사건이었다. 그분은 이방인에게는 퀴리오스요 유대인에게는 아도나이신 분이셨다. 이 고백은 범신론적 다원주의 사회를 무너뜨리는 일대 혁명적 발언이었다!

예수님은 지존자(至尊者, The Most High)이시다. 예수님은 모든 존재 가운데 으뜸이신 분이시다. 바울은 골로새서에서 찬연한 그리스도론을 전개하며, 교회의 머리이신 그리스도에 대한 찬미로 가득 채웠다. 왜일까? 교회는 이단 사상들과 피 말리는 전쟁 중이었기 때문이다.

바울이 순식간에 아시아와 그리스, 로마, 서바나까지 당대 전 세계에 복음을 전했다는 것은 정말 기적이었다. 그러나 그리스에 진입한 기독교는 형이상학적이고 논쟁적인 헬라인들의 성향 때문에 수많은 이단에 휘말리게 됐다. 바울은 비진리를 밝혀내기 위해 진리를 밝히 드러내는 길을 선택했다. 거짓의 가라지를 제거하기 위해 진리의 씨앗이 견고히 뿌리를 내리도록 했다.

먼저 그는 그리스도의 선재하심(先在性, pre-existence)을 찬양했다. "그는 보이지 아니하는 하나님의 형상이시요"(골1:15). 물론 인간도 하나님의 형상으로 지음받았다. 하지만 예수님은 하나님의 닮은꼴이 아니라 하나님이시다(빌2:6).

"모든 피조물보다 먼저 나신 이(firstborn)시니"(골1:15). 이 구절은 교회에 아리우스 논쟁을 촉발시켰다. 아리우스는 하나님은 불변하는 초월자이시기에 가변적인 육의 상태가 될 수 없다고 봤다. 그래서 예수 그리스도는 피조물이고 하나님께 종속되어 있는 존재라고 주장했다.

당시 이런 "철학과 헛된 속임수"(골2:8)라고

표현된 영지주의(gnosticism) 이단이 기승을 부렸다. 이들은 하나님과 같은 지식(헬, 그노시스 [Gnosis])을 추구하며 영은 거룩하되 육은 악하다는 이원론을 주장했다. 결국 거룩하신 그리스도가 더러운 육신을 입을 수는 없다는 관점 때문에 성육신을 부인했고 지상 예수는 그리스도의 환영이라는 가현설(假現說)을 내세웠다.

그러나 아타나시우스가 이 논쟁에 종지부를 찍었다. 피조물이 다른 피조물을 구원할 수 없는 바, 오직 하나님만이 구원을 베푸실 수 있다. 고로 유일한 구원의 길이신 그리스도는 하나님이시다(살전5:9). 또한 하나님 외에 피조물을 경배하는 것은 우상숭배인데(출20:3-4), 만민과 만물이 예수님을 경배한다(빌2:9-11; 계5:11-13). 고로 그리스도는 하나님이시다!

"먼저 나신 이"라는 말은 "맏아들"(롬8:29)이라는 뜻으로, 성부 하나님과 성자 하나님 간의 관계적 표현이다. 하나님이 인간 부모처럼 아들을 출생하셨다는 뜻이 아니다. "예수 그리스도는 어제나 오늘이나 영원토록 동일하시니라"(히13:8). 영원히 선재하시는 그리스도이시다.

둘째, 바울은 그리스도의 우월하심(卓越性, predominance)을 찬양했다. "하늘과 땅에서 보이는 것들과 보이지 않는 것들과… 만물이 다 그로 말미암고 그를 위하여 창조되었고"(골1:16). 무슨 말인가? 자연계와 인간계뿐 아니라 영계의 존재들(천사들)도 다 그리스도께서 창조하셨고 그리스도를 위해 창조되었다는 뜻이다. 당시 교회에 "천사 숭배"(골2:18)를 하는 신비주의(mysticism) 이단이 침투해 있었다. 그러나 하나님의 신비(mystery, "비밀", 골2:2) 자체이신 그리스도는 지상과 천상의 어떤 존재보다 비교할 수 없이 탁월한 분이시다(히1:4).

셋째, 바울은 그리스도의 탁월하심(優越性, preeminence)을 찬양했다. "그는 몸인 교회의 머리시라 그가 근본이시요"(골1:18). 예수 그리스도는 최고의 통치자이시다. 우리가 몸이라면

그분은 머리이시며, 우리가 백성이라면 그분은 왕이시다. 그리고 열방에 수많은 왕들과 통치자들과 현인들이 존재할지라도, 예수 그리스도는 "만주의 주시요 만왕의 왕"이시다(계17:14).

그래서 초기의 성도들은 제국 도처의 만신들도 황제도 두려워하지 않았다. 지존하신 예수 그리스도를 믿었기 때문이다. 그러나 여기가 끝이 아니었다. 그 지존자께서 나의 동행자가 되지 않으셨는가! 실로 성은(聖恩)이 망극한 것이다. 지존자는 아무도 곁에 다가갈 수 없는 분인데 그분이 내 곁에 다가와 주셨다. 영원에서 시간을 뚫고 낮은 곳 구유로, 더 낮은 곳 십자가로 임하셨다. 그렇게 내 생명의 은인이 되셨으니 어찌 그 성은을 배신할 수 있겠는가.

왜 당시에 영지주의 이단들이 득세한 줄 아는가? 오늘날의 세속 사상들은 예수님의 신성을 인정하지 못하지만, 초대교회 때는 사람들이 예수님의 인성을 인정하기 어려웠다. 주께서 지상에서 일으키신 수많은 기적들과 부활과 승천이 자명했기 때문이다. 그런 분이 인간일 수는 없다고 생각했다. 그렇게 신성을 강조하고 육신을 비하하며 금욕주의(골2:21)를 지향하고 자신들만이 소수의 깨우친 자라고 주장하는 영적인 분리주의에 빠져 있었다. 말하자면 선을 그어놓고 기성 교회는 저열하다고 비판함으로 상대적으로 자신들을 높이는 영적 고급화 전략이었다.

하지만 진짜 지존자께서는 선을 넘어 다가오셨다. 그리고 세상에서 만신창이가 된 나를 살려내셨다. 지존자이신 주님께서 나의 가장 친밀한 친구가 되어주셨고(요15:13), 나를 그분의 보좌에까지 높여 안아 주셨다(엡2:6). 인간은 시간의 굴레 안에서만 위협적인 존재다(마10:28). 그러나 예수님은 시간의 지평선 너머 영원까지 통치하시며 나와 함께하실 분이시다(마28:20).

일반서신은 9권으로서 바울서신을 보완하여 기독교 진리를 풍성하게 만들고 있으며, 바울서신과 더불어 기독교 진리를 수호하고 있다. 히브리서는 탁월하신 그리스도를 굳게 믿으라고 권면하며, 야고보서는 행함이 있는 믿음을 설파했다. 베드로전서는 고난 중에 소망을 이야기하며, 베드로후서는 진리의 지식을 강조했다. 요한일서는 그리스도인의 영적 교제를, 요한이서는 거짓 교사 경계를, 요한삼서는 참된 교사와의 교제, 유다서는 배교에 대항해 싸우라고 권면했다. 시간이 갈수록 이단의 미혹이 깊이 파고들고 로마의 핍박도 심해졌다. 교회는 풍전등화의 상황이었다. 그러나 사도 요한은 요한계시록에서 예수님이 승리자이심을 선포했다. 최후 승리는 이미 주어졌다. 눈앞에 펼쳐진 두려운 현실을 볼 게 아니라 믿음의 눈으로 우리와 함께하겠다고 약속하신 예수님을 바라보아야 한다. "아멘 주 예수여 오시옵소서"를 고백하는 것이 신앙의 완성이요 신약의 완성이다. ——

Week 15

히브리서 01장 - 요한계시록 22장

● 일반서신

복음서가 복음에 대한 기록이라면, 사도행전은 복음에 대한 실천이며, 서신서는 복음에 대한 고백이다. 일반서신은 9권으로서 바울서신을 보완하여 기독교 진리를 풍성하게 만들어주고 있으며, 바울서신과 더불어 기독교 진리를 수호하고 있다.

일반서신의 저자는 히브리서 기자와 야고보, 베드로, 요한, 유다 다섯 명이다. 야고보서를 제외하면 대부분의 일반서신은 사도 바울의 생애 말기나 사후에 기록되었다. 이때는 초대교회에 이단사상이 많이 유입되어서 상당히 위험한 상태였다. 그러므로 일반서신들은 종말론을 가장 중요한 주제로 하면서 기독론과 구원론에 있어서 진리를 수호하고 이단을 경계하는 기준점을 제시했다. 일반서신 9권의 기록연대와 특징은 다음과 같다.

<일반서신 - 성경순>

서 신	연 대	장 소	교 리	주 제	특 징
히	68	미상	기독론	그리스도의 대제사장적 구원	유대인 그리스도인들에게
약	60	예루살렘	구원론	행함이 따르는 믿음	"이신칭의"에 대한 보완
벧전	63	로마	종말론	고난과 종말의 윤리	베드로가 순종을 강조
벧후	64	로마	종말론	이단 경고와 권면	베드로가 영적 지식을 강조
요일	85	에베소	구원론	사랑 안의 영적 교제	요한은 사랑과 영성의 사도
요이	85	에베소	구원론	진리 안에 머물라	영지주의 이단의 양극단
요삼	85	에베소	개인서신	성도의 신앙생활	"네 영혼이 잘 됨같이"
유	70	미상	종말론	이단 사상에의 경고	예수님의 동생 유다
계	90	밧모섬	종말론	교회의 최후 승리	고난 중 소망을 주는 예언서

<일반서신 - 연대순>

서신	연대	장소	교리	주제	특징
약	60	예루살렘	구원론	행함이 따르는 믿음	"이신칭의"에 대한 보완
벧전	63	로마	종말론	고난과 종말의 윤리	베드로가 순종을 강조
벧후	64	로마	종말론	이단 경고와 권면	베드로가 영적 지식을 강조
히	68	미상	기독론	그리스도의 대제사장적 구원	유대인 그리스도인들에게
유	70	미상	종말론	이단 사상에의 경고	예수님의 동생 유다
요일	85	에베소	구원론	사랑 안의 영적 교제	요한은 사랑과 영성의 사도
요이	85	에베소	구원론	진리 안에 머물라	영지주의 이단의 양극단
요삼	85	에베소	개인서신	성도의 신앙생활	"네 영혼이 잘 됨같이"
계	90	밧모섬	종말론	교회의 최후 승리	고난 중 소망을 주는 예언서

●히브리서

히브리서는 탁월하신 그리스도를 굳게 믿으라는 권면의 서신이다. 1-4장은 탁월하신 그리스도를, 5장-10:18은 대제사장 그리스도를, 10:19-13장은 그런 예수님을 믿는 그리스도인의 삶을 다루었다. 핵심 구절은 그리스도를 굳게 믿으라는 (4:14) 말씀이다.

히브리서는 바울서신보다 더 정확하고 학자적인 문체로 우아하게 기록되었다. 또한 그리스도의 탁월성을 변증하기 위해서 방대한 양의 구약성경을 인용했다. 히브리서는 문학적인 수준과 영적인 깊이에 있어서 신약성경에서 최고봉이라 하겠다. 그런데 히브리서는 베일에 가려진 책이다. 저자, 장소, 시기, 수신자가 탁월하신 그리스도 뒤에 가려져 미상인 책이다. 비록 저자는 익명이지만 영감을 받은 것으로 인정되었다. 멜기세덱의 조상처럼 히브리서의 기원은 알 수 없다. 하지만 구약의 말씀과 그리스도의 구원을 놀랍게 대비시키고 연결시킨 저자는 하나님의 영감을 받아 본서를 기록했음을 알 수 있다.

사실 전통적으로는 히브리서의 저자가 바울이라고 보았다. 하지만 일반적으로 바울은 서두에 발신인으로 자신을 밝히든지 말미에 자신의 저작을 주장하는데, 본서에는 그런 부분이 없다. 기존에는 본서의 수신인을 예루살렘의 유대인으로 보았지만, 본서가 히브리어 구약성경이 아닌 헬라어 70인역을 인용했다는 점에서 잘못된 추정이라고 본다. 오히려 오늘날에는 본서의 수신인을 로마의 그리스도인들이라고 본다(13:24).

본서의 기록 시기는 예루살렘 멸망 전인 AD 68년경으로 추정된다. 본 서신의 기록 시기를 AD 70년 이전으로 보는 것은, 예루살렘 멸망도 언급하지 않았고 구약 제사 제도의 종결됨도 언급하지 않았기 때문이다. 게다가 디모데가 아직 살아 있었다(13:23). AD 64년 네로의 로마 대화재 이후 AD 68년 바울과 베드로의 순교에 이르기까지의 시기는 네로와 로마 제국의 기독교 박해가 극에 달했을 때였다. 이러한 때에 유대계 그리스도인들은 과거의 유대교로 돌아가고 싶어 했지만, 본서의 저자는 그것은 모세가 전한 하나님의 언약을 저버린 광야 1세대의 배교보다 더 심각하다고 경고했다. 왜냐면 하나님의 아들의 언약과 구원을 저버리는 배교에 해당하기 때문이다. 그러면서 그리스도의 탁월성을 전방위적으로 설파하며 박해를 뛰어넘는 그리스도인으로 살아갈 것을 권면하고 있다.

○ 뛰어나신 그리스도 (1-13장)			
1	탁월하신 그리스도	1장-4:13	천사와 모세보다 뛰어나신 예수
2	대제사장 그리스도	4:14-10:18	단번에 속죄하신 대제사장 예수
3	탁월한 그리스도인	10:19-13장	예수를 믿고 담대한 그리스도인

● 야고보서

야고보서는 행함이 있는 믿음을 설파한 서신이다. 1장 1-18절은 환난 중에 인내하는 믿음을, 1:19-5:6은 행함으로 온전케 되는 믿음을, 5:7-20은 주의 재림까지 믿음으로 살 것을 이야기하고 있다. 핵심 구절은 행함이 없는 믿음을 비판하는 (2:17) 말씀이다.

야고보서는 간결하고 수수하면서도 열정적이고 단호하다. 본서의 목적은 교리가 아니라 실천에 있기 때문이다. 본서는 윤리적 변화를 목적으로 하고 있다. 그래서 본서의 전체 108절 구절 중에 50%인 54절이 명령문이다. 마틴 루터는 야고보서를 "지푸라기 같은 서신서"라고 불렀지만, 야고보서와 바울서신은 상충되는 것이 아니라 상호 보완적이다. 바울이 참된 믿음으로 구원받는다는 점을 강조했다면, 야고보는 구원받은 참된 믿음은 삶의 변화가 따라온다는 점을 강조했다. 말하자면 바울이 칭의를 강조했다면 야고보는 성화를 강조했다. 결국 칭의와 성화는 참되신 하나님과 예수 그리스도를 알고 믿는 신앙(요17:3) 안에서 성도의 신앙 여정상 서로 연결되어 있다(롬8:30).

야고보서는 구약의 지혜문학과 신약의 산상수훈에서 많은 영향을 받았다. 야고보서를 "신약의 잠언"이라고 부르는 것은 지혜문학에서 등장하는 도덕적인 교훈이 많기 때문이다. 또한 산상수훈의 내용을 15회 정도 언급하면서(1:2, 4, 2:13, 4:11, 5:2) 예수님의 가르침을 전하고 있기 때문이다. 또한 야고보는 "신약의 아모스"라고 불리기도 한다. 불공평과 사회 부정에 대해 고발하는 메시지를 전하기 때문이다.

야고보는 예수님의 동생(마13:55)으로 후에 예루살렘 교회의 기둥 같은 지도자가 된다(행15; 갈2:9). 야고보는 AD 62년경 네로의 박해로 총독 안나스에게 처형당해 순교자가 되었다고 전해진다. 야고보서는 "흩어져 있는 열두 지파"(1:1)에게 보낸 것으로 팔레스타인 지경 밖에 있는 디아스포라 유대인 성도들에게 전한 것으로 추정된다. 참고로 야고보서는 수준 높은 헬라어를 구사하고 있는데, 갈릴리인들은 무지한 사람들일 것이라는 예상과는 달리 헬라 도시들과 인접해 있어서 오히려 국제 언어인 헬라어를 수준 높게 구사할 수 있었다. 야고보서의 기록 시기를 AD 60년경 내지 AD 45년까지라고 추정하는 것은 그리스도의 말씀과 구약성경 외에 다른 특별한 신학에 대한 언급이 없고, "교회"라는 용어 대신 "회당"이라는 용어만 사용하기 때문이다.

○ 행함이 있는 믿음 (1-5장)			
1	믿음의 시련	1:1-18	믿음의 시련은 인내를 만든다
2	믿음의 실천	1:19-5:6	믿음은 행함으로 온전케 된다
3	믿음의 기도	5:7-20	주의 강림까지 믿음으로 살라

● 베드로전서

　　베드로전서는 고난 중에 소망을 이야기한 서신이다. 1:1-12은 성도의 소망에 대해, 1:13-3:12은 성도의 거룩에 대해, 3:13-5장은 성도의 고난에 대해 말한다. 핵심구절은 고난에 대한 그리스도인의 관점을 말하는 (4:12-13) 말씀이다.

　　베드로전서는 소망의 서신이다(1:3). 갈수록 심해지는 박해 가운데 그리스도인이 무엇을 바라보고(1:13) 살 것인지를 말해준다. 그래서 베드로전서는 신약의 욥기라고 불린다. 고난 가운데 하나님의 주권을 인정하고 흔들리지 않는 믿음을 갖도록 권면하기 때문이다. 여기에 그리스도인의 갈림길이 있다. 고난 중에도 성숙한 믿음을 보일 것인가, 아니면 고난 때문에 원망하며 신앙을 떠날 것인가? 그러므로 고난이 올 때 왜 고난을 주시는가 이상히 여기지 말고, 죄로 인한 고난이라면 회개하고(고후7:10), 억울한 고난이라면 그리스도의 고난에 동참하는 것으로 해석하라(4:13)는 말씀이다.

　　본서는 베드로가 바벨론(로마로 추정, 5:13; 계17-18장)에서 박해받는 소아시아의 성도들에게 보낸 편지다. 다만 베드로 저작을 의심하는 이들도 있다. 사복음서에는 단순무식했던 베드로(행4:13)가 베드로전후서에서는 순종과 영적 지식을 강조하고, 갈릴리 출신 치고는 본서의 헬라어 수준이 너무 높기 때문이다. 하지만 오히려 갈릴리 지역이 국제화되어 사람들이 아람어와 헬라어 이중언어를 구사했다. 또한 성령 강림 이후 베드로의 인품과 지성도 변화를 경험했다. 그리고 베드로만의 표현과 경험들이 암시되어 있다(2:24, 5:1). 마가(5:13)의 이름이 언급된 것으로 보아, 바울이 로마에 감금되어 있었고 마가(5:13; 골4:10)가 함께 있었던 때인 AD 63년경에 본서가 쓰인 것으로 추정된다.

　　로마 제국은 피지배 민족의 종교에 대해 관용 정책을 펼쳤지만, 네로 황제 때부터 조직적인 박해가 시작되었다. 그럼에도 불구하고 베드로도 바울처럼 사회 질서를 지키라고 권면했으니(2:13-17) 그리스도인들은 국가 전복에 대해서는 전혀 뜻이 없었다. 오히려 고난 가운데 있는 성도들이 얼마나 참되게 사는가가 본질적으로 중요하다고 보았다. 그리고 마침내 그리스도인들의 놀라운 사랑과 섬김의 모범이 로마 제국을 변화시키기에 이르렀다. 베드로 사도는 네로에 의해 AD 64년에 처형되었고, 십자가에 거꾸로 매달려 순교했다.

○ 고난 중 소망 (1-5장)			
1	성도의 소망	1:1-12	부활 소망이 있으니 시험 중 근심 말라
2	성도의 거룩	1:13-3:12	거룩한 제사장이 되고 순종하며 살라
3	성도의 고난	3:13-5장	주의 고난에 참여한 자 온전케 하리라

● 베드로후서

베드로후서는 진리의 지식을 강조한 서신이다. 1장은 신의 성품과 하나님의 말씀을, 2장은 거짓 선생들과 영적인 미혹을, 3장은 재림의 약속과 지식의 성숙을 다루었다. 핵심 구절은 성경에 대한 고백(1:20-21) 및 영적 성숙의 권면(3:18)이다.

베드로전서가 교회의 외부적인 문제를 다루었다면, 베드로후서는 교회의 내부적인 문제를 다루었다. 전서가 외부에서 오는 고난에 대한 바른 관점을 강조했다면, 후서는 내부의 이단에 대한 바른 지식을 강조했다. 그래서 전서에는 "고난"이라는 단어가 16회(헬라어 기준) 등장하고 후서에는 "지식"이라는 단어가 7회(지식 3회, 앎 4회, 헬라어 기준) 등장한다. 이단과 거짓에 대처하는 가장 좋은 길은 진리의 지식을 갖는 것과 이단을 배척하는 것이기 때문이다.

본서는 베드로가 전서에 이어 소아시아 교회들에(3:1) 보낸 서신이다. 물론 전서에 비해서 헬라어가 거칠고 문체에 이질감이 있다. 하지만 전서와 후서는 153개의 공통 단어를 가지고 있다. 또한 문체의 차이는 전서의 경우 대필자(실라)가 있었으나 후서의 경우 본인이 직접 썼을 가능성이 있다. 또한 후서에는 이단자들에 대한 정죄의 내용이 있는데, 여기에는 베드로만의 위치와 경험이 언급되어 있다(1:1, 14, 16-18). 본서는 베드로의 순교 직전에(1:14) 기록되었으므로 AD 64년경 로마에서 기록되었을 것으로 추정된다.

디모데후서가 사도 바울의 유언과 같은 서신이라면, 베드로후서는 사도 베드로의 유언과 같은 서신이다. 바울이 구원의 지혜인 하나님의 말씀을 고백했듯이(딤후3:15-17), 베드로도 동일하게 영감 있는 계시인 하나님의 말씀을 고백했다(1:20-21). 이는 남아 있는 사역자와 성도들에게 주는 기독교 신앙의 시금석이다. 바울이 말세의 징조를 말하며(딤후3:1-13) 자신은 면류관을 주실 주님 앞에 선다는 개인적 종말을 고백했다면(딤후4:8), 베드로도 말세의 징조를 말하며(3:3-10) 새 하늘과 새 땅을 바라본다는 역사적(우주적) 종말을 고백했다(3:13). 바울과 베드로 모두 기독교 신앙의 기준이 오직 말씀이라는 것을 분명히 했고, 두 사람 모두 주님의 재림과 역사의 종말과 영원한 하나님 나라를 푯대로 달려갔던 하나님의 사람들이다.

○ 재림의 소망 (1-3장)			
1	신의 성품	1장	선의 성품과 하나님의 말씀
2	거짓 예언	2장	거짓 선생들과 영적인 미혹
3	주의 재림	3장	재림의 약속과 지식의 성숙

● 요한일서

　요한일서는 그리스도인의 영적 교제를 다룬 서신이다. 1-2장은 영적 교제의 조건을, 3-4장은 영적 교제의 특징을, 5장은 영적 교제의 결과를 이야기했다. 핵심 구절은 영적인 사귐을 언급한 (1:3-4) 말씀이다.

　본서의 저자는 명시되어 있지 않지만 사도 요한으로 추정된다. 2세기 초의 교부요 요한의 제자였던 폴리캅이 본서의 저자를 요한이라고 증거했다. 또한 저자가 사도적 관점에서 기록했다는 점에서도 그렇다. 요한일서는 용어나 문체에 있어서 요한복음과 매우 유사하다. 매우 수수한 어휘와 문체로 심오한 개념을 설명하고 있다. 그래서 서신서로서는 일반서신으로 분류되지만, 내용적으로는 요한복음, 요한계시록과 더불어 요한문서로 분류된다.

　요한일서는 성도들이 하나님과의 사귐 안에서 영생을 확신하도록 하는 것과 주님의 성육신을 부인하는 영지주의 이단을 경계하도록 하는 것, 이 두 가지 목적을 위해 쓰였다. 당시 영지주의는 육은 악하고 영만 거룩하다고 보는 이원론적 관점을 갖고, 그리스도의 성육신을 부인했다. 왜냐면 그들은 천상의 그리스도는 예수가 세례받으실 때 임재했다가 십자가에 달리기 직전 떠났다고 주장함으로써, 지상의 예수가 천상의 그리스도의 환영일 뿐이라는 가현설(docetism)을 주장했기 때문이다. 이에 대해 요한은 "우리"(사도들) "너희"(성도들) "그들"(거짓 교사들)이라는 인칭대명사를 자주 사용하며 사도적 권위와 관점으로 권면의 말을 했다. 요한은 영지주의 이단자들이 도덕적 방임에 빠진 것을 경계했는데, 행함이 없는 가짜 믿음을 비판했던 야고보와 맥을 같이하고 있다. 야고보보다 부드러운 어조로 말했을 뿐이지, 요한은 성결과 사랑이 없는 신앙은 참 신앙이 아님을 가르쳤다.

　요한은 예수님의 애제자에서 시작하여 예루살렘 교회에서는 야고보와 베드로와 더불어 기둥 같은 지도자가 되었고(갈2:9), AD 70년 예루살렘 멸망 전에 에베소로 이동하여 소아시아 교회들을 목회했다. 요한일서는 AD 85년 그가 요한복음을 기록한 직후에 에베소에서 기록한 것으로 추정된다. 복음서의 요한은 젊은이였다. 그는 최연소 제자이자 애제자였다. 하지만 서신서의 요한은 노사도가 되어 있었다. 그는 성도들을 "자녀들"(2:1, 12, 3:18)이라고 부르면서 그들이 주님과 교제하고 이단을 경계하도록 권면했다. 요한이 영성의 사도, 사랑의 사도로 불리는 것은 그가 참 신앙이 무엇인지, 참 사랑이 무엇인지를 역설했기 때문이다. 어찌 보면 기독교 영성의 핵심이 사랑이기 때문에, 주님을 깊이 사랑하고 성도들을 사랑했던 그가 참된 기독교 영성을 전하는 사도가 된 것이다.

○ 영적인 사귐 (1-5장)			
1	사귐의 조건: 빛	1-2장	하나님과 사귀려면 빛 가운데 거하라
2	사귐의 특징: 사랑	3-4장	하나님을 사랑한다면 형제를 사랑하라
3	사귐의 결과: 생명	5장	하나님을 사랑하는 자에게 생명이 있다

● 요한이서

요한이서는 거짓 교사를 경계하라고 권면한 서신이다. 1-6절은 진리를 행하여 계명대로 서로 사랑하자는 말씀이고, 7-13절은 미혹하는 자를 스스로 삼가라는 말씀이다. 핵심구절은 미혹하는 자를 삼가라는 (1:7-8) 말씀이다.

요한이서는 요한복음 및 요한일서와 매우 유사하다. 본 서신은 사랑의 교제를 이야기하면서도 진리 안에서의 분별력을 가져야 함을 강조하고 있다(1:3). 전반부(1-6절)는 긍정적인 내용이며 "진리"라는 단어가 4회(헬라어 기준), "사랑"이라는 단어가 5회(헬라어 기준) 등장한다. 하지만 후반부(7-13절)는 부정적인 내용이며 "진리" 및 "사랑"이라는 단어가 등장하지 않는다. 그리스도인의 사랑은 무분별한 사랑이 아니기 때문에, 진리가 없으면 사랑도 없다는 원칙을 말하고 있음이다. 사도 요한은 에베소 교회에서 출교된 자들이(요일 2:19) 순회 전도자로 다른 아시아 교회들에 가서 왜곡된 복음을 전하며 성도들을 영적으로 유린하는 것을 알고, 그들을 집에 들이지도 말고 인사조차 하지 말라고 권면했다(1:10).

요한이서는 요한일서와 같은 AD 85년경이나 조금 지난 후 에베소에서 기록되었을 것으로 추정된다. 발신자인 요한이 자신을 "장로"라고 소개했는데, 이상하지 않은 것은 베드로도 자신을 장로라고 소개했기 때문이다(벧전5:1). 수신자인 "택하심을 받은 부녀와 그의 자녀들"(1:1)은 실제로 특정 여성도와 그녀의 자녀들일 수도 있고, 소아시아 지역의 특정 교회에 대한 상징적인 표현일 수도 있다.

예수님이 승천하시고 초대교회가 시작된 이후 시간이 흘러 사도들은 순교하고, 예수님을 직접 보고 들었던 목격자들은 대부분 죽었다. 이런 상황에서 거짓 교사들이 교회들을 다니면서 거짓 교리들을 가르쳤고, 어린 신앙을 가진 성도들은 거짓 교사들을 구별해 낼 능력이 없었다. 그래서 오래도록 생존했던 사도 요한은 각지에 흩어져 있던 초대교회들을 신앙적으로나 목양적으로 감독하는 역할을 감당했다. 이런 그의 역할은 계시록에서 소아시아의 일곱 교회에 권면의 메시지를 보내는 부분에서 분명히 드러난다(계2-3장). 그는 사도들 중에서 마지막까지 남아 주님의 몸된 교회를 건강하게 세우기 위해 헌신했던 하나님의 사람이었다.

○ 사랑과 진리 (1장)			
1	진리를 행하라	1-6절	진리를 행하여 서로 사랑하자
2	거짓을 삼가라	7-13절	미혹하는 자를 스스로 삼가라

● 요한삼서

요한삼서는 참된 교사와 교제하라고 권면한 서신이다. 1-8절은 가이오의 선행을 칭찬하는 내용이고, 9-15절은 악한 자를 멀리하고 좋은 교사와 교제하라는 권면이다. 핵심 구절은 악을 본받지 말고 선을 본받으라는 (1:11) 말씀이다.

신약에서 가장 짧은 책인 요한삼서는 요한복음 및 요한일서, 요한이서와 유사하다. 요한서신 세 권은 모두 "사랑의 교제"에 대해서 말하고 있다. 요한일서는 "하나님과의 교제", 요한이서는 "거짓 교사와의 교제 금지", 요한삼서는 "참된 교사와의 교제"에 초점을 맞추고 있다.

최후의 사도요 초대교회의 최고 영적 지도자인 요한을 대적하는 악한 지도자가 있었다는 것은 초대교회의 어두운 단면이다. 가이오는 순회 전도자를 환대하여 칭찬을 들었으나, 디오드레베는 사도 요한도 거부했고 참된 교사들을 거부하고 비방했으며 이들을 영접하려는 성도들을 출교하기까지 했다(1:9-10). 반면에 데메드리오는 성도들에게도 인정받고 진리 안에서도 인정받은 인물이었다. 초대교회들을 관리감독하는 사도 요한의 입장에서는 그가 보낸 사역자들을 거부하는 교회는 관리감독을 전면으로 거부하는 것이기 때문에 매우 난감했을 것이다. 그래서 절친한 동역자인 가이오에게 사랑의 교제를 나누면서도 진리 안에서 선과 악의 명확한 구분을 시행하라고 권면한 것이다. 이는 마치 사도 바울이 고린도 교회에서 바울을 대적하는 자들을 치리하기 위해 디모데와 디도를 파송했던 것과 같다. 사도 요한은 가이오가 무질서해진 교회를 바르게 세우는 역할을 해주기를 기대했다.

요한삼서도 요한이서와 같이 AD 85년경이나 그 후에 에베소에서 기록되었을 것으로 추정된다. 가이오는 로마시대에 흔한 이름이었기에 정확히 알 수는 없지만, 헬라에서 드로아까지 바울의 3차 선교에 동행했던 더베의 가이오(행20:4)라고 추정된다. 그는 후에 사도 요한에 의해 버가모 교회의 첫 감독으로 임명받은 인물이다. 사도 요한은 지역 교회(아마도 버가모 교회, 계2:12)의 문제를 해결하기 위해 서신을 보내는 한편, 직접 가서 대면하여 문제를 해결하겠다는 의지를 비추기까지 했다(1:14).

○ 악인과 선인 (1장)			
1	칭찬	1-8절	가이오가 전도자들을 환대하니 기쁘도다
2	권면	9-15절	악한 자를 멀리하고 좋은 일꾼과 교제하라

● 유다서

유다서는 배교에 대항해 싸우라고 권면하는 서신이다. 1-16절에서는 거짓 교사들에 대항해 힘써 싸우라는 권면이고, 17-25절은 사도적 경고를 기억하고 주의 재림을 기다리라는 권면이다. 핵심 구절은 믿음의 도를 위해 싸우라는 (1:3) 말씀이다.

유다서는 일반서신의 갈라디아서라 하겠다. 요한서신처럼 거짓 교사들을 경계하면서 더 나아가 그들을 규탄하고 진리 수호를 위해 싸우라고 적극적으로 권면하기 때문이다. 1:4-18의 내용은 베드로후서 2:1-3:4의 내용과 상당히 일치해서, 본서가 베드로후서를 자료로 사용했을 가능성이 크다. 왜냐면 베드로후서는 이단과 배교를 예고한 것이고 유다서는 경험한 것이기 때문이며, 유다서가 (벧후3:3)을 인용하고(1:17-18) "사도들이 미리 한 말"이라고 언급했기 때문이다. 유다는 무조건 싸우라는 것이 아니라 이단에 미혹되어 의심하게 된 성도들을 건지기 위해(1:22) 싸우라는 권면을 했다. 유다서는 짧은 서신이지만 베드로후서의 주제(이단 경고)를 야고보서의 문체(엄정 대응)로 설득력 있게 전달하고 있다.

본서의 저자 유다는 "야고보의 형제"(1:1)로서 예수님의 제자였던 사도 유다(눅6:16; 행1:13), 즉 다대오(마10:3; 막3:18)가 아니라 예수님의 동생 유다(마13:55)다. 유다도 주님의 부활 이전에는 예수님을 믿지 않았지만(요7:1-9), 부활 이후 믿음을 갖게 되었고 오순절 성령 강림 이후 사도로 사역하게 되었다(행1:14; 고전9:5). 본서는 기록 장소를 알 수 없으나 기록 시기는 베드로후서를 참고했으므로 AD 70년경으로 추정된다.

유다는 유대계 그리스도인답게 유대인들에게 익숙한 구약성경의 인물들을 예시로 많이 사용했다. 하나님의 사람으로는 모세, 에녹을 인용했고, 거짓 교사로는 가인, 발람, 고라를 인용해서 비판했다. 이런 점에서 볼 때 유다서의 독자가 누구인지 특정할 수는 없지만, 거짓 교사들의 이단적 가르침에 노출되어 어려움을 겪고 있던 유대계 그리스도인들이었을 것으로 추정된다.

○ 거짓과 싸우라 (1장)			
1	거짓 교사들	1-16절	예수를 부인하는 자들에 대항해 싸우라
2	사도적 교훈	17-25절	사도들의 말을 기억하고 주를 기다리라

● 요한계시록

요한계시록은 교회의 최후 승리를 예언한 서신이다. 1장은 예수 그리스도의 환상, 2-3장은 일곱 교회에 보낸 서신, 4-22장은 대환난과 천국에 대한 계시를 전하고 있다. 핵심 구절은 계시의 범위에 대해서 말한 (1:19) 말씀이다.

계시록은 구속사의 마지막 대본 유출이다. "계시"란 "폭로"라는 뜻으로서 천상의 계획을 인간에게 열어서 보여주신 것이다. 사실 계시록은 두려운 책이 아니라 반가운 책이요, 멸망의 책이 아니라 승리의 책이다. 하나님의 백성에게 최후 승리와 영원한 기쁨을 약속하는 책이기 때문이다. 성도들은 계시록을 보면서 최악의 미래(대환난)가 온다는 두려움에 빠질 것이 아니라, 최상의 미래(승리와 천국)가 온다는 기대감을 가져야 한다. 창세기가 역사의 시작이라면 계시록은 역사의 마지막이요 완성이다. 창세기와 계시록은 역사의 알파와 오메가다. (창1:1)을 믿는 것이 신앙의 시작이라면, (계22:20) "아멘 주 예수여 오시옵소서"를 고백하는 것이 신앙의 완성이다. 이것이 믿음에서 믿음으로 이르는 신앙이요 하나님 자녀의 갈 길이다(롬1:17).

요한은 AD 95년경 밧모섬에서 유배 중에 본 서신을 소아시아의 일곱 교회에 써서 보냈다. 밧모섬은 로마 제국의 정치범 수용소로서, 요한이 그만큼 복음 증거에 지대한 영향력을 미쳤기 때문에 제국의 위험 인물로 분류되었음을 알 수 있다. 혹자는 저술 시기를 네로 황제의 로마 대화재 직후로 보지만, 도미티안 황제(AD 81-96년) 통치 말기의 엄청난 박해 시기였을 가능성이 더 크다. 왜냐면 요한의 제자였던 폴리캅의 제자 이레니우스가 이때를 저술 시기로 주장했고, 또한 도미티안은 생전에 자신을 숭배하도록 명령했던 최초의 황제이기 때문이다. 이로 인해 특히 도시마다 황제 숭배가 유행했던 아시아 지역에서 박해가 심했다. 요한은 AD 96년 도미티안의 사후 석방되어 AD 100년경 94세의 나이로 임종했다.

본서는 요한계시록(John's Revelation)이라고 불리지만, 오히려 예수 그리스도의 계시록(1:1)이라고 불려야 할 것이다. 왜냐면 본서의 저자는 요한이지만 주인공은 예수 그리스도이시기 때문이다. 요한은 예수 그리스도의 환상을 보았고, 그리스도께서 일곱 교회에 보내시는 메시지를 전언했으며, 천상의 그리스도께서 펼쳐 보여주시는 미래사의 환상과 예언을 기록했다. 신약성경은 예수님의 초림을 다루는 사복음서에서 시작해서 예수님의 재림을 담은 계시록으로 끝난다. 신구약 성경은 성부 하나님의 창조로 시작해서 성자 그리스도의 재림과 새 하늘과 새 땅으로 끝나면서 성령의 초대로 마무리된다(22:17).

○ 교회의 최후 승리 (1-22장)			
1	과거사	1장	예수 그리스도의 환상
2	현재사	2-3장	일곱 교회로의 메시지
3	미래사	4-22장	대환난과 영원한 천국

요한계시록은 신약성경의 묵시록으로서 성경에서 가장 상징과 비유가 많은 책이다. 그러므로 이 것을 어떻게 해석할 것인가가 중요하다.

1. 상징주의적 해석: 계시록의 예언을 모두 신령한 영적 의미에 대한 상징으로 해석한다.
2. 과거주의적 해석: 계시록의 기록을 전부 AD 1세기에 일어난 사건들로 해석한다.
3. 역사주의적 해석: AD 1세기부터 재림까지 일어날 교회사의 파노라마로 해석한다.
4. 미래주의적 해석: 1세기의 역사를 바탕으로 재림과 대환난, 천국에 대한 예언으로 해석한다.

요한계시록을 건강하게 해석하려면, 당시의 역사적 정황과 사건들을 바탕으로 미래에 대한 예언 의 말씀으로 해석해야 한다. 계시록은 신약성경의 유일한 예언서이기 때문이다.

요한계시록에 기록된 예언들의 전개에 대해서 중요한 해석의 기점이 되는 것이 천년왕국(계20장) 에 대한 해석이다. 이를 천년왕국설(Millenarianism)이라고 한다. 위의 1-3번 해석의 관점은 후천 년설 내지 무천년설에 해당하고, 4번 해석의 관점은 전천년설에 해당한다.

1. 무천년설(Amillennialism): 천국은 이미 도래했기에 복음시대인 지금이 천년을 누리고 있는 것이라는 관점이다. 천년왕국은 그리스도와 교회가 세속의 나라를 통치하는 것이며, 사탄은 십 자가 사건에서 결박당했다고 본다. 그러나 사탄이 십자가에서 패배했지만 오늘날에도 결박되 지 않은 채 마지막 때까지 우는 사자처럼 활동하고 있다는 것이 문제다. 오리겐을 필두로 어거 스틴, 칼빈이 이 관점을 지지했다.

2. 후천년설(Postmillennialism): 복음 사역을 통해 교회가 황금기를 맞이하는 천년왕국 이후에 주 님이 재림하신다는 관점이다. 무천년설은 천년을 상징적으로 보지만, 후천년설은 역사적으로 천년왕국이 실현될 것이라고 본다. 십자가 사건과 성령 강림 이후 온 세계가 복음의 확장으로 점진적으로 기독교화되어 천년왕국에 이를 것으로 본다. 하지만 오늘날 역사를 보면 이는 너무 나 낙관적이거나 진화론적인 관점이라는 것이 문제다.

3. 전천년설(Premillennialism): 천년왕국 이전에 그리스도께서 재림하신다는 관점이다. 여기에는 두 가지 견해가 있다. 첫째, 세대주의적 전천년설은 그리스도께서 재림하셔서 7년간 공중에서 혼인잔치를 하는 동안 지상에서 7년 대환난이 있고 7년이 끝날 때 지상으로 재림하셔서 천년왕 국을 건설한다는 견해다. 둘째, 역사주의적 전천년설은 7년 대환난 이후에 그리스도께서 재림 하셔서 성도들은 부활하며 이후에 천년왕국이 시작된다는 견해다. 사도 요한의 제자였던 이레 니우스와 초대교회 교부인 저스틴이 이 관점을 지지했다.

뛰어나신 그리스도
히브리서 1-13장

 그리스도께서 영원한 대제사장이 되사
믿는 자들이 담대히 성소에 들어가게 되었다.

① **탁월하신 그리스도**(1장-4:13) 그리스도는 선지자, 천사, 모세, 여호수아보다 뛰어나신 분이다.
② **대제사장 그리스도**(4:14-10:18) 예수는 멜기세덱 반차의 대제사장으로서 단번에 속죄를 이루셨다.
③ **탁월한 그리스도인**(10:19-13장) 그리스도인은 주님을 믿고 죄와 싸우고 형제 사랑을 계속하라.

ⓐ 히브리서의 저자는 분명하지 않다.
ⓑ 히브리서의 독자들은 어디에 있었는가?

A. 예루살렘의 그리스도인들이 아닌 것 같다.
  1. 히브리어 구약이 아닌 **70인역**(헬라어)을 인용했다.
  2. 예루살렘 성도들 중 다수는 예수님의 사역을 전해들은 사람들이 아니라 **목격자들**이었다(2:3).

B. **로마의 유대계 그리스도인들**로 추정된다.
  1. "**이달리야**"가 언급되었다(13:24).
  2. 기독교인만 당하는 **핍박**을 피하려고 유대교로 돌아가려는 유혹을 받는 로마 내 유대계 그리스도인들에게 그리스도의 우월성을 증명하려고 했다.
■ 주변에 박해받는 성도들을 나는 어떻게 붙잡아 주고 있는가?

 ① **탁월하신 그리스도**(1장-4:13)

① (1:1-3) <선지자들보다>
Ⓐ 선지자들보다 탁월하신 그리스도(1:1-3)
1. 하나님이 옛적에는 선지자들을 통해 말씀하셨지만 이제는 **아들**을 통해 말씀하신다(1-2절).

2. 그리스도는 **창조주**이시고 **구속주**이시다(2-3절).
■ 나는 단순히 성경 지식을 알기 원하는가, 예수님이 누구이신지를 알기 원하는가?

② (1:4-2:18) <천사보다>

ⓑ 천사보다 탁월하신 성자(1:4-14)

1. 천사보다 뛰어나신 하나님의 **맏아들**이시다 (4-9절).
2. 천지도 사라지겠지만 성자는 **영원**하시다 (10-12절).
3. 주님은 **왕**이시지만 천사들은 섬기는 영이다 (13-14절).
▣ 예수님이 참 인간이자 참 하나님이심을 믿는가?

주께서 말씀하시고 사도들이 확증했으며 성령의 임재로 증언된 큰 구원을 간과하면 안 된다 (2:1-4).

ⓒ 천사보다 탁월하신 인자(2:5-18)

1. 인자가 천사보다 못하게 하심은 고난을 통해 **구원의 창시자**를 온전케 하심이다(5-10절).
2. 주께서 우리를 형제라고 부르시며 혈육이 되심은 마귀를 멸하고 우리를 **죄에서 자유케 하려고 하심**이다(11-18절).
▣ 신령한 무엇인가를 사모하는가, 예수님 그분을 사모하는가?

③ (3장) <모세보다>

ⓓ 모세보다 탁월하신 그리스도(3장)

1. 모세도 하나님의 집에 충성했지만 예수님은 **하나님의 집을 세우신 분**으로 충성하셨다(1-4절).
2. 모세는 종으로서 신실했지만 그리스도는 **하나님의 집을 맡은 아들**로서 신실하셨다(5-6절).
▣ 나는 율법의 행위 규정에 매인 신앙인가, 예수님과 교제하는 신앙인가?

악한 마음을 품거나(7-12절), 죄의 유혹으로 그의 안식에 들어가지 못할까(13-19절) 조심하라.

④ (4:1-13) <여호수아보다>

ⓔ 여호수아보다 탁월하신 분(4:1-11)

1. 이미 믿는 우리는 **안식**에 들어간다(3절).
2. 여호수아가 약속의 땅에서 안식을 주었지만(수23:1) **완전한 안식**은 예수님이 주신다 (8-9절).
▣ 예수님 안에서 참다운 영적 안식을 누리고 있는가?

ⓕ 하나님의 말씀의 능력(4:12-13)

1. **말씀**의 인격성과 역동성과 통찰력을 체험하고 고백하라(12절).
2. 혼과 영과 육을 쪼개시고 마음을 **판단**하신다(12절).
3. 피조물이 **심판주** 앞에 벌거벗겨 드러난다 (13절).
⇒ 말씀이신 그리스도(창1:3; 요1:1-4, 14).
▣ 나는 날마다 말씀의 수술대 위에 기꺼이 오르는가?

② 대제사장 그리스도(4:14-10:18)

① (4:14-7:28) <그리스도의 대제사장직>

ⓖ 은혜의 보좌 앞에 나아가자(4:14-16)

1. 우리처럼 시험받으셔서 우리의 연약함을 **동정**하신다.
2. 시험을 이기셔서 **죄가 없으신 분**이시다.
⇒ **긍휼과 은혜**를 얻기 위해 보좌 앞에 나아가자.
▣ 같은 죄인들의 연민을 구하는 것이 아니라 구주이신 예수님의 은혜를 구하라.

ⓗ 아론보다 탁월하신 그리스도(5:1-10)

대제사장 아론은 **속죄**가 필요한 연약한 존재지만(2-3절) 대제사장 그리스도는 죄가 없으시고(4:15) **멜기세덱의 반차를 따르는 대제사장**이시다(6절).
▣ 사람에게 죄를 고백하지 말고 유일한 천상의 대제사장이신 예수님께 하라.

ⓘ 영적으로 성장하라(5:11-6:20)

1. 멜기세덱의 교훈이 어렵지만 이제는 영적으로 **성장하라**(5:11-14).
2. (유대주의의) 초보에서 벗어나 **완전해지라**(6:1-2).
3. 말씀과 성령을 체험하고도 **타락한 자들은** 다시 회개할 수 없다(6:4-6, 10:29, 69일Ⓕ 참고).
4. 너희는 끝까지 소망을 품고 **약속을 기업으로 받으라**(6:9-12).
   * 하나님의 약속과 맹세는 변하지 않는다는 것이 우리 영혼의 닻과 같은 소망이 된다(6:13-19).
   ■ 신앙에 있어서 초보자에 머물거나 배교자가 되지 말고 성숙한 자가 되어라.

ⓙ 멜기세덱은 누구인가(7장)?

1. **살렘 왕**, 의의 왕, 하나님의 제사장이었다(1-2절; 창14:18-20).
2. 부모도 족보도 시작도 끝도 없는 것이 **성자와 닮았다**(3절).
3. 아브라함이 멜기세덱에게 **십일조를** 드렸으니 레위도 조상의 허리에서 그에게 십일조를 드린 셈이다(4-10절).
   * 레위지파 제사장은 온전케 못하기에 **별다른 제사장을** 유다에서 일으키셨다(11-15절). 예수는 자기를 믿는 자들을 **온전히 구원하신다**(20-28절).
   ■ 힘들 때 예수님을 믿지 않던 과거로 돌아가지 말고 예수님께 돌아가라.

② (8장) <그리스도의 언약>

ⓚ 그리스도의 새 언약의 탁월함(8장)

1. 예수님은 **더 좋은 언약의 중보자**이시다(6절).
2. 첫 언약이 무흠한 것이 아니기 때문에 **새 언약을** 주셨다(7-13절; 렘31:31-34, 55일Ⓑ 참고).
   ■ 과거에 받았던 은혜에 안주하는 신앙인가, 새 언약 안에서 날마다 하나님과 동행하는 신앙인가?

③ (9장-10:18) <그리스도의 성소와 제사>

ⓛ 그리스도의 성소와 제사의 탁월함(9장-10:18)

1. 첫 성소와 지성소는 비유요 **그림자일** 뿐이요 개혁의 때까지 기다린 것이다(9:1-10, 10:1).
2. 그리스도께서 **속죄하시고** 성소에 들어가셨으니 그 피로 우리를 깨끗하게 하신다(9:11-14).
3. 그리스도는 **하늘 성소의 대제사장**이시다(9:23-26).
4. 그리스도는 **한 영원한 제사를** 드리셨으니 다시 죄를 위해 제사드릴 필요가 없다(10:12-18).
   ■ 예수님이 십자가 위에서 나의 과거, 현재, 미래의 모든 죄를 단번에 사하셨음을 믿는가?

③ 탁월한 그리스도인(10:19-13장)

① (10:19-39) <믿음에 굳게 서라>

저자는 예수님을 짓밟고 성령을 욕되게 하는 배교자가 되지 말라고 권하면서(29절), 그간 고난을 잘 이겨냈음을 상기시켰다(32절).

ⓜ 지성소에 들어가는 그리스도인(10:19-25)

1. 우리는 예수의 피로 담대히 성소에 들어가니 예수님이 **휘장 가운데로 들어가는 길이** 되셨다(19-20절).
2. 그리스도의 보혈로 정결해진 참 마음과 온전한 믿음으로 **하나님께 나아가자**(22절).
3. 서로 돌아보아 사랑과 선행을 격려하고 함께 모이기를 **힘쓰자**(24-25절).
   ■ 예수님을 의지하여 깊은 하나님의 임재의 지성소에 나아가 예배하는 기쁨을 누리고 있는가?

② (11장) <믿음의 사람들>

Ⓝ 믿음의 전당을 보라(11장)

1. **믿음**은 바라는 것들의 실상이다(1-3절).
2. 하나님의 **존재**와 **선하심**을 믿으라(6절).
3. 믿음의 사람들의 열전은 성경 속 "**믿음의 전당**(Hall of Faith)"이라고 하겠다(4-32절).
4. 믿음의 사람들은 **세상이 감당하지 못한다**(33-38절).
▣ 세상에 압도되어 살 것인가, 세상을 압도하는 그리스도인으로 살 것인가?

③ (12장) <믿음의 인내>

Ⓞ 믿음의 경주를 하라(12장)

1. 무거운 짐과 죄를 벗고 **인내로 경주하자**(1절).
2. **믿음의 저자요 완성자**이신 예수를 바라보자. 예수님도 십자가를 참으셨기에 승천하사 영광의 보좌에 앉으셨다(2절).
3. 죄와 싸우되 피 흘리기까지 **싸우라**(4절).
4. 아버지이시기에 자녀를 **징계**하신다(5-13절).
5. 배교치 말고 영원한 나라의 **은혜를 받자**(28절).
▣ 끝까지 흔들리지 않고 믿음의 경주를 완주할 수 있도록 기도하자.

④ (13장) <사랑의 권면>

디모데가 놓였고(디모데후서 개론 참고), 이달리야 성도들이 문안한다(23-24절).

Ⓟ 끝까지 사랑하고 믿음을 지키자(13장)

1. 형제를 **사랑**하고 손님을 대접하며 약자를 배려하고 결혼을 거룩하게 지키어 만족하라(1-5절).
2. 말씀을 전한 **사도들의 믿음**을 본받으라(7절).
3. 주는 불변하시니 **다른 교훈**을 받지 말라(8-9절).
▣ 천성에 이를 때까지 사랑과 믿음의 삶을 살자.

- 예수님은 우리 죄를 위해 십자가에서 죽으사 **영원한 속죄를 이루신 분**이시다(9:12).
- 예수님은 우리를 위해 **휘장 가운데 새로운 살 길을 열어주신 분**이시다(10:20).
- 예수님은 **믿음의 창시자이며 완성자**가 되시는 분이시다(12:2).

Day 86

행함이 있는 믿음
야고보서 1-5장

믿음의 시련을 인내하며, 말씀을 듣기만 하지 말고 행하여
온전한 믿음을 실천하고, 병자와 죄인을 위해 믿음의 기도를 드리라.

1 믿음의 시련(1:1-18) 믿음의 시련은 인내를 만들어 내니 참는 자는 생명의 면류관을 얻으리라.

2 믿음의 실천(1:19-5:6) 행함이 없는 믿음은 죽은 것이니 혀를 주의하고 하나님께 복종하라.

3 믿음의 기도(5:7-20) 주의 재림까지 고난 중에 찬송하고 병자를 위해 기도하고 죄인을 돌이키라.

1 믿음의 시련(1:1-18)

① (1:1) <인사말>

A 야고보서의 발신인과 수신인은(1:1)?

1. **사도 야고보**는 AD 44년 일찍 헤롯 아그립바 1세에게 처형되어 순교했다(행12:1-2).

2. **주의 형제 야고보**가 저자로 추정된다. 초대교회 교부들이 이를 지지했다. 야고보서는 구약의 지혜서와 예수님의 산상수훈과 연결돼 있는데, 야고보는 본토 유대인이었고 예루살렘 공회 의장이었으며(행15:13-21) 예수님과 친밀한 관계였다.

⇒12지파는 영적으로 모든 그리스도인을 지칭하는가? **유대계 그리스도인들**을 지칭할 가능성이 크다. 내용상 유대인들에게 익숙한 표현이 많기 때문이다.

B 유대인에게 익숙한 표현들

1. **"첫 열매"**(1:18; 출23:16; 레23:10).

2. **"회당"**(2:2; 시74:8; 마4:23, 76일②하단 참고).

3. **"우리 조상 아브라함"**(2:21; 요8:53; 행7:2).

4. **"지옥"**(헬, 게헨나, 3:6; 마5:22)-예루살렘 외곽의 쓰레기 소각장인 "힌놈의 골짜기"(왕하23:10)에서 유래된 말로서, 공관복음을 제외하고는 야고보서에서만 사용되었다.

5. **"만군의 주"**(5:4; 삼하7:26; 시84:1; 사10:23).

6. **"이른 비와 늦은 비"**(5:7; 신11:14; 욜2:23).

7. **아브라함**(믿음의 조상, 2:21), **욥**(고난받은 의인, 5:11).

■ 나는 전도하고 양육할 때 그 사람의 눈높이 언어로 하는가?

② (1:2-11) <시련과 지혜>

외적인 시험이 믿음의 시련을 일으킬 때 기뻐할 것은 온전하고 순전한 믿음이 되어가는 과

정이기 때문이다(욥23:10).

ⓒ 시련 중에 지혜를 구하라(1:5-8).

1. 지혜가 부족해서 하나님께 구하면 풍성하게
   주신다(대하1:8-12, 25일ⓓ 참고).
2. 의심하지 말고 믿음으로 구하라(6-8절; 마
   21:21).
■ 인생의 고난 중에 때를 분별하며 겸비하여
  회개하고 하나님을 신뢰하는 영적 지혜를
  구하라.

③ (1:12-18) <시험의 이유>
ⓓ 세 가지 시험의 종류(1:12-15)

1. 하나님의 **테스트**(test)-마음의 동기를 순화시
   키고 영적으로 성장하도록 만드는 시험이다.
2. 사탄의 **유혹**(temptation)-달콤한 속임수로
   다가와 결국 사람을 무너뜨리게 하는 시험
   이다.
3. 환경의 **시련**(trials)-타락한 세상에서 일어나
   는 사회·경제적 문제, 자연재해, 재난 등의
   시험이다.
   *복합적인 경우도 있다(24일ⓗ, 32일❷① 참고).
   ⇒내가 어떻게 **반응**할지가 중요하다. 하나님
   의 테스트를 신뢰하고 순종하며(13절; 창
   22:2-3), 사탄의 유혹을 거절하고(14절), 환
   경의 시련에는 인내하라.
■ 내가 처한 상황에 대한 영적 분별과 진단
  이 있어야 처방과 회복이 있다.

ⓔ 하나님은 누구이신가(1:17-18)?

1. 온갖 **좋은 은사와 선물**을 주신다(마7:11; 롬
   8:32).
2. 변함도 없으시고 그림자도 없으신 **영**이시다
   (단6:26; 요4:24).
■ 고난 중에 있을 때 아무리 힘들지라도 하
  나님을 불신하지 말라. 하나님은 선하시다
  (40일ⓔ, ⓙ 참고).

시험과 유혹과 시련이 와도 절대 속지 말라(16

절). 사탄은 최고의 상황에 있든 최악의 상황에
있든 결국 그 사람을 실족하게 만드는 것이 목
표다(창3:4-5; 요10:10). 사탄의 전략은 거짓말
이고(요8:44) 목적은 하나님을 불신하고 멀어
지게 만들어(13절) 인간을 파괴하고 하나님을
모독하는 것이다(39일ⓑ 참고).

② 믿음의 실천(1:19-5:6)

① (1:19-27) <말씀을 실천하라>
ⓕ 말씀대로 살고 있는가(1:19-27)?

1. **성내지 말라.** 성내는 것은 하나님의 의를 이
   루지 못한다(20절).
2. **말씀을 행하라.** 말씀을 듣기만 하고 행하지
   않으면 자기기만이다(22절).
3. 온전한 율법(=복음)은 듣고 **실천**하게 한다
   (25절).
4. **참 경건**은 고아와 과부를 돌보고 자기를
   지켜 세속에 물들지 않는 것이다(27절; 신
   24:19).
■ 나에게 기독교 신앙은 종교적 관념인가,
  삶의 실천인가?

② (2:1-13) <차별하지 말라>
ⓖ 말씀대로 사람들을 대하는가(2:1-13)?

1. 예수님을 믿는다면 사람을 **차별 대우**하지 말
   라(1-4절).
2. **이웃**을 네 몸같이 **사랑**하라는 법을 지키라(8절).
3. 자유의 율법(=복음)대로 **긍휼**을 행하지 않
   는 자는 긍휼 없는 심판을 받는다(12-13절;
   마5:7).
■ 사회적 통념대로 사람들을 대한 적이 있는가?

Ⓗ 자유하게 하는 율법이란(2:12)?

⇒본서에는 "복음" 대신 **"자유롭게 하는 온전한 율법"**(1:25, 2:12)이라는 개념이 등장한다. 복음은 새 언약인 것처럼 새 율법이라는 표현이다(딤전1:7, 11; 요8:32, 13:34). 율법은 기준에 미치지 못할 때 정죄하지만, 복음은 압도적인 은혜를 베풀어서 스스로 선행과 거룩의 길을 가게 하기 때문에 자유롭게 하는 온전한 법이다! 예수님은 율법을 완성하신 분이다(마5:17).

■ 복음 안에서 나는 자유한가? 또 온전한가?

③ (2:14-26) <믿음대로 행하라>

Ⓘ 믿음대로 행하고 있는가(2:14-26)?

1. 행함 없는 믿음이 자기를 **구원**할까(14절)?
2. 행함 없는 믿음은 **죽은 것**이라(17절; 마7:21-27).
*아브라함이 이삭을 바치는 행함으로 의를 얻었다. 그가 믿음으로 얻은 의도 이 순종의 행함으로 온전해졌다(21-23절).
cf) 이신칭의(78일Ⓔ 참고).
*바울이 칭의를 강조했다면 야고보는 성화를 강조했다. 상호 모순이 아니라 상호 보완이다.

■ 정말 내 안에 믿음이 있다면 믿는 대로 행하게 되어 있다.

④ (3:1-12) <혀를 제어하라>

Ⓙ 말에 실수가 없도록 하라(3:1-12)

1. 선생이 많이 되지 말라. 선생에게 **더 큰 심판**이 있다(1절; 눅12:48).
2. 혀는 지옥에서 나는 **불**이요 쉬지 않는 **악**이다(6-8절; 시5:9, 140:3; 마5:22; 롬3:13-14).
   -욕설, 독설, 음담패설, 분쟁, 시비, 험담, 거짓말, 위증, 저주 등 언어폭력 및 입술로 짓는 모든 죄악을 당신은 주께 회개했는가(마15:18-19; 갈5:19-21)?
3. 한 입으로 **찬송과 저주**를 함께하다니 이것은 합당하지 않다(9-10절).

■ 나는 십자가의 보혈로 입을 정결케 하고 그 권세를 주님께 내어드렸는가(시19:14; 사6:5-7)?

⑤ (3:13-18) <지혜를 가지라>

Ⓚ 두 종류의 지혜(3:13-18)

1. **위로부터 난 지혜**에는 선행, 성결, 화평, 관용, 양순, 긍휼이 있다(13, 17-18절; 마5:5-9, 16).
2. **세상적인 지혜**에는 시기, 다툼, 자랑이 있으니 정욕적이고 귀신적이며 혼란과 악행이 있다(14-16절).

■ 하나님을 경외하고 악을 떠나 선을 행하는 예수님의 참 지혜를 구하라(40일Ⓒ2 참고, 고전1:24).

⑥ (4:1-12) <다투지 말라>

Ⓛ 말씀대로 겸손하라(4:1-12)

1. **싸움**은 욕심과 시기심에서 나는 것이다(1-2절).
2. 간음한 여인들아(겔23:30), **세상을 사랑함**이 하나님과 원수됨이다(요일2:15; 고후6:14-16).
3. 하나님은 겸손한 자에게 은혜를 주시니, 하나님께 복종하고 **마귀를 대적하라**(6-10절; 벧전5:8-9).
4. 서로 **비방하지 말라**. 우리는 율법의 준행자일 뿐 재판관은 주님 한 분이시다(11-12절; 롬14:3-4).
*예루살렘에 세워진 첫 교회는 놀라운 사랑의 공동체였지만(행2:42-47), 이후 세워진 초대교회들이 세속화되며 분파와 분쟁의 문제가 심각했던 것 같다.

■ 나는 신앙 연륜이 늘어갈수록 사람들과 다투는가, 오히려 겸손한가?

⑦ (4:13-5:6) <돈을 자랑하지 말라>

1. 인생을 계획하는 기준은 금전적 이익이 아니라 **주님의 뜻**이다. 인생은 안개다(4:13-15; 시90:3-10).
2. 허탄한 자랑을 하지 말고 **선**을 행하라(4:16-17).
3. 임금 체납, 사치, 방종, 권력 남용을 행한 부자들아, 심판이 있으리니 **통곡하라**(5:1-6; 마 6:19-21).
   *디아스포라 유대인들은 조국을 잃고 흩어져 살면서 많은 박해를 받은 아픈 역사도 있지만, 그만큼 물질에 의지하려고 하는 문제점도 보였다.
   ■ 나 자신도 그리스도인이면서 물질만능주의에 젖어 있지 않은가?

③ 믿음의 기도(5:7-20)

주의 재림까지 인내하라. 선지자들과 욥의 인내를 기억하라(7-11절).

1. 고난 중에 **기도**하고 기쁨 중에 **찬송**하라.
2. **병든 자**를 위해 믿음으로 기도하라(1:6; 마 21:21-22).
3. 죄를 서로 고백하고 **죄사함**을 위해 기도하라.
4. 이단에 빠진 자를 **돌이키라**(겔33:11, 19).
   ■ 당신은 고난과 질병의 때에 믿음으로 기도하고 있는가?

- 하나님은 약자를 돌보고 이웃을 사랑하며 긍휼을 행하기 원하시는 **자비한 분**이시다(1:27, 2:8, 13).
- 하나님은 그분께 순종하고 가까이하는 사람들을 **가까이해 주시는 분**이시다(4:7-8).
- 하나님은 믿음의 기도를 들으시고 **믿음의 기도에 응답하시는 분**이시다(5:15).

고난 중 소망
베드로전서 1-5장

 부활의 산 소망이 되시며 고난 중에 승리를 주실 주님을 의지하라.

① 성도의 소망(1:1-12) 주께서 부활의 산 소망이 되셨으니, 너희가 시험 중에도 기뻐하도다.

② 성도의 거룩(1:13—3:12) 너희는 거룩한 제사장이 되니 주를 위해 모든 제도에 순종하라.

③ 성도의 고난(3:13-5장) 박해는 주님의 고난에 참여함이니, 주께서 너희를 온전케 하시리라.

ⓐ 베드로전후서의 수신자는 소아시아(본도, 갈라디아, 갑바도기아, 아시아, 비두니아)에 흩어진 나그네들(1:1, 76일 지도56 참고)이었다.

 ① 성도의 소망(1:1-12)

ⓐ 삼위일체 하나님의 택함받은 사람들(1:2)

너희는 **하나님**의 예지를 따라 택함받아 **성령님**의 성화와 **예수님**의 속죄를 받은 사람들이다(마28:19)!
■ 자신의 영적 정체성이 고난을 이길 가장 강력한 힘이 된다.

ⓑ 하늘 소망을 가진 사람들(1:3-4)

예수님의 부활로 산 소망을 주셨으니 이는 땅에서는 **거듭남**을, 하늘에서는 **천국**을 주심이라.
■ 천국 소망을 품으면 고난을 이겨 낼 수 있다.

ⓒ 연단의 과정을 지나가는 사람들(1:5-9)

지금 여러 시험으로 연단받아도 기뻐하라. **정금보다 귀한 믿음**으로 결국 **영혼 구원**을 받는다(욥23:10).
■ 하나님의 연단을 신뢰하면 최후 승리를 확신 할 수 있다.

이 구원은 선지자들이 예언했고 복음 전파자들이 알린 것이다(10-12절). 당시 소아시아 곳곳에서 일어난 기독교인들에 대한 의심과 반감과 박해의 소식에 바울은 성도들을 말씀으로 격려했다.

② 성도의 거룩(1:13—3:12)

① (1:13-2:12) <거룩하라>
⑩ 거룩하라 사랑하라(1:13-25)

1. 주님 오실 때 은혜를 바라며 주께서 거룩하신 것처럼 너희도 **거룩하라**(13-16절; 레 11:45).
2. 말씀대로 형제를 뜨겁게 **사랑하라**. 너희의 거듭남은 썩지 않을 말씀(복음) 덕이다(22-25절).
- ■ 자신은 거룩을 추구하되 타인은 긍휼히 여기고 사랑하는 삶이 예수님이 보여주신 참된 복음의 삶이다(요13:34).

⑭ 사모하라, 세워지라, 제어하라(2:1-12)

1. 순전하고 신령한 젖(**말씀**)을 사모하라(1-3절).
2. 산 돌이신 예수께 나아가 **성전**으로 세워지라. 너희는 왕 같은 **제사장들**이요 주의 덕을 선포할 자들이다(4-10절; 출19:5-6).
3. 정욕을 제어하고 **선행**으로 하나님께 영광을 돌리라(11-12절).
- ■ 이방인 그리스도인도 거룩한 성전이요 제사장이라는 선포였다!

② (2:13-3:12) <순종하라>
⑯ 주를 위하여 순종하라(2:13-3:12)

1. 주를 위해 순종하라. **왕과 총독**에게 순종하라. 선이 악보다 강하다(2:13-17; 롬12:17-13:5).
2. 종들아 범사에 **주인**에게 순종하라. 죄 지어 매맞지 말고 선을 행하고 고난을 참으라(2:18-20).
3. **예수**께서 죄 없이 고난당하시고 나무에 달려 우리 죄를 담당하시는 **본**을 보이셨다(2:21-25).
- *십자가를 "나무"로 말함은 베드로 특유의 표현이다(2:24; 행5:30, 10:39).

4. 아내들아 **남편**에게 순종하라. 선한 행실과 심령으로 그를 구원하라+남편들아 아내를 귀히 여기라(3:1-7).
5. 형제를 **사랑**하며 악을 갚지 말고 복을 빌라(3:8-12).
- ■ 예수님처럼 원수까지도 사랑하는 비폭력 평화의 방식으로 세상을 변화시키는 삶을 살라. 이것은 수동적인 굴복이 아니라 적극적인 사랑이다!

③ 성도의 고난(3:13-5장)

① (3:13-4장) <주님의 모범>
욥기는 고난 중에 하나님을 바라보라고 하고 (40일① 참고) 본서는 그리스도를 바라보라고 한다. 정말 고난이 오기 때문에 주님을 떠나는 것일까? 축복이 와도 떠나는 이들이 있다. 결국 축복이 와도 자만하지 않고 고난이 와도 원망하지 않으며 주님을 붙드는 신앙이 되어야 한다.

⑰ 그리스도를 본받아(3:13-4장)

1. **의를 위해 고난**받음이 복되다(마5:10-12). 죄 없는 주께서 불의한 자를 대신하셨다(3:13-18; 사53:12).
2. 주께서 고난을 받으셨으니 너희도 **육체의 고난을 갑옷 삼아** 방탕에 빠지지 말라(4:1-4).
3. 불시험을 이상히 여기지 말고 **그리스도의 고난에 참여함**을 즐거워하라(4:12-13; 행5:41).
4. 하나님의 뜻대로 고난받는 자는 자기 **영혼을 하나님께 의탁하라**(4:19; 눅23:46; 행7:59).
- ■ 나는 쾌락과 고난의 영역에서 세상 사람들과 완전히 구별되게 사는가?

⑱ 사후에도 구원이 가능한가(3:18-20)?

1. 그리스도의 **음부강하**(陰府降下)-옥에 있는 영들, 즉 홍수 때 거역한 자들에게 가서서 복음을 전하셨다는 말씀이 아니라 승리를 선포하셨다는 뜻이다(18-20절).

2. 현재 죽어 있는 자들(살전4:13)에게 생전에 복음이 전파되었다(4:6, 83일ⓔ1 참고)는 뜻이다.
⇒ 복음을 듣고 주님을 영접할 기회는 **생전**에만 주어지며 **사후**에는 심판이 있을 뿐이다(히9:27).
■ 아직 기회가 있을 때 구원의 복음을 받아들이라.

만물의 마지막이 가까이 왔으니 기도하라. 사랑하라. 선한 청지기같이 봉사하라(4:7-11).

② (5장) <교회를 향한 권면>
① 고난 가운데 있는 교회를 향해(5장)
1. 장로들은 자원하여 목양하고 **본이 되어라** (1-4절).
2. 젊은이들은 리더에게 순종하고 **겸손하라** (5-7절).
3. 믿음을 지키고 마귀를 **대적하라**(8-9절; 약4:7).
■ 고난이 올수록 교회는 더욱 연합해야 한다.

재림의 소망
베드로후서 1-3장

신의 성품에 참여한 자가 되었으니
거짓에 속지 말고 재림의 약속을 붙잡고 살라.

1️⃣ 신의 성품(**1장**) 신의 성품에 참여한 자여, 그리스도를 알고 성경을 하나님 말씀으로 받으라.
2️⃣ 거짓 예언(**2장**) 거짓 선생은 이성 없는 짐승 같아 미혹된 자니 따라가면 진리를 떠나게 된다.
3️⃣ 주의 재림(**3장**) 재림의 연기는 주의 참으심이니 거룩하게 살며 주의 은혜와 지식에서 자라가라.

ⓑ 흩어진 나그네는 누구인가(벧전1:1)?
1. **일견** 디아스포라 유대인으로 이해된다(약1:1).
2. 대다수 수신인은 **이방인 그리스도인**이었다. -"백성이 아니더니"(2:10) "우상숭배를 하여"(4:3).
3. 박해 중에 있던 **소아시아 성도들**(이방인+유대인)로 추정된다.

＊베드로는 유대인의 사도이지만 이방인 사역도 했다.
■ 박해 중에 신앙생활을 하고 있는 교인을 위로하고 있는가?

① 신의 성품(1장)

ⓙ 신의 성품과 신의 언어(1장)

1. 너희는 **신의 성품**에 참여하는 자라(4절). 그리스도를 알고 열매 없는 자가 되지 말라(5-8절).
2. **성경의 모든 예언**은 하나님의 말씀이라(19-21절; 딤후3:15-17; 히4:12).
■ 신의 성품에 참여하기 원한다면 신의 언어인 성경말씀을 읽으라!

베드로는 자신의 죽음(순교)이 임박한 것을 알 았고(13-14절), 변화산에서 본 영광의 주님을 재회할 것을 기대했다(15-18절; 마17:5).

② 거짓 예언(2장)

Ⓚ 이단의 거짓을 주의하라(2장)

1. 거짓 선생들이 **구세주를 부인**하고 멸망을 자 초한다. 그들의 호색과 탐심을 주의하라(1-3 절; 마7:15).
2. 범죄한 천사들이 **지옥**에 던져지듯, 홍수 심 판과 소돔의 불심판처럼 **형벌** 아래 두시리 라(4-9절).
＊롯은 불안정한 의인이었다(창19:1-16).
3. 이성 없는 짐승 같아 **영적 무지와 불의의 삯** 에 빠지니 이런 자들은 나중 형편이 더 심하 리라(12-22절; 마12:45).
■ 누구든 이단에 빠지면 신앙과 이성, 양심 을 잃어버리게 된다.

③ 주의 재림(3장)

둘째 편지(후서)는 구약의 예언과 사도들의 명 령을 기억하게 함이다(1-2절).

Ⓛ 재림의 지연을 오해하지 말라(3장)

1. **재림의 지연**을 조롱하는 자들이 있다(3-7절).
2. 주께서 **오래 참으사** 다 회개하기 원하심이다 (8-9절).
3. 주의 날이 **도둑같이 오리라**(10절; 마24:43; 살 전5:2).
4. **거룩과 경건**으로 새 하늘과 새 땅을 바라라 (11-12절).
5. 형제 **바울의 편지**를 억지로 풀다가 망하지 말라(14-17절; 살전4:13-5:6; 살후2:1-12).
＊초대 교회에서 바울의 서신을 구약성경과 같은 권위로 이미 인정하고 있었다.
■ 하나님의 기다리심에 감사하고 그날을 소 망하는 신앙생활을 하라.

Ⓜ 정말 베드로가 맞는가(3:18)?

배운 것 없이(행4:13) 무식했던 베드로가 **영적 지식**을 강조하다니 놀랍다! 그는 **성령체험** 후 탁월하게 설교했고(행2장) **지적 변화**를 체험했 다(요14:26)!
■ 예수님께 붙들리면 변화되지 않을 사람이 없다.

- 예수님은 죽은 자 가운데서 **부활하사 우리 의 산 소망이 되신 분**이시다(벧전1:3).
- 예수님은 **성도들의 목자이시며 감독이신 분**이 시다(벧전2:25, 5:4)
- 예수님은 아무도 멸망치 않고 **다 회개하기 에 이르기를 원하시는 분**이시다(벧후3:9)

영적인 사귐
요한일서 1-5장

진리 안에 사랑으로 교제하는 자에게 영생이 있으니
예수를 부인하는 자와는 교제하지 말라.

① 사귐의 조건: 빛(1-2장) 주와 사귀려면 어둠에 거하지 말고 빛이신 주님 안에 거하라.
② 사귐의 특징: 사랑(3-4장) 주 안에 거하는 자는 형제를 사랑할지니, 하나님은 사랑이심이라.
③ 사귐의 결과: 생명(5장) 하나님을 사랑하여 계명을 지키는 자에게 승리가 있고 생명이 있다.

① 사귐의 조건: 빛(1-2장)

① (1장) <빛 가운데 사귐>

Ⓐ 기록 목적 = 하나님과의 사귐(1:1-4)

1. 태초부터 있는 **말씀**이신 예수 그리스도(1절; 요1:1-4; 창1:1-3).
2. 우리가 목격한 것을 증언함은 **아버지와 아들 예수 그리스도**와 **사귐**이 있게 하려 함이다 (2-3절).
   * 하나님과의 사귐(헬, 코이노니아, 80일Ⓜ3 참고)은 **성령**의 역사하심으로 가능하다.
   ■ 삼위 하나님이 나와 교제하기를 기뻐하신다.

Ⓑ 우리와 너희는 누구인가(1:1:1-4)?

1. "**우리**"(1-4절)는 요한을 포함한 **사도**들이다.
2. "**너희**"(2-3절)는 소아시아의 **성도**들이다.
3. "**그들**"(2:19, 4:5)은 영지주의 **이단자**들이다.
   ■ 나는 건강한 신앙 공동체 안에서 교제하고 있는가?

Ⓒ 하나님은 빛이시라(1:5-10)

1. 하나님은 **빛**이시다(5절; 약1:17).
2. 하나님과 **사귐**이 있다면 빛 가운데 행하라 (6-7절).
3. 죄가 없다면 거짓이니 죄를 **자백**하여 사하심을 받으라(8-10절)–영지주의의 도덕 방임 때문에 언급한 말이다(Ⓖ4 참고).
   ■ 빛이신 하나님의 거울 앞에 날마다 자기 자신을 세우고 점검하라.

② (2장) <사랑의 계명>
Ⓓ 그리스도의 계명(2:1-11)

1. 죄를 범하여도 **대언자 예수님**이 계시다(1-3절).
2. 빛에 거한다면 **사랑의 계명**을 지키라(4-11절).
   * 세상(육신의 정욕, 안목의 정욕, 이생의 자랑)을 사랑하지 말라(15-17절). 이것은 잘못된 사랑이다.
   ■ 참 사랑과 거짓 사랑을 구분하며 살고 있는가?

요한은 교회에서 나간 이단들이 예수가 그리스도이심을 부인하며(Ⓒ2 참고) 성도들을 미혹하는 것을 경계했다(18-29절).

② 사귐의 특징: 사랑(3-4장)

① (3장) <사랑하자>
Ⓔ 참 사랑은 성결하다(3:1-12)

1.아버지의 사랑받은 자녀는 스스로 **깨끗하게** 하여 죄와 불법에서 벗어난다(1-6절).
2.도덕 방임을 말하는 이단자들은 **마귀**에게 속해 있는 자들이다(7-11절; 요8:44; Ⓖ4 참고).
3.**가인**같이 하지 말라(12절; 창4:8; 유1:11).
⇒오늘날에도 영은 구원받았으니 육은 세상 쾌락과 죄악을 맘대로 즐기겠다는 세속적인 신앙인들이 있다.
■ 하나님의 사랑이 강권하셔서 내 안에서 죄를 몰아내고 있는가?

Ⓕ 참 사랑은 실천한다(3:13-24)

1.우리는 사망에서 생명으로 옮긴 자들이다. **미움**은 살인이요 영생이 없다(14-15절; 요5:24; 마5:22).
2.**주님**은 우리를 사랑하사 자신의 목숨을 버리셨다(16절).
3.형제가 궁핍하다면 구체적인 **행함**으로 사랑하자(17-18절).
■ 사랑은 교리나 이론이 아니라 진실한 행함이다.

행함이 없는 믿음이 죽은 것인 것처럼(약2:17) 실천이 없는 사랑도 가짜요 죽은 것이다.

② (4장) <하나님은 사랑이시다>
Ⓖ 영지주의(Gnosticism)란(4:1-3)?

＊영들이 하나님께 속하였나 **분별**하라(1절). 신령해 보인다고 다 좋은 것이 결코 아니다!
1.영지주의는 육은 악하고 영만 거룩하다고 보는 **이원론**이다-영계와 자연계를 모두 창조하신 하나님을 부정함이었다.

2.**성육신을 부인**하며 지상의 예수는 천상의 그리스도의 환영일 뿐이라는 **가현설**을 주장했다-참 하나님이요 참 인간이신 주님을 부인했다.
3.자신들만 영적 지식을 이해한 **영적 특권층**임을 자청했다-차별없이 만민을 구원하시는 보편적인 은혜와 구원의 섭리를 부정했다.
4.기독교 윤리를 무시했다. 육체를 억제하는 **금욕주의**나 육체에 무관심한 **방임주의**로 흘러갔다-칭의가 성화로 이어지는 전인적 구원을 망각했다.
■ 나는 이런 이단적 관점에 빠진 부분이 없는가?

Ⓗ 하나님은 사랑이시다(4:7-21)

1.사랑은 하나님께 속한 것이다. 하나님이 우리를 사랑하사 **아들**을 제물로 주셨다(7-10절; 롬5:8).
2.우리도 서로 사랑함이 **마땅하다**(11-16절; 요13:14).
3.온전한 사랑은 심판의 **두려움**을 내쫓는다(17-18절).
4.**보이는 형제**를 사랑하지 못하는 사람은 **안 보이는 하나님**도 사랑하지 못한다(19-21절).
■ 하나님이 주신 두려움 없는 사랑이 내 안에 있는가?

③ 사귐의 결과: 생명(5장)

① 생명에 이르는 사랑(5장)

1.하나님을 **사랑**하여 예수 그리스도를 믿는 **믿음**으로 우리는 세상을 이긴다(1-5절).
2.예수가 성자이심을 **증언**하는 이는 성령(고전12:3)과 물(마3:16)과 피(요19:34)다(6-8절).
3.아들이 있는 자에게 **생명**이 있다(11-12절; 요20:31).
＊사망에 이르는 죄(배교, 16, 21절; 막3:29)가 있다.
■ 예수님이 없는 영혼을 긍휼히 여기고 사랑하는가?

사랑과 진리

요한이서 1장

 성도들에게 진리 안에 사랑하라고 권면했다.

① 거짓 교사 경계**(1장)** 택함 받은 자녀들아 진리 안에 사랑하되 성육신을 부인하는 자들은 삼가라.

① 거짓 교사 경계**(1장)**

Ⓙ 교제할지 말지 분별하라(1장)

* 가르치는 장로 요한이 교회와 성도들에게 (1절).
1. 진리를 행하는 가운데 사랑하자(4-6절).

2. 예수님의 성육신을 부인하는 **미혹하는 자(적 그리스도)**를 완전히 차단하라(7-11절, Ⓖ2 참고).
■ 나는 이단이 접근하고 초대할 때 철저하게 선을 긋고 있는가?

악인과 선인

요한삼서 1장

 좋은 교사를 배척하는 악인에 대해 경고했다.

① 참된 교사와 교제**(1장)** 사랑하는 가이오, 진리 안에 행하고 악인을 멀리하며 의인과 교제하라.

① 참된 교사와 교제**(1장)**

Ⓚ 악한 자를 징계하라(1:9-15)

* 장로가 사랑하는 동역자 가이오에게(1절).
1. 형제인 나그네들에게 행한 사랑, 곧 **진리 안에서의 동역**을 칭찬한다(3-8절; 마10:41).

2. 교만한 **디오드레베**가 사도 요한과 전도자들을 거부하고 이들을 돕는 자를 내쫓았다(9-10절)-마치 고린도교회가 사도 바울을 배척한 것과 같은 문제였다.
3. **데메드리오**는 진리의 증거를 받은 자다(12절).
■ 선교사와 복음 증거자를 사랑으로 섬기는가?

거짓과 싸우라
유다서 1장

 거짓 교사들에 대해서 강력하게 경고했다.

①배교에 대항하라(1장) 믿음의 도를 위해 싸우되 예수를 부인하는 자들을 경계하라.

①배교에 대항하라(1장)

ⓛ 거짓 교사들을 주의하라(1:1-16)

＊유다(마13:55; 행1:14; 고전9:5)가 성도들에게 보낸 편지다.

1. 믿음의 도를 위해 **싸우라**(3절; 고후10:4; 히 12:4).

2. 이단자는 주 **예수 그리스도**를 부인하는 자다 (4절; 요이1:7).

3. **광야 1세대**(민14:33), 타락 천사들(사14:12), **소돔**(창19:24)의 형벌이 거울이 되었다(5-7절).

4. 이들은 거짓 예언을 하고, **도덕 폐기론**을 주장하고, 권위에 불순종했다(8절).

5. 천사장 미가엘도 (살인자) **모세**의 시체를 주장하는 마귀의 판결을 주께 맡겼다(9절, [모세의 승천] 인용) vs **이성 없는 짐승** 같은 이단자들은 알지도 못하면서 비방한다(10절; 벧후 2:12).

6. **화** 있을진저! 그들이 가인, 발람, 고라의 길을 가고 있다(11절).

7. **에녹**이 주의 임재와 심판을 예언했다-《에녹 1서》 인용.

8. 이단자들의 특징은 원망, 불만, 정욕, 자랑, 돈, 아첨이다(16절).

■ 거짓 교사들은 영적으로 타락했기 때문에 윤리적으로 문제가 없을 수 없다.

말세에 거짓 교사들(마7:15-19, 딤후3:1-9, 벧후 2:1-3, 요일4:1-3)을 예고한 사도적 교훈을 기억하라(17절). 그리고 오히려 의심하는 자들은 긍휼히 여겨 구원하라(22-23절).

• 예수님은 **태초부터 있는 생명의 말씀**이 성육 신하신 분이시다(요일1:1, 4:2).
• 예수님은 **참 하나님이시요 영생이신 분**이시 다(요일5:10-11, 20).
• 예수님은 **육체로 세상에 오신 하나님의 아들** 이시다(요이1:3, 7).

기름 부음이 모든 것을 가르치신다고 하셨 다(요일2:27). 기름 부음은 성령님의 임재, 조명, 감동을 의미한다. 당신은 성경을 읽을 때 성령님께 간절히 구하는가, 아니면 세상 사고와 지식으로 읽는가?

종말의 징조
요한계시록 1-11장

요한은 주께 계시를 받고 교회를 향한 메시지,

천국의 환상, 인과 나팔의 재앙을 기록했다.

1 주 예수의 환상(1장) 내가 밧모섬에서 성령 안에서 그리스도를 보았고 이것을 기록하였다.

2 일곱 교회 편지(2-3장) 일곱 교회는 첫 사랑을 회복하고 환난 중에 인내하며 최후 승리자가 되어라.

3 하늘 보좌 환상(4-5장) 하늘 보좌를 보는데 하나님의 손의 두루마리를 어린양이 취하시더라.

4 일곱 인의 재앙(6-7장) 주님이 인을 뗄 때마다 재앙이 내리더니 마지막에 144,000인이 보였다.

5 일곱 나팔 재앙(8-11장) 나팔을 불 때 재앙이 내렸고 두 증인의 사역 이후 하늘 성전이 열렸다.

ⓐ 밧모섬은 에베소에서 80km 떨어진 유배지였다.

60 | 소아시아의 일곱 교회

ⓑ 소아시아 일곱 교회(2-3장)

1. **에베소**: 아시아의 수도였고, 아데미 신전이 있었다.
2. **서머나**: 아사아의 장신구라고 불렸으며, 부요한 상업도시였다.
3. **버가모**: 무역으로 부요한 도시였고, 황제숭배 중심 도시였다.
4. **두아디라**: 직조업과 염색업이 유명했다(행 16:14).

5. **사데**: 리디아 왕국의 수도였고, 부요한 황금의 도시였다.
6. **빌라델비아**: 수많은 신전들이 있었으나 지진으로 사라진 도시다.
7. **라오디게아**: 금융, 흑양모, 안약으로 유명했고 비옥한 골짜기에서 농업을 하여 상당히 부유했던 도시다.

■ 세상 풍조를 거슬러 올라가며 살고 있는가?

① 주 예수의 환상(1장)

Ⓐ 요한이 듣고 본 계시는 무엇인가(1장)?

1. 요한에게 알리신 **예수 그리스도의 계시**다(1절).
   -계시란 인간이 알 수 없는 비밀을 하나님이 열어서 보여주시는 것이다(롬16:25-26; 갈 1:12)
2. **성령의 감동**으로 들은 음성(10절; 겔2:2)은 계시를 써서 일곱 교회에 보내라 하셨다(11절).
3. **영광의 그리스도**(13-16절; 마17:2)께서 **과거사, 현재사, 미래사**를 기록하라고 하셨다(19절).
   *일곱 별=일곱 교회의 사자(천사).
   일곱 촛대=일곱 교회(20절).
■ 당신은 성경이 하나님의 계시라는 사실을 믿는가(딤후3:16; 벧후1:20-21)?

② 일곱 교회 편지(2-3장)

요한이 편지를 보낸 일곱 교회는 지상의 모든 교회를 대표하는 개념이다.

Ⓑ 일곱 교회에 보낸 편지의 내용은(2-3장)?

1. **에베소** – 행위, 수고, 인내를 칭찬하셨지만(살전1:3), 처음 사랑을 버렸다고 책망하고 회개를 촉구하셨다.
   *니골라(2:6; 행6:5) 집사가 이단의 괴수가 되었다.

2. **서머나** – 유대주의 이단을 이겨냄을 칭찬하셨고, 박해가 와도 죽도록 충성하여 면류관을 받으라고 권면하셨다.
3. **버가모** – 박해 중에도 믿음을 지킴을 칭찬하셨지만, 니골라 당을 따른 것을 회개하라고 하셨다.
   *만나(요6:31, 35)는 하늘의 생명 양식을, 흰 돌(당시 연회 초대권)은 천국잔치 초대권을 뜻한다(마22:11).
4. **두아디라** – 사랑, 믿음, 섬김, 인내를 칭찬하지만 이단자 이세벨(우상숭배와 행음에 빠뜨림, 왕상16:31)을 용납하고 회개하지 않았다.
   *새벽 별은 그리스도의 영광과 통치권을 뜻한다(22:16).
5. **사데** – 살았다 하나 죽은 자라고 책망하셨으나 옷을 더럽히지 않은 자 몇 명이 있다고 하셨다.
6. **빌라델비아** – 작은 능력으로 배반치 않음을 칭찬하셨고, 유대주의 이단자 몇이 돌아오게 하리라고 예고하셨다.
7. **라오디게아** – 영적 온도를 높이라. 경제적 부요와 대비되는 영적 가난을 자각하고 회복하라. 너를 사랑하기에 책망하는 것이니 회개하라(히12:3-13).
■ 우리 교회는 주님 앞에 어떤 칭찬과 책망이 있겠는가?

ⓒ 성령의 부르심에 반응하라(3:20-22)

1. 주님이 문밖에 계신다는 말씀은 놀랍게도 불신자가 아니라 **기신자(교회)**에게 하신 말씀이다!
2. 영적인 귀가 열려서 성령의 말씀을 **들으라!**
■ 주님의 노크 소리와 성령의 음성을 듣고 있는가?

③ 하늘 보좌 환상**(4-5장)**

ⓓ 하늘 보좌의 환상을 보라(4장)

1. 열린 문 안 **하나님의 보좌**와 무지개가 둘러 있는 것을 보았다(겔1:26-28).
2. **24장로**=하나님 백성(12지파+12사도)의 대표자들이다.
3. **4생물**=모든 피조물의 대표자들(겔1:5-14)이다.
⇒ 모든 백성과 피조물이 하나님을 **찬양하는** 것이 천국의 모습이다.
■ 만민과 만물이 하나님을 찬양하는 거룩한 환상을 품으라.

하나님의 손에 있는 책을 그리스도(유다 지파의 사자이며 다윗의 뿌리요 어린양)께서 취하시니, 말씀은 임하고 기도의 향은 올라갔다(5장).

ⓔ 계시록의 숫자와 상징

1=한 분 하나님(1:8).
2=증인의 충족수(11:3).
3=하늘의 완전수(1:4-5).
4=땅의 완전수(7:1).
5=제한된 기간(9:5).
6=불완전수(13:18).
7=완전수(1:4).
10=충만수(13:1).
1/2, 1/3, 1/4=짧은 순간(8:1, 7, 6:8).
12=하나님 백성(21:12).
24=신구약 온 성도(4:4).
42=3년 반(11:2-3).

144=성도들의 성읍(21:17).
666=적그리스도(13:18).
1,000=무한수(20:4).
1,600=온 땅(14:20).
12,000=하나님 백성의 충만수(12×10^3, 7:5-8), 성도들의 땅(21:16).
144,000=구원받은 백성의 총수(7:4, 14:1).
2만만(2억)=무한수(9:16).
■ 묵시록의 특징인 숫자와 상징을 이해하라.

④ 일곱 인의 재앙**(6-7장)**

책의 인을 떼며 재앙이 진행되는 중 이마에 인 침받은 자는 보호받았다.

ⓕ 일곱 인의 재앙은 무엇인가(6장)?

1. **첫째 인** – 흰 말(승리)이 이기더라.
2. **둘째 인** – 붉은 말(전쟁)이 서로 죽이게 하더라.
3. **셋째 인** – 검은 말(기근)이 식량난을 일으켜 곡물 값이 평소보다 10배 인상되다(마24:7).
4. **넷째 인** – 청황색 말(죽음)이 땅 1/4을 죽이다.
5. **다섯째 인** – 순교자들이 하나님께 탄원하다.
6. **여섯째 인** – 천재지변(대지진과 천체의 무질서).
7. **일곱째 인** – 일곱 나팔 재앙의 시작(8:1-2).
■ 인 재앙은 주로 인간의 죄 때문에 일어난다.

ⓖ 144,000인은 누구인가(7장)?

1. **하나님의 종들**의 이마에 인치기까지 해하지 말라(1-3절; 고후1:22; 신6:8; 겔9:1-6)-소유와 보호의 의미.
2. 144,000=12지파×12(완전수)×1,000(무한수). 이들은 아무도 능히 셀 수 없는 큰 무리다(9절).
＊이 숫자를 실수(實數)로 주장하는 이단에게 속지 말라. 이는 **완전한 구원의 숫자**를 상징함이다.
3. 대환난 때의 **순교자들과 신자들**이다(14절).

■ 그 백성을 구원하시는 섭리를 완전하게 이루실 하나님을 신뢰하고 고난 중에도 전진하라.

5 일곱 나팔 재앙(8-11장)

ⓗ 일곱 나팔의 재앙은 무엇인가(8-9장)?

1. **첫째 나팔** – 우박과 불로 땅 1/3이 불타다.
2. **둘째 나팔** – 불붙은 산으로 바다 생물의 1/3이 죽다.
3. **셋째 나팔** – 큰 별로 하천의 1/3이 쓰게 되다.
4. **넷째 나팔** – 해와 달과 별의 1/3이 어두워지다.
5. **다섯째 나팔** – 떨어진 별(천사, 1:20)은 무저갱의 관리를 맡은 천사로서 황충(욜1:4-7)을 풀어 인침받지 않은 사람들을 해한다.
  *무저갱의 사자(9:11)는 "파괴자"(히, 아바돈, 헬, 아볼루온)요 이는 귀신들의 괴수 사탄이다.
6. **여섯째 나팔** – 2억의 마병대가 사람 1/3을 죽이다.
  *역사적으로는 유브라데 지역에서 일어나 AD 62년 로마와의 전쟁에서 승리한 **파르티아 기병대**다. 당시 로마에서는 이들에 대한 두려움 때문에 파르티아에서 제국을 무너뜨릴 세력이 일어난다는 흉문이 돌았다. 영적으로는 세속 권력을 무너뜨릴 또 다른 **악한 세속 권력**을 뜻한다.
7. **일곱째 나팔** – 세상 나라가 주의 나라가 되리라 선포한 뒤 하늘의 성전이 열리더라(11:15-19).
  ■ 나팔 재앙은 사탄의 활동 때문에 일어난다.

하나님의 징계와 심판에도 생존자들은 회개하지 않았다(9:20-21; 출9:34).

ⓘ 작은 두루마리를 먹으라(10장)

1. 일곱 우레가 말한 것은 기록하지 마라(4절).
2. 지체 없이 **복음의 비밀**을 이루시리라(7절).
3. 책을 **받아먹으라**(8-9절; 겔3:1-3; 렘15:16-18).
  ■ 주의 말씀이 내 안에 충만하기까지 먹고 있는가?

ⓙ 두 증인은 누구인가(11장)?

1. **두 증인**은 두 감람나무(성전을 재건한 이들, 슥4:3), 두 촛대(**교회**, 1:20)요 증인 공동체(행1:8)다.
2. **1,260일**(3년 반)은 증언의 기간이자 박해의 기간으로 완전수 7의 절반이므로 **한정된 때**다.
3. 짐승(세상 나라)에게 죽어 큰 성(로마)에 있겠지만 부활하리라(7-11절). **박해당하겠지만 살아나리라!**
  ■ 하나님의 교회는 박해 속에서도 살아나리라!

- 예수님은 인자 같은 분이시지만 **천상의 영광스런 그리스도**이시다(1:13-17).
- 예수님은 교회 가운데 거하시며 **교회에 사자를 보내 말씀하시는 주관자**이시다(2-3장, 22:16).
- 예수님은 **나라와 족속과 백성과 방언에서 구원자로 찬양받으셔야 할 이름**이시다(7:9-10).

557

Day 90

최후의 승리
요한계시록 12-22장

 마지막 심판 후 바벨론은 멸망하고 주께서 재림하시리니
천년 왕국 이후 천국이 임하리라.

① 천군과 용의 싸움(12-14장) 용이 여자를 박해하고 두 짐승이 훼방하나 어린양이 추수하신다.
② 일곱 대접 재앙(15-16장) 일곱 대접을 쏟으니 악인들에게 재앙이 임했고 심판이 완성되었다.
③ 바벨론의 멸망(17-18장) 큰 음녀는 짐승과 갈등해 망하리니, 큰 성 바벨론이 무너지리라.
④ 혼인잔치와 재림(19장) 어린양의 혼인잔치를 선포한 뒤, 주께서 천군과 임하사 만국을 치셨다.
⑤ 천년왕국과 천국(20-22장) 천년왕국 이후 새 예루살렘이 임하리니, 예수님은 속히 오시리라.

 ① 천군과 용의 싸움(12-14장)

Ⓐ 천군과 용의 싸움 양상은(12장)?
1. **아이(예수님)**를 낳은 **여자**는 첫째는 마리아(5절), 둘째는 그리스도의 **교회**(17절)를 상징한다. 광야로 1,260일(6절, 89일①2 참고) 동안 피신했다.
2. **큰 용**은 옛 뱀(창3:1), **마귀**(Devil, 참소자), 사탄(Satan, 대적자, 39절Ⓑ 참고)이다(9절). 미가엘과 천군이 이겨 용과 사자들을 쫓아냈다(7-9절). 용이 분노해 **교회를 박해**했다(13절).
■ 사탄은 천상에서 패배하고 쫓겨난 존재일 뿐이다!

Ⓑ 용이 세운 두 짐승은(13장)?
1. **바다 짐승은 로마 제국을 비롯한 세속 권력**으로 신성을 모독하고 42개월 간(89일①2 참고) 교회를 박해하며 생명책에 없는 모든 이에게 경배를 받더라.
2. **땅의 짐승은 황제숭배 종교와 이단사상**으로 어린양을 모방하며 사람들에게 짐승의 이름인 666표를 받게 한다(신6:8, 당시 로마에서는 황제숭배자에게 확인서를 주어 사회경제 활동을 하게 했다).
*악의 삼위일체=용(사탄)+바다 짐승(적그리스도)+땅의 짐승(거짓 선지자): 이것은 사탄이 하나님을 모방함이다(16:13).
■ 마지막 때에 세속 정치와 종교가 몰아쳐도 결코 두려워하지 말라.

ⓒ 666은 무엇인가(13:17-18)?

네로 가이사(Nero Caesar)의 히브리 음가가 666이다. 다만 당시 네로는 죽었기에 그의 환생으로 여겨졌던 도미티안을 가리키는 상징이자 앞으로 등장할 적그리스도의 상징이다. 7이 하나님의 완전수라면 6은 불완전수다. 666은 불완전한데 완전한 척 세상을 미혹하는 사탄의 세력이다.

■ 세상의 정치·종교 사상에 미혹되어 빠지지 말라.

악의 세력이 득세한 듯하지만 하나님의 백성은 구원받을 것이고 불신자들은 심판에 이를 것이라(14장).

ⓓ 구원과 심판의 7가지 환상(14장)

1. **어린양과 144,000인**이 시온산에 있다(1-5절).
2. 천사가 **복음**을 들고 외쳤다. "하나님을 경외하라"(6-7절).
3. "무너졌도다 큰 성 **바벨론**이여!"(8절).
4. "짐승에 경배하면 **진노**가 임한다"(9-12절).
5. "주 안에서 죽는 자들은 **복**이 있도다!"(13절).
6. 인자께서 낫으로 **곡식**을 수확하셨다(14-16절).
7. 천사가 낫으로 **진노의 포도**를 수확했다(17-20절)-1,600($4^2 \times 10^2$, 89일ⓔ 참고) 스다디온(19m).

■ 우리는 지금 역사의 마지막 구간에 서 있다. 구원의 길에 들어설 것인가, 심판의 길에 들어설 것인가?

② 일곱 대접 재앙(15-16장)

ⓔ 요한이 본 큰 이적은(15장)?

1. **큰 이적**(용의 악행[12:3-4], 용의 징벌[15:1])을 보다.
2. **불이 섞인 유리 바다**(4:6, 하나님의 존전[겔47:1; 계22:1]에서 심판이 나오는 모습)가에서 승리자들이 노래하다.
3. 하늘에 **증거 장막**(민17:7)**의 성전**이 열리다.

⇒ 하나님의 보좌로부터 생명수도 흘러나오고 불심판도 나온다. 이것은 지성소에서 불기둥도 나오고 불심판도 나온 것과 동일하다(민 9:15, 16:35; 레10:2).

■ 거룩하신 하나님의 존전은 구원의 자리이자 심판의 자리다.

ⓕ 일곱 대접의 재앙은 무엇인가(16장)?

1. **첫째 대접** - 666 받은 자들에게 종기가 나다.
2. **둘째 대접** - 바다의 모든 생물이 죽다.
3. **셋째 대접** - 하천이 피가 되니 순교자들 때문이다.
4. **넷째 대접** - 해가 불로 사람들을 태우다.
5. **다섯째 대접** - 짐승의 나라에 어둠과 고통이 임하다.
6. **여섯째 대접** - 동방 왕들의 길이 예비되다(역사적으로는 AD 66년부터 217년까지 유브라데에서 일어나 로마 제국과 전쟁을 벌인 파르티아의 왕들이요, 미래적으로는 하나님을 대적해 모이는 온 열방의 왕들[14절])이다(89일ⓗ6,＊ 참고).
7. **일곱째 대접** - 바벨론에 지진과 우박이 내리다.

■ 대접 재앙은 사탄의 왕국에 대한 심판이다.

인, 나팔, 대접 재앙은 종말이 가까울수록 반복 점층 심화된다. 이 재앙들은 순차적이라기보다 주제를 드러내는 상징적 배열로 보인다. 이미 우리는 환난을 경험하고 있다(마24:6-8, 68일ⓗ2 및 87일ⓛ 참고).

ⓖ 아마겟돈 전쟁이란(16:12-16)?

아마겟돈("므깃도의 산")은 최후의 전쟁터다(19:11-21). **므깃도**는 많은 전쟁이 일어난 지역이었고(삿5:19), 요시야왕도 여기서 전사했다(왕하23:29). **열왕**이 하나님을 대적해 일어나는데(시2:1-3) 배후는 **사탄의 세력**이다(13절, ⓑ＊ 참고).

■ 국제정세의 배후에 있는 영적 기상도를 이해하라.

바로와 애굽인들처럼(출9:34), 말세에 심판이 진행돼도 악인들은 회개하지 않는다(9:20-21, 16:9, 11, 21; 딤후3:13).

③ 바벨론의 멸망(17-18장)

광야의 여자(교회 상징)와 대비되는 물 위의 음녀가 등장한다(17:1).

Ⓗ 큰 음녀는 누구인가(17장)?

많은 물 위의 음녀는 열국을 장악한 바벨론(로마 제국, 벧전5:13)으로 성도들의 피를 흘리게 하는 **반기독교적 적그리스도 세력이다.** 일곱 머리는 로마의 일곱 산(78일 그림05 참고)이자 일곱 왕(모든 왕)이며, 여덟째 왕은 네로의 환생으로 여겨지는 도미티안이다. 로마를 망하게 할 **열 뿔**은 역사적으로는 파르티아(89일Ⓗ6,* 참고), 궁극적으로는 자멸을 초래할 열국이다. 결국 어린양이 이기실 것이다.

Ⓘ 바벨론이 무너졌도다(18장)!

1. 바벨론이 **정치·경제 세력**과 함께 망했다(2-3절).
2. 내 백성아 거기서 나오라(4절; 사52:11; 렘 51:45)-죄악 세상에서 탈출하는 **마지막 출애굽**이 될 것이다!
3. 각종 상품과 사람의 영혼까지 사고팔았다(12-13절)-오늘도 **물질과 쾌락**에 사람들이 자신의 영혼을 팔고 있다.
4. 천상의 성도들은 최후 심판을 즐거워하리라(20절).
▪ 성도들이여 물질과 쾌락의 세상에서 마지막 출애굽을 하라.

④ 혼인잔치와 재림(19장)

결혼식 날이 장례식 날이 됨은 구원의 날이 심판의 날이기 때문이다.

Ⓙ 혼인잔치와 최후 전쟁(19장)

1. 하늘의 허다한 무리가 찬양하다(1-3절, 89일 Ⓖ2 참고).
2. **어린양 혼인잔치**에 오는 자는 복이 있도다(7-9절; 마22:2).
* 요한이 감격해서 천사에게 절하려고 하자 천사가 예수님의 증거만이 예언의 본질이라며 그를 말렸다(10절). 다시 말해 계시록 예언의 **주인공은 오직 예수님**이시다.
3. **그리스도**(1:13-16)께서 백마 타고 천군과 함께 재림하사 입의 검으로 만국을 치시고(사49:2; 히4:12, Ⓖ 참고) 다스리시리라(시2:9).
4. **짐승과 거짓 선지자**(16:13)가 유황불에 던져진다.
▪ 최후 승리를 얻기까지 오직 주님 한 분께 충성하라.

⑤ 천년왕국과 천국(20-22장)

Ⓚ 천년왕국이란(20:1-10)?

* 용을 결박해 무저갱에 던지다(Ⓐ2 및 39일 Ⓑ 참고).
1. 천 년간 주와 함께 **왕노릇**하리라(롬5:17).
2. **순교자들**(4절)은 첫째 부활(육체의 부활)에 참여하고 둘째 사망(지옥, 14절)에 이르지 않는다.
* 사탄이 풀려 곡과 마곡(겔38-39장)을 모아 싸우지만 패하고 유황불에 들어간다. 이는 **사탄의 종말**이요 하나님이 악을 영원히 제거하심이다!
▪ 천 년 동안 지상에 세워질 하나님의 나라다.

백보좌 심판대에서 주님이 행위록에 따라 모두를 심판하시지만(히9:27) 생명책에 기록된 이들은 사면의 은총을 누리게 된다(11-12절). 악인들도, 사망과 음부도, 불못(둘째 사망)에 던져진다(14-15절).

Ⓛ 새 하늘과 새 땅이란(21장-22:5)?

1. 처음 천지는 사라지고 새 천지(사65:17)가 열리니 이는 지상낙원이 아니라 천상낙원(**천국**)이다(1절).
2. **새 예루살렘**은 신랑(눅5:34)을 위해 단장한 신부 같다(2절; 요3:29).
3. **하나님의 로망**이 이루어지리라(3절, 55일Ⓐ 참고).
4. 12진주문(**12지파**), 12기초석(**12사도**, 89일Ⓔ 참고).
5. **하나님과 어린양**이 성전이요 빛이시라!
6. 보좌에서 흐르는 **생명수** 강물이 있다(22:1; 창2:10; 겔47:1).
7. 영원토록 왕노릇하리라 – **영원한 하나님 나라!**
■ 나는 세상 영광과 즐거움보다 영원한 천국의 기쁨과 영광을 사모하는가?

Ⓜ 오리라! 오라! 오시옵소서(22:6-21)!

1. 내가 속히 **오리라**(7, 10, 12, 20절).
2. 성령과 신부가 "**오라** 생명수를 받으라"(17절).
3. 아멘 주 예수여 **오시옵소서**(20절, 79일 참고)!
■ 아직 시간이 있을 때, 예수님이 나를 부르실 때, 오라!.

- 예수님은 **어린양이시면서 만왕의 왕**이시며 짐승과 싸워 이기실 분이시다(17:14).
- 예수님은 백마 타고 천군과 재림하사 **만국을 심판하실 재림의 주님**이시다(19:11-16).
- 예수님은 "내가 진실로 **속히 오리라**"고 **약속하신 분**이시다(22:20).

15주 / 예수님은 누구신가?

승리자 예수님

"보라 백마와 그것을 탄 자가 있으니"(계19:11)

요한은 보았다. AD 95년 밧모섬에서 유배 중에 그리스도의 환상을 보았다. 밧모섬은 로마 제국의 정치범 수용소였다. 그만큼 요한은 제국 입장에서는 위험 인물이었다. 그의 신앙과 사상이 로마 제국 전체를 뒤흔들었다. 그는 로마(바벨론)의 몰락과 그리스도의 승리를 예언했다. 그리고 역사적으로 그 일이 이루어졌다. AD 313년 콘스탄틴이 기독교를 공인했고 로마 전체가 기독교 국가로 거듭났다. 자, 그러면 요한이 도대체 섬에 갇혀서 본 예수님은 어떤 모습이었는가?

첫째, 구원자의 모습이었다. 그는 "일찍이 죽임을 당한"(계5:6) 어린양의 환상을 보았다. 그리고 각 나라와 족속과 백성과 방언에서 아무도 능히 셀 수 없는 큰 무리가 나와서 "구원하심이 보좌에 앉으신 우리 하나님과 어린양에게 있도다"(계7:10)라고 찬송하는 소리를 들었다.

둘째, 주관자의 모습이었다. 하나님께서 역사를 진행해 가셔야 하는데 역사의 시나리오를 기록한 두루마리를 펼 자가 아무도 없었다. 그때 "유대 지파의 사자 다윗의 뿌리"(계5:5)이신 어린양 예수께서 아버지께 두루마리를 받아 인을 떼시고 역사를 진행하신다.

셋째, 지존자의 모습이었다. "촛대 사이에 인자 같은 이가… 그의 눈은 불꽃 같고 그의 발은 풀무불에 단련한 빛난 주석 같고… 그의 입에서 좌우에 날선 검이 나오고 그 얼굴은 해가 힘있게 비치는 것 같더라"(계1:13-16). 변화산에서 세 제자가 보았던 모습이요, 스데반이 순교 때

보았던 모습이요, 다니엘이 환상 중에 보았던 모습이었다.

마침내 예수님은 승리자의 모습으로 등장하신다. 백마를 타고 천군을 이끄시는 예수님! 그분의 이름은 "충신과 진실(Faithful and Truthful)"(계19:11)이요 "하나님의 말씀"(계19:13; 요1:1, 14)이시다. 우리와 한 약속의 말씀을 충실하고 신실하게 지키시고 완성하실 주님이시다.

사실 역사는 말씀대로 시작되어(창1장; 요1:1-3) 말씀대로 끝이 난다. 말씀대로 된 결과가 우리가 보고 있는 창조의 세계요, 말씀대로 이루신 구원이 우리가 누리는 축복이요, 말씀대로 맺어질 결론이 우리가 맞이할 최후의 심판이다. 결국 시작하신 그분이 끝내실 것이다. 영원에서 시간을 출발시키신 그분이 종말에 시간을 멈추시고 영원으로 우리를 부르실 것이다.

그분의 이름은 "그 옷과 그 다리에 이름을 쓴 것이 있으니 만왕의 왕이요 만주의 주라"(계19:16). 예수님의 패션 센스가 돋보이지 않는가. 어떤 브랜드도 어떤 메이커도 필요 없으신 분, 그분 자신이 창조주(the Maker)이신 분이 등장하시리라. 그리고 인류 역사 최후의 전쟁, 아마겟돈(계16:16) 전쟁의 실사판을 보게 될 것이다.

사실 신앙의 여정이 힘든 이유가 무엇인가? 성화의 언덕을 오르기에는 영혼의 숨이 가쁘고, 사방에서 악한 세력의 위협과 유혹이 압도하는데, 하나님의 전신갑주를 걸치고 가는 것조차도

버겁기 때문이 아닌가. 그러면 이 힘든 영적 전쟁의 여정에서 최종회는 어떤 모습일까?

계시록을 보라. 사탄이 용으로 등장하여 고난받는 여인(교회)을 집어삼킬 듯이 위협한다(계 12:13). 용이 어거하는 두 마리 짐승(계13:1, 11)은 용에게 권세를 받아 하나님을 모독하고 성도들을 괴롭힌다. 짐승의 숫자인 666 표를 받지 않으면 경제활동조차 못하게 만든다(계13:16-18). 이런 고통스런 대환난을 지난 뒤 등장하는 최후의 전쟁은 얼마나 격동의 사건이 될까!

그런데 그날 우리는 우리 눈을 의심하게 될 것이다. 백마 타고 등장하신 그리스도와 용의 위용으로 등장한 사탄 간에 치열한 싸움이 없기 때문이다. 피 말리는 접전 같은 것은 단 한 줄도 등장하지 않는다. 무슨 말인가? 인류 최후의 전쟁은 너무나 싱겁게 끝나 버린다는 말이다. 백마 탄 주께서 등장하자마자 바로 전쟁이 종료된다. 그야말로 전쟁 시작했다 전쟁 끝났다.

이게 무슨 일인가? 복음서에 보면, 예수님이 등장하시면 귀신들이 대판 싸우자고 덤비던가? 군대귀신조차도 "예수여… 나를 괴롭게 하지 마옵소서… 무저갱으로 들어가라 하지 마시기를 간구"(눅8:28, 31)했다. 지존자 예수님과 타락천사들과는 겨루기 자체가 안 되기 때문이다!

그러면 우리는 왜 이토록 영적 전쟁이 버거울까? 어리석게도 우리가 마귀에게 동조해 주었고 마귀는 인질극을 벌이고 있기 때문이다. 그러나 예수님은 이미 승리하셨고 영원히 승리하실 것이다. "세상에서는 너희가 환난을 당하나 담대하라 내가 세상을 이기었노라"(요16:33)!

또한 그날은 역사의 가면무도회가 끝나는 날이다. 십자가에서 죽임당한 어린양은 사자 왕(계5:5)이시며, 구유에 누이셨던 아기는 만왕의 왕(계19:16)이시며, 온 세상을 미혹했던 큰 용은 실제로는 동산의 작은 도마뱀(창3:1; 계12:9)이었음이 드러나리라. 어깨에 잔뜩 바람을 넣고 용인 척 위협했던 도마뱀이 바람이 쏙 빠져서 무저갱에 들어가게 될 것이다.

계시록은 역사의 최종회 대본 유출이다. 역사는 예수 그리스도와 그 백성의 승리로 끝나리라! "무릇 하나님께로부터 난 자마다 세상을 이기느니라… 예수께서 하나님의 아들이심을 믿는 자가 아니면 세상을 이기는 자가 누구냐"(요일5:4-5).

"이기는 그에게는 내가 내 보좌에 함께 앉게 하여"(계3:21) 주신다고 약속하셨다! 주님의 보좌에 앉다니! 이사야도 보고서 두려워 떨었던 그 천상의 보좌, 사탄이 발악하며 찬탈하려다 내쫓겼던 그 보좌, 우리가 어찌 그 자리에 오를까. 만왕의 왕이신 예수님을 고백하는 이들에게 주어질 영광이다! 그러나 내가 왕이라고 자만하는 자는 유황 불못에 떨어질 것이다.

영원한 천국이 열리는 날, 우리는 알게 될 것이다! 정말 내 인생이 성공했구나! 여기서는 그렇게 환난이 많았는데, 여기서는 그렇게 실패자 같았는데, 여기서는 진로 걱정, 육아 걱정, 노후 걱정, 수많은 근심걱정으로 살았는데, 예수 그리스도 그 이름을 고백한 것이 최고의 성공이요 영원한 성공이었다는 것을 알게 되리라. 이것이 진정한 인생 승리임을 알게 되리라!

"아멘 주 예수여 오시옵소서"(계22:20)! 인생은 그리스도의 승리에 동참하기 위한 여정이다. 그래서 빨리 끝내고 싶은 것이다. 학창 시절에 자신있게 시험을 먼저 끝내고 나가는 친구가 부럽지 않았던가. 육상경기에서 가장 먼저 결승선 테이프를 끊는 사람이 승자가 되지 않던가. 죽음을 두려워하지 말자. 인생도 두려워하지 말자. 주님이 저 결승선에서 기다리고 계신다.

563

● 참고 도서

《IVP성경배경주석(구약)》, 존 월튼·빅터 매튜스·마크 샤발라스, IVP, 2001년

《IVP성경배경주석(신약)》, 크레이그 키너, IVP, 1998년

《과학자의 눈으로 본 창세기》, 김준, 두란노, 2016년

《그림으로 읽는 핵심 성경》, 헨리에타 미어즈, 두란노, 2014년

《기독교, 그 위험한 사상의 역사》, 앨리스터 맥그라스, 국제제자훈련원, 2009년

《기독교의 역사》, 앨리스터 맥그라스, 포이에마, 2016년

《넬슨성경개관》, 토마스 넬슨 출판사, 죠이선교회, 2003년

《두란노 성서지도(Holman Bible Atlas)》, 토마스 V. 브리스코, 두란노, 2008년

《무디성경주석》, 무디신학교 교수진, 국제제자훈련원, 2017년

《문명 이야기 3-2: 카이사르와 그리스도》, 윌 듀런트, 민음사, 2014년

《비전 통독》, 조상연, 두란노, 2017년

《비전성경사전》, 두란노, 2011년

《삶으로 만나는 지성소》, 신승훈, 두란노, 2008년

《성경 파노라마》, 테리 홀, 규장, 2008년

《성경탐구 40일》, 바이블칼리지, 두란노, 2002년

《신약성경 연구》, 성종헌, 장로회신학대학교 출판부, 1994년

《신의 언어》, 이상준, 두란노, 2018년

《아브라함의 종교》, 공일주, 살림지식총서, 2004년

《역사지리로 보는 성경》, 이문범, 두란노, 2017년

《열린다 성경》, 류모세, 두란노, 2010년

《워킹 더 바이블》, 브루스 페일러, 서울문화사, 2001년

《유대 고대사》, 요세푸스, 생명의 말씀사, 2008년

《유대인의 눈으로 본 예수》, 데이빗 비빈, 이스트윈드, 2018년

《유대인의 역사1: 성경 속의 유대인들》, 폴 존슨, 살림, 2005년

《창세기의 발견》, C.H.강 / 에델 R 넬슨, 청하, 1991년

《출애굽기》, 제임스 브루크너 저, 성서유니온, 2008년

《필립 얀시의 별미 성경여행》, 필립 얀시·팀 스태퍼드, 요단, 2009년

《한 눈에 보는 성경》, 브루스 월킨슨·케네스 보아, 디모데, 1997년

《호크마 종합주석》, 강병도 편, 기독지혜사, 1989년